ŒUVRES COMPLÈTES

DE

VOLTAIRE

9

LA PUCELLE. — PETITS POËMES
PREMIERS CONTES EN VERS

ANCIENNE MAISON J. CLAYE

PARIS. — IMPRIMERIE A. QUANTIN ET Cie

RUE SAINT-BENOIT

ŒUVRES · COMPLÈTES
DE
VOLTAIRE

NOUVELLE ÉDITION

AVEC

NOTICES, PRÉFACES, VARIANTES, TABLE ANALYTIQUE

LES NOTES DE TOUS LES COMMENTATEURS ET DES NOTES NOUVELLES

Conforme pour le texte à l'édition de BEUCHOT

ENRICHIE DES DÉCOUVERTES LES PLUS RÉCENTES

ET MISE AU COURANT

DES TRAVAUX QUI ONT PARU JUSQU'A CE JOUR

PRÉCÉDÉE DE LA

VIE DE VOLTAIRE
PAR CONDORCET

ET D'AUTRES ÉTUDES BIOGRAPHIQUES

Ornée d'un portrait en pied d'après la statue du foyer de la Comédie-Française

---

LA PUCELLE — PETITS POËMES
PREMIERS CONTES EN VERS

PARIS
GARNIER FRÈRES, LIBRAIRES-ÉDITEURS
6, RUE DES SAINTS-PÈRES 6

—

1877

LA PUCELLE

D'ORLÉANS

POËME EN VINGT ET UN CHANTS

AVERTISSEMENT

DE BEUCHOT.

C'est d'après Voltaire lui-même [1] que les éditeurs de Kehl [2] disent que *la Pucelle* fut composée vers 1730. Ce n'est pas donner une époque bien précise, et l'on peut tout aussi bien dire que le poëme était au moins commencé en 1726, et même en 1725. Voltaire écrivait à Tressan, le 9 décembre 1736 : « Il y a dix ans que je refuse de laisser prendre copie d'une seule page du poëme de *la Pucelle*. » Dix-neuf ans après, il disait à d'Argental [3] que c'était « une vieille plaisanterie de trente ans ».

Dans une lettre à Formont, que l'on croit de juin 1734, il est honteux d'avoir tant avancé un ouvrage si frivole. C'était le moment où les *Lettres philosophiques* venaient d'être condamnées [4], et il ne manifestait aucune crainte des indiscrétions qui plus tard lui causèrent tant de chagrin. Cependant il n'y avait encore que huit chants de composés au commencement de 1735 [5]; au milieu de la même année, le neuvième chant était fait [6].

Malgré ce qu'il dit dans sa lettre à Tressan, il avait communiqué très-légèrement plusieurs chants à quelques amis et à de grands personnages. Lors des persécutions dont il fut l'objet en 1736, pour la satire du *Mondain*, Mme du Châtelet ne se borna pas à lui recommander plus de réserve et de prudence dans les communications des chants de *la Pucelle*, elle s'empara de tout ce que l'auteur avait en manuscrit, et ne voulut « pas s'en dessaisir [7] ». Voltaire se trouva ainsi hors d'état de donner copie de son poëme à Frédéric, alors prince royal. C'était le temps de toute la ferveur de l'amitié entre ces deux grands hommes.

Il n'y avait alors que dix chants de composés. On croit qu'un onzième le fut en 1738.

Frédéric était roi depuis trois ans lorsqu'il écrivit [8] à Voltaire qu'il était

---

1. Voyez, page 19, la *Préface de dom Apuleius Risorius*.
2. Voyez leur *Avertissement*, page 15.
3. Lettre du 13 juin 1755.
4. 10 juin 1734.
5. Lettre à Cideville, du 6 février 1735.
6. Lettre au même, 26 juin 1735.
7. Lettre de Voltaire à Frédéric, du mois de juillet 1737.
8. Le 8 septembre 1743.

possesseur de six chants. Trois ans après, toujours retenu par Mme du Châtelet, Voltaire[1] s'excusait auprès du monarque de n'avoir pu lui remettre tout ce qui était composé. Dans les premiers mois de son séjour à Berlin, en 1750, il satisfit enfin les désirs de Frédéric. La copie qu'il lui offrit était de la main de Tinois, son secrétaire, qui en fit en même temps une copie furtive pour le prince Henri[2], et fut congédié dès que son maître eut connaissance de cette infidélité.

S'il faut en croire Colini[3], un quatorzième chant fut composé à Potsdam en 1752; et le quinzième commencé en février 1753, au milieu des dégoûts dont l'auteur était abreuvé à la cour de Prusse. Lorsqu'il fut arrêté à la porte de Francfort, il tira d'un portefeuille quelques papiers et les remit à Colini, en lui disant : « Cachez cela sur vous. » Colini les cacha dans le vêtement[4] qu'un auteur ingénieux a nommé le vêtement nécessaire. Lorsqu'il examina le précieux dépôt, il vit que c'était tout ce que Voltaire avait fait de son poëme.

En 1754, les copies étaient multipliées tellement que Voltaire regardait l'impression comme inévitable, et comme « une bombe qui devait crever tôt ou tard pour l'écraser[5] ». Ces inquiétudes étaient prématurées. Elles redoublèrent en 1755, et il prit le parti de faire écrire par Mme Denis au lieutenant général de police à Paris, pour le prier de faire des recherches : elles n'aboutirent à rien, ainsi qu'on le voit par le rapport[6] de d'Hemery, inspecteur de police, en date du 19 juin 1755. Mal disposé contre Voltaire, d'Hémery croit que l'impression n'aura lieu que du consentement de l'auteur. Dans un second rapport[7], du 24 juillet, il signale la quantité de manuscrits qui sont à Paris dans les mains d'amis ou de connaissances de Voltaire ; « entre autres M. d'Argental, Mme de Graffigny, le sieur Thieriot, Mme Denis, Mme la comtesse de La Marck, M. le duc de La Vallière, qui n'aura sûrement pas manqué d'en donner une expédition à Mme la marquise ».

Cette marquise est Mme de Pompadour, à qui Voltaire en avait adressé une copie à la fin de juin, ou au commencement de juillet[8]. Quant au duc de La Vallière, il lui en avait aussi adressé un manuscrit vers le même temps. Mais ce riche amateur avait très-bien pu s'en procurer un auparavant; il en avait du moins marchandé un, dont on lui demandait cinquante louis[9].

---

1. Lettre du 22 septembre 1746.
2. Lettre à Mme Denis, du 3 janvier 1751.
3. *Mon Séjour auprès de Voltaire,* pages 31 et 50.
4. *Mon Séjour auprès de Voltaire,* page 85.
5. Lettre à d'Argental, du 8 septembre 1754.
6. Manuscrit que je possède, et qui fait partie d'une collection qui va de 1750 à 1770 inclusivement. (B.)
7. *Id.*
8. Lettres à d'Argental, des 13 juin et 21 juillet 1755.
9. Voltaire dit *mille écus* dans ses lettres à Darget, du 13 juin ; à Mme de Fontaine, du 18 juin. Mais il y a exagération dans cette somme, et cette exagération est peut-être du duc de La Vallière.

C'est sur un manuscrit divisé en quinze chants que Darget avait fait à Vincennes, en mai 1755, une lecture de *la Pucelle* à quelques personnes [1]. Cependant la lettre à d'Argental, du 6 février 1755, parle d'un *dix-neuvième* chant, qui était entre les mains de Mlle du Thil, anciennement au service de Mme du Châtelet. Ce dix-neuvième chant, sur lequel je reviendrai, était donc composé avant la mort de Mme du Châtelet [2].

La police, continuant ses recherches, soupçonna un abbé de La Chau, ancien habitué de l'hôpital, et brouillé avec l'archevêque, d'avoir vendu des copies manuscrites. De semblables soupçons s'élevaient contre le chevalier de La Morlière.

Au milieu de tous ces ennuis, Voltaire lui-même multipliait les copies. Ce n'était pas seulement à Mme de Pompadour et au duc de La Vallière qu'il en envoyait; il en promettait une à Formont [3], tout en renouvelant ses plaintes sur leur multiplication [4]. En même temps il recommandait à Mme de Fontaine de faire copier son poëme [5], et de se faire rembourser par son notaire Delaleu les frais de copie [6]. Il n'était pas étonnant que les manuscrits devinssent à bon marché. On en avait offert à Ximenès pour cinq louis [7], et Colini dit qu'on en avait pour un louis [8].

Il est assez naturel de penser que les copies envoyées par Voltaire à Mme de Pompadour, au duc de La Vallière, etc., étaient toutes conformes à l'ouvrage tel qu'il voulait l'avouer.

Palissot, qui alla aux Délices en octobre 1755, et qui s'est trouvé ainsi en position de voir ou d'apprendre bien des choses, dit que Voltaire « imagina d'employer à Paris même un grand nombre de copistes occupés jour et nuit à répandre dans le public des manuscrits de *la Pucelle*. Tous ces manuscrits différaient les uns des autres; tous étaient plus ou moins chargés de vers détestables, ou de turpitudes révoltantes, que lui-même y faisait insérer à dessein. L'empressement qu'on avait de jouir de ce poëme, quelque défectueux qu'il pût être, faisait acheter toutes ces copies. Chacun se flattait d'avoir la meilleure... Il n'était guère de société qui n'eût son manuscrit.

« Ce singulier moyen de défense, qu'on ne peut guère reprocher à un vieillard menacé d'une persécution si cruelle, lui paraissait un pretexte plausible pour désavouer hautement un ouvrage qui semblait être devenu l'objet des spéculations d'une foule de corsaires. »

Si des additions de vers grossiers, défectueux, bizarres, étaient nécessaires, il n'était pas moins important de faire des suppressions. Je possède quatre manuscrits du poëme de *la Pucelle* : j'en ai vu beaucoup d'autres,

---

1. Lettre de Voltaire à Darget, du 23 mai; et de Darget à Voltaire, du 1er juin 1755.
2. 10 septembre 1749.
3. Lettre à Formont, du 13 juin 1755.
4. Lettre à d'Argental, du 15 juin.
5. Lettre à Mme de Fontaine, du 2 juillet.
6. Lettre du 6 septembre.
7. Lettre à d'Argental, du 22 juillet.
8. *Mon Séjour auprès de Voltaire*, page 145.

et je n'y ai pas trouvé les vers du chant II (voyez page 46) qu'on appliquait à Mme de Pompadour :

> Telle plutôt cette heureuse grisette, etc.

Ces vers ne sont pas non plus dans les premières éditions, de 1755.
Il en est de même de l'hémistiche du chant quinzième sur Louis XV :

> . . . . . qu'on méprise et qu'on aime.

On se demande si des éditeurs qui auraient fait de tels vers ne pouvaient pas ailleurs être aussi bien inspirés. Mais s'il leur était impossible de prendre la manière de Voltaire, il lui était très-facile de faire des vers ridicules ou répréhensibles sous divers rapports.

Je suis d'autant plus porté à adopter l'opinion de Palissot, que des vers cités par Voltaire, et signalés par lui comme affreux [1], ne se trouvent dans aucune des éditions ni dans aucun des manuscrits que j'ai vus. Voltaire, que le fanatisme voulait arracher de son asile, sans lui en laisser aucun autre, devait tout employer pour faire échouer le projet de ses ennemis. Aussi écrivait-il à d'Argental [2] : « Il n'y a pas de parti que je ne prenne, ni de dépense que je ne fasse très-volontiers, pour supprimer ce qu'on fait courir sous mon nom avec tant d'injustice. » Voltaire ne pouvait avoir l'idée d'anéantir tous les manuscrits. Il savait depuis longtemps qu'il existait « trop de copies de cette dangereuse plaisanterie [3] ». Il voulait donc parler du *singulier moyen de défense* révélé par Palissot.

Il est probable toutefois que quelques vers, omis ou estropiés par les copistes, ont été rétablis ou corrigés par les premiers éditeurs. Il est possible même qu'ils aient méchamment changé ou défiguré des vers ou des passages ; mais leur part ne me paraît pas facile à faire, et ne doit pas être bien grande.

Grasset, libraire de Lausanne, était venu, le 26 juillet 1755, offrir à Voltaire de racheter cinquante louis un manuscrit dont l'impression était commencée, et dont il montra une feuille manuscrite [4]. Mis en prison, Grasset avoua qu'il tenait cette feuille de Maubert [5] ; ce capucin défroqué, interrogé à son tour, répondit qu'il l'avait reçue de Lausanne [6]. Les magistrats de Genève conseillèrent à Grasset « de vider la ville [7] », et déclarèrent à Maubert qu'on s'en prendrait à lui si *la Pucelle* était imprimée. Maubert et Grasset, sortis de Genève, n'avaient qu'à se moquer des magistrats.

---

1. Lettres à d'Argental, du 28 juillet; à Richelieu, du 31 juillet; à Thieriot, du 10 septembre 1755 : voyez aussi page 38.
2. 23 mai 1755.
3. Lettre à d'Argental, du 8 septembre 1754.
4. Lettres à d'Argental, 28 juillet; à Brenles, le 20 juillet; au syndic de Genève, le 2 août; à Thieriot, le 4 août.
5. Lettre à Darget, du 5 août.
6. Lettre à Brenles, du 5 août.
7. Lettre à Polier de Bottens, du 5 août 1755.

A la fin d'octobre, Voltaire apprit que *la Pucelle* était imprimée[1]. L'édition que je crois la première est intitulée *La Pucelle d'Orléans, poëme divisé en quinze livres, par M. de V****, Louvain, 1755, in-12 de 161 pages, plus le faux titre, le titre, et une préface de deux pages. Sur le faux titre, on lit seulement : *La P... d'O..., poëme divisé en quinze livres*. Le volume finit par trois lignes de points, et ces mots : *Cætera desunt*.

Dans sa lettre à l'Académie française, de novembre 1755, Voltaire dit *l'édition faite à Francfort*, quoiqu'elle soit annoncée de Louvain; il parle même de deux autres éditions exécutées, dit-il, en Hollande.

L'existence des réclames au bas de chaque page indique une impression faite hors de France. Je n'ai pas la témérité de contredire l'assertion de Voltaire sur Francfort; mais, en quelque lieu que cette édition ait été faite, je crois qu'on la doit au capucin Maubert. C'est à lui que Voltaire a toujours persisté à en faire honneur, si honneur y a ; c'est à lui seul qu'il s'attache dans une phrase ajoutée, en 1773, à une note de la *Préface de dom Apuleius Risorius*, et dans une note ajoutée, la même année, au chant XXI.

Les quinze chants de l'édition de 1755 sont aujourd'hui les I, II, III, IV, V, VI, VII, X, XI, XII, XIII, XIV, XV, XX et XXI (sauf variantes considérables pour ces deux derniers).

Il serait fastidieux pour la plupart des lecteurs, et plus difficile encore, de donner une liste complète des éditions de *la Pucelle*. Je ne parlerai donc que de quelques-unes.

La Pucelle d'Orléans, poëme divisé en quinze livres, par M. de V***, Paris, 1756, petit in-12 de iv et 198 pages. Le frontispice est orné d'un portrait de Voltaire couronné de lauriers, avec cet exergue : *Père des poëtes*. Pour le texte, elle ne diffère pas de l'édition de 1755. Seulement le quinzième chant n'est pas terminé par des points, et se trouve ainsi donné pour complet.

La Pucelle d'Orléans, poëme héroï-comique, nouvelle édition, sans faute et sans lacune, augmentée d'une épître du P. Grisbourdon à M. de Voltaire, et un jugement sur le poëme de la Pucelle à M.***, avec une épigramme sur le même poëme, en dix-huit chants; Londres, 1756, in-32 de ij et 240 pages.

Les chants VIII et XI de 1755 forment, dans l'édition de 1756, les chants VIII et IX, XII et XIII. Le chant de *Corisandre* y est imprimé pour la première fois, toutefois avec les dix-neuf premiers vers du chant XV de 1755, qui sont aujourd'hui en tête du chant XXI. Le chant XVIII, dont un fragment de 155 vers formait le chant XV en 1755, est en entier dans l'édition de 1756, tel qu'on le lit aujourd'hui dans les variantes du chant XXI; et il y a 329 vers, quoique n'ayant qu'un prologue de 12 vers, au

1. Lettres à d'Argental, du 29 octobre; à Thieriot, du 8 novembre 1755.

lieu des 34 premiers de l'édition de 1755. Cette édition est donc la première où le chant de l'âne soit complet. Ce chant devait être désavoué par l'auteur; mais ce désaveu, commandé par les circonstances, ne fait pas autorité pour tout le monde, quand on se rappelle que Voltaire, dans une lettre à d'Argental [1], parle du chant de l'âne, et craint qu'on ne l'imprime *tel que vous l'avez vu d'abord, et non tel que je l'ai corrigé depuis.* D'Argental était le seul qui eût eu copie de *ce malheureux chant... Le roi de Prusse n'a jamais eu ce maudit chant de l'âne de la première fournée*[2]; mais Mlle du Thil, qui avait été femme de chambre de Mme du Châtelet, avait une copie de ce chant, que Voltaire lui-même appelle *intolérable*[3].

Il est évident que, dès 1749, et conséquemment bien longtemps avant que l'on pût supposer à des éditeurs l'intention de dénaturer *la Pucelle,* il existait un chant que réprouvait l'auteur après l'avoir composé. Lorsqu'il fut publié, les altérations faites par les éditeurs durent consister tout au plus en quelques interpolations et quelques inexactitudes.

Outre le chant XIV (*Corisandre*) et le complément du dernier chant, cette édition de 1756 contient çà et là diverses augmentations. Elle est la première qui contienne les vers sur Mme de Pompadour, et le fameux hémistiche sur Louis XV.

Cette édition mérite d'être distinguée entre toutes celles qui ont précédé celle de 1762, la première qu'ait avouée l'auteur.

Voltaire accusait d'abord La Beaumelle de l'avoir donnée [4]. Peu de temps après, c'était sur La Beaumelle et d'Arnaud que portaient ses soupçons [5]. Mais il ne tarda pas à reconnaître qu'on l'avait trompé, *du moins quant à d'Arnaud* [6]. D'Alembert disait [7] qu'on attribuait l'édition à Maubert; et Voltaire, tout acharné qu'il était contre La Beaumelle, paraît s'être rendu à l'opinion de d'Alembert, si l'on en juge d'après ce qu'il écrivait dans les deux notes qu'il ajouta en 1773, et dont j'ai parlé à la page précédente.

La Pucelle d'Orléans, poëme héroï-comique, par M. de Voltaire, Genève, 1757, deux volumes très-petit in-8°, de 116 et 92 pages, avec titres gravés, et cette épigraphe :

Desinit in piscem mulier formosa superne.   HORAT.

Cette édition est divisée en vingt-quatre chants, mais n'est pas plus ample que l'édition in-32 de 1756. Les chants IV, VI, VIII, IX, X de 1755 ont été, chacun, mis en deux; le chant XI en trois; le chant XIX de 1757

1. Du 7 novembre 1754.
2. *Id.*
3. Lettre à d'Argental, du 6 février 1755.
4. Lettre à d'Argental, du 1er novembre 1756.
5. Lettres à Thieriot, du 28 novembre; à d'Alembert, du 29 novembre 1756.
6. Lettre à Thieriot, du 19 décembre 1756.
7. Lettre de d'Alembert à Voltaire, du 13 décembre 1756.

est celui de *Corisandre*, qui était le XIV° dans l'édition de 1756; enfin le chant XII de 1755 forme, en 1757, les chants XX et XXI.

La Pucelle d'Orléans, poëme héroï-comique en dix-huit chants, nouvelle édition sans faute et sans lacune, augmentée d'une épitre du P. Grisbourdon à M. de Voltaire, et un jugement sur le poëme de la Pucelle à M***, avec une épigramme sur le même poëme. A Londres, chez les héritiers des Elzévirs, Blaew et Vascosan, 1764, petit in-12 de 180 pages.

Cette édition, qui a pour épigraphe : *Non vultus, non color unus*, est une réimpression de l'édition in-32 de 1756. Elle présente toutefois une variante remarquable; le vers 43 du chant VI y est ainsi imprimé :

> Quel doux espoir, quelle flamme hardie.

Les autres éditions portent :

> Quel trait de flamme et quelle idée hardie.

La Pucelle d'Orléans, poëme héroï-comique en vingt-quatre chants, nouvelle édition avec de belles figures. A Londres, aux dépens de la Compagnie, 1764, petit in-8° de 224 pages.

La division en vingt-quatre chants est comme dans l'édition de 1757.

La Pucelle d'Orléans, poëme divisé en vingt chants, avec des notes; nouvelle édition corrigée, augmentée, et collationnée sur le manuscript de l'auteur; Genève, 1762, in-8°, avec vingt figures qui ne sont pas toutes obscènes.

C'est la première édition avouée par l'auteur. Le chant de *Corisandre* n'en fait point partie; mais elle est augmentée de cinq chants entiers, de la *Préface de dom Apuleius Risorius*, de notes mises au bas des pages. Elle contient un grand nombre d'additions et corrections dans divers chants. Ceux qui ont été ajoutés sont les VIII, IX, XVI, XVII, XVIII [1] (aujourd'hui les VIII, IX, XVI, XVII et XIX). Le chant XX est une version presque entièrement nouvelle du chant XV de 1755, ou XVIII de 1756.

La Pucelle d'Orléans, poëme divisé en vingt chants, nouvelle édition augmentée de cinq chants nouveaux et de notes, collationnée sur le manuscript de l'auteur, enrichie de variantes, de belles figures, et de jolies vignettes. A Londres, aux dépens de la Compagnie, 1764, grand in-8°, avec figures.

C'est une réimpression de l'édition de 1762; mais on a ajouté des variantes. Le chant de *Corisandre* est en forme de note au bas du chant XVII. C'est aussi au bas du chant XX qu'est le texte du chant XVIII de 1756. Les *cinq chants nouveaux* promis sur le titre sont ceux qui avaient

---

1. Le dix-huitième chant de 1762 avait déjà été publié dans *le Journal encyclopédique* du 1er avril 1761, avec suppression de trois vers.

été ajoutés en 1762. Les notes sont aussi celles de 1762. En tête de la *Préface de dom Apuleius Risorius* est une tête de Voltaire couronnée.

La Pucelle d'Orléans, poëme divisé en vingt chants, avec des notes ; nouvelle édition corrigée, augmentée, et collationnée sur le manuscript de l'auteur. A Conculix, in-24 de 264 pages, avec vingt figures et un titre gravé. Sur ce titre gravé, qui n'a point de date, est un portrait de Voltaire, réduit d'après celui qui est en tête d'une édition du poëme de la *Loi naturelle*. Entre les pages 138 et 139, avant le XIe chant, sont un faux titre et un titre imprimés qui portent *tome second*. L'adresse et la date qu'on lit sur ce titre sont : *Aux Délices,* 1765.

Le texte est celui de 1762, avec la préface et les notes. Il n'y a point de variantes.

Voltaire avait, en 1764, publié dans le volume intitulé *Contes de Guillaume Vadé* un *Chant détaché d'un poëme épique ;* c'était ce qu'il appelait *la Capilotade*, et ce qui forme aujourd'hui le XVIIIe chant. Il est assez singulier que ce chant n'ait pas été compris dans l'édition de 1765.

Il existe un si grand nombre d'éditions de *la Pucelle,* que je serais fort embarrassé de dire quelle est la première dans laquelle a été introduite *la Capilotade ;* mais cela eut lieu du vivant de Voltaire. J'ai sous les yeux une édition de 1773, augmentée de quelques notes données sous le nom de M. de Morza, et qui la contient ; et c'est ainsi que le poëme se trouve avoir vingt et un chants dans cette édition, et dans les éditions des *Œuvres* de l'auteur qui ont paru depuis. Dans l'édition in-4°, *la Pucelle* est au tome XX, daté de 1774 ; dans l'édition in-8°, encadrée, ou de 1775, elle est au tome XI.

Les éditions de Kehl, qui feront toujours époque dans l'histoire des éditions des Œuvres de Voltaire, furent augmentées d'un travail considérable des éditeurs, principalement sur les variantes. Ces éditions de Kehl sont, comme celle dont je viens de parler, en vingt et un chants. Voici la date de la publication de chacun d'eux. Les sept premiers ont vu le jour en 1755 ; les VIII et IX, en 1762 ; les X, XI, XII, XIII, XIV, et XV, en 1755 ; les XVI et XVII, en 1762 ; le XVIII, en 1764 ; le XIX, en 1762 ; le XX (sauf variantes), en 1755 ; le XXI, partie en 1755, partie en 1762.

Palissot ne pouvait que suivre cette division, consacrée par le temps et par l'auteur lui-même ; mais il restait quelque chose à faire au chant XV, et il l'a fait. Ayant aperçu « une omission bien étrange, à laquelle Voltaire, dans les bouleversements qu'il fut obligé de faire à son poëme, n'avait pas pris garde », il l'a réparée. Dans les premières éditions, l'argument de ce chant (alors le treizième) avait trois phrases, dont voici la dernière : *Ce qui arrive à la belle Agnès et à ses compagnons de voyage.* Dans l'édition de 1762, Voltaire supprima les vers concernant Agnès et ses compagnons, mais ne supprima pas la phrase de l'argument. Cette lacune dans le texte coupe absolument, comme l'observe Palissot, le fil des événements ; il était donc important de la rétablir. La restitution faite par Palissot date de 1792 ; mais Palissot ne s'en est pas tenu au texte des premières éditions.

AVERTISSEMENT DE BEUCHOT.

En ne faisant pas les restitutions dans le texte, il faut du moins supprimer la phrase de l'argument. C'est ce que je fis en 1817, dans l'édition in-12 des *Œuvres de Voltaire*, dont j'ai publié les premiers volumes. Depuis lors on a cependant, en général, laissé subsister la phrase dans l'argument, et la lacune dans le texte.

M. L. du Bois, qui, dans l'édition de Voltaire entreprise par M. Delangle en 1825, s'était chargé de *la Pucelle,* qu'il a publiée en 1826, a profité de la découverte de Palissot, mais a disposé à sa guise quelques passages.

L'*Épitre du P. Grisbourdon à M. de Voltaire*, qui, comme on l'a vu, se trouve dans diverses éditions de *la Pucelle*, avait été imprimée séparément (1756), in-12 de 12 pages; l'auteur est J.-B. de Junquières.

Ce qui, dans l'édition de 1756 de *la Pucelle*, et dans quelques autres, est annoncé comme un *Jugement sur le poëme*, n'est autre chose que des *Vers sur le poëme de la Pucelle, à M. M***, qui en avait envoyé une copie peu correcte,* et déjà imprimés séparément en quatre pages in-8°. Ces vers sont au nombre de 69. Dans l'édition de 1756, ils sont donnés comme adressés *à M***, qui en a fait* (de la Pucelle) *deux éditions peu exactes.* Dans l'édition de 1761, ils sont adressés à M. D. L. B., *qui en a fait deux éditions peu exactes.* Par ces initiales on a voulu désigner M. de La Beaumelle. La lettre M, qu'on lit sur l'édition originale, désignait Maubert.

Il parut en 1760 une *Épitre de Belzébuth à l'auteur de la Pucelle*, in-8° de huit pages. Dans un *Avertissement*, l'auteur dit que son *Épitre* était composée et circulait manuscrite avant que *la Pucelle* fût imprimée : il réclame, en termes exprès, l'antériorité sur l'*Épitre du P. Grisbourdon*.

Les *Mémoires secrets* connus sous le nom de Bachaumont parlent, à la date du 15 février 1765, d'un « petit auteur nommé Nougaret, qui avait formé le projet de continuer *la Pucelle* », et qui avait été mis à la Bastille pour avoir composé un roman ordurier, intitulé *la Capucinade.* Ce Nougaret, mort en 1823, est autre que Félix Nogaret, mort en 1831.

Je ne sais si l'ouvrage dont il est question dans les *Mémoires secrets* est celui qui fut imprimé vingt-six ans après sous le titre de : *Suite de la Pucelle d'Orléans en sept chants, poëme héroï-comique par M. de Voltaire, trouvée à la Bastille le 14 juillet 1789;* à Berlin, et se trouve à Paris chez Laurens junior, 1791, in-18 de IV et 102 pages, plus le titre.

Il n'y a rien à dire de cet ouvrage; quelque peu d'étendue qu'il ait, je ne crois pas qu'il y ait dix personnes qui aient eu la patience de le lire en entier [1].

---

[1]. Il existe un fragment de trente-six vers que l'on peut aussi considérer comme une suite ou addition à *la Pucelle*. Ce fragment, imprimé à un seul exemplaire, est intitulé *Chant XII : variante ou jouissance faite par Louis-François Prault, imprimeur-libraire.* L'exemplaire appartient aujourd'hui à M. Eckard, qui a bien voulu me permettre d'en prendre copie. Ce fragment n'est pas tout ce que le titre semble indiquer; mais s'il n'est pas trop libre, il est trop plat pour être admis, même en note, dans une édition de *la Pucelle*.

La même année parurent *les Pucelles d'Orléans, poëme en six chants*, in-8°, de 119 pages. Il en existe des exemplaires intitulés *les Victimes du despotisme épiscopal, ou les Pucelles d'Orléans, poëme en six chants;* et d'autres ayant pour titre : *Poëme sur les vexations exercées par trois évêques successifs d'Orléans, contre les religieuses de Saint-Charles.* On voit qu'il ne s'agit aucunement de Jeanne d'Arc, mais seulement de querelles ecclésiastiques. Les *victimes* sont des religieuses qui refusaient de signer le formulaire, et à qui les évêques refusaient pour cela les sacrements et autres accessoires. Aussi ce n'est point à Voltaire, mais à Pascal, que Robbé adresse une invocation dans le début de son poëme, dont l'intitulé m'obligeait de parler.

Un des plus grands reproches faits à Voltaire, et constamment répété, est d'avoir empêché à jamais le succès de tout poëme sur la Pucelle. Laharpe, à une époque où il n'était plus le champion de Voltaire, ne pensait pas que le règne de Charles VII pût fournir à l'épopée un sujet intéressant [1]. Le reproche dirigé contre Voltaire, et l'observation de Laharpe, n'ont point effrayé plusieurs auteurs de nos jours. Vienne le génie, et un grand changement dans le goût et le caractère français, l'on n'aurait plus rien à dire.

Laharpe, converti, se montre bien sévère envers le poëme sur Jeanne d'Arc. Il dit [2] « qu'il n'y a point d'homme véritablement honnête qui ne rougisse en prononçant le nom de cet ouvrage... Sous le rapport de l'art, *la Pucelle* (qu'il nomme cependant lui-même) est un monstre en épopée comme en morale ». Laharpe, en parlant ainsi, voulait effacer, et rappelait au contraire, ce qu'il avait écrit en 1780. « Oublions, disait-il alors [3], quelques traits que lui-même a effacés; effaçons-en même d'autres, échappés à l'intempérance excusable d'un génie ardent... Ne jugeons pas dans toute la sévérité de la raison ce qui a été composé dans des accès de verve et de gaieté. Peignons, s'il le faut, au-devant de ce poëme, où le talent a mérité tant d'éloges, peignons l'Imagination à genoux, présentant le livre aux Grâces, qui le recevront en baissant les yeux, et en marquant du doigt quelques pages à déchirer; et après avoir obtenu pardon (car les Grâces sont indulgentes), osons dire, en leur présence et de leur aveu, que nous n'avons point dans notre langue d'ouvrage semé de détails plus piquants et plus variés, où la plaisanterie satirique ait plus de sel, où les peintures de la volupté aient plus de séduction, où l'on ait mieux saisi cet esprit original qui a été celui de l'Arioste, cet esprit qui se joue si légèrement des objets qu'il trace, qui mêle un trait de plaisanterie à une image terrible, un trait de morale à une peinture grotesque, et confond ensemble le rire et les larmes, la folie et la raison. »

Parmi tous les écrits dont *la Pucelle* a été le sujet, on doit encore distinguer l'*Essai sur la* Pucelle *de Voltaire, considérée comme poème épique,*

---

1. *Lycée, ou Cours de littérature*, deuxième partie, livre I, chapitre 1ᵉʳ.
2. *Lycée*, troisième partie, chapitre I, section I.
3. *Éloge de Voltaire*, première partie.

par M. Eusèbe Salverte, qui a été imprimé dans les *Veillées des muses*[1].

Je tenais beaucoup à publier tous les volumes de l'édition des *Œuvres de Voltaire*; mais j'ai craint de ne pouvoir donner à *la Pucelle* tous les soins que demandait encore ce poëme.

M. Ravenel, sous-bibliothécaire de la ville de Paris, a bien voulu se charger de ce travail. Je lui ai donc remis les notes que j'avais recueillies ou reçues. La partie la plus importante et la plus considérable de ce que j'ai remis à M. Ravenel consiste en un assez gros cahier que m'avait envoyé M. Thomas, et qui contient une très-grande quantité de variantes, d'après les éditions de 1756, 1762, 1775, etc., etc., et d'après un manuscrit de *la Pucelle,* qui a appartenu à l'avocat général Séguier. Le dépouillement avait été fait avec une telle exactitude qu'il restait très-peu de chose à faire pour cet objet; et je prie M. Thomas de recevoir mes remercîments.

En remettant à M. Ravenel toutes les notes que j'avais relativement à *la Pucelle,* je suis encore bien en arrière avec lui pour le grand nombre de celles qu'il m'a communiquées pour tous les autres volumes des *Œuvres de Voltaire;* et, en signant de son nom les notes dont je lui ai remis les matériaux, mais dont la rédaction lui appartient, il n'a fait que suivre l'exemple que je lui ai donné, en mettant ma signature à des annotations que je tenais de lui. C'est un long échange qui a été tout à mon avantage.

La manière dont M. Ravenel s'est acquitté de sa besogne satisfera sans doute les lecteurs, mais ne m'a pas surpris. Je sais depuis longtemps quelle conscience il apporte à ses travaux; et je ne connais personne aujourd'hui mieux préparé et plus capable que lui pour publier une bonne édition des Œuvres de J.-J. Rousseau.

Je n'ai point revu son travail sur *la Pucelle;* mais je l'ai lu très-attentivement sur le manuscrit, sans en passer une syllabe; et j'avoue que je n'aurais jamais fait autrement, si ce n'est dans les endroits où je n'aurais pas fait aussi bien. Par exemple, dans le chant XVII, vers 193, M. Ravenel a fait une très-heureuse correction.

Lorsque, dans ce chant, où tous les personnages sont devenus fous, Charles prend Bonneau pour Agnès, il lui adresse ces tendres paroles :

> Ma chère Agnès, ma pudique maîtresse,
> Mon paradis, précis de tous les biens,
> Combien de fois, hélas! fus-tu perdue!
> A mes désirs te voilà donc rendue.
> Perle d'amour, je te vois, je te tiens.

Toutes les éditions depuis et compris 1762, où ce chant parut pour la première fois, jusqu'à ce jour, portent :

> Parle d'amour, je te vois, je te tiens.

Ce changement d'une seule lettre n'est-il pas indiqué par ce qui précède? Il avait échappé aux yeux de tous les éditeurs et de tous les lecteurs.

---

1. Numéro V, pages 66-95.

AVERTISSEMENT DE BEUCHOT.

C'est, au reste, la seule fois que le nouvel éditeur s'est permis une correction sans l'autorité d'une édition ou d'un manuscrit.

Dans la collation des éditions et manuscrits, il était impossible de ne pas trouver les variantes données par les éditeurs de Kehl, et celles qui ont été ajoutées par M. Louis du Bois. Le travail de M. Thomas est de beaucoup plus complet que le leur. Cependant on a laissé aux éditeurs de Kehl et à M. Louis du Bois ce que chacun d'eux avait donné le premier.

En quelques endroits M. Ravenel a préféré telle version à telle autre ; en d'autres il n'a pas craint d'admettre dans le texte des vers reniés par l'auteur et même par ses éditeurs, mais sur l'origine desquels on ne peut pas avoir de doutes. Toutefois, ceux que Voltaire n'avait faits que pour avoir motif de désavouer tout l'ouvrage ont été laissés dans les variantes.

Les dates ajoutées à la fin de chacune des notes de Voltaire indiquent l'année de leur publication.

Les notes signées K sont des éditeurs de Kehl. Les notes de M. Ravenel sont signées d'un R. Lorsque les unes ou les autres de ces notes sont à la suite d'une note de Voltaire, elles en sont séparées par un —.

Les variantes que M. du Bois a données le premier, et qui n'avaient point échappé à M. Thomas, sont sans aucune signature. Celles que M. du Bois n'a point connues, et dont la majeure partie vient de M. Thomas, ainsi que le dit M. Ravenel, page 37, portent la signature de ce dernier.

B.

24 décembre 1832.

L'*Avertissement* de Beuchot appelle une seule remarque. Nous avons eu sous les yeux une édition de *la Pucelle* qui a échappé à l'examen de M. Ravenel ; elle a pour titre : « *La Pucelle d'Orléans,* poëme divisé en vingt chants avec des notes, nouvelle édition revue, corrigée, augmentée, et collationnée sur le manuscrit de l'auteur. M. DCC. LXV (1765). » A la page 202 de cette édition, le mot « *perle* d'amour » est exactement imprimé.

L. M.

AVERTISSEMENT

DES ÉDITEURS DE L'ÉDITION DE KEHL[1].

Ce poëme est un des ouvrages de M. de Voltaire qui ont excité en même temps et le plus d'enthousiasme et les déclamations les plus violentes. Le jour où M. de Voltaire fut couronné au théâtre, les spectateurs qui l'accompagnèrent en foule jusqu'à sa maison criaient également autour de lui : « Vive la *Henriade!* vive *Mahomet!* vive *la Pucelle!* » Nous croyons donc qu'il ne sera pas inutile d'entrer dans quelques détails historiques sur ce poëme.

Il fut commencé vers l'an 1730; et, jusqu'à l'époque où M. de Voltaire vint s'établir aux environs de Genève, il ne fut connu que des amis de l'auteur, qui avaient des copies de quelques chants, et des sociétés où Thieriot en récitait des morceaux détachés.

Vers la fin de l'année 1755, il en parut une édition imprimée, que M. de Voltaire se hâta de désavouer, et il en avait le droit. Non-seulement cette édition avait été faite sur un manuscrit volé à l'auteur ou à ses amis, mais elle contenait un grand nombre de vers que M. de Voltaire n'avait point faits, et quelques autres qu'il ne pouvait pas laisser subsister, parce que les circonstances auxquelles ces vers faisaient allusion étaient changées : nous en donnerons plusieurs preuves dans les notes qui sont jointes au poëme. La morale permet à un auteur de désavouer les brouillons d'un ouvrage qu'on lui vole, et qu'on publie dans l'intention de le perdre.

On attribue cette édition à La Beaumelle[2], et au capucin Maubert, réfugié en Hollande : cette entreprise devait leur rapporter de l'argent, et compromettre M. de Voltaire. Ils y trouvaient

Leur bien premièrément, et puis le mal d'autrui[3].

Un libraire, nommé Grasset, eut même l'impudence de proposer à M. de Voltaire de lui payer un de ces manuscrits volés, en le menaçant des dan-

---

1. Les onze premiers alinéa de cet Avertissement sont de Decroix ; le reste est de Condorcet. (R.)
2. Cette opinion, que Voltaire lui-même partagea quelque temps, comme on peut le voir par sa correspondance de l'année 1756, paraît avoir été abandonnée par lui dès 1773 ; voyez la note 1 de la page 20. (R.)
3. La Fontaine, liv. IX, fab. XVII, v. 13.

gers auxquels il s'exposerait s'il ne l'achetait pas; et le célèbre anatomiste poëte Haller, zélé protestant, protégea Grasset contre M. de Voltaire [1].

Nous voyons, par la lettre de l'auteur à l'Académie française, que nous avons jointe à la préface [2], que cette première édition fut faite à Francfort, sous le titre de Louvain. Il en parut, fort peu de temps après, deux éditions semblables en Hollande.

Les premiers éditeurs, irrités du désaveu de M. de Voltaire, consigné dans les papiers publics, réimprimèrent *la Pucelle* en 1756, y joignirent le désaveu pour s'en moquer, et plusieurs pièces satiriques contre l'auteur. En se décelant ainsi eux-mêmes, ils empêchèrent une grande partie du mal qu'ils voulaient lui faire.

En 1757, il parut à Londres une autre édition de ce poëme, conforme aux premières, et ornée de gravures d'aussi bon goût que les vers des éditeurs : les réimpressions se succédèrent rapidement, et *la Pucelle* fut imprimée à Paris, pour la première fois, en 1759.

Ce fut en 1762 seulement que M. de Voltaire publia une édition de son ouvrage, très-différente de toutes les autres. Ce poëme fut réimprimé en 1774, dans l'édition in-4°, avec quelques changements et des additions assez considérables. C'est d'après cette dernière édition, revue et corrigée encore sur d'anciens manuscrits, que nous donnons ici *la Pucelle*.

Plusieurs entrepreneurs de librairie, en imprimant ce poëme, ont eu soin de rassembler les variantes, ce qui nous a obligés de prendre le même parti dans cette édition. Cependant, comme parmi ces variantes il en est quelques-unes qu'il est impossible de regretter, qui ne peuvent appartenir à M. de Voltaire, et qui ont été ajoutées par les éditeurs pour remplir les lacunes des morceaux que l'auteur n'avait pas achevés, nous avons cru pouvoir les supprimer, du moins en partie.

L'impossibilité d'anéantir ce qui a été imprimé tant de fois, et la nécessité de prouver aux lecteurs les interpolations des premiers éditeurs, sont les seuls motifs qui nous aient engagés à conserver un certain nombre de ces variantes.

Il nous reste maintenant à défendre *la Pucelle* contre les hommes graves qui pardonnent beaucoup moins à M. de Voltaire d'avoir ri aux dépens de Jeanne d'Arc, qu'à Pierre Cauchon, évêque de Beauvais, de l'avoir fait brûler vive.

Il nous paraît qu'il n'y a que deux espèces d'ouvrages qui puissent nuire aux mœurs : 1° ceux où l'on établirait que les hommes peuvent se permettre sans scrupule et sans honte les crimes relatifs aux mœurs, tels que le viol, le rapt, l'adultère, la séduction, ou des actions honteuses et dégoûtantes qui, sans être des crimes, avilissent ceux qui les commettent : 2° les ouvrages où l'on détaille certains raffinements de débauche, certaines bizarreries des imaginations libertines.

---

1. Voyez dans la *Correspondance* (13 février 1759) la lettre de Voltaire à Haller, et la réponse de ce dernier. (R.)
2. On la trouve dans la *Correspondance*, au mois de novembre 1755. (R.)

AVERTISSEMENT DES ÉDITEURS DE KEHL.

Ces ouvrages peuvent être pernicieux, parce qu'il est à craindre qu'ils ne rendent les jeunes gens qui les lisent avec avidité insensibles aux plaisirs honnêtes, à la douce et pure volupté qui naît de la nature.

Or il n'y a rien dans *la Pucelle* qui puisse mériter aucun de ces reproches. Les peintures voluptueuses des amours d'Agnès et de Dorothée peuvent amuser l'imagination, et non la corrompre. Les plaisanteries plus libres dont l'ouvrage est semé ne sont ni l'apologie des actions qu'elles peignent, ni une peinture de ces actions propre à égarer l'imagination.

Ce poëme est un ouvrage destiné à donner des leçons de raison et de sagesse, sous le voile de la volupté et de la folie. L'auteur peut y avoir blessé quelquefois le goût, et non la morale.

Nous ne prétendons pas donner ce poëme pour un catéchisme ; mais il est du même genre que ces chansons épicuriennes, ces couplets de table, où l'on célèbre l'insouciance dans la conduite, les plaisirs d'une vie voluptueuse, et la douceur d'une société libre, animée par la gaieté d'un repas. A-t-on jamais accusé les auteurs de ces chansons de vouloir établir qu'il fallait négliger tous ses devoirs, passer sa vie dans les bras d'une femme ou autour d'une table? Non, sans doute : ils ont voulu dire seulement qu'il y avait plus de raison, d'innocence et de bonheur dans une vie voluptueuse et douce, que dans une vie occupée d'intrigues, d'ambition, d'avidité, ou d'hypocrisie.

Cette espèce d'exagération, qui naît de l'enthousiasme, est nécessaire dans la poésie. Viendra-t-il un temps où l'on ne parlera que le langage exact et sévère de la raison? Mais ce temps est bien éloigné de nous, car il faudrait que tous les hommes pussent entendre ce langage. Pourquoi ne serait-il point permis d'en emprunter un autre pour parler à ceux qui n'entendent point celui-ci?

D'ailleurs, ce mélange de dévotion, de libertinage, et de férocité guerrière, peint dans *la Pucelle,* est l'image naïve des mœurs du temps [1].

Voilà, à ce qu'il nous semble, dans quel esprit les hommes sévères doivent lire *la Pucelle,* et nous espérons qu'ils seront moins prompts à la condamner.

Enfin, ce poëme n'eût-il servi qu'à empêcher un seul libertin de devenir superstitieux et intolérant dans sa vieillesse, il aurait fait plus de bien que toutes les plaisanteries ne feront jamais de mal. Lorsqu'en jetant un coup d'œil attentif sur le genre humain, on voit les droits des hommes, les devoirs

---

1. Un chanoine de Paris, zélé Bourguignon, rapporte en propres termes, dans ses *Annales,* que plusieurs de nos compilateurs d'histoires de France ont eu la bonté de copier, que, sous le règne de Charles VI, Dieu affligea la ville de Paris d'une toux générale, en punition de ce que les petits garçons chantaient dans les rues : « Votre ... a la toux, commère ; votre... a la toux. » (K.) — *Le Journal de Paris sous les règnes de Charles VI et de Charles VII,* où se trouve, à la date du 17 février 1412, l'anecdote citée par Condorcet, « est attribué par aucuns à un curé de Paris et docteur en théologie, » dit D. Godefroy, *Histoire de Charles VI;* Paris, 1653, in-folio, page 497. C'est probablement cet ouvrage qu'avait en vue Condorcet, qui, sans doute, en parlait de mémoire. (R.)

sacrés de l'humanité, attaqués et violés impunément, l'esprit humain abruti par l'erreur, la rage du fanatisme et celle des conquêtes ou des rapines agiter sourdement tant d'hommes puissants, les fureurs de l'ambition et de l'avarice exerçant partout leurs ravages avec impunité, et qu'on entend un prédicateur tonner contre les erreurs de la volupté, il semble voir un médecin, appelé auprès d'un pestiféré, s'occuper gravement à le guérir d'un cor au pied.

Il ne sera peut-être pas inutile d'examiner ici pourquoi l'on attache tant d'importance à l'austérité des mœurs. 1° Dans les pays où les hommes sont féroces, et où il y a de mauvaises lois, l'amour ou le goût du plaisir produisent de grands désordres ; et il a toujours été plus facile de faire des déclamations que de bonnes lois ; 2° les vieillards, qui naturellement possèdent toute l'autorité, et dirigent les opinions, ne demandent pas mieux que de crier contre des fautes qui sont celles d'un autre âge ; 3° la liberté des mœurs détruit le pouvoir des femmes, les empêche de l'étendre au delà du terme de la beauté ; 4° la plupart des hommes ne sont ni voleurs, ni calomniateurs, ni assassins. Il est donc très-naturel que partout les prêtres aient voulu exagérer les fautes des mœurs. Il y a peu d'hommes qui en soient exempts ; la plupart même mettent de l'amour-propre à en commettre, ou du moins à en avoir envie : de manière que tout homme à qui on a inspiré des scrupules sur cet objet devient l'esclave du pouvoir sacerdotal.

Les prêtres peuvent laisser en repos la conscience des grands sur leurs crimes, et, en leur inspirant des remords sur leurs plaisirs, s'emparer d'eux, les gouverner, et faire d'un voluptueux un persécuteur ardent et barbare.

Ils n'ont que ce moyen de se rendre maîtres des femmes, qui, pour la plupart, n'ont à se reprocher que des fautesde ce genre. Ils s'assurent par là un moyen de gouverner despotiquement les esprits faibles, les imaginations ardentes, et surtout les vieillards, qui, en expiation des vieilles fautes qu'ils ne peuvent plus répéter, ne demandent pas mieux que de dépouiller leurs héritiers en faveur des prêtres.

Nous observerons, en cinquième lieu, que ces mêmes fautes sont precisément celles pour lesquelles on peut se rendre sévère en faisant moins de sacrifices. Il n'y a point de vertu qu'il soit si facile de pratiquer, ou de faire semblant de pratiquer, que la chasteté ; il n'y en a point qui soit plus compatible avec l'absence de toute vertu réelle, et l'assemblage de tous les vices : en sorte que du moment où il est convenu d'y attacher une grande importance, tous les fripons sont sûrs d'obtenir à peu de frais la considération publique.

Aussi cherchez sur tout le globe un pays où, nous ne disons pas la pureté qui tient à la simplicité, mais l'austérité de mœurs soit en grand crédit, et vous serez sûr d'y trouver tous les vices et tous les crimes, même ceux que la débauche fait commettre.

PRÉFACE

DE DOM APULEIUS RISORIUS

BÉNÉDICTIN.

Remercions la bonne âme par laquelle une *Pucelle* nous est venue. Ce poëme héroïque et moral fut composé vers l'an 1730, comme les doctes le savent, et comme il appert par plusieurs traits de cet ouvrage. Nous voyons dans une lettre de 1740 [1], imprimée dans le Recueil des opuscules d'un grand prince, sous le nom du *Philosophe de Sans-Souci*, qu'une princesse d'Allemagne, à laquelle on avait prêté le manuscrit, seulement pour le lire, fut si édifiée de la circonspection qui règne dans un sujet si scabreux, qu'elle passa un jour et une nuit à le faire copier, et à transcrire elle-même tous les endroits les plus moraux. C'est cette même copie qui nous est enfin parvenue. On a souvent imprimé des lambeaux de notre *Pucelle* [2], et les vrais amateurs de la saine littérature ont été bien scandalisés de la voir si horriblement défigurée [3]. Des éditeurs l'ont donnée en quinze chants, d'autres en seize, d'autres en dix-huit, d'autres en vingt-quatre, tantôt en coupant un chant en deux, tantôt en remplissant des lacunes par des vers que le cocher de Verthamon [4],

---

1. Cette lettre est du 22 février 1747. « Vous avez, dit Frédéric, prêté votre *Pucelle* à la duchesse de Wurtemberg; apprenez qu'elle l'a fait copier pendant la nuit. » (R.)
2. Voyez l'avertissement de Beuchot.
3. Lorsque ces éditions parurent, M. de Voltaire crut devoir les désavouer par une lettre adressée à l'Académie française. (K.) — Cette lettre, qui est de novembre 1755, et probablement du 14 de ce mois, se trouve dans la *Correspondance* de Voltaire, ainsi que la réponse de Duclos, au nom et comme secrétaire de l'Académie. (R.)
4. Il est assez fréquemment parlé, dans les ouvrages de Voltaire, de ce *cocher de Verthamon*, qui eut, dans son temps, quelque célébrité parmi le peuple, comme avant lui *le Savoyard* Philipot, immortalisé par Boileau. Il se nommait Estienne, et « faisait toutes les chansons du Pont-Neuf », dit un manuscrit de l'époque. Il était mort en 1724. (R.)

sortant du cabaret pour aller en bonne fortune, aurait désavoués[1].

Voici donc Jeanne dans toute sa pureté. Nous craignons de faire un jugement téméraire en nommant l'auteur à qui on attribue ce poëme épique. Il suffit que les lecteurs puissent tirer quelque instruction de la morale cachée sous les allégories du poëme. Qu'importe de connaître l'auteur? Il y a beaucoup d'ouvrages que les doctes et les sages lisent avec délices sans savoir qui les a faits, comme le *Pervigilium Veneris*, la satire sous le nom de *Pétrone*[2], et tant d'autres.

Ce qui nous console beaucoup, c'est qu'on trouvera dans notre *Pucelle* bien moins de choses hardies et libres que dans tous les grands hommes d'Italie qui ont écrit dans ce goût.

Verum enim vero, à commencer par le Pulci, nous serions bien fâchés que notre discret auteur eût approché des petites libertés que prend ce docteur florentin dans son *Morgante*. Ce Luigi Pulci, qui était un grave chanoine[3], composa son poëme, au milieu du xve siècle, pour la signora Lucrezia Tornabuoni, mère de Laurent

---

1. Dans les dernières éditions que des barbares ont faites de ce poëme, le lecteur est indigné de voir une multitude de vers tels que ceux-ci :

> Chandos, suant et soufflant comme un bœuf,
> Tâte du doigt si l'autre est une fille.
> « Au diable soit, dit-il, la sotte aiguille ! »
> Bientôt le diable emporte l'étui neuf.
> Il veut encor secouer sa guenille.
> . . . .
> Chacun avait son trot et son allure.

On y dit de saint Louis :

> Qu'il eût mieux fait, certes, le pauvre sire,
> De se gaudir avec sa margoton...
> Onc ne tâta de bisques, d'ortolans, etc.

On y trouve Calvin du temps de Charles VII; tout est défiguré, tout est gâté par des absurdités sans nombre. (*Note de Voltaire*, 1762.) C'est un capucin défroqué, lequel a pris le nom de Maubert, qui est l'auteur de cette infamie, faite uniquement pour la canaille. (*Id.*, 1773). — Pour les vers de Chandos cités dans cette note, voyez les variantes du XIIIe chant; pour les autres, les variantes du Ve. (R.)

2. Dans le chapitre xiv du *Pyrrhonisme de l'histoire*, consacré à l'examen du poëme attribué au consul Pétrone, Voltaire s'est, avec raison, montré beaucoup plus sévère en fait de goût qu'il ne l'est ici. (R.)

3. Ginguené (*Histoire littéraire d'Italie*, IV, 214) adopte cette opinion, que Voltaire lui-même a énoncée de nouveau (en 1767) dans la seconde de ses *Lettres à S. A. monseigneur le prince de*** sur Rabelais, etc.* Les biographes nationaux prétendent, au contraire, que le Pulci était marié : « Si sa certamente ch' egli viaggio per la Lombardia, e altrove, e che s'accaso verso l'anno 1473, con Lucrezia di Uberto di Giovanni degli Albizzi, da cui ebbe due figliuoli, Roberto e Jacopo. » *Elogio di Luigi Pulci, scritto dal sig. Giuseppe Pelli. Morgante Maggiore*, Milano, 1806, in-8, I, vii. (R.)

PRÉFACE DE DOM APULEIUS RISORIUS.

de Médicis le Magnifique ; et il est rapporté[1] qu'on chantait le *Morgante* à la table de cette dame. C'est le second poëme épique qu'ait eu l'Italie. Il y a eu de grandes disputes parmi les savants pour savoir si c'est un ouvrage sérieux ou plaisant.

Ceux qui l'ont cru sérieux se fondent sur l'exorde de chaque chant, qui commence par des versets de l'Écriture. Voici, par exemple, l'exorde du premier chant :

> In principio era il Verbo appresso a Dio ;
> Ed era Iddio il Verbo, e'l Verbo lui.
> Questo era il principio al parer mio, etc.

Si le premier chant commence par l'Évangile, le dernier finit par le *Salve regina* ; et cela peut justifier l'opinion de ceux qui ont cru que l'auteur avait écrit très-sérieusement, puisque, dans ces temps-là, les pièces de théâtre qu'on jouait en Italie étaient tirées de la Passion et des Actes des saints.

Ceux qui ont regardé le *Morgante* comme un ouvrage badin n'ont considéré que quelques hardiesses trop fortes, auxquelles il s'abandonne.

Morgante demande à Margutte s'il est chrétien ou mahométan :

> E se egli crede in Cristo o in Maometto[2].

> Rispose allor Margutte : A dirtel tosto,
> Io non credo più al nero che al azzuro ;
> Ma nel cappone, o lesso o vuogli arrosto ;
> . . . .
> Ma sopra tutto nel buon vino ho fede ;
> E credo che sia salvo chi gli crede[3].
> Or queste son tre virtù cardinale,
> La gola, e'l culo, e'l dado, come io t'ho detto[4].

---

1. Bernardo Tasso (*Lettere* ; Padova, 1733-51, I, 147 ; II, 307), que Voltaire semble vouloir désigner ici, est la seule autorité sur laquelle s'appuie Crescimbeni, qui rapporte le même fait ; mais un éditeur du Pulci fait remarquer que son récit n'a été mis en doute par personne. (R.)

2. On lit dans le Pulci (cant. xviii, st. 114) les trois vers suivants, qui renferment la même idée, ainsi que l'a observé M. Louis du Bois :

> Dimmi piu oltre, io non t'ho domandato,
> Se se' cristiano, o se se' sarasino,
> O se tu credi in Cristo o in Apollino.   (R.)

3. Cant. xviii, st. 115. (R.)

4. Ces deux vers ont, depuis longtemps, été remplacés par les suivants (cant. xviii, st. 132) dans les éditions publiées en Italie :

> Or queste son le mie virtù morale
> La gola, e'l bere, e'l dado ch'io t'ho detto. (R.)

PRÉFACE DE DOM APULEIUS RISORIUS.

Vous remarquerez, s'il vous plaît, que le Crescimbeni, qui ne fait nulle difficulté de ranger le Pulci parmi les vrais poëtes épiques, dit, pour l'excuser, qu'il était l'écrivain de son temps le plus modeste et le plus mesuré : « il piu modesto e moderato scrittore[1] ». Le fait est qu'il fut le précurseur du Boyardo et de l'Arioste. C'est par lui que les Roland, les Renaud, les Olivier, les Dudon, furent célèbres en Italie, et il est presque égal à l'Arioste pour la pureté de la langue.

On en a fait depuis peu une très-belle édition *con licenza de' superiori*[2]. Ce n'est pas moi assurément qui l'ai faite ; et si notre Pucelle parlait aussi impudemment que ce Margutte, fils d'un prêtre turc et d'une religieuse grecque, je me garderais bien de l'imprimer.

On ne trouvera pas non plus dans Jeanne les mêmes témérités que dans l'Arioste ; on n'y verra point un saint Jean qui habite dans la lune, et qui dit :

> Gli scrittori amo, e fo il debito mio,
> Che al vostro mondo fui scrittore anch' io.
> . . . .
> E ben convenne ad mio lodato Cristo
> Rendermi guiderdon di si gran sorte[3], etc.

Cela est gaillard ; et saint Jean prend là une licence qu'aucun saint de *la Pucelle* ne prendra jamais. Il semble que Jésus ne doive sa divinité qu'au premier chapitre de saint Jean, et que cet évangéliste l'ait flatté. Ce discours sent un peu son socinien. Notre auteur discret n'a garde de tomber dans un tel excès.

C'est encore pour nous un grand sujet d'édification, que notre modeste auteur n'ait imité aucun de nos anciens romans, dont le savant Huet, évêque d'Avranches, et le compilateur l'abbé Lenglet, ont fait l'histoire[4]. Qu'on se donne seulement le plaisir de lire *Lancelot du Lac*, au chapitre intitulé *Comment Lancelot coucha avec la royne, et comment le sire de Lagant la reprint*[5], on verra quelle est

---

1. *Storia della volgar poesia*, vol. II, part. II, l. 3, n° 38, *de' commentarii*. (R.)
2. La plus récente édition du *Morgante* était, en 1702, date de cette Préface celle de Turin, 1754, deux volumes in-12. (R.)
3. *Orlando furioso*, cant. xxxv, st. 28 et 29.
4. On a de l'évêque d'Avranches un *Traité sur l'origine des romans*, publié pour la première fois en 1670, et souvent réimprimé; et de l'abbé Lenglet-Dufresnoy, sous le nom de Gordon de Percel, un traité *De l'usage des romans;* Amsterdam, 1734, deux volumes in-12. (R.)
5. Je n'ai trouvé dans *Lancelot du Lac* aucun chapitre ainsi intitulé. Celui où il est parlé du rendez-vous accordé à Lancelot par la reine n'offre rien de plus fort que certaines descriptions du poëme de *la Pucelle*. (R.)

PRÉFACE DE DOM APULEIUS RISORIUS.

la pudeur de notre auteur, en comparaison de nos auteurs antiques.

Mais *quid dicam* de l'histoire merveilleuse de Gargantua, dédiée au cardinal de Tournon[1]? On sait que le chapitre des Torcheculs[2] est un des plus modestes de l'ouvrage.

Nous ne parlons point ici des modernes : nous dirons seulement que tous les vieux contes imaginés en Italie, et mis en vers par La Fontaine, sont encore moins moraux que notre *Pucelle*. Au reste, nous souhaitons à tous nos graves censeurs les sentiments délicats du beau Monrose; à nos prudes, s'il y en a, la naïveté d'Agnès et la tendresse de Dorothée; à nos guerriers, le bras de la robuste Jeanne; à tous les jésuites, le caractère du bon confesseur Bonifoux; à tous ceux qui tiennent une bonne maison, les attentions et le savoir-faire de Bonneau.

Nous croyons d'ailleurs ce petit livre un remède excellent contre les vapeurs qui affligent en ce temps-ci plusieurs dames et plusieurs abbés; et quand nous n'aurions rendu que ce service au public, nous croirions n'avoir pas perdu notre temps.

---

1. C'est au cardinal Odet de Châtillon, son protecteur, que Rabelais a dédié le livre quatrième de son singulier ouvrage, et non pas au cardinal de Tournon. Dans la première des *Lettres à S. A. monseigneur le prince de*** sur Rabelais*, Voltaire a évité l'erreur de nom qu'il commet ici. (R.)

2. *Gargantua*, liv. I, chap. XIII.

LA PUCELLE

D'ORLÉANS

CHANT PREMIER.

ARGUMENT.

Amours honnêtes de Charles VII et d'Agnès Sorel. Siége d'Orléans par les Anglais. Apparition de saint Denis, etc.

Je ne suis né pour célébrer les saints [1] :
Ma voix est faible, et même un peu profane.
Il faut pourtant vous chanter cette Jeanne
Qui fit, dit-on, des prodiges divins.
Elle affermit, de ses pucelles mains
Des fleurs de lis la tige gallicane,
Sauva son roi de la rage anglicane,
Et le fit oindre au maître-autel de Reims.
Jeanne montra sous féminin visage,
Sous le corset et sous le cotillon,
D'un vrai Roland le vigoureux courage.
J'aimerais mieux, le soir, pour mon usage,
Une beauté douce comme un mouton ;

---

1. Plusieurs éditions portent :
        Vous m'ordonnez de célébrer des saints.

Cette leçon est correcte ; mais nous avons adopté l'autre, comme plus récréative. De plus, elle montre la grande modestie de l'auteur. Il avoue qu'il n'est pas digne de chanter une pucelle. Il donne en cela un démenti aux éditeurs qui, dans une de leurs éditions de ses OEuvres, lui ont attribué une ode *A sainte Geneviève*, dont assurément il n'est pas l'auteur. (*Note de Voltaire*, 1773.) — L'ode *A sainte Geneviève* est incontestablement de Voltaire. (R.)

Mais Jeanne d'Arc eut un cœur de lion :
Vous le verrez, si lisez cet ouvrage.
Vous tremblerez de ses exploits nouveaux ;
Et le plus grand de ses rares travaux
Fut de garder un an son pucelage.

   O Chapelain[1], toi dont le violon,
De discordante et gothique mémoire,
Sous un archet maudit par Apollon,
D'un ton si dur a raclé son histoire ;
Vieux Chapelain, pour l'honneur de ton art,
Tu voudrais bien me prêter ton génie :
Je n'en veux point ; c'est pour Lamotte-Houdart[2],
Quand *l'Iliade* est par lui travestie.

   Le bon roi Charle, au printemps de ses jours,
Au temps de Pâque, en la cité de Tours,
A certain bal (ce prince aimait la danse)
Avait trouvé, pour le bien de la France,
Une beauté nommée Agnès Sorel[3].

---

1. Tous les doctes savent qu'il y eut, du temps du cardinal de Richelieu, un Chapelain, auteur d'un fameux poëme de *la Pucelle*, dans lequel, à ce que dit Boileau,

     Il fit de méchants vers douze fois douze cents.

Boileau ne savait pas que ce grand homme en fit douze fois vingt-quatre cents, mais que, par discrétion, il n'en fit imprimer que la moitié. La maison de Longueville, qui descendait du beau bâtard Dunois, fit à l'illustre Chapelain une pension de douze mille livres tournois. On pouvait mieux employer son argent. (*Note de Voltaire*, 1762.) — Le manuscrit du poëme de *la Pucelle*, composé de vingt-quatre chants, se trouve à la Bibliothèque royale. (R.)

2. Lamotte-Houdart, auteur d'une traduction en vers de *l'Iliade*, traduction très-abrégée, et cependant très-mal reçue. Fontenelle, dans l'éloge académique de Lamotte, dit que c'est la faute de l'original. (*Note de Voltaire*, 1762.) — Fontenelle n'a point composé d'éloge de Lamotte; mais en répondant, au nom de l'Académie française, à l'évêque de Luçon, successeur de Lamotte, il dit que *le défaut le plus essentiel* qui empêcha sa traduction de réussir, *et peut-être le seul, c'est d'être* l'Iliade. (R.)

3. Agnès Sorel, dame de Fromenteau, près de Tours. Le roi Charles VII lui donna le château de Beauté-sur-Marne, et on l'appela dame de Beauté. Elle eut deux enfants du roi son amant, quoiqu'il n'eût point de privautés avec elle, suivant les historiographes de Charles VII, gens qui disent toujours la vérité du vivant des rois. (*Note de Voltaire*, 1762.) — Voltaire avait probablement en vue l'historien Jean Chartier, qui parle ainsi (*Histoire de Charles VII*; Paris, 1661, in-folio, page 191) des relations de Charles VII et de sa maîtresse : « Quand le roy alloit voir les dames et damoiselles, mesmement en l'absence de la reyne, ou qu'icelle belle Agnès le venoit voir, il y avoit tousjours grande quantité de gens presens, qui oncques ne la virent toucher par le roy au-dessous du menton; mais s'en retournoit, après les ebattements licites et honestes faits comme à roy appartient, chacun en son logis par chacun soir, et pareillement ladite Agnès au sien. » (R.)

Jamais l'Amour ne forma rien de tel.
Imaginez de Flore la jeunesse,
La taille et l'air de la nymphe des bois,
Et de Vénus la grâce enchanteresse,
Et de l'Amour le séduisant minois,
L'art d'Arachné, le doux chant des sirènes :
Elle avait tout ; elle aurait dans ses chaînes
Mis les héros, les sages, et les rois.
La voir, l'aimer, sentir l'ardeur naissante
Des doux désirs, et leur chaleur brûlante,
Lorgner Agnès, soupirer et trembler,
Perdre la voix en voulant lui parler,
Presser ses mains d'une main caressante,
Laisser briller sa flamme impatiente,
Montrer son trouble, en causer à son tour,
Lui plaire enfin, fut l'affaire d'un jour.
Princes et rois vont très-vite en amour.
Agnès voulut, savante en l'art de plaire,
Couvrir le tout des voiles du mystère,
Voiles de gaze, et que les courtisans
Percent toujours de leurs yeux malfaisants.

 Pour colorer comme on put cette affaire,
Le roi fit choix du conseiller Bonneau[1],
Confident sûr, et très-bon Tourangeau :
Il eut l'emploi qui certes n'est pas mince,
Et qu'à la cour, où tout se peint en beau,
Nous appelons être l'ami du prince,
Mais qu'à la ville, et surtout en province,
Les gens grossiers ont nommé maq.......
Monsieur Bonneau, sur le bord de la Loire,
Était seigneur d'un fort joli château.
Agnès un soir s'y rendit en bateau,
Et le roi Charle y vint à la nuit noire.
On y soupa ; Bonneau servit à boire ;
Tout fut sans faste, et non pas sans apprêts.
Festins des dieux, vous n'êtes rien auprès !

---

1. Personnage feint. Quelques curieux prétendent que le discret auteur avait en vue certain gros valet de chambre d'un certain prince ; mais nous ne sommes pas de cet avis, et notre remarque subsiste, comme dit Dacier. (*Note de Voltaire*, 1762.)

— Quelques annotateurs prétendent que ce gros valet de chambre est Dangeau, favori de Louis XIV.

Nos deux amants, pleins de trouble et de joie,
Ivres d'amour, à leurs désirs en proie,
Se renvoyaient des regards enchanteurs,
De leurs plaisirs brûlants avant-coureurs.
Les doux propos, libres sans indécence,
Aiguillonnaient leur vive impatience.
Le prince en feu des yeux la dévorait ;
Contes d'amour d'un air tendre il faisait,
Et du genou le genou lui serrait.

   Le souper fait, on eut une musique
Italienne, en genre chromatique[1] ;
On y mêla trois différentes voix
Aux violons, aux flûtes, aux hautbois.
Elles chantaient l'allégorique histoire
De ces héros qu'Amour avait domptés,
Et qui, pour plaire à de tendres beautés,
Avaient quitté les fureurs de la gloire.
Dans un réduit cette musique était,
Près de la chambre où le bon roi soupait.
La belle Agnès, discrète et retenue,
Entendait tout, et d'aucuns n'était vue.

   Déjà la lune est au haut de son cours ;
Voilà minuit : c'est l'heure des amours.
Dans une alcôve artistement dorée,
Point trop obscure, et point trop éclairée,
Entre deux draps que la Frise a tissus,
D'Agnès Sorel les charmes sont reçus.
Près de l'alcôve une porte est ouverte,
Que dame Alix, suivante très-experte,
En s'en allant oublia de fermer.
O vous, amants, vous qui savez aimer,
Vous voyez bien l'extrême impatience
Dont petillait notre bon roi de France !
Sur ses cheveux, en tresse retenus,
Parfums exquis sont déjà répandus.
Il vient, il entre au lit de sa maîtresse ;
Moment divin de joie et de tendresse !
Le cœur leur bat ; l'amour et la pudeur
Au front d'Agnès font monter la rougeur.

---

1. Le chromatique procède par plusieurs semi-tons consécutifs, ce qui produit une musique efféminée, très-convenable à l'amour. (*Note de Voltaire*, 1762.)

La pudeur passe, et l'amour seul demeure.
Son tendre amant l'embrasse tout à l'heure.
Ses yeux ardents, éblouis, enchantés,
Avidement parcourent ses beautés.
Qui n'en serait en effet idolâtre?
 Sous un cou blanc qui fait honte à l'albâtre
Sont deux tétons séparés, faits au tour,
Allants, venants, arrondis par l'Amour ;
Leur boutonnet a la couleur des roses.
Téton charmant, qui jamais ne reposes,
Vous invitiez les mains à vous presser,
L'œil à vous voir, la bouche à vous baiser.
Pour mes lecteurs tout plein de complaisance,
J'allais montrer à leurs yeux ébaudis
De ce beau corps les contours arrondis ;
Mais la vertu qu'on nomme bienséance
Vient arrêter mes pinceaux trop hardis.
Tout est beauté, tout est charme dans elle.
La volupté, dont Agnès a sa part,
Lui donne encore une grâce nouvelle ;
Elle l'anime : amour est un grand fard,
Et le plaisir embellit toute belle.
 Trois mois entiers nos deux jeunes amants
Furent livrés à ces ravissements.
Du lit d'amour ils vont droit à la table.
Un déjeuner, restaurant délectable,
Rend à leurs sens leur première vigueur ;
Puis, pour la chasse épris de même ardeur,
Ils vont tous deux, sur des chevaux d'Espagne,
Suivre cent chiens jappants dans la campagne.
A leur retour on les conduit aux bains.
Pâtes, parfums, odeurs de l'Arabie,
Qui font la peau douce, fraîche, et polie[1],

---

1. Dans une lettre au comte de Tressan (9 décembre 1736), Voltaire se plaint de ce que, dans les copies du *Mondain*, on ait écrit :

    Rendent sa peau douce, fraîche, et polie ;

tandis qu'il fallait mettre :

    Rendent sa peau plus fraîche et plus polie.

En composant le vers de *la Pucelle* auquel cette note se rapporte, il n'aperçut pas, à ce qu'il paraît, le pléonasme que semblent offrir les mots *douce* et *polie*, et qui l'avait choqué dans le vers du *Mondain*. (R.)

Sont prodigués sur eux à pleines mains.
  Le dîner vient; la délicate chère,
L'oiseau du Phase et le coq de bruyère,
De vingt ragoûts l'apprêt délicieux,
Charment le nez, le palais, et les yeux.
Du vin d'Aï la mousse petillante,
Et du Tokai la liqueur jaunissante,
En chatouillant les fibres des cerveaux,
Y porte un feu qui s'exhale en bons mots
Aussi brillants que la liqueur légère
Qui monte et saute, et mousse au bord du verre :
L'ami Bonneau d'un gros rire applaudit
A son bon roi, qui montre de l'esprit.
Le dîner fait, on digère, on raisonne,
On conte, on rit, on médit du prochain,
On fait brailler des vers à maître Alain [1],
On fait venir des docteurs de Sorbonne,
Des perroquets, un singe, un arlequin.
Le soleil baisse; une troupe choisie
Avec le roi court à la comédie,
Et, sur la fin de ce fortuné jour,
Le couple heureux s'enivre encor d'amour.
  Plongés tous deux dans le sein des délices,
Ils paraissaient en goûter les prémices.
Toujours heureux et toujours plus ardents,
Point de soupçons, encor moins de querelles,
Nulle langueur; et l'Amour et le Temps
Auprès d'Agnès ont oublié leurs ailes.
Charles souvent disait entre ses bras,
En lui donnant des baisers tout de flamme :
« Ma chère Agnès, idole de mon âme,
Le monde entier ne vaut point vos appas.
Vaincre et régner, ce n'est rien que folie.
Mon parlement [2] me bannit aujourd'hui;

---

1. Alain Chartier.
2. Le parlement de Paris fit ajourner trois fois à son de trompe le roi, alors dauphin, à la table de marbre, sur les conclusions de l'avocat du roi, Marigny (voyez les *Recherches de* Pasquier). (*Note de Voltaire*, 1762.) — « Maistre Nicolas Roulin, advocat de la douairiere de Bourgongne, institue une accusation à huis-ouvert contre Charles de Valois; et après luy, maistre Pierre de Marigny, advocat du roy, conclud à ce qu'il fust proclamé à trois briefs jours à la table de marbre du Palais, pour l'homicide par lui commis en la personne du duc Jean. Ce qui est

CHANT I.

Au fier Anglais la France est asservie :
Ah ! qu'il soit roi, mais qu'il me porte envie ;
J'ai votre cœur, je suis plus roi que lui. »
   Un tel discours n'est pas trop héroïque ;
Mais un héros, quand il tient dans un lit
Maîtresse honnête, et que l'amour le pique,
Peut s'oublier, et ne sait ce qu'il dit.
   Comme il menait cette joyeuse vie,
Tel qu'un abbé dans sa grasse abbaye,
Le prince anglais[1], toujours plein de furie,
Toujours aux champs, toujours armé, botté,
Le pot en tête, et la dague au côté,
Lance en arrêt, la visière haussée,
Foulait aux pieds la France terrassée.
Il marche, il vole, il renverse en son cours
Les murs épais, les menaçantes tours,
Répand le sang, prend l'argent, taxe, pille,
Livre aux soldats et la mère et la fille,
Fait violer des couvents de nonnains,
Boit le muscat des pères bernardins,
Frappe en écus l'or qui couvre les saints,
Et, sans respect pour Jésus ni Marie,
De mainte église il fait mainte écurie :
Ainsi qu'on voit dans une bergerie
Des loups sanglants de carnage altérés,
Et sous leurs dents les troupeaux déchirés,
Tandis qu'au loin, couché dans la prairie,
Colin s'endort sur le sein d'Égérie,
Et que son chien près d'eux est occupé
A se saisir des restes du soupé.
   Or, du plus haut du brillant apogée,
Séjour des saints, et fort loin de nos yeux,
Le bon Denis[2], prêcheur de nos aïeux,

---

faict à son de trompe et cry public ; et, après tout l'ordre judiciaire à ce requis et observé, il est, par arrest, déclaré indigne de succéder à la couronne. » Pasquier, *Recherches de la France*, liv. VI, chap. IV. (R.)

1. Ce prince anglais est le duc de Bedford, frère puîné de Henri V, roi d'Angleterre, couronné roi de France à Paris. (*Note de Voltaire*, 1762.)

2. Ce bon Denis n'est point Denis le prétendu aréopagite, mais un évêque de Paris. L'abbé Hilduin fut le premier qui écrivit que cet évêque, ayant été décapité, porta sa tête entre ses bras, de Paris jusqu'à l'abbaye qui porte son nom. On érigea ensuite des croix dans tous les endroits où ce saint s'était arrêté en chemin. Le cardinal de Polignac contant cette histoire à Mme la marquise du***, et ajoutant

Vit les malheurs de la France affligée,
L'état horrible où l'Anglais l'a plongée,
Paris aux fers, et le roi très-chrétien
Baisant Agnès, et ne songeant à rien.
Ce bon Denis est patron de la France,
Ainsi que Mars fut le saint des Romains,
Ou bien Pallas chez les Athéniens.
Il faut pourtant en faire différence ;
Un saint vaut mieux que tous les dieux païens.
 « Ah! par mon chef, dit-il, il n'est pas juste
De voir ainsi tomber l'empire auguste
Où de la foi j'ai planté l'étendard :
Trône des lis, tu cours trop de hasard ;
Sang des Valois, je ressens tes misères.
Ne souffrons pas que les superbes frères
De Henri Cinq[1], sans droit et sans raison,
Chassent ainsi le fils de la maison.
J'ai, quoique saint, et Dieu me le pardonne,
Aversion pour la race bretonne :
Car, si j'en crois le livre des destins,
Un jour ces gens raisonneurs et mutins
Se gausseront des saintes décrétales,
Déchireront les romaines annales,
Et tous les ans le pape brûleront.
Vengeons de loin ce sacrilége affront :
Mes chers Français seront tous catholiques ;
Ces fiers Anglais seront tous hérétiques ;

---

que Denis n'avait eu de peine à porter sa tête que jusqu'à la première station, cette dame lui répondit : « Je le crois bien ; il n'y a, dans de telles affaires, que le premier pas qui coûte. » (*Note de Voltaire,* 1762.) — Les éditeurs de Kehl ne se sont point trompés en imprimant en entier le nom de Mme du Deffant (voyez *Correspondance,* lettre du 27 janvier 1764), mais j'ai cru devoir laisser la note telle qu'elle a paru du vivant de l'auteur.

C'est bien Hilduin, comme Voltaire le dit ici, et non pas Harduinus, comme il le dit dans le *Dictionnaire philosophique* (article Denis), qui parla le premier (*Areopagitica,* Coloniæ, 1563, in-8°, folio 118) du singulier voyage de saint Denis. Le bon abbé, tout en convenant (folio 120) que le fait est étrange, n'y trouve cependant rien de difficile : « Quanquam mirum sit, non tamen difficile. » (R.)

1. Henri V, roi d'Angleterre, le plus grand homme de son temps, beau-frère de Charles VII, dont il avait épousé la sœur, était mort à Vincennes, après avoir été reconnu roi de France à Paris ; son frère, le duc de Bedford, gouvernait la meilleure partie de la France au nom de son neveu Henri VI, reconnu aussi pour roi de France à Paris par le parlement, l'hôtel de ville, le châtelet, l'évêque, les corps de métiers, et la Sorbonne. (*Note de Voltaire,* 1773.)

Frappons, chassons ces dogues britanniques :
Punissons-les, par quelque nouveau tour,
De tout le mal qu'ils doivent faire un jour. »
    Des Gallicans ainsi parlait l'apôtre,
De maudissons lardant sa patenôtre[1];
Et cependant que tout seul il parlait,
Dans Orléans un conseil se tenait.
Par les Anglais cette ville bloquée,
Au roi de France allait être extorquée.
Quelques seigneurs et quelques conseillers,
Les uns pédants et les autres guerriers,
Sur divers tons déplorant leur misère,
Pour leur refrain disaient : « Que faut-il faire ? »
Poton, La Hire, et le brave Dunois[2],
S'écriaient tous en se mordant les doigts :
« Allons, amis, mourons pour la patrie,
Mais aux Anglais vendons cher notre vie. »
Le Richemont criait tout haut : « Par Dieu,
Dans Orléans il faut mettre le feu ;
Et que l'Anglais, qui pense ici nous prendre,
N'ait rien de nous que fumée et que cendre. »
    Pour La Trimouille, il disait : « C'est en vain
Que mes parents me firent Poitevin ;
J'ai dans Milan laissé ma Dorothée ;
Pour Orléans, hélas ! je l'ai quittée.
Je combattrai, mais je n'ai plus d'espoir :
Faut-il mourir, ô ciel ! sans la revoir ! »
Le président Louvet[3], grand personnage,
Au maintien grave, et qu'on eût pris pour sage,
Dit : « Je voudrais que préalablement
Nous fissions rendre arrêt de parlement
Contre l'Anglais, et qu'en ce cas énorme
Sur toute chose on procédât en forme. »

---

1. Réminiscence de ces vers de J.-B. Rousseau :

> Pour un procès tous deux s'étant émus,
> De maudissons lardaient leurs *oremus*.
>   *Épigrammes,* I, xviii.

2. Poton de Saintrailles, La Hire, grands capitaines; Jean de Dunois, fils naturel de Louis d'Orléans et de la comtesse d'Enghien; Richemont, connétable de France, depuis duc de Bretagne; La Trimouille, d'une grande maison du Poitou. (*Note de Voltaire,* 1762.)

3. Le président Louvet, ministre d'État sous Charles VII. (*Id.,* 1762.)

Louvet était un grand clerc; mais, hélas!
Il ignorait son triste et piteux cas :
S'il le savait, sa gravité prudente
Procéderait contre sa présidente.
Le grand Talbot, le chef des assiégeants,
Brûle pour elle, et règne sur ses sens :
Louvet l'ignore; et sa mâle éloquence
N'a pour objet que de venger la France.
Dans ce conseil de sages, de héros,
On entendait les plus nobles propos;
Le bien public, la vertu les inspire :
Surtout l'adroit et l'éloquent La Hire
Parla longtemps, et pourtant parla bien ;
Ils disaient d'or, et ne concluaient rien.

Comme ils parlaient, on vit par la fenêtre
Je ne sais quoi dans les airs apparaître.
Un beau fantôme au visage vermeil,
Sur un rayon détaché du soleil,
Des cieux ouverts fend la voûte profonde.
Odeur de saint se sentait à la ronde.
Le farfadet dessus son chef avait
A deux pendants une mitre pointue
D'or et d'argent, sur le sommet fendue;
Sa dalmatique au gré des vents flottait,
Son front brillait d'une sainte auréole [1],
Son cou penché laissait voir son étole,
Sa main portait ce bâton pastoral
Qui fut jadis *lituus* augural [2].
A cet objet qu'on discernait fort mal,
Voilà d'abord monsieur de La Trimouille,
Paillard dévot, qui prie et s'agenouille.
Le Richemont, qui porte un cœur de fer,

---

1. Auréole, c'est la couronne de rayons que les saints ont toujours sur la tête. Elle paraît imitée de la couronne de laurier dont les feuilles divergentes semblaient environner de rayons la tête des héros; ce qui a fait tirer à quelques-uns l'étymologie d'auréole de *laurum, laureola* : d'autres la tirent d'*aurum*. Saint Bernard dit que cette couronne est d'or pour les vierges. « Coronam quam nostri majores aureolam vocant, idcirco nominatam... » — Cette note appartient, à la seconde phrase près, à l'édition de 1762, où elle s'appliquait au vers 307 du onzième chant. La rédaction actuelle a paru dans l'édition de Kehl : les éditeurs l'ont, avec raison, transposée à l'endroit du poëme où le mot auréole paraît pour la première fois. (R.)

2. Le bâton des augures ressemblait parfaitement à une crosse. (*Note de Voltaire*, 1762.)

Blasphémateur, jureur impitoyable,
Haussant la voix, dit que c'était le diable
Qui leur venait du fin fond de l'enfer;
Que ce serait chose très-agréable
Si l'on pouvait parler à Lucifer.
Maître Louvet s'en courut au plus vite
Chercher un pot tout rempli d'eau bénite.
Poton, La Hire, et Dunois, ébahis,
Ouvrent tous trois de grands yeux ébaubis.
Tous les valets sont couchés sur le ventre.
L'objet approche, et le saint fantôme entre
Tout doucement porté sur son rayon,
Puis donne à tous sa bénédiction.
Soudain chacun se signe et se prosterne.
  Il les relève avec un air paterne;
Puis il leur dit : « Ne faut vous effrayer;
Je suis Denis[1], et saint de mon métier.
J'aime la Gaule, et l'ai catéchisée,
Et ma bonne âme est très-scandalisée
De voir Charlot, mon filleul tant aimé,
Dont le pays en cendre est consumé,
Et qui s'amuse, au lieu de le défendre,
A deux tétons qu'il ne cesse de prendre.
J'ai résolu d'assister aujourd'hui
Les bons Français qui combattent pour lui.
Je veux finir leur peine et leur misère.
Tout mal, dit-on, guérit par son contraire.
Or si Charlot veut, pour une catin,
Perdre la France et l'honneur avec elle,
J'ai résolu, pour changer son destin,

---

1. Ce Denis, patron de la France, est un saint de la façon des moines. Il ne vint jamais dans les Gaules. Voyez sa légende dans les *Questions sur l'Encyclopédie*, à l'article DENIS : vous apprendrez qu'il fut d'abord créé évêque d'Athènes par saint Paul; qu'il alla rendre une visite à la vierge Marie, et la complimenta sur la mort de son fils; qu'ensuite il quitta l'évêché d'Athènes pour celui de Paris; qu'on le pendit; qu'il prêcha fort éloquemment du haut de sa potence; qu'on lui coupa la tête pour l'empêcher de parler ; qu'il prit sa tête entre ses bras, qu'il la baisait en chemin, en allant à une lieue de Paris fonder une abbaye de son nom. (*Note de Voltaire*, 1773.) — Cette note contient plusieurs inexactitudes : 1° l'article DENIS du *Dictionnaire philosophique*, dans lequel ont été fondues les *Questions sur l'Encyclopédie*, est consacré à l'aréopagite, et non point à l'évêque de Paris, patron de la France; 2° dans cet article il n'est pas question de compliments faits à la Vierge sur la mort de son fils, non plus que des baisers donnés par Denis à sa tête, qu'il tenait entre ses bras. (R.)

De me servir des mains d'une pucelle.
Vous, si d'en haut vous désirez les biens,
Si vos cœurs sont et français et chrétiens,
Si vous aimez le roi, l'État, l'Église,
Assistez-moi dans ma sainte entreprise;
Montrez le nid où nous devons chercher
Ce vrai phénix que je veux dénicher. »
    Ainsi parla le vénérable sire.
Quand il eut fait chacun se prit à rire.
Le Richemont, né plaisant et moqueur,
Lui dit : « Ma foi, mon cher prédicateur,
Monsieur le saint, ce n'était pas la peine
D'abandonner le céleste domaine
Pour demander à ce peuple méchant
Ce beau joyau que vous estimez tant.
Quand il s'agit de sauver une ville,
Un pucelage est une arme inutile.
Pourquoi d'ailleurs le prendre en ce pays?
Vous en avez tant dans le paradis!
Rome et Lorette ont cent fois moins de cierges
Que chez les saints il n'est là-haut de vierges.
Chez les Français, hélas! il n'en est plus.
Tous nos moutiers sont à sec là-dessus.
Nos francs-archers, nos officiers, nos princes,
Ont dès longtemps dégarni les provinces.
Ils ont tous fait, en dépit de vos saints,
Plus de bâtards encor que d'orphelins.
Monsieur Denis, pour finir nos querelles,
Cherchez ailleurs, s'il vous plaît, des pucelles. »
    Le saint rougit de ce discours brutal;
Puis aussitôt il remonte à cheval
Sur son rayon, sans dire une parole,
Pique des deux, et par les airs s'envole,
Pour déterrer, s'il peut, ce beau bijou
Qu'on tient si rare, et dont il semble fou.
Laissons-le aller; et tandis qu'il se perche
Sur l'un des traits qui vont porter le jour,
Ami lecteur, puissiez-vous en amour
Avoir le bien de trouver ce qu'il cherche!

FIN DU CHANT PREMIER.

VARIANTES

DU CHANT PREMIER [1].

Vers 2 :
> Ma lyre ou vielle est tant soit peu profane.

Vers 5 :
> Elle affermit de ses pucelles mains
> Des lis fameux les tiges gallicanes;
> Sauva son roi des fureurs anglicanes...

Vers 15 :
> Bien le verrez, si lisez cet ouvrage.

Vers 17. — Peut-être n'aurais-je pas dû omettre de dire que ce vers et les douze suivants ont été mis en musique par M. Rouget de Lisle, auteur de l'*Hymne des Marseillais*. (R.)

Vers 22 :
> Si rauquement a raclé son histoire.

Vers 26. — Il y a dans l'édition de 1756 :
> *Quand l'*Iliade* est par lui travestie,
> Ou par quelqu'un de son académie. (K.)

Vers 30 :
> Avait trouvé, pour le mal de la France. (R.)

Vers 40 :
> La voir, l'aimer, sentir l'ardeur brûlante
> Des doux désirs en leur chaleur naissante. (R.)

1. Les éditeurs de Kehl et leurs successeurs avaient confondu ensemble les notes et les variantes. M. Louis du Bois, le premier, en fit la séparation. J'ai suivi son exemple, et crois avoir fait mieux encore que lui en plaçant au bas du texte même les notes qui s'y rapportent : cette disposition évite au lecteur la peine et l'ennui de recourir trop fréquemment aux endroits du volume où elles auraient pu être reléguées. Un grand nombre de variantes assez importantes avaient été recueillies par les éditeurs de Kehl, et M. Louis du Bois a beaucoup ajouté à leurs recherches. J'ai mis à profit leurs travaux, auxquels j'ai réuni ceux de M. Thomas, qui a relevé, avec la plus scrupuleuse exactitude, les différences que lui ont offertes les éditions de 1756, 1762 et 1775, comparées entre elles et avec un manuscrit ayant appartenu à M. Seguier, premier avocat général au parlement de Paris. Les variantes tirées de l'édition de Kehl sont suivies de la lettre K; celles qui ont été communiquées par M. Thomas, et auxquelles j'ai rarement pu ajouter, portent la signature R; enfin celles qu'a relevées M. L. du Bois sont et devaient être sans signature. L'astérisque placé au devant de quelques vers indique qu'ils se retrouvent dans le texte du poëme. (R.)

Vers 53 :
> Donc, pour cacher comme on put cette affaire.

Vers 55 :
> Rusé matois, encor que Tourangeau.

Vers 58 :
> Gens délicats nomment l'ami du prince.

Vers 60 :
> Les gens grossiers appellent maquereau.

Voltaire, dans une lettre du 31 juillet 1755, au maréchal de Richelieu, se plaint des interpolations qu'on a fait subir à son poëme, entre autres de celle-ci :
> Et qu'à la ville, et surtout en province,
> Les Richelieux ont nommé maquereau.

Je n'ai vu aucune édition, aucun manuscrit qui contînt ce dernier vers [1]. (R.)

Vers 76. — On lit dans l'édition de 1756 :
> Et du genou, du genou la pressait.

Et dans un manuscrit :
> Et du genou le genou lui pressait. (R.)

Vers 82 :
> De cent héros qu'amour avait domptés,
> *Et qui pour plaire à de tendres beautés
> Avaient quitté les faveurs de la gloire. (R.)

Vers 87 :
> La belle Agnès, modeste et retenue. (R.)

Vers 104 :
> Moment charmant de joie et de tendresse.

Vers 115 :
> Leur boutonnet est de couleur de rose.
> Téton charmant! qui jamais ne repose... (R.)

Vers 118 :
> L'œil à vous voir, la bouche à vous sucer. (R.)

---

1. J'ai aussi vainement cherché, dans les éditions subreptices et les manuscrits, les vers suivants, dont il est question dans la même lettre et dans celle à Thieriot, du 10 septembre suivant. Je les place ici par occasion, et parce que rien ne m'indique à quel chant du poeme ils pouvaient appartenir.

> . . . .
> Qui, des Valois rompant la destinée,
> A la gard' Dieu laisse aller son armée,
> Chasse le jour, le soir est en festin,
> Toute la nuit fait encor pire train;
> Car saint Louis, là-haut, ce bon apôtre,
> A ses Bourbons en pardonne bien d'autre. (R.)

VARIANTES DU CHANT I.

Vers 123. — Manuscrit :

* Vient arrêter mes pinceaux trop hardis.
Tout répondait, lecteur, tu peux m'en croire,
A la beauté de sa gorge d'ivoire.
* La volupté... (K.)

Vers 146. — Manuscrit :

* Et du Tokai la liqueur jaunissante
Dans le cerveau portent un feu brillant;
Mille bons mots en partent à l'instant.
Après dîner, on digère, on raisonne,
On parle, on lit, on médit du prochain,
* On fait brailler... (K.)

Vers 172 :

Vaincre et régner n'est rien qu'une folie. (R.)

Vers 186 :

Lance en arrêt, abaissant la visière,
Foulait aux pieds la France prisonnière.

Vers 227 :

* Un jour ces gens raisonneurs et mutins
Feront la nique à tous nos auteurs saints,
* Se gausseront des saintes décrétales,
Et traiteront nos vierges de catins;
* Déchireront...

Vers 239 :

Et cependant que seul il raisonnait.

Vers 255 :

Pour La Trimouille, il disait : « Attendons
Jusqu'à demain, et beau jeu nous verrons. »
* Le président Louvet...

Vers 287 :

Le bon Denis dessus son chef avait.

Vers 334 :

« Montrez le nid où convient de chercher
* Ce vrai phénix que je veux dénicher. »
A tant se tut le vénérable sire.

Vers 345 :

Un pucelage est assez inutile.

Vers 356. — Manuscrit :

Ainsi, vieux fou, pour finir nos querelles,
* Cherchez ailleurs, s'il vous plaît, des pucelles. (K.)

Vers 367 :

Avoir le don de trouver ce qu'il cherche.

CHANT DEUXIÈME.

ARGUMENT.

Jeanne, armée par saint Denis, va trouver Charles VII à Tours; ce qu'elle fit en chemin, et comment elle eut son brevet de pucelle.

Heureux cent fois qui trouve un pucelage !
C'est un grand bien; mais de toucher un cœur
Est, à mon sens, un plus cher avantage.
Se voir aimé, c'est là le vrai bonheur.
Qu'importe, hélas! d'arracher une fleur?
C'est à l'amour à nous cueillir la rose.
De très-grands clercs ont gâté par leur glose
Un si beau texte; ils ont cru faire voir
Que le plaisir n'est point dans le devoir.
Je veux contre eux faire un jour un beau livre;
J'enseignerai le grand art de bien vivre;
Je montrerai qu'en réglant nos désirs,
C'est du devoir que viennent nos plaisirs.
Dans cette honnête et savante entreprise,
Du haut des cieux saint Denis m'aidera;
Je l'ai chanté, sa main me soutiendra.
En attendant, il faut que je vous dise
Quel fut l'effet de sa sainte entremise.
   Vers les confins du pays champenois,
Où cent poteaux, marqués de trois merlettes [1],
Disaient aux gens : « En Lorraine vous êtes, »
Est un vieux bourg peu fameux autrefois;
Mais il mérite un grand nom dans l'histoire,
Car de lui vient le salut et la gloire

---

1. Il y avait alors sur toutes les frontières de Lorraine des poteaux aux armes du duc, qui sont trois alérions; ils ont été ôtés en 1738. (*Note de Voltaire*, 1762.)

Des fleurs de lis et du peuple gaulois.
De Domremy chantons tous le village ;
Faisons passer son beau nom d'âge en âge.
 O Domremy ! tes pauvres environs
N'ont ni muscats, ni pêches, ni citrons,
Ni mine d'or, ni bon vin qui nous damne ;
Mais c'est à toi que la France doit Jeanne.
Jeanne y naquit[1] : certain curé du lieu,
Faisant partout des serviteurs à Dieu,
Ardent au lit, à table, à la prière,
Moine autrefois, de Jeanne fut le père ;
Une robuste et grasse chambrière
Fut l'heureux moule où ce pasteur jeta
Cette beauté, qui les Anglais dompta.
Vers les seize ans, en une hôtellerie
On l'engagea pour servir l'écurie,
A Vaucouleurs ; et déjà de son nom
La renommée emplissait le canton.
Son air est fier, assuré, mais honnête ;
Ses grands yeux noirs brillent à fleur de tête ;
Trente-deux dents d'une égale blancheur
Sont l'ornement de sa bouche vermeille,
Qui semble aller de l'une à l'autre oreille,
Mais bien bordée et vive en sa couleur,
Appétissante, et fraîche par merveille.
Ses tétons bruns, mais fermes comme un roc,
Tentent la robe, et le casque, et le froc.
Elle est active, adroite, vigoureuse ;
Et d'une main potelée et nerveuse
Soutient fardeaux, verse cent brocs de vin,
Sert le bourgeois, le noble, le robin ;
Chemin faisant, vingt soufflets distribue
Aux étourdis dont l'indiscrète main
Va tâtonnant sa cuisse ou gorge nue ;
Travaille et rit du soir jusqu'au matin,
Conduit chevaux, les panse, abreuve, étrille ;
Et les pressant de sa cuisse gentille,

---

1. Elle était en effet native du village de Domremy, fille de Jean d'Arc et d'Isabeau, âgée alors de vingt-sept ans, et servante de cabaret ; ainsi son père n'était point curé. C'est une fiction poétique qui n'est peut-être pas permise dans un sujet grave. (*Note de Voltaire*, 1762.)

Les monte à cru comme un soldat romain [1].
O profondeur, ô divine sagesse !
Que tu confonds l'orgueilleuse faiblesse
De tous ces grands si petits à tes yeux !
Que les petits sont grands quand tu le veux !
Ton serviteur Denis le bienheureux
N'alla rôder aux palais des princesses,
N'alla chez vous, mesdames les duchesses ;
Denis courut, amis, qui le croirait ?
Chercher l'honneur, où ? dans un cabaret.
 Il était temps que l'apôtre de France
Envers sa Jeanne usât de diligence.
Le bien public était en grand hasard.
De Satanas la malice est connue ;
Et si le saint fût arrivé plus tard
D'un seul moment, la France était perdue.
Un cordelier qu'on nommait Grisbourdon,
Avec Chandos arrivé d'Albion,
Était alors dans cette hôtellerie ;
Il aimait Jeanne autant que sa patrie.
C'était l'honneur de la pénaillerie ;
De tous côtés allant en mission ;
Prédicateur, confesseur, espion ;
De plus, grand clerc en la sorcellerie [2],
Savant dans l'art en Égypte sacré,
Dans ce grand art cultivé chez les mages,
Chez les Hébreux, chez les antiques sages,
De nos savants dans nos jours ignoré.
Jours malheureux ! tout est dégénéré.
 En feuilletant ses livres de cabale,
Il vit qu'aux siens Jeanne serait fatale,
Qu'elle portait dessous son court jupon
Tout le destin d'Angleterre et de France.
Encouragé par la noble assistance
De son génie, il jura son cordon,

---

1. « Montait chevaux à poil et faisait apertises qu'autres filles n'ont point coutume de faire », comme dit la *Chronique* de Monstrelet. (*Note de Voltaire*, 1762.) — Voici le texte des *Chroniques*, liv. I, chap. LVII : « Et estoit hardie de chevaucher chevaux, et les mener boire, et aussi de faire apertises et autres habiletés que jeunes filles n'ont point accoutumé de faire. » (R.)

2. La sorcellerie était alors si en vogue que Jeanne d'Arc elle-même fut brûlée depuis comme sorcière, sur la requête de la Sorbonne. (*Note de Voltaire*, 1762.)

Son Dieu, son diable, et saint François d'Assise,
Qu'à ses vertus Jeanne serait soumise,
Qu'il saisirait ce beau palladion[1].
Il s'écriait, en faisant l'oraison :
« Je servirai ma patrie et l'Église ;
Moine et Breton, je dois faire le bien
De mon pays, et plus encor le mien. »
  Au même temps, un ignorant, un rustre,
Lui disputait cette conquête illustre :
Cet ignorant valait un cordelier,
Car vous saurez qu'il était muletier ;
Le jour, la nuit, offrant sans fin, sans terme,
Son lourd service et l'amour le plus ferme.
L'occasion, la douce égalité,
Faisaient pencher Jeanne de son côté ;
Mais sa pudeur triomphait de la flamme
Qui par les yeux se glissait dans son âme.
Le Grisbourdon vit sa naissante ardeur ;
Mieux qu'elle encore il lisait dans son cœur.
Il vint trouver son rival si terrible ;
Puis il lui tint ce discours très-plausible :
  « Puissant héros, qui passez au besoin
Tous les mulets commis à votre soin,
Vous méritez, sans doute, la pucelle ;
Elle a mon cœur comme elle a tous vos vœux ;
Rivaux ardents, nous nous craignons tous deux,
Et comme vous je suis amant fidèle.
Çà, partageons, et, rivaux sans querelle,
Tâtons tous deux de ce morceau friand
Qu'on pourrait perdre en se le disputant.
Conduisez-moi vers le lit de la belle ;
J'évoquerai le démon du dormir ;
Ses doux pavots vont soudain l'assoupir ;
Et tour à tour nous veillerons pour elle. »
  Incontinent le père au grand cordon
Prend son grimoire, évoque le démon
Qui de Morphée eut autrefois le nom.
Ce pesant diable est maintenant en France :
Vers le matin, lorsque nos avocats

---

1. Figure de Pallas à laquelle le destin de Troie était attaché : presque tous les peuples ont eu de pareilles superstitions. (*Note de Voltaire*, 1762.)

Vont s'enrouer à commenter Cujas,
Avec messieurs[1] il ronfle à l'audience ;
L'après-dînée il assiste aux sermons
Des apprentis dans l'art des Massillons,
A leurs trois points, à leurs citations,
Aux lieux communs de leur belle éloquence ;
Dans le parterre il vient bâiller le soir.
   Aux cris du moine il monte en son char noir,
Par deux hiboux traîné dans la nuit sombre.
Dans l'air il glisse, et doucement fend l'ombre.
Les yeux fermés, il arrive en bâillant,
Se met sur Jeanne, et tâtonne, et s'étend ;
Et secouant son pavot narcotique,
Lui souffle au sein vapeur soporifique.
Tel on nous dit que le moine Girard[2],
En confessant la gentille Cadière,
Insinuait de son souffle paillard
De diabloteaux une ample fourmilière.
   Nos deux galants, pendant ce doux sommeil,
Aiguillonnés du démon du réveil,
Avaient de Jeanne ôté la couverture.
Déjà trois dés, roulant sur son beau sein,
Vont décider, au jeu de saint Guilain[3],
Lequel des deux doit tenter l'aventure.
Le moine gagne ; un sorcier est heureux :
Le Grisbourdon se saisit des enjeux ;
Il fond sur Jeanne. O soudaine merveille !
Denis arrive, et Jeanne se réveille.
O Dieu ! qu'un saint fait trembler tout pécheur !
Nos deux rivaux se renversent de peur.

1. Messieurs du Parlement.
2. Le jésuite Girard, convaincu d'avoir eu de petites privautés avec la demoiselle Cadière, sa pénitente, fut accusé de l'avoir ensorcelée en soufflant sur elle. Voyez les notes du chant troisième. (*Note de Voltaire*, 1762.) — La note à laquelle celle-ci renvoie se rapporte au vers 209. (R.)
3. « On connaît l'aventure de saint Guilain, qui joua aux trois dés, contre le diable, l'âme d'une pécheresse mourante. Le diable trichait ; saint Guilain fit un miracle : il amena trois *sept*, et gagna son âme. Le tour n'est pas mal. » Ce vieux conte, digne de la *Légende dorée*, a été cité par Chénier à propos de l'analyse qu'il donne dans sa *Leçon sur les fabliaux français*, de celui qui a pour titre *De saint Pierre et du Jongleur*. Un éditeur récent du poëme de *la Pucelle* a sans doute été induit en erreur par ce passage de Chénier, qu'il a mal compris, quand il a donné à entendre que le miracle de saint Guilain est connu par le fabliau : on n'y trouve rien qui ait rapport à ce saint ni à son miracle. (R.)

CHANT II.

Chacun d'eux fuit, emportant dans le cœur
Avec la crainte un désir de malfaire.
Vous avez vu, sans doute, un commissaire
Cherchant de nuit un couvent de Vénus ;
Un jeune essaim de tendrons demi-nus
Saute du lit, s'esquive, se dérobe
Aux yeux hagards du noir pédant en robe :
Ainsi fuyaient mes paillards confondus.

   Denis s'avance et réconforte Jeanne,
Tremblante encor de l'attentat profane ;
Puis il lui dit : « Vase d'élection [1],
Le Dieu des rois, par tes mains innocentes,
Veut des Français venger l'oppression,
Et renvoyer dans les champs d'Albion
Des fiers Anglais les cohortes sanglantes.
Dieu sait changer, d'un souffle tout-puissant,
Le roseau frêle en cèdre du Liban,
Sécher les mers, abaisser les collines,
Du monde entier réparer les ruines.
Devant tes pas la foudre grondera ;
Autour de toi la terreur volera,
Et tu verras l'ange de la victoire
Ouvrir pour toi les sentiers de la gloire.
Suis-moi, renonce à tes humbles travaux ;
Viens placer Jeanne au nombre des héros. »

   A ce discours terrible et pathétique,
Très-consolant et très-théologique,
Jeanne étonnée, ouvrant un large bec,
Crut quelque temps que l'on lui parlait grec.
La grâce agit : cette augustine grâce
Dans son esprit porte un jour efficace.
Jeanne sentit dans le fond de son cœur
Tous les élans d'une sublime ardeur.
Non, ce n'est plus Jeanne la chambrière,
C'est un héros, c'est une âme guerrière.
Tel un bourgeois humble, simple, grossier,
Qu'un vieux richard a fait son héritier,
En un palais fait changer sa chaumière :
Son air honteux devient démarche fière ;

---

1. Saint Paul (*Act. Apost.*, IX, 15) est désigné par la même qualification : *vas electionis.*

Les grands surpris admirent sa hauteur,
Et les petits l'appellent monseigneur.
  Telle plutôt cette heureuse grisette
Que la nature ainsi que l'art forma
Pour le b..... ou bien pour l'Opéra,
Qu'une maman avisée et discrète
Au noble lit d'un fermier éleva,
Et que l'Amour, d'une main plus adrète,
Sous un monarque entre deux draps plaça.
Sa vive allure est un vrai port de reine,
Ses yeux fripons s'arment de majesté,
Sa voix a pris le ton de souveraine,
Et sur son rang son esprit s'est monté [1].
  Or, pour hâter leur auguste entreprise,
Jeanne et Denis s'en vont droit à l'église.
Lors apparut dessus le maître-autel
(Fille de Jean, quelle fut ta surprise!)
Un beau harnois tout frais venu du ciel.
Des arsenaux du terrible empyrée,
En cet instant, par l'archange Michel
La noble armure avait été tirée.
On y voyait l'armet de Débora [2];
Ce clou pointu, funeste à Sisara;
Le caillou rond dont un berger fidèle
De Goliath entama la cervelle;
Cette mâchoire avec quoi combattit
Le fier Samson, qui ses cordes rompit

---

1. C'est parce que je pense avec Laharpe que ces vers sont de Voltaire que je me suis décidé, contrairement à ce qui a été fait par les éditeurs qui m'ont précédé, à les rétablir dans le corps du poëme. On sent assez quelles convenances lui faisaient un devoir de retrancher ce portrait, qu'il avait tracé avant ses relations avec Mme de Pompadour. Aucun motif, ce me semble, ne peut aujourd'hui justifier le renvoi dans les variantes d'un morceau si piquant. Laharpe, toutefois, conteste la ressemblance du portrait : « La favorite dont il est ici question, dit-il, n'eut jamais rien qui ressemblât à une *reine*, et garda toujours à la cour le maintien et le ton d'une petite *bourgeoise, élevée à la grivoise*, comme le disait fort bien le comte de Maurepas dans ses couplets si connus. » Voyez le *Cours de littérature*, liv. Ier, ch. II, sect. I. (R.)

2. Débora est la première femme guerrière dont il soit parlé dans le monde. Jahel, autre héroïne, enfonça un clou dans la tête du général Sisara : on conserve ce clou dans plusieurs couvents grecs et latins, avec la mâchoire d'âne dont se servit Samson, la fronde de David, et le couperet avec lequel la célèbre Judith coupa la tête du général Holopherne, ou Olphern, après avoir couché avec lui. (*Note de Voltaire*, 1762.)

CHANT II.

Lorsqu'il se vit vendu par sa donzelle ;
Le coutelet de la belle Judith,
Cette beauté si galamment perfide,
Qui, pour le ciel saintement homicide,
Son cher amant massacra dans son lit.
A ces objets la sainte émerveillée,
De cette armure est bientôt habillée ;
Elle vous prend et casque et corselet,
Brassards, cuissards, baudrier, gantelet,
Lance, clou, dague, épieu, caillou, mâchoire,
Marche, s'essaye, et brûle pour la gloire.

Toute héroïne a besoin d'un coursier ;
Jeanne en demande au triste muletier :
Mais aussitôt un âne se présente,
Au beau poil gris, à la voix éclatante,
Bien étrillé, sellé, bridé, ferré,
Portant arçons, avec chanfrein doré,
Caracolant, du pied frappant la terre,
Comme un coursier de Thrace ou d'Angleterre.

Ce beau grison deux ailes possédait
Sur son échine, et souvent s'en servait.
Ainsi Pégase, au haut des deux collines,
Portait jadis neuf pucelles divines ;
Et l'hippogriffe, à la lune volant,
Portait Astolphe au pays de saint Jean.
Mon cher lecteur veut connaître cet âne,
Qui vint alors offrir sa croupe à Jeanne :
Il le saura, mais dans un autre chant[1].
Je l'avertis cependant qu'il révère
Cet âne heureux qui n'est pas sans mystère.

Sur son grison Jeanne a déjà sauté ;
Sur son rayon Denis est remonté :
Tous deux s'en vont vers les rives de Loire
Porter au roi l'espoir de la victoire.
L'âne tantôt trotte d'un pied léger,
Tantôt s'élève et fend les champs de l'air.

---

1. *N. B.* Lecteur, qui avez du goût, remarquez que notre auteur, qui en a aussi, et qui est au-dessus des préjugés, rime toujours pour les oreilles plus que pour les yeux. Vous ne le verrez point faire rimer *trône* avec *bonne*, *pâte* avec *patte*, *homme* avec *heaume*. Une brève n'a pas le même son, et ne se prononce pas comme une longue. *Jean* et *chant* se prononcent de même. (*Note de Voltaire*, 1773.)

Le cordelier, toujours plein de luxure,
Un peu remis de sa triste aventure,
Usant enfin de ses droits de sorcier,
Change en mulet le pauvre muletier,
Monte dessus, chevauche, pique, et jure
Qu'il suivra Jeanne au bout de la nature.
Le muletier, en son mulet caché,
Bât sur le dos, crut gagner au marché ;
Et du vilain l'âme terrestre et crasse
A peine vit qu'elle eût changé de place.

Jeanne et Denis s'en allaient donc vers Tours
Chercher ce roi plongé dans les amours.
Près d'Orléans comme ensemble ils passèrent,
L'ost[1] des Anglais de nuit ils traversèrent.
Ces fiers Bretons, ayant bu tristement,
Cuvaient leur vin, dormaient profondément.
Tout était ivre, et goujats et vedettes ;
On n'entendait ni tambours ni trompettes :
L'un dans sa tente était couché tout nu,
L'autre ronflait sur son page étendu.

Alors Denis, d'une voix paternelle,
Tint ces propos tout bas à la pucelle :
« Fille de bien, tu sauras que Nisus[2],
Étant un soir aux tentes de Turnus,
Bien secondé de son cher Euryale,
Rendit la nuit aux Rutulois fatale.
Le même advint au quartier de Rhésus[3],
Quand la valeur du preux fils de Tydée,
Par la nuit noire et par Ulysse aidée,
Sut envoyer, sans danger, sans effort,
Tant de Troyens du sommeil à la mort.
Tu peux jouir de semblable victoire.
Parle, dis-moi, veux-tu de cette gloire ? »
Jeanne lui dit : « Je n'ai point lu l'histoire ;
Mais je serais d'un courage bien bas
De tuer gens qui ne combattent pas. »
Disant ces mots, elle avise une tente

---

1. Vieux mot signifiant *armée*.
2. Aventure décrite dans *l'Énéide*. (*Note de Voltaire*, 1762.) — *Æneid.*, lib. IX, v. 176-449.
3. Aventure de *l'Iliade*. (*Note de Voltaire*, 1762.) — *Iliad.*, lib. X, v. 483-496.

CHANT II.

Que les rayons de la lune brillante
Faisaient paraître à ses yeux éblouis
Tente d'un chef ou d'un jeune marquis.
Cent gros flacons remplis de vin exquis
Sont tout auprès. Jeanne avec assurance
D'un grand pâté prend les vastes débris,
Et boit six coups avec monsieur Denis,
A la santé de son bon roi de France.
 La tente était celle de Jean Chandos [1],
Fameux guerrier, qui dormait sur le dos.
Jeanne saisit sa redoutable épée,
Et sa culotte en velours découpée.
Ainsi jadis David, aimé de Dieu,
Ayant trouvé Saül en certain lieu [2],
Et lui pouvant ôter très-bien la vie,
De sa chemise il lui coupa partie
Pour faire voir à tous les potentats
Ce qu'il put faire, et ce qu'il ne fit pas.
Près de Chandos était un jeune page
De quatorze ans, mais charmant pour son âge,
Lequel montrait deux globes faits au tour,
Qu'on aurait pris pour ceux du tendre Amour.
Non loin du page était une écritoire
Dont se servait le jeune homme après boire,
Quand tendrement quelques vers il faisait
Pour la beauté qui son cœur séduisait.
Jeanne prend l'encre, et sa main lui dessine
Trois fleurs de lis juste dessous l'échine ;
Présage heureux du bonheur des Gaulois,
Et monument de l'amour de ses rois.
Le bon Denis voyait, se pâmant d'aise,
Les lis français sur une fesse anglaise.
 Qui fut penaud le lendemain matin ?
Ce fut Chandos, ayant cuvé son vin ;
Car s'éveillant, il vit sur ce beau page
Les fleurs de lis. Plein d'une juste rage,
Il crie alerte, il croit qu'on le trahit ;

---

1. L'un des grands capitaines de ce temps-là. (*Note de Voltaire*, 1762.)
2. La *Bible* montre moins de réserve que notre discret auteur, et nous apprend (I. Reg., xxiv, 4) que Saül était entré dans ce *certain lieu* « ut purgaret ventrem ». (R.)

A son épée il court auprès du lit;
Il cherche en vain, l'épée est disparue;
Point de culotte; il se frotte la vue,
Il gronde, il crie, et pense fermement
Que le grand diable est entré dans le camp.
   Ah! qu'un rayon de soleil et qu'un âne,
Cet âne ailé qui sur son dos a Jeanne,
Du monde entier feraient bientôt le tour!
Jeanne et Denis arrivent à la cour.
Le doux prélat sait par expérience
Qu'on est railleur à cette cour de France.
Il se souvient des propos insolents
Que Richemont lui tint dans Orléans,
Et ne veut plus à pareille aventure
D'un saint évêque exposer la figure.
Pour son honneur il prit un nouveau tour;
Il s'affubla de la triste encolure
Du bon Roger, seigneur de Baudricour[1],
Preux chevalier et ferme catholique,
Hardi parleur, loyal et véridique;
Malgré cela pas trop mal à la cour.
   « Eh! jour de Dieu, dit-il, parlant au prince,
Vous languissez au fond d'une province,
Esclave roi, par l'Amour enchaîné!
Quoi! votre bras indignement repose!
Ce front royal, ce front n'est couronné
Que de tissus et de myrte et de rose!
Et vous laissez vos cruels ennemis
Rois dans la France et sur le trône assis!
Allez mourir, ou faites la conquête
De vos États ravis par ces mutins :
Le diadème est fait pour votre tête,
Et les lauriers n'attendent que vos mains.
Dieu, dont l'esprit allume mon courage;
Dieu, dont ma voix annonce le langage,
De sa faveur est prêt à vous couvrir.

---

1. Il ne s'appelait point Roger, mais Robert : cette faute est légère. Ce fut lui qui mena Jeanne d'Arc à Tours, en 1429, et qui la présenta au roi. (*Note de Voltaire*, 1762.) C'était un bon Champenois qui n'y entendait pas finesse. Son château était auprès de Brienne en Champagne. J'ai vu sa devise sur la porte de ce pauvre château : c'était un cep de vigne, avec la légende *Beau, dru, et court*. On peut juger par là de l'esprit du temps. (*Id.*, 1773.)

Osez le croire, osez vous secourir :
Suivez du moins cette auguste amazone ;
C'est votre appui, c'est le soutien du trône[1],
C'est par son bras que le maître des rois
Veut rétablir nos princes et nos lois.
Jeanne avec vous chassera la famille
De cet Anglais si terrible et si fort :
Devenez homme ; et si c'est votre sort
D'être à jamais mené par une fille,
Fuyez au moins celle qui vous perdit,
Qui votre cœur dans ses bras amollit ;
Et, digne enfin de ce secours étrange,
Suivez les pas de celle qui vous venge. »

L'amant d'Agnès eut toujours dans le cœur,
Avec l'amour un très-grand fonds d'honneur.
Du vieux soldat le discours pathétique
A dissipé son sommeil léthargique,
Ainsi qu'un ange, un jour, du haut des airs,
De sa trompette ébranlant l'univers,
Rouvrant la tombe, animant la poussière,
Rappellera les morts à la lumière.
Charle éveillé, Charle bouillant d'ardeur,
Ne lui répond qu'en s'écriant : « Aux armes! »
Les seuls combats à ses yeux ont des charmes.
Il prend sa pique, il brûle de fureur.

Bientôt après la première chaleur
De ces transports où son âme est en proie,
Il voulut voir si celle qu'on envoie
Vient de la part du diable ou du Seigneur,
Ce qu'il doit croire, et si ce grand prodige
Est en effet ou miracle ou prestige.
Donc, se tournant vers la fière beauté,
Le roi lui dit, d'un ton de majesté
Qui confondrait toute autre fille qu'elle :
« Jeanne, écoutez : Jeanne, êtes-vous pucelle? »
Jeanne lui dit : « O grand sire, ordonnez
Que médecins, lunettes sur le nez,
Matrones, clercs, pédants, apothicaires,

---

1. Voltaire avait déjà dit dans *la Henriade*, chant VII, vers 269 :

   Et vous, brave amazone,
   La honte des Anglais et le soutien du trône.

Viennent sonder ces féminins mystères ;
Et si quelqu'un se connaît à cela,
Qu'il trousse Jeanne, et qu'il regarde là. »
    A sa réponse et sage et mesurée,
Le roi vit bien qu'elle était inspirée.
« Or sus, dit-il, si vous en savez tant,
Fille de bien, dites-moi dans l'instant
Ce que j'ai fait cette nuit à ma belle ;
Mais parlez net. — Rien du tout, » lui dit-elle.
Le roi surpris soudain s'agenouilla,
Cria tout haut : « Miracle ! » et se signa.
Incontinent la cohorte fourrée,
Bonnet en tête, Hippocrate à la main,
Vient observer le pur et noble sein
De l'amazone à leurs regards livrée[1] :
On la met nue, et monsieur le doyen,
Ayant le tout considéré très-bien,
Dessus, dessous, expédie à la belle
En parchemin un brevet de pucelle.
    L'esprit tout fier de ce brevet sacré,
Jeanne soudain d'un pas délibéré
Retourne au roi, devant lui s'agenouille,
Et, déployant la superbe dépouille
Que sur l'Anglais elle a prise en passant :
« Permets, dit-elle, ô mon maître puissant !
Que sous tes lois la main de ta servante
Ose ranger la France gémissante.
Je remplirai les oracles divins :
J'ose à tes yeux jurer par mon courage,
Par cette épée et par mon pucelage,
Que tu seras huilé bientôt à Reims ;
Tu chasseras les anglaises cohortes
Qui d'Orléans environnent les portes.
Viens accomplir tes augustes destins ;
Viens, et, de Tours abandonnant la rive,
Dès ce moment souffre que je te suive. »
    Les courtisans autour d'elle pressés,
Les yeux au ciel et vers Jeanne adressés,
Battent des mains, l'admirent, la secondent.

---

1. Effectivement, des médecins et des matrones visitèrent Jeanne d'Arc, et la déclarèrent pucelle. (*Note de Voltaire*, 1762.)

CHANT II.

Cent cris de joie à son discours répondent.
Dans cette foule il n'est point de guerrier
Qui ne voulût lui servir d'écuyer,
Porter sa lance et lui donner sa vie ;
Il n'en est point qui ne soit possédé
Et de la gloire, et de la noble envie
De lui ravir ce qu'elle a tant gardé.
Prêt à partir, chaque officier s'empresse :
L'un prend congé de sa vieille maîtresse ;
L'un, sans argent, va droit à l'usurier ;
L'autre à son hôte, et compte sans payer.
Denis a fait déployer l'oriflamme[1].
A cet aspect le roi Charles s'enflamme
D'un noble espoir à sa valeur égal.
Cet étendard aux ennemis fatal,
Cette héroïne, et cet âne aux deux ailes,
Tout lui promet des palmes immortelles.

   Denis voulut, en partant de ces lieux,
Des deux amants épargner les adieux.
On eût versé des larmes trop amères,
On eût perdu des heures toujours chères.
Agnès dormait, quoiqu'il fût un peu tard :
Elle était loin de craindre un tel départ.
Un songe heureux, dont les erreurs la frappent,
Lui retraçait des plaisirs qui s'échappent.
Elle croyait tenir entre ses bras
Le cher amant dont elle est souveraine ;
Songe flatteur, tu trompais ses appas :
Son amant fuit, et saint Denis l'entraîne.
Tel dans Paris un médecin prudent
Force au régime un malade gourmand,
A l'appétit se montre inexorable,
Et sans pitié le fait sortir de table.

   Le bon Denis eut à peine arraché
Le roi de France à son charmant péché,
Qu'il courut vite à son ouaille chère,
A sa pucelle, à sa fille guerrière.
Il a repris son air de bienheureux,
Son ton dévot, ses plats et courts cheveux,

---

1. Étendard apporté par un ange dans l'abbaye de Saint-Denis, lequel était autrefois entre les mains des comtes de Vexin. (*Note de Voltaire*, 1762.)

L'anneau bénit, la crosse pastorale,
Ses gants, sa croix, sa mitre épiscopale.
 « Va, lui dit-il, sers la France et son roi ;
Mon œil benin sera toujours sur toi.
Mais au laurier du courage héroïque
Joins le rosier de la vertu pudique.
Je conduirai tes pas dans Orléans.
Lorsque Talbot, le chef des mécréants,
Le cœur saisi du démon de luxure,
Croira tenir sa présidente impure,
Il tombera sous ton robuste bras.
Punis son crime, et ne l'imite pas.
Sois à jamais dévote avec courage.
Je pars, adieu ; pense à ton pucelage. »
La belle en fit un serment solennel ;
Et son patron repartit pour le ciel.

FIN DU CHANT DEUXIÈME

VARIANTES

DU CHANT DEUXIÈME.

Vers 3 :
> C'est, à mon sens, le plus cher avantage. (R.)

Vers 6. — Édition de 1756 :
> *C'est à l'Amour à nous cueillir la rose ;
> Mes chers amis, ayons tous cet honneur ;
> Ainsi soit-il ; mais parlons d'autre chose.
> * Vers les confins... (K.)

Vers 78. — On lit dans quelques manuscrits :
> Voici le fait : le père Grisbourdon,
> Grand cordelier, grand chercheur d'aventure,
> Prêcheur de nonne, écumant de luxure,
> Avait juré son froc et son cordon,
> *Son Dieu, son diable, et saint François d'Assise,
> Que dans ses lacs Jeannette serait prise.
> D'une autre part, un large muletier
> Non moins hardi, non moins franc du collier,
> Grossièrement soupirait pour la belle,
> Et par état se croyait né pour elle.
> *L'occasion, la douce égalité,
> *Faisaient pencher Jeanne de son côté.
> *Mais sa pudeur triomphait de la flamme
> *Qui par les yeux se glissait dans son âme.
> Le franciscain vit sa naissante ardeur ;
> *Mieux qu'elle encore il lisait dans son cœur.
> Ce moine était grand clerc dans l'art magique,
> Art cultivé dans ce beau siècle antique,
> De nos savants en nos jours ignoré ;
> Car aujourd'hui tout a dégénéré.
> *En feuilletant... (K.)

Vers 99. — Édition de 1762 :
> *Qu'il saisirait ce beau palladion.
> « J'aurai, dit-il, ma Jeanne en ma puissance ;

VARIANTES DU CHANT II.

   Je suis Anglais : je dois faire le bien
   Dans mon pays; mais plus encor le mien. »
  *Au même temps... (K.)

Vers 108. — Il y a dans un autre manuscrit :

   Le jour, la nuit, montrant sans fin, sans terme,
   Signes certains de l'amour le plus ferme.
   Même on a cru qu'à ce puissant objet
   Notre héroïne enfin s'apprivoisait;
   Qu'elle sentait une subtile flamme
  *Qui par les yeux se glissait dans son âme.
   Je n'en crois rien : mais notre cordelier,
   Hardi gaillard, étant de plus sorcier,
   Alla trouver ce rival si terrible;
  *Puis il lui tint ce discours si plausible... (K.)

Vers 120 :

   « Je sais combien Jeannette vous est chère;
   Je l'aime aussi d'une amour non légère.
  *Elle a mon cœur, comme elle a tous vos vœux.
  *Rivaux ardents, nous nous craignons tous deux;
   En bons amis accordons-nous pour elle;
   Amis unis et rivaux sans querelle,
  *Tâtons tous deux...

Vers 131 :

   Incontinent le mage en capuchon.

Vers 156 :

   Ont de Jeannette ôté la couverture.

Vers 162 :

   Embrasse Jeanne... O soudaine merveille !

Vers 189 :

  *« Suis-moi; renonce à tes humbles travaux.
   Charle est un Jean, et Jeanne est un héros. »
   *A ce discours terrible et pathétique,
   Et qui n'est point en style académique,
  *Jeanne étonnée, ouvrant un large bec,
  *Crut quelque temps que l'on lui parlait grec.
   Dans ce moment un rayon de la grâce
  *Dans son esprit... (K.)

Vers 191 :

   A ce discours consolant et terrible,
   Pris mot à mot des cahiers de la Bible... (K.)

Vers 206 :

  *Et les petits l'appellent monseigneur.

J'ai reporté dans le texte onze vers qui viennent après celui-ci, et que les éditeurs de Kehl et leurs successeurs avaient placés parmi les variantes. (R.)

Vers 232. — Édition de 1756, et manuscrit :

*Lorsqu'il se vit vendu par sa donzelle;
Ces pots brillants dont Gédéon défit
De Madian la cohorte infidèle,
Le couperet de la belle Judith,
Cette beauté si saintement perfide
Qui, pour le ciel galamment homicide,
*Son cher amant massacra dans son lit;
Plus d'abondant le sacré cimeterre
Dont le Sauveur voulut que s'armât Pierre,
Pour lui donner une oreille à guérir,
Et de son nom laisser un souvenir.
A ces objets Jeannette émerveillée,
*De cette armure... (K.)

Vers 281 :

Ces fiers Bretons, ayant bu largement.

Vers 286 :

L'autre ronflait, près d'un page étendu.

Vers 348 :

*Du monde entier feraient bientôt le tour!
Cette nuit même, et dès le point du jour,
*Jeanne et Denis...

Vers 390. — Édition de 1756 :

Un roi de France a toujours dans le cœur,
Malgré le vice, un très-grand fonds d'honneur;
Vous l'avez vu dernièrement, mes frères,
Lorsque Louis, se dérobant des bras
De la beauté[1] qu'exorcisait Linières[2],
Au bord du Rhin, du fond des Pays-Bas,
Vint cogner Charle et braver le trépas.
*Du vieux soldat le discours pathétique
Frappa le prince, amant des blonds appas,
*Ainsi qu'un ange... (K.)

Vers 412 :

Jeanne lui dit : « O grand prince, ordonnez. (R.)

Vers 420 :

Oh ! bien, dit-il, si vous en savez tant. (R.)

---

1. Mme de Châteauroux. (R.)
2. Jésuite, confesseur du roi. (R.)

CHANT TROISIÈME.

ARGUMENT.

Description du palais de la Sottise. Combats vers Orléans. Agnès se revêt de l'armure de Jeanne pour aller trouver son amant : elle est prise par les Anglais, et sa pudeur souffre beaucoup.

Ce n'est le tout d'avoir un grand courage,
Un coup d'œil ferme au milieu des combats,
D'être tranquille à l'aspect du carnage,
Et de conduire un monde de soldats ;
Car tout cela se voit en tous climats,
Et tour à tour ils ont cet avantage.
Qui me dira si nos ardents Français
Dans ce grand art, l'art affreux de la guerre,
Sont plus savants que l'intrépide Anglais?
Si le Germain l'emporte sur l'Ibère?
Tous ont vaincu, tous ont été défaits.
Le grand Condé fut vaincu par Turenne [1],
Le fier Villars fut battu par Eugène [2] ;
De Stanislas le vertueux support,
Ce roi soldat, don Quichotte du Nord,
Dont la valeur a paru plus qu'humaine,
N'a-t-il pas vu, dans le fond de l'Ukraine,
A Pultava tous ses lauriers flétris [3]

---

1. A la fameuse bataille des Dunes, près de Dunkerque. (*Note de Voltaire*, 1762.) — Condé fut plus d'une fois battu par Turenne; et Voltaire aurait dû citer toute autre bataille que celle des Dunes, où *il ne fut pas difficile à Turenne de vaincre*, attendu que Condé, qui était dans l'armée de Flandre, *ne la commandait pas.* Voyez le *Siècle de Louis XIV*, chap. vi.

2. A Malplaquet, près de Mons, en 1709. (*Note de Voltaire*, 1762.) — Voyez le *Siècle de Louis XIV*, chap. xxi.

3. Aussi en 1709. (*Note de Voltaire*, 1762). — Voyez l'*Histoire de Charles XII*, liv. IV.

Par un rival, objet de ses mépris?
   Un beau secret serait, à mon avis,
De bien savoir éblouir le vulgaire,
De s'établir un divin caractère;
D'en imposer aux yeux des ennemis;
Car les Romains, à qui tout fut soumis,
Domptaient l'Europe au milieu des miracles.
Le ciel pour eux prodigua les oracles.
Jupiter, Mars, Pollux, et tous les dieux,
Guidaient leur aigle et combattaient pour eux.
Le grand Bacchus qui mit l'Asie en cendre[1],
L'antique Hercule, et le fier Alexandre,
Pour mieux régner sur les peuples conquis,
De Jupiter ont passé pour les fils :
Et l'on voyait les princes de la terre
A leurs genoux redouter le tonnerre,
Tomber du trône, et leur offrir des vœux.
   Denis suivit ces exemples fameux,
Il prétendit que Jeanne la Pucelle
Chez les Anglais passât même pour telle;
Et que Bedford, et l'amoureux Talbot,
Et Tirconel, et Chandos l'indévot,
Crussent la chose, et qu'ils vissent dans Jeanne
Un bras divin, fatal à tout profane.
   Pour réussir en ce hardi dessein,
Il s'en va prendre un vieux bénédictin,
Non tel que ceux dont le travail immense
Vient d'enrichir les libraires de France[2];
Mais un prieur engraissé d'ignorance,
Et n'ayant lu que son missel latin :
Frère Lourdis fut le bon personnage
Qui fut choisi pour ce nouveau voyage.
   Devers la lune, où l'ont tient que jadis
Était placé des fous le paradis[3],

---

1. Boileau (satire VIII, 100) avait dit :

    Qui? cet écervelé qui mit l'Asie en cendre?

2. Voltaire veut sans doute parler de l'édition de la *Gallia christiana*, qui parut de 1715 à 1728. (G. A.)

3. On appelait autrefois *paradis des fous, paradis des sots,* les limbes; et on plaça dans ces limbes les âmes des imbéciles et des petits enfants morts sans baptême. *Limbe* signifie *bord, bordure;* et c'était vers les bords de la lune qu'on avait

Sur les confins de cet abîme immense,
Où le Chaos, et l'Érèbe, et la Nuit,
Avant les temps de l'univers produit,
Ont exercé leur aveugle puissance,
Il est un vaste et caverneux séjour,
Peu caressé des doux rayons du jour,
Et qui n'a rien qu'une lumière affreuse,
Froide, tremblante, incertaine, et trompeuse :
Pour toute étoile on a des feux follets ;
L'air est peuplé de petits farfadets.
De ce pays la reine est la Sottise.
Ce vieil enfant porte une barbe grise,
OEil de travers, et bouche à la Danchet[1].
Sa lourde main tient pour sceptre un hochet.
De l'Ignorance elle est, dit-on, la fille.
Près de son trône est sa sotte famille,
Le fol Orgueil, l'Opiniâtreté,
Et la Paresse, et la Crédulité.
Elle est servie, elle est flattée en reine ;
On la croirait en effet souveraine :
Mais ce n'est rien qu'un fantôme impuissant,
Un Chilpéric, un vrai roi fainéant.
La Fourberie est son ministre avide ;
Tout est réglé par ce maire perfide ;
Et la Sottise est son digne instrument.
Sa cour plénière est à son gré fournie
De gens profonds en fait d'astrologie,
Sûrs de leur art, à tous moments déçus,
Dupes, fripons, et partant toujours crus.
   C'est là qu'on voit les maîtres d'alchimie
Faisant de l'or et n'ayant pas un sou,
Les roses-croix, et tout ce peuple fou

établi ce paradis. Milton en parle ; il fait passer le diable par le paradis des sots, *the paradise of fools*. (*Note de Voltaire*, 1762.) — *Paradise lost*, III, 496.

1. Ceci paraît une allusion aux fameux couplets de Rousseau :

        Je te vois, innocent Danchet,
        Grands yeux ouverts, bouche béante.

Une bouche à la Danchet était devenu une espèce de proverbe. Ce Danchet était un poëte médiocre qui a fait quelques pièces de théâtre, etc. (*Note de Voltaire*, 1762.) — Dans le *Catalogue des écrivains français*, placé en tête du *Siècle de Louis XIV*, Voltaire se montre moins sévère envers Danchet, et cite *son prologue des Jeux séculaires, au devant* d'Hésione, *comme un très-bon ouvrage*. (R.)

CHANT III.

Argumentant sur la théologie.
Le gros Lourdis, pour aller en ces lieux,
Fut donc choisi parmi tous ses confrères.
Lorsque la nuit couvrait le front des cieux
D'un tourbillon de vapeurs non légères,
Enveloppé dans le sein du repos,
Il fut conduit au paradis des sots[1].
Quand il y fut, il ne s'étonna guères :
Tout lui plaisait, et même en arrivant
Il crut encore être dans son couvent.
Il vit d'abord la suite emblématique
Des beaux tableaux de ce séjour antique.
Cacodémon, qui ce grand temple orna,
Sur la muraille à plaisir griffonna
Un long croquis de toutes nos sottises,
Traits d'étourdi, pas de clerc, balourdises,
Projets mal faits, plus mal exécutés,
Et tous les mois du *Mercure* vantés.
Dans cet amas de merveilles confuses,
Parmi ces flots d'imposteurs et de buses,
On voit surtout un superbe Écossais ;
Law est son nom ; nouveau roi des Français,
D'un beau papier il porte un diadème,
Et sur son front il est écrit *système*[2] ;
Environné de grands ballots de vent,
Sa noble main les donne à tout venant :
Prêtres, catins, guerriers, gens de justice,
Lui vont porter leur or par avarice.
Ah ! quel spectacle ! ah ! vous êtes donc là,
Tendre Escobar, suffisant[3] Molina,
Petit Doucin, dont la main pateline

---

1. Ce sont les limbes, inventées, dit-on, par un nommé Pierre Chrysologue. C'est là qu'on envoie tous les petits enfants qui meurent sans avoir été baptisés, car s'ils meurent à quinze ans, ils sont damnés sans difficulté. (*Note de Voltaire*, 1773.)

2. Le système fameux du sieur Lass ou Law, Écossais, qui bouleversa tant de fortunes en France depuis 1718 jusqu'à 1720, avait encore laissé des traces funestes, et l'on s'en ressentait en 1730, qui fut le temps où nous jugeons que l'auteur commença ce poëme. (*Id.*, 1762.)

3. On connaît assez, par les excellentes *Lettres provinciales*, les casuistes Escobar et Molina ; ce Molina est appelé ici *suffisant*, par allusion à la grâce *suffisante* et *versatile*, sur laquelle il avait fait un système absurde, comme celui de ses adversaires. (*Id.*, 1762.)

Donne à baiser une bulle divine
Que Le Tellier[1] lourdement fabriqua,
Dont Rome même en secret se moqua,
Et qui chez nous est la noble origine
De nos partis, de nos divisions,
Et, qui pis est, de volumes profonds,
Remplis, dit-on, de poisons hérétiques,
Tous poisons froids, et tous soporifiques.
   Les combattants, nouveaux Bellérophons,
Dans cette nuit, montés sur des Chimères,
Les yeux bandés, cherchent leurs adversaires ;
De longs sifflets leur servent de clairons ;
Et, dans leur docte et sainte frénésie,
Ils vont frappant à grands coups de vessie.
Ciel! que d'écrits, de disquisitions,
De mandements, et d'explications,
Que l'on explique encor, peur de s'entendre !
   O chroniqueur des héros du Scamandre,
Toi qui jadis des grenouilles, des rats,
Si doctement as chanté les combats[2],
Sors du tombeau, viens célébrer la guerre
Que pour la bulle on fera sur la terre !
Le janséniste, esclave du destin,
Enfant perdu de la grâce efficace,
Dans ses drapeaux porte un saint Augustin,
Et pour plusieurs il marche avec audace[3].
Les ennemis s'avancent tout courbés
Dessus le dos de cent petits abbés.
   Cessez, cessez, ô discordes civiles !
Tout va changer : place, place, imbéciles !
Un grand tombeau sans ornement, sans art,
Est élevé non loin de Saint-Médard[4].

---

1. Le Tellier, jésuite, fils d'un procureur de Vire en Basse-Normandie, confesseur de Louis XIV, auteur de la bulle et de tous les troubles qui la suivirent, exilé pendant la régence, et dont la mémoire est abhorrée de nos jours. Le P. Doucin était son premier ministre. (*Note de Voltaire*, 1762.) — Voyez *Siècle de Louis XIV*, ch. xxxvii.

2. Homère dans la *Batrachomyomachie*.

3. Les jansénistes disent que le Messie n'est venu que pour plusieurs. (*Note de Voltaire*, 1762.)

4. Ceci désigne les convulsionnaires et les miracles attestés par des milliers de jansénistes, miracles dont Carré de Montgeron fit imprimer un gros recueil qu'il présenta au roi Louis XV. (*Id.*, 1762.) — Voyez l'*Histoire du parlement*, chapitre lxv. (R.)

L'esprit divin, pour éclairer la France,
Sous cette tombe enferme sa puissance ;
L'aveugle y court, et d'un pas chancelant
Aux Quinze-Vingts retourne en tâtonnant.
Le boiteux vient clopinant sur la tombe,
Crie *hosanna*, saute, gigotte, et tombe.
Le sourd approche, écoute, et n'entend rien.
Tout aussitôt de pauvres gens de bien
D'aise pâmés, vrais témoins de miracle,
Du bon Pâris baisent le tabernacle[1].
Frère Lourdis, fixant ses deux gros yeux,
Voit ce saint œuvre, en rend grâces aux cieux,
Joint les deux mains, et, riant d'un sot rire,
Ne comprend rien, et toute chose admire.
  Ah! le voici ce savant tribunal,
Moitié prélats et moitié monacal ;
D'inquisiteurs une troupe sacrée
Est là pour Dieu de sbires entourée.
Ces saints docteurs, assis en jugement,
Ont pour habits plumes de chat-huant ;
Oreilles d'âne ornent leur tête auguste,
Et, pour peser le juste avec l'injuste,
Le vrai, le faux, balance est dans leurs mains.
Cette balance a deux larges bassins ;
L'un tout comblé contient l'or qu'ils escroquent,

---

1. Le bon Pâris était un diacre imbécile, mais qui, étant un des jansénistes les plus zélés et les plus accrédités parmi la populace, fut regardé comme un saint par cette populace. Ce fut vers l'an 1724 qu'on imagina d'aller prier sur la tombe de ce bonhomme, au cimetière d'une église de Paris érigée à un saint Médard, qui d'ailleurs est peu connu. Ce saint Médard n'avait jamais fait de miracles, mais l'abbé Pâris en fit une multitude. Le plus marqué est celui que Mme la duchesse du Maine célébra dans cette chanson :

    Un décrotteur à la royale,
    Du talon gauche estropié,
    Obtint pour grâce spéciale
    D'être boiteux de l'autre pié.

Ce saint Pâris fit trois ou quatre cents miracles de cette espèce : il aurait ressuscité des morts si on l'avait laissé faire ; mais la police y mit ordre ; de là ce distique connu :

    De par le roi, défense à Dieu
    D'opérer miracle en ce lieu.

    (*Note de Voltaire*, 1762.)

— Voltaire commet ici une erreur de date qu'il a répétée dans l'article CONVULSIONS du *Dictionnaire philosophique*. Le diacre Pâris n'est mort que le 1er mai 1727. (R.)

Le bien, le sang des pénitents qu'ils croquent;
Dans l'autre sont bulles, brefs, oremus,
Beaux chapelets, scapulaires, agnus.
Aux pieds bénits de la docte assemblée
Voyez-vous pas le pauvre Galilée[1]
Qui tout contrit leur demande pardon,
Bien condamné pour avoir eu raison?
   Murs de Loudun, quel nouveau feu s'allume?
C'est un curé que le bûcher consume :
Douze faquins ont déclaré sorcier
Et fait griller messire Urbain Grandier[2].
   Galigaï, ma chère maréchale[3],
Du parlement, épaulé de maint pair,
La compagnie ignorante et vénale
Te fait chauffer en feu brillant et clair,
Pour avoir fait pacte avec Lucifer.
Ah! qu'aux savants notre France est fatale!
Qu'il y fait bon croire au pape, à l'enfer,
Et se borner à savoir son *Pater!*
Je vois plus loin cet arrêt authentique[4]

---

1. Galilée, le fondateur de la philosophie en Italie, fut condamné par la congrégation du Saint-Office, mis en prison et traité très-durement, non-seulement comme hérétique, mais comme ignorant, pour avoir démontré le mouvement de la terre. (*Note de Voltaire*, 1762.) — Voyez l'*Essai sur les mœurs*, ch. cxxi.
2. Urbain Grandier, curé de Loudun, condamné au feu en 1629, par une commission du conseil, pour avoir mis le diable dans le corps de quelques religieuses. Un nommé La Ménardaye a été assez imbécile pour faire imprimer, en 1749, un livre dans lequel il croit prouver la vérité de ces possessions. (*Note de Voltaire*, 1762.) — P.-J.-B. de La Ménardaye, prêtre de l'Oratoire, est auteur d'*Examen et discussion critique de l'*Histoire des diables de Loudun; Paris. De Bure, 1747, in-12; Liége, Everard Kintz, 1749, in-12. C'est la même édition pour laquelle on a refait un titre. (R.)
3. Éléonore Galigaï, fille de grande qualité, attachée à la reine Marie de Médicis, et sa dame d'honneur, épouse de Concino Concini, Florentin, marquis d'Ancre, maréchal de France, fut non-seulement décapitée à la Grève en 1617, comme il est dit dans l'*Abrégé chronologique de l'Histoire de France*, mais fut brûlée comme sorcière, et ses biens furent donnés à ses ennemis. Il n'y eut que cinq conseillers qui, indignés d'une horreur si absurde, ne voulurent pas assister au jugement. (*Note de Voltaire*, 1762.) — Voyez l'*Essai sur les mœurs*, chap. clxxv.
4. Le parlement, sous Louis XIII, défendit, sous peine de galères, qu'on enseignât une autre doctrine que celle d'Aristote, et défendit ensuite l'émétique, mais sans condamner aux galères les médecins ni les malades. Louis XIV fut guéri à Calais par l'émétique, et l'arrêt du parlement perdit de son crédit. (*Note de Voltaire*, 1762.) — L'arrêt du parlement en faveur de la doctrine d'Aristote est du 4 septembre 1624, et « fait défenses à toutes personnes, *à peine de la vie*, tenir ni enseigner aucune maxime contre les auteurs anciens et approuvés. » (R.)

Pour Aristote et contre l'émétique.

Venez, venez, mon beau père Girard [1],
Vous méritez un long article à part.
Vous voilà donc, mon confesseur de fille,
Tendre dévot qui prêchez à la grille!
Que dites-vous des pénitents appas
De ce tendron converti dans vos bras?
J'estime fort cette douce aventure.
Tout est humain, Girard, en votre fait;
Ce n'est pas là pécher contre nature :
Que de dévots en ont encor plus fait !
Mais, mon ami, je ne m'attendais guère
De voir entrer le diable en cette affaire.
Girard, Girard, tous vos accusateurs,
Jacobin, carme, et faiseur d'écriture,
Juges, témoins, ennemis, protecteurs,
Aucun de vous n'est sorcier, je vous jure.

Lourdis enfin voit nos vieux parlements
De vingt prélats brûler les mandements,
Et par arrêt exterminer la race
D'un certain fou qu'on nomme saint Ignace;
Mais, à leur tour, eux-mêmes on les proscrit :
Quesnel en pleure, et saint Ignace en rit.
Paris s'émeut à leur destin tragique,
Et s'en console à l'Opéra-Comique [2].

O toi, Sottise! ô grosse déité,
De qui les flancs à tout âge ont porté
Plus de mortels que Cybèle féconde
N'avait jadis donné de dieux au monde,
Qu'avec plaisir ton grand œil hébété
Voit tes enfants dont ma patrie abonde!
Sots traducteurs, et sots compilateurs,
Et sots auteurs, et non moins sots lecteurs.
Je t'interroge, ô suprême puissance!
Daigne m'apprendre, en cette foule immense,
De tes enfants qui sont les plus chéris,
Les plus féconds en lourds et plats écrits,

---

1. L'histoire du jésuite Girard et de La Cadière est assez publique; le jésuite fut condamné au feu comme sorcier par la moitié du parlement d'Aix, et absous par l'autre moitié. (*Note de Voltaire*, 1762.)
2. Voyez *Précis du Siècle de Louis XV*, ch. xxxvi.

Les plus constants à broncher comme à braire
A chaque pas dans la même carrière :
Ah! je connais que tes soins les plus doux
Sont pour l'auteur du *Journal de Trévoux*[1].

Tandis qu'ainsi Denis notre bon père
Devers la lune en secret préparait
Contre l'Anglais cet innocent mystère,
Une autre scène en ce moment s'ouvrait
Chez les grands fous du monde sublunaire.
Charle est déjà parti pour Orléans,
Ses étendards flottent au gré des vents.
A ses côtés, Jeanne, le casque en tête,
Déjà de Reims lui promet la conquête.
Voyez-vous pas ses jeunes écuyers,
Et cette fleur de loyaux chevaliers ?
La lance au poing, cette troupe environne
Avec respect notre sainte amazone.
Ainsi l'on voit le sexe masculin
A Fontevrauld servir le féminin[2].
Le sceptre est là dans les mains d'une femme,
Et père Anselme est béni par madame.

La belle Agnès, en ces cruels moments,
Ne voyant plus son amant qu'elle adore,
Cède au chagrin dont l'excès la dévore ;
Un froid mortel s'empare de ses sens :
L'ami Bonneau, toujours plein d'industrie,
En cent façons la rappelle à la vie.

---

1. Le jésuite Berthier. (G. A.)
2. Fontevraud, Fontevraux, Fontevrauld, Fons-Ebraldi, est un bourg en Anjou, à trois lieues de Saumur, connu par une célèbre abbaye de filles, chef d'ordre, érigée par Robert d'Arbrissel, né en 1047, et mort en 1117. Après avoir fixé ses tabernacles à la forêt de Fontevrauld, il parcourut nu-pieds les provinces du royaume, afin d'exhorter à la pénitence les filles de joie, et les attirer dans son cloître; il fit de grandes conversions en ce genre, entre autres dans la ville de Rouen. Il persuada à la célèbre reine Bertrade de prendre l'habit de Fontevrauld, et il établit son ordre par toute la France. Le pape Paschal II le mit sous la protection du Saint-Siége, en 1106. Robert, quelque temps avant sa mort, en conféra le généralat à une dame nommée Pétronille du Chemille, et voulut que toujours une femme succédât à une autre femme dans la dignité de chef de l'ordre, commandant également aux religieux comme aux religieuses. Trente-quatre ou trente-cinq abbesses ont succédé, jusqu'à ce jour, à Pétronille, parmi lesquelles on compte quatorze princesses, et dans ce nombre cinq de la maison de Bourbon. Voyez sur cela Sainte-Marthe, dans le quatrième volume du *Gallia christiana*, et le *Clypeus ordinis Fontebraldensis*, du P. de La Mainferme. (*Note de Voltaire*, 1762.)

Elle ouvre encor ses yeux, ces doux vainqueurs,
Mais ce n'est plus que pour verser des pleurs ;
Puis sur Bonneau se penchant d'un air tendre :
« C'en est donc fait, dit-elle, on me trahit.
Où va-t-il donc? que veut-il entreprendre?
Était-ce là le serment qu'il me fit,
Lorsqu'à sa flamme il me fit condescendre?
Toute la nuit il faudra donc m'étendre,
Sans mon amant, seule au milieu d'un lit?
Et cependant cette Jeanne hardie,
Non des Anglais, mais d'Agnès ennemie,
Va contre moi lui prévenir l'esprit.
Ciel! que je hais ces créatures fières,
Soldats en jupe, hommasses chevalières¹,
Du sexe mâle affectant la valeur,
Sans posséder les agréments du nôtre,
A tous les deux prétendant faire honneur,
Et qui ne sont ni de l'un ni de l'autre! »
Disant ces mots elle pleure et rougit,
Frémit de rage, et de douleur gémit.
La jalousie en ses yeux étincelle ;
Puis, tout à coup, d'une ruse nouvelle
Le tendre Amour lui fournit le dessein.

   Vers Orléans elle prend son chemin,
De dame Alix et de Bonneau suivie.
Agnès arrive en une hôtellerie,
Où dans l'instant, lasse de chevaucher,
La fière Jeanne avait été coucher.
Agnès attend qu'en ce logis tout dorme,
Et cependant subtilement s'informe
Où couche Jeanne, où l'on met son harnois ;
Puis dans la nuit se glisse en tapinois,
De Jean Chandos prend la culotte², et passe
Ses cuisses entre, et l'aiguillette lace ;
De l'amazone elle prend la cuirasse.
Le dur acier, forgé pour les combats,
Presse et meurtrit ses membres délicats.

---

1. Il y a grande apparence que l'auteur a ici en vue les héroïnes de l'Arioste et du Tasse. Elles devaient être un peu malpropres; mais les chevaliers n'y regardaient pas de si près. (*Note de Voltaire*, 1762.)

2. Voyez chant II.

L'ami Bonneau la soutient sous les bras.
 La belle Agnès dit alors à voix basse :
« Amour, Amour, maître de tous mes sens,
Donne la force à cette main tremblante,
Fais-moi porter cette armure pesante,
Pour mieux toucher l'auteur de mes tourments.
Mon amant veut une fille guerrière,
Tu fais d'Agnès un soldat pour lui plaire :
Je le suivrai ; qu'il permette aujourd'hui
Que ce soit moi qui combatte avec lui ;
Et si jamais la terrible tempête
Des dards anglais vient menacer sa tête,
Qu'ils tombent tous sur ces tristes appas ;
Qu'il soit du moins sauvé par mon trépas ;
Qu'il vive heureux ; que je meure pâmée
Entre ses bras, et que je meure aimée ! »
Tandis qu'ainsi cette belle parlait,
Et que Bonneau ses armes lui mettait,
Le roi Charlot à trois milles était.
 La tendre Agnès prétend à l'heure même,
Pendant la nuit, aller voir ce qu'elle aime.
Ainsi vêtue et pliant sous le poids,
N'en pouvant plus, maudissant son harnois,
Sur un cheval elle s'en va juchée,
Jambe meurtrie, et la fesse écorchée.
Le gros Bonneau, sur un normand monté,
Va lourdement, et ronfle à son côté.
Le tendre Amour, qui craint tout pour la belle,
La voit partir, et soupire pour elle.
 Agnès à peine avait gagné chemin,
Qu'elle entendit devers un bois voisin
Bruit de chevaux et grand cliquetis d'armes.
Le bruit redouble ; et voici des gendarmes,
Vêtus de rouge ; et, pour comble de maux,
C'étaient les gens de monsieur Jean Chandos.
L'un d'eux s'avance, et demande : « Qui vive ? »
A ce grand cri, notre amante naïve,
Songeant au roi, répondit sans détour :
« Je suis Agnès ; vive France et l'Amour ! »
A ces deux noms, que le ciel équitable
Voulut unir du nœud le plus durable,
On prend Agnès et son gros confident ;

Ils sont tous deux menés incontinent
A ce Chandos qui, terrible en sa rage,
Avait juré de venger son outrage,
Et de punir les brigands ennemis
Qui sa culotte et son fer avaient pris.
 Dans ces moments où la main bienfaisante
Du doux sommeil laisse nos yeux ouverts,
Quand les oiseaux reprennent leurs concerts,
Qu'on sent en soi sa vigueur renaissante,
Que les désirs, pères des voluptés,
Sont par les sens dans notre âme excités ;
Dans ces moments, Chandos, on te présente
La belle Agnès, plus belle et plus brillante
Que le soleil au bord de l'Orient.
Que sentis-tu, Chandos, en t'éveillant,
Lorsque tu vis cette nymphe si belle
A tes côtés, et tes grègues sur elle?
 Chandos, pressé d'un aiguillon bien vif,
La dévorait de son regard lascif.
Agnès en tremble, et l'entend qui marmotte
Entre ses dents : « Je r'aurai ma culotte ! »
A son chevet d'abord il la fait seoir.
« Quittez, dit-il, ma belle prisonnière,
Quittez ce poids d'une armure étrangère. »
Ainsi parlant, plein d'ardeur et d'espoir,
Il la décasque, il vous la décuirasse,
La belle Agnès s'en défend avec grâce ;
Elle rougit d'une aimable pudeur,
Pensant à Charle, et soumise au vainqueur.
Le gros Bonneau, que le Chandos destine
Au digne emploi de chef de sa cuisine,
Va dans l'instant mériter cet honneur ;
Des boudins blancs il était l'inventeur,
Et tu lui dois, ô nation française,
Pâtés d'anguille et gigots à la braise.
 « Monsieur Chandos, hélas! que faites-vous? »
Disait Agnès d'un ton timide et doux.
« Pardieu, dit-il (tout héros anglais jure)[1],

---

1. Les Anglais jurent *by God! God damn me! blood!* etc.; les Allemands, *sacrament;* les Français, par un mot qui est au jurement des Italiens ce que l'action est à l'instrument; les Espagnols, *voto a Dios.* Un révérend père récollet a

Quelqu'un m'a fait une sanglante injure.
Cette culotte est mienne ; et je prendrai
Ce qui fut mien où je le trouverai. »
Parler ainsi, mettre Agnès toute nue,
C'est même chose ; et la belle éperdue
Tout en pleurant était entre ses bras,
Et lui disait : « Non, je n'y consens pas. »
    Dans l'instant même un horrible fracas
Se fait entendre, on crie : « Alerte, aux armes ! »
Et la trompette, organe du trépas,
Sonne la charge, et porte les alarmes.
A son réveil, Jeanne cherchant en vain
L'affublement du harnois masculin,
Son bel armet ombragé de l'aigrette,
Et son haubert[1], et sa large braguette[2],
Sans raisonner saisit soudainement
D'un écuyer le dur accoutrement,
Monte à cheval sur son âne, et s'écrie :
« Venez venger l'honneur de la patrie. »
Cent chevaliers s'empressent sur ses pas ;
Ils sont suivis de six cent vingt soldats.
    Frère Lourdis, en ce moment de crise,
Du beau palais où règne la Sottise
Est descendu chez les Anglais guerriers,
Environné d'atomes tout grossiers,
Sur son gros dos portant balourderies,
Œuvres de moine, et belles âneries.
Ainsi bâté, sitôt qu'il arriva,

---

fait un livre sur les jurements de toutes les nations, qui sera probablement très-exact et très-instructif ; on l'imprime actuellement. (*Note de Voltaire*, 1762.)

1. *Haubert, aubergeon*, cotte d'armes ; elle était d'ordinaire composée de mailles de fer, quelquefois couverte de soie ou de laine blanche ; elle avait des manches larges, et un gorgerin. Les fiefs do haubert sont ceux dont le seigneur avait droit de porter cette cotte. (*Id.*, 1762.)

2. *Braguettes*, de *braye, bracca*. On portait de longues braguettes détachées du haut-de-chausses, et souvent au fond de ces braguettes on portait une orange qu'on présentait aux dames. Rabelais parle d'un beau livre intitulé *De la dignité des braguettes*. C'était la prérogative distinctive du sexe le plus noble ; c'est pourquoi la Sorbonne présenta requête pour faire brûler la Pucelle, attendu qu'elle avait porté culotte avec braguette. Six évêques de France, assistés de l'évêque de Vinchester, la condamnèrent au feu, ce qui était bien juste : c'est dommage que cela n'arrive pas plus souvent ; mais il ne faut désespérer de rien. (*Id.*, 1762.) —Voyez Rabelais, *Gargantua*, I, VII.

Sur les Anglais sa robe il secoua,
Son ample robe; et dans leur camp versa
Tous les trésors de sa crasse ignorance,
Trésors communs au bon pays de France.
Ainsi des nuits la noire déité,
Du haut d'un char d'ébène marqueté,
Répand sur nous les pavots et les songes,
Et nous endort dans le sein des mensonges.

FIN DU CHANT TROISIÈME.

VARIANTES

DU CHANT TROISIÈME.

Vers 12 et 13. — Dans l'édition de 1756, au lieu de ces deux vers, on lit :

> *Le grand Condé fut battu par Turenne ;
> Créqui vaincu fut ensuite vainqueur ;
> L'heureux Villars, fanfaron plein de cœur,
> Gagna le quitte ou double avec Eugène.
> *De Stanislas...

Il est aisé de voir que *gagna le quitte ou double*, et le *fanfaron plein de cœur*, ne sont pas de M. de Voltaire. (K.)—L'auteur de l'article VILLARS de la *Biographie universelle* (XLVIII, 549) trouve dans ce vers :

> L'heureux Villars, fanfaron plein de cœur,

qu'il attribue à Voltaire, une *juste* appréciation du vainqueur de Denain. (R.)

Vers 22. — Après « un divin caractère », on lisait dans l'édition de 1756 :

> Avec cela tout est humble et soumis.
> Voyons comment, dans la grande chronique,
> Du fin Jéthro le gendre politique
> S'y prit jadis pour être plus que roi.
> Aux bonnes gens dont Jacob fut le père,
> Gens d'esprit faible et de robuste foi,
> Il dit que Dieu, lui montrant son derrière,
> L'endoctrinait sur l'admirable loi
> Qui le devait, et les fils de son frère,
> Entretenir pour jamais à rien faire ;
> Qu'il lui dictait tous les importants cas
> Où les lépreux, les femmes bien apprises,
> Devaient changer de robe et de chemises,
> Paraître en rue ou rester dans les draps.
> De vingt pétards et d'autant de fusées
> Le feu saillant et les brillants éclats,
> Sur un rocher caché dans les nuées,
> Dont une garde et des ordres exprès
> Aux curieux interdisaient l'accès,
> Pour les idiots furent une tempête ;

Le peuple, au loin admirant le fracas,
Du Tout-Puissant crut connaître le bras,
Et tressaillit pour le hardi prophète.
Le drôle avait étudié sa bête.
Seul au sommet du mystérieux mont,
Comme il voulut il fit la quarantaine;
Puis tout à coup se montra dans la plaine,
Cornes de bouc flamboyantes au front.
Du physicien le brillant phénomène
Sur les esprits fit un effet fort prompt.
Il dit que Dieu, roulé dans un buisson,
A lui chétif avait donné leçon.
C'en fut assez; il vit en révérence
Tout un chacun recevoir son sermon.
On crut du ciel encourir la vengeance,
Si l'on osait manquer d'obéissance
Et de respect à monsieur Aaron;
Et des statuts dont l'auteur malhabile
Eût mérité les Petites-Maisons
Furent des lois que ce peuple imbécile
Crut renfermer le sort des nations.
Le bon Numa de sa nymphe subtile
S'aida très-bien chez les enfants de Mars;
*Le grand Bacchus, qui mit l'Asie en cendre,
*L'antique Hercule, et le fier Alexandre,
Et le premier de ces fameux Césars,
De quelque dieu prétendirent descendre.
Ces fiers Romains, à qui tout fut soumis,
*Domptaient l'Europe...

Ces vers sont encore bien moins dans le style de M. de Voltaire que dans celui du capucin Maubert, ou du proposant La Beaumelle. (K.) — Voltaire, qui avait d'abord accusé La Beaumelle d'être l'un des éditeurs du poëme de *la Pucelle* avec des interpolations perfides, paraît avoir abandonné ces soupçons, ainsi que je l'ai dit dans la note 2 de la page 45. (R.)

Vers 36. — On lit dans les manuscrits :

*Denis suivit ces exemples fameux :
Du merveilleux il se servit comme eux,
*Il prétendit que Jeanne la pucelle
*Chez les Anglais passât même pour telle,
Et que Bedford, et Talbot, et Chandos,
Et Tirconel, qui n'étaient pas des sots,
*Crussent la chose... (K.)

Vers 65, 66. — Au lieu de ces deux vers, on en trouve deux autres dans quelques manuscrits :

Oreille longue avec le chef pointu,
Bouche béante, œil louche, pied tortu.
*De l'Ignorance... (K.)

VARIANTES DU CHANT III.

Vers 116. — Édition de 1756 :

> *Donne à baiser une bulle divine;
> Plus d'un prélat la met dévotement
> Tout à côté du Nouveau-Testament.
> Ciel! à leurs yeux une cohorte fière
> En même temps s'en torche le derrière;
> L'ignacien, furieux, éperdu,
> Court se saisir du sacré torche-cu.
> Dieux! quels combats! quels flots d'encre et de bile!
> On prêche, on court, on barbouille, on exile.
> *Toi qui jadis des grenouilles... (K.)

Vers 130 :

> Ciel! que d'écrits et de discussions! (R.)

Vers 189 :

> Qu'aux gens d'esprit notre France est fatale! (R.)

Vers 209. — Édition de 1756 :

> *Aucun de vous n'est sorcier, je vous jure.
> Lourdis était aussi dans ce tableau :
> Mais à ses yeux il n'en put rien paraître;
> Il ne vit rien. Le cas n'est pas nouveau :
> Le plus habile a peine à s'y connaître.
>   Quand vers la lune ainsi l'on préparait
> *Contre l'Anglais... (K.)

Vers 266. — Édition de 1756 :

> « Jeanne en ces lieux conduite par l'Envie,
> *Non des Anglais, mais d'Agnès ennemie,
> Portant culotte et brayette au devant,
> Large brayette, inutile ornement;
> Jeanne la brune, en gendarme vêtue,
> Va désormais lui fasciner la vue :
> Jeanne plaira, moi je serai perdue. »
> *Disant ces mots... (K.)

Vers 370. — Édition de 1756 :

> *. . . . . Et gigots à la braise.
> La dame Alix, malgré son teint flétri,
> Parut encore à la troupe bretonne
> De bonne prise; et Robert Makarti,
> Brave Écossais, vaillant chef de parti,
> Dedans sa tente emmena tôt la bonne.
> *Monsieur Chandos... (K.)

CHANT QUATRIÈME.

ARGUMENT.

Jeanne et Dunois combattent les Anglais. Ce qui leur arrive dans le château d'Hermaphrodix.

Si j'étais roi, je voudrais être juste,
Dans le repos maintenir mes sujets,
Et tous les jours de mon empire auguste
Seraient marqués par de nouveaux bienfaits.
Que si j'étais contrôleur des finances,
Je donnerais à quelques beaux esprits,
Par-ci, par-là, de bonnes ordonnances ;
Car, après tout, leur travail vaut son prix.
Que si j'étais archevêque à Paris,
Je tâcherais avec le moliniste
D'apprivoiser le rude janséniste.
Mais si j'aimais une jeune beauté,
Je ne voudrais m'éloigner d'auprès d'elle,
Et chaque jour une fête nouvelle,
Chassant l'ennui de l'uniformité,
Tiendrait son cœur en mes fers arrêté.
Heureux amants, que l'absence est cruelle !
Que de dangers on essuie en amour !
On risque, hélas! dès qu'on quitte sa belle,
D'être cocu deux ou trois fois par jour.
  Le preux Chandos à peine avait la joie
De s'ébaudir sur sa nouvelle proie,
Que tout à coup Jeanne de rang en rang
Porte la mort, et fait couler le sang.
De Débora la redoutable lance
Perce Dildo si fatal à la France,
Lui qui pilla les trésors de Clairvaux,
Et viola les sœurs de Fontevraux.

D'un coup nouveau les deux yeux elle crève
A Fonkinar, digne d'aller en Grève.
Cet impudent, né dans les durs climats
De l'Hibernie, au milieu des frimas,
Depuis trois ans faisait l'amour en France,
Comme un enfant de Rome ou de Florence.
Elle terrasse et milord Halifax,
Et son cousin l'impertinent Borax,
Et Midarblou qui renia son père,
Et Bartonay qui fit cocu son frère.
A son exemple on ne voit chevalier,
Il n'est gendarme, il n'est bon écuyer,
Qui dix Anglais n'enfile de sa lance.
La mort les suit, la terreur les devance :
On croyait voir en ce moment affreux
Un dieu puissant qui combat avec eux.
 Parmi le bruit de l'horrible tempête,
Frère Lourdis criait à pleine tête :
« Elle est pucelle, Anglais, frémissez tous ;
C'est saint Denis qui l'arme contre vous ;
Elle est pucelle, elle a fait des miracles ;
Contre son bras vous n'avez point d'obstacles ;
Vite à genoux, excréments d'Albion,
Demandez-lui sa bénédiction. »
Le fier Talbot, écumant de colère,
Incontinent fait empoigner le frère ;
On vous le lie, et le moine content,
Sans s'émouvoir, continuait criant :
« Je suis martyr ; Anglais, il faut me croire ;
Elle est pucelle ; elle aura la victoire. »
 L'homme est crédule, et dans son faible cœur
Tout est reçu ; c'est une molle argile.
Mais que surtout il paraît bien facile
De nous surprendre et de nous faire peur !
Du bon Lourdis le discours extatique
Fit plus d'effet sur le cœur des soldats
Que l'amazone et sa troupe héroïque
N'en avaient fait par l'effort de leurs bras.
Ce vieil instinct qui fait croire aux prodiges,
L'esprit d'erreur, le trouble, les vertiges,
La froide crainte, et les illusions,
Ont fait tourner la tête des Bretons.

De ces Bretons la nation hardie
Avait alors peu de philosophie ;
Maints chevaliers étaient des esprits lourds :
Les beaux esprits ne sont que de nos jours.
   Le preux Chandos, toujours plein d'assurance,
Criait aux siens : « Conquérants de la France,
Marchez à droite. » Il dit, et dans l'instant
On tourne à gauche, et l'on fuit en jurant.
Ainsi jadis dans ces plaines fécondes
Que de l'Euphrate environnent les ondes,
Quand des humains l'orgueil capricieux
Voulut bâtir près des voûtes des cieux [1],
Dieu, ne voulant d'un pareil voisinage,
En cent jargons transmua leur langage.
Sitôt qu'un d'eux à boire demandait,
Plâtre ou mortier d'abord on lui donnait ;
Et cette gent, de qui Dieu se moquait,
Se sépara, laissant là son ouvrage.
   On sait bientôt aux remparts d'Orléans
Ce grand combat contre les assiégeants :
La Renommée y vole à tire d'aile,
Et va prônant le nom de la Pucelle.
Vous connaissez l'impétueuse ardeur
De nos Français ; ces fous sont pleins d'honneur :

---

1. La tour de Babel fut élevée, comme on sait, cent vingt ans après le déluge universel. Flavius-Josèphe croit qu'elle fut bâtie par Nemrod ou Nembrod ; le judicieux dom Calmet a donné le profil de cette tour élevée jusqu'à onze étages, et il a orné son *Dictionnaire* de tailles douces dans ce goût, d'après les monuments ; le livre du savant Juif Jaleus donne à la tour de Babel vingt-sept mille pas de hauteur, ce qui est bien vraisemblable ; plusieurs voyageurs ont vu les restes de cette tour.

Le saint patriarche Alexandre Eutychius assure, dans ses *Annales*, que soixante et douze hommes bâtirent cette tour. Ce fut, comme on le sait, l'époque de la confusion des langues : le fameux Bécan prouve admirablement que la langue flamande fut celle qui retint le plus de l'hébraïque. (*Note de Voltaire*, 1762.) — Dans l'article BABEL du *Dictionnaire philosophique,* section première, Voltaire cite Paul Lucas, qu'il se borne à désigner ici, comme ayant vu les restes de la tour. La *Biographie universelle* convient que le nom de ce voyageur est devenu à peu près synonyme de menteur.

Eutychius fut élevé, en 933, à la dignité de patriarche d'Alexandrie, et c'est peut-être la consonnance du nom de cette ville avec celui d'Alexandre qui a induit Voltaire à donner à ce patriarche le prénom d'Alexandre.

Jean Bécan, dans ses *Indo-Scythica*, qui font partie des *Origines Antwerpianæ* (Anvers, 1569, in-folio), prétend que la langue flamande était celle que parlait Adam. (R.)

Ainsi qu'au bal ils vont tous aux batailles.
Déjà Dunois la gloire des bâtards,
Dunois qu'en Grèce on aurait pris pour Mars,
Et La Trimouille, et La Hire, et Saintrailles,
Et Richemont, sont sortis des murailles,
Croyant déjà chasser les ennemis,
Et criant tous : « Où sont-ils ? où sont-ils ? »
    Ils n'étaient pas bien loin : car près des portes
Sire Talbot, homme de très-grand sens,
Pour s'opposer à l'ardeur de nos gens,
En embuscade avait mis dix cohortes.
    Sire Talbot a depuis plus d'un jour
Juré tout haut par saint George et l'Amour
Qu'il entrerait dans la ville assiégée.
Son âme était vivement partagée :
Du gros Louvet la superbe moitié
Avait pour lui plus que de l'amitié ;
Et ce héros, qu'un noble espoir enflamme,
Veut conquérir et la ville et sa dame.
Nos chevaliers à peine ont fait cent pas
Que ce Talbot leur tombe sur les bras ;
Mais nos Français ne s'étonnèrent pas.
Champs d'Orléans, noble et petit théâtre
De ce combat terrible, opiniâtre,
Le sang humain dont vous fûtes couverts
Vous engraissa pour plus de cent hivers.
    Jamais les champs de Zama, de Pharsale[1],

---

1. Remarquez qu'à la bataille de Zama, entre Publius Scipion et Annibal, il y avait des Français qui servaient dans l'armée carthaginoise, selon Polybe. Ce Polybe, contemporain et ami de Scipion, dit que le nombre était égal de part et d'autre ; le chevalier de Folard n'en convient pas : il prétend que Scipion attaqua en colonnes. Cependant il paraît que la chose n'est pas possible, puisque Polybe dit que les troupes combattaient toutes de main à main : c'est sur quoi nous nous en rapportons aux doctes. (*Note de Voltaire*, 1762.) — Voyez *Polybe*, liv. XV, chap. I. Dans les *Observations sur la bataille de Zama*, Folard dit effectivement que Polybe se trompe sur le nombre. (R.)

Nota bene qu'à Pharsale Pompée avait cinquante-cinq mille hommes, et César vingt-deux mille. Le carnage fut grand : les vingt-deux mille césariens, après un combat opiniâtre, vainquirent les cinquante-cinq mille pompéiens. Cette bataille décida du sort de la république, et mit sous la puissance du mignon de Nicomède la Grèce, l'Asie Mineure, l'Italie, les Gaules, l'Espagne, etc., etc.

Cette bataille eut plus de suites que le petit combat de Jeanne ; mais enfin c'est Jeanne, c'est notre Pucelle : sachons gré à notre cher compatriote d'avoir comparé les exploits de cette chère fille à ceux de César, qui n'avait pas son pucelage. Les

CHANT IV.

De Malplaquet la campagne fatale [1],
Célèbres lieux couverts de tant de morts,
N'ont vu tenter de plus hardis efforts.
Vous eussiez vu les lances hérissées,
L'une sur l'autre en cent tronçons cassées;
Les écuyers, les chevaux renversés,
Dessus leurs pieds dans l'instant redressés;
Le feu jaillir des coups de cimeterre,
Et du soleil redoubler la lumière;
De tous côtés voler, tomber à bas
Épaules, nez, mentons, pieds, jambes, bras.

 Du haut des cieux les anges de la guerre,
Le fier Michel, et l'exterminateur,
Et des Persans le grand flagellateur [2],
Avaient les yeux attachés sur la terre,
Et regardaient ce combat plein d'horreur.

 Michel alors prit la vaste balance [3]
Où dans le ciel on pèse les humains;
D'une main sûre il pesa les destins
Et les héros d'Angleterre et de France.

révérends pères jésuites n'ont-ils pas comparé saint Ignace à César, et saint François-Xavier à Alexandre? Ils leur ressemblaient comme les vingt-quatre vieillards de Pascal ressemblent aux vingt-quatre vieillards de *l'Apocalypse.* On compare tous les jours le premier roi venu à César; pardonnons donc au grave chantre de notre héroïne d'avoir comparé un petit choc de bibus aux batailles de Zama et de Pharsale. (*Suite de la note de Voltaire*, 1762.) — Voltaire s'est égayé aux dépens du P. Bouhours sur ses comparaisons d'Ignace et de François-Xavier à César et Alexandre dans le *Catalogue des écrivains français* qui précède le *Siècle de Louis XIV*. La comparaison des vingt-quatre jésuites aux vingt-quatre vieillards de *l'Apocalypse* est due au révérend père Escobar, de la Société de Jésus. Voyez Pascal, *Lettres provinciales*, cinquième lettre, *Du jeûne*. (R.)

1. Il y eut à cette bataille vingt-huit mille sept cents hommes couchés, non pas sur le carreau, comme le dit un historien, mais dans la boue et dans le sang; ils furent comptés par le marquis de Crèvecœur, aide de camp du maréchal de Villars, chargé de faire enterrer les morts. Voyez le *Siècle de Louis XIV* [chap. XXI.], année 1709. (*Note de Voltaire*, 1762.)

2. Apparemment que notre profond auteur donne le nom de *Persans* aux soldats de Sennacherib, qui étaient Assyriens, parce que les Persans furent longtemps dominateurs en Assyrie; mais il est constant que l'ange du Seigneur tua tout seul cent quatre-vingt-cinq mille soldats de l'armée de Sennacherib, qui avait l'insolence de marcher contre Jérusalem; et quand Sennacherib vit tous ces corps morts, il s'en retourna. Ceci arriva l'an du monde 3293, comme on dit; cependant plusieurs doctes prétendent que cette aventure toute simple est de l'an 3295: nous la croyons de 3296, comme nous le prouverons ci-dessous. (*Id.*, 1762.)

3. Cet endroit paraît imité d'Homère. Milton fait peser les destins des hommes dans le signe de la balance. (*Id.*, 1762.) — Homère, *Iliade*, VIII, 69-72; Milton, *Paradise lost*, IV, 996-1004.

Nos chevaliers, pesés exactement,
Légers de poids par malheur se trouvèrent :
Du grand Talbot les destins l'emportèrent ;
C'était du ciel un secret jugement.
Le Richemont se voit incontinent
Percé d'un trait de la hanche à la fesse ;
Le vieux Saintraille au-dessus du genou ;
Le beau La Hire, ah ! je n'ose dire où ;
Mais que je plains sa gentille maîtresse !
Dans un marais La Trimouille enfoncé
N'en put sortir qu'avec un bras cassé :
Donc à la ville il fallut qu'ils revinssent
Tout écloppés, et qu'au lit ils se tinssent.
Voilà comment ils furent bien punis,
Car ils s'étaient moqués de saint Denis.

 Comme il lui plaît Dieu fait justice ou grâce ;
Quesnel[1] l'a dit, nul ne peut en douter :
Or il lui plut le bâtard excepter
Des étourdis dont il punit l'audace.
Un chacun d'eux, laidement ajusté,
S'en retournait sur un brancard porté,
En maugréant et Jeanne et sa fortune.
Dunois, n'ayant égratignure aucune,
Pousse aux Anglais, plus prompt que les éclairs :
Il fend leurs rangs, se fait jour à travers,
Passe, et se trouve aux lieux où la Pucelle
Fait tout tomber, où tout fuit devant elle.
Quand deux torrents, l'effroi des laboureurs,
Précipités du sommet des montagnes,
Mêlent leurs flots, assemblent leurs fureurs,
Ils vont noyer l'espoir de nos campagnes :
Plus dangereux étaient Jeanne et Dunois,
Unis ensemble et frappant à la fois.

 Dans leur ardeur si bien ils s'emportèrent,
Si rudement les Anglais ils chassèrent,
Que de leurs gens bientôt ils s'écartèrent.
La nuit survint ; Jeanne et l'autre héros,
N'entendant plus ni Français ni Chandos,
Font tous deux halte en criant : « Vive France ! »

---

1. Allusion aux sentiments répandus dans les livres de Quesnel, prêtre de l'Oratoire. (*Note de Voltaire*, 1762.)

Au coin d'un bois où régnait le silence.
Au clair de lune ils cherchent le chemin.
Ils viennent, vont, tournent, le tout en vain ;
Enfin rendus, ainsi que leur monture,
Mourants de faim, et lassés de chercher,
Ils maudissaient la fatale aventure
D'avoir vaincu sans savoir où coucher.
Tel un vaisseau sans voile, sans boussole,
Tournoie au gré de Neptune et d'Éole.

  Un certain chien, qui passa tout auprès,
Pour les sauver sembla venir exprès ;
Ce chien approche, il jappe, il leur fait fête ;
Virant sa queue, et portant haut sa tête,
Devant eux marche ; et, se tournant cent fois,
Il paraissait leur dire en son patois :
« Venez par là, messieurs, suivez-moi vite ;
Venez, vous dis-je, et vous aurez bon gîte. »
Nos deux héros entendirent fort bien
Par ses façons ce que voulait ce chien ;
Ils suivent donc, guidés par l'espérance,
En priant Dieu pour le bien de la France,
Et se faisant tous deux de temps en temps
Sur leurs exploits de très-beaux compliments.
Du coin lascif d'une vive prunelle,
Dunois lorgnait malgré lui la Pucelle ;
Mais il savait qu'à son bijou caché
De tout l'État le sort est attaché,
Et qu'à jamais la France est ruinée,
Si cette fleur se cueille avant l'année.
Il étouffait noblement ses désirs,
Et préférait l'État à ses plaisirs.
Et cependant, quand la route mal sûre
De l'âne saint faisait clocher l'allure,
Dunois ardent, Dunois officieux
De son bras droit retenait la guerrière,
Et Jeanne d'Arc, en clignotant des yeux,
De son bras gauche étendu par derrière
Serrait aussi ce héros vertueux :
Dont il advint, tandis qu'ils chevauchèrent,
Que très-souvent leurs bouches se touchèrent
Pour se parler tous les deux de plus près
De la patrie et de ses intérêts.

On m'a conté, ma belle Konismare[1],
Que Charles Douze, en son humeur bizarre,
Vainqueur des rois et vainqueur de l'amour,
N'osa t'admettre à sa brutale cour :
Charles craignit de te rendre les armes ;
Il se sentit, il évita tes charmes.
Mais tenir Jeanne et ne point y toucher,
Se mettre à table, avoir faim sans manger,
Cette victoire était cent fois plus belle.
Dunois ressemble à Robert d'Arbrisselle[2],
A ce grand saint qui se plut à coucher
Entre les bras de deux nonnes fessues,
A caresser quatre cuisses dodues,
Quatre tétons, et le tout sans pécher.
   Au point du jour apparut à leur vue
Un beau palais d'une vaste étendue ;
De marbre blanc était bâti le mur ;
Une dorique et longue colonnade
Porte un balcon formé de jaspe pur ;
De porcelaine était la balustrade.
Nos paladins, enchantés, éblouis,
Crurent entrer tout droit en paradis.
Le chien aboie : aussitôt vingt trompettes
Se font entendre, et quarante estafiers
A pourpoints d'or, à brillantes braguettes,
Viennent s'offrir à nos deux chevaliers.
Très-galamment deux jeunes écuyers
Dans le palais par la main les conduisent,
Dans des bains d'or filles les introduisent
Honnêtement ; puis lavés, essuyés,
D'un déjeuner amplement festoyés,
Dans de beaux lits brodés ils se couchèrent,

---

1. Aurore Konismare, maîtresse du roi de Pologne Auguste Ier, et mère du célèbre comte de Saxe. (*Note de Voltaire*, 1773.) — Voltaire a, dans son *Histoire de Charles XII*, liv. II, donné les plus grands éloges à la mère du maréchal de Saxe. Il cite d'elle quelques vers français qui prouvent que son esprit égalait sa beauté. Son nom est Koenigsmark. (R.)

2. Robert d'Arbrissel, fondateur du bel ordre de Fontevrauld : il convertit, en 1100, d'un coup de filet, par un seul sermon, toutes les filles de joie de la ville de Rouen. Il s'imposa un nouveau genre de martyre : ce fut de coucher toutes les nuits entre deux jeunes religieuses pour tromper le diable, qui apparemment le lui rendit bien. Il n'aimait pas la loi salique, car il fit une femme abbé général des moines et moinesses de son ordre. (*Note de Voltaire*, 1773.)

Et jusqu'au soir en héros ils ronflèrent.
 Il faut savoir que le maître et seigneur
De ce logis digne d'un empereur
Était le fils de l'un de ces génies
Des vastes cieux habitants éternels,
De qui souvent les grandeurs infinies
S'humanisaient chez les faibles mortels.
Or cet esprit, mêlant sa chair divine
Avec la chair d'une bénédictine,
En avait eu le noble Hermaphrodix,
Grand nécromant, et le très-digne fils
De cet incube et de la mère Alix.
Le jour qu'il eut quatorze ans accomplis,
Son géniteur, descendant de sa sphère,
Lui dit : « Enfant, tu me dois la lumière :
Je viens te voir, tu peux former des vœux ;
Souhaite, parle, et je te rends heureux. »
Hermaphrodix, né très-voluptueux,
Et digne en tout de sa belle origine,
Dit : « Je me sens de race bien divine,
Car je rassemble en moi tous les désirs,
Et je voudrais avoir tous les plaisirs.
De voluptés rassasiez mon âme ;
Je veux aimer comme homme et comme femme,
Être la nuit du sexe féminin,
Et tout le jour du sexe masculin. »
L'incube dit : « Tel sera ton destin » ;
Et dès ce jour la ribaude figure
Jouit des droits de sa double nature :
Ainsi Platon, le confident des dieux[1],
A prétendu que nos premiers aïeux,
D'un pur limon pétri des mains divines
Nés tous parfaits et nommés androgynes,
Également des deux sexes pourvus,
Se suffisaient par leurs propres vertus.
 Hermaphrodix était bien au-dessus :
Car se donner du plaisir à soi-même,
Ce n'est pas là le sort le plus divin ;

---

1. Selon Platon, l'homme fut formé avec les deux sexes. Adam apparut tel à la dévote Bourignon et à son directeur Abbadie. (*Note de Voltaire*, 1762.) — Voyez la note *g* de l'article Adam du *Dictionnaire historique* de Bayle. (R.)

Il est plus beau d'en donner au prochain,
Et deux à deux est le bonheur suprême.
Ses courtisans disaient que tour à tour
C'était Vénus, c'était le tendre Amour :
De tous côtés ils lui cherchaient des filles,
Des bacheliers ou des veuves gentilles.
　　Hermaphrodix avait oublié net
De demander un don plus nécessaire,
Un don sans quoi nul plaisir n'est parfait,
Un don charmant; eh quoi? celui de plaire.
Dieu, pour punir cet effréné paillard,
Le fit plus laid que Samuel Bernard;
Jamais ses yeux ne firent de conquêtes;
C'est vainement qu'il prodiguait les fêtes,
Les longs repas, les danses, les concerts;
Quelquefois même il composait des vers.
Mais quand le jour il tenait une belle,
Et quand la nuit sa vanité femelle
Se soumettait à quelque audacieux,
Le ciel alors trahissait tous ses vœux;
Il recevait, pour toutes embrassades,
Mépris, dégoûts, injures, rebuffades :
Le juste ciel lui faisait bien sentir
Que les grandeurs ne sont pas du plaisir.
« Quoi! disait-il, la moindre chambrière
Tient son galant étendu sur son sein,
Un lieutenant trouve une conseillère,
Dans un moutier un moine a sa nonnain :
Et moi génie, et riche, et souverain,
Je suis le seul dans la machine ronde
Privé d'un bien dont jouit tout le monde! »
Lors il jura, par les quatre éléments,
Qu'il punirait les garçons et les belles
Qui n'auraient pas pour lui des sentiments,
Et qu'il ferait des exemples sanglants
Des cœurs ingrats, et surtout des cruelles.
　　Il recevait en roi les survenants;
Et de Saba la reine basanée[1],

---

1. La reine de Saba vint voir Salomon, dont elle eut un fils, qui est certainement la tige des rois d'Éthiopie, comme cela est prouvé. On ne sait pas ce que devint la race d'Alexandre et de Thalestris. (*Note de Voltaire*, 1762.)

Et Thalestris dans la Perse amenée,
Avaient reçu de moins riches présents
Des deux grands rois qui brûlèrent pour elles,
Qu'il n'en faisait aux chevaliers errants,
Aux bacheliers, aux gentes demoiselles.
Mais si quelqu'un d'un esprit trop rétif
Manquait pour lui d'un peu de complaisance,
S'il lui faisait la moindre résistance,
Il était sûr d'être empalé tout vif.
   Le soir venu, monseigneur étant femme,
Quatre huissiers de la part de madame
Viennent prier notre aimable bâtard
De vouloir bien descendre sur le tard
Dans l'entresol, tandis qu'en compagnie
Jeanne soupait avec cérémonie.
Le beau Dunois tout parfumé descend
Au cabinet où le souper l'attend.
Tel que jadis la sœur de Ptolémée[1],
De tout plaisir noblement affamée,
Sut en donner à ces Romains fameux,
A ces héros fiers et voluptueux,
Au grand César, au brave ivrogne Antoine;
Tel que moi-même en ai fait chez un moine,
Vainqueur heureux de ses pesants rivaux,
Quand on l'élut roi tondu de Clairvaux;
Ou tel encore, aux voûtes éternelles,
Si l'on en croit frère Orphée et Nason,
Et frère Homère, Hésiode, Platon,
Le dieu des dieux, patron des infidèles,
Loin de Junon soupe avec Sémélé,
Avec Isis, Europe, ou Danaé;
Les plats sont mis sur la table divine
Des belles mains de la tendre Euphrosine,
Et de Thalie, et de la jeune Églé,
Qui, comme on sait, sont là-haut les trois Grâces,
Dont nos pédants suivent si peu les traces;
Le doux nectar est servi par Hébé,
Et par l'enfant du fondateur de Troie[2],
Qui dans Ida par un aigle enlevé

---

1. Cléopâtre. (*Note de Voltaire*, 1762.)
2. Ganimède. (*Id.*, 1762.)

De son seigneur en secret fait la joie :
Ainsi soupa madame Hermaphrodix
Avec Dunois, juste entre neuf et dix.
　　Madame avait prodigué la parure :
Les diamants surchargeaient sa coiffure ;
Son gros cou jaune, et ses deux bras carrés,
Sont de rubis, de perles entourés ;
Elle en était encor plus effroyable.
Elle le presse au sortir de la table :
Dunois trembla pour la première fois.
Des chevaliers c'était le plus courtois :
Il eût voulu de quelque politesse
Payer au moins les soins de son hôtesse ;
Et, du tendron contemplant la laideur,
Il se disait : « J'en aurai plus d'honneur[1]. »
Il n'en eut point : le plus brillant courage
Peut quelquefois essuyer cet outrage.
Hermaphrodix, en son affliction,
 Eut pour Dunois quelque compassion ;
Car en secret son âme était flattée
Des grands efforts du triste champion.
Sa probité, sa bonne intention
Fut cette fois pour le fait réputée.
« Demain, dit-elle, on pourra vous offrir
Votre revanche. Allez, faites en sorte
Que votre amour sur vos respects l'emporte,
Et soyez prêt, seigneur, à mieux servir. »
　　Déjà du jour la belle avant-courrière
De l'orient entr'ouvrait la barrière :
Or vous savez que cet instant préfix
En cavalier changeait Hermaphrodix.
Alors brûlant d'une flamme nouvelle

---

1. La position critique du brave Dunois et son intention de sortir avec honneur de ce pas difficile rappellent, ainsi que l'a remarqué M. Louis du Bois, un tableau du même genre tracé par la même main. Dans le conte intitulé *Ce qui plaît aux dames*, Robert, sommé par la vieille fée dont il est devenu l'époux de remplir le devoir conjugal, s'y résout enfin par point d'honneur :

> Le chevalier, amoureux de la gloire,
> Voulut enfin tenter cette victoire ;
> Il obéit, et, se piquant d'honneur,
> N'écoutant plus que sa rare valeur,
> Aidé du ciel, trouvant dans sa jeunesse
> Ce qui tient lieu de beauté, de tendresse,
> Fermant les yeux se mit à son devoir.　　(R.)

Il s'en va droit au lit de la Pucelle,
Les rideaux tire, et lui fourrant au sein
Sans compliment son impudente main,
Et lui donnant un baiser immodeste,
Attente en maître à sa pudeur céleste :
Plus il s'agite, et plus il devient laid.
Jeanne, qu'anime une chrétienne rage,
D'un bras nerveux lui détache un soufflet
A point fermé sur son vilain visage.
Ainsi j'ai vu, dans mes fertiles champs,
Sur un pré vert, une de mes cavales,
Au poil de tigre, aux taches inégales,
Aux pieds légers, aux jarrets bondissants,
Réprimander d'une fière ruade
Un bourriquet de sa croupe amoureux,
Qui dans sa lourde et grossière embrassade
Dressait l'oreille, et se croyait heureux.
Jeanne en cela fit sans doute une faute ;
Elle devait des égards à son hôte.
De la pudeur je prends les intérêts ;
Cette vertu n'est point chez moi bannie :
Mais quand un prince, et surtout un génie,
De vous baiser a quelque douce envie,
Il ne faut pas lui donner des soufflets.
Le fils d'Alix, quoiqu'il fût des plus laids,
N'avait point vu de femme assez hardie
Pour l'oser battre en son propre palais.
Il crie, on vient ; ses pages, ses valets,
Gardes, lutins, à ses ordres sont prêts :
L'un d'eux lui dit que la fière Pucelle
Envers Dunois n'était pas si cruelle.
O calomnie ! affreux poison des cours,
Discours malins, faux rapports, médisance,
Serpents maudits, sifflerez-vous toujours
Chez les amants comme à la cour de France?

Notre tyran, doublement outragé,
Sans nul délai voulut être vengé.
Il prononça la sentence fatale :
« Allez, dit-il, amis, qu'on les empale. »
On obéit ; on fit incontinent
Tous les apprêts de ce grand châtiment.
Jeanne et Dunois, l'honneur de leur patrie,

S'en vont mourir au printemps de leur vie.
Le beau bâtard est garrotté tout nu,
Pour être assis sur un bâton pointu.
Au même instant, une troupe profane
Mène au poteau la belle et fière Jeanne ;
Et ses soufflets, ainsi que ses appas,
Seront punis par un affreux trépas.
De sa chemise aussitôt dépouillée,
De coups de fouet en passant flagellée,
Elle est livrée aux cruels empaleurs.
Le beau Dunois, soumis à leurs fureurs,
N'attendant plus que son heure dernière,
Faisait à Dieu sa dévote prière ;
Mais une œillade impérieuse et fière
De temps en temps étonnait les bourreaux,
Et ses regards disaient : C'est un héros.
Mais quand Dunois eut vu son héroïne,
Des fleurs de lis vengeresse divine,
Prête à subir cette effroyable mort,
Il déplora l'inconstance du sort :
De la Pucelle il parcourait les charmes ;
Et regardant les funestes apprêts
De ce trépas, il répandit des larmes,
Que pour lui-même il ne versa jamais.
   Non moins superbe et non moins charitable,
Jeanne, aux frayeurs toujours impénétrable,
Languissamment le beau bâtard lorgnait,
Et pour lui seul son grand cœur gémissait ;
Leur nudité, leur beauté, leur jeunesse,
En dépit d'eux réveillaient leur tendresse.
Ce feu si doux, si discret, et si beau,
Ne s'échappait qu'au bord de leur tombeau ;
Et cependant l'animal amphibie,
A son dépit joignant la jalousie,
Faisait aux siens l'effroyable signal
Qu'on empalât le couple déloyal.
   Dans ce moment, une voix de tonnerre,
Qui fit trembler et les airs et la terre,
Crie : « Arrêtez, gardez-vous d'empaler,
N'empalez pas. » Ces mots font reculer
Les fiers licteurs. On regarde, on avise
Sous le portail un grand homme d'église,

Coiffé d'un froc, les reins ceints d'un cordon :
On reconnut le père Grisbourdon.
Ainsi qu'un chien dans la forêt voisine,
Ayant senti d'une adroite narine
Le doux fumet, et tous ces petits corps
Sortant au loin de quelque cerf dix cors,
Il le poursuit d'une course légère,
Et sans le voir, par l'odorat mené,
Franchit fossés, se glisse en la bruyère,
Par d'autres cerfs il n'est point détourné :
Ainsi le fils de saint François d'Assise,
Porté toujours sur son lourd muletier,
De la Pucelle a suivi le sentier,
Courant sans cesse, et ne lâchant point prise.
  En arrivant il cria : « Fils d'Alix,
Au nom du diable, et par les eaux du Styx,
Par le démon qui fut ton digne père,
Par le psautier de sœur Alix ta mère,
Sauve le jour à l'objet de mes vœux ;
Regarde-moi, je viens payer pour deux.
Si ce guerrier et si cette pucelle
Ont mérité ton indignation,
Je tiendrai lieu de ce couple rebelle ;
Tu sais quelle est ma réputation.
Tu vois de plus cet animal insigne,
Ce mien mulet, de me porter si digne ;
Je t'en fais don, c'est pour toi qu'il est fait ;
Et tu diras : Tel moine, tel mulet.
Laissons aller ce gendarme profane ;
Qu'on le délie, et qu'on nous laisse Jeanne ;
Nous demandons tous deux pour digne prix
Cette beauté dont nos cœurs sont épris. »
  Jeanne écoutait cet horrible langage
En frémissant : sa foi, son pucelage,
Ses sentiments d'amour et de grandeur,
Plus que la vie étaient chers à son cœur.
La grâce encor, du ciel ce don suprême,
Dans son esprit combattait Dunois même.
Elle pleurait, elle implorait les cieux,
Et, rougissant d'être ainsi toute nue,
De temps en temps fermant ses tristes yeux,
Ne voyant point, pensait n'être point vue.

Le bon Dunois était désespéré :
« Quoi ! disait-il, ce pendard décloîtré
Aura ma Jeanne, et perdra ma patrie !
Tout va céder à ce sorcier impie !
Tandis que moi, discret jusqu'à ce jour,
Modestement je cachais mon amour ! »
  Et cependant l'offre honnête et polie
De Grisbourdon fit un très-bon effet
Sur les cinq sens, sur l'âme du génie.
Il s'adoucit, il parut satisfait.
« Ce soir, dit-il, vous et votre mulet
Tenez-vous prêts : je cède, je pardonne
A ces Français ; je vous les abandonne. »
  Le moine gris possédait le bâton
Du bon Jacob[1], l'anneau de Salomon,
Sa clavicule, et la verge enchantée
Des conseillers-sorciers de Pharaon,
Et le balai sur qui parut montée
Du preux Saül la sorcière édentée,
Quand dans Endor à ce prince imprudent
Elle fit voir l'âme d'un revenant.
Le cordelier en savait tout autant ;
Il fit un cercle, et prit de la poussière
Que sur la bête il jeta par derrière,
En lui disant ces mots toujours puissants
Que Zoroastre enseignait aux Persans[2].
A ces grands mots dits en langue du diable,
O grand pouvoir ! ô merveille ineffable !
Notre mulet sur deux pieds se dressa,
Sa tête oblongue en ronde se changea,
Ses longs crins noirs petits cheveux devinrent,
Sous son bonnet ses oreilles se tinrent.
Ainsi jadis ce sublime empereur[3]

---

1. Les charlatans ont le bâton de Jacob ; les magiciens, les livres de Salomon intitulés *l'Anneau* et *la Clavicule*. Les conseillers du roi, sorciers à la cour de Pharaon, qui firent les mêmes prodiges que Moïse, s'appelaient Jannès et Mambrès. On ne sait pas le nom de la pythonisse d'Endor qui évoqua l'ombre de Samuel ; mais tout le monde sait ce que c'est qu'une ombre, et que cette femme avait un esprit Python ou de Python. (*Note de Voltaire*, 1762.)

2. Zoroastre, dont le nom propre est Zerdust, était un grand magicien, ainsi qu'Albert le Grand, Roger Bacon, et le révérend père Grisbourdon. (*Id.*, 1762.)

3. Nébucadnetzar, Nabuchodonosor, fils de Nabo-Polassar, roi des Chaldéens

Dont Dieu punit le cœur dur et superbe,
Devenu bœuf, et sept ans nourri d'herbe,
Redevint homme, et n'en fut pas meilleur.
　　Du cintre bleu de la céleste sphère,
Denis voyait avec des yeux de père
De Jeanne d'Arc le déplorable cas;
Il eût voulu s'élancer ici-bas,
Mais il était lui-même en embarras.
Denis s'était attiré sur les bras
Par son voyage une fâcheuse affaire.
Saint George était le patron d'Angleterre[1];
Il se plaignit que monsieur saint Denis,
Sans aucun ordre et sans aucun avis,
A ses Bretons eût fait ainsi la guerre.

assiégea Jérusalem, la prit, et fit charger de fers Joachim, roi de Juda, qu'il envoya prisonnier à Babylone, l'an du monde 3429. Nébucadnetzar fit un songe, et l'oublia; les magiciens, les astrologues ni les sages ne purent le deviner; en conséquence, Arioc, officier de sa maison, eut ordre de les faire mourir : le jeune Daniel devine le songe, et l'explique; ce songe était une belle statue, etc. A quelque temps de là, Nébucadnetzar fit élever un colosse d'or pur, haut de soixante coudées, et large de six; il obligea tout son peuple assemblé d'adorer ce colosse au son du cor, du clairon, de la harpe, de la saquebute, et du psaltérion; et sur le refus qu'en firent Sidrac, Misac, et Habed-nego, jeunes Hébreux, compagnons de Daniel, le roi les fit jeter dans une fournaise, qu'on chauffa cette fois-là sept fois plus qu'à l'ordinaire; et ils en sortirent sains et saufs. Nébucadnetzar songea encore : il vit un arbre grand et fort; le sommet touchait les cieux, et les oiseaux habitaient dans ses branches. Un saint alors descendit, et cria : « Coupez l'arbre, et l'ébranchez, etc. » Daniel expliqua encore ce songe; il prédit au roi qu'il serait chassé d'entre les hommes; que pendant sept ans son habitation serait avec des bêtes, qu'il paîtrait l'herbe comme les bœufs, jusqu'à que son poil crût comme celui de l'aigle, et ses ongles comme ceux des oiseaux; ce qui arriva. Tertullien et saint Augustin disent que Nabuchodonosor s'imagina être bœuf, par l'effet d'une maladie qu'on nomme lycanthropie. Au bout de sept ans, ce prince recouvra sa raison, et remonta sur le trône : il ne vécut qu'un an depuis son rétablissement, mais il l'employa si bien, que saint Augustin, saint Jérôme, saint Épiphane, Théodoret, etc., cités par Pérérius, comptent sur son salut. (*Note de Voltaire*, 1762.) — Voltaire fait ici, assez malencontreusement, parade de son érudition théologique. Un passage de la *Bible* de dom Calmet, qu'il n'a pas lu assez attentivement, l'a induit en erreur. C'est dom Calmet, et non le jésuite Pérérius, qui cite tous les personnages nommés dans la note de Voltaire. (R.)

1. Il ne faut pas confondre George, patron d'Angleterre et de l'ordre de la Jarretière, avec saint George le moine, tué pour avoir soulevé le peuple contre l'empereur Zénon. Notre saint George est le Cappadocien, colonel au service de Dioclétien, martyrisé, dit-on, en Perse, dans une ville nommée Diospole. Mais comme les Persans n'avaient point de ville de ce nom, on a placé depuis son martyre en Arménie, à Mitylène. Il n'y a pas plus de Mitylène en Arménie que de Diospole en Perse. Mais ce qui est constant, c'est que George était colonel de cavalerie, puisqu'il a encore son cheval en paradis. (*Note de Voltaire*, 1762.)

George et Denis, de propos en propos,
Piqués au vif, en vinrent aux gros mots.
Les saints anglais ont dans leur caractère
Je ne sais quoi de dur et d'insulaire :
On tient toujours un peu de son pays.
En vain notre âme est dans le paradis ;
Tout n'est pas pur, et l'accent de province
Ne se perd point, même à la cour du prince.
 Mais il est temps, lecteur, de m'arrêter ;
Il faut fournir une longue carrière ;
J'ai peu d'haleine, et je dois vous conter
L'événement de tout ce grand mystère ;
Dire comment ce nœud se débrouilla,
Ce que fit Jeanne, et ce qui se passa
Dans les enfers, au ciel, et sur la terre.

FIN DU CHANT QUATRIÈME.

VARIANTES

DU CHANT QUATRIÈME.

Vers 53 :
>Certain Anglais, écumant de colère. (R.)

Vers 69 :
>La froide crainte et la confusion
>Sur les Anglais répandent leur poison.
>Les cris perçants et les clameurs qu'ils jettent,
>Les hurlements que les échos répètent,
>Et la trompette, et le son des tambours,
>Font un vacarme à rendre les gens sourds.
>Le grand Chandos, toujours plein d'assurance,
>Leur crie : « Enfants, conquérants de la France,
>*Marchez à droite... (K.)

Vers 284. — Dans l'édition de 1756, et dans presque toutes les autres, ce génie se nommait Conculix[1]. Après *de sa double nature,* on lisait :

>Mais Conculix avait oublié net
>*De demander un don plus nécessaire,
>*Un don sans quoi nul plaisir n'est parfait,
>*Un don charmant; eh quoi? celui de plaire.
>Dieu, pour punir ce génie effréné,
>Le rendit laid comme un diable incarné;
>Et l'impudique avait dessous le linge
>Odeur de bouc, et poil gris d'un vieux singe :
>Pour comble enfin, de lui-même charmé,
>Il se croyait tout fait pour être aimé.
>De tous côtés on lui cherchait des belles,
>Des bacheliers, des pages, des pucelles
>Et si quelqu'un à ce monstre lascif
>N'accordait pas le plaisir malhonnête
>Bouchait son nez ou détournait la tête,
>*Il était sûr d'être empalé tout vif.

[1]. Voltaire avait conservé, dans l'édition de 1762, ce nom, qu'il s'est depuis décidé à changer. « Plusieurs vertueuses dames ont été, disait-il, effarouchées du nom de Conculix; mais nous croyons, avec tous les savants de l'Europe, que c'est une fausse délicatesse : car il faudrait, sur ce principe, proscrire *convive, concurrence, concupiscence,* et cent autres mots de cette espèce. » (R.)

Le soir venu, Conculix étant femme,
Un farfadet, de la part de madame,
S'en vint prier monseigneur le bâtard
A manger, caille, oie, et bœuf au gros lard ;
*Dans l'entresol, tandis qu'en compagnie
*Jeanne soupait avec cérémonie.
*Le beau Dunois tout parfumé descend ;
Chez Conculix un souper fin l'attend.
*Madame avait prodigué la parure... (K.)

Vers 387. — Édition de 1756 :

Lors Conculix, qui le crut impuissant,
Chassa du lit le guerrier languissant,
Et prononça la sentence fatale,
Criant aux siens : « Sergents, qu'on me l'empale. »
Le beau Dunois vit faire incontinent
*Tous les apprêts de ce grand châtiment.
Ce fier guerrier, l'honneur de sa patrie,
S'en va périr au printemps de sa vie.
Dedans la cour il est conduit tout nu,
*Pour être assis sur un bâton pointu.
*Déjà du jour la belle avant-courrière... (K.)

Vers 403. — Édition de 1756 :

*. . . . . Et lui fourrant au sein
Les doigts velus d'une gluante main,
Il a déjà l'héroïne empestée
D'un gros baiser de sa bouche infectée.
*Plus il s'agite, et plus il devient laid.
*Jeanne, qu'anime une chrétienne rage,
D'un bras nerveux lui décharge un soufflet,
*A poing fermé, sur son vilain visage.
Le magot tombe, et roule en bas du lit,
Les yeux se poche, et le nez se meurtrit.
Il crie, il hurle. Une troupe profane
Vient à son aide ; on vous empoigne Jeanne :
On va punir sa fière cruauté
Par l'instrument chez les Turcs usité.
*De sa chemise aussitôt dépouillée... (K.)

Vers 472. — Manuscrit :

*Leur nudité, leur beauté, leur jeunesse,
Dans leur pitié mêlait trop de tendresse.
Leur feu secret, par un destin nouveau,
*Ne s'échappait qu'au bord de leur tombeau ;
Même en Dunois l'aiguillon de la chair,
Pour Conculix si longtemps indocile,
Et qu'on eût cru de la plus molle argile,
En ce moment semblait forgé de fer.
Le négromant, piqué d'un tel outrage,
En redoubla son dépit et sa rage ;

VARIANTES DU CHANT IV.

* Et cependant l'animal amphibie
A son dépit joignit la jalousie,
Faisant aux siens l'effroyable signal
Qu'on embrochât ce couple déloyal.
* Dans ce moment... (R.)

Vers 496 :

Ainsi l'enfant de saint François d'Assise
De la Pucelle a suivi le fumet,
Et sur ses pas porté sur son mulet
Courut sans cesse, et ne lâcha point prise. (R.)

Vers 506. — Édition de 1756 :

* Si ce guerrier et si cette pucelle
N'ont pu remplir avec toi leur devoir,
* Je tiendrai lieu de ce couple rebelle ;
D'un cordelier éprouve le pouvoir.
* Tu vois... » (K.)

Vers 512 :

De ses exploits tu seras satisfait. (R.)

Vers 516 :

Sur elle seule il faut nous signaler,
Et c'est à nous, seigneur, de l'empaler. (R.)

Vers 548. — Édition de 1756 :

On vous dira qu'il n'est point de femelle,
Tant pudibonde et tant vierge fût-elle,
Qui n'eût été fort aise en pareille cas ;
Mais la Pucelle aimait mieux le trépas,
Et ce secours infernal et lubrique
Semblait horrible à son âme pudique.
* Elle pleurait... (K.)

Vers 534. — Édition de 1756 et manuscrits :

Pour Conculix, le discours énergique
Du cordelier fit sur lui grand effet ;
Il accepta le marché séraphique.
* « Ce soir, dit-il, vous et votre mulet
Tenez-vous prêts ; cependant je pardonne
A ces marmots, et vous les abandonne. »
Le moine alors, d'un air d'autorité,
Frappa trois coups sur l'animal bâté,
Puis fit un cercle, et prit de la poussière
* Que sur la bête... (K.)

Vers 565. — Édition de 1756 :

* Denis voyait avec des yeux de père
De Jeanne d'Arc le triste et piteux cas ;

VARIANTES DU CHANT IV.

Faire eût-il dû de Vulcain le faux pas,
Il eût voulu s'élancer sur la terre.
*Mais il était lui-même... (K.)

Vers 576 :

*Piqués au vif, en vinrent aux gros mots.
Chacun là-haut prit part à la querelle :
L'un pour Denis, l'autre pour George était
Le paradis entre eux se partageait,
L'un pour l'Anglais, l'autre pour la Pucelle.
*Les saints anglais... (R.)

Vers 586 :

Le dénoûment de cette grande affaire. (R.)

CHANT CINQUIÈME.

ARGUMENT.

Le cordelier Grisbourdon, qui avait voulu violer Jeanne, est en enfer très-justement. Il raconte son aventure aux diables.

O mes amis, vivons en bons chrétiens !
C'est le parti, croyez-moi, qu'il faut, prendre.
A son devoir il faut enfin se rendre.
Dans mon printemps j'ai hanté les vauriens ;
A leurs désirs ils se livraient en proie,
Souvent au bal, jamais dans le saint lieu,
Soupant, couchant chez des filles de joie,
Et se moquant des serviteurs de Dieu.
Qu'arrive-t-il ? la Mort, la Mort fatale,
Au nez camard, à la tranchante faux,
Vient visiter nos diseurs de bons mots ;
La Fièvre ardente, à la marche inégale,
Fille du Styx, huissière d'Atropos,
Porte le trouble en leurs petits cerveaux :
A leur chevet une garde, un notaire,
Viennent leur dire : « Allons, il faut partir ;
Où voulez-vous, monsieur, qu'on vous enterre[1] ? »
Lors un tardif et faible repentir
Sort à regret de leur mourante bouche.
L'un à son aide appelle saint Martin,
L'autre saint Roch, l'autre sainte Mitouche[2].

---

1. Ce vers est emprunté au *Légataire universel* de Regnard. Le notaire Scrupule dit à Crispin (acte IV, scène VI) :

   Fort bien ! Où voulez-vous, monsieur, qu'on vous enterre ?

2. On disait autrefois *sainte n'y touche*, et on disait bien. On voit aisément que c'est une femme qui a l'air de n'y pas toucher ; c'est par corruption qu'on dit *sainte Mitouche*. La langue dégénère tous les jours. J'aurais souhaité que l'auteur eût eu le courage de dire *sainte n'y touche*, comme nos pères. (*Note de Voltaire*, 1762.)

On psalmodie, on braille du latin,
On les asperge, hélas! le tout en vain.
Au pied du lit se tapit le malin,
Ouvrant la griffe; et lorsque l'âme échappe
Du corps chétif, au passage il la happe,
Puis vous la porte au fin fond des enfers,
Digne séjour de ces esprits pervers.
 Mon cher lecteur, il est temps de te dire
Qu'un jour Satan[1], seigneur du sombre empire,
A ses vassaux donnait un grand régal.
Il était fête au manoir infernal :
On avait fait une énorme recrue,
Et les démons buvaient la bienvenue
D'un certain pape et d'un gros cardinal,
D'un roi du Nord, de quatorze chanoines,
Trois intendants, deux conseillers, vingt moines,
Tous frais venus du séjour des mortels,
Et dévolus aux brasiers éternels.
Le roi cornu de la huaille noire
Se déridait entouré de ses pairs;
On s'enivrait du nectar des enfers,
On fredonnait quelques chansons à boire,
Lorsqu'à la porte il s'élève un grand cri :
« Ah! bonjour donc, vous voilà, vous voici ;
C'est lui, messieurs, c'est le grand émissaire ;
C'est Grisbourdon, notre féal ami ;
Entrez, entrez, et chauffez-vous ici :
Et bras dessus et bras dessous, beau père,
Beau Grisbourdon, docteur de Lucifer,
Fils de Satan, apôtre de l'enfer. »
On vous l'embrasse, on le baise, on le serre ;
On vous le porte en moins d'un tour de main,
Toujours baisé, vers le lieu du festin.
 Satan se lève, et lui dit : « Fils du diable,
O des frapparts[2] ornement véritable,

---

1. *Satan* est un mot chaldéen, qui signifie à peu près l'*Arimane* des Perses, le *Typhon* des Égyptiens, le *Pluton* des Grecs, et parmi nous le *diable*. Ce n'est que chez nous qu'on le peint avec des cornes. Voyez le septième tome *De forma diaboli*, du révérend père Tambourini. (*Note de Voltaire*, 1762.)

2. *Frappart*, nom d'amitié que les cordeliers se donnèrent entre eux dès le quinzième siècle. Les doctes sont partagés sur l'étymologie de ce mot : il signifie certainement frappeur robuste, raide jouteur. (*Id.*, 1762.)

Certes si tôt je n'espérais te voir ;
Chez les humains tu m'étais nécessaire.
Qui mieux que toi peuplait notre manoir ?
Par toi la France était mon séminaire ;
En te voyant je perds tout mon espoir.
Mais du destin la volonté soit faite !
Bois avec nous, et prends place à ma draite. »
  Le cordelier, plein d'une sainte horreur,
Baise à genoux l'ergot de son seigneur ;
Puis d'un air morne il jette au loin la vue
Sur cette vaste et brûlante étendue,
Séjour de feu qu'habitent pour jamais
L'affreuse Mort, les Tourments, les Forfaits ;
Trône éternel où sied l'esprit immonde,
Abîme immense où s'engloutit le monde ;
Sépulcre où gît la docte antiquité,
Esprit, amour, savoir, grâce, beauté,
Et cette foule immortelle, innombrable,
D'enfants du ciel créés tous pour le diable.
Tu sais, lecteur, qu'en ces feux dévorants
Les meilleurs rois sont avec les tyrans.
Nous y plaçons Antonin, Marc-Aurèle,
Ce bon Trajan, des princes le modèle ;
Ce doux Titus, l'amour de l'univers ;
Les deux Catons, ces fléaux des pervers ;
Ce Scipion, maître de son courage,
Lui qui vainquit et l'amour et Carthage.
Vous y grillez, sage et docte Platon,
Divin Homère, éloquent Cicéron ;
Et vous, Socrate, enfant de la sagesse,
Martyr de Dieu dans la profane Grèce ;
Juste Aristide, et vertueux Solon :
Tous malheureux morts sans confession.
  Mais ce qui plus étonna Grisbourdon,
Ce fut de voir en la chaudière grande
Certains quidams, saints ou rois, dont le nom
Orne l'histoire, et pare la légende.
Un des premiers était le roi Clovis [1].

---

1. On ne peut regarder cette damnation de Clovis, et de tant d'autres, que comme une fiction poétique; cependant on peut, moralement parlant, dire que Clovis a pu être puni pour avoir fait assassiner plusieurs régas ses voisins, et

Je vois d'abord mon lecteur qui s'étonne
Qu'un si grand roi, qui tout son peuple a mis
Dans le chemin du benoît paradis,
N'ait pu jouir du salut qu'il nous donne.
Ah! qui croirait qu'un premier roi chrétien
Fût en effet damné comme un païen?
Mais mon lecteur se souviendra très-bien
Qu'être lavé de cette eau salutaire
Ne suffit pas quand le cœur est gâté.
Or ce Clovis, dans le crime empâté [1],
Portait un cœur inhumain, sanguinaire;
Et saint Remi ne put laver jamais
Ce roi des Francs, gangrené de forfaits.

Parmi ces grands, ces souverains du monde,
Ensevelis dans cette nuit profonde,
On discernait le fameux Constantin.
« Est-il bien vrai? criait avec surprise
Le moine gris : ô rigueur! ô destin!
Quoi! ce héros fondateur de l'Église,
Qui de la terre a chassé les faux dieux,
Est descendu dans l'enfer avec eux? »
Lors Constantin dit ces propres paroles [2] :
« J'ai renversé le culte des idoles;
Sur les débris de leurs temples fumants
Au Dieu du ciel j'ai prodigué l'encens :
Mais tous mes soins pour sa grandeur suprême
N'eurent jamais d'autre objet que moi-même;
Les saints autels n'étaient à mes regards
Qu'un marchepied du trône des Césars.
L'ambition, les fureurs, les délices,
Étaient mes dieux, avaient mes sacrifices.
L'or des chrétiens, leurs intrigues, leur sang,
Ont cimenté ma fortune et mon rang.

---

plusieurs de ses parents : ce qui n'est pas trop chrétien. (*Note de Voltaire*, 1762.)

1. Dans les fameux couplets attribués à J.-B. Rousseau, Vassaint est traité de B..... dans le crime empâté. (R.)

2. Constantin arracha la vie à son beau-père, à son beau-frère, à son neveu, à sa femme, à son fils, et fut le plus vain et le plus voluptueux de tous les hommes, d'ailleurs bon catholique; mais il mourut arien, et baptisé par un évêque arien. (*Note de Voltaire*, 1762.)

Pour conserver cette grandeur si chère,
J'ai massacré mon malheureux beau-père.
Dans les plaisirs et dans le sang plongé,
Faible et barbare, en ma fureur jalouse,
Ivre d'amour, et de soupçons rongé,
Je fis périr mon fils et mon épouse.
O Grisbourdon, ne sois plus étonné
Si comme toi Constantin est damné! »
 Le révérend de plus en plus admire
Tous les secrets du ténébreux empire.
Il voit partout de grands prédicateurs,
Riches prélats, casuistes, docteurs,
Moines d'Espagne, et nonnains d'Italie.
De tous les rois il voit les confesseurs,
De nos beautés il voit les directeurs :
Le paradis ils ont eu dans leur vie.
Il aperçut dans le fond d'un dortoir
Certain frocard moitié blanc, moitié noir,
Portant crinière en écuelle arrondie.
Au fier aspect de cet animal pie,
Le cordelier, riant d'un ris malin,
Se dit tout bas : « Cet homme est jacobin [1].
Quel est ton nom? » lui cria-t-il soudain.
L'ombre répond d'un ton mélancolique :
« Hélas! mon fils, je suis saint Dominique [2]. »
 A ce discours, à cet auguste nom,
Vous eussiez vu reculer Grisbourdon ;
Il se signait, il ne pouvait le croire.
« Comment, dit-il, dans la caverne noire
Un si grand saint, un apôtre, un docteur!
Vous de la foi le sacré promoteur,
Homme de Dieu, prêcheur évangélique,
Vous dans l'enfer ainsi qu'un hérétique!

---

1. Les cordeliers ont été de tout temps ennemis des dominicains. (*Note de Voltaire*, 1762.)

2. Il semble que l'auteur n'ait voulu faire ici qu'une plaisanterie. Cependant ce Guzman, inventeur de l'Inquisition, et que nous appelons Dominique, fut réellement un persécuteur. Il est certain que les Languedociens nommés Albigeois étaient des peuples fidèles à leur souverain, et qu'on leur fit la guerre la plus barbare, uniquement à cause de leurs dogmes. Il n'y a rien de plus abominable que de faire périr par le fer et par le feu un prince et ses sujets, sous prétexte qu'ils ne pensent pas comme nous. (*Id.*, 1762.)

Certes ici la grâce est en défaut.
Pauvres humains, qu'on est trompé là-haut!
Et puis allez, dans vos cérémonies,
De tous les saints chanter les litanies! »
    Lors repartit avec un ton dolent
Notre Espagnol au manteau noir et blanc :
« Ne songeons plus aux vains discours des hommes;
De leurs erreurs qu'importe le fracas?
Infortunés, tourmentés où nous sommes;
Loués, fêtés où nous ne sommes pas [1] :
Tel sur la terre a plus d'une chapelle,
Qui dans l'enfer rôtit bien tristement;
Et tel au monde on damne impunément,
Qui dans les cieux a la vie éternelle.
Pour moi, je suis dans la noire séquelle
Très-justement, pour avoir autrefois
Persécuté ces pauvres Albigeois.
Je n'étais pas envoyé pour détruire,
Et je suis cuit pour les avoir fait cuire. »
    Oh! quand j'aurais une langue de fer,
Toujours parlant je ne pourrais suffire,
Mon cher lecteur, à te nombrer et dire
Combien de saints on rencontre en enfer.
    Quand des damnés la cohorte rôtie
Eut assez fait au fils de saint François
Tous les honneurs de leur triste patrie,
Chacun cria d'une commune voix :
« Cher Grisbourdon, conte-nous, conte, conte
Qui t'a conduit vers une fin si prompte ;
Conte-nous donc par quel étonnant cas
Ton âme dure est tombée ici-bas.
— Messieurs, dit-il, je ne m'en défends pas ;
Je vous dirai mon étrange aventure ;
Elle pourra vous étonner d'abord :
Mais il ne faut me taxer d'imposture ;
On ne ment plus sitôt que l'on est mort.
    « J'étais là-haut, comme on sait, votre apôtre ;
Et, pour l'honneur du froc et pour le vôtre,

---

1. M. Louis du Bois fait remarquer dans ce vers une imitation de la phrase suivante, qu'il attribue à saint Augustin : *Cruciantur ubi sunt, laudantur ubi non sunt.* Je n'ai pu vérifier l'exactitude de ce renseignement. (R.)

Je concluais l'exploit le plus galant
Que jamais moine ait fait hors du couvent.
Mon muletier, ah, l'animal insigne!
Ah, le grand homme! ah, quel rival condigne¹ :
Mon muletier, ferme dans son devoir,
D'Hermaphrodix avait passé l'espoir.
J'avais aussi pour ce monstre femelle,
Sans vanité, prodigué tout mon zèle ;
Le fils d'Alix, ravi d'un tel effort,
Nous laissait Jeanne en vertu de l'accord.
Jeanne la forte, et Jeanne la rebelle,
Perdait bientôt ce grand nom de Pucelle ;
Entre mes bras elle se débattait,
Le muletier par-dessous la tenait ;
Hermaphrodix de bon cœur ricanait.
  « Mais croiriez-vous ce que je vais vous dire?
L'air s'entr'ouvrit, et du haut de l'empire
Qu'on nomme ciel (lieux où ni vous ni moi
N'irons jamais, et vous savez pourquoi)
Je vis descendre, ô fatale merveille!
Cet animal qui porte longue oreille,
Et qui jadis à Balaam parla,
Quand Balaam sur la montagne alla.
Quel terrible âne! Il portait une selle
D'un beau velours, et sur l'arçon d'icelle
Était un sabre à deux larges tranchants :
De chaque épaule il lui sortait une aile
Dont il volait, et devançait les vents.
A haute voix alors s'écria Jeanne :
« Dieu soit loué! voici venir mon âne. »
A ce discours je fus transi d'effroi ;
L'âne à l'instant ses quatre genoux plie,
Lève sa queue et sa tête polie,
Comme disant à Dunois : « Monte-moi. »
Dunois le monte, et l'animal s'envole
Sur notre tête, et passe, et caracole.
Dunois planant, le cimeterre en main,
Sur moi chétif fondit d'un vol soudain.
Mon cher Satan, mon seigneur souverain,

---

1. *Condigne*, du latin *condignus;* ce mot se trouve dans les auteurs du seizième siècle. (*Note de Voltaire*, 1762.)

Ainsi, dit-on, lorsque tu fis la guerre
Imprudemment au maître du tonnerre [1],
Tu vis sur toi s'élancer saint Michel,
Vengeur fatal des injures du ciel.
 « Réduit alors à défendre ma vie,
J'eus mon recours à la sorcellerie.
Je dépouillai d'un nerveux cordelier
Le sourcil noir et le visage altier :
Je pris la mine et la forme charmante
D'une beauté douce, fraîche, innocente ;
De blonds cheveux se jouaient sur mon sein ;
De gaze fine une étoffe brillante
Fit entrevoir une gorge naissante.
J'avais tout l'art du sexe féminin :
Je composais mes yeux et mon visage ;
On y voyait cette naïveté
Qui toujours trompe, et qui toujours engage.
Sous ce vernis un air de volupté
Eût des humains rendu fou le plus sage,
J'eusse amolli le cœur le plus sauvage ;
Car j'avais tout, artifice et beauté.
Mon paladin en parut enchanté.
J'allais périr ; ce héros invincible
Avait levé son braquemart [2] terrible ;
Son bras était à demi descendu,
Et Grisbourdon se croyait pourfendu.
Dunois regarde, il s'émeut, il s'arrête.
Qui de Méduse eût vu jadis la tête
Était en roc mué soudainement :
Le beau Dunois changea bien autrement,
Il avait l'âme avec les yeux frappée ;
Je vis tomber sa redoutable épée :
Je vis Dunois sentir à mon aspect
Beaucoup d'amour et beaucoup de respect.
Qui n'aurait cru que j'eusse eu la victoire ?

---

1. Cette guerre n'est rapportée que dans le livre apocryphe sous le nom d'Énoch ; il n'en est parlé ailleurs dans aucun livre juif. Le chef de l'armée céleste était en effet Michel, comme le dit notre auteur ; mais le capitaine des mauvais anges n'était point Satan, c'était Semexiah : on peut excuser cette inadvertance dans un long poëme. (*Note de Voltaire*, 1762.)

2. Ancien mot qui signifie cimeterre. (*Id.*, 1762.) — Voyez, pour l'étymologie de ce mot, la note 2 de la page 122.

Mais voici bien le pis de mon histoire.
« Le muletier, qui pressait dans ses bras
De Jeanne d'Arc les robustes appas,
En me voyant si gentille et si belle,
Brûla soudain d'une flamme nouvelle.
Hélas! mon cœur ne le soupçonnait pas
De convoiter des charmes délicats.
Un cœur grossier connaître l'inconstance!
Il lâche prise, et j'eus la préférence.
Il quitte Jeanne ; ah, funeste beauté!
A peine Jeanne est-elle en liberté
Qu'elle aperçut le brillant cimeterre
Qu'avait Dunois laissé tomber par terre.
Du fer tranchant sa dextre se saisit ;
Et, dans l'instant que le rustre infidèle
Quittait pour moi la superbe Pucelle,
Par le chignon Jeanne d'Arc m'abattit,
Et, d'un revers, la nuque me fendit.
Depuis ce temps je n'ai nulle nouvelle
Du muletier, de Jeanne la cruelle,
D'Hermaphrodix, de l'âne, de Dunois.
Puissent-ils tous être empalés cent fois!
Et que le ciel, qui confond les coupables,
Pour mon plaisir les donne à tous les diables! »
Ainsi parlait le moine avec aigreur,
Et tout l'enfer en rit d'assez bon cœur.

FIN DU CHANT CINQUIÈME.

VARIANTES

DU CHANT CINQUIÈME.

Vers 36. — Dans les premières éditions on lisait :

*D'un roi du Nord, de quatorze chanoines,
De deux curés et de quarante moines. (K.)

Vers 116 :

Lors Constantin dit ces triples paroles.

Vers 135. — Édition de 1756 :

*« Si comme toi Constantin est damné!
Ainsi que lui vingt rois fêtés à Rome
Dans ces bas lieux brûleront à jamais.
Le pape eut beau, pour payer leurs bienfaits,
Les mettre en rouge au livre qu'on renomme,
Leur donner jour, et vouloir qu'on les chôme,
Le diable rit de tous ces beaux décrets.
D'après leur vie il leur lut leurs arrêts ;
Et chacun d'eux, jugé sur ses forfaits,
Rôtit ou bout, comme il fut méchant homme. »
Riant au nez du sire Constantin,
Le cordelier, en fort mauvais latin,
Fit compliment, puis en marchant admire
*Tous les secrets du ténébreux empire.
    En même rang que ces fameux brigands
Si sottement célébrés sur la terre,
Et justement dévoués aux tourments
Dans les enfers, le très-révérend frère
Vit saint Louis, la fleur de nos patrons,
Ce saint Louis, le père des Bourbons.
Il maudissait la cruelle manie
Qui, sur la foi d'un fourbe ultramontain,
Lui fit laisser à son mauvais destin,
Sans nuls galants, sa femme tant jolie,
Pour s'en aller dans la turque Syrie [1]

---

1. C'est en Égypte que saint Louis alla faire la guerre, et il mena sa femme avec lui. Voyez Joinville, et concluez que M. de Voltaire, qui l'avait lu, n'a pu faire ces vers, d'ailleurs si peu dignes de lui. (K)

Assassiner le pauvre Sarrasin.
Ce roi bigot, insensé paladin,
Qui dans le ciel aurait eu belle place
S'il eût été tout simplement chrétien,
Grillait là-bas, et le méritait bien.
Homme pieux sans être homme de bien,
Laissant le vrai pour prendre la grimace,
Il fut toujours au delà de la grâce,
Et bien plus loin que les commandements.
Il se fessa, se couvrit de la haire,
Il but de l'eau, fit fort mauvaise chère,
Onc ne tâta de bisques, d'ortolans,
Onc ne mangea ni perdrix ni faisans.
Sur un châlit, sans fermer la paupière,
L'esprit au ciel, la discipline en main,
Il attendit souvent le lendemain.
Il eût mieux fait certes, le pauvre sire,
De se gaudir avec sa Margoton
Tranquillement au sein de son empire.
C'est, sur ma foi, pour aller au démon
Un sot chemin que celui du martyre.
 Cet innocent renta les Quinze-Vingts,
Pour le moutier dota cent pauvres filles,
Et fonda gîte aux dévots pèlerins :
C'est bien de quoi le mettre au rang des saints !
Mais sans remords, dans le sein des familles,
Il répandit de ses dévotes mains
Les tristes fruits des combats inhumains,
Et le trépas, et l'affreuse indigence ;
Il appauvrit, il dévasta la France,
Il la remplit de veuves, d'orphelins :
Quel diable eût fait plus de mal aux humains ?
Le Grisbourdon le vit, et sut se taire.
Dans un réduit, à feu de réverbère,
Il vit bouillir maints grands prédicateurs,
*Riches prélats, casuistes, docteurs,
*Moines d'Espagne et nonnains d'Italie,
De tous les rois les graves confesseurs,
De nos beautés les paillards directeurs :
*Le paradis ils ont eu dans leur vie.
 Dans le foyer d'un grand feu de charbon,
La tête hors d'un énorme chaudron,
Sous un grand feutre en forme de galère,
Le moine vit le féroce Calvin[1],
Qui des deux yeux, au défaut de la main,
Faisait la nique à Luther son confrère,
Puis menaçait un pontife romain.
A son regard farouche, atrabilaire,

---

1. Voltaire, en désavouant ce passage, qu'il attribue à Maubert, relève l'absurdité d'avoir placé Calvin au temps de Charles VII ; mais il est juste de remarquer que le reproche d'absurdité n'est pas fondé, puisque l'auteur de ces vers, quel qu'il soit, dit plus bas que ce fut par un effet de l'art magique de Lucifer que le moine Grisbourdon crut voir Calvin, et pénétra ainsi les secrets de l'avenir. (R.)

VARIANTES DU CHANT V.

On connaissait de l'orgueilleux sectaire
Le mauvais cœur, l'esprit intolérant,
L'âme jalouse, et digne d'un tyran.
Tout en cuisant, il semblait être encore
Dans sa cité, qu'un galant homme abhorre,
Et que redoute un esprit dégagé
Des contes vieux et du sot préjugé,
A voir rôtir Servet le grand apôtre,
Juste ennemi, toutefois indiscret,
De maint cafard, diseur de patenôtre,
Rival haï, dont tout le crime était
De raisonner mieux que lui ne faisait.
Maître Calvin, les yeux chargés d'envie,
Semblait entendre et voir à ses genoux
Lui crier grâce, et demander la vie,
Ce Nivernois[1] dont il fut si jaloux,
Ce sot prélat faiseur de boutonnières,
Galant chéri des jeunes chambrières,
Qui préféra les cafards genevois
Aux bonnes gens du pays champenois.
« Pendez, pendez, » le vilain semblait dire ;
Baiser soubrette est péché dont ma loi
Ne permet point aux huguenots de rire ;
Et ce paillard doit périr, sur ma foi,
Pour avoir eu plus de plaisir que moi.
   Le cordelier, d'une voix de tonnerre,
Qu'accompagnait un regard furieux,
Lui dit : « Maraud, de quel droit sur la terre
Prétendis-tu punir l'amour heureux ?
Qui t'avoua de la nouvelle guerre
Que tu livras à ces enfants des cieux
Qu'un zèle ardent pour la paix des familles
Consacre au soin de soulager les filles ? »
Dans la fureur dont il était atteint,
Certes le moine allait faire tapage,
Et de Genève à mal mettre le saint,
Quand il connut qu'il était dans la cage
Où de sa main Lucifer même a peint
Tous les damnés que fournira chaque âge.
Quiconque entrait dans ce damné réduit
Se sentait tôt animé de l'esprit ;
Il croyait voir, il lui semblait entendre
Se démener et gémir les portraits.
De l'avenir pénétrant les secrets
Comme présents, sans jamais s'y méprendre,
Il les avait dans son cerveau frappé ;
Et des damnés, chez les races futures,
Il devinait les noires aventures
Mieux que prophète ou démon incarné.

---

1. Spifame, évêque de Nevers, décapité à Genève en 1566. Calvin est mort en 1564, et il n'était point question de chambrières dans le procès de Spifame, qui n'était point réduit à la condition d'artisan, mais était devenu membre du conseil des deux cents et de celui des soixante. Ceux qui ont fait ces vers n'étaient pas au courant. (K.)

VARIANTES DU CHANT V.

>Le Grisbourdon dedans la galerie
>Venant calmer sa claustrale furie :
>*Il aperçut dans le fond d'un dortoir... (K.)

Vers 179. — Édition de 1756 :

>* « Et je suis cuit pour les avoir fait cuire.
>Non que je sois condamné sans retour;
>J'espère encor me trouver quelque jour
>Avec les saints au séjour de la gloire ;
>Mais en ce lieu je fais mon purgatoire. »
>*Oh! quand j'aurais... (K.)

Vers 206. — Après ce vers on lit dans un manuscrit :

>Et tous les deux sur ce vilain génie
>Nous avions fait un excès d'œuvre pie.
>Le Conculix, ravi d'un tel effort... (R.)

Vers 213. — Manuscrit :

>*. . . . . De bon cœur ricanait.
>Je me sentais un courage héroïque,
>Et je vous jure, ô cohorte lubrique,
>Que si j'avais pu vivre encore un jour,
>Le beau Dunois lui-même eût eu son tour.
>*Mais croirez-vous... (R.)

Vers 219 :

>*Cet animal qui porte longue oreille,
>Sur qui jadis votre ennemi monta
>Quand dans Salem en triomphe il entra,
>*Et qui jadis à Balaam parla... (R.)

CHANT SIXIÈME.

ARGUMENT.

Aventure d'Agnès et de Monrose. Temple de la Renommée.
Aventure tragique de Dorothée.

Quittons l'enfer, quittons ce gouffre immonde,
Où Grisbourdon brûle avec Lucifer :
Dressons mon vol aux campagnes de l'air,
Et revoyons ce qui se passe au monde.
Ce monde, hélas! est bien un autre enfer.
J'y vois partout l'innocence proscrite,
L'homme de bien flétri par l'hypocrite;
L'esprit, le goût, les beaux-arts, éperdus,
Sont envolés, ainsi que les vertus;
Une rampante et lâche politique
Tient lieu de tout, est le mérite unique;
Le zèle affreux des dangereux dévots
Contre le sage arme la main des sots;
Et l'Intérêt, ce vil roi de la terre,
Pour qui l'on fait et la paix et la guerre,
Triste et pensif, auprès d'un coffre-fort
Vend le plus faible aux crimes du plus fort [1].
Chétifs mortels, insensés et coupables,
De tant d'horreurs à quoi bon vous noircir?
Ah, malheureux! qui péchez sans plaisir,
Dans vos erreurs soyez plus raisonnables;
Soyez au moins des pécheurs fortunés;
Et puisqu'il faut que vous soyez damnés,

---

1. La même pensée se trouve exprimée presque en mêmes termes dans *Mérope* (acte Ier, scène II :)

> Et le vil intérêt, cet arbitre du sort,
> Vend toujours le plus faible aux crimes du plus fort.

CHANT VI.

Damnez-vous donc pour des fautes aimables.
    Agnès Sorel sut en user ainsi.
On ne lui peut reprocher dans sa vie
Que les douceurs d'une tendre folie.
Je lui pardonne, et je pense qu'aussi
Dieu tout clément aura pris pitié d'elle :
En paradis tout saint n'est pas pucelle;
Le repentir est vertu du pécheur[1].
    Quand Jeanne d'Arc défendait son honneur,
Et que du fil de sa céleste épée
De Grisbourdon la tête fut coupée,
Notre âne ailé, qui dessus son harnois
Portait en l'air le chevalier Dunois,
Conçut alors le caprice profane
De l'éloigner, et de l'ôter à Jeanne.
Quelle raison en avait-il? l'amour,
Le tendre amour, et la naissante envie
Dont en secret son âme était saisie.
L'ami lecteur apprendra quelque jour
Quel trait de flamme, et quelle idée hardie[2]
Pressait déjà ce héros d'Arcadie.
L'animal saint eut donc la fantaisie
De s'envoler devers la Lombardie ;
Le bon Denis en secret conseilla
Cette escapade à sa monture ailée.

---

1. Voici encore une pensée que Voltaire a reproduite en termes peu différents dans l'un de ses ouvrages dramatiques. On lit dans *Olympie* (acte II, scène II) :

    Dieu fit du repentir la vertu des mortels.

Chénier a exprimé, avec non moins de bonheur, la même idée dans son *Calas* (acte V, scène VI) :

    . . . . Un Dieu plein de clémence
  Pour qui le repentir est encor l'innocence. (R.)

2. C'est par licence poétique, fort excusable dans un poëme du genre de *la Pucelle*, que Voltaire ne tient pas compte de l'*h* aspirée du mot *hardie*, non plus qu'il ne tiendra compte un peu plus loin de l'*h* aspirée du mot *harassé* dans le vers 196 de ce chant :

    Son corps divin de fatigue harassé.

Peut-être n'aurait-il pas dû se permettre les mêmes licences dans *la Henriade*, où se trouve (chant IX, vers 18) ce vers :

    Les biens du premier âge, hors la seule innocence.

L'édition de 1761 fournit au vers ci-dessus cette variante irréprochable :

    Quel doux espoir! quelle flamme hardie!

Vous demandez, lecteur, pourquoi cela.
C'est que Denis lut dans l'âme troublée
De son bel âne et de son beau bâtard.
Tous deux brûlaient d'un feu qui tôt ou tard
Aurait pu nuire à la cause commune,
Perdre la France, et Jeanne, et sa fortune.
Denis pensa que l'absence et le temps
Les guériraient de leurs amours naissants.
Denis encore avait en cette affaire
Un autre but, une bonne œuvre à faire.
Craignez, lecteur, de blâmer ses desseins;
Et respectez tout ce que font les saints.
L'âne céleste, où Denis met sa gloire,
S'envola donc loin des rives de Loire,
Droit vers le Rhône, et Dunois stupéfait
A tire d'aile est parti comme un trait.
Il regardait de loin son héroïne,
Qui, toute nue, et le fer à la main,
Le cœur ému d'une fureur divine,
Rouge de sang se frayait un chemin.
Hermaphrodix veut l'arrêter en vain;
Ses farfadets, son peuple aérien,
En cent façons volent sur son passage :
Jeanne s'en moque, et passe avec courage.
Lorsqu'en un bois quelque jeune imprudent
Voit une ruche, et, s'approchant, admire
L'art étonnant de ce palais de cire,
De toutes parts un essaim bourdonnant
Sur mon badaud s'en vient fondre avec rage;
Un peuple ailé lui couvre le visage :
L'homme piqué court à tort, à travers;
De ses deux mains il frappe, il se démène,
Dissipe, tue, écrase par centaine
Cette canaille habitante des airs.
C'était ainsi que la Pucelle, fière,
Chassait au loin cette foule légère.
 A ses genoux le chétif muletier,
Craignant pour soi le sort du cordelier,
Tremble et s'écrie : « O Pucelle ! ô ma mie !
Dans l'écurie autrefois tant servie !
Quelle furie ! épargne au moins ma vie;
Que les honneurs ne changent point tes mœurs!

CHANT VI.

Tu vois mes pleurs : ah, Jeanne! je me meurs. »
Jeanne répond : « Faquin, je te fais grâce;
Dans ton vil sang, de fange tout chargé,
Ce fer divin ne sera point plongé.
Végète encore, et que ta lourde masse
Ait à l'instant l'honneur de me porter :
Je ne te puis en mulet translater;
Mais ne m'importe ici de ta figure;
Homme ou mulet, tu seras ma monture.
Dunois m'a pris l'âne qui fut pour moi,
Et je prétends le retrouver en toi.
Çà, qu'on se courbe. » Elle dit, et la bête
Baisse à l'instant sa chauve et lourde tête,
Marche des mains, et Jeanne sur son dos
Va dans les champs affronter les héros.
Pour le génie, il jura par son père
De tourmenter toujours les bons Français;
Son cœur navré pencha vers les Anglais;
Il se promit, dans sa juste colère,
De se venger du tour qu'on lui jouait,
De bien punir tout Français indiscret
Qui pour son dam passerait sur sa terre.
Il fait bâtir au plus vite un château
D'un goût bizarre, et tout à fait nouveau,
Un labyrinthe, un piége où sa vengeance
Veut attraper les héros de la France [1].

Mais que devint la belle Agnès Sorel?
Vous souvient-il de son trouble cruel?
Comme elle fut interdite, éperdue,
Quand Jean Chandos l'embrassait toute nue?
Ce Jean Chandos s'élança de ses bras
Très-brusquement, et courut aux combats.
La belle Agnès crut sortir d'embarras.
De son danger encor toute surprise,
Elle jurait de n'être jamais prise
A l'avenir en un semblable cas.
Au bon roi Charle elle jurait tout bas
D'aimer toujours ce roi qui n'aime qu'elle,
De respecter ce tendre et doux lien,
Et de mourir plutôt qu'être infidèle:

---

1. Voyez le dix-septième chant. (*Note de Voltaire*, 1773.)

Mais il ne faut jamais jurer de rien.
   Dans ce fracas, dans ce trouble effroyable,
D'un camp surpris tumulte inséparable,
Quand chacun court, officier et soldat,
Que l'un s'enfuit et que l'autre combat.
Que les valets, fripons suivant l'armée,
Pillent le camp, de peur des ennemis :
Parmi les cris, la poudre, et la fumée,
La belle Agnès se voyant sans habits,
Du grand Chandos entre en la garde-robe;
Puis avisant chemise, mules, robe,
Saisit le tout en tremblant et sans bruit;
Même elle prend jusqu'au bonnet de nuit.
Tout vint à point : car de bonne fortune
Elle aperçut une jument bai-brune,
Bride à la bouche et selle sur le dos,
Que l'on devait amener à Chandos.
Un écuyer, vieil ivrogne intrépide,
Tout en dormant la tenait par la bride.
L'adroite Agnès s'en va subtilement
Oter la bride à l'écuyer dormant;
Puis se servant de certaine escabelle,
Y pose un pied, monte, se met en selle,
Pique et s'en va, croyant gagner les bois,
Pleine de crainte et de joie à la fois.
L'ami Bonneau court à pied dans la plaine,
En maudissant sa pesante bedaine,
Ce beau voyage, et la guerre, et la cour,
Et les Anglais, et Sorel, et l'amour.
   Or de Chandos le très-fidèle page
(Monrose était le nom du personnage [1]).
Qui revenait ce matin d'un message,
Voyant de loin tout ce qui se passait,
Cette jument qui vers les bois courait,
Et de Chandos la robe et le bonnet,
Devinant mal ce que ce pouvait être,
Crut fermement que c'était son cher maître,
Qui loin du camp demi-nu s'enfuyait.
Épouvanté de l'étrange aventure,

---

1. C'est le même page sur le derrière duquel Jeanne avait crayonné trois fleurs de lys. (*Note de Voltaire*, 1762.) — Voyez chant II, vers 312-335.

CHANT VI.

D'un coup de fouet il hâte sa monture,
Galope, et crie : « Ah, mon maître ! ah, seigneur !
Vous poursuit-on ? Charlot est-il vainqueur ?
Où courez-vous ? Je vais partout vous suivre :
Si vous mourez, je cesserai de vivre. »
Il dit, et vole, et le vent emportait
Lui, son cheval, et tout ce qu'il disait.
    La belle Agnès, qui se croit poursuivie,
Court dans le bois, au péril de sa vie ;
Le page y vole, et plus elle s'enfuit,
Plus notre Anglais avec ardeur la suit.
La jument bronche, et la belle éperdue,
Jetant un cri dont retentit la nue,
Tombe à côté sur la terre étendue.
Le page arrive, aussi prompt que les vents ;
Mais il perdit l'usage de ses sens
Quand cette robe ouverte et voltigeante
Lui découvrit une beauté touchante,
Un sein d'albâtre, et les charmants trésors
Dont la nature enrichissait son corps.
    Bel Adonis [1], telle fut ta surprise,
Quand la maîtresse et de Mars et d'Anchise,
Du haut des cieux, le soir au coin d'un bois,
S'offrit à toi pour la première fois.
Vénus sans doute avait plus de parure ;
Une jument n'avait point renversé
Son corps divin, de fatigue harassé ;
Bonnet de nuit n'était point sa coiffure :
Son cul d'ivoire était sans meurtrissure :
Mais Adonis, à ces attraits tout nus,
Balancerait entre Agnès et Vénus.
Le jeune Anglais se sentit l'âme atteinte
D'un feu mêlé de respect et de crainte ;
Il prend Agnès, et l'embrasse en tremblant :
« Hélas ! dit-il, seriez-vous point blessée ? »
Agnès sur lui tourne un œil languissant,
Et d'une voix timide, embarrassée,
En soupirant elle lui parle ainsi :

---

1. Adonis ou Adoni, fils de Cinyras et de Myrrha, dieu des Phéniciens, amant de Vénus Astarté. Les Phéniciens pleuraient tous les ans sa mort, ensuite ils se réjouissaient de sa résurrection. (*Note de Voltaire*, 1762.)

« Qui que tu sois qui me poursuis ici,
Si tu n'as point un cœur né pour le crime,
N'abuse point du malheur qui m'opprime ;
Jeune étranger, conserve mon honneur,
Sois mon appui, sois mon libérateur. »
Elle ne put en dire davantage :
Elle pleura, détourna son visage,
Triste, confuse, et tout bas promettant
D'être fidèle au bon roi son amant.
Monrose ému fut un temps en silence ;
Puis il lui dit d'un ton tendre et touchant :
« O de ce monde adorable ornement,
Que sur les cœurs vous avez de puissance !
Je suis à vous, comptez sur mon secours ;
Vous disposez de mon cœur, de mes jours,
De tout mon sang ; ayez tant d'indulgence
Que d'accepter que j'ose vous servir :
Je n'en veux point une autre récompense ;
C'est être heureux que de vous secourir. »
Il tire alors un flacon d'eau des carmes ;
Sa main timide en arrose ses charmes,
Et les endroits de roses et de lis
Qu'avaient la selle et la chute meurtris.
La belle Agnès rougissait sans colère,
Ne trouvait point sa main trop téméraire,
Et le lorgnait sans bien savoir pourquoi,
Jurant toujours d'être fidèle au roi.
Le page ayant employé sa bouteille :
« Rare beauté, dit-il, je vous conseille
De cheminer jusques au bourg voisin :
Nous marcherons par ce petit chemin.
Dedans ce bourg nul soldat ne demeure ;
Nous y serons avant qu'il soit une heure.
J'ai de l'argent ; et l'on vous trouvera
Et coiffe, et jupe, et tout ce qu'il faudra
Pour habiller avec plus de décence
Une beauté digne d'un roi de France. »
La dame errante approuva son avis ;
Monrose était si tendre et si soumis,
Était si beau, savait à tel point vivre,
Qu'on ne pouvait s'empêcher de le suivre.
Quelque censeur, interrompant le fil

De mon discours, dira : « Mais se peut-il
Qu'un étourdi, qu'un jeune Anglais, qu'un page,
Fût près d'Agnès respectueux et sage,
Qu'il ne prît point la moindre liberté ? »
Ah ! laissez là vos censures rigides ;
Ce page aimait ; et si la volupté
Nous rend hardis, l'amour nous rend timides.

   Agnès et lui marchaient donc vers ce bourg,
S'entretenant de beaux propos d'amour,
D'exploits de guerre et de chevalerie,
De vieux romans pleins de galanterie.
Notre écuyer, de cent pas en cent pas,
S'approchait d'elle, et baisait ses beaux bras,
Le tout d'un air respectueux et tendre.
La belle Agnès ne savait s'en défendre :
Mais rien de plus, ce jeune homme de bien
Voulait beaucoup, et ne demandait rien [1].
Dedans le bourg ils sont entrés à peine,
Dans un logis son écuyer la mène
Bien fatiguée : Agnès entre deux draps
Modestement repose ses appas.
Monrose court, et va tout hors d'haleine
Chercher partout pour dignement servir,
Alimenter, chauffer, coiffer, vêtir
Cette beauté déjà sa souveraine.
Charmant enfant dont l'amour et l'honneur
Ont pris plaisir à diriger le cœur,
Où sont les gens dont la sagesse égale
Les procédés de ton âme loyale ?
   Dans ce logis (je ne puis le nier)
De Jean Chandos logeait un aumônier.

---

1. Imitation de ces vers du Tasse (*Gerus. lib.*, c. II, st. 16) :

    Ei che modesto è si com' essa è bella,
    Brama assai, poco spera, e nulla chiedo.

M. Louis du Bois, à qui cette imitation n'a pas échappé, fait observer que M. Baour-Lormian a rendu avec beaucoup de bonheur le dernier vers :

    L'infortuné languit dans son cruel lien,
    Désire, a peu d'espoir, et ne demande rien.

Il aurait dû faire honneur de cette traduction à d'Alembert qui, longtemps avant M. Baour, avait rendu dans les mêmes termes la pensée du Tasse. Voyez, dans ses OEuvres, le morceau qui a pour titre : *Sur la tombe de mademoiselle de Lespinasse.* (R.)

Tout aumônier est plus hardi qu'un page :
Le scélérat, informé du voyage
Du beau Monrose, et de la belle Agnès,
Et trop instruit que dans son voisinage
A quatre pas reposaient tant d'attraits,
Pressé soudain de son désir infâme,
Les yeux ardents, le sang rempli de flamme,
Le corps en rut, de luxure enivré,
Entre en jurant comme un désespéré,
Ferme la porte, et les deux rideaux tire.
Mais, cher lecteur, il convient de te dire
Ce que faisait en ce même moment
Le grand Dunois sur son âne volant.

 Au haut des airs, où les Alpes chenues
Portent leur tête et divisent les nues,
Vers ce rocher fendu par Annibal[1],
Fameux passage aux Romains si fatal,
Qui voit le ciel s'arrondir sur sa tête,
Et sous ses pieds se former la tempête,
Est un palais de marbre transparent,
Sans toit ni porte, ouvert à tout venant.
Tous les dedans sont des glaces fidèles ;
Si que chacun qui passe devant elles,
Ou belle ou laide, ou jeune homme ou barbon,
Peut se mirer tant qu'il lui semble bon.

 Mille chemins mènent devers l'empire
De ces beaux lieux où si bien l'on se mire ;
Mais ces chemins sont tous bien dangereux ;
Il faut franchir des abîmes affreux.
Tel, bien souvent, sur ce nouvel Olympe
Est arrivé sans trop savoir par où ;
Chacun y court ; et tandis que l'un grimpe,
Il en est cent qui se cassent le cou.

 De ce palais la superbe maîtresse
Est cette vieille et bavarde déesse,
La Renommée, à qui dans tous les temps
Le plus modeste a donné quelque encens.
Le sage dit que son cœur la méprise ;
Qu'il hait l'éclat que lui donne un grand nom,

---

1. On croit qu'Annibal passa par la Savoie : c'est donc chez les Savoyards qu'est le temple de la Renommée. (*Note de Voltaire*, 1762.)

CHANT VI.

Que la louange est pour l'âme un poison :
Le sage ment, et dit une sottise.
   La Renommée est donc en ces hauts lieux.
Les courtisans dont elle est entourée,
Princes, pédants, guerriers, religieux,
Cohorte vaine, et de vent enivrée,
Vont tous priant, et criant à genoux :
« O Renommée! ô puissante déesse
Qui savez tout, et qui parlez sans cesse,
Par charité, parlez un peu de nous ! »
   Pour contenter leurs ardeurs indiscrètes,
La Renommée a toujours deux trompettes :
L'une, à sa bouche appliquée à propos,
Va célébrant les exploits des héros ;
L'autre est au cul, puisqu'il faut vous le dire ;
C'est celle-là qui sert à nous instruire
De ce fatras de volumes nouveaux,
Productions de plumes mercenaires,
Et du Parnasse insectes éphémères,
Qui par l'un l'autre éclipsés tour à tour,
Faits en un mois, périssent en un jour,
Ensevelis dans le fond des colléges,
Rongés des vers, eux et leurs priviléges.
   Un vil ramas de prétendus auteurs,
Du vrai génie infâmes détracteurs,
Guyon, Fréron, La Beaumelle, Nonnotte,
Et ce rebut de la troupe bigote,
Ce Savatier, de la fraude instrument,
Qui vend sa plume, et ment pour de l'argent,
Tous ces marchands d'opprobre et de fumée
Osent pourtant chercher la Renommée ;
Couverts de fange, ils ont la vanité
De se montrer à la divinité.
A coups de fouet chassés du sanctuaire,
A peine encore ils ont vu son derrière [1].

---

1. Ce ramas est bien vil en effet. Ces gens-là, comme on sait, ont vomi des torrents de calomnies contre l'auteur, qui ne leur avait fait aucun mal. Ils ont imprimé qu'il était un plagiaire; qu'il ne croyait pas en Dieu; que le bienfaiteur de la race de Corneille était l'ennemi de Corneille; qu'il était fils d'un paysan. Ils lui ont attribué les aventures les plus fausses. Ils ont redit vingt fois qu'il vendait ses ouvrages. Il est bien juste qu'à la fin il chasse cette canaille du sanctuaire de la Renommée, où elle a voulu s'introduire comme des voleurs se glissent de nuit dans

Gentil Dunois, sur ton ânon monté,
En ce beau lieu tu te vis transporté.
Ton nom fameux, qu'avec justice on fête,
Était corné par la trompette honnête.
Tu regardas ces miroirs si polis :
O quelle joie enchantait tes esprits!
Car tu voyais dans ces glaces brillantes
De tes vertus les peintures vivantes ;
Non-seulement des siéges, des combats,
Et ces exploits qui font tant de fracas,
Mais des vertus encor plus difficiles ;
Des malheureux, de tes bienfaits chargés,
Te bénissant au sein de leurs asiles ;
Des gens de bien à la cour protégés ;
Des orphelins de leurs tuteurs vengés.
Dunois ainsi, contemplant son histoire,
Se complaisait à jouir de sa gloire.
Son âne aussi, s'amusant à se voir,
Se pavanait de miroir en miroir.
 On entendit, dessus ces entrefaites,
Sonner en l'air une des deux trompettes ;
Elle disait : « Voici l'horrible jour
Où dans Milan la sentence est dictée ;
On va brûler la belle Dorothée :
Pleurez, mortels qui connaissez l'amour.
— Qui? dit Dunois ; quelle est donc cette belle?
Qu'a-t-elle fait? Pourquoi la brûle-t-on?
Passe, après tout, si c'est une laidron ;
Mais dans le feu mettre un jeune tendron,
Par tous les saints c'est chose trop cruelle!
Les Milanais ont donc perdu l'esprit. »
Comme il parlait la trompette reprit :
« O Dorothée, ô pauvre Dorothée !
En feu cuisant tu vas être jetée
Si la valeur d'un chevalier loyal
Ne te recout de ce brasier fatal. »
 A cet avis, Dunois sentit dans l'âme
Un prompt désir de secourir la dame ;

---

une église pour y voler des calices. (*Note de Voltaire*, 1773.) — Voyez, sur Sabatier, nommé ici *Savatier* par dérision, et sur tous ces autres messieurs, le texte et les notes du dix-huitième chant. (K.)

Car vous savez que sitôt qu'il s'offrait
Occasion de marquer son courage,
Venger un tort, redresser quelque outrage,
Sans raisonner ce héros y courait.
« Allons, dit-il à son âne fidèle,
Vole à Milan, vole où l'honneur t'appelle. »
L'âne aussitôt ses deux ailes étend ;
Un chérubin va moins rapidement [1].
On voit déjà la ville où la justice
Arrangeait tout pour cet affreux supplice.
Dans la grand'place on élève un bûcher :
Trois cents archers, gens cruels et timides,
Du mal d'autrui monstres toujours avides,
Rangent le peuple, empêchent d'approcher.
On voit partout le beau monde aux fenêtres,
Attendant l'heure, et déjà larmoyant ;
Sur un balcon l'archevêque et ses prêtres
Observent tout d'un œil ferme et content.
    Quatre alguazils [2] amènent Dorothée,
Nue en chemise, et de fer garrottée.
Le désespoir et la confusion,
Le juste excès de son affliction,
Devant ses yeux répandent un nuage ;
Des pleurs amers inondent son visage.
Elle entrevoit, d'un œil mal assuré,
L'affreux poteau pour sa mort préparé ;
Et ses sanglots se faisant un passage :
« O mon amant ! ô toi qui dans mon cœur
Règnes encor en ces moments d'horreur !... »
Elle ne put en dire davantage ;

---

1. *Chérubin*, esprit céleste, ou ange du second ordre de la première hiérarchie. Ce mot vient de l'hébreu *chérub*, dont le pluriel est *chérubim*. Les chérubins avaient quatre ailes comme quatre faces, et des pieds de bœuf. (*Note de Voltaire*, 1762.) — Cette note, dans l'édition de 1762, se terminait ainsi : « ...bœuf. Voyez la *Gemare.* » Il y avait évidemment faute d'impression, et il fallait lire : « Voyez la *Genèse.* » Mais la *Genèse*, qui parle en effet des chérubins (III, 24), ne décrit point leur forme, comme paraissait l'indiquer ce renvoi, qui disparut dans les éditions suivantes. Peut-être ne sera-t-il pas hors de propos de remarquer qu'ici encore Voltaire, tant accusé d'infidélité ou tout au moins d'inexactitude dans ses citations, était au contraire exact et fidèle. Possesseur de la *Bible* de dom Calmet, il avait trouvé à cet endroit de la *Genèse* une assez longue dissertation sur la forme des chérubins. (R.)

2. Alguazil : *guazil*, en arabe, signifie huissier ; de là *alguazil*, archer espagnol. (*Note de Voltaire*, 1762.)

Et, bégayant le nom de son amant,
Elle tomba sans voix, sans mouvement,
Le front jauni d'une pâleur mortelle :
Dans cet état elle était encor belle.
   Un scélérat, nommé Sacrogorgon,
De l'archevêque infâme champion [1],
La dague au poing, vers le bûcher s'avance,
Le chef armé de fer et d'impudence,
Et dit tout haut : « Messieurs, je jure Dieu
Que Dorothée a mérité le feu.
Est-il quelqu'un qui prenne sa querelle ?
Est-il quelqu'un qui combatte pour elle ?
S'il en est un, que cet audacieux
Ose à l'instant se montrer à mes yeux ;
Voici de quoi lui fendre la cervelle. »
Disant ces mots il marche fièrement,
Branlant en l'air un braquemart [2] tranchant,
Roulant les yeux, tordant sa laide bouche.
On frémissait à son aspect farouche,
Et dans la ville il n'était écuyer
Qui Dorothée osât justifier ;
Sacrogorgon venait de les confondre :
Chacun pleurait, et nul n'osait répondre.
   Le fier prélat, du haut de son balcon,
Encourageait le brutal champion.
   Le beau Dunois, qui planait sur la place,
Fut si choqué de l'insolente audace
De ce pervers ; et Dorothée en pleurs
Était si belle au sein de tant d'horreurs,
Son désespoir la rendait si touchante,
Qu'en la voyant il la crut innocente.
Il saute à terre, et d'un ton élevé :
« C'est moi, dit-il, face de réprouvé,
Qui viens ici montrer par mon courage
Que Dorothée est vertueuse et sage,
Et que tu n'es qu'un fanfaron brutal,
Suppôt du crime, et menteur déloyal.
Je veux d'abord savoir de Dorothée

---

1. Champion vient du champ, pion du champ : *pion*, mot indien adopté par les Arabes ; il signifie soldat. (*Note de Voltaire*, 1762.)

2. Braquemart, du grec *brachi-makera*, courte épée. (*Id.*, 1762.)

Quelle noirceur lui peut être imputée,
Quel est son cas, et par quel guet-apen
On fait brûler les belles à Milan. »
Il dit : le peuple, à la surprise en proie,
Poussa des cris d'espérance et de joie.
Sacrogorgon, qui se mourait de peur,
Fit comme il put semblant d'avoir du cœur.
Le fier prélat, sous sa mine hypocrite,
Ne peut cacher le trouble qui l'agite.
  A Dorothée alors le beau Dunois
S'en vint parler d'un air noble et courtois.
Les yeux baissés, la belle lui raconte,
En soupirant, son malheur et sa honte.
L'âne divin, sur l'église perché,
De tout ce cas paraissait fort touché ;
Et de Milan les dévotes familles
Bénissaient Dieu, qui prend pitié des filles.

FIN DU CHANT SIXIÈME.

VARIANTES

DU CHANT SIXIÈME.

Vers 30. — On lit dans un manuscrit :

*En paradis tout saint n'est pas pucelle.
 *Quand Jeanne d'Arc défendait son honneur,
Que veut ravir un infâme vainqueur,
*Et que du fil...

Et dans un autre manuscrit :

*En paradis tout saint n'est pas pucelle.
Nul n'est exclu du céleste bonheur.

Vers 44. — Après ce vers, un manuscrit porte :

Il prend son vol, et Dunois stupéfait
A tire d'aile est porté comme un trait.

Vers 80 :

De ses deux mains il frotte, il se démène.

Vers 106. — Édition de 1756 :

Pour Conculix, honteux, plein de colère,
Il s'en alla murmurer chez son père.
*Mais que devint... (K.)

Vers 233 :

Et le lorgnait sans crainte et sans effroi.

Vers 237 :

De cheminer jusqu'en un bourg voisin.

J'ai reproduit le texte de l'édition de 1756 et de quelques manuscrits :

De cheminer jusques au bourg voisin.

Le rétablissement de ce dernier vers m'a paru exigé par ce qui suit :

Dedans *ce* bourg nul soldat ne demeure. (R.)

Vers 260 :

* De contes vieux et de galanterie.

VARIANTES DU CHANT VI.

Vers 279. — Manuscrit :

> Dans ce logis était un aumônier,
> Fier, peu soigneux de dire son psautier.
> *Tout aumônier... (K.)

Un autre manuscrit porte :

> Dans ce logis (ciel ! que vais-je avouer?). (R.)

Vers 336. — Édition de 1756 et manuscrit :

> *De ce fatras de volumes nouveaux,
> Vers de Danchet, prose de Marivaux,
> Nouveau Cyrus[1], voyage de Séthos[2],
> Tous fort loués, et qu'on ne saurait lire;
> *Qui, l'un par l'autre... (K.)

Vers 385 :

> De ses malheurs je prétends être instruit. (R.

Vers 471 :

> S'en vint parler d'un air noble et courtois.
> Et cependant que la belle lui conte
> En soupirant ses malheurs et sa honte,
> *L'âne divin...

---

1. Les *Voyages de Cyrus*, que Voltaire appelle *Nouveau Cyrus* parce que cet ouvrage est fait à l'imitation de la *Cyropédie* de Xénophon, et pour la compléter, parurent en 1727, et obtinrent alors un succès que le temps n'a pas confirmé. Ce roman est de Ramsay. (R.)

2. *Séthos, Histoire ou Vie tirée des monuments-anecdotes de l'ancienne Égypte;* Paris, 1731, trois volumes in-12. L'abbé Terrasson, auteur de cet ouvrage, a été souvent en butte aux critiques de Voltaire. (R.)

CHANT SEPTIÈME.

ARGUMENT.

Comment Dunois sauva Dorothée, condamnée à la mort par l'Inquisition.

Lorsqu'autrefois, au printemps de mes jours,
Je fus quitté par ma belle maîtresse,
Mon tendre cœur fut navré de tristesse [1],
Et je pensai renoncer aux amours :
Mais d'offenser par le moindre discours
Cette beauté que j'avais encensée,
De son bonheur oser troubler le cours,
Un tel forfait n'entra dans ma pensée.
Gêner un cœur, ce n'est pas ma façon.
Que si je traite ainsi les infidèles,
Vous comprenez, à plus forte raison,
Que je respecte encor plus les cruelles.
Il est affreux d'aller persécuter

---

1. Je crois qu'il ne faut pas trop prendre à la lettre ce que Voltaire dit ici de sa tristesse. « Je sais, écrivait-il au duc de Sully, en lui parlant de Génonville, son ami et son rival :

« Je sais que, par déloyauté,
Le fripon naguère a tâté
De la maîtresse tant jolie
Dont j'étais si fort entêté.
Il rit de cette perfidie,
Et j'aurais pu m'en courroucer ;
Mais je sais qu'il faut se passer
Des bagatelles dans la vie. »

Des regrets d'amour pouvaient être exprimés en des termes plus persuasifs. Cette *maîtresse tant jolie* se nommait Suzanne-Catherine Gravet de Livry. Née en 1694, la même année que Voltaire, elle mourut comme lui en 1778, le 28 octobre. Elle était alors veuve de Charles-Frédéric de La Tour du Pin de Bourlon, marquis de Gouvernet, qu'elle avait épousé en 1729. Son mariage et les événements qui le préparèrent ont fourni à Voltaire quelques-unes des plus jolies scènes de *l'Écossaise*. C'est à Mlle de Livry, alors marquise de Gouvernet, qu'il adressa la charmante épître des *Tu* et des *Vous*. (R.)

Un jeune cœur que l'on n'a pu dompter.
Si la maîtresse objet de votre hommage
Ne peut pour vous des mêmes feux brûler,
Cherchez ailleurs un plus doux esclavage,
On trouve assez de quoi se consoler ;
Ou bien buvez, c'est un parti fort sage.
Et plût à Dieu qu'en un cas tout pareil,
Le tonsuré qu'Amour rendit barbare,
Cet oppresseur d'une beauté si rare,
Se fût servi d'un aussi bon conseil !
  Déjà Dunois à la belle affligée
Avait rendu le courage et l'espoir :
Mais avant tout il convenait savoir
Les attentats dont elle était chargée.
  « O vous, dit-elle en baissant ses beaux yeux,
Ange divin qui descendez des cieux,
Vous qui venez prendre ici ma défense,
Vous savez bien quelle est mon innocence ! »
Dunois reprit : « Je ne suis qu'un mortel ;
Je suis venu par une étrange allure,
Pour vous sauver d'un trépas si cruel.
Nul dans les cœurs ne lit que l'Éternel.
Je crois votre âme et vertueuse et pure ;
Mais dites-moi, pour Dieu, votre aventure. »
  Lors Dorothée, en essuyant les pleurs
Dont le torrent son beau visage mouille,
Dit : « L'amour seul a fait tous mes malheurs.
Connaissez-vous monsieur de La Trimouille ?
  — Oui, dit Dunois, c'est mon meilleur ami ;
Peu de héros ont une âme aussi belle ;
Mon roi n'a point de guerrier plus fidèle,
L'Anglais n'a point de plus fier ennemi ;
Nul chevalier n'est plus digne qu'on l'aime.
— Il est trop vrai, dit-elle, c'est lui-même ;
Il ne s'est pas écoulé plus d'un an
Depuis le jour qu'il a quitté Milan.
C'est en ces lieux qu'il m'avait adorée ;
Il le jurait, et j'ose être assurée
Que son grand cœur est toujours enflammé,
Qu'il m'aime encor, car il est trop aimé.
  — Ne doutez point, dit Dunois, de son âme ;
Votre beauté vous répond de sa flamme.

Je le connais ; il est, ainsi que moi,
A ses amours fidèle comme au roi. »
   L'autre reprit : « Ah ! monsieur, je vous croi.
O jour heureux où je le vis paraître,
Où des mortels il était à mes yeux
Le plus aimable et le plus vertueux,
Où de mon cœur il se rendit le maître !
Je l'adorais avant que ma raison
Eût pu savoir si je l'aimais ou non.
   « Ce fut, monsieur, ô moment délectable !
Chez l'archevêque, où nous étions à table,
Que ce héros, plein de sa passion,
Me fit, me fit sa déclaration.
Ah ! j'en perdis la parole et la vue.
Mon sang brûla d'une ardeur inconnue :
Du tendre amour j'ignorais le danger,
Et de plaisir je ne pouvais manger.
Le lendemain il me rendit visite :
Elle fut courte, il prit congé trop vite.
Quand il partit, mon cœur le rappelait,
Mon tendre cœur après lui s'envolait.
Le lendemain il eut un tête-à-tête
Un peu plus long, mais non pas moins honnête.
Le lendemain il en reçut le prix,
Par deux baisers sur mes lèvres ravis.
Le lendemain il osa davantage ;
Il me promit la foi de mariage.
Le lendemain il fut entreprenant ;
Le lendemain il me fit un enfant[1].
Que dis-je ? hélas ! faut-il que je raconte
De point en point mes malheurs et ma honte,
Sans que je sache, ô digne chevalier,
A quel héros j'ose me confier ? »
   Le chevalier, par pure obéissance,
Dit, sans vanter ses faits ni sa naissance :
« Je suis Dunois. » C'était en dire assez.

---

1. Dans le conte en vers intitulé *la Bégueule*, Voltaire, faisant allusion à cet endroit de son poëme, dit :

> Je me souviens du temps trop peu durable
> Où je chantais dans mon heureux printemps
> Des lendemains plus doux et plus plaisants. (R.)

« Dieu, reprit-elle, ô Dieu qui m'exaucez,
Quoi ! vos bontés font voler à mon aide
Ce grand Dunois, ce bras à qui tout cède !
Ah ! qu'on voit bien d'où vous tenez le jour,
Charmant bâtard, cœur noble, âme sublime !
Le tendre Amour me faisait sa victime ;
Mon salut vient d'un enfant de l'Amour.
Le ciel est juste, et l'espoir me ranime.

  « Vous saurez donc, brave et gentil Dunois,
Que mon amant, au bout de quelques mois,
Fut obligé de partir pour la guerre,
Guerre funeste, et maudite Angleterre !
Il écouta la voix de son devoir.
Mon tendre amour était au désespoir.
Un tel état vous est connu sans doute,
Et vous savez, monsieur, ce qu'il en coûte.
Ce fier devoir fit seul tous nos malheurs ;
Je l'éprouvais en répandant des pleurs :
Mon cœur était forcé de se contraindre,
Et je mourais, mais sans pouvoir me plaindre.
Il me donna le présent amoureux
D'un bracelet fait de ses blonds cheveux,
Et son portrait qui, trompant son absence,
M'a fait cent fois retrouver sa présence.
Un cher écrit surtout il me laissa,
Que de sa main le ferme Amour traça.
C'était, monsieur, une juste promesse,
Un sûr garant de sa sainte tendresse :
On y lisait : « Je jure par l'Amour,
« Par les plaisirs de mon âme enchantée,
« De revenir bientôt en cette cour,
« Pour épouser ma chère Dorothée. »
Las ! il partit, il porta sa valeur
Dans Orléans. Peut-être il est encore
Dans ces remparts où l'appela l'honneur.
Ah ! s'il savait quels maux et quelle horreur
Sont, loin de lui, le prix de mon ardeur !
Non, juste ciel ! il vaut mieux qu'il l'ignore.

  « Il partit donc ; et moi, je m'en allai,
Loin des soupçons d'une ville indiscrète,
Chercher aux champs une sombre retraite,
Conforme aux soins de mon cœur désolé.

Mes parents morts, libre dans ma tristesse,
Cachée au monde, et fuyant tous les yeux,
Dans le secret le plus mystérieux
J'ensevelis mes pleurs et ma grossesse,
Mais par malheur, hélas ! je suis la nièce
De l'archevêque. » A ces funestes mots,
Elle sentit redoubler ses sanglots.
Puis vers le ciel tournant ses yeux en larmes ;
« J'avais, dit-elle, en secret mis au jour
Le tendre fruit de mon furtif amour ;
Avec mon fils consolant mes alarmes,
De mon amant j'attendais le retour.
A l'archevêque il prit en fantaisie
De venir voir quelle espèce de vie
Menait sa nièce au fond de ces forêts :
Pour ma campagne il quitta son palais.
Il fut touché de mes faibles attraits :
Cette beauté, présent cher et funeste,
Ce don fatal, qu'aujourd'hui je déteste,
Perça son cœur des plus dangereux traits.
Il s'expliqua : ciel ! que je fus surprise !
Je lui parlai des devoirs de son rang,
De son état, des nœuds sacrés du sang :
Je remontrai l'horreur de l'entreprise ;
Elle outrageait la nature et l'Église.
Hélas ! j'eus beau lui parler de devoir,
Il s'entêta d'un chimérique espoir.
Il se flattait que mon cœur indocile
D'aucun objet ne s'était prévenu,
Qu'enfin l'amour ne m'était point connu,
Que son triomphe en serait plus facile ;
Il m'accablait de ses soins fatigants,
De ses désirs rebutés et pressants.
  « Hélas ! un jour que toute à ma tristesse
Je relisais cette douce promesse,
Que de mes pleurs je mouillais cet écrit,
Mon cruel oncle en lisant me surprit.
Il se saisit, d'une main ennemie,
De ce papier qui contenait ma vie :
Il lut ; il vit dans cet écrit fatal
Tous mes secrets, ma flamme, et son rival.
Son âme alors, jalouse et forcenée,

A ses désirs fut plus abandonnée.
Toujours alerte, et toujours m'épiant,
Il sut bientôt que j'avais un enfant.
Sans doute un autre en eût perdu courage,
Mais l'archevêque en devint plus ardent;
Et se sentant sur moi cet avantage :
« Ah! me dit-il, n'est-ce donc qu'avec moi
« Que vous aurez la fureur d'être sage?
« Et vos faveurs seront le seul partage
« De l'étourdi qui ravit votre foi?
« Osez-vous bien me faire résistance?
« Y pensez-vous? vous ne méritez pas
« Le fol amour que j'ai pour vos appas :
« Cédez sur l'heure, ou craignez ma vengeance. »
Je me jetai tremblante à ses genoux;
J'attestai Dieu, je répandis des larmes. .
Lui, furieux d'amour et de courroux,
En cet état me trouva plus de charmes.
Il me renverse, et va me violer;
A mon secours il fallut appeler :
Tout son amour soudain se tourne en rage.
D'un oncle, ô ciel! souffrir un tel outrage!
De coups affreux il meurtrit mon visage.
On vient au bruit; mon oncle au même instant
Joint à son crime un crime encor plus grand :
« Chrétiens, dit-il, ma nièce est une impie;
« Je l'abandonne, et je l'excommunie :
« Un hérétique, un damné suborneur
« Publiquement a fait son déshonneur;
« L'enfant qu'ils ont est un fruit d'adultère.
« Que Dieu confonde et le fils et la mère !
« Et puisqu'ils ont ma malédiction,
« Qu'ils soient livrés à l'Inquisition. »
   « Il ne fit point une menace vaine ;
Et dans Milan le traître arrive à peine
Qu'il fait agir le grand inquisiteur.
On me saisit, prisonnière on m'entraîne
Dans des cachots, où le pain de douleur
Était ma seule et triste nourriture :
Lieux souterrains, lieux d'une nuit obscure,
Séjour de mort, et tombeau des vivants!
Après trois jours on me rend la lumière,

Mais pour la perdre au milieu des tourments.
Vous les voyez, ces brasiers dévorants;
C'est là qu'il faut expirer à vingt ans.
Voilà mon lit à mon heure dernière!
C'est là, c'est là, sans votre bras vengeur,
Qu'on m'arrachait la vie avec l'honneur!
Plus d'un guerrier aurait, selon l'usage,
Pris ma défense, et pour moi combattu;
Mais l'archevêque enchaîne leur vertu :
Contre l'Église ils n'ont point de courage.
Qu'attendre, hélas! d'un cœur italien?
Ils tremblent tous à l'aspect d'une étole [1];
Mais un Français n'est alarmé de rien,
Et braverait le pape au Capitole. »

 A ces propos, Dunois piqué d'honneur,
Plein de pitié pour la belle accusée,
Plein de courroux pour son persécuteur,
Brûlait déjà d'exercer sa valeur,
Et se flattait d'une victoire aisée :
Bien surpris fut de se voir entouré
De cent archers, dont la cohorte fière
L'investissait noblement par derrière.
Un cuistre en robe, avec bonnet carré,
Criait d'un ton de vrai *miserere :*
« On fait savoir, de par la sainte Église,
Par monseigneur, pour la gloire de Dieu,
A tous chrétiens que le ciel favorise,
Que nous venons de condamner au feu
Cet étranger, ce champion profane,
De Dorothée infâme chevalier,
Comme infidèle, hérétique, et sorcier;
Qu'il soit brûlé sur l'heure avec son âne. »

 Cruel prélat, Busiris en soutane [2],
C'était, perfide, un tour de ton métier;
Tu redoutais le bras de ce guerrier,

---

1. Étole, ornement sacerdotal qu'on passe par-dessus le surplis. Ce mot vient du grec στολὴ, qui signifie une robe longue. L'étole est aujourd'hui une bande large de quatre doigts. L'étole des anciens était fort différente; c'était quelquefois un habit de cérémonie que les rois donnaient à ceux qu'ils voulaient honorer; de là ces expressions de l'Écriture [*Ecclesiastic.* XLV, 9] : « Stolam gloriæ induit eum, etc. » (*Note de Voltaire*, 1762.)

2. Busiris était un roi d'Égypte qui passait pour un tyran. (*Id.*, 1762.)

Tu t'entendais avec le saint-office
Pour opprimer, sous le nom de justice,
Quiconque eût pu lever le voile affreux
Dont tu cachais ton crime à tous les yeux.
  Tout aussitôt l'assassine cohorte,
Du saint-office abominable escorte,
Pour se saisir du superbe Dunois,
Deux pas avance, et recule de trois ;
Puis marche encor ; puis se signe, et s'arrête.
Sacrogorgon, qui tremblait à leur tête,
Leur crie : « Allons, il faut vaincre ou périr ;
De ce sorcier tâchons de nous saisir. »
Au milieu d'eux les diacres de la ville,
Les sacristains arrivent à la file :
L'un tient un pot, et l'autre un goupillon [1] ;
Ils font leur ronde, et de leur eau salée
Benoîtement aspergent l'assemblée.
On exorcise, on maudit le démon ;
Et le prélat, toujours l'âme troublée,
Donne partout la bénédiction.
  Le grand Dunois, non sans émotion,
Voit qu'on le prend pour envoyé du diable :
Lors saisissant de son bras redoutable
Sa grande épée, et de l'autre montrant
Un chapelet, catholique instrument,
De son salut cher et sacré garant :
« Allons, dit-il, venez à moi, mon âne. »
L'âne descend, Dunois monte, et soudain
Il va frappant, en moins d'un tour de main,
De ces croquants la cohorte profane.
Il perce à l'un le *sternum* [2] et le bras ;
Il atteint l'autre à l'os qu'on nomme *atlas* [3] :

---

1. Le goupillon est un instrument garni en tous sens de soies de porc prises dans des fils d'archal passés à l'extrémité d'un manche de bois ou de métal. Il sert à distribuer l'eau bénite, etc. Cet instrument était usité dans l'antiquité ; on s'en servait pour arroser les initiés de l'eau lustrale. (*Note de Voltaire*, 1762.)

2. *Sternum*, terme grec, comme sont presque tous ceux de l'anatomie ; c'est cette partie antérieure de la poitrine à laquelle sont jointes les côtes : elle est composée de sept os si bien assemblés, qu'ils semblent n'en faire qu'un. C'est la cuirasse que la nature a donnée au cœur et aux poumons. (*Id.*, 1762.)

3. *Atlas*, la première vertèbre du cou : elle soutient tous les fardeaux qu'on pose sur la tête, laquelle tourne sur cet *atlas* comme sur un pivot. (*Id.*, 1762.)

Qui voit tomber son nez et sa mâchoire,
Qui son oreille, et qui son *humerus;*
Qui pour jamais s'en va dans la nuit noire,
Et qui s'enfuit disant ses *oremus.*
L'âne, au milieu du sang et du carnage,
Du paladin seconde le courage ;
Il vole, il rue, il mord, il foule aux pieds
Ce tourbillon de faquins effrayés.
Sacrogorgon, abaissant sa visière,
Toujours jurant s'en allait en arrière ;
Dunois le joint, l'atteint à l'os *pubis*[1]:
Le fer sanglant lui sort par le *coccix*[2]:
Le vilain tombe, et le peuple s'écrie :
« Béni soit Dieu! le barbare est sans vie. »
   Le scélérat encor se débattait
Sur la poussière, et son cœur palpitait,
Quand le héros lui dit : « Ame traîtresse,
L'enfer t'attend ; crains le diable, et confesse
Que l'archevêque est un coquin mitré,
Un ravisseur, un parjure avéré ;
Que Dorothée est l'innocence même,
Qu'elle est fidèle au tendre amant qu'elle aime,
Et que tu n'es qu'un sot et qu'un fripon.
— Oui, monseigneur, oui, vous avez raison :
Je suis un sot, la chose est par trop claire,
Et votre épée a prouvé cette affaire. »
Il dit : son âme alla chez le démon.
Ainsi mourut le fier Sacrogorgon.
   Dans l'instant même où ce bravache infâme
A Belzébuth rendait sa vilaine âme,
Devers la place arrive un écuyer,
Portant salade[3] avec lance dorée :
Deux postillons à la jaune livrée
Allaient devant. C'était chose assurée
Qu'il arrivait quelque grand chevalier.

---

1. *Pubis,* de puberté, os barré qui se joint aux deux hanches, *os pubis, os pectinis.* (*Note de Voltaire,* 1762.)

2. *Coccis,* κόκκυξ, croupion, placé immédiatement au-dessous de l'os *sacrum*. Il n'est pas honnête d'être blessé là. (*Id.*, 1762.)

3. *Salade;* on devrait dire *celade,* de *celata;* mais le mauvais usage prévaut partout. (*Id.,* 1762.)

A cet objet, la belle Dorothée,
D'étonnement et d'amour transportée :
« Ah! Dieu puissant! se mit-elle à crier,
Serait-ce lui! serait-il bien possible!
A mes malheurs le ciel est trop sensible. »
  Les Milanais, peuple très-curieux,
Vers l'écuyer avaient tourné les yeux.
  Eh! cher lecteur, n'êtes-vous pas honteux
De ressembler à ce peuple volage,
Et d'occuper vos yeux et votre esprit
Du changement qui dans Milan se fit?
Est-ce donc là le but de mon ouvrage?
Songez, lecteur, aux remparts d'Orléans,
Au roi de France, aux cruels assiégeants,
A la Pucelle, à l'illustre amazone,
La vengeresse et du peuple et du trône,
Qui, sans jupon, sans pourpoint ni bonnet,
Parmi les champs comme un centaure allait,
Ayant en Dieu sa plus ferme espérance,
Comptant sur lui plus que sur sa vaillance,
Et s'adressant à monsieur saint Denis
Qui cabalait alors en paradis
Contre saint George en faveur de la France.
  Surtout, lecteur, n'oubliez point Agnès,
Ayez l'esprit tout plein de ses attraits :
Tout honnête homme, à mon gré, doit s'y plaire.
Est-il quelqu'un si morne, et si sévère,
Que pour Agnès il soit sans intérêt?
  Et franchement dites-moi, s'il vous plaît,
Si Dorothée au feu fut condamnée ;
Si le Seigneur, du haut du firmament,
Sauva le jour à cette infortunée :
Semblable cas advient très-rarement.
Mais que l'objet où votre cœur s'engage,
Pour qui vos pleurs ne peuvent s'essuyer,
Soit dans les bras d'un robuste aumônier,
Ou semble épris pour quelque jeune page,
Cet accident peut-être est plus commun ;
Pour l'amener ne faut miracle aucun.
Je l'avouerai, j'aime toute aventure
Qui tient de près à l'humaine nature ;
Car je suis homme, et je me fais honneur

D'avoir ma part aux humaines faiblesses[1] ;
J'ai dans mon temps possédé des maîtresses,
Et j'aime encore à retrouver mon cœur.

1. M. Louis du Bois rappelle, à l'occasion de ces deux vers, que Térence a dit dans l'*Héautontimoruménos*, acte Ier, sc. 1re :

Homo sum ; humani nihil a me alienum puto.

Mais est-ce réellement la même pensée qu'a voulu exprimer Voltaire ? (R.)

FIN DU CHANT SEPTIÈME.

VARIANTES

DU CHANT SEPTIÈME.

Vers 4 :
    Je détestai l'empire des amours.

Vers 21 :
    Ce fier prélat qu'amour rendit barbare,

Vers 68 :
    Me fit d'abord sa déclaration.

Vers 94. — Édition de 1756 :

    *« Ce grand Dunois, ce bras à qui tout cède !
    Gentil guerrier, noble fils de l'Amour,
    Eh quoi ! c'est vous, vous l'espoir de la France,
    Qui me sauvez et l'honneur et le jour !
    Votre nom seul aurait ma confiance.
    *Vous saurez donc... (K.)

Vers 143 :
    Ce tendre fruit de mon furtif amour.

J'ai donné le texte de l'édition de 1756 et de plusieurs manuscrits. Il y a trop longtemps que Dorothée a nommé ou désigné son fils pour que le pronom *ce* soit ici bien placé. (R.)

Vers 199 :
    On vient au bruit ; l'archevêque à l'instant.

Vers 227. — Dans les premières éditions on lisait :

    *Contre l'Église ils n'ont point de courage,
    Ardents au mal, de glace pour le bien.
    *Qu'attendre, hélas !... (K.)

CHANT HUITIÈME.

ARGUMENT.

Comment le charmant La Trimouille rencontra un Anglais à Notre-Dame de Lorette, et ce qui s'ensuivit avec sa Dorothée.

Que cette histoire est sage, intéressante !
Comme elle forme et *l'esprit et le cœur*[1] *!*
Comme on y voit la vertu triomphante,
Des chevaliers le courage et l'honneur,
Les droits des rois, des belles la pudeur !
C'est un jardin dont tout le tour m'enchante
Par sa culture et sa variété.
J'y vois surtout l'aimable chasteté,
Des belles fleurs la fleur la plus brillante,
Comme un lis blanc que le ciel a planté,
Levant sans tache une tête éclatante.
Filles, garçons, lisez assidûment
De la vertu ce divin rudiment :
Il fut écrit par notre abbé Trithême[2],

---

1. Cette expression, dont Voltaire a si souvent fait ressortir le ridicule, était tellement en vogue vers le milieu du XVIII siècle, que Rollin lui-même, cédant au mauvais goût, publia son excellent *Traité des études* sous ce titre prétentieux : *Traité sur la manière d'enseigner et d'étudier les belles-lettres par rapport à l'esprit et au cœur, etc.* On a lieu de croire que c'est sur lui particulièrement que porte la critique de Voltaire, bien qu'il n'ait été désigné nominativement que dans ce passage du *Taureau blanc*, chapitre IX : « Contez-moi quelque fable bien vraie, bien avérée, et bien morale, dont je n'aie jamais entendu parler, pour achever de me *former l'esprit et le cœur*, comme dit le professeur égyptien *Linro.* » Il serait trop long et sans doute inutile d'énumérer ici tous les autres endroits des écrits de Voltaire où cette locution est tournée en ridicule. (R.)

2. L'abbé Trithême n'était point de Picardie; il était du diocèse de Trèves : il mourut en 1516. Nous n'oserions assurer que sa famille ne fût pas d'origine picarde; nous nous en rapportons au savant auteur qui, sans doute, a vu le manuscrit de *la Pucelle* dans quelque abbaye de bénédictins. (*Note de Voltaire*, 1762).
— Ce que Voltaire dit ici par forme de plaisanterie, il aurait pu le dire sérieuse-

CHANT VIII.

Savant Picard, de son siècle ornement ;
Il prit Agnès et Jeanne pour son thème.
Que je l'admire, et que je me sais gré
D'avoir toujours hautement préféré
Cette lecture honnête et profitable,
A ce fatras d'insipides romans
Que je vois naître et mourir tous les ans,
De cerveaux creux] avortons languissants !
De Jeanne d'Arc l'histoire véritable
Triomphera de l'envie et du temps.
Le vrai me plaît, le vrai seul est durable[1].

De Jeanne d'Arc cependant, cher lecteur,
En ce moment je ne puis rendre compte ;
Car Dorothée, et Dunois son vengeur,
Et La Trimouille, objet de son ardeur,
Ont de grands droits ; et j'avouerai sans honte
Qu'avec raison vous vouliez être instruit
Des beaux effets que leur amour produit.

Près d'Orléans vous avez souvenance
Que La Trimouille, ornement du Poitou,
Pour son bon roi signalant sa vaillance,
Dans un fossé fut plongé jusqu'au cou[2].
Ses écuyers tirèrent avec peine,
Du sale fond de la fangeuse arène,
Notre héros, en cent endroits froissé,
Un bras démis, le coude fracassé.
Vers les remparts de la ville assiégée
On reportait sa figure affligée ;
Mais de Talbot les efforts vigilants
Avaient fermé les chemins d'Orléans.
On transporta, de crainte de surprise,
Mon paladin par de secrets détours,
Sur un brancard, en la cité de Tours,

---

ment. M. Louis du Bois a vu un manuscrit de *la Pucelle* en quinze chants, in-4°
de 257 pages, en tête duquel on lit : « Ex bibliotheca conventus et nosocomi
regalis sancti Joannis-Baptistæ Religiosorum Parisiensium a Charitate nuncupa-
torum, ordinis sancti Joannis de Deo, sub regula sancti Augustini, 1759. » (R.)

1. Ce vers, par sa tournure et par l'idée qu'il exprime, rappelle celui-ci de
Boileau (épître IV, vers 43) :

    Rien n'est beau que le vrai, le vrai seul est aimable.

2. Voyez chant IV.

Cité fidèle, au roi Charles soumise.
Un charlatan, arrivé de Venise,
Adroitement remis son *radius*[1],
Dont le pivot rejoignit l'*humerus*.
Son écuyer lui fit bientôt connaître
Qu'il ne pouvait retourner vers son maître,
Que les chemins étaient fermés pour lui.
Le chevalier, fidèle à sa tendresse,
Se résolut, dans son cuisant ennui,
D'aller au moins rejoindre sa maîtresse.
  Il courut donc, à travers cent hasards,
Au beau pays conquis par les Lombards.
En arrivant aux portes de la ville,
Le Poitevin est entouré, heurté,
Pressé des flots d'une foule imbécile,
Qui d'un pas lourd, et d'un œil hébété,
Court à Milan des campagnes voisines ;
Bourgeois, manants, moines, bénédictines,
Mères, enfants ; c'est un bruit, un concours,
Un chamaillis ; chacun se précipite ;
On tombe, on crie : « Arrivons, entrons vite :
Nous n'aurons pas tels plaisirs tous les jours. »
  Le paladin sut bientôt quelle fête
Allait chômer ce bon peuple lombard,
Et quel spectacle à ses yeux on apprête.
« Ma Dorothée ! ô ciel ! » Il dit, et part ;
Et son coursier, s'élançant sur la tête
Des curieux, le porte en quatre bonds
Dans les faubourgs, dans la ville, à la place
Où du bâtard la généreuse audace
A dissipé tous ces monstres félons ;
Où Dorothée, interdite, éperdue,
Osait à peine encor lever la vue.
L'abbé Trithême, avec tout son talent,
N'eût pu jamais nous faire la peinture
De la surprise et du saisissement,
Et des transports dont cette âme si pure
Fut pénétrée en voyant son amant.
Quel coloris, quel pinceau pourrait rendre

---

[1]. Le *radius* et l'*ulna* sont les deux os qui partent du coude et se joignent au poignet ; l'*humerus* est l'os du bras qui se joint à l'épaule. (*Note de Voltaire*, 1773.)

Ce doux mélange et si vif et si tendre,
L'impression d'un reste de douleur,
La douce joie où se livrait son cœur,
Son embarras, sa pudeur, et sa honte,
Que par degrés la tendresse surmonte?
Son La Trimouille, ardent, ivre d'amour,
Entre ses bras la tient longtemps serrée,
Faible, attendrie, encor tout éplorée;
Il embrassait, il baisait tour à tour
Le grand Dunois, et sa maîtresse, et l'âne.

   Tout le beau sexe, aux fenêtres penché,
Battait des mains, de tendresse touché;
On voyait fuir tous les gens à soutane
Sur les débris du bûcher renversé,
Qui dans le sang nage au loin dispersé.
Sur ces débris le bâtard intrépide
De Dorothée affermissant les pas,
A l'air, le port, et le maintien d'Alcide,
Qui, sous ses pieds enchaînant le trépas,
Le triple chien, et la triple Euménide,
Remit Alceste à son dolent époux,
Quoique en secret il fût un peu jaloux.

   Avec honneur la belle Dorothée
Fut en litière à son logis portée,
Des deux héros noblement escortée.
Le lendemain, le bâtard généreux
Vint près du lit du beau couple amoureux.
« Je sens, dit-il, que je suis inutile
Aux doux plaisirs que vous goûtez tous deux;
Il me convient de sortir de la ville;
Jeanne et mon roi me rappellent près d'eux;
Il faut les joindre, et je sens trop que Jeanne
Doit regretter la perte de son âne.
Le grand Denis, le patron de nos lois,
M'a cette nuit présenté sa figure :
J'ai vu Denis tout comme je vous vois.
Il me prêta sa divine monture,
Pour secourir les dames et les rois :
Denis m'enjoint de revoir ma patrie.
Grâces au ciel, Dorothée est servie;
Je dois servir Charles Sept à son tour.
Goûtez les fruits de votre tendre amour.

A mon bon roi je vais donner ma vie ;
Le temps me presse, et mon âne m'attend.
— Sur mon cheval je vous suis à l'instant, »
Lui répliqua l'aimable La Trimouille.
La belle dit : « C'est aussi mon projet ;
Un désir vif dès longtemps me chatouille
De contempler la cour de Charles Sept,
Sa cour si belle, en héros si féconde,
Sa tendre Agnès, qui gouverne son cœur,
Sa fière Jeanne, en qui valeur abonde.
Mon cher amant, mon cher libérateur,
Me conduiraient jusques au bout du monde.
Mais sur le point d'être cuite en ce lieu,
En récitant ma prière secrète,
Je fis tout bas à la Vierge un beau vœu
De visiter sa maison de Lorette
S'il lui plaisait de me tirer du feu.
Tout aussitôt la mère du bon Dieu
Vous députa sur votre âne céleste ;
Vous me sauvez de ce bûcher funeste,
Je vis par vous : mon vœu doit se tenir,
Sans quoi la Vierge a droit de me punir.
— Votre discours est très-juste et très-sage,
Dit La Trimouille ; et ce pèlerinage
Est à mes yeux un devoir bien sacré ;
Vous permettez que je sois du voyage.
J'aime Lorette, et je vous conduirai.
Allez, Dunois, par la plaine étoilée,
Fendez les airs, volez aux champs de Blois ;
Nous vous joindrons avant qu'il soit un mois.
Et vous, madame, à Lorette appelée,
Venez remplir votre vœu si pieux ;
Moi j'en fais un digne de vos beaux yeux :
C'est de prouver à toute heure, en tous lieux,
A tout venant, par l'épée et la lance,
Que vous devez avoir la préférence
Sur toute fille ou femme de renom ;
Que nulle n'est et si sage et si belle. »
Elle rougit. Cependant le grison
Frappe du pied, s'élève sur son aile,
Plane dans l'air, et, laissant l'horizon,
Porte Dunois vers les sources du Rhône.

CHANT VIII.

Le Poitevin prend le chemin d'Ancône¹,
Avec sa dame, un bourdon dans la main,
Portant tous deux chapeau de pèlerin,
Bien relevé de coquilles bénies.
A leur ceinture un rosaire pendait
De beaux grains d'or et de perles unies.
Le paladin souvent le récitait,
Disait *Ave* : la belle répondait
Par des soupirs et par des litanies ;
Et *je vous aime* était le doux refrain
Des *oremus* qu'ils chantaient en chemin.
Ils vont à Parme, à Plaisance, à Modène,
Dans Urbino, dans la tour de Césène,
Toujours logés dans de très-beaux châteaux
De princes, ducs, comtes, et cardinaux.
Le paladin eut partout l'avantage
De soutenir que dans le monde entier
Il n'est beauté plus aimable et plus sage
Que Dorothée ; et nul n'osa nier
Ce qu'avançait un si grand personnage,
Tant les seigneurs de tout ce beau canton
Avaient d'égards et de discrétion.
   Enfin portés sur les bords du Musône,
Près Ricanate en la Marche d'Ancône,
Les pèlerins virent briller de loin
Cette maison de la sainte Madone,
Ces murs divins de qui le ciel prend soin ;
Murs convoités des avides corsaires,
Et qu'autrefois des anges tutélaires
Firent voler dans les plaines des airs,
Comme un vaisseau qui fend le sein des mers.
A Loretto les anges s'arrêtèrent² ;

---

1. C'est dans la Marche d'Ancône qu'est la maison de la Vierge apportée de Nazareth par les anges ; ils la mirent d'abord en dépôt en Dalmatie pendant trois ans et sept mois, et ensuite la posèrent près de Recanati. Sa statue est de quatre pieds de haut, son visage noir ; elle porte la même tiare que le pape : on connaît ses miracles et ses trésors. (*Note de Voltaire*, 1774.)

2. Ils ne s'arrêtèrent pas d'abord à Loretto ; c'est une inadvertance de notre auteur : « Non ego paucis offendar maculis. » (*Id.*, 1762.) Cependant on peut dire, pour sa défense, que les anges s'arrêtèrent enfin à Lorette, eux et la maison, après avoir essayé de plusieurs autres pays qui ne plurent point à la sainte Vierge. Cette aventure se passa sous le pontificat de Boniface VIII, dont on dit qu'il usurpa sa place comme un renard, qu'il s'y comporta comme un loup, et qu'il

Les murs sacrés d'eux-mêmes se fondèrent ;
Et ce que l'art a de plus précieux,
De plus brillant, de plus industrieux,
Fut employé depuis par les saints-pères,
Maîtres du monde, et du ciel grands-vicaires,
A l'ornement de ces augustes lieux.
Les deux amants de cheval descendirent,
D'un cœur contrit à deux genoux se mirent ;
Puis chacun d'eux, pour accomplir son vœu,
Offrit des dons pleins de magnificence,
Tous acceptés avec reconnaissance
Par la Madone et les moines du lieu.
 Au cabaret les deux amants dînèrent ;
Et ce fut là qu'à table ils rencontrèrent
Un brave Anglais, fier, dur, et sans souci,
Qui venait voir la sainte Vierge aussi
Par passe-temps, se moquant dans son âme
Et de Lorette, et de sa Notre-Dame :
Parfait Anglais, voyageant sans dessein,
Achetant cher de modernes antiques,
Regardant tout avec un air hautain,
Et méprisant les saints et leurs reliques.
De tout Français c'est l'ennemi mortel,
Et son nom est Christophe d'Arondel.
Il parcourait tristement l'Italie ;
Et, se sentant fort sujet à l'ennui,
Il amenait sa maîtresse avec lui,
Plus dédaigneuse encor, plus impolie,
Parlant fort peu, mais belle, faite au tour,
Douce la nuit, insolente le jour,
A table, au lit, par caprice emportée,
Et le contraire en tout de Dorothée.
Le beau baron, du Poitou l'ornement,
Lui fit d'abord un petit compliment
Sans recevoir aucune repartie ;
Puis il parla de la Vierge Marie ;

---

mourut comme un chien. Les historiens qui ont parlé ainsi de Boniface n'avaient pas de pension de la cour de Rome. (*Note de Voltaire*, 1773). — Il y a dans la citation, quoique tronquée, assez peu de modestie. La voici au complet :

<pre>   Verum ubi plura nitent in carmine, non ego paucis
     Offendar maculis.   Hor., *de Arte poet.*, 351.   (R.)</pre>

CHANT VIII.

Puis il conta comme il avait promis,
Chez les Lombards, à monsieur saint Denis,
De soutenir en tout lieu la sagesse
Et la beauté de sa chère maîtresse.
« Je crois, dit-il au dédaigneux Breton,
Que votre dame est noble et d'un grand nom,
Qu'elle est surtout aussi sage que belle ;
Je crois encor, quoiqu'elle n'ait rien dit,
Que dans le fond elle a beaucoup d'esprit :
Mais Dorothée est fort au-dessus d'elle,
Vous l'avouerez ; on peut, sans l'abaisser,
Au second rang dignement la placer. »
  Le fier Anglais, à ce discours honnête,
Le regarda des pieds jusqu'à la tête.
« Pardieu, dit-il, il m'importe fort peu
Que vous ayez à Denis fait un vœu ;
Et peu me chaut que votre damoiselle
Soit sage ou folle, et soit ou laide ou belle :
Chacun se doit contenter de son bien
Tout uniment, sans se vanter de rien.
Mais puisqu'ici vous avez l'impudence
D'oser prétendre à quelque préférence
Sur un Anglais, je vous enseignerai
Votre devoir, et je vous prouverai
Que tout Anglais, en affaires pareilles,
A tout Français donne sur les oreilles ;
Que ma maîtresse, en figure, en couleur,
En gorge, en bras, cuisses, taille, rondeur.
Même en sagesse, en sentiments d'honneur,
Vaut cent fois mieux que votre pèlerine ;
Et que mon roi (dont je fais peu de cas),
Quand il voudra, saura bien mettre à bas
Et votre maître, et sa grosse héroïne.
— Eh bien ! reprit le noble Poitevin,
Sortons de table, éprouvons-nous soudain ;
A vos dépens je soutiendrai peut-être
Mon tendre amour, mon pays, et mon maître.
Mais comme il faut être toujours courtois,
De deux combats je vous laisse le choix,
Soit à cheval, soit à pied ; l'un et l'autre
Me sont égaux : mon choix suivra le vôtre.
— A pied, mordieu ! dit le rude Breton ;

9. — LA PUCELLE.

Je n'aime point qu'un cheval ait la gloire
De partager ma peine et ma victoire.
Point de cuirasse, et point de morion ;
C'est, à mon sens, une arme de poltron ;
Il fait trop chaud, j'aime à combattre à l'aise.
Je veux tout nu vous soutenir ma thèse :
Nos deux beautés jugeront mieux des coups.
 — Très-volontiers, » dit d'un ton noble et doux
Le beau Francais. Sa chère Dorothée
Frémit de crainte à ce défi cruel,
Quoique en secret son âme fût flattée
D'être l'objet d'un si noble duel.
Elle tremblait que Christophe Arondel
Ne transperçât de quelque coup mortel
La douce peau de son cher La Trimouille,
Que de ses pleurs tendrement elle mouille.
La dame anglaise animait son Anglais
D'un coup d'œil fier et sûr de ses attraits.
Elle n'avait jamais versé de larmes ;
Son cœur altier se plaisait aux alarmes ;
Et les combats des coqs de son pays
Avaient été ses passe-temps chéris.
Son nom était Judith de Rosamore,
Cher à Bristol, et que Cambridge honore[1].
 Voilà déjà nos braves paladins
Dans un champ clos, près d'en venir aux mains :
Tous deux charmés, dans leurs nobles querelles,
De soutenir leur patrie et leurs belles.
La tête haute, et le fer de droit fil,
Le bras tendu, le corps en son profil,
En tierce, en quarte, ils joignent leurs épées,
L'une par l'autre à tout moment frappées.
C'est un plaisir de les voir se baisser,
Se relever, reculer, avancer,
Parer, sauter, se ménager des feintes,
Et se porter les plus rudes atteintes.
Ainsi l'on voit dans une belle nuit,
Sous le lion ou sous la canicule,
Tout l'horizon qui s'enflamme et qui brûle

---

1. Bristol et Cambridge, deux villes célèbres, la première par son commerce, la seconde par son université, qui a eu de grands hommes. (*Note de Voltaire*, 1762.)

De mille feux dont notre œil s'éblouit :
Un éclair passe, un autre éclair le suit.
  Le Poitevin adresse une apostrophe
Droit au menton du superbe Christophe ;
Puis en arrière il saute allègrement,
Toujours en garde ; et Christophe à l'instant
Engage en tierce, et, serrant la mesure,
Au ferrailleur inflige une blessure
Sur une cuisse ; et de sang empourpré
Ce bel ivoire est teint et bigarré.
  Ils s'acharnaient à cette noble escrime,
Voulant mourir pour jouir de l'estime
De leur maîtresse, et pour bien décider
Quelle beauté doit à l'autre céder ;
Lorsqu'un bandit des États du saint-père
Avec sa troupe entra dans ces cantons
Pour s'acquitter de ses dévotions.
  Le scélérat se nommait Martinguerre,
Voleur de jour, voleur de nuit, corsaire,
Mais saintement à la Vierge attaché,
Et sans manquer récitant son rosaire
Pour être pur et net de tout péché.
Il aperçut sur le pré les deux belles,
Et leurs chevaux, et leurs brillantes selles,
Et leurs mulets chargés d'or et d'*agnus*.
Dès qu'il les vit, on ne les revit plus.
Il vous enlève et Judith Rosamore,
Et Dorothée, et le bagage encore,
Mulets, chevaux, et part comme un éclair.
  Les champions tenaient toujours en l'air,
A poing fermé, leurs brandissantes lames,
Et ferraillaient pour l'honneur de ces dames.
Le Poitevin s'avise le premier
Que sa maîtresse est comme disparue.
Il voit de loin courir son écuyer ;
Il s'ébahit, et son arme pointue
Reste en sa main sans force et sans effet.
Sire Arondel demeure stupéfait.
Tous deux restaient la prunelle effarée,
Bouche béante, et la mine égarée,
L'un contre l'autre. « Oh ! oh ! dit le Breton,
Dieu me pardonne, on nous a pris nos belles ;

Nous nous donnons cent coups d'estramaçon
Très-sottement; courons vite après elles,
Reprenons-les, et nous nous rebattrons
Pour leurs beaux yeux quand nous les trouverons. »
L'autre en convient, et, différant la fête,
En bons amis ils se mettent en quête
De leur maîtresse. A peine ils font cent pas,
Que l'un s'écrie : « Ah ! la cuisse ! ah ! le bras ! »
L'autre criait la poitrine et la tête ;
Et n'ayant plus ces esprits animaux
Qui vont au cœur et qui font les héros,
Ayant perdu cette ardeur enflammée
Avec leur sang au combat consumée,
Tous deux meurtris, faibles, et languissants,
Sur le gazon tombent en même temps,
Et de leur sang ils rougissent la terre.
Leurs écuyers, qui suivaient Martinguerre,
Vont à sa piste, et gagnent le pays.
Les deux héros, sans valets, sans habits,
Et sans argent, étendus dans la plaine,
Manquant de tout, croyaient leur fin prochaine ;
Lorsqu'une vieille, en passant vers ces lieux,
Les voyant nus s'approcha plus près d'eux,
En eut pitié, les fit sur des civières
Porter chez elle, et par des restaurants
En moins de rien leur rendit tous leurs sens,
Leur coloris, et leurs forces premières.
 La bonne vieille, en ce lieu respecté,
Est en odeur qu'on dit de sainteté.
Devers Ancône il n'est point de béate,
Point d'âme sainte en qui la grâce éclate
Par des bienfaits plus signalés, plus grands.
Elle prédit la pluie et le beau temps ;
Elle guérit les blessures légères
Avec de l'huile et de saintes prières ;
Elle a parfois converti des méchants.
 Les paladins à la vieille contèrent
Leur aventure, et conseil demandèrent.
La décrépite alors se recueillit,
Pria Marie, ouvrit la bouche, et dit :
« Allez en paix, aimez tous deux vos belles,
Mais que ce soit à bonne intention ;

CHANT VIII.

Et gardez-vous de vous tuer pour elles.
Les doux objets de votre affection
Sont maintenant à des épreuves rudes ;
Je plains leurs maux et vos sollicitudes.
Habillez-vous ; prenez des chevaux frais,
Ne manquez pas le chemin qu'il faut prendre ;
Le ciel par moi daigne ici vous apprendre,
Pour les trouver, qu'il faut courir après. »
   Le Poitevin admira l'énergie
De ce discours ; et le Breton pensif
Lui dit : « Je crois à votre prophétie ;
Nous poursuivrons le voleur fugitif
Quand nous aurons retrouvé des montures,
Et des pourpoints, et surtout des armures. »
La vieille dit : « On vous en fournira. »
Un circoncis par bonheur était là,
Enfant barbu d'Isâc et de Juda,
Dont la belle âme, à servir empressée,
Faisait fleurir la gent déprépucée.
Le digne Hébreu leur prêta galamment
Deux mille écus à quarante pour cent,
Selon les *us* de la race bénite
En Canaan par Moïse conduite ;
Et le profit que le Juif s'arrogea
Entre la sainte et lui se partagea.

FIN DU CHANT HUITIÈME.

CHANT NEUVIÈME.

ARGUMENT.

Comment **La Trimouille** et sire Arondel retrouvèrent leurs maîtresses en Provence, et du cas étrange advenu dans la Sainte-Baume.

    Deux chevaliers qui se sont bien battus,
Soit à cheval, soit à la noble escrime,
Avec le sabre ou de longs fers pointus,
De pied en cap tout couverts ou tout nus,
Ont l'un pour l'autre une secrète estime;
Et chacun d'eux exalte les vertus
Et les grands coups de son digne adversaire,
Lorsque surtout il n'est plus en colère.
Mais s'il advient, après ce beau conflit,
Quelque accident, quelque triste fortune,
Quelque misère à tous les deux commune,
Incontinent le malheur les unit :
L'amitié naît de leurs destins contraires,
Et deux héros persécutés sont frères.
C'est ce qu'on vit dans le cas si cruel
De La Trimouille et du triste Arondel.
Cet Arondel reçut de la nature
Une âme altière, indifférente, et dure;
Mais il sentit ses entrailles d'airain
Se ramollir pour le doux Poitevin :
Et La Trimouille, en se laissant surprendre
A ces beaux nœuds qui forment l'amitié,
Suivit son goût; car son cœur est né tendre.
« Que je me sens, dit-il, fortifié,
Mon cher ami, par votre courtoisie!
Ma Dorothée, hélas! me fut ravie;
Vous m'aiderez, au milieu des combats,
A retrouver la trace de ses pas,

A délivrer ce que mon cœur adore ;
J'affronterai les plus cruels trépas
Pour vous nantir de votre Rosamore. »
   Les deux amants, les deux nouveaux amis,
Partent ensemble, et, sur un faux avis,
Marchent en hâte, et tirent vers Livourne.
Le ravisseur d'un autre côté tourne
Par un chemin justement opposé.
Tandis qu'ainsi le couple se fourvoie,
Au scélérat rien ne fut plus aisé
Que d'enlever sa noble et riche proie.
Il la conduit bientôt en sûreté
Dans un château des chemins écarté,
Près de la mer, entre Rome et Gaëte :
Masure affreuse, exécrable retraite,
Où l'insolence et la rapacité,
La gourmandise et la malpropreté,
L'emportement de l'ivresse bruyante,
Les démêlés, les combats qu'elle enfante,
La dégoûtante et sale impureté
Qui de l'amour éteint les tendres flammes,
Tous les excès des plus vilaines âmes,
Font voir à l'œil ce qu'est le genre humain
Lorsqu'à lui-même il est livré sans frein.
Du Créateur image si parfaite,
Or voilà donc comme vous êtes faite !
   En arrivant, le corsaire effronté
Se met à table, et fait placer les belles
Sans compliment chacune à son côté,
Mange, dévore, et boit à leur santé.
Puis il leur dit : « Voyez, mesdemoiselles,
Qui de vous deux couche avec moi la nuit.
Tout m'est égal, tout m'est bon, tout me duit ;
Poil blond, poil noir, Anglaise, Italienne,
Petite ou grande, infidèle ou chrétienne,
Il ne m'importe ; et buvons. » A ces mots,
La rougeur monte à l'aimable visage
De Dorothée, elle éclate en sanglots ;
Sur ses beaux yeux il se forme un nuage,
Qui tombe en pleurs sur ce nez fait au tour,
Sur ce menton où l'on dit que l'Amour
Lui fit un creux, la caressant un jour ;

Dans la tristesse elle est ensevelie.
Judith l'Anglaise, un moment recueillie,
En regardant le corsaire inhumain,
D'un air de tête et d'un souris hautain :
« Je veux, dit-elle, avoir ici la joie
Sur le minuit de me voir votre proie ;
Et l'on saura ce qu'avec un bandit
Peut une Anglaise alors qu'elle est au lit. »
A ce propos le brave Martinguerre
D'un gros baiser la barbouille, et lui dit :
« J'aimai toujours les filles d'Angleterre. »
Il la rebaise, et puis vide un grand verre,
En vide un autre, et mange, et boit, et rit,
Et chante, et jure ; et sa main effrontée
Sans nul égard se porte impudemment
Sur Rosamore, et puis sur Dorothée.
Celle-ci pleure ; et l'autre fièrement,
Sans s'émouvoir, sans changer de visage,
Laisse tout faire au rude personnage.
Enfin de table il sort en bégayant,
Le pied mal sûr, mais l'œil étincelant,
Avertissant, d'un geste de corsaire,
Qu'on soit fidèle aux marchés convenus ;
Et, rayonnant des présents de Bacchus,
Il se prépare aux combats de Cythère.

 La Milanaise, avec des yeux confus,
Dit à l'Anglaise : « Oserez-vous, ma chère,
Du scélérat consommer le désir ?
Mérite-t-il qu'une beauté si fière
S'abaisse au point de donner du plaisir ?
— Je prétends bien lui donner autre chose,
Dit Rosamore ; on verra ce que j'ose :
Je sais venger ma gloire et mes appas ;
Je suis fidèle au chevalier que j'aime.
Sachez que Dieu, par sa bonté suprême,
M'a fait présent de deux robustes bras,
Et que Judith est mon nom de baptême.
Daignez m'attendre en cet indigne lieu,
Laissez-moi faire, et surtout priez Dieu. »
Puis elle part, et va la tête haute
Se mettre au lit à côté de son hôte.

 La nuit couvrait d'un voile ténébreux

Les toits pourris de ce repaire affreux;
Des malandrins la grossière cohue
Cuvait son vin, dans la grange étendue ;
Et Dorothée, en ces moments d'horreur,
Demeurait seule, et se mourait de peur,
    Le boucanier, dans la grosse partie
Par où l'on pense, était tout offusqué
De la vapeur des raisins d'Italie.
Moins à l'amour qu'au sommeil provoqué,
Il va pressant d'une main engourdie
Les fiers appas dont son cœur est piqué ;
Et la Judith, prodiguant ses tendresses,
L'enveloppait, par de fausses caresses,
Dans les filets que lui tendait la mort.
Le dissolu, lassé d'un tel effort,
Bâille un moment, tourne la tête, et dort.
    A son chevet pendait le cimeterre
Qui fit longtemps redouter Martinguerre.
Notre Bretonne aussitôt le tira,
    En invoquant Judith et Débora [1],
Jahel, Aod, et Simon nommé Pierre,
Simon Barjone aux oreilles fatal,
Qu'à surpasser l'héroïne s'apprête.
Puis empoignant les crins de l'animal
De sa main gauche, et soulevant la tête,
La tête lourde, et le front engourdi
Du mécréant qui ronfle appesanti,
Elle s'ajuste, et sa droite élevée
Tranche le cou du brave débauché.
De sang, de vin, la couche est abreuvée;

---

1. Il n'est lecteur qui ne connaisse la belle Judith. Débora, brave épouse de Lapidoth, défit le roi Jabin, qui avait neuf cents chariots armés de faux, dans un pays de montagnes où il n'y a aujourd'hui que des ânes. La brave femme Jahel, épouse de Haber, reçut chez elle Sisara, maréchal général de Jabin : elle l'enivra avec du lait, et cloua sa tête à terre d'une tempe à l'autre avec un clou; c'était un maître clou, et elle une maîtresse femme. Aod le gaucher alla trouver le roi Églon de la part du Seigneur, et lui enfonça un grand couteau dans le ventre avec la main gauche, et aussitôt Églon alla à la selle Quant à Simon Barjone, il ne coupa qu'une oreille à Malchus, et encore eut-il ordre de remettre l'épée au fourreau; ce qui prouve que l'Église ne doit point verser le sang. (*Note de Voltaire*, 1762). — Je ne sais si Voltaire s'est montré traducteur exact, mais il est au moins historien fidèle dans son récit de la mort d'Églon : « Statimque per secreta alvi stercora proruperunt. » *Judic.*, III, 22. (R.)

Le large tronc, de son chef détaché,
Rougit le front de la noble héroïne,
Par trente jets de liqueur purpurine.
Notre amazone alors saute du lit,
Portant en main cette tête sanglante,
Et va trouver sa compagne tremblante,
Qui dans ses bras tombe et s'évanouit ;
Puis reprenant ses sens et son esprit :
« Ah ! juste Dieu ! quelle femme vous êtes !
Quelle action ! quel coup, et quel danger !
Où fuirons-nous ? Si sur ces entrefaites
Quelqu'un s'éveille, on va nous égorger.
— Parlez plus bas, répliqua Rosamore ;
Ma mission n'est pas finie encore,
Prenez courage, et marchez avec moi. »
L'autre reprit courage avec effroi.

Leurs deux amants, errants toujours loin d'elles,
Couraient partout sans avoir rien trouvé.
A Gêne enfin l'un et l'autre arrivé,
Ayant par terre en vain cherché leurs belles,
S'en vont par mer, à la merci des flots,
Des deux objets qui troublent leur repos
Aux quatre vents demander des nouvelles.
Ces quatre vents les portent tour à tour,
Tantôt au bord de cet heureux séjour
Où des chrétiens le père apostolique
Tient humblement les clefs du paradis ;
Tantôt au fond du golfe Adriatique,
Où le vieux doge est l'époux de Téthys [1] ;
Puis devers Naple, au rivage fertile,
Où Sannazar est trop près de Virgile [2].
Ces dieux mutins, prompts, ailés, et joufflus,
Qui ne sont plus les enfants d'Orithye,
Sur le dos bleu des flots qu'ils ont émus,
Les font voguer à ces gouffres connus

---

1. On sait que le doge de Venise épouse la mer. (*Note de Voltaire*, 1762). — Voltaire avait, ainsi qu'un grand nombre d'autres poëtes, confondu Téthys, épouse de l'Océan, avec Thétis, mère d'Achille. Cette inexactitude a été relevée dans l'excellente édition des *OEuvres complètes de Bertin*, donnée en 1824 par M. Boissonade. (R.)

2. Sannazar, poëte médiocre, enterré près de Virgile, mais dans un plus beau tombeau. (*Id.*, 1762.)

CHANT IX.

Où l'onde amère autrefois engloutie
Par la Charybde, aujourd'hui ne l'est plus[1] ;
Où de nos jours on ne peut plus entendre
Les hurlements des dogues de Scylla ;
Où les géants écrasés sous l'Etna[2]
Ne jettent plus la flamme avec la cendre ;
Tant l'univers avec le temps changea !
Le couple errant, non loin de Syracuse,
Va saluer la fontaine Aréthuse,
Qui dans son sein, tout couvert de roseaux,
De son amant ne reçoit plus les eaux[3].
Ils ont bientôt découvert le rivage
Où florissaient Augustin[4] et Carthage ;
Séjour affreux, dans nos jours infecté
Par les fureurs et la rapacité
Des musulmans, enfants de l'ignorance.
Enfin le ciel conduit nos chevaliers
Aux doux climats de la belle Provence.

 Là, sur des bords couronnés d'oliviers,
On voit les tours de Marseille l'antique,
Beau monument d'un vieux peuple ionique[5].
Noble cité, grecque et libre autrefois,
Tu n'as plus rien de ce double avantage ;
Il est plus beau de servir sous nos rois,
C'est, comme on sait, un bienheureux partage.
Mais tes confins possèdent un trésor
Plus merveilleux, plus salutaire encor.
Chacun connaît la belle Magdeleine,
Qui de son temps ayant servi l'Amour,
Servit le ciel étant sur le retour,
Et qui pleura sa vanité mondaine.
Elle partit des rives du Jourdain
Pour s'en aller au pays de Provence,
Et se fessa longtemps par pénitence,

---

 1. Autrefois cet endroit passait pour un gouffre très-dangereux. (*Note de Voltaire*, 1762.)
 2. L'Etna ne jette plus de flammes que très-rarement. (*Id.*, 1762). — Les trois derniers mots ont été ajoutés en 1773. (R.)
 3. Le passage souterrain du fleuve Alphée jusqu'à la fontaine Aréthuse est reconnu pour une fable. (*Note de Voltaire*, 1762.)
 4. Saint Augustin était évêque d'Hippone. (*Id.*, 1762.)
 5. Les Phocéens. (*Id.*, 1762.)

Au fond d'un creux du roc de Maximin [1].
Depuis ce temps un baume tout divin
Parfume l'air qu'en ces lieux on respire.
Plus d'une fille, et plus d'un pèlerin,
Grimpe au rocher, pour abjurer l'empire
Du dieu d'amour, qu'on nomme esprit malin.
  On tient qu'un jour la pénitente juive
Prête à mourir, requit une faveur
De Maximin, son pieux directeur.
« Obtenez-moi, si jamais il arrive
Que sur mon roc une paire d'amants
En rendez-vous viennent passer leur temps,
Leurs feux impurs dans tous les deux s'éteignent ;
Qu'au même instant ils s'évitent, se craignent,
Et qu'une forte et vive aversion
Soit de leurs cœurs la seule passion. »
Ainsi parla la sainte aventurière.
Son confesseur exauça sa prière.
Depuis ce temps ces lieux sanctifiés
Vous font haïr les gens que vous aimiez.
  Les paladins, ayant bien vu Marseilles,
Son port, sa rade, et toutes les merveilles
Dont les bourgeois rebattaient leurs oreilles,
Furent requis de visiter le roc,
Ce roc fameux, surnommé Sainte-Baume,
Tant célébré chez la gent porte-froc,
Et dont l'odeur parfumait le royaume.
Le beau Français y va par piété,
Le fier Anglais par curiosité.
En gravissant ils virent près du dôme,
Sur les degrés dans ce roc pratiqués,
Des voyageurs à prier appliqués.
Dans cette troupe étaient deux voyageuses,
L'une à genoux, mains jointes, cou tendu ;
L'autre debout, et des plus dédaigneuses.
  O doux objets! moment inattendu!
Ils ont tous deux reconnu leurs maîtresses!
Les voilà donc, pécheurs et pécheresses,
Dans ce parvis si funeste aux amours,

---

1. Le rocher de Saint-Maximin est tout auprès ; c'est le chemin de la Sainte-Baume. (*Note de Voltaire*, 1762.)

En peu de mots l'Anglaise leur raconte
Comment son bras, par le divin secours,
Sur Martinguerre a su venger sa honte.
Elle eut le soin, dans ce péril urgent,
De se saisir d'une bourse assez ronde
Qu'avait le mort, attendu que l'argent
Est inutile aux gens de l'autre monde.
Puis franchissant, dans l'horreur de la nuit,
Les murs mal clos de cet affreux réduit,
Le sabre au poing, vers la prochaine rive
Elle a conduit sa compagne craintive,
Elle a monté sur un léger esquif;
Et réveillant matelots, capitaine,
En bien payant, le couple fugitif
A navigué sur la mer de Tyrrhène.
Enfin des vents le sort capricieux,
Ou bien le ciel, qui fait tout pour le mieux,
Les met tous quatre aux pieds de Magdeleine.

O grand miracle! ô vertu souveraine!
A chaque mot que prononçait Judith,
De son amant le grand cœur s'affadit :
Ciel! quel dégoût, et bientôt quelle haine
Succède aux traits du plus charmant amour!
Il est payé d'un semblable retour.
Ce La Trimouille, à qui sa Dorothée
Parut longtemps plus belle que le jour,
La trouve laide, imbécile, affectée,
Gauche, maussade, et lui tourne le dos.
La belle en lui voyait le roi des sots,
Le détestait, et détournait la vue;
Et Magdeleine, au milieu d'une nue,
Goûtait en paix la satisfaction
D'avoir produit cette conversion.

Mais Magdeleine, hélas! fut bien déçue :
Car elle obtint des saints du paradis
Que tout amant venu dans son logis
N'aimerait plus l'objet de ses faiblesses
Tant qu'il serait dans ses rochers bénis;
Mais dans ses vœux la sainte avait omis
De stipuler que les amants guéris
Ne prendraient pas de nouvelles maîtresses.
Saint Maximin ne prévit point le cas;

Dont il advint que l'Anglaise infidèle
Au Poitevin tendit ses deux beaux bras,
Et qu'Arondel jouit des doux appas
De Dorothée, et fut enchanté d'elle.
L'abbé Trithême a même prétendu
Que Magdeleine, à ce troc imprévu,
Du haut du ciel s'était mise à sourire.
On peut le croire, et la justifier.
La vertu plaît : mais, malgré son empire,
On a du goût pour son premier métier.
 Il arriva que les quatre parties
De Sainte-Baume à peine étaient sorties,
Que le miracle alors n'opéra plus.
Il n'a d'effet que dans l'auguste enceinte,
Et dans le creux de cette roche sainte.
Au bas du mont, La Trimouille confus
D'avoir haï quelque temps Dorothée,
Rendant justice à ses touchants attraits,
La retrouva plus tendre que jamais,
Plus que jamais elle s'en vit fêtée ;
Et Dorothée, en proie à sa douleur,
Par son amour expia son erreur
Entre les bras du héros qu'elle adore.
Sire Arondel reprit sa Rosamore,
Dont le courroux fut bientôt désarmé.
Chacun aima comme il avait aimé ;
Et je puis dire encor que Magdeleine
En les voyant leur pardonna sans peine.
 Le dur Anglais, l'aimable Poitevin,
Ayant chacun leur héroïne en croupe,
Vers Orléans prirent leur droit chemin,
Tous deux brûlant de rejoindre leur troupe,
Et de venger l'honneur de leur pays.
Discrets amants, généreux ennemis,
Ils voyageaient comme de vrais amis,
Sans désormais se faire de querelles,
Ni pour leurs rois, ni même pour leurs belles.

FIN DU CHANT NEUVIÈME.

CHANT DIXIÈME.

ARGUMENT.

Agnès Sorel poursuivie par l'aumônier de Jean Chandos. Regrets de son amant, etc. Ce qui advint à la belle Agnès dans un couvent.

Eh quoi! toujours clouer une préface
A tous mes chants! la morale me lasse;
Un simple fait conté naïvement,
Ne contenant que la vérité pure,
Narré succinct, sans frivole ornement,
Point trop d'esprit, aucun raffinement,
Voilà de quoi désarmer la censure.
Allons au fait, lecteur, tout rondement,
C'est mon avis. Tableau d'après nature,
S'il est bien fait, n'a besoin de bordure.
   Le bon roi Charle, allant vers Orléans,
Enflait le cœur de ses fiers combattants,
Les remplissait de joie et d'espérance,
Et relevait le destin de la France.
Il ne parlait que d'aller aux combats,
Il étalait une fière allégresse;
Mais en secret il soupirait tout bas,
Car il était absent de sa maîtresse.
L'avoir laissée, avoir pu seulement
De son Agnès s'écarter un moment,
C'était un trait d'une vertu suprême,
C'était quitter la moitié de soi-même.
   Lorsqu'il se fut au logis renfermé,
Et qu'en son cœur il eut un peu calmé
L'emportement du démon de la gloire,
L'autre démon qui préside à l'amour
Vint à ses sens s'expliquer à son tour;

Il plaidait mieux : il gagna la victoire.
D'un air distrait, le bon prince écouta
Tous les propos dont on le tourmenta :
Puis en sa chambre en secret il alla,
Où, d'un cœur triste et d'une main tremblante,
Il écrivit une lettre touchante,
Que de ses pleurs tendrement il mouilla :
Pour les sécher Bonneau n'était pas là.
Certain butor, gentilhomme ordinaire,
Fut dépêché, chargé du doux billet.
Une heure après, ô douleur trop amère !
Notre courrier rapporte le poulet.
Le roi, saisi d'une crainte mortelle,
Lui dit : « Hélas ! pourquoi donc reviens-tu ?
Quoi ! mon billet ?... — Sire, tout est perdu ;
Sire, armez-vous de force et de vertu.
Les Anglais... Sire... ah ! tout est confondu ;
Sire... ils ont pris Agnès et la Pucelle. »
　　A ce propos dit sans ménagement,
Le roi tomba, perdit tout sentiment,
Et de ses sens il ne reprit l'usage
Que pour sentir l'effet de son tourment.
Contre un tel coup quiconque a du courage
N'est pas, sans doute, un véritable amant :
Le roi l'était ; un tel événement
Le transperçait de douleur et de rage.
Ses chevaliers perdirent tous leurs soins
A l'arracher à sa douleur cruelle ;
Charles fut près d'en perdre la cervelle :
Son père, hélas ! devint fou pour bien moins[1].
« Ah ! cria-t-il, que l'on m'enlève Jeanne,
Mes chevaliers, tous mes gens à soutane,
Mon directeur, et le peu de pays
Que m'ont laissé mes destins ennemis !
Cruels Anglais, ôtez-moi plus encore,

---

1. Charles VI, en effet, devint fou ; mais on ne sait ni pourquoi ni comment. C'est une maladie qui peut prendre aux rois. La folie de ce pauvre prince fut la cause des malheurs horribles qui désolèrent la France pendant trente ans. (*Note de Voltaire*, 1774). — Cette note, qui se trouve dans une édition du poëme de *la Pucelle* augmenté des notes de M. de Morza, a échappé aux éditeurs de Kehl et à leurs successeurs. (R.)

Mais laissez-moi ce que mon cœur adore.
Amour, Agnès, monarque malheureux!
Que fais-je ici, m'arrachant les cheveux?
Je l'ai perdue, il faudra que j'en meure;
Je l'ai perdue, et, pendant que je pleure,
Peut-être, hélas! quelque insolent Anglais
A son plaisir subjugue ses attraits,
Nés seulement pour des baisers français.
Une autre bouche à tes lèvres charmantes
Pourrait ravir ces faveurs si touchantes!
Une autre main caresser tes beautés!
Un autre... ô ciel! que de calamités!
Et qui sait même, en ce moment terrible,
A leurs plaisirs si tu n'es pas sensible?
Qui sait, hélas! si ton tempérament
Ne trahit pas ton malheureux amant! »
Le triste roi, de cette incertitude
Ne pouvant plus souffrir l'inquiétude,
Va sur ce cas consulter les docteurs,
Nécromanciens, devins, sorboniqueurs,
Juifs, jacobins, quiconque savait lire[1].
« Messieurs, dit-il, il convient de me dire
Si mon Agnès est fidèle à sa foi,
Si pour moi seul sa belle âme soupire:
Gardez-vous bien de tromper votre roi;
Dites-moi tout; de tout il faut m'instruire. »
Eux bien payés consultèrent soudain,
En grec, hébreu, syriaque, latin:
L'un du roi Charle examine la main,
L'autre en carré dessine une figure;
Un autre observe et Vénus, et Mercure;
Un autre va, son psautier parcourant,
Disant *amen*, et tout bas murmurant;
Cet autre-ci regarde au fond d'un verre,
Et celui-là fait des cercles à terre:
Car c'est ainsi que dans l'antiquité
On a toujours cherché la vérité.

1. Ces sortes de divinations étaient fort usitées; nous voyons même que le roi Philippe III envoya un évêque et un abbé à une béguine de Nivelle auprès de Bruxelles, grande devineresse, pour savoir si Marie de Brabant, sa femme, lui était fidèle. (*Note de Voltaire*, 1762.)

Aux yeux du prince ils travaillent, ils suent ;
Puis, louant Dieu, tous ensemble ils concluent
Que ce grand roi peut dormir en repos,
Qu'il est le seul, parmi tous les héros,
A qui le ciel, par sa grâce infinie,
Daigne octroyer une fidèle amie ;
Qu'Agnès est sage, et fuit tous les amants :
Puis fiez-vous à messieurs les savants !

   Cet aumônier terrible, inexorable,
Avait saisi le moment favorable :
Malgré les cris, malgré les pleurs d'Agnès,
Il triomphait de ses jeunes attraits,
Il ravissait des plaisirs imparfaits ;
Transports grossiers, volupté sans tendresse,
Triste union sans douceur, sans caresse,
Plaisirs honteux qu'Amour ne connaît pas :
Car qui voudrait tenir entre ses bras
Une beauté qui détourne la bouche,
Qui de ses pleurs inonde votre couche ?
Un honnête homme a bien d'autres désirs :
Il n'est heureux qu'en donnant des plaisirs.
Un aumônier n'est pas si difficile ;
Il va piquant sa monture indocile,
Sans s'informer si le jeune tendron
Sous son empire a du plaisir ou non.

   Le page aimable, amoureux, et timide,
Qui dans le bourg était allé courir,
Pour dignement honorer et servir
La déité qui de son sort décide,
Revint enfin. Las ! il revint trop tard.
Il entre, il voit le damné de frappart
Qui, tout en feu, dans sa brutale joie
Se démenait, et dévorait sa proie.
Le beau Monrose, à cet objet fatal,
Le fer en main, vole sur l'animal.
Du chapelain l'impudique furie
Cède au besoin de défendre sa vie ;
Du lit il saute, il empoigne un bâton,
Il s'en escrime, il accolle le page.
Chacun des deux est brave champion ;
Monrose est plein d'amour et de courage,
Et l'aumônier de luxure et de rage.

CHANT X.

Les gens heureux qui goûtent dans les champs
La douce paix, fruit des jours innocents,
Ont vu souvent, près de quelque bocage,
Un loup cruel, affamé de carnage,
Qui de ses dents déchire la toison
Et boit le sang d'un malheureux mouton.
Si quelque chien, à l'oreille écourtée,
Au cœur superbe, à la gueule endentée,
Vient comme un trait, tout prêt à guerroyer,
Incontinent l'animal carnassier
Laisse tomber de sa gueule écumante
Sur le gazon la victime innocente;
Il court au chien, qui, sur lui s'élançant,
A l'ennemi livre un combat sanglant;
Le loup mordu, tout bouillant de colère,
Croit étrangler son superbe adversaire;
Et le mouton, palpitant auprès d'eux,
Fait pour le chien de très-sincères vœux.
C'était ainsi que l'aumônier nerveux,
D'un cœur farouche et d'un bras formidable,
Se débattait contre le page aimable;
Tandis qu'Agnès, demi-morte de peur,
Restait au lit, digne prix du vainqueur.

L'hôte et l'hôtesse, et toute la famille,
Et les valets, et la petite fille,
Montent au bruit; on se jette entre deux :
On fit sortir l'aumônier scandaleux;
Et contre lui chacun fut pour le page :
Jeunesse et grâce ont partout l'avantage.
Le beau Monrose eut donc la liberté
De rester seul auprès de sa beauté;
Et son rival, hardi dans sa détresse,
Sans s'étonner, alla chanter sa messe.

Agnès honteuse, Agnès au désespoir
Qu'un sacristain à ce point l'eût pollue,
Et plus encor qu'un beau page l'eût vue
Dans le combat indignement vaincue,
Versait des pleurs, et n'osait plus le voir.
Elle eût voulu que la mort la plus prompte
Fermât ses yeux et terminât sa honte;
Elle disait, dans son grand désarroi,
Pour tout discours : « Ah! monsieur, tuez-moi.

— Qui, vous, mourir! lui répondit Monrose;
Je vous perdrais! ce prêtre en serait cause!
Ah! croyez-moi, si vous aviez péché,
Il faudrait vivre et prendre patience :
Est-ce à nous deux de faire pénitence?
D'un vain remords votre cœur est touché,
Divine Agnès : quelle erreur est la vôtre,
De vous punir pour le péché d'un autre! »
Si son discours n'était pas éloquent,
Ses yeux l'étaient; un feu tendre et touchant
Insinuait à la belle attendrie
Quelque désir de conserver sa vie.

 Fallut dîner : car, malgré leurs chagrins
(Chétif mortel, j'en ai l'expérience),
Les malheureux ne font point abstinence ;
En enrageant on fait encor bombance ;
Voilà pourquoi tous ces auteurs divins,
Ce bon Virgile, et ce bavard Homère,
Que tout savant, même en bâillant, révère,
Ne manquent point, au milieu des combats,
L'occasion de parler d'un repas.
La belle Agnès dîna donc tête à tête,
Près de son lit, avec ce page honnête.
Tous deux d'abord, également honteux,
Sur leur assiette arrêtaient leurs beaux yeux :
Puis enhardis tous deux se regardèrent,
Et puis enfin tous deux ils se lorgnèrent.

 Vous savez bien que dans la fleur des ans,
Quand la santé brille dans tous vos sens,
Qu'un bon dîner fait couler dans vos veines
Des passions les semences soudaines,
Tout votre cœur cède au besoin d'aimer ;
Vous vous sentez doucement enflammer
D'une chaleur bénigne et petillante ;
La chair est faible, et le diable vous tente.

 Le beau Monrose, en ces temps dangereux,
Ne pouvant plus commander à ses feux,
Se jette aux pieds de la belle éplorée :
« O cher objet! ô maîtresse adorée!
C'est à moi seul désormais de mourir;
Ayez pitié d'un cœur soumis et tendre :
Quoi! mon amour ne pourrait obtenir

Ce qu'un barbare a bien osé vous prendre !
Ah ! si le crime a pu le rendre heureux,
Que devez-vous à l'amour vertueux !
C'est lui qui parle, et vous devez l'entendre. »
Cet argument paraissait assez bon ;
Agnès sentit le poids de la raison.
Une heure encore elle osa se défendre ;
Elle voulut reculer son bonheur,
Pour accorder le plaisir et l'honneur,
Sachant très-bien qu'un peu de résistance
Vaut encor mieux que trop de complaisance.
Monrose enfin, Monrose fortuné
Eut tous les droits d'un amant couronné ;
Du vrai bonheur il eut la jouissance.
Du prince anglais la gloire et la puissance
Ne s'étendait que sur des rois vaincus,
Le fier Henri n'avait pris que la France,
Le lot du page était bien au-dessus.

   Mais que la joie est trompeuse et légère !
Que le bonheur est chose passagère !
Le charmant page à peine avait goûté
De ce torrent de pure volupté,
Que des Anglais arrive une cohorte.
On monte, on entre, on enfonce la porte.
Couple enivré des caresses d'amour,
C'est l'aumônier qui vous joua ce tour.
La douce Agnès, de crainte évanouie,
Avec Monrose est aussitôt saisie ;
C'est à Chandos qu'on prétend les mener.
A quoi Chandos va-t-il les condamner ?
Tendres amants, vous craignez sa vengeance ;
Vous savez trop, par votre expérience,
Que cet Anglais est sans compassion.
Dans leurs beaux yeux est la confusion ;
Le désespoir les presse et les dévore ;
Et cependant ils se lorgnaient encore :
Ils rougissaient de s'être faits heureux.
A Jean Chandos que diront-ils tous deux ?
Dans le chemin advint que de fortune
Ce corps anglais rencontra sur la brune
Vingt chevaliers qui pour Charles tenaient,
Et qui de nuit en ces quartiers rôdaient,

Pour découvrir si l'on avait nouvelle
Touchant Agnès, et touchant la Pucelle.
  Quand deux mâtins, deux coqs, et deux amants,
Nez contre nez, se rencontrent aux champs;
Lorsqu'un suppôt de la grâce efficace [1]
Trouve un cou tors de l'école d'Ignace;
Quand un enfant de Luther ou Calvin
Voit par hasard un prêtre ultramontain,
Sans perdre temps un grand combat commence,
A coups de gueule, ou de plume, ou de lance.
Semblablement les gendarmes de France,
Tout du plus loin qu'ils virent les Bretons,
Fondent dessus, légers comme faucons.
Les gens anglais sont gens qui se défendent;
Mille beaux coups se donnent et se rendent.
Le fier coursier qui notre Agnès portait
Était actif, jeune, fringant comme elle;
Il se cabrait, il ruait, il tournait;
Agnès allait, sautillant sur la selle.
Bientôt au bruit des cruels combattants
Il s'effarouche, il prend le mors aux dents.
Agnès en vain veut d'une main timide
Le gouverner dans sa course rapide;
Elle est trop faible : il lui fallut enfin
A son cheval remettre son destin.
  Le beau Monrose, au fort de la mêlée,
Ne peut savoir où sa nymphe est allée;
Le coursier vole aussi prompt que le vent;
Et sans relâche ayant couru six mille,
Il s'arrêta dans un vallon tranquille,
Tout vis-à-vis la porte d'un couvent.
Un bois était près de ce monastère :
Auprès du bois une onde vive et claire
Fuit et revient, et par de longs détours,
Parmi des fleurs, elle poursuit son cours.
Plus loin s'élève une colline verte,
A chaque automne enrichie et couverte
Des doux présents dont Noé nous dota,
Lorsqu'à la fin son grand coffre il quitta
Pour réparer du genre humain la perte,

---

1. Un janséniste.

CHANT X.

Et que, lassé du spectacle de l'eau,
Il fit du vin par un art tout nouveau.
Flore et Pomone, et la féconde haleine
Des doux zéphyrs, parfument ces beaux champs;
Sans se lasser, l'œil charmé s'y promène.
Le paradis de nos premiers parents
N'avait point eu de vallons plus riants,
Plus fortunés; et jamais la nature
Ne fut plus belle, et plus riche, et plus pure.
L'air qu'on respire en ces lieux écartés
Porte la paix dans les cœurs agités,
Et, des chagrins calmant l'inquiétude,
Fait aux mondains aimer la solitude.
 Au bord de l'onde Agnès se reposa.
Sur le couvent ses deux beaux yeux fixa,
Et de ses sens le trouble s'apaisa.
C'était, lecteur, un couvent de nonnettes.
« Ah! dit Agnès, adorables retraites!
Lieux où le ciel a versé ses bienfaits!
Séjour heureux d'innocence et de paix!
Hélas! du ciel la faveur infinie
Peut-être ici me conduit tout exprès
Pour y pleurer les erreurs de ma vie.
De chastes sœurs, épouses de leur Dieu,
De leurs vertus embaument ce beau lieu;
Et moi, fameuse entre les pécheresses,
J'ai consumé mes jours dans les faiblesses. »
Agnès ainsi, parlant à haute voix,
Sur le portail aperçut une croix :
Elle adora, d'humilité profonde,
Ce signe heureux du salut de ce monde;
Et, se sentant quelque componction,
Elle comptait s'en aller à confesse;
Car de l'amour à la dévotion
Il n'est qu'un pas; l'un et l'autre est faiblesse.
Or du moutier la vénérable abbesse
Depuis deux jours était allée à Blois,
Pour du couvent y soutenir les droits.
Ma sœur Besogne avait en son absence
Du saint troupeau la bénigne intendance.
Elle accourut au plus vite au parloir,
Puis fit ouvrir pour Agnès recevoir.

« Entrez, dit-elle, aimable voyageuse ;
Quel bon patron, quelle fête joyeuse
Peut amener au pied de nos autels
Cette beauté dangereuse aux mortels ?
Seriez-vous point quelque ange ou quelque sainte
Qui des hauts cieux abandonne l'enceinte,
Pour ici-bas nous faire la faveur
De consoler les filles du Seigneur ? »
 Agnès répond : « C'est pour moi trop d'honneur,
Je suis, ma sœur, une pauvre mondaine ;
De grands péchés mes beaux jours sont ourdis ;
Et si jamais je vais en paradis,
Je n'y serai qu'auprès de Magdeleine.
De mon destin le caprice fatal,
Dieu, mon bon ange, et surtout mon cheval,
Ne sais comment, en ces lieux m'ont portée.
De grands remords mon âme est agitée ;
Mon cœur n'est point dans le crime endurci ;
J'aime le bien, j'en ai perdu la trace,
Je la retrouve, et je sens que la grâce
Pour mon salut veut que je couche ici. »
 Ma sœur Besogne, avec douceur prudente,
Encouragea la belle pénitente ;
Et, de la grâce exaltant les attraits,
Dans sa cellule elle conduit Agnès ;
Cellule propre et bien illuminée,
Pleine de fleurs ; et galamment ornée,
Lit ample et doux : on dirait que l'Amour
A de ses mains arrangé ce séjour.
Agnès, tout bas louant la Providence,
Vit qu'il est doux de faire pénitence.
 Après souper (car je n'omettrai point
Dans mes récits ce noble et digne point)
Besogne dit à la belle étrangère :
« Il est nuit close, et vous savez, ma chère,
Que c'est le temps où les esprits malins[1]
Rôdent partout, et vont tenter les saints.
Il nous faut faire une œuvre profitable ;

---

1. Ce ne fut jamais que pendant la nuit que les lémures, les larves, les bons et mauvais génies apparurent : il en était de même de nos farfadets, le chant du coq les faisait tous disparaître. (*Note de Voltaire*, 1762.)

Couchons ensemble, afin que si le diable
Veut contre nous faire ici quelque effort,
Nous trouvant deux, le diable en soit moins fort. »
La dame errante accepta la partie :
Elle se couche, et croit faire œuvre pie ;
Croit qu'elle est sainte, et que le ciel l'absout ;
Mais son destin la poursuivait partout.
   Puis-je au lecteur raconter sans vergogne
Ce que c'était que cette sœur Besogne ?
Il faut le dire, il faut tout publier.
Ma sœur Besogne était un bachelier
Qui d'un Hercule eut la force en partage
Et d'Adonis le gracieux visage [1],
N'ayant encor que vingt ans et demi,
Blanc comme lait, et frais comme rosée.
La dame abbesse, en personne avisée,
En avait fait depuis peu son ami.
Sœur bachelier vivait dans l'abbaye,
En cultivant son ouaille jolie :
Ainsi qu'Achille, en fille déguisé,
Chez Lycomède était favorisé
Des doux baisers de sa Déidamie.
   La pénitente était à peine au lit
Avec sa sœur, soudain elle sentit
Dans la nonnain métamorphose étrange.
Assurément elle gagnait au change.
Crier, se plaindre, éveiller le couvent,
N'aurait été qu'un scandale imprudent.
Souffrir en paix, soupirer, et se taire,
Se résigner est tout ce qu'on peut faire,
Puis rarement en telle occasion
On a le temps de la réflexion.
Quand sœur Besogne à sa fureur claustrale
(Car on se lasse) eut mis quelque intervalle,
La belle Agnès, non sans contrition,
Fit en secret cette réflexion :

---

1. Le chevalier Robert, dans *Ce qui plaît aux dames,* est doué des mêmes qualités physiques que la prétendue sœur Besogne :

      ...Il avait reçu pour apanage
      Les dons brillants de la fleur du bel âge,
      Force d'Hercule et grâce d'Adonis.

« C'est donc en vain que j'eus toujours en tête
Le beau projet d'être une femme honnête;
C'est donc en vain que l'on fait ce qu'on peut :
N'est pas toujours femme de bien qui veut[1]. »

[1]. Ce vers et le précédent rappellent, ainsi que l'a remarqué Mme de Graffigny (*Vie privée de Voltaire et de Mme du Châtelet*, page 104), ceux que Quinault met dans la bouche de Médée.

> Le destin de Médée est d'être criminelle,
> Mais son cœur était fait pour aimer la vertu.

Voltaire a placé dans *la Prude* (acte III, scène x), la pensée et le vers qui terminent ce dixième chant de *la Pucelle*. (R.)

FIN DU CHANT DIXIÈME.

VARIANTES

DU CHANT DIXIÈME.

Vers 8. — Édition de 1756 :

> Va donc, Voltaire, au fait plus rondement;
> *C'est mon avis...

Ce vers est une nouvelle preuve que M. de Voltaire n'eut aucune part à la publication des premières éditions de ce poëme, et qu'elles furent faites par ses ennemis. (K.)

Vers 23 :
> Lorsqu'il fut seul en sa chambre enfermé.

Vers 30 :
> Le gros Louvet, qui longtemps harangua.

Vers 36 :
> Messire Hugon, gentilhomme ordinaire.

Vers 56 :
> Perdre à la fois sa couronne et sa belle!

Vers 64 :
> Et respectez cet objet de mes vœux.

Vers 76 :
> A leurs transports si tu n'es pas sensible.

Vers 98, 99. — Édition de 1756 :

> Il n'est aucun qui doute de son art;
> Aucun ne croit qu'un diable n'y prend part.
> *Aux yeux du prince... (K.)

Vers 107. — Édition de 1756, avant ce vers :

> Ils se trompaient, hélas! les bonnes gens :
> Agnès aimait, Agnès était saillie;
> *Puis fiez-vous... (K.)

Vers 111. — Édition de 1756 :

> *Il triomphait de ses jeunes attraits;

VARIANTES DU CHANT X.

> Et, l'accablant de sa mâle éloquence,
> * Il ravissait des plaisirs imparfaits :
> Volupté triste et fausse jouissance,
> * Plaisirs honteux... (K.)

Vers 112. — Manuscrit :

> * . . . . Des plaisirs imparfaits,
> Volupté triste et fausse jouissance,
> Vide d'appas, brutale violence,
> Honteux plaisir qu'amour ne connaît pas ;
> * Car qui voudrait...

Vers 119. — Édition de 1756, après ce vers on lit :

> A ses baisers il veut que l'on riposte,
> Et qu'on l'invite à courir chaque poste.
> * Il n'est heureux.

On retrouve ici le style des éditeurs, et l'on voit que ces vers ont été interpolés. (K.)

Vers 132 :

> Se démenait, étendu sur sa proie.

Vers 137. — Après ce vers on lit dans un manuscrit :

> Plein de courroux, et d'un bras furibond.

Vers 229. — Manuscrit :

> * « C'est lui qui parle, et vous devez l'entendre :
> Vous soupirez, il est temps de vous rendre. » (R.)

Vers 249 :

> On monte ; on cogne, on enfonce la porte.

Vers 251. — Édition de 1756 :

> * C'est l'aumônier qui vous joua ce tour.
> On prend Agnès, on prend son ami tendre ;
> Devers Chandos on s'en va les mener.
> Certes au diable il me faudrait donner
> Pour vous décrire et pour vous bien apprendre
> L'effroi, le trouble, et la confusion,
> Le désespoir, la désolation,
> L'amas d'horreurs, l'état épouvantable
> Qui le beau page et son Agnès accable.
> * Ils rougissaient... (K.)

Vers 263. — Le dixième chant de l'édition de 1762 est divisé en deux dans l'édition de 1756, où le huitième chant finit par ce vers :

> A Jean Chandos que diront-ils tous deux ?

VARIANTES DU CHANT X.

Et le neuvième commence par celui-ci :

> Dans le chemin advint que de fortune. (K.)

Vers 342 :

> Il n'est qu'un pas, l'un et l'autre est tendresse.

Vers 375 :

> Cellule propre et bien enluminée.

Vers 380 :

> Dit : « Qu'il est doux de faire pénitence ! » (R.)

Vers 424. — Manuscrit :

> Ciel ! c'est en vain que j'aurai dans la tête
> *Le beau projet d'être une femme honnête ;
> J'aurai beau faire, et tel est mon destin
> D'aimer l'honneur, et d'être une catin. (R.)

CHANT ONZIÈME.

ARGUMENT.

Les Anglais violent le couvent : combat de saint George, patron d'Angleterre,
contre saint Denis, patron de la France.

Je vous dirai, sans harangue inutile,
Que le matin nos deux charmants reclus,
Lassés tous deux de plaisirs défendus,
S'abandonnaient, l'un vers l'autre étendus,
Au doux repos d'une ivresse tranquille.
　Un bruit affreux dérangea leur sommeil.
De tous côtés le flambeau de la guerre,
L'horrible mort éclaire leur réveil ;
Près du couvent le sang couvrait la terre.
Cet escadron de malandrins anglais
Avait battu cet escadron français.
Ceux-ci s'en vont au travers de la plaine,
Le fer en main ; ceux-là volent après,
Frappant, tuant, criant tous hors d'haleine :
« Mourez sur l'heure, ou rendez-nous Agnès. »
Mais aucun d'eux n'en savait des nouvelles.
Le vieux Colin, pasteur de ces cantons,
Leur dit : « Messieurs, en gardant mes moutons,
Je vis hier le miracle des belles
Qui vers le soir entrait en ce moutier. »
Lors les Anglais se mirent à crier :
« Ah ! c'est Agnès, n'en doutons point, c'est elle ;
Entrons, amis. » La cohorte cruelle
Saute à l'instant dessus ces murs bénis :
Voilà les loups au milieu des brebis.
　Dans le dortoir, de cellule en cellule,
A la chapelle, à la cave, en·tout lieu,
Ces ennemis des servantes de Dieu

Attaquent tout sans honte et sans scrupule.
Ah! sœur Agnès, sœur Marton, sœur Ursule,
Où courez-vous, levant les mains au cieux,
Le trouble au sein, la mort dans vos beaux yeux?
Où fuyez-vous, colombes gémissantes?
Vous embrassez, interdites, tremblantes,
Ce saint autel, asile redouté,
Sacré garant de votre chasteté.
C'est vainement, dans ce péril funeste,
Que vous criez à votre époux céleste :
A ses yeux même, à ces mêmes autels,
Tendre troupeau, vos ravisseurs cruels
Vont profaner la foi pure et sacrée
Qu'innocemment votre bouche a jurée.
  Je sais qu'il est des lecteurs bien mondains,
Gens sans pudeur, ennemis des nonnains,
Mauvais plaisants, de qui l'esprit frivole
Ose insulter aux filles qu'on viole :
Laissons-les dire. Hélas! mes chères sœurs,
Qu'il est affreux pour de si jeunes cœurs,
Pour des beautés si simples, si timides,
De se débattre en des bras homicides;
De recevoir les baisers dégoûtants
De ces félons de carnage fumants,
Qui, d'un effort détestable et farouche,
Les yeux en feu, le blasphème à la bouche,
Mêlant l'outrage avec la volupté,
Vous font l'amour avec férocité ;
De qui l'haleine horrible, empoisonnée,
La barbe dure et la main forcenée,
Le corps hideux, le bras noir et sanglant,
Semblent donner la mort en caressant,
Et qu'on prendrait, dans leurs fureurs étranges,
Pour des démons qui violent des anges[1]!
  Déjà le crime, aux regards effrontés,
A fait rougir ces pudiques beautés.
Sœur Rebondi, si dévote et si sage,

---

1. Voltaire avait déjà employé ces vers dans le portrait de l'abbé Desfontaines, dont il dit
    Qu'on le prendrait, à ses fureurs étranges,
    Pour un démon qui viole des anges. (R.)

Au fier Shipunk est tombée en partage ;
Le dur Barclay, l'incrédule Warton,
Sont tous les deux après sœur Amidon.
On pleure, on prie, on jure, on presse, on cogne.
Dans le tumulte on voyait sœur Besogne
Se débattant contre Bard et Parson :
Ils ignoraient que Besogne est garçon,
Et la pressaient sans entendre raison.
Aimable Agnès, dans la troupe affligée,
Vous n'étiez pas pour être négligée ;
Et votre sort, objet charmant et doux,
Est à jamais de pécher malgré vous.
Le chef sanglant de la gent sacrilége,
Hardi vainqueur, vous presse et vous assiége,
Et les soldats, soumis dans leur fureur,
Avec respect lui cédaient cet honneur.

 Le juste ciel, en ses décrets sévères,
Met quelquefois un terme à nos misères.
Car dans le temps que messieurs d'Albion
Avaient placé l'abomination
Tout au milieu de la sainte Sion,
Du haut des cieux le patron de la France,
Le bon Denis, propice à l'innocence,
Crut échapper aux soupçons inquiets
Du fier saint George, ennemi des Français ;
Du paradis il vint en diligence.
Mais pour descendre au terrestre séjour,
Plus ne monta sur un rayon du jour ;
Sa marche alors aurait paru trop claire.
Il s'en alla vers le dieu du mystère[1],
Dieu sage et fin, grand ennemi du bruit,
Qui partout vole, et ne va que de nuit.
Il favorise (et certes c'est dommage)
Force fripons, mais il conduit le sage :
Il est sans cesse à l'église, à la cour ;
Au temps jadis il a guidé l'Amour.

---

1. On ne connaît point dans l'antiquité le dieu du mystère ; c'est sans doute une invention de notre auteur, une allégorie. Il y avait plusieurs sortes de mystères chez les gentils, au rapport de Pausanias, de Porphyre, de Lactance, d'Aulus Gellius, d'Apuleius, etc. Mais ce n'est pas cela dont il s'agit ici. (*Note de Voltaire*, 1762).

CHANT XI.

Il mit d'abord au milieu d'un nuage
Le bon Denis; puis il fit le voyage
Par un chemin solitaire, écarté,
Parlant tout bas, et marchant de côté.
  Des bons Français le protecteur fidèle
Non loin de Blois rencontra la Pucelle,
Qui sur le dos de son gros muletier
Gagnait pays par un petit sentier,
En priant Dieu qu'une heureuse aventure
Lui fît enfin retrouver son armure.
Tout du plus loin que saint Denis la vit,
D'un ton bénin le bon patron lui dit :
« O ma Pucelle, ô vierge destinée
A protéger les filles et les rois,
Viens secourir la pudeur aux abois,
Viens réprimer la rage forcenée,
Viens; que ce bras vengeur des fleurs de lis
Soit le sauveur de mes tendrons bénis :
Vois ce couvent, le temps presse, on viole :
Viens, ma Pucelle! » Il dit, et Jeanne y vole.
Le cher patron lui servant d'écuyer,
A coups de fouet hâtait le muletier.
  Vous voici, Jeanne, au milieu des infâmes
Qui tourmentaient ces vénérables dames.
Jeanne était nue; un Anglais impudent
Vers cet objet tourne soudain la tête ;
Il la convoite : il pense fermement
Qu'elle venait pour être de la fête.
Vers elle il court, et sur sa nudité
Il va cherchant la sale volupté.
On lui répond d'un coup de cimeterre
Droit sur le nez. L'infâme roule à terre,
Jurant ce mot des Français révéré,
Mot énergique, au plaisir consacré[1],
Mot que souvent le profane vulgaire
Indignement prononce en sa colère.
  Jeanne, à ses pieds foulant son corps sanglant,
Criait tout haut à ce peuple méchant :
« Cessez, cruels ; cessez, troupe profane ;
O violeurs, craignez Dieu, craignez Jeanne! »

1. Voyez la note de la page 69.

Ces mécréants, au grand œuvre attachés,
N'écoutaient rien, sur leurs nonnains juchés :
Tels des ânons broutent des fleurs naissantes,
Malgré les cris du maître et des servantes.
Jeanne, qui voit leurs impudents travaux,
De grande horreur saintement transportée,
Invoquant Dieu, de Denis assistée,
Le fer en main, vole de dos en dos,
De nuque en nuque et d'échine en échine,
Frappant, perçant de sa pique divine,
Pourfendant l'un alors qu'il commençait,
Dépêchant l'autre alors qu'il finissait,
Et moissonnant la cohorte félonne ;
Si que chacun fut percé sur sa nonne,
Et perdant l'âme au fort de son désir,
Allait au diable en mourant de plaisir.
   Isâc Warton, dont la lubrique rage,
Avait pressé son détestable ouvrage,
Ce dur Warton fut le seul écuyer
Qui de sa nonne osa se délier,
Et droit en pied, reprenant son armure,
Attendit Jeanne, et changea de posture.
   O vous, grand saint, protecteur de l'État,
Bon saint Denis, témoin de ce combat,
Daignez redire à ma muse fidèle
Ce qu'à vos yeux fit alors ma Pucelle.
Jeanne d'abord frémit, s'émerveilla :
« Mon cher Denis ? mon saint, que vois-je là ?
Mon corselet, mon armure céleste,
Ce beau présent que tu m'avais donné,
Brille à mes yeux au dos de ce damné !
Il a mon casque, il a ma soubreveste. »
Il était vrai ; la Jeanne avait raison :
La belle Agnès, en troquant de jupon,
De cette armure en secret habillée,
Par Jean Chandos fut bientôt dépouillée.
Isâc Warton, écuyer de Chandos,
Prit cette armure, et s'en couvrit le dos.
   O Jeanne d'Arc ! ô fleur des héroïnes !
Tu combattais pour tes armes divines,
Pour ton grand roi si longtemps outragé,
Pour la pudeur de cent bénédictines,

Pour saint Denis de leur honneur chargé.
Denis la voit qui donne avec audace
Cent coups de sabre à sa propre cuirasse,
A son armet d'une aigrette ombragé.
Au mont Etna, dans leur forge brûlante [1],
Du noir Vulcain les borgnes compagnons
Font retentir l'enclume étincelante
Sous des marteaux moins pesants et moins prompts,
En préparant au maître du tonnerre
Son gros canon trop bravé sur la terre.

Le fier Anglais, de fer enharnaché,
Recule un pas ; son âme est stupéfaite
Quand il se voit si rudement touché
Par une jeune et fringante brunette.
La voyant nue, il sentit des remords ;
Sa main tremblait de blesser ce beau corps.
Il se défend, et combat en arrière,
De l'ennemie admirant les trésors,
Et se moquant de sa vertu guerrière.

Saint George alors au sein du paradis
Ne voyant plus son confrère Denis,
Se douta bien que le saint de la France
Portait aux siens sa divine assistance.
Il promenait ses regards inquiets
Dans les recoins du céleste palais.
Sans balancer aussitôt il demande
Son beau cheval connu dans la légende.
Le cheval vint ; George le bien monté [2],
La lance au poing, et le sabre au côté,
Va parcourant cet effroyable espace
Que des humains veut mesurer l'audace ;
Ces cieux divers, ces globes lumineux
Que fait tourner René le songe-creux [3]

---

1. Cette comparaison se retrouvera dans le chant de *Corisandre* (191-196) après les variantes du chant XIII. (R.)

2. Il est indubitable qu'on représente toujours saint George sur un beau cheval, et de là vient le proverbe, *monté comme un saint George*. (Note de Voltaire, 1762.)

3. Allusion aux tourbillons de Descartes et à sa matière subtile, imaginations ridicules, et qui ont eu si longtemps la vogue. On ne sait pourquoi l'auteur applique aussi l'épithète de *rêveur* à Newton, qui a prouvé le vide ; c'est apparemment parce que Newton soupçonne qu'un esprit extrêmement élastique est la cause de la gravitation ; au reste, il ne faut pas prendre une plaisanterie à la lettre. (*Id.*, 1762.)

Dans un amas de subtile poussière,
Beaux tourbillons que l'on ne prouve guère,
Et que Newton, rêveur bien plus fameux,
Fait tournoyer sans boussole et sans guide
Autour du rien, tout au travers du vide.
    George, enflammé de dépit et d'orgueil,
Franchit ce vide, arrive en un clin d'œil
Devers les lieux arrosés par la Loire,
Où saint Denis croyait chanter victoire.
Ainsi l'on voit dans la profonde nuit
Une comète, en sa longue carrière,
Étinceler d'une horrible lumière :
On voit sa queue, et le peuple frémit ;
Le pape en tremble, et la terre étonnée
Croit que les vins vont manquer cette année.
    Tout du plus loin que saint George aperçut
Monsieur Denis, de colère il s'émut ;
Et, brandissant sa lance meurtrière,
Il dit ces mots dans le vrai goût d'Homère[1] :
« Denis, Denis ! rival faible et hargneux,
Timide appui d'un parti malheureux,
Tu descends donc en secret sur la terre
Pour égorger mes héros d'Angleterre !
Crois-tu changer les ordres du destin,
Avec ton âne et ton bras féminin ?
Ne crains-tu pas que ma juste vengeance
Punisse enfin toi, ta fille, et la France ?
Ton triste chef, branlant sur ton cou tors,
S'est déjà vu séparé de ton corps :
Je veux t'ôter, aux yeux de ton Église,
Ta tête chauve en son lieu mal remise,
Et t'envoyer vers les murs de Paris,
Digne patron des badauds attendris,
Dans ton faubourg, où l'on chôme ta fête,
Tenir encore et rebaiser ta tête[2]. »
    Le bon Denis, levant les mains aux cieux,
Lui répondit d'un ton noble et pieux :

---

1. Tout ce morceau est visiblement imité d'Homère. Minerve dit à Mars ce que le sage Denis dit ici au fier George : « O Mars ! ô Mars ! dieu sanglant, qui ne te plais qu'aux combats, etc. » (*Note de Voltaire*, 1762.)

2. Voyez la note de Voltaire sur le vers 206 du chant premier. (R.)

« O grand saint George, ô mon puissant confrère!
Veux-tu toujours écouter ta colère?
Depuis le temps que nous sommes au ciel,
Ton cœur dévot est tout pétri de fiel.
Nous faudra-t-il, bienheureux que nous sommes,
Saints enchâssés, tant fêtés chez les hommes,
Nous qui devons l'exemple aux nations,
Nous décrier par nos divisions?
Veux-tu porter une guerre cruelle
Dans le séjour de la paix éternelle?
Jusques à quand les saints de ton pays
Mettront-ils donc le trouble en paradis?
O fiers Anglais, gens toujours trop hardis,
Le ciel un jour, à son tour en colère,
Se lassera de vos façons de faire;
Ce ciel n'aura, grâce à vos soins jaloux,
Plus de dévots qui viennent de chez vous.
Malheureux saint, pieux atrabilaire,
Patron maudit d'un peuple sanguinaire,
Sois plus traitable; et, pour Dieu, laisse-moi
Sauver la France et secourir mon roi. »
    A ce discours, George, bouillant de rage,
Sentit monter le rouge à son visage;
Et, des badauds contemplant le patron,
Il redoubla de force et de courage,
Car il prenait Denis pour un poltron.
Il fond sur lui, tel qu'un puissant faucon
Vole de loin sur un tendre pigeon.
Denis recule, et prudent il appelle
A haute voix son âne si fidèle,
Son âne ailé, sa joie et son secours.
« Viens, criait-il, viens défendre mes jours. »
Ainsi parlant, le bon Denis oublie
Que jamais saint n'a pu perdre la vie.
    Le beau grison revenait d'Italie
En ce moment; et moi, conteur succinct,
J'ai déjà dit ce qui fit qu'il revint.
A son Denis dos et selle il présente.
Notre patron, sur son âne élancé,
Sentit soudain sa valeur renaissante.
Subtilement il avait ramassé
Le fer tranchant d'un Anglais trépassé;

Lors, brandissant le fatal cimeterre,
Il pousse à George, il le presse, il le serre.
George indigné lui fait tomber en bref
Trois horions sur son malheureux chef :
Tous sont parés ; Denis garde sa tête,
Et de ses coups dirige la tempête
Sur le cheval et sur le cavalier.
Le feu jaillit de l'élastique acier ;
Les fers croisés, et de taille et de pointe,
A tout moment vont, au fort du combat,
Chercher le cou, le casque, le rabat,
Et l'auréole[1], et l'endroit délicat
Où la cuirasse à l'aiguillette est jointe.

   Ces vains efforts les rendaient plus ardents ;
Tous deux tenaient la victoire en suspens,
Quand de sa voix terrible et discordante
L'âne entonna son octave écorchante.
Le ciel en tremble ; Écho du fond des bois
En frémissant répète cette voix.
George pâlit : Denis d'une main leste
Fait une feinte, et d'un revers céleste
Tranche le nez du grand saint d'Albion[2].
Le bout sanglant roule sur son arçon.

   George, sans nez, mais non pas sans courage,
Venge à l'instant l'honneur de son visage,
Et jurant Dieu, selon les nobles *us*
De ses Anglais, d'un coup de cimeterre
Coupe à Denis ce que jadis saint Pierre,
Certain jeudi, fit tomber à Malchus.

   A ce spectacle, à la voix ampoulée
De l'âne saint, à ses terribles cris,
Tout fut ému dans les divins lambris.
Le beau portail de la voûte étoilée
S'ouvrit alors, et des arches du ciel
On vit sortir l'archange Gabriel,
Qui, soutenu sur ses brillantes ailes,
Fend doucement les plaines éternelles,
Portant en main la verge qu'autrefois

---

1. Voyez la note 1 de la page 34.
2. Toujours imitation d'Homère, qui fait blesser Mars lui-même. (*Note de Voltaire*, 1762). — *Iliade*, v. 34.

Devers le Nil eut le divin Moïse,
Quand dans la mer, suspendue et soumise,
Il engloutit les peuples et les rois.
  « Que vois-je ici? cria-t-il en colère;
Deux saints patrons, deux enfants de lumière,
Du Dieu de paix confidents éternels,
Vont s'échiner comme de vils mortels!
Laissez, laissez aux sots enfants des femmes
Les passions, et le fer, et les flammes;
Abandonnez à leur profane sort
Les corps chétifs de ces grossières âmes,
Nés dans la fange, et formés pour la mort :
Mais vous, enfants qu'au séjour de la vie
Le ciel nourrit de sa pure ambroisie,
Êtes-vous las d'être trop fortunés?
Êtes-vous fous? ciel! une oreille, un nez!
Vous que la grâce et la miséricorde
Avaient formés pour prêcher la concorde,
Pouvez-vous bien de je ne sais quels rois
En étourdis embrasser la querelle?
Ou renoncez à la voûte éternelle,
Ou dans l'instant qu'on se rende à mes lois.
Que dans vos cœurs la charité s'éveille.
George insolent, ramassez cette oreille,
Ramassez, dis-je; et vous, monsieur Denis,
Prenez ce nez avec vos doigts bénis :
Que chaque chose en son lieu soit remise. »
  Denis soudain va, d'une main soumise,
Rendre le bout au nez qu'il fit camus.
George à Denis rend l'oreille dévote
Qu'il lui coupa. Chacun des deux marmotte
A Gabriel un gentil *oremus;*
Tout se rajuste, et chaque cartilage
Va se placer à l'air de son visage.
Sang, fibres, chair, tout se consolida;
Et nul vestige aux deux saints ne resta
De nez coupé, ni d'oreille abattue;
Tant les saints ont la chair ferme et dodue!
  Puis Gabriel, d'un ton de président :
« Çà, qu'on s'embrasse. » Il dit, et dans l'instant
Le doux Denis, sans fiel et sans colère,
De bonne foi baisa son adversaire :

Mais le fier George en l'embrassant jurait,
Et promettait que Denis le payerait.
Le bel archange, après cette embrassade,
Prend mes deux saints, et d'un air gracieux
A ses côtés les fait voguer aux cieux,
Où de nectar on leur verse rasade.

   Peu de lecteurs croiront ce grand combat;
Mais sous les murs qu'arrosait le Scamandre,
N'a-t-on pas vu jadis avec éclat
Les dieux armés de l'Olympe descendre?
N'a-t-on pas vu chez cet Anglais Milton
D'anges ailés toute une légion [1]
Rougir de sang les célestes campagnes,
Jeter au nez quatre ou cinq cents montagnes,
Et qui pis est avoir du gros canon?
Or si jadis Michel et le démon
Se sont battus, messieurs Denis et George
Pouvaient sans doute, à plus forte raison,
Se rencontrer et se couper la gorge.

   Mais dans le ciel si la paix revenait,
Il en était autrement sur la terre,
Séjour maudit de discorde et de guerre.
Le bon roi Charle en cent endroits courait,
Nommait Agnès, la cherchait, et pleurait.
Et cependant Jeanne la foudroyante,
De son épée invincible et sanglante,
Au fier Warton le trépas préparait:
Elle l'atteint vers l'énorme partie
Dont cet Anglais profana le couvent;
Warton chancelle, et son glaive tranchant
Quitte sa main par la mort engourdie;
Il tombe, et meurt en reniant les saints.
Le vieux troupeau des antiques nonnains,
Voyant aux pieds de l'amazone auguste
Le chevalier sanglant et trébuché,

---

1. Milton, au cinquième chant du *Paradis perdu*, assure qu'une partie des anges fit de la poudre et des canons, et renversa par terre dans le ciel des légions d'anges; que ceux-ci prirent dans le ciel des centaines de montagnes, les chargèrent sur leur dos, avec les forêts plantées sur ces montagnes et les fleuves qui en coulaient, et qu'ils jetèrent fleuves, montagnes, et forêts sur l'artillerie ennemie. C'est un des morceaux les plus vraisemblables de ce poëme. (*Note de Voltaire*, 1762.) — *Paradise lost*, VI, 512-520.

Disant *Ave,* s'écriait : « Il est juste
Qu'on soit puni par où l'on a péché. »
   Sœur Rebondi, qui dans la sacristie
A succombé sous le vainqueur impie,
Pleurait le traître en rendant grâce au ciel ;
Et, mesurant des yeux le criminel,
Elle disait d'une voix charitable :
« Hélas ! hélas ! nul ne fut plus coupable. »

FIN DU CHANT ONZIÈME.

VARIANTES

DU CHANT ONZIÈME.

Vers 34 :
> Vous embrassez de vos mains impuissantes.

Vers 42 :
> Qu'au doux Jésus votre bouche a jurée.

Vers 55 :
> Mêlent l'horreur avec la volupté,
> Et font l'amour avec férocité.

Vers 61 :
> Et qu'on prendrait, dans leurs fureurs étranges,
> Pour des démons qui violent des anges.

Vers 64 :
> Contemple à nu ces dévotes beautés.
> Sœur Rebondi si discrète et si sage.

Vers 71 :
> Se débattant entre Bard et Curton.

Vers 89 :
> Crut échapper aux soupçons inquiets.

J'ai adopté le texte de l'édition de 1756, qui est conforme à celui de quelques manuscrits. L'édition de 1762 et les suivantes portent :

> Sut échapper aux soupçons inquiets.

Le sens de la leçon que j'ai rétablie me semble préférable. En effet, on voit un peu plus bas, vers 203 et suivants, que saint George n'avait point abandonné ses soupçons, et que saint Denis avait *cru*, mais n'avait pas *su* y échapper. (R.)

Vers 95 :
> Il s'en alla vers le dieu du mystère.

Ce vers et les suivants sont, à quelques mots près, empruntés à la lettre en vers et en prose que Voltaire adressa, en 1716, au prince de Vendôme; on y lit :

> Il alla donc vers ce dieu du mystère,
> Dieu des Normands, par moi très-peu fêté,

VARIANTES DU CHANT XI.

Qui parle bas quand il ne peut se taire,
Baisse les yeux et marche de côté.
Il favorise (et certes c'est dommage)
Force fripons ; mais il conduit le sage.
Il est au bal, à l'église, à la cour ;
Au temps jadis il a guidé l'amour. (R.)

Vers 125 :

Qui polluaient ces vénérables dames.

Vers 158 :

* Le fier Warton dont la lubrique rage
Avait en bref consommé son ouvrage,
Le fier Warton fut le seul écuyer
* Qui de sa nonne...

Vers 179. — Édition de 1756 :

* Prit cette armure et s'en couvrit le dos ;
Et Dieu permit qu'en ce jour la Pucelle
Contre Warton combattit pour icelle.
* Le fier Anglais, de fer enharnaché,
Eut à son tour l'âme bien stupéfaite
Quand il se vit si vivement chargé
Par une jeune... (K.)

Un manuscrit porte :

* Prit cette armure et s'en couvrit le dos ;
Et Dieu permit qu'en ce jour la Pucelle
Contre Warton combattit pour icelle.
Le bras tendu, le corps en son profil,
La tête haute, et le fer de droit fil [1],
Jeanne d'abord combat avec mesure ;
Car son épée était sa seule armure.
L'Anglais recule, et la belle en courroux
Du fer tranchant lui porte de grands coups.
* Au mont Etna... (R.)

Vers 198 :

La voyant nue, il eut de grands remords
De ferrailler contre ce gentil corps.

Vers 199 :

* Sa main tremblait de blesser ce beau corps.
Et de sa belle admirant les trésors,
Saisi d'amour, de crainte, et de colère,
Il recula quatre pas en arrière.
Bref, il croit voir un ange de lumière.

Vers 253 :

Lui répondit d'un ton tendre et piteux.

---

[1]. Ce vers et le précédent appartiennent au chant VIII (309-310), et se retrouvent encore dans l'épisode de *Corisandre* (185-186). (R.)

Vers 284 :

*Son âne ailé, sa joie et son secours,
Sur qui monté Denis combat toujours.
« Viens, criait-il, viens défendre ma vie;
Contre un méchant viens protéger mes jours.
L'animal saint revenait d'Italie.

Vers 301 :

Et de ses coups fait tomber la tempête.

Vers 309 :

Par tant d'efforts ces rivaux plus ardents
Tenaient tous deux la victoire en suspens.

Vers 310. — Édition de 1756 :

Paul pour Denis gageait contre Vincens,
*Quand de sa voix...

Vers ridicule de l'éditeur Maubert. (K.)

Vers 381 :

*Où de nectar on leur verse rasade;
Et tous les saints, attroupés autour d'eux,
Le verre en main chantaient une enfilade
De *Te Deum*, Sabaoth, Hosanna,
Te laudamus, Amen, Alleluia.
Jusques au soir dura la sérénade.
*Peu de lecteurs croiront...

Vers 386 :

N'a-t-on pas vu chez le sage Milton.

Vers 390. — Édition de 1756 :

*Et qui pis est avoir du gros canon?
Pardonnez-moi ce peu de fiction,
Qui, sous les noms de Denis et de George,
Vous a dépeint le peuple d'Albion
Et les Français qui se coupaient la gorge.
*Mais dans le ciel... (K.)

Vers 395 :

*Mais dans le ciel si la paix revenait,
Si des bons saints la cohorte chantait,
*Il en était autrement .. (R.)

Vers 404 :

Dont cet Anglais pollua le couvent.

Vers 413 :

*Sœur Rebondi, qui dans la sacristie
A succombé sous ce vainqueur impie.
Dessous son voile en secret larmoyait;
Elle avait su ce que Warton valait,
Pleurait le traître... (R.)

CHANT DOUZIÈME.

ARGUMENT.

Monrose tue l'aumônier. Charles retrouve Agnès, qui se consolait avec Monrose dans le château de Cutendre.

    J'avais juré de laisser la morale,
De conter net, de fuir les longs discours :
Mais que ne peut ce grand dieu des amours ?
Il est bavard, et ma plume inégale
Va griffonnant de son bec effilé
Ce qu'il inspire à mon cerveau brûlé.
Jeunes beautés, filles, veuves ou femmes,
Qu'il enrôla sous ses drapeaux charmants,
Vous qui lancez et recevez ses flammes,
Or dites-moi, quand deux jeunes amants,
Égaux en grâce, en mérite, en talents,
Aux doux plaisirs tous deux vous sollicitent,
Également vous pressent, vous excitent,
Mettent en feu vos sensibles appas,
Vous éprouvez un étrange embarras.
Connaissez-vous cette histoire frivole
D'un certain âne, illustre dans l'école [1] ?
Dans l'écurie on vint lui présenter
Pour son dîner deux mesures égales,
De même forme, à pareils intervalles :
Des deux côtés l'âne se vit tenter
Également, et, dressant ses oreilles
Juste au milieu des deux formes pareilles,
De l'équilibre accomplissant les lois,

---

1. On attribue à Jean Buridan, célèbre philosophe de l'université de Paris, l'invention du dilemme sophistique rapporté par Voltaire. On peut, à ce sujet, consulter Bayle, à l'article BURIDAN de son *Dictionnaire historique*. (R.)

Mourut de faim, de peur de faire un choix.
N'imitez pas cette philosophie ;
Daignez plutôt honorer tout d'un temps
De vos bontés vos deux jeunes amants,
Et gardez-vous de risquer votre vie.
   A quelques pas de ce joli couvent,
Si pollué, si triste, et si sanglant,
Où le matin vingt nonnes affligées
Par l'amazone ont été trop vengées,
Près de la Loire était un vieux château
A pont-levis, mâchicoulis[1], tourelles ;
Un long canal transparent, à fleur d'eau,
En serpentant tournait au pied d'icelles,
Puis embrassait, en quatre cents jets d'arc,
Les murs épais qui défendaient le parc.
Un vieux baron, surnommé de Cutendre,
Était seigneur de cet heureux logis.
En sûreté chacun pouvait s'y rendre :
Le vieux seigneur, dont l'âme est bonne et tendre,
En avait fait l'asile du pays.
Français, Anglais, tous étaient ses amis ;
Tout voyageur en coche, en botte, en guêtre,
Ou prince, ou moine, ou nonne, ou turc, ou prêtre,
Y recevait un accueil gracieux :
Mais il fallait qu'on entrât deux à deux ;
Car tout baron a quelque fantaisie,
Et celui-ci pour jamais résolut
Qu'en son châtel en nombre pair on fût,
Jamais impair : telle était sa folie.
Quand deux à deux on abordait chez lui,
Tout allait bien : mais malheur à celui
Qui venait seul en ce logis se rendre !
Il soupait mal ; il lui fallait attendre
Qu'un compagnon formât ce nombre heureux,
Nombre parfait qui fait que deux font deux.
   La fière Jeanne ayant repris ses armes,
Qui cliquetaient sur ses robustes charmes,
Devers la nuit y conduisit au frais,

---

1. *Mâchicoulis,* ou *Mâchecoulis ;* ce sont des ouvertures entre les créneaux, par lesquelles on peut tirer sur l'ennemi quand il est dans le fossé. (*Note de Voltaire,* 1762.)

En devisant, la belle et douce Agnès.
Cet aumônier qui la suivait de près,
Cet aumônier ardent, insatiable,
Arrive aux murs du logis charitable.
Ainsi qu'un loup qui mâche sous sa dent
Le fin duvet d'un jeune agneau bêlant,
Plein de l'ardeur d'achever sa curée,
Va du bercail escalader l'entrée :
Tel, enflammé de sa lubrique ardeur,
L'œil tout en feu, l'aumônier ravisseur
Allait cherchant les restes de sa joie,
Qu'on lui ravit lorsqu'il tenait sa proie.
Il sonne, il crie : on vient ; on aperçut
Qu'il était seul, et soudain il parut
Que les deux bois dont les forces mouvantes
Font ébranler les solives tremblantes
Du pont-levis par les airs s'élevaient,
Et, s'élevant, le pont-levis haussaient.
A ce spectacle, à cet ordre du maître,
Qui jura Dieu ? ce fut mon vilain prêtre.
Il suit des yeux les deux mobiles bois ;
Il tend les mains, veut crier, perd la voix.
On voit souvent, du haut d'une gouttière,
Descendre un chat auprès d'une volière :
Passant la griffe à travers les barreaux
Qui contre lui défendent les oiseaux,
Son œil poursuit cette espèce emplumée,
Qui se tapit au fond d'une ramée.
Notre aumônier fut encor plus confus.
Alors qu'il vit sous des ormes touffus
Un beau jeune homme à la tresse dorée,
Au sourcil noir, à la mine assurée,
Aux yeux brillants, au menton cotonné,
Au teint fleuri, par les grâces orné,
Tout rayonnant des couleurs du bel âge :
C'était l'Amour, ou c'était mon beau page ;
C'était Monrose. Il avait tout le jour
Cherché l'objet de son naissant amour.
Dans le couvent reçu par les nonnettes,
Il apparut à ces filles discrètes
Non moins charmant que l'ange Gabriel,
Pour les bénir venant du haut du ciel.

Les tendres sœurs, voyant le beau Monrose,
Sentaient rougir leur visage de rose,
Disant tout bas : « Ah ! que n'était-il là,
Dieu paternel, quand on nous viola ! »
Toutes en cercle autour de lui se mirent,
Parlant sans cesse ; et lorsqu'elles apprirent
Que ce beau page allait chercher Agnès,
On lui donna le coursier le plus frais,
Avec un guide, afin que sans esclandre
Il arrivât au château de Cutendre.

En arrivant, il vit près du chemin,
Non loin du pont, l'aumônier inhumain.
Lors, tout ému de joie et de colère :
« Ah ! c'est donc toi, prêtre de Belzébut !
Je jure ici Chandos et mon salut,
Et, plus encor, les yeux qui m'ont su plaire,
Que tes forfaits vont enfin se payer. »
Sans repartir, le bouillant aumônier
Prend d'une main par la rage tremblante
Un pistolet[1], en presse la détente ;
Le chien s'abat, le feu prend, le coup part ;
Le plomb chassé siffle et vole au hasard,
Suivant au loin la ligne mal mirée
Que lui traçait une main égarée.
Le page vise, et, par un coup plus sûr,
Atteint le front, ce front horrible et dur,
Où se peignait une âme détestable.

L'aumônier tombe, et le page vainqueur
Sentit alors dans le fond de son cœur
De la pitié le mouvement aimable.
« Hélas ! dit-il, meurs du moins en chrétien,
Dis *Te Deum*; tu vécus comme un chien ;
Demande au ciel pardon de ta luxure ;
Prononce *Amen*; donne ton âme à Dieu.
— Non, répondit le maraud à tonsure ;
Je suis damné, je vais au diable : adieu. »
Il dit, et meurt ; son âme déloyale

---

1. Il faut avouer que les pistolets ne furent inventés à Pistoie que longtemps après. Nous n'osons affirmer qu'il soit permis d'anticiper ainsi les temps ; mais que ne pardonne-t-on point dans un poëme épique ? L'épopée a de grands droits. (*Note de Voltaire*, 1762.)

Alla grossir la cohorte infernale¹.
 Tandis qu'ainsi ce monstre impénitent
Allait rôtir aux brasiers de Satan,
Le bon roi Charle, accablé de tristesse,
Allait cherchant son errante maîtresse,
Se promenant, pour calmer sa douleur,
Devers la Loire avec son confesseur.
Il faut ici, lecteur, que je remarque
En peu de mots ce que c'est qu'un docteur
Qu'en sa jeunesse un amoureux monarque
Par étiquette a pris pour directeur.
C'est un mortel tout pétri d'indulgence,
Qui doucement fait pencher dans ses mains
Du bien, du mal la trompeuse balance ;
Vous mène au ciel par d'aimables chemins,
Et fait pécher son maître en conscience :
Son ton, ses yeux, son geste composant,
Observant tout, flattant avec adresse
Le favori, le maître, la maîtresse ;
Toujours accort, et toujours complaisant.
 Le confesseur du monarque gallique
Était un fils du bon saint Dominique ;
Il s'appelait le père Bonifoux,
Homme de bien, se faisant tout à tous.
Il lui disait d'un ton dévot et doux :
« Que je vous plains ! la partie animale
Prend le dessus : la chose est bien fatale.
Aimer Agnès est un péché vraiment ;
Mais ce péché se pardonne aisément :
Au temps jadis il était fort en vogue
Chez les Hébreux, enfants du Décalogue.
Cet Abraham, ce père des croyants,
Avec Agar s'avisa d'être père ;
Car sa servante avait des yeux charmants
Qui de Sara méritaient la colère.
Jacob le juste épousa les deux sœurs.
Tout patriarche a connu les douceurs

---

1. L'équité demande que nous fassions ici une remarque sur la morale admirable de ce poëme. Le vice y est toujours puni : l'aumônier scandaleux meurt impénitent, Grisbourdon est damné, Chandos est vaincu et tué, etc. C'est ce que le sage Horatius Flaccus recommande *In arte poetica*. (*Note de Voltaire*, 1762.)

Du changement dans l'amoureux mystère.
Le vieux Booz en son vieux lit reçut
Après moisson la bonne et vieille Ruth ;
Et, sans compter la belle Bethsabée,
Du bon David l'âme fut absorbée
Dans les plaisirs de son ample sérail.
Son vaillant fils, fameux par sa crinière,
Un beau matin, par vertu singulière,
Vous repassa tout ce gentil bercail.
De Salomon vous savez le partage :
Comme un oracle on écoutait sa voix ;
Il savait tout ; et des rois le plus sage
Était aussi le plus galant des rois.
De leurs péchés si vous suivez la trace,
Si vos beaux ans sont livrés à l'amour,
Consolez-vous ; la sagesse a son tour.
Jeune on s'égare, et vieux on obtient grâce.
 — Ah ! dit Charlot, ce discours est fort bon ;
Mais que je suis bien loin de Salomon !
Que son bonheur augmente mes détresses !
Pour ses ébats il eut trois cents maîtresses [1],
Je n'en ai qu'une ; hélas ! je ne l'ai plus. »
Des pleurs alors, sur son nez répandus,
Interrompaient sa voix tendre et plaintive ;
Lorsqu'il avise, en tournant vers la rive,
Sur un cheval trottant d'un pas hardi,
Un manteau rouge, un ventre rebondi,
Un vieux rabat ; c'était Bonneau lui-même.
Or chacun sait qu'après l'objet qu'on aime,
Rien n'est plus doux pour un parfait amant
Que de trouver son très-cher confident.
Le roi, perdant et reprenant haleine,
Crie à Bonneau : « Quel démon te ramène ?
Que fait Agnès ? dis ; d'où viens-tu ? quels lieux
Sont embellis, éclairés par ses yeux [2] ?

---

1. Charles oublie sept cents femmes, ce qui fait mille. Mais en cela nous ne pouvons qu'applaudir à la retenue de l'auteur et à sa sagesse. (*Note de Voltaire.* 1762.)

2. La Fontaine avait dit (liv. IX, fab. 2):

. . . . Les lieux
Honorés par les pas, éclairés par les yeux
De l'aimable et jeune bergère.

Où la trouver? dis donc, réponds donc, parle. »
   Aux questions qu'enfilait le roi Charle,
Le bon Bonneau conta de point en point
Comme il avait été mis en pourpoint,
Comme il avait servi dans la cuisine,
Comme il avait, par fraude clandestine
Et par miracle, à Chandos échappé,
Quand à se battre on était occupé;
Comme on cherchait cette beauté divine :
Sans rien omettre il raconta fort bien
Ce qu'il savait ; mais il ne savait rien.
Il ignorait la fatale aventure,
Du prêtre anglais la brutale luxure,
Du page aimé l'amour respectueux,
Et du couvent le sac incestueux.
   Après avoir bien expliqué leurs craintes,
Repris cent fois le fil de leurs complaintes,
Maudit le sort et les cruels Anglais,
Tous deux étaient plus tristes que jamais.
Il était nuit ; le char de la grande Ourse
Vers son nadir [1] avait fourni sa course.
Le jacobin dit au prince pensif :
« Il est bien tard ; soyez mémoratif
Que tout mortel, prince ou moine, à cette heure,
Devrait chercher quelque honnête demeure
Pour y souper et pour passer la nuit. »
Le triste roi, par le moine conduit,
Sans rien répondre, et ruminant sa peine,
Le cou penché, galope dans la plaine ;
Et bientôt Charle, et le prêtre, et Bonneau,
Furent tous trois aux fossés du château.
   Non loin du pont était l'aimable page,
Lequel, ayant jeté dans le canal
Le corps maudit de son damné rival,
Ne perdait point l'objet de son voyage.
Il dévorait en secret son ennui,
Voyant ce pont entre sa dame et lui.
Mais quand il vit aux rayons de la lune

---

1. Le nadir, en arabe, signifie le plus bas, et le zénith le plus haut. La grande Ourse est l'Arctos des Grecs, qui a donné son nom au pôle arctique. (*Note de Voltaire*, 1762.)

Les trois Français, il sentit que son cœur
Du doux espoir éprouvait la chaleur ;
Et d'une grâce adroite et non commune
Cachant son nom, et surtout son ardeur,
Dès qu'il parut, dès qu'il se fit entendre,
Il inspira je ne sais quoi de tendre :
Il plut au prince, et le moine bénin
Le caressait de son air patelin,
D'un œil dévot, et du plat de la main.

   Le nombre pair étant formé de quatre,
On vit bientôt les deux flèches abattre
Le pont mobile ; et les quatre coursiers
Font en marchant gémir les madriers[1].
Le gros Bonneau tout essoufflé chemine,
En arrivant, droit devers la cuisine,
Songe au souper ; le moine au même lieu
Dévotement en rendit grâce à Dieu.
Charles, prenant un nom de gentilhomme,
Court à Cutendre avant qu'il prît son somme.
Le bon baron lui fit son compliment,
Puis le mena dans son appartement.
Charle a besoin d'un peu de solitude,
Il veut jouir de son inquiétude ;
Il pleure Agnès : il ne se doutait pas
Qu'il fût si près de ses jeunes appas.

   Le beau Monrose en sut bien davantage.
Avec adresse il fit causer un page,
Il se fit dire où reposait Agnès,
Remarquant tout avec des yeux discrets.
Ainsi qu'un chat, qui d'un regard avide
Guette au passage une souris timide,
Marchant tout doux, la terre ne sent pas
L'impression de ses pieds délicats ;
Dès qu'il l'a vue, il a sauté sur elle :
Ainsi Monrose, avançant vers la belle,
Étend un bras, puis avance à tâtons,
Posant l'orteil et haussant les talons.
Agnès, Agnès, il entre dans ta chambre !
Moins promptement la paille vole à l'ambre,

---

1. Ce sont les planches du pont : elles ne prennent le nom de madriers que quand elles ont quatre pouces d'épaisseur. (*Note de Voltaire*, 1762.)

Et le fer suit moins sympathiquement
Le tourbillon qui l'unit à l'aimant.
Le beau Monrose en arrivant se jette
A deux genoux au bord de la couchette,
Où sa maîtresse avait entre deux draps,
Pour sommeiller, arrangé ses appas.
De dire un mot aucun d'eux n'eut la force
Ni le loisir; le feu prit à l'amorce
En un clin d'œil; un baiser amoureux
Unit soudain leurs bouches demi-closes;
Leur âme vint sur leurs lèvres de roses;
Un tendre feu sortit de leurs beaux yeux;
Dans leurs baisers leurs langues se cherchèrent :
Qu'éloquemment alors elles parlèrent!
Discours muets, langage des désirs,
Charmant prélude, organe des plaisirs,
Pour un moment il vous fallut suspendre
Ce doux concert, et ce duo si tendre.

 Agnès aida Monrose impatient
A dépouiller, à jeter promptement
De ses habits l'incommode parure,
Déguisement qui pèse à la nature,
Dans l'âge d'or aux mortels inconnu,
Que hait surtout un dieu qui va tout nu.

 Dieux! quels objets! est-ce Flore et Zéphyre?
Est-ce Psyché qui caresse l'Amour?
Est-ce Vénus que le fils de Cynire[1]
Tient dans ses bras loin des rayons du jour,
Tandis que Mars est jaloux et soupire?

 Le Mars français, Charle, au fond du château,
Soupire alors avec l'ami Bonneau,
Mange à regret et boit avec tristesse.
Un vieux valet, bavard de son métier,
Pour égayer sa taciturne altesse[2],
Apprit au roi, sans se faire prier,
Que deux beautés, l'une robuste et fière,

---

1. Adonis. (*Note de Voltaire*, 1762.)
2. On traitait les rois d'altesse alors. (*Id.*, 1762.) — « Louis XI fut le premier en France qu'on appela communément *Majesté*... Mais on se servait du terme d'*Altesse* avec les rois de France longtemps après lui; et on voit encore des lettres à Henri III, dans lesquelles on lui donne ce titre. » Voyez *Dictionnaire philosophique*, article Cérémonies. (R.)

Aux cheveux noirs, à la mine guerrière,
L'autre plus douce, aux yeux bleus, au teint frais,
Couchaient alors dans la gentilhommière.
Charle étonné les soupçonne à ces traits;
Il se fait dire et puis redire encore
Quels sont les yeux, la bouche, les cheveux,
Le doux parler, le maintien vertueux
Du cher objet de son cœur amoureux :
C'est elle enfin, c'est tout ce qu'il adore;
Il en est sûr, il quitte son repas.
« Adieu, Bonneau : je cours entre ses bras. »
Il dit et vole, et non pas sans fracas :
Il était roi, cherchant peu le mystère.
   Plein de sa joie, il répète et redit
Le nom d'Agnès, tant qu'Agnès l'entendit.
Le couple heureux en trembla dans son lit.
Que d'embarras! comment sortir d'affaire?
Voici comment le beau page s'y prit :
Près du lambris, dans une grande armoire,
On avait mis un petit oratoire,
Autel de poche, où, lorsque l'on voulait,
Pour quinze sous un capucin[1] venait.
Sur le retable, en voûte pratiquée,
Est une niche en attendant son saint.
D'un rideau vert la niche était masquée.
Que fait Monrose? un beau penser lui vint
De s'ajuster dans la niche sacrée;
En bienheureux, derrière le rideau,
Il se tapit, sans pourpoint, sans manteau.
Charles volait, et presque dès l'entrée
Il saute au cou de sa belle adorée;
Et, tout en pleurs, il veut jouir des droits
Qu'ont les amants, surtout quand ils sont rois.
Le saint caché frémit à cette vue;
Il fait du bruit, et la toile remue :
Le prince approche, il y porte la main,
Il sent un corps, il recule, il s'écrie :
« Amour, Satan, saint François, saint Germain! »
Moitié frayeur et moitié jalousie;

---

1. Il n'y avait point encore de pères capucins; c'est une faute contre *le costume*. (*Note de Voltaire*, 1762.)

CHANT XII.

Puis tire à lui, fait tomber sur l'autel,
Avec grand bruit, le rideau sous lequel
Se blottissait cette aimable figure
Qu'à son plaisir façonna la nature.
Son dos tourné par pudeur étalait
Ce que César sans pudeur soumettait
A Nicomède en sa belle jeunesse[1],
Ce que jadis le héros de la Grèce
Admira tant dans son Éphestion[2],
Ce qu'Adrien mit dans le Panthéon :
Que les héros, ô ciel, ont de faiblesse!
 Si mon lecteur n'a point perdu le fil
De cette histoire, au moins se souvient-il
Que dans le camp la courageuse Jeanne
Traça jadis au bas du dos profane,
D'un doigt conduit par monsieur saint Denis,
Adroitement trois belles fleurs de lis.
Cet écusson, ces trois fleurs, ce derrière,
Émurent Charle : il se mit en prière;
Il croit que c'est un tour de Belzébut.
De repentir et de douleur atteinte,
La belle Agnès s'évanouit de crainte.
Le prince alors, dont le trouble s'accrut,
Lui prend les mains : « Qu'on vole ici vers elle;
Accourez tous ; le diable est chez ma belle. »
Aux cris du roi le confesseur troublé
Non sans regret quitte aussitôt la table ;
L'ami Bonneau monte tout essoufflé ;
Jeanne s'éveille, et, d'un bras redoutable
Prenant ce fer que la victoire suit,
Cherche l'endroit d'où partait tout le bruit :
Et cependant le baron de Cutendre
Dormait à l'aise, et ne put rien entendre.

1. Des ignorants, dans les éditions précédentes toutes tronquées, avaient imprimé Licomède au lieu de Nicomède : c'était un roi de Bithynie. « Cæsar in Bithyniam missus, dit Suétone, desedit apud Nicomedem, non sine rumore prostratæ regi pudicitiæ [*C.-J. Cæs.*, 2.] (*Note de Voltaire*, 1762.)

2. « Alexander pædicator Hephæstionis, Adrianus Antinoi. » Non-seulement l'empereur Adrien fit mettre la statue d'Antinoüs dans le Panthéon, mais il lui érigea un temple; et Tertullien avoue qu'Antinoüs faisait des miracles. (*Id.*, 1762.)

FIN DU CHANT DOUZIÈME.

VARIANTES
DU CHANT DOUZIÈME.

Vers 1. — Ce fragment, trouvé dans les papiers de l'auteur, paraît être une variante du commencement de ce douzième chant. Il y manque quelques vers [1].

>Oui, j'ai juré de ne plus discourir,
>De conter net, de bannir la harangue;
>Mais quels serments, hélas! puis-je tenir?
>Le tendre Amour est maître de ma langue;
>L'Amour m'inspire, il lui faut obéir.
>Ce dieu charmant est venu me sourire
>Lorsque ma main n'osait plus l'encenser;
>Quand je fuyais ses traits et son empire,
>Du haut du ciel il vint me caresser.
>« Quoi! m'a-t-il dit, faut-il que la tristesse
>File aujourd'hui la trame de tes jours?
>Quand tu serais dans la froide vieillesse,
>Encor faudrait implorer mon secours:
>Mais dans l'été, c'est une ignominie
>Que de m'ôter l'empire de ton sort.
>Vivre sans moi, c'est être déjà mort:
>Laisse-moi donc renouveler ta vie. »
>A ce discours l'Amour ne s'est tenu.
>Il m'a donné la plus belle maîtresse,
>Qui tout à coup, par un charme inconnu,
>A dans mon cœur ramené l'allégresse.
>De ses faveurs elle enivre mes sens,
>Son tendre amour devient l'eau de Jouvence,
>Et dans ses bras j'ai trouvé mon printemps.
>Je conclus donc, cher lecteur, quand j'y pense,
>Qu'on peut aimer au delà de trente ans. (K.)

Vers 58. — Entre ce vers et le suivant, on lit dans un manuscrit :
>Cher à l'amour encor plus qu'à Cutendre.

Vers 73 :
>Allait cherchant les restes de sa proie
>Qu'on lui ravit lorsqu'il était en joie.

Vers 89 :
>Il suit des yeux cette espèce emplumée.

[1]. Ils ont été restitués par M. Louis du Bois: ce sont les 20e et 21e. (R.)

Vers 104 :
> Pour dire *Ave* venant du haut du ciel.

Vers 166 :
> * Il lui disait, d'un ton dévot et doux :
> « O mon bon roi, fils aîné de l'Église,
> Je vois que l'âme à la chair est soumis .
> * Que je vous plains... (R.)

Vers 172 :
> Chez les Hébreux, malgré le Décalogue.

Vers 186 :
> Un beau matin, par grâce singulière.

Vers 191 :
> Était pourtant le plus paillard des rois.

Vers 228. — Édition de 1756 :
> * Et du couvent le sac incestueux.
> Ainsi Louis, se perdant à la chasse
> Dans les taillis de son Fontainebleau,
> De questions fatigue son Bonneau,
> A son retour lui demande la trace
> De la beauté qui captive son cœur,
> Veut que de rien il ne lui fasse grâce,
> Et n'en apprend que tout bien, tout honneur.
> * Après avoir... (K.)

Vers 248 :
> Guettait toujours l'objet de son voyage.

Vers 286 :
> Ainsi Monrose, approchant de sa belle.

Vers 319. — Louis François Prault, imprimeur-libraire à Paris, a composé trente-six vers destinés à prendre place après celui-ci, et dans lesquels il décrit les transports amoureux d'Agnès et du beau page. Ce morceau, qui n'a été imprimé qu'à un seul exemplaire, est aujourd'hui en la possession de M. Eckard. Je n'ai pas cru devoir le comprendre dans les variantes d'un poëme auquel il n'appartient pas. (R.)

Vers 361 :
> Il fait du bruit, et la *table* remue.

Cette étrange faute se trouve dans presque toutes les éditions, depuis celle de 1762. Elle aurait dû être évitée par M. Louis du Bois, qui a mis la bonne leçon en variante. (R.)

Vers 375 :
> * Ce qu'Adrien mit dans le Panthéon,
> Ce qu'un beau duc montra souvent, dit-on,
> A l'Angeli qui lui sert de maîtresse[1].
> * Que les héros, ô ciel...

---

1. Henri II de Condé.

CHANT TREIZIÈME.

ARGUMENT.

Sortie du château du Cutendre. Combat de la Pucelle et de Jean Chandos : étrange loi du combat à laquelle la Pucelle est soumise. Vision du père Bonifoux. Miracle qui sauve l'honneur de Jeanne.

> C'était le temps de la saison brillante,
> Quand le soleil aux bornes de son cours
> Prend sur les nuits pour ajouter aux jours,
> Et, se plaisant, dans sa démarche lente,
> A contempler nos fortunés climats,
> Vers le tropique arrête encor ses pas.
> O grand saint Jean! c'était alors ta fête [1];
> Premier des Jeans, orateur des déserts,
> Toi qui criais jadis à pleine tête
> Que du salut les chemins soient ouverts;
> Grand précurseur, je t'aime, je te sers.
> Un autre Jean eut la bonne fortune
> De voyager au pays de la lune
> Avec Astolphe, et rendit la raison [2],

1. L'auteur désigne clairement la fin du mois de juin. La fête de saint Jean le baptiseur, qu'on appelle Baptiste, est célébrée le 24 juin. (*Note de Voltaire*, 1762.)
2. Ce que dit ici l'auteur fait allusion au trente-quatrième chant de l'*Orlando furioso* :

> Quando scoprendo il nome suo gli disse
> Esser colui che l'Evangelio scrisse.

Voyez notre Préface, et surtout souvenez-vous qu'Arioste place saint Jean dans la lune avec les trois Parques. (*Id.*, 1773.) — Le commencement de cette note est de 1762. Après la citation des deux vers de l'*Orlando*, Voltaire ajoutait : « Et au trente-cinquième, le même saint Jean l'Évangéliste dit à Astolfe :

> Gli scrittori amo, e fo il debito mio;
> Ch' al vostro mondo fù scrittor' anche io....
> E ben convenne al mio lodato Cristo
> Render mi guidardon di si gran sorte.

Nous n'osons traduire ces vers italiens, qui paraîtraient des profanations; cependant on ne s'en formalise pas en Italie : mais nous ne pouvons nous empêcher de louer notre auteur, lequel n'a jamais poussé si loin son innocent badinage. » (R.)

CHANT XIII.

Si l'on en croit un auteur véridique,
Au paladin amoureux d'Angélique :
Rends-moi la mienne, ô Jean second du nom !
Tu protégeas ce chantre aimable et rare
Qui réjouit les seigneurs de Ferrare
Par le tissu de ses contes plaisants ;
Tu pardonnas aux vives apostrophes
Qu'il t'adressa dans ses comiques strophes :
Étends sur moi tes secours bienfaisants ;
J'en ai besoin, car tu sais que les gens
Sont bien plus sots et bien moins indulgents
Qu'on ne l'était au siècle du génie,
Quand l'Arioste illustrait l'Italie.
Protége-moi contre ces durs esprits,
Frondeurs pesants de mes légers écrits.
Si quelquefois l'innocent badinage
Vient en riant égayer mon ouvrage,
Quand il le faut je suis très-sérieux ;
Mais je voudrais n'être point ennuyeux.
Conduis ma plume, et surtout daigne faire
Mes compliments à Denis ton confrère.

En accourant, la fière Jeanne d'Arc
D'une lucarne aperçut dans le parc
Cent palefrois, une brillante troupe
De chevaliers ayant dames en croupe,
Et d'écuyers qui tenaient dans leurs mains
Tout l'attirail des combats inhumains,
Cent boucliers où des nuits la courrière
Réfléchissait sa tremblante lumière ;
Cent casques d'or d'aigrettes ombragés,
Et les longs bois d'un fer pointu chargés,
Et des rubans dont les touffes dorées
Pendaient au bout des lances acérées.
Voyant cela, Jeanne crut fermement
Que les Anglais avaient surpris Cutendre :
Mais Jeanne d'Arc se trompa lourdement.
En fait de guerre on peut bien se méprendre,
Ainsi qu'ailleurs : mal voir et mal entendre
De l'héroïne était souvent le cas,
Et saint Denis ne l'en corrigea pas.

Ce n'était point des enfants d'Angleterre
Qui de Cutendre avaient surpris la terre ;

C'est ce Dunois de Milan revenu,
Ce grand Dunois à Jeanne si connu ;
C'est La Trimouille avec sa Dorothée.
Elle était d'aise et d'amour transportée ;
Elle en avait sujet assurément :
Elle voyage avec son cher amant,
Ce cher amant, ce tendre La Trimouille,
Que l'honneur guide et que l'amour chatouille.
Elle le suit toujours avec honneur,
Et ne craint plus monsieur l'inquisiteur.
   En nombre pair cette troupe dorée
Dans le château la nuit était entrée.
Jeanne y vola : le bon roi, qui la vit,
Crut qu'elle allait combattre, et la suivit ;
Et, dans l'erreur qui trompait son courage,
Il laisse encore Agnès avec son page.
   O page heureux, et plus heureux cent fois
Que le plus grand, le plus chrétien des rois,
Que de bon cœur alors tu rendis grâce
Au benoît saint dont tu tenais la place !
Il te fallut rhabiller promptement ;
Tu rajustas ta trousse diaprée ;
Agnès t'aidait d'une main timorée,
Qui s'égarait et se trompait souvent.
Que de baisers sur sa bouche de rose
Elle reçut en rhabillant Monrose !
Que son bel œil, le voyant rajusté,
Semblait encor chercher la volupté :
Monrose au parc descendit sans rien dire.
Le confesseur tout saintement soupire,
Voyant passer ce beau jeune garçon,
Qui lui donnait de la distraction.
   La douce Agnès composa son visage,
Ses yeux, son air, son maintien, son langage.
Auprès du roi Bonifoux se rendit,
Le consola, le rassura, lui dit
Que dans la niche un envoyé céleste
Était d'en haut venu pour annoncer
Que des Anglais la puissance funeste
Touchait au terme, et que tout doit passer ;
Que le roi Charle obtiendrait la victoire.
Charles le crut, car il aimait à croire.

CHANT XIII.

La fière Jeanne appuya ce discours.
« Du ciel, dit-elle, acceptons le secours ;
Venez, grand prince, et rejoignons l'armée,
De votre absence à bon droit alarmée. »
   Sans balancer, La Trimouille et Dunois
De cet avis furent à haute voix.
Par ces héros la belle Dorothée
Honnêtement au roi fut présentée.
Agnès la baise, et le noble escadron
Sortit enfin du logis du baron.
   Le juste ciel aime souvent à rire
Des passions du sublunaire empire.
Il regardait cheminer dans les champs
Cet escadron de héros et d'amants.
Le roi de France allait près de sa belle,
Qui, s'efforçant d'être toujours fidèle,
Sur son cheval la main lui présentait,
Serrait la sienne, exhalait sa tendresse,
Et cependant, ô comble de faiblesse !
De temps en temps le beau page lorgnait.
Le confesseur psalmodiant suivait,
Des voyageurs récitait la prière,
S'interrompait en voyant tant d'attraits,
Et regardait avec des yeux distraits
Le roi, le page, Agnès, et son bréviaire.
Tout brillant d'or, et le cœur plein d'amour,
Ce La Trimouille, ornement de la cour,
Caracolait auprès de Dorothée
Ivre de joie et d'amour transportée,
Qui le nommait son cher libérateur,
Son cher amant, l'idole de son cœur.
Il lui disait : « Je veux, après la guerre,
Vivre à mon aise avec vous dans ma terre.
O cher objet dont je suis toujours fou.
Quand serons-nous tous les deux en Poitou ? »
   Jeanne auprès d'eux, ce fier soutien du trône,
Portant corset et jupon d'amazone,
Le chef orné d'un petit chapeau vert,
Enrichi d'or et de plumes couvert,
Sur son fier âne étalait ses gros charmes,
Parlait au roi, courait, allait le pas,
Se rengorgeait, et soupirait tout bas

Pour le Dunois compagnon de ses armes;
Car elle avait toujours le cœur ému,
Se souvenant de l'avoir vu tout nu.
　Bonneau, portant barbe de patriarche,
Suant, soufflant, Bonneau fermait la marche.
O d'un grand roi serviteur précieux!
Il pense à tout; il a soin de conduire
Deux gros mulets tout chargés de vins vieux,
Longs saucissons, pâtés délicieux,
Jambons, poulets, ou cuits ou prêts à cuire.
　On avançait, alors que Jean Chandos,
Cherchant partout son Agnès et son page,
Au coin d'un bois, près d'un certain passage,
Le fer en main rencontra nos héros.
Chandos avait une suite assez belle
De fiers Bretons, pareille en nombre à celle
Qui suit les pas du monarque amoureux;
Mais elle était d'espèce différente,
On n'y voyait ni tétons ni beaux yeux.
« Oh! oh! dit-il d'une voix menaçante,
Galants Français, objets de mon courroux,
Vous aurez donc trois filles avec vous,
Et moi, Chandos, je n'en aurai pas une!
Çà, combattons : je veux que la fortune
Décide ici qui sait le mieux de nous
Mettre à plaisir ses ennemis dessous,
Frapper d'estoc et pointer de sa lance.
Que de vous tous le plus ferme s'avance,
Qu'on entre en lice; et celui qui vaincra
L'une des trois à son aise tiendra. »
　Le roi, piqué de cette offre cynique,
Veut l'en punir, s'avance, prend sa pique.
Dunois lui dit : « Ah! laissez-moi, seigneur,
Venger mon prince et des dames l'honneur. »
Il dit et court : La Trimouille l'arrête;
Chacun prétend à l'honneur de la fête.
L'ami Bonneau, toujours de bon accord,
Leur proposa de s'en remettre au sort.
Car c'est ainsi que les guerriers antiques
En ont usé dans les temps héroïques :
Même aujourd'hui dans quelques républiques
Plus d'un emploi, plus d'un rang glorieux,

Se tire aux dés¹, et tout en va bien mieux.
Si j'osais même en cette noble histoire
Citer des gens que tout mortel doit croire,
Je vous dirais que monsieur saint Matthias
Obtint ainsi la place de Judas.
Le gros Bonneau tient le cornet, soupire,
Craint pour son roi, prend les dés, roule, tire.
Denis, du haut du céleste rempart,
Voyait le tout d'un paternel regard ;
Et, contemplant la Pucelle et son âne,
Il conduisait ce qu'on nomme hasard.
Il fut heureux, le sort échut à Jeanne.
Jeanne, c'était pour vous faire oublier
L'infâme jeu de ce grand cordelier,
Qui ci-devant avait raflé vos charmes.

Jeanne à l'instant court au roi, court aux armes,
Modestement va derrière un buisson
Se délacer, détacher son jupon,
Et revêtir son armure sacrée,
Qu'un écuyer tient déjà préparée ;
Puis sur son âne elle monte en courroux,
Branlant sa lance, et serrant les genoux :
Elle invoquait les onze mille belles,
Du pucelage héroïnes fidèles ².
Pour Jean Chandos, cet indigne chrétien
Dans les combats n'invoquait jamais rien.

Jean contre Jeanne avec fureur avance :
Des deux côtés égale est la vaillance ;
Ane et cheval, bardés, coiffés de fer,
Sous l'éperon partent comme un éclair,
Vont se heurter, et de leur tête dure
Front contre front fracassent leur armure ;
La flamme en sort, et le sang du coursier
Teint les éclats du voltigeant acier.
Du choc affreux les échos retentissent ;
Des deux coursiers les huit pieds rejaillissent ;

---

1. Les exemples des sorts sont très-fréquents dans Homère. On devinait aussi par les sorts chez les Hébreux. Il est dit que la place de Judas fut tirée au sort ; et aujourd'hui à Venise, à Gênes, et dans d'autres États, on tire au sort plusieurs places. (*Note de Voltaire*, 1762.) — C'est dans les *Actes des Apôtres*, I, 26, qu'il est dit que la place de Judas fut tirée au sort. (R.)

2. Les onze mille vierges et martyres enterrées à Cologne. (*N. de Voltaire*, 1762.)

Et les guerriers, du coup désarçonnés,
Tombent chacun sur la croupe étonnés :
Ainsi qu'on voit deux boules suspendues
Aux bouts égaux de deux cordes tendues,
Dans une courbe au même instant partir,
Hâter leur cours, se heurter, s'aplatir,
Et remonter sous le choc qui les presse,
Multipliant leur poids par leur vitesse.
Chaque parti crut morts les deux coursiers,
Et tressaillit pour les deux chevaliers.

 Or des Français la championne auguste
N'avait la chair si ferme, si robuste,
Les os si durs, les membres si dispos,
Si musculeux, que le fier Jean Chandos.
Son équilibre ayant dans cette rixe
Abandonné sa ligne et son point fixe,
Son quadrupède un haut-le-corps lui fit,
Qui dans le pré Jeanne d'Arc étendit
Sur son beau dos, sur sa cuisse gentille,
Et comme il faut que tombe toute fille.

 Chandos pensait qu'en ce grand désarroi
Il avait mis ou Dunois ou le roi.
Il veut soudain contempler sa conquête :
Le casque ôté, Chandos voit une tête
Où languissaient deux grands yeux noirs et longs.
De la cuirasse il défait les cordons :
Il voit (ô ciel! ô plaisir! ô merveille!)
Deux gros tétons de figure pareille,
Unis, polis, séparés, demi-ronds,
Et surmontés de deux petits boutons
Qu'en sa naissance a la rose vermeille.
On tient qu'alors, en élevant la voix,
Il bénit Dieu pour la première fois :
« Elle est à moi, la Pucelle de France !
S'écria-t-il; contentons ma vengeance.
J'ai, grâce au ciel, doublement mérité
De mettre à bas cette fière beauté.
Que saint Denis me regarde et m'accuse;
Mars et l'Amour sont mes droits, et j'en use. »

 Son écuyer disait : « Poussez, milord ;
Du trône anglais affermissez le sort.
Frère Lourdis en vain nous décourage ;

Il jure en vain que ce saint pucelage
Est des Troyens le grand palladium,
Le bouclier sacré du Latium[1] ;
De la victoire il est, dit-il, le gage ;
C'est l'oriflamme : il faut vous en saisir.
— Oui, dit Chandos, et j'aurai pour partage
Les plus grands biens, la gloire et le plaisir. »
    Jeanne pâmée écoutait ce langage
Avec horreur, et faisait mille vœux
A saint Denis, ne pouvant faire mieux.
Le grand Dunois, d'un courage héroïque,
Veut empêcher le triomphe impudique :
Mais comment faire ? Il faut dans tout état
Qu'on se soumette à la loi du combat.
Les fers en l'air et la tête penchée,
L'oreille basse et du choc écorchée,
Languissamment le céleste baudet
D'un œil confus Jean Chandos regardait.
Il nourrissait dès longtemps dans son âme
Pour la Pucelle une discrète flamme,
Des sentiments nobles et délicats
Très-peu connus des ânes d'ici-bas.
    Le confesseur du bon monarque Charle
Tremble en sa chair alors que Chandos parle.
Il craint surtout que son cher pénitent,
Pour soutenir la gloire de la France,
Qu'on avilit avec tant d'impudence,
A son Agnès n'en veuille faire autant ;
Et que la chose encor soit imitée
Par La Trimouille et par sa Dorothée.
Au pied d'un chêne il entre en oraison,
Et fait tout bas sa méditation
Sur les effets, la cause, la nature
Du doux péché qu'aucuns nomment luxure[2].
    En méditant avec attention,
Le benoît moine eut une vision
Assez semblable au prophétique songe
De ce Jacob, heureux par un mensonge,

---

1. C'était un bouclier qui était tombé du ciel à Rome, et qui était gardé soigneusement, comme un gage de la sûreté de la ville. (*Note de Voltaire*, 1762.)
2. En 1756, c'était ici la fin du douzième chant ; ce qui suit formait le treizième. (G.-A.)

Pate-pelu dont l'esprit lucratif
Avait vendu ses lentilles en juif[1].
Ce vieux Jacob (ô sublime mystère!)
Devers l'Euphrate une nuit aperçut
Mille béliers qui grimpèrent en rut
Sur des brebis qui les laissèrent faire.
Le moine vit de plus puissants objets;
Il vit courir à la même aventure
Tous les héros de la race future.
Il observait les différents attraits
De ces beautés qui, dans leur douce guerre,
Donnent des fers aux maîtres de la terre.
Chacune était auprès de son héros,
Et l'enchaînait des chaînes de Paphos.
Tels, au retour de Flore et de Zéphyre,
Quand le printemps reprend son doux empire,
Tous ces oiseaux, peints de mille couleurs,
Par leurs amours agitent les feuillages :
Les papillons se baisent sur les fleurs,
Et les lions courent sous les ombrages
A leurs moitiés qui ne sont plus sauvages.
    C'est là qu'il vit le beau François Premier.
Ce brave roi, ce loyal chevalier,
Avec Étampe heureusement oublie[2]
Les autres fers qu'il reçut à Pavie.
Là Charles-Quint joint le myrte au laurier,
Sert à la fois la Flamande et la Maure.
Quels rois, ô ciel! l'un à ce beau métier
Gagne la goutte, et l'autre pis encore.
Près de Diane on voit danser les Ris[3],
Aux mouvements que l'Amour lui fait faire
Quand dans ses bras tendrement elle serre,
En se pâmant, le second des Henris.
De Charles Neuf le successeur volage[4]
Quitte en riant sa Chloris pour un page,

---

1. Notre auteur entend sans doute l'artifice dont usa Jacob quand il se fit passer pour Ésaü. Pate-pelu signifie les gants de peau et de poil dont il couvrit ses mains. (*Note de Voltaire*, 1762.) — Pate-pelu, expression rabelaisienne. Voyez *Pantagruel*, ancien prologue du quart livre. (R.)

2. Anne de Pisseleu, duchesse d'Étampes. (*Note de Voltaire*, 1762.)

3. Diane de Poitiers, duchesse de Valentinois. (*Id.*, 1762.)

4. Henri III et ses mignons. (*Id.*, 1762.)

CHANT XIII.

Sans s'alarmer des troubles de Paris.
   Mais quels combats le jacobin vit rendre
Par Borgia le Sixième Alexandre !
En cent tableaux il est représenté :
Là sans tiare, et d'amour transporté :
Avec Vanoze il se fait sa famille [1] ;
Un peu plus bas on voit Sa Sainteté
Qui s'attendrit pour Lucrèce sa fille.
O Léon Dix ! ô sublime Paul Trois !
A ce beau jeu vous passiez tous les rois ;
Mais vous cédez à mon grand Béarnois,
A ce vainqueur de la Ligue rebelle,
A mon héros plus connu mille fois
Par les plaisirs que goûta Gabrielle [2]
Que par vingt ans de travaux et d'exploits.
   Bientôt on voit le plus beau des spectacles,
Ce siècle heureux, ce siècle des miracles,
Ce grand Louis, cette superbe cour
Où tous les arts sont instruits par l'Amour.
L'Amour bâtit le superbe Versailles ;
L'Amour aux yeux des peuples éblouis,
D'un lit de fleurs fait un trône à Louis :
Malgré les cris du fier dieu des batailles,
L'Amour amène au plus beau des humains
De cette cour les rivales charmantes,
Toutes en feu, toutes impatientes :
De Mazarin la nièce aux yeux divins [3],
La généreuse et tendre La Vallière,
La Montespan plus ardente et plus fière.
L'une se livre au moment de jouir,
Et l'autre attend le moment du plaisir.
   Voici le temps de l'aimable Régence,
Temps fortuné, marqué par la licence,
Où la Folie, agitant son grelot,

---

1. Alexandre VI, pape, eut trois enfants de Vanoza. Lucrèce, sa fille, passa pour être sa maîtresse et celle de son frère : « Alexandri filia, sponsa, nurus. » (*Note de Voltaire*, 1762.) — Ces mots terminent l'épitaphe épigrammatique que Pontanus fit pour Lucrèce Borgia :

      Hic jacet in tumulo Lucretia nomine, sed re
        Thais, Alexandri filia, sponsa, nurus.   (R.)

2. La fameuse Gabrielle d'Estrées, duchesse de Beaufort. (*Note de Voltaire*, 1762.)
3. Celle qui depuis fut la connétable Colonne. (*Id.*, 1762.)

D'un pied léger parcourt toute la France,
Où nul mortel ne daigne être dévot,
Où l'on fait tout, excepté pénitence.
Le bon Régent, de son palais royal,
Des voluptés donne à tous le signal.
Vous répondez à ce signal aimable,
Jeune Daphné[1], bel astre de la cour ;
Vous répondez du sein du Luxembourg,
Vous que Bacchus et le dieu de la table
Mènent au lit, escortés par l'Amour.
Mais je m'arrête, et de ce dernier âge
Je n'ose en vers tracer la vive image :
Trop de péril suit ce charme flatteur.
Le temps présent est l'arche du Seigneur :
Qui la touchait d'une main trop hardie,
Puni du ciel, tombait en léthargie.
Je me tairai ; mais si j'osais pourtant,
O des beautés aujourd'hui la plus belle !
O tendre objet, noble, simple, touchant,
Et plus qu'Agnès généreuse et fidèle !
Si j'osais mettre à vos genoux charnus
Ce grain d'encens que l'on doit à Vénus ;
Si de l'Amour je déployais les armes ;
Si je chantais ce tendre et doux lien ;
Si je disais... Non, je ne dirai rien :
Je serais trop au-dessous de vos charmes.

Dans son extase enfin le moine noir
Vit à plaisir ce que je n'ose voir.
D'un œil avide, et toujours très-modeste,
Il contemplait le spectacle céleste
De ces beautés, de ces nobles amants,
De ces plaisirs défendus et charmants.
« Hélas ! dit-il, si les grands de la terre
Font deux à deux cette éternelle guerre ;
Si l'univers doit en passer par là,
Dois-je gémir que Jean Chandos se mette
A deux genoux auprès de sa brunette ?
Du Seigneur Dieu la volonté soit faite :
Amen, amen. » Il dit, et se pâma,
Croyant jouir de tout ce qu'il voit là.

---

1. Duchesse de Berry. (G. A.)

CHANT XIII.

Mais saint Denis était loin de permettre
Qu'aux yeux du ciel Jean Chandos allât mettre
Et la Pucelle et la France aux abois.
Ami lecteur, vous avez quelquefois
Ouï conter qu'on nouait l'aiguillette[1].
C'est une étrange et terrible recette,
Et dont un saint ne doit jamais user
Que quand d'une autre il ne peut s'aviser.
D'un pauvre amant le feu se tourne en glace,
Vif et perclus sans rien faire il se lasse ;
Dans ses efforts étonné de languir,
Et consumé sur le bord du plaisir.
Telle une fleur, des feux du jour séchée,
La tête basse et la tige penchée,
Demande en vain les humides vapeurs
Qui lui rendaient la vie et les couleurs.
Voilà comment le bon Denis arrête
Le fier Anglais dans ses droits de conquête.

Jeanne, échappant à son vainqueur confus,
Reprend ses sens quand il les a perdus ;
Puis d'une voix imposante et terrible,
Elle lui dit : « Tu n'es pas invincible :
Tu vois qu'ici, dans le plus grand combat,
Dieu t'abandonne, et ton cheval s'abat ;
Dans l'autre un jour je vengerai la France,
Denis le veut, et j'en ai l'assurance ;
Et je te donne, avec tes combattants,
Un rendez-vous sous les murs d'Orléans. »
Le grand Chandos lui repartit : « Ma belle,
Vous m'y verrez ; pucelle ou non pucelle,
J'aurai pour moi saint George le très-fort,
Et je promets de réparer mon tort. »

---

1. On portait autrefois des hauts-de-chausses attachés avec une aiguillette ; et on disait d'un homme qui n'avait pu s'acquitter de son devoir que son aiguillette était nouée. Les sorciers ont de tout temps passé pour avoir le pouvoir d'empêcher la consommation du mariage : cela s'appelait *nouer l'aiguillette*. La mode des aiguillettes passa sous Louis XIV, quand on mit des boutons aux braguettes. (*Note de Voltaire*, 1762.)

FIN DU CHANT TREIZIÈME.

VARIANTES

DU CHANT TREIZIÈME.

Vers 52-54. — Édition de 1756, au lieu de ces trois vers on lisait :

> Témoin Ajax et certain général,
> Duc, bel esprit, ministre, maréchal;
> L'un sur le Rhin, l'autre aux bords du Scamandre,
> Un beau matin s'avisèrent de prendre
> Des moutons blancs pour autant d'ennemis,
> Sans que l'honneur fût en rien compromis.
> *Ce n'étaient point...

M. de Voltaire a pris constamment contre La Beaumelle la défense de ce général (le maréchal de Noailles) et de sa famille; ainsi l'on peut facilement juger auquel des deux appartiennent ces vers. (K.)

Vers 58 :

> Le grand Dunois à Jeanne si connu,
> Qui ramenait la belle Dorothée.

Vers 62 :

> Car elle était auprès de son amant.

Vers 63. — Édition de 1756 :

> *Ce cher amant, ce tendre La Trimouille
> Pour qui son œil de pleurs souvent se mouille,
> L'ayant cherchée à travers cent combats,
> L'avait trouvée, et ne la quittait pas.
> *En nombre pair... (K.)

Vers 77. — Édition de 1756 :

> *Il te fallut rhabiller promptement :
> Sur le satin de ton cul ferme et blanc
> *Tu rajustas... (K.)

Vers 88 :

> *Qui lui donnait de la distraction,
> Car il tenait un peu du grec, dit-on. (R.)

VARIANTES DU CHANT XIII.

Vers 109 :
>Les saints là-haut aiment souvent à rire
>Des passions du sublunaire empire;
>Ils regardaient cheminer dans les champs.

Vers 165. — Édition de 1756 :
>« Décide ici qui de nous sait le mieux
>Pousser sa lance et plaire à deux beaux yeux.
>Que la valeur soit notre seule chance,
>*Que de vous tous... (K.)

Vers 204. — Manuscrit :
>*Branlant sa lance et serrant les genoux.
>Le fier Chandos se targuait dans sa gloire,
>De deux combats espérant la victoire,
>Jurant ce mot lequel commence en F.
>Jeanne invoquait l'épouse de Joseph,
>Mère de Dieu, reine du pucelage.
>L'un contre l'autre ils volent avec rage;
>Les deux coursiers, bardés, coiffés de fer,
>*Sous l'éperon... (K.)

Vers 237 :
>Sur son beau dos, sur sa croupe gentille.

Vers 256 :
>Que saint Denis me regarde et m'excuse.

Vers 257. — Édition de 1756 et manuscrit :
>*« Mars et l'Amour sont mes droits, et j'en use. »
>Puis se tournant devers son écuyer :
>« Je vois, dit-il, qu'elle est hors d'elle-même;
>J'ai ces deux bras pour combattre et tuer;
>Pour la guérir je prendrai le troisième. »
>Jamais Chandos ne promit rien en vain.
>Comme il le dit, il prend ce bras soudain.
>*Le grand Dunois, d'un courage héroïque... (K.)

Vers 282. — Édition de 1756 :
>*Très-peu connus des ânes d'ici-bas;
>Il soupirait en voyant les trois bras.
>*Le confesseur... (K.)

Vers 294. — Le treizième chant de l'édition de 1762 est divisé en deux dans celle de 1756, où le douzième chant finit par ce vers :

>Du doux péché qu'aucuns nomment luxure.

Et le treizième commence ainsi :

>En méditant avec attention... (K.)

VARIANTES DU CHANT XIII.

Vers 298. — Manuscrit :

> De ce Jacob, le patron du mensonge,
> *Pate-pelu, dont l'esprit lucratif
> Trompa Laban, qu'il vola comme un juif.
> *Ce vieux Jacob... (K.)

Vers 304. — Édition de 1756 :

> Ce vieux Jacob (admirez bien, mes frères,
> Du livre saint les sublimes mystères)
> *Devers l'Euphrate... (K.)

Vers 305. — Édition de 1756 :

> *Le moine vit de plus plaisants objets ;
> Il vit très-bien, ou crut voir, le bon père,
> Ce qu'aucun saint n'obtint de voir jamais :
> *Il vit courir à la même aventure,
> Il vit aux pieds des futures Agnès
> Les demi-dieux de la race future ;
> Il observa les différents attraits
> De ces beautés dont l'adresse féconde
> Faisait danser tous les maîtres du monde :
> Chacune était juste sous son héros,
> Partant ensemble, et disant les grands mots ;
> Chacune avait son trot et son allure ;
> Chacun piquait à l'envi sa monture ;
> Tous excellaient à ce jeu des deux dos.
> *Tels, au retour de Flore...

On voit sans peine que ces trois derniers vers sont du capucin. Ce chant est un de ceux où il en a ajouté le plus. (K.)

Vers 313 :

> Tels, au retour de Flore et du Zéphyre.

Ici encore j'ai préféré le texte de l'édition de 1756. Zéphyre, dans ce vers, étant une divinité, ne doit pas être précédé de l'article. (R.)

Vers 320. — Manuscrit :

> *C'est là qu'il vit le beau François Premier,
> Roi malheureux, mais galant chevalier,
> Qui sur un lit fait goûter à deux belles
> Tous les plaisirs que François reçoit d'elles.
> *Là Charles-Quint... (K.)

Vers 321 :

> Roi malheureux, mais brave chevalier,
> Avec Étampe il se pâme ; il oublie.

Vers 329. — Édition de 1756 :

> *Aux mouvements que l'amour lui fit faire
> Quand dans ses bras décharnés et flétris,

VARIANTES DU CHANT XIII.

> Ivre d'amour, tendrement elle serre,
> *En se pâmant, le Second des Henris.
> De la débauche un long et triste usage
> De la beauté lui fait avoir le prix.
> *De Charles Neuf... (K.)

Vers 338. — Édition de 1756 :

> *Là, sans tiare, et d'amour transporté,
> Tournant le dos, troussant sa soutanelle,
> Avec Vanose il se fait la femelle;
> *Un peu plus bas on voit Sa Sainteté,
> Pour ses plaisirs convoitant sa famille,
> Donner l'assaut à Lucrèce sa fille.
> *O Léon Dix! ô sublime Paul Trois!
> Jules Second! et toi, Monte[1] le drille!
> *A ce beau jeu...

On voit clairement ici que le capucin, ayant lu *la femelle* au lieu de *sa famille*, a voulu suppléer les rimes qui manquaient.

Un manuscrit porte :

> *Un peu plus bas on voit Sa Sainteté
> Faire un enfant à Lucrèce sa fille... (K.)

Vers 348. — Édition de 1756 :

> *Que par vingt ans de travaux et d'exploits.
> Le moine vit des doges de Venise,
> Et ces grands ducs, fiers oppresseurs de Pise,
> Avec les boucs partageant leurs plaisirs;
> Mais les laissant à leurs puants désirs,
> *Bientôt on voit... (K.)

Vers 364. — Édition de 1756 :

> *Et l'autre attend le moment du plaisir.
> Mais tout à coup quelle métamorphose!
> D'un long froc noir lugubrement paré,
> L'Amour met bas sa couronne de rose;
> Son front se perd sous un bonnet carré.
> Le sot Scrupule et la froide Décence
> Masquent les traits de sa riante enfance.
> L'Hymen le suit à pas mystérieux;
> Les deux flambeaux brûlent des mêmes feux,
> Feux sans éclat, dont la pâle lumière
> Porte l'ennui dans les lieux qu'elle éclaire.
> A la lueur de ces tristes flambeaux,
> Suivi d'un prêtre et de deux maquereaux,
> Pour guide un diable en noire soutanelle,

1. Jean-Marie Giocchi, élevé à la papauté le 8 février 1550, régna sous le nom de Jules III. Il était auparavant connu sous celui de cardinal del Monte, et s'était distingué comme légat du Saint-Siége au concile de Trente. « Il passait, dit Voltaire, pour très-voluptueux. » Voyez les *Annales de l'Empire*. (R.)

VARIANTES DU CHANT XIII.

Le grand Louis, couronné de pavots,
Vient épouser sa vieille maquerelle [1].
Le moine vit ce phénix des Bourbons,
Ensorcelé de deux flasques tétons,
Sur un sofa piquer sa haridelle.
L'Amour en pleurs, et sa suite fidèle,
Les Jeux, les Ris, s'envolent à Paphos.
Paris, la cour, sont en proie aux dévots.
Une grossière et maussade luxure
Rappelle aux sens toute la volupté.
Sous l'air cafard un cynisme effronté
Met Diogène où régnait Épicure.
Dans les excès d'une crapule obscure
Le courtisan cherche la liberté.
Hercule en froc et Priape en soutane
Dans les palais portent l'obscénité;
Tout leur fait joug, et le couple profane,
Recommandé par sa brutalité,
A son plaisir patine la beauté [2].
C'en était fait du tendre Amour en France,
Quand la Fortune ou bien la Providence
A Saint-Denis logea ce roi bigot.
Le moine voit, à ce règne cagot
Dans les destins succéder la Régence,
*Temps fortuné, marqué par la licence,
*Où la Folie, agitant son grelot,
Jette sur tout un vernis d'innocence;
Où le cafard n'est prisé que du sot.
Tendre Argenton [3], folâtre Parabère [4],
C'est par vos soins que le dieu de Cythère,
Régnant en maître au palais d'Orléans,
Sur ses autels revoit fumer l'encens.
Le dieu du goût, son seul et digne émule,
Tâche d'unir les grâces aux talents.
Faune et Priape, et le brutal Hercule,
Forcés de fuir, rentrent dans les couvents;
Ils n'osent plus se faire voir en France
Que sous les traits de Rieux [5] ou de Vence.
Le bon Régent... (K.)

---

1. Voyez le *Siècle de Louis XIV*, chap. xxvii. (R.)

2. Variante :

> Règne en tyran sur la frêle beauté.

3. Marie-Louise-Magdeleine-Victoire Le Bel de La Boissière de Séry, fille d'honneur de la mère du Régent, fut l'une des premières maîtresses de ce prince, et celle qui eut le plus d'empire sur lui. Elle obtint le titre de comtesse; prit le nom de la terre d'Argenton que son amant lui donna; et elle le fit consentir à la légitimation d'un fils (Jean-Philippe d'Orléans, grand-prieur de France) qu'elle avait eu de lui en 1702. Elle mourut quelques mois avant ce fils, le 4 mars 1748. (R.)

4. Marie-Magdeleine de La Vieuville, autre maîtresse du Régent, avait épousé, en 1711, César de Baudéan, comte de Parabère. Elle naquit à Paris le 6 octobre 1693, et mourut en cette ville le 14 août 1755. (R.)

5. Gabriel Bernard, comte de Rieux, président au parlement de Paris, célèbre par le scan-

VARIANTES DU CHANT XIII.

Vers 372 :

*Des voluptés donne à tous le signal.
On l'admirait dans son délire aimable.
Tu l'entendais du fond du Luxembourg,
Toi que Bacchus et le dieu de l'amour
Mettent au lit en sortant de la table,
Jeune Berri, bel astre de la cour !

Vers 377. — Édition de 1756 :

*Mènent au lit, escortés par l'Amour.
Près de Paris, sous la pourpre romaine...
Mais je m'arrête; un semblable tableau
Pourrait au peintre attirer dure aubaine :
Il y faudrait placer plus d'un Bonneau
En robe courte. Or, dans ce dernier âge,
Homme d'épée est un fier maquereau ;
Et moi, chétif, j'abhorre le tapage.
Je tiendrai donc contre l'appât flatteur ;
Je me tairai, n'en déplaise au lecteur.
O Rambouillet !...

Il y a eu encore ici des vers ajoutés, et, comme ci-dessus (première variante de ce chant), dans la charitable intention de faire à l'auteur des ennemis puissants. (K.) — Ce sont les suivants :

Vers 380. — Édition de 1756 :

*Trop de péril suit ce charme flatteur.
Je me tairai, n'en déplaise au lecteur.
O Rambouillet, asile du mystère !
Meudon, Choisy, réduits délicieux,
Que les Plaisirs, les Amours, et les Jeux,
Ont si souvent préférés à Cythère,
Sur vos secrets, censurés par Lignière [1],
Et respectés de son prudent recteur,
Ma chaste muse est forcée à se taire.
*Le temps présent est l'arche du Seigneur;
*Qui la touchait d'une main trop hardie,
*Puni du ciel, tombait en léthargie.

dale et la multiplicité de ses aventures galantes. Il mourut à Paris, le 13 décembre 1745, de la petite vérole. Les vers suivants coururent dans Paris le lendemain même de sa mort :

> Une fille du Styx, compagne des héros,
> Vainement de Bernard entreprit la défaite :
> Pendant trente ans tous ses assauts
> Ne purent la rendre complète;
> Mais une perfide cadette
> En huit jours le mit aux abois,
> Et termina sa destinée.
> Petite, vous êtes cent fois
> Plus mutine que votre aînée.

Le comte de Rieux était fils du fameux Samuel Bernard. (R.)

[1]. Lignière était un jésuite confesseur de Louis XV, mais confesseur heureusement moins connu que Le Tellier et La Chaise. (K.) — Son nom a été plus correctement écrit Linières dans les Variantes du deuxième chant, vers 390. (R.)

*Je me tairai. Mais si j'osais pourtant,
*O des beautés aujourd'hui la plus belle!
*O tendre objet, noble, simple, touchant!
O potelée et douce La Tournelle [1] !
*Si j'osais mettre à vos genoux charnus
*Ce grain d'encens que l'on doit à Vénus;
Si je chantais cette haute fortune,
L'objet des vœux de Flavacourt la brune [2];
*Si je chantais ce tendre et doux lien,
Ce nœud si cher quoique si peu chrétien,
Formé, béni par la vieille éminence,
Maudit, rompu par ce prélat bigot,
Et resserré par ce grand roi de France.
Malgré l'avis et les serments d'un sot [3];
Si de l'Amour je déployais les armes;
Si je disais... non, je ne dirai mot;
*Je serais trop au-dessous de vos charmes.
*Dans son extase enfin le moine noir
*Vit à plaisir ce que je n'ose voir.
*D'un œil avide, et toujours très-modeste,
*Il contemplait le spectacle céleste
De tous ces rois accouplés bout à bout :
Charles Second sur la belle Portsmouth;
George Second sur la tendre Yarmouth;
Et ce dévot roi de Lusitanie [4]
En priant Dieu se pâmant sur sa mie;
Et ce Victor [5], attrapé tour à tour

1. Mme de La Tournelle, née Mailly*, prit le titre de duchesse de Châteauroux, en acceptant la place de maîtresse du roi. Elle était d'une beauté singulière. On sait avec quelle rudesse de zèle l'évêque de Soissons, Fitz-James, petit-fils de Mlle de Churchill, maîtresse de Jacques II, traita une femme qui avait en France la même dignité que sa grand'mère avait eue en Angleterre.

Cet évêque était un homme simple, tolérant, bon, et sans intrigue; mais par là même très-propre à se rendre, sans le savoir, l'instrument des intrigants de la cour. On lui fit accroire qu'il était obligé en conscience de forcer le roi à traiter sa maîtresse avec une rigueur à peine excusable s'il eût été question de chasser de la cour un ministre qui aurait trahi l'État ou corrompu le monarque.

Mme de Châteauroux fut rappelée bientôt après; le roi envoya chez elle un ministre d'État (M. le comte de Maurepas, son ennemi) la prier de sa part de vouloir bien reprendre ses places à la cour. Elle tomba malade le jour même, et mourut. On attribua sa mort aux violentes émotions qu'elle avait éprouvées. Dans le moment de sa faveur, on se déchaîna contre elle, comme c'est l'usage. « La pauvre femme! disait un de ses amis, elle n'est qu'à plaindre; c'est une tuile qui lui est tombée sur la tête. » Il avait raison : la faveur ne valut à Mme de Châteauroux que la contrainte, des chagrins, et une mort prématurée. (K.)

2. Mme de Flavacourt** était sœur de Mme de Châteauroux. On prétendait qu'elle aspirait à la même place; et les courtisans attribuaient à ses vues ambitieuses la résistance qu'elle avait opposée au goût passager du roi. (K.)

3. Ces vers de l'édition de 1756 furent faits pendant le siège de Fribourg, époque du raccommodement; mais la nouvelle faveur de Mme de Châteauroux n'ayant duré qu'un moment, l'auteur a cru devoir les changer. (K.)

4. Jean V, roi de Portugal. Voltaire a dit de ce prince que ses fêtes étaient des processions, ses édifices des monastères, et ses maîtresses des religieuses. (R.)

5. Victor-Amédée, roi de Sardaigne. (R.)

* Marie-Anne de Mailly de Neelle, née à Paris le 5 octobre 1717; mariée en 1734 au marquis de La Tournelle; morte le 8 décembre 1744. (R.)

** Hortense-Félicité de Mailly de Neelle, née à Paris le 14 février 1715, épousa, en 1739, François-Marie de Fouilleuse, marquis de Flavacourt. (R.)

VARIANTES DU CHANT XIII.

Par son orgueil, par son fils, par l'amour.
Mais quand au bout de l'auguste enfilage
Il aperçut, entre Iris et son page,
Perçant un cul qu'il serrait des deux mains,
Cet auteur roi, si dur et si bizarre,
Que dans le Nord on admire, on compare
A Salomon, ainsi que les Germains
Leur empereur au César des Romains[1] :
*« Hélas! dit-il... (K.)

Vers 403. — Édition de 1756 :

*Dois-je gémir que Jean Chandos se mette
Les deux gigots sur sa belle brunette?

Vers enjolivé par le capucin. (K.)

Vers 425. — Édition de 1756 :

*Le fier Anglais dans ses droits de conquête.
Chandos, suant, et soufflant comme un bœuf,
Cherche du doigt si l'autre est une fille :
« Au diable soit, dit-il, la sotte aiguille! »
Bientôt le diable emporte l'étui neuf;
Il veut encor secouer sa guenille.
*Jeanne échappant...

On reconnaît encore ici les vers du capucin. Les lecteurs qui ont du goût distingueront sans peine tous ces embellissements étrangers; nous nous dispenserons d'en faire aussi souvent la remarque. (K.)

CHANT QUATORZIÈME [2]
DE L'ÉDITION DE 1756.

CORISANDRE.

*Mon cher lecteur sait par expérience
*Que ce beau dieu qu'on nous peint dans l'enfance,

---

1. Ces vers ne sont pas de M. de Voltaire. *Entre Iris et son page* n'est qu'une répétition du vers (333) sur Henri III :

    Quitte en riant sa Chloris pour un page.

Le nom de Salomon du Nord, dont on se moque ici, n'a pas été donné par les gens du Nord, mais par M. de Voltaire lui-même dans une lettre au roi de Prusse, du 26 mai 1742 :

    Le Salomon du Nord en est donc l'Alexandre,

et nous avons d'ailleurs des raisons décisives pour croire que ces vers n'ont pu être que des éditeurs, soit capucins, soit proposants. (K.)

2. Ce chant ne se trouve que dans les premières éditions, et il y fourmille de fautes. Il paraît

*Et dont les jeux ne sont point jeux d'enfants,
*A deux carquois tout à fait différents.
*L'un a des traits dont la douce piqûre
*Se fait sentir sans danger, sans douleur,
*Croît par le temps, pénètre au fond du cœur,
*Et vous y laisse une vive blessure.
*Les autres traits sont un feu dévorant,
*Dont le coup part et brûle au même instant ;
*Dans les cinq sens il porte le ravage ;
*Un rouge vif allume le visage,
*D'un nouvel être on se croit animé,
*D'un nouveau sang le corps est enflammé ;
*On n'entend rien, le regard étincelle [1].
*L'eau sur le feu bouillonnant à grand bruit,
*Qui sur ses bords s'élève, échappe, et fuit,
*N'est qu'une image imparfaite, infidèle,
*De ces désirs dont l'excès vous poursuit [2].
Vous connaissez tous ces états, mes frères ;
Mais ce tyran de nos âmes légères,
Ce dieu fripon, cet étourdi d'Amour,
Faisait alors un bien plus plaisant tour

   Il fit loger, entre Blois et Cutendre,
Une beauté dont les aimables traits
Auraient passé tous les charmes d'Agnès
Si cette belle avait eu le cœur tendre,
Beau don qui vaut tous les autres attraits.
C'était la jeune et sotte Corisandre.

   L'Amour voulut que tout roi, chevalier,
Homme d'église, et jeune bachelier,
Dès qu'il verrait cette belle imbécile,
Perdît le sens à se faire lier.
Mais les valets, le peuple, espèce vile,
Étaient exempts de la bizarre loi :
Il fallait être ou noble, ou prêtre, ou roi,
Pour être fou. Ce n'est pas tout encore :
L'art d'Esculape et cent grains d'ellébore
Contre ce mal étaient un vain secours ;
Et la cervelle empirait tous les jours,
Jusqu'au moment où la belle innocente
Pour quelque amant serait compatissante :

---

ici, pour la première fois, imprimé correctement, d'après le manuscrit de l'auteur. Il a été supprimé dans l'édition de 1762 et les suivantes. (K.) — Le chant de *Corisandre* parut pour la première fois dans l'édition de 1756. (R.)

  1. Variante ; édition de 1756.

> Sans réfléchir, le geste et l'acte suit.
> L'eau sur le feu bouillonnant à grand bruit,
> Qui, sur les bords du broc qui la recèle,
> S'élève, court, s'echappe, tombe, et fuit,
> N'est qu'une image imparfaite, infidèle,
> Du feu d'amour quand en nous il agit.
> Vous connaissez... (K.)

  2. Quelques vers qui appartenaient primitivement au chant de *Corisandre* ont été transportés par Voltaire dans d'autres endroits de son poëme quand il se décida à supprimer en entier cet épisode. Ainsi les dix-neuf vers qui précèdent servent aujourd'hui d'argument au chant vingt et unième. Ils faisaient partie du chant XV dans les éditions de 1755. (R.)

DE L'ÉDITION DE 1756.

Et ce moment du ciel était prescrit
Pour que la sotte eût un jour de l'esprit.
   Plus d'un galant né sur les bords de Loire,
Pour avoir vu Corisandre une fois,
Avait perdu le sens et la mémoire.
L'un se croit cerf, et broute dans les bois :
L'autre imagine avoir un cul de verre;
Dès qu'un passant le heurte en son chemin,
Il va criant qu'on casse son derrière :
Bertaud se croit du sexe féminin,
Porte une jupe, et se meurt de tristesse
Qu'à la trousser nul amant ne s'empresse :
D'un large bât Mérardon s'est chargé;
Il se croit âne, et ne se trompe guère,
Veut qu'on le charge, et ne cesse de braire :
Culand[1] se croit en marmite changé,
Marche à trois pieds ; une main pose à terre,
L'autre fait l'anse. Hélas ! chacun de nous
Pourrait fort bien se mettre au rang des fous
Sans avoir vu la belle Corisandre.
Quel bon esprit ne se laisse surprendre
A ses désirs ? et qui n'a ses travers ?
Chacun est fou, tant en prose qu'en vers.
   Or Corisandre avait une grand'mère,
Femme de bien, d'une humeur peu sévère,
Dont en secret l'orgueil se complaisait
A voir les fous que sa fille faisait.
Mais de scrupule à la fin obsédée,
Elle eut pitié d'un si triste fléau :
Notre beauté, si fatale au cerveau,
Fut dans sa chambre étroitement gardée;
On fit poster, pour garder le château,
Deux champions à la mine assurée,
Qui défendaient l'accès de la maison
A tout venant qui risquait sa raison.
   La belle sotte, ainsi claquemurée,
Filait, cousait, et chantait sans penser,
Sans nul regret qui vînt la traverser,
Sans goût, sans soin et sans la moindre envie
De s'appliquer à guérir la folie
De ses amants; ce qui n'aurait tenu
Qu'à dire oui si la belle eût voulu.
   Le fier Chandos, encor tout en colère
D'avoir manqué sa gentille adversaire,
Vers ses Anglais retournait en grondant,
Semblable au chien dont la vorace dent
Saisit en vain le lièvre qui s'échappe;
Il tourne, il crie, il vire, il pleure, il jappe,
Puis vers son maître approche à petits pas,
Portant la queue et l'oreille fort bas.

---

1. Les premiers éditeurs n'avaient pas manqué de changer ces noms, pour susciter des ennemis à M. de Voltaire. (K.) — Au lieu de Bertaud, Mérardon, et Culand, on lisait Goyon, Valori et Sablé. (R.)

Chandos maudit son animal revêche,
Qui lui fit faute en ce brave duel.
Son général cependant lui dépêche,
Pour le hâter, un jeune colonel,
Brave Irlandais, nommé Paul Tirconel,
Portant l'air haut, une large poitrine,
Jarrets tendus, bras nerveux, double échine,
Au sourcil fier ; on voit bien à sa mine
Qu'il n'a jamais essuyé cet affront
Qui de Chandos faisait rougir le front.
   Ces deux guerriers, avec leur noble escorte,
De Corisandre arrivant à la porte,
Veulent entrer, quand des deux portiers l'un
Crie : « Arrêtez ! gardez-vous d'entreprendre
De pénétrer jusques à Corisandre,
Si vous voulez garder le sens commun. »
   Le fier Chandos, qui croit qu'on l'injurie,
Pousse en avant, et, frappant en furie,
D'un coup d'estoc renverse à douze pas
Un des huissiers, qui se démet le bras,
Et, tout meurtri, roule loin sur le sable.
   Paul Tirconel, non moins impitoyable,
De l'éperon donne à la fois deux coups,
Lâche la bride, et serre les genoux.
Son beau coursier, plus prompt que la tempête,
Saute, bondit, et passe sur la tête
De l'autre huissier, qui lève un œil confus,
Reste un moment interdit et perclus,
Et, se tournant, reçoit une ruade
Qui vous l'étend près de son camarade.
Tel en province un brillant officier,
Jeune, galant, aigrefin, petit-maître,
Court au spectacle, et rosse le portier,
Gagne une loge, et, placé sans payer,
Siffle par air tout ce qu'il voit paraître.
   La suite anglaise arrive dans la cour :
La vieille dame y descend éplorée.
A ce grand bruit, Corisandre effarée
Prend un jupon, sort de la chambre, accourt.
Chandos leur fait un compliment fort court,
En digne Anglais, qui de parler n'a cure.
Mais observant l'innocente figure,
Ce teint de lis, ces charmes succulents,
Ces bras d'ivoire, et ces tétons naissants
Que de ses mains arrondit la Nature,
Il s'en promet une heureuse aventure ;
Et Corisandre, à l'hébété maintien,
Jette au hasard un œil qui ne dit rien.
Pour Tirconel, d'une façon gentille
Il salua la grand'mère et la fille,
Et pour sa part fit aussi les yeux doux.
Qu'arrive-t-il ? les voilà tous deux fous.
Chandos atteint de cette maladie,
En maquignon, natif de Normandie,

Pour un cheval prend la jeune beauté,
Prétend qu'il soit sellé, bridé, monté ;
Et puis claquant sa croupe rebondie,
D'un demi-tour s'élance sur son dos.
La belle plie, et tombe sous Chandos ;
Quand Tirconel, par une autre manie,
Au même instant se croit cabaretier,
Et prend la belle à genoux accroupie [1]
Pour un tonneau ; prétend le relier
Et le percer, et surtout essayer
De la liqueur que Bacchus a rougie.
Tout chevauchant, alors Chandos lui crie :
« Vous êtes fou ! God dam ! L'esprit malin
A détraqué, je crois, votre cervelle.
Quoi ! vous prenez pour un tonneau de vin
Mon cheval blanc à crinière isabelle !
— C'est mon tonneau, j'en porte le bondon.
— C'est mon cheval. — C'est mon tonneau, mon frère. »
Également tous deux avaient raison [2].
Chacun soutient sa brave opinion.
Un jacobin se met moins en colère
Pour saint Thomas, ou tel autre saint père,
Et d'Olivet pour son cher Cicéron.
Des démentis en réplique et duplique,
Et certains mots que, grâce à ma pudeur,
Mon style honnête épargne à mon lecteur,
Mots effrayants pour qui d'honneur se pique [3],
Font que déjà nos illustres Bretons
Ont dégainé leurs fiers estramaçons.

    Comme le vent, dans son faible murmure,
Frise d'abord la surface des eaux,
S'élève, gronde, et, brisant les vaisseaux,
Répand l'horreur sur toute la nature ;
Ainsi l'on vit nos deux Anglais d'abord
Se plaisanter, faire semblant de rire,
Puis se fâcher, puis, dans leur noir délire,
Se menacer et se porter la mort.

---

1. Variante ; édition de 1756 :

> Pour un tonneau qu'il convient préparer
> Pour le percer et pour le soutirer,
> Par l'orifice, au clair jusqu'à la lie.
> Tout chevauchant... (K.)

2. Variante ; édition de 1756 :

> Ils soutenaient leur folle opinion,
> Avec l'ardeur dont un moine en colère
> Plaide en faveur du devot scapulaire.
> Et d'Olivet... (K.)

3. Variante ; édition de 1756 :

> Mirent en feu nos illustres Bretons,
> Qui se narguaient de leurs estramaçons.
>   Comme le vent, d'abord faible, murmure,
> S'élève, gronde, et, brisant les vaisseaux
> Trop agités pour résister aux eaux,
> Repand l'horreur... (K.)

CHANT XIV.

Tous deux en garde, en la même posture,
*Le bras tendu, le corps en son profil,
*La tête haute, et le fer de droit fil¹,
En quarte, en tierce, ils tâtent leur peau dure.
Mais aussitôt, sans règle ni mesure,
Plus acharnés, plus fiers, plus en courroux,
Du fer tranchant ils portent de grands coups.
    *Au mont Etna, dans leur forge brûlante,
*Du noir cocu les borgnes compagnons
*Font retentir l'enclume étincelante
*Sous des marteaux moins redoublés, moins prompts,
*En préparant au maître du tonnerre
*Le gros canon dont se moque la terre².
    Des deux côtés le sang est répandu
Du bras, du col, et du crâne fendu,
Malgré l'acier de leur brillante armure,
Sans qu'un seul cri succède à la blessure.
    La bonne mère en gémit de douleur,
Dit son *Pater*, demande un confesseur;
Et cependant sa fille avec langueur,
Se rengorgeant, rajuste sa coiffure.
Nos deux Anglais, lassés, sanglants, rendus,
Gisaient tous deux sur la terre étendus,
Quand arriva notre bon roi de France,
Et ces héros, brillants porteurs de lance,
Et ces beautés qui formaient une cour
Digne de Mars et du dieu de l'amour.
    La belle sotte au-devant d'eux s'avance,
Fait gauchement une humble révérence,
Nonchalamment leur donne le bonjour,
Et les voit tous avec indifférence.
Qui l'aurait cru, que la nature mît
Tant de poison dans des yeux sans esprit!
Des beaux Français les têtes détraquées
Sont par la belle à peine remarquées.
Les dons du ciel versés bénignement
Sont des mortels reçus différemment;
Tout se façonne à notre caractère;
Diversement sur nous la grâce opère;
Le même suc, dont la terre nourrit
Des fruits divers les semences écloses,
Fait des œillets, des chardons, et des roses.
D'Argens soupire alors que Darget rit;
Et Maupertuis débite des fadaises,
Comme Newton ses doctes hypothèses;
Et certain roi fait servir ses soldats
A ses amours ainsi qu'à ses combats³.

---

1. Voyez chant VIII, vers 308-309, et les variantes du chant XI, vers 179. (R.)
2. Ces vers se retrouvent, à quelques mots près, au chant XI, vers 188-193 (R.)
3. Ces cinq vers ne sont pas de M. de Voltaire, mais bien des éditeurs, qui savaient les querelles qu'il avait eues récemment à Berlin, et qui le faisaient parler comme ils auraient parlé eux-mêmes dans des circonstances semblables. (K.) — N'en déplaise aux éditeurs de Kehl, ces vers, qu'ils avaient mis en variantes, me semblent être incontestablement de Voltaire, aussi les ai-je reportés dans le texte, où ils sont indispensables pour la rime. (R.)

Tout se varie; une tête française
Tourne autrement qu'une cervelle anglaise.
Chacun se sent des mœurs de son pays :
Chez les Anglais, sombres et durs esprits,
Toute folie est noire, atrabilaire;
Chez les Français elle est vive et légère.
   D'abord nos gens, se prenant par la main,
Dansent en rond, et chantent le refrain.
Le gros Bonneau lourdement se démène,
Hors de cadence ainsi que hors d'haleine.
Bréviaire en main, le père Bonifoux
A pas plus lents danse avec tous ces fous [1];
Il s'est placé tout auprès du beau page,
D'un air dévot lorgnant ce beau visage [2];
A son souris, à son dévot langage,
A ses yeux doux, à ses mains, à son ton,
On lui croirait un reste de raison.
   Le mal nouveau qui fascine la vue
De la royale et dansante cohue
Leur fait penser que la cour du château
Est un jardin avec un bassin d'eau;
Et, voulant tous s'y baigner, ils dépouillent
Leurs corselets, et, nus sur le gazon,
Nageant à vide et levant le menton,
Dans l'onde claire ils pensent qu'ils se mouillent.
Et remarquez que le moine engageant
Près de Monrose allait toujours nageant [3].
   A cet amas de têtes sans cervelle,
A ces objets, à tant de nudités,
On vit d'abord nos pudiques beautés,
La Dorothée, Agnès, et la Pucelle,
Qui détournaient leur discrète prunelle,
Puis regardaient, et puis levaient les yeux
Avec le cœur et les mains vers les cieux.
   « Quoi! s'écria l'inébranlable Jeanne,
J'aurai pour moi saint Denis et mon âne;
J'aurai battu plus d'un Anglais profane,
Vengé mon prince, et sauvé des couvents;
J'aurai marché vers les murs d'Orléans,
Le tout en vain! Le destin nous condamne
A voir périr nos travaux impuissants,
Et nos héros à perdre le bon sens! »

---

1. Variante; édition de 1756 :

    Mais se plaisant surtout avec le page :
    A son souris, à son dévot langage,
    A ses yeux doux, à son geste, à son ton,
    On croit au père un reste de raison.
    Le mal nouveau... (K.)

2. Variante; manuscrit :

    D'un air bénin lorgnant ce beau visage.

3. Variante; manuscrit :

    Et remarquez que le moine nageant
    Allait toujours près du page engageant.

    La douce Agnès, la tendre Dorothée,
De nos nageurs se tenaient à portée,
Pleuraient tantôt, et riaient quelquefois,
De voir si fous des héros et des rois.
    Mais que résoudre? où fuir? quel parti prendre?
On regrettait le château de Cutendre.
Une servante en secret leur apprit
Comme on trouvait au logis de la belle
L'art de guérir ceux qui perdaient l'esprit.
« La Providence a décrété, dit-elle,
Que le bon sens ne peut être hébergé
Chez les cerveaux dont il a délogé
Que quand enfin la belle Corisandre
Aux lacs d'amour se laissera surprendre. »
    Ce bon avis ne fut pas sans profit.
Le muletier par bonheur l'entendit :
Car vous saurez que ce valet terrible,
Pour Jeanne d'Arc étant toujours sensible,
Jaloux de l'âne, avait d'un pied discret
Suivi de loin l'amazone en secret.
Il se sentit la noble confiance
De secourir et son prince et la France.
La belle était justement dans un coin
Propre au mystère : il l'aperçut de loin[1].
Du moine noir il s'avisa de prendre
L'accoutrement : la belle à cet aspect
Sentit son cœur saisi d'un saint respect.
Elle obéit sans oser se défendre,
Innocemment et sans réflexion,
Comme faisant une bonne action.
    Le muletier fit tant par ses menées
Qu'il accomplit ses hautes destinées.
Il la subjugue. A peine elle sentit
La volupté, dont la triste ignorance

---

1. Variante ; édition de 1756 :

> *Propre au mystère :* il la guette de loin.
> Puis court vers elle, armé, plein de courage.
> On le crut fou ; mais c'était le seul sage.
> O muletier ! de quels rares trésors
> La juste main de la riche nature
> T'avait payé le trop commune injure
> De la fortune ! En un seul haut-le-corps
> Il met à bas la belle créature ;
> Il la subjugue, et d'un rein vigoureux
> Faisant jouer le belier monstrueux,
> Il force, il rompt les quatre barricades ;
> Puis redoublant ses vives estocades,
> Il loge enfin dans toute sa longueur,
> Jusques au fond, son braquemart vainqueur.
> Du brusque assaut la jeune Corisandre
> N'avait pas eu le temps de se défendre :
> Les poings fermés, tout le corps en arrêt,
> Serrant les dents, retirant le jarret,
> Sans dire mot, sans rien voir, rien entendre,
> Elle attendait, en invoquant les saints,
> Que l'ennemi se fût cassé les reins.
>   Pour elle enfin le moment vint d'apprendre
> Et de savoir. A peine elle sentit
> La volupté...(K.)

De sa jeune âme abrutissait l'essence,
De tous côtés le charme se rompit.
Chaque cervelle aussitôt fut remise
En son état, non sans quelque méprise :
Car le roi Charle obtint le gros bon sens
Du vieux Bonneau, lequel eut en partage
Celui du moine; et chacun des galants
Troqua de même. On eut peu d'avantage
Dans ces marchés : la raison des humains,
Ce don de Dieu, n'est que fort peu de chose;
Il ne l'a pas versée à pleines mains,
Et tout mortel est content de sa dose.
Ce changement n'en produisit aucun
Chez les amants : chacun pour sa maîtresse
Garda son goût, conserva sa tendresse;
Car en amour que fait le sens commun?
Pour Corisandre, elle obtint la science
Du bien, du mal, une honnête assurance,
De l'art, du goût, enfin mille agréments
Qu'elle ignorait dans sa triste innocence.
Un muletier lui fit tous ces présents.
Ainsi d'Adam la compagne imbécile,
Dans son jardin vivant sans volupté,
Dès que du diable elle eut un peu tâté,
Devint charmante, éclairée et subtile,
Telle que sont les femmes de nos jours
Sans appeler le diable à leur secours.

FIN DU CHANT QUATORZIÈME

DE L'ÉDITION DE 1756.

CHANT QUATORZIÈME.

ARGUMENT.

Comment Jean Chandos veut abuser de la dévote Dorothée. Combat de La Trimouille et de Chandos. Ce fier Chandos est vaincu par Dunois.

O Volupté, mère de la nature[1],
Belle Vénus, seule divinité
Que dans la Grèce invoquait Épicure,
Qui, du chaos chassant la nuit obscure,
Donnes la vie et la fécondité,
Le sentiment et la félicité
A cette foule innombrable, agissante,
D'êtres mortels, à ta voix renaissante ;
Toi que l'on peint désarmant dans tes bras
Le dieu du ciel et le dieu de la guerre,
Qui d'un sourire écartes le tonnerre,
Rends l'air serein, fais naître sous tes pas
Les doux plaisirs qui consolent la terre ;
Descends des cieux, déesse des beaux jours,
Viens sur ton char entouré des Amours,
Que les Zéphyrs ombragent de leurs ailes,
Que font voler tes colombes fidèles,
En se baisant dans le vague des airs :
Viens échauffer et calmer l'univers,
Viens ; qu'à ta voix les Soupçons, les Querelles,
Le triste Ennui, plus détestable qu'elles,
La noire Envie, à l'œil louche et pervers,
Soient replongés dans le fond des enfers,

---

1. Cet exorde semble imité du premier livre de l'admirable poëme de Lucrèce :

   Æneadum genitrix, hominum divûmque voluptas,
   Alma Venus, cœli subterlabentia signa, etc., etc. »

   (*Note de Voltaire*, 1762.)

CHANT XIV.

Et garrottés de chaînes éternelles :
Que tout s'enflamme et s'unisse à ta voix ;
Que l'univers en aimant se maintienne.
Jetons au feu nos vains fatras de lois :
N'en suivons qu'une, et que se soit la tienne.

 Tendre Vénus, conduis en sûreté
Le roi des Francs, qui défend sa patrie ;
Loin des périls conduis à son côté
La belle Agnès, à qui son cœur se fie :
Pour ces amants de bon cœur je te prie.
Pour Jeanne d'Arc je ne t'invoque pas,
Elle n'est pas encor sous ton empire :
C'est à Denis de veiller sur ses pas ;
Elle est pucelle, et c'est lui qui l'inspire.
Je recommande à tes douces faveurs
Ce La Trimouille et cette Dorothée :
Verse la paix dans leurs sensibles cœurs ;
De son amant que jamais écartée
Elle ne soit exposée aux fureurs
Des ennemis qui l'ont persécutée.

 Et toi, Comus[1], récompense Bonneau,
Répands tes dons sur ce bon Tourangeau
Qui sut conclure un accord pacifique
Entre son prince et ce Chandos cynique.
Il obtint d'eux avec dextérité
Que chaque troupe irait de son côté,
Sans nul reproche et sans nulles querelles,
A droite, à gauche, ayant la Loire entre elles.
Sur les Anglais il étendit ses soins,
Selon leurs goûts, leurs mœurs, et leurs besoins.
Un gros rostbeef que le beurre assaisonne[2],
Des plum-puddings, des vins de la Garonne,
Leur sont offerts ; et les mets plus exquis,
Les ragoûts fins dont le jus pique et flatte,
Et les perdrix à jambes d'écarlate,
Sont pour le roi, les belles, les marquis.

---

1. Comus, dieu des festins. (*Note de Voltaire*, 1762.)

2. *Rostbeef*, prononcez *rostbif ;* c'est le mets favori des Anglais : c'est ce que nous appelons un aloyau. Les puddings sont des pâtisseries ; il y a des plum-puddings, des bread-puddings, et plusieurs autres sortes de puddings. « Notandi sunt tibi mores. [Horat., *De arte poetica*, 156.] » (*Id.*, 1762.)

Le fier Chandos partit donc après boire,
Et côtoya les rives de la Loire,
Jurant tout haut que la première fois
Sur la Pucelle il reprendrait ses droits ;
En attendant, il reprit son beau page.
Jeanne revint, ranimant son courage,
Se replacer à côté de Dunois.
   Le roi des Francs avec sa garde bleue,
Agnès en tête, un confesseur en queue,
A remonté, l'espace d'une lieue,
Les bords fleuris où la Loire s'étend
D'un cours tranquille et d'un flot inconstant.
   Sur des bateaux et des planches usées
Un pont joignait les rives opposées ;
Une chapelle était au bout du pont.
C'était dimanche. Un ermite à sandale
Fait résonner sa voix sacerdotale :
Il dit la messe ; un enfant la répond.
Charle et les siens ont eu soin de l'entendre,
Dès le matin, au château de Cutendre ;
Mais Dorothée en entendait toujours
Deux pour le moins, depuis qu'à son secours
Le juste ciel, vengeur de l'innocence,
Du grand bâtard employa la vaillance,
Et protégea ses fidèles amours.
Elle descend, se retrousse, entre vite,
Signe sa face en trois jets d'eau bénite,
Plie humblement l'un et l'autre genou,
Joint les deux mains, et baisse son beau cou.
Le bon ermite, en se tournant vers elle,
Tout ébloui, ne se connaissant plus,
Au lieu de dire un *Fratres, oremus,*
Roulant les yeux, dit : « *Fratres,* qu'elle est belle! »
   Chandos entra dans la même chapelle
Par passe-temps, beaucoup plus que par zèle.
La tête haute, il salue en passant
Cette beauté dévote à La Trimouille,
Passe, repasse, et toujours en sifflant ;
Mais derrière elle enfin il s'agenouille,
Sans un seul mot de *Pater* ou d'*Ave.*
D'un cœur contrit au Seigneur élevé,
D'un air charmant, la tendre Dorothée

Se prosternait, par la grâce excitée,
Front contre terre et derrière levé ;
Son court jupon, retroussé par mégarde,
Offrait aux yeux de Chandos qui regarde,
A découvert, deux jambes dont l'Amour
A dessiné la forme et le contour ;
Jambes d'ivoire, et telles que Diane
En laissa voir au chasseur Actéon.
Chandos alors, faisant peu l'oraison,
Sentit au cœur un désir très-profane.
Sans nul respect pour un lieu si divin,
Il va glissant une insolente main
Sous le jupon qui couvre un blanc satin.
Je ne veux point, par un crayon cynique
Effarouchant l'esprit sage et pudique
De mes lecteurs, étaler à leurs yeux
Du grand Chandos l'effort audacieux.

Mais La Trimouille ayant vu disparaître
Le tendre objet dont l'Amour le fit maître,
Vers la chapelle il adresse ses pas.
Jusqu'où l'Amour ne nous conduit-il pas ?
La Trimouille entre au moment où le prêtre
Se retournait, où l'insolent Chandos
Était tout près du plus charmant des dos,
Où Dorothée, effrayée, éperdue,
Poussait des cris qui vont fendre la nue.
Je voudrais voir nos bons peintres nouveaux,
Sur cette affaire exerçant leurs pinceaux,
Peindre à plaisir sur ces quatre visages
L'étonnement des quatre personnages.
Le Poitevin criait à haute voix :
« Oses-tu bien, chevalier discourtois,
Anglais sans frein, profanateur impie,
Jusqu'en ces lieux porter ton infamie ? »
D'un ton railleur où règne un air hautain,
Se rajustant, et regagnant la porte,
Le fier Chandos lui dit : « Que vous importe ?
De cette église êtes-vous sacristain ?
— Je suis bien plus, dit le Français fidèle,
Je suis l'amant aimé de cette belle ;
Ma coutume est de venger hautement
Son tendre honneur, attaqué trop souvent.

— Vous pourriez bien risquer ici le vôtre,
Lui dit l'Anglais : nous savons l'un et l'autre
Notre portée ; et Jean Chandos peut bien
Lorgner un dos, mais non montrer le sien. »
　Le beau Français, et le Breton qui raille,
Font préparer leurs chevaux de bataille.
Chacun reçoit des mains d'un écuyer
Sa longue lance et son rond bouclier,
Se met en selle, et, d'une course fière,
Passe, repasse, et fournit sa carrière.
De Dorothée et les cris et les pleurs
N'arrêtaient point l'un et l'autre adversaire.
Son tendre amant lui criait : « Beauté chère,
Je cours pour vous, je vous venge, ou je meurs. »
Il se trompait : sa valeur et sa lance
Brillaient en vain pour l'Amour et la France.
　Après avoir en deux endroits percé
De Jean Chandos le haubert fracassé,
Prêt à saisir une victoire sûre,
Son cheval tombe, et, sur lui renversé,
D'un coup de pied sur son casque faussé,
Lui fait au front une large blessure.
Le sang vermeil coule sur la verdure.
L'ermite accourt ; il croit qu'il va passer,
Crie *In manus*, et le veut confesser.
Ah, Dorothée ! ah, douleur inouïe !
Auprès de lui sans mouvement, sans vie,
Ton désespoir ne pouvait s'exhaler :
Mais que dis-tu lorsque tu pus parler !
　« Mon cher amant, c'est donc moi qui te tue !
De tous tes pas la compagne assidue
Ne devait pas un moment s'écarter ;
Mon malheur vient d'avoir pu te quitter.
Cette chapelle est ce qui m'a perdue ;
Et j'ai trahi La Trimouille et l'amour,
Pour assister à deux messes par jour ! »
Ainsi parlait sa tendre amante en larmes.
　Chandos riait du succès de ses armes :
« Mon beau Français, la fleur des chevaliers,
Et vous aussi, dévote Dorothée,
Couple amoureux, soyez mes prisonniers ;
De nos combats c'est la loi respectée.

CHANT XIV.

J'eus un moment Agnès en mon pouvoir,
Puis j'abattis sous moi votre Pucelle :
Je l'avouerai, je fis mal mon devoir,
J'en ai rougi ; mais avec vous, la belle,
Je reprendrai tout ce que je perdis ;
Et La Trimouille en dira son avis. »
   Le Poitevin, Dorothée, et l'ermite,
Tremblaient tous trois à ce propos affreux ;
Ainsi qu'on voit au fond des antres creux
Une bergère éplorée, interdite,
Et son troupeau que la crainte a glacé,
Et son beau chien par un loup terrassé.
   Le juste ciel, tardif en sa vengeance,
Ne souffrit pas cet excès d'insolence.
De Jean Chandos les péchés redoublés,
Filles, garçons, tant de fois violés,
Impiété, blasphème, impénitence,
Tout en son temps fut mis dans la balance,
Et fut pesé par l'ange de la mort.
Le grand Dunois avait de l'autre bord
Vu le combat et la déconvenue
De La Trimouille ; une femme éperdue
Qui le tenait languissant dans ses bras,
L'ermite auprès qui marmotte tout bas,
Et Jean Chandos qui près d'eux caracole :
A ces objets il pique, il court, il vole.
   C'était alors l'usage en Albion
Qu'on appelât les choses par leur nom.
Déjà, du pont franchissant la barrière,
Vers le vainqueur il s'était avancé.
« Fils de putain, » nettement prononcé[1],
Frappe au tympan de son oreille altière.
« Oui, je le suis, dit-il d'une voix fière :
Tel fut Alcide et le divin Bacchus[2],
L'heureux Persée et le grand Romulus,
Qui des brigands ont délivré la terre.
C'est en leur nom que j'en vais faire autant.
Va, souviens-toi que d'un bâtard normand

---

1. Il l'était en effet. (*Note de Voltaire*, 1762.)
2. Alcide, Bacchus, Persée, fils de Jupiter ; Romulus, de Mars, etc. (*Id.*, 1762.)

Le bras vainqueur a soumis l'Angleterre[1].
O vous, bâtards du maître du tonnerre,
Guidez ma lance et conduisez mes coups !
L'honneur le veut ; vengez-moi, vengez-vous. »
Cette prière était peu convenable ;
Mais le héros savait très-bien la Fable ;
Pour lui la Bible eut des charmes moins doux.
Il dit, et part. La molette dorée
Des éperons, armés de courtes dents,
De son coursier pique les nobles flancs.
Le premier coup de sa lance acérée
Fend de Chandos l'armure diaprée,
Et fait tomber une part du collet
Dont l'acier joint le casque au corselet.

 Le brave Anglais porte un coup effroyable ;
Du bouclier la voûte impénétrable
Reçoit le fer, qui s'écarte en glissant.
Les deux guerriers se joignent en passant ;
Leur force augmente ainsi que leur colère :
Chacun saisit son robuste adversaire.
Les deux coursiers, sous eux se dérobants,
Débarrassés de leurs fardeaux brillants,
S'en vont en paix errer dans les campagnes.
Tels que l'on voit dans d'affreux tremblements
Deux gros rochers, détachés des montagnes,
Avec grand bruit l'un sur l'autre roulants :
Ainsi tombaient ces deux fiers combattants,
Frappant la terre et tous deux se serrants.
Du choc bruyant les échos retentissent,
L'air s'en émeut, les nymphes en gémissent.
Ainsi quand Mars, suivi par la Terreur,
Couvert de sang, armé par la Fureur,
Du haut des cieux descendait pour défendre
Les habitants des rives du Scamandre,
Et quand Pallas animait contre lui
Cent rois ligués dont elle était l'appui,
La terre entière en était ébranlée ;

---

1. Guillaume le Conquérant, bâtard d'un duc de Normandie, fils de putain, comme le remarque judicieusement l'auteur, d'après milord Ch.........d. (*Note de Voltaire.* 1762.) — Les éditeurs de Kehl ont imprimé en entier le nom de Chesterfield. J'ai pensé qu'il valait mieux reproduire la note telle qu'elle a paru du vivant de l'auteur. (R.)

De l'Achéron la rive était troublée[1];
Et, pâlissant sur ses horribles bords,
Pluton tremblait pour l'empire des morts.
    Pareils aux flots que les autans soulèvent,
Avec fureur nos guerriers se relèvent,
Tirent leur sabre, et sous cent coups divers
Rompent l'acier dont tous deux sont couverts.
Déjà le sang, coulant de leurs blessures,
D'un rouge noir avait teint leurs armures.
Les spectateurs, en foule se pressants,
Faisaient un cercle autour des combattants,
Le cou tendu, l'œil fixe, sans haleine,
N'osant parler, et remuant à peine.
On en vaut mieux quand on est regardé;
L'œil du public est aiguillon de gloire.
Les champions n'avaient que préludé
A ce combat d'éternelle mémoire.
Achille, Hector, et tous les demi-dieux,
Les grenadiers bien plus terribles qu'eux,
Et les lions beaucoup plus redoutables,
Sont moins cruels, moins fiers, moins implacables,
Moins acharnés. Enfin l'heureux bâtard,
Se ranimant, joignant la force à l'art,
Saisit le bras de l'Anglais qui s'égare,
Fait d'un revers voler son fer barbare,
Puis d'une jambe avancée à propos
Sur l'herbe rouge étend le grand Chandos;
Mais en tombant son ennemi l'entraîne.
Couverts de poudre ils roulent dans l'arène,
L'Anglais dessous et le Français dessus.
    Le doux vainqueur, dont les nobles vertus
Guident le cœur quand son sort est prospère,
De son genou pressant son adversaire :
« Rends-toi, dit-il. — Oui, dit Chandos, attends;
Tiens, c'est ainsi, Dunois, que je me rends. »
    Tirant alors, pour ressource dernière,
Un stylet court, il étend en arrière
Son bras nerveux, le ramène en jurant,

---

1. Cet endroit est encore imité d'Homère; mais ceux qui font semblant de l'avoir lu dans le grec diront que le français ne peut jamais en approcher. (*Note de Voltaire*, 1762.)

Et frappe au cou son vainqueur bienfaisant :
Mais une maille en cet endroit entière
Fit émousser la pointe meurtrière.
Dunois alors cria : « Tu veux mourir ;
Meurs, scélérat. » Et, sans plus discourir,
Il vous lui plonge, avec peu de scrupule,
Son fer sanglant devers la clavicule.
Chandos mourant, se débattant en vain,
Disait encor tout bas : « Fils de putain ! »
Son cœur altier, inhumain, sanguinaire,
Jusques au bout garda son caractère.
Ses yeux, son front, pleins d'une sombre horreur,
Son geste encor, menaçaient son vainqueur.
Son âme impie, inflexible, implacable,
Dans les enfers alla braver le diable.
Ainsi finit, comme il avait vécu,
Ce dur Anglais, par un Français vaincu.
 Le beau Dunois ne prit point sa dépouille :
Il dédaignait ces usages honteux,
Trop établis chez les Grecs trop fameux.
Tout occupé de son cher La Trimouille,
Il le ramène, et deux fois son secours
De Dorothée ainsi sauva les jours.
Dans le chemin elle soutient encore
Son tendre amant, qui, de ses mains pressé,
Semble revivre, et n'être plus blessé
Que de l'éclat de ces yeux qu'il adore ;
Il les regarde, et reprend sa vigueur.
Sa belle amante, au sein de la douleur,
Sentit alors le doux plaisir renaître :
Les agréments d'un sourire enchanteur
Parmi ses pleurs commençaient à paraître ;
Ainsi qu'on voit un nuage éclairé
Des doux rayons d'un soleil tempéré.
 Le roi gaulois, sa maîtresse charmante,
L'illustre Jeanne, embrassent tour à tour
L'heureux Dunois, dont la main triomphante
Avait vengé son pays et l'Amour.
On admirait surtout sa modestie
Dans son maintien, dans chaque repartie.
Il est aisé, mais il est beau pourtant,
D'être modeste alors que l'on est grand.

Jeanne étouffait un peu de jalousie,
Son cœur tout bas se plaignait du destin.
Il lui fâchait que sa pucelle main
Du mécréant n'eût pas tranché la vie :
Se souvenant toujours du double affront
Qui vers Cutendre a fait rougir son front,
Quand, par Chandos au combat provoquée,
Elle se vit abattue et manquée.

FIN DU CHANT QUATORZIÈME.

VARIANTES

DU CHANT QUATORZIÈME.

Vers 11. — Après ce vers on lit, dans quelques éditions, ceux-ci, qui se rapportent à l'épisode de *Corisandre* :

  Calmes les flots, fais naître sous tes pas
  Tous les plaisirs qui consolent la terre;
  Tendre Vénus, c'est par un muletier
  Que tu formas l'esprit de Corisandre :
  Depuis ce jour, spirituelle et tendre,
  A tes autels prompte à sacrifier,
  Son cœur instruit ne se laissa plus prendre
  Que dans des nœuds dignes de la lier.
  Ainsi l'on voit un artisan grossier
  Tourner, polir, d'une main rude et noire,
  L'or, le rubis, et le jaspe, et l'ivoire,
  Que porte ensuite un galant chevalier.
  D'un air modeste et mêlé d'assurance,
  Noble, engageant, poli, respectueux,
  Elle reçoit le monarque de France.
  Un feu charmant anime ses beaux yeux;
  Les grâces sont dans sa démarche leste,
  Dans son maintien, dans son ris, dans son geste;
  Puis ayant fait les honneurs du château
  Au possesseur du bon sens de Bonneau,
  Aux beaux Français dont la troupe aguerrie
  Unit l'audace à la galanterie,
  Sur les Anglais elle étendit ses soins,
  Selon leurs goûts, leurs mœurs et leurs besoins.
  Un gros rostbeef que le beurre assaisonne,
  Des plum-puddings, des vins de la Garonne,
  Leur sont offerts; et les mets plus exquis,
  Les ragoûts fins dont le jus pique et flatte,
  Et les perdrix à jambe d'écarlate,
  Sont pour le roi, les belles, les marquis.
  Elle fit plus : son heureuse entremise
  Sut ménager avec douce accortise
  Les deux partis; obtint que chacun d'eux,
  Mettant à part sa folie héroïque,
  Fit de chez elle un départ pacifique,
  A droite, à gauche, et la Loire entre deux,
  Sans nul reproche et sans forfanterie,

VARIANTES DU CHANT XIV.

  Selon les lois de la chevalerie.
  Le preux Chandos, suivant les mêmes lois,
  Sur son beau page a repris son empire;
  Charle et Chandos sont rentrés dans leurs droits.
  Agnès Sorel tout doucement soupire;
  Son tendre cœur, près du plus grand des rois,
  Du page heureux se souvient quelquefois,
  Toujours docile au roi qui toujours l'aime.
  Heureux ceux-là qu'on peut tromper de même !
  Quand le château fut bien débarrassé
  Du grand dégât qu'avaient fait de tels hôtes,
  La belle alors n'eut rien de plus pressé
  Que de songer à réparer ses fautes.
  Elle appela les plus jeunes amants
  Qui, l'ayant vue, avaient couru les champs.
  Le dieu d'Amour voulut une vengeance;
  Elle honora d'un choix plein de prudence
  Un bachelier beau, bien fait, et dispos;
  Mais revenons, lecteurs, à nos héros.
  *Le roi des Francs avec sa garde bleue... (R.)

Vers 43. — Édition de 1756 :

  *Des ennemis qui l'ont persécutée.
  Tendre Vénus, c'est par un muletier
  Que tu forças le cœur de Corisandre.
  Depuis ce jour, douce, avisée et tendre,
  A tes autels prompte à sacrifier,
  Elle sut plaire, et jouir, et se rendre
  A tous les nœuds dignes de la lier.
  Ainsi l'on voit un artisan grossier
  Tourner, polir, d'une main rude et noire,
  L'or, le rubis, et le jaspe, et l'ivoire
  Dont se pavane un brillant chevalier.
  Aux beaux Français, dont la troupe aguerrie
  Unit l'audace à la galanterie,
  Au possesseur du bon sens de Bonneau,
  La belle fait les honneurs du château,
  Et puis conclut un accord pacifique
  Entre Charlot et Chandos le cynique.
  *Elle obtint d'eux... (K.)

Vers 85 :

  Elle descend, se détrousse, entre vite.

Vers 96 :

  Cette beauté fidèle à La Trimouille.

Dans un autre manuscrit, on lit :

  Cette beauté qu'adore son amant,
  *Cette beauté, dévote à La Trimouille,
  Et derrière elle en sifflant s'agenouille.

Vers 104. — Édition de 1756 :

  *Son court jupon, retroussé par mégarde,

> Offrait aux yeux de Chandos qui regarde,
> A découvert, deux jambes que l'Amour
> Refit depuis pour porter Pompadour,
> Cette beauté que pour Louis Dieu garde,
> Et qu'au couvent il mettra quelque jour :
> Jambes d'ivoire...

Ces deux derniers vers sont des éditeurs. (K.)

Vers 110 :
> Chandos alors, suivant peu l'oraison.

Vers 114. — Manuscrit :
> *Sous le jupon qui couvre un blanc satin.
> Il la dirige, il découvre sans peine
> Ce bel autel où s'adressent ses vœux,
> Autel charmant, autel à la romaine,
> A deux envers, pour lui sacrés tous deux.
> *Je ne veux point... (K.)

Vers 185. — Édition de 1756 :
> *« De nos combats c'est la loi respectée.
> Venez ! je veux que ce héros vaincu
> Soit en un jour et captif et cocu.
> *Le juste ciel... (K.)

Vers 245 :
> Débarrassés de leurs fardeaux pesants.

Vers 264 et 265. — On lit dans toutes les éditions :
> Les deux héros fièrement se relèvent,
> Les yeux en feu, se regardent, s'observent.

Ces vers ne riment point ensemble. J'ai reporté dans le texte les deux premiers vers de la variante qui suit, et qu'avaient notée les éditeurs de Kehl d'après un manuscrit :

> Pareils aux flots que les autans soulèvent,
> Avec fureur nos guerriers se relèvent.
> Leurs coups pressés font jaillir en éclairs
> L'acier poli dont tous deux sont couverts.
> *Déjà le sang...

Un éditeur du poëme de *la Pucelle* s'est trompé en présentant comme défectueuse la rime des mots *soulèvent* et *relèvent;* car, par une bizarrerie inexplicable, les dérivés riment entre eux sans rimer avec le radical. (R.)

Vers 347, 348. — Manuscrit :
> Quand par Chandos, hélas ! si maltraitée,
> Elle se vit abattue et ratée. (K.)

CHANT QUINZIÈME.

ARGUMENT.

Grand repas à l'hôtel de ville d'Orléans, suivi d'un assaut général. Charles attaque les Anglais. Ce qui arrive à la belle Agnès et à ses compagnons de voyage [1].

 Censeurs malins, je vous méprise tous,
Car je connais mes défauts mieux que vous.
J'aurais voulu dans cette belle histoire,
Écrite en or au temple de Mémoire,
Ne présenter que des faits éclatants,
Et couronner mon roi dans Orléans
Par la Pucelle, et l'Amour, et la Gloire.
Il est bien dur d'avoir perdu mon temps
A vous parler de Cutendre et d'un page,
De Grisbourdon, de sa lubrique rage,
D'un muletier, et de tant d'accidents
Qui font grand tort au fil de mon ouvrage.
 Mais vous savez que ces événements
Furent écrits par Trithême le sage [2] ;
Je le copie, et n'ai rien inventé.
Dans ces détails si mon lecteur s'enfonce,
Si quelquefois sa dure gravité
Juge mon sage avec sévérité,
A certains traits si le sourcil lui fronce,
Il peut, s'il veut, passer sa pierre ponce [3]
Sur la moitié de ce livre enchanté ;

---

1. Voyez la Préface en tête de cette édition. (R.)
2. Nous avons déjà remarqué que l'abbé Trithême n'a jamais rien dit de la Pucelle et de la belle Agnès ; c'est par pure modestie que l'auteur de ce poëme attribue à un autre tout le mérite de ce poëme moral. (*Note de Voltaire*, 1773-1774.)
3. Dit-on pierre ponce ou de ponce ? C'est une grande question. (*Id.*, 1762.)

Mais qu'il respecte au moins la vérité.
 O Vérité! vierge pure et sacrée!
Quand seras-tu dignement révérée?
Divinité qui seule nous instruis,
Pourquoi mets-tu ton palais dans un puits?
Du fond du puits quand seras-tu tirée?
Quand verrons-nous nos doctes écrivains,
Exempts de fiel, libres de flatterie,
Fidèlement nous apprendre la vie,
Les grands exploits de nos beaux paladins?
Oh! qu'Arioste étala de prudence,
Quand il cita l'archevêque Turpin [1]!
Ce témoignage à son livre divin
De tout lecteur attire la croyance.

 Tout inquiet encor de son destin,
Vers Orléans Charle était en chemin,
Environné de sa troupe dorée,
D'armes, d'habits richement décorée,
Et demandant à Dunois des conseils,
Ainsi que font tous les rois ses pareils,
Dans le malheur dociles et traitables,
Dans la fortune un peu moins praticables.
Charles croyait qu'Agnès et Bonifoux
Suivaient de loin. Plein d'un espoir si doux,
L'amant royal souvent tourne la tête
Pour voir Agnès, et regarde, et s'arrête;
Et quand Dunois, préparant ses succès,
Nomme Orléans, le roi lui nomme Agnès.

 L'heureux bâtard, dont l'active prudence
Ne s'occupait que du bien de la France,
Le jour baissant, découvre un petit fort

---

1. L'archevêque Turpin, à qui l'on attribue la *Vie de Charlemagne et de Roland*, était archevêque de Reims sur la fin du viiie siècle : ce livre est d'un moine nommé Turpin qui vivait dans le onzième, et c'est de ce roman que l'Arioste a tiré quelques-uns de ses contes. Le sage auteur feint ici qu'il a puisé son poëme dans l'abbé Trithème. (*Note de Voltaire*, 1762.) — Le judicieux et savant M. Daunou, auteur de l'article Turpin de la *Biographie universelle*, a démontré d'une manière péremptoire que l'archevêque de Reims ne peut être l'auteur du livre *de Vita Caroli Magni et Rolandi* qui lui est attribué, et que les conjectures de divers historiens sur le véritable auteur de cet ouvrage ne sont fondées sur aucun renseignement positif. L'édition la plus récente de ce livre est celle que M. Sébastien Ciampi a publiée à Florence en 1822, in-8° de xxxvi et 154 pages. (R.)

CHANT XV.

Que négligeait le bon duc de Bedfort.
Ce fort touchait à la ville investie :
Dunois le prend, le roi s'y fortifie.
Des assiégeants c'étaient les magasins.
Le dieu sanglant qui donne la victoire,
Le dieu joufflu qui préside aux festins,
D'emplir ces lieux se disputaient la gloire,
L'un de canons, et l'autre de bons vins :
Tout l'appareil de la guerre effroyable,
Tous les apprêts des plaisirs de la table,
Se rencontraient dans ce petit château :
Quels vrais succès pour Dunois et Bonneau !
   Tout Orléans à ces grandes nouvelles
Rendit à Dieu des grâces solennelles.
Un *Te Deum* en faux-bourdon[1] chanté
Devant les chefs de la noble cité ;
Un long dîner où le juge et le maire,
Chanoine, évêque, et guerrier invité,
Le verre en main, tombèrent tous par terre ;
Un feu sur l'eau, dont les brillants éclairs
Dans la nuit sombre illuminent les airs,
Les cris du peuple, et le canon qui gronde,
Avec fracas annoncèrent au monde
Que le roi Charle, à ses sujets rendu,
Va retrouver tout ce qu'il a perdu.
   Ces chants de gloire et ces bruits d'allégresse
Furent suivis par des cris de détresse.
On n'entend plus que le nom de Bedfort,
Alerte, aux murs, à la brèche, à la mort !
L'Anglais usait de ces moments propices
Où nos bourgeois, en vidant les flacons,
Louaient leur prince, et dansaient aux chansons.
Sous une porte on plaça deux saucisses,
Non de boudin, non telles que Bonneau
En inventa pour un ragoût nouveau ;
Mais saucissons dont la poudre fatale,
Se dilatant, s'enflant avec éclair,
Renverse tout, confond la terre et l'air ;

---

1. Le faux-bourdon est un plain-chant mesuré. Le serpent de la paroisse donne le ton, et toutes les parties s'accordent comme elles peuvent. C'est une musique excellente pour les gens qui n'ont point d'oreille. (*Note de Voltaire*, 1762.)

Machine affreuse, homicide, infernale,
Qui contenait dans son ventre de fer
Ce feu pétri des mains de Lucifer.
Par une mèche artistement posée,
En un moment la matière embrasée
S'étend, s'élève, et porte à mille pas
Bois, gonds, battants, et ferrure en éclats.
Le fier Talbot entre et se précipite.
Fureur, succès, gloire, amour, tout l'excite.
On voit de loin briller sur son armet
En or frisé le chiffre de Louvet :
Car la Louvet était toujours la dame
De ses pensers, et piquait sa grande âme ;
Il prétendait caresser ses beautés
Sur les débris des murs ensanglantés.

 Ce beau Breton, cet enfant de la guerre,
Conduit sous lui les braves d'Angleterre.
« Allons, dit-il, généreux conquérants,
Portons partout et le fer et les flammes,
Buvons le vin des poltrons d'Orléans,
Prenons leur or, baisons toutes leurs femmes. »
Jamais César, dont les traits éloquents
Portaient l'audace et l'honneur dans les âmes,
Ne parla mieux à ses fiers combattants.

 Sur ce terrain, que la porte enflammée
Couvre en sautant d'une épaisse fumée,
Est un rempart que La Hire et Poton
Ont élevé de pierre et de gazon.
Un parapet, garni d'artillerie,
Peut repousser la première furie,
Les premiers coups du terrible Bedfort.

 Poton, La Hire, y paraissent d'abord.
Un peuple entier derrière eux s'évertue ;
Le canon gronde ; et l'horrible mot « Tue »
Est répété quand les bouches d'enfer
Sont en silence, et ne troublent plus l'air.
Vers le rempart les échelles dressées
Portent déjà cent cohortes pressées ;
Et le soldat, le pied sur l'échelon,
Le fer en main, pousse son compagnon.

 Dans ce péril, ni Poton ni La Hire
N'ont oublié leur esprit qu'on admire.

CHANT XV.

Avec prudence ils avaient tout prévu,
Avec adresse à tout ils ont pourvu.
L'huile bouillante et la poix embrasée,
De pieux pointus une forêt croisée,
De larges faux que leur tranchant effort
Fait ressembler à la faux de la Mort,
Et des mousquets qui lancent les tempêtes
De plomb volant sur les bretonnes têtes,
Tout ce que l'art et la nécessité,
Et le malheur, et l'intrépidité,
Et la peur même, ont pu mettre en usage,
Est employé dans ce jour de carnage.
Que de Bretons bouillis, coupés, percés,
Mourants en foule, et par rangs entassés !
Ainsi qu'on voit sous cent mains diligentes
Choir les épis des moissons jaunissantes.

Mais cet assaut fièrement se maintient ;
Plus il en tombe, et plus il en revient [1].
De l'hydre affreux les têtes menaçantes,
Tombant à terre, et toujours renaissantes,
N'effrayaient point le fils de Jupiter ;
Ainsi l'Anglais, dans les feux, sous le fer,
Après sa chute encor plus formidable,
Brave en montant le nombre qui l'accable.

Tu t'avançais sur ces remparts sanglants,
Fier Richemont, digne espoir d'Orléans.
Cinq cents bourgeois, gens de cœur et d'élite,
En chancelant marchent sous sa conduite,
Enluminés du gros vin qu'ils ont bu ;
Sa séve encor animait leur vertu ;
Et Richemont criait d'une voix forte :
« Pauvres bourgeois, vous n'avez plus de porte,
Mais vous m'avez, il suffit, combattons. »
Il dit, et vole au milieu des Bretons.
Déjà Talbot s'était fait un passage
Au haut du mur, et déjà dans sa rage
D'un bras terrible il porte le trépas.

---

1. Voltaire a dit depuis, dans *le Pauvre Diable*, vers 25-27 :

. . . . . En vain Mars en fureur
De la patrie a moissonné la fleur,
Plus on en tue, et plus il s'en présente.

Il fait de l'autre avancer ses soldats,
Criant : *Louvet!* d'une voix stentorée [1] :
Louvet l'entend, et s'en tient honorée.
Tous les Anglais criaient aussi : *Louvet!*
Mais sans savoir ce que Talbot voulait.
O sots humains! on sait trop vous apprendre
A répéter ce qu'on ne peut comprendre.
  Charle, en son fort tristement retiré,
D'autres Anglais par malheur entouré,
Ne peut marcher vers la ville attaquée ;
D'accablement son âme est suffoquée.
« Quoi! disait-il, ne pouvoir secourir
Mes chers sujets que mon œil voit périr!
Ils ont chanté le retour de leur maître ;
J'allais entrer, et combattre, et peut-être
Les délivrer des Anglais inhumains :
Le sort cruel enchaîne ici mes mains.
— Non, lui dit Jeanne, il est temps de paraître.
Venez ; mettez, en signalant vos coups,
Ces durs Bretons entre Orléans et vous.
Marchez, mon prince, et vous sauvez la ville.
Nous sommes peu, mais vous en valez mille. »
Charles lui dit : « Quoi! vous savez flatter!
Je vaux bien peu ; mais je vais mériter
Et votre estime, et celle de la France,
Et des Anglais. » Il dit, pique, et s'avance.
Devant ses pas l'oriflamme est porté [2] ;
Jeanne et Dunois volent à son côté.
Il est suivi de ses gens d'ordonnance ;

---

1. Stentor était le crieur d'Homère. Il est immortalisé pour ce beau talent, et le mérite bien. (*Note de Voltaire*, 1762.)

2. Voltaire a toujours fait le mot oriflamme du genre masculin ; et peut-être est-ce à tort que dans plusieurs éditions de ses Œuvres on a mis, au chapitre x de l'*Essai sur les mœurs*, « l'oriflamme *apportée* à saint Denis par un ange, » au lieu d'*apporté* qu'on lit dans toutes celles qui ont été publiées du vivant de l'auteur. L'Académie, il est vrai, a décidé depuis longtemps que ce mot appartient au genre féminin ; mais cette autorité n'était pas sans doute d'un grand poids auprès de Voltaire, qui disait à l'un de ses amis : « Je vous remercie d'écrire toujours *français* par *a*, car l'Académie l'écrit par *o*. »

M. Louis du Bois, qui a annoté le poëme de *la Pucelle* pour l'édition donnée par M. Delangle, a remarqué, avec raison, qu'oriflamme est du genre féminin. Plusieurs autres observations non moins judicieuses du même éditeur ont été mises de côté par moi ; elles m'ont paru plus convenables pour un commentaire grammatical que dans de simples annotations. (R.)

Et l'on entend à travers mille cris :
« Vivent le roi, Montjoie, et saint Denis ! »
 Charles, Dunois, et la Barroise altière
Sur les Bretons s'élancent par derrière :
Tels que, des monts qui tiennent dans leur sein
Les réservoirs du Danube et du Rhin,
L'aigle superbe, aux ailes étendues,
Aux yeux perçants, aux huit griffes pointues,
Planant dans l'air, tombe sur des faucons
Qui s'acharnaient sur le cou des hérons.
 Ce fut alors que l'audace anglicane,
Semblable au fer sur l'enclume battu,
Qui de sa trempe augmente la vertu,
Repoussa bien la valeur gallicane.
Les voyez-vous ces enfants d'Albion,
Et ces soldats des fils de Clodion?
Fiers, enflammés, de sang insatiables,
Ils ont volé comme un vent dans les airs.
Dès qu'ils sont joints, ils sont inébranlables,
Comme un rocher sous l'écume des mers.
Pied contre pied, aigrette contre aigrette,
Main contre main, œil contre œil, corps à corps[1],
En jurant Dieu, l'un sur l'autre on se jette ;
Et l'un sur l'autre on voit tomber les morts.
 Oh ! que ne puis-je en grands vers magnifiques
Écrire au long tant de faits héroïques !
Homère seul a le droit de conter
Tous les exploits, toutes les aventures,
De les étendre et de les répéter,
De supputer les coups et les blessures,
Et d'ajouter aux grands combats d'Hector
De grands combats, et des combats encor :
C'est là sans doute un sûr moyen de plaire.
Mais je ne puis me résoudre à vous taire
D'autres dangers, dont un destin cruel
Circonvenait la belle Agnès Sorel,
Quand son amant s'avançait vers la gloire.
 Dans le chemin, sur les rives de Loire,
Elle entretient le père Bonifoux,
Qui, toujours sage, insinuant, et doux,

---

1. On trouve un semblable tableau dans Homère, *Iliade*, XIII, 130-131. (R.)

Du tentateur lui contait quelque histoire
Divertissante, et sans réflexions,
Sous l'agrément déguisant ses leçons.
A quelques pas, La Trimouille et sa dame
S'entretenaient de leur fidèle flamme,
Et du dessein de vivre ensemble un jour
Dans leur château, tout entiers à l'amour.
Dans leur chemin la main de la nature
Tend sous leurs pieds un tapis de verdure,
Velours uni, semblable au pré fameux
Où s'exerçait la rapide Atalante.
Sur le duvet de cette herbe naissante,
Agnès approche et chemine avec eux.
Le confesseur suivit la belle errante.
Tous quatre allaient, tenant de beaux discours
De piété, de combats, et d'amours.
Sur les Anglais, sur le diable on raisonne.
En raisonnant on ne vit plus personne.
Chacun fondait doucement, doucement,
Homme et cheval, sous le terrain mouvant.
D'abord les pieds, puis le corps, puis la tête,
Tout disparut, ainsi qu'à cette fête
Qu'en un palais d'un auteur cardinal
Trois fois au moins par semaine on apprête,
A l'opéra[1], souvent joué si mal,
Plus d'un héros à nos regards échappe,
Et dans l'enfer descend par une trappe.
   Monrose vit du rivage prochain
La belle Agnès, et fut tenté soudain
De venir rendre à l'objet qu'il observe
Tout le respect que son âme conserve.
Il passe un pont; mais il devient perclus,
Quand la voyant son œil ne la vit plus.
Froid comme marbre, et blême comme gypse,
Il veut marcher, mais lui-même il s'éclipse.
   Paul Tirconel, qui de loin l'aperçut,
A son secours à grand galop courut.
En arrivant sur la place funeste,
Paul Tirconel y fond avec le reste.

---

1. La salle de l'Opéra était à l'est du Palais-Cardinal (aujourd'hui Palais-Royal), presque sur l'emplacement de la cour des Fontaines. (G. A.)

CHANT XV.

Ils tombent tous dans un grand souterrain
Qui conduisait aux portes d'un jardin
Tel que n'en eut Louis le Quatorzième,
Aïeul d'un roi qu'on méprise et qu'on aime [1];
Et le jardin conduisait au château,
Digne en tout sens de ce jardin si beau.
C'était... (mon cœur à ce seul mot soupire)
D'Hermaphrodix le formidable empire.
O Dorothée, Agnès, et Bonifoux!
Qu'allez-vous faire, et que deviendrez-vous?

---

1. Voltaire, dont la tranquillité fut si gravement menacée, en 1755, par la publication malveillante du poëme de *la Pucelle*, était en droit et dans l'obligation d'en désavouer tout ce qui pouvait le compromettre; et le vers auquel se rapporte cette note était de ce nombre. Aussi ne doit-on pas s'étonner qu'il ait écarté des éditions avouées par lui l'épisode dont ce vers fait partie. Laharpe a raison de reconnaître que Voltaire en est l'auteur. Il exprimait d'une manière piquante les sentiments divers dont la France était animée pour son roi. Le peuple,

Aveugle dans sa haine, aveugle en son amour,
Brutus, I, ii.

s'était épris pour le prince d'une passion à laquelle celui-ci, dans sa bonne foi, déclarait ne rien comprendre. Les autres classes de la société poursuivaient d'un juste mépris l'esclave de Mme de Pompadour, que, plus tard, la Du Barry devait faire descendre au dernier degré d'abjection. (R.)

FIN DU CHANT QUINZIÈME.

VARIANTES

DU CHANT QUINZIÈME.

––––

Vers 14 :
    Furent écrits autrefois par un sage.

Vers 29 :
    Exempts de fiel, libres de frénésie.

Vers 53 :
    Que négligeait le fier duc de Bedfort.

Vers 57 :
    *Le dieu sanglant qui donne la victoire
    A ses héros, et les couvre de gloire ;
    Le dieu joufflu qui préside aux bons vins :
    *Tout l'appareil...

Vers 95 :
    En un moment la minière embrasée.

Vers 99 :
    *Fureur, succès, gloire, amour, tout l'excite.
    Depuis longtemps il brûlait en secret
    Pour la moitié du président Louvet.
        Ce digne Anglais, cet enfant de la guerre...

Vers 148 :
    Tomber l'épi des moissons jaunissantes.

Vers 153 :
    Épouvantaient le fils de Jupiter.

Vers 170. — Manuscrit :
    *Il fait de l'autre avancer ses soldats :
    Il s'établit sur ce dernier asile
    Qui te restait, ô malheureuse ville !
    *Charle en son fort... (K.)

Vers 186. — Manuscrit. Ce chant finissait ainsi :
    *« Le sort cruel enchaîne ici mes mains.
    Ma chère Agnès, hélas ! que devient-elle ?

VARIANTES DU CHANT XV.

Je perds encor mon Agnès, ma Pucelle;
Mon confesseur eût pu me consoler,
Il m'est ravi; le ciel, pour m'accabler,
M'ôte à la fois, dans cette horrible guerre,
Tous les plaisirs du ciel et de la terre! »
 C'était ainsi que Charles répondait
 Par ses sanglots au canon qui grondait.
 Le gros Bonneau, dans ce cruel martyre,
 Près de son roi pleurait à faire rire;
 Et le bâtard, se sentant étonner,
 Ne savait plus quel conseil lui donner. (K.)

Vers 208. — Édition de 1756 :

*Qui s'acharnaient sur le cou des hérons.
 *L'Anglais surpris, croyant voir une armée,
*Descend soudain de la ville alarmée.
*Tous les bourgeois, devenus valeureux,
*Les voyant fuir, descendent après eux.
*Charles, plus loin, entouré de carnage,
*Jusqu'à leur camp se fait un beau passage.
*Les assiégeants, à leur tour assiégés,
*En tête, en queue, assaillis, égorgés,
*Tombent en foule au bord de leurs tranchées,
*D'armes, de morts, et de mourants jonchées;
Et de leurs corps ils faisaient un rempart.
 *Dans cette horrible et sanglante mêlée,
*Le roi disait à Dunois : « Cher bâtard,
*Dis-moi, de grâce, où donc est-elle allée?
*— Qui? » dit Dunois. Le bon roi lui repart :
*« Ne sais-tu pas ce qu'elle est devenue?...
*— Qui donc? — Hélas! elle était disparue
*Hier au soir, avant qu'un heureux sort
*Nous eût conduits au château de Bedfort;
*Et dans la place on est entré sans elle.
*— Nous la trouverons bien, dit la Pucelle ¹.
*— Ciel! dit le roi, qu'elle me soit fidèle !
*Garde-la moi. » Pendant ce beau discours
*Il avançait et combattait toujours.
 *Oh! que ne puis-je...

Ces vers, qui, dans l'édition de 1756, faisaient partie du quinzième chant, ont été reportés par Voltaire dans le seizième. Voyez chant XVI, vers 256-265 et 348-360. (R.)

Vers 230. — Dans l'édition encadrée de 1775 et les suivantes, le chant se termine ainsi :

*De grands combats et des combats encor.
 Détournez-vous de ces objets funestes,
 Ami lecteur, osez lever vos yeux
 Et votre esprit vers les plaines célestes;

---

1. Voyez, pour une observation sur ce vers, les variantes du seizième chant, page 267. (R.)

> Venez, montez aux demeures des dieux ;
> Contemplez-y la sagesse profonde
> Qui dans la paix fait le destin du monde :
> Un tel spectacle est plus digne de vous
> Que le barbare et sanglant étalage
> De ces combats qui se ressemblent tous ;
> Leur long récit doit ennuyer le sage. (R.)

Vers 231. — L'édition de 1762 se terminait par ces vers :

> *C'est là surtout un sûr moyen de plaire;
> Je ne l'ai point; il convient de me taire. (R.)

Vers 280. — Un manuscrit porte :

> Tel que jamais n'en eut le Quatorzième
> De nos Louis, aïeul d'un roi qu'on aime. (K.)

CHANT SEIZIÈME.

ARGUMENT.

Comment saint Pierre apaisa saint George et saint Denis, et comment il promit un beau prix à celui des deux qui lui apporterait la meilleure ode. Mort de la belle Rosamore.

Palais des cieux, ouvrez-vous à ma voix,
Êtres brillants aux six ailes légères,
Dieux emplumés, dont les mains tutélaires
Font les destins des peuples et des rois !
Vous qui cachez, en étendant vos ailes,
Des derniers cieux les splendeurs éternelles,
Daignez un peu vous ranger de côté :
Laissez-moi voir, en cette horrible affaire,
Ce qui se passe au fond du sanctuaire ;
Et pardonnez ma curiosité.
    Cette prière est de l'abbé Trithême [1],
Non pas de moi ; car mon œil effronté
Ne peut percer jusqu'à la cour suprême ;
Je n'aurais pas tant de témérité.
    Le dur saint George et Denis notre apôtre
Étaient au ciel enfermés l'un et l'autre ;
Ils voyaient tout ; mais ils ne pouvaient pas
Prêter leurs mains aux terrestres combats ;
Ils cabalaient : c'est tout ce qu'on peut faire
Et ce qu'on fait quand on est à la cour.
George et Denis s'adressent tour à tour
Dans l'empyrée au bon monsieur saint Pierre.
    Ce grand portier, dont le pape est vicaire,
Dans ses filets enveloppant le sort,

---

1. J'avoue que je ne l'ai point lue dans Trithême ; mais il se peut que je n'aie pas lu tous les ouvrages de ce grand homme. (*Note de Voltaire*, 1762.)

Sous ses deux clefs tient la vie et la mort.
Pierre leur dit : « Vous avez pu connaître,
Mes chers amis, quel affront je reçus
Quand je remis une oreille à Malchus.
Je me souviens de l'ordre de mon maître ;
Il fit rentrer mon fer dans son fourreau [1] :
Il m'a privé du droit brillant des armes ;
Mais j'imagine un moyen tout nouveau
Pour décider de vos grandes alarmes.

« Vous, saint Denis, prenez dans ce canton
Les plus grands saints qu'ait vus naître la France ;
Vous, monsieur George, allez en diligence
Prendre les saints de l'île d'Albion.
Que chaque troupe en ce moment compose
Un hymne en vers, non pas une ode en prose.
Houdard a tort ; il faut dans ces hauts lieux
Parler toujours le langage des dieux ;
Qu'on fasse, dis-je, une ode pindarique
Où le poëte exalte mes vertus,
Ma primauté, mes droits, mes attributs,
Et que le tout soit mis vite en musique :
Chez les mortels, il faut toujours du temps
Pour rimailler des vers assez méchants ;
On va plus vite au séjour de la gloire.
Allez, vous dis-je, exercez vos talents ;
La meilleure ode obtiendra la victoire,
Et vous ferez le sort des combattants. »

Ainsi parla, du plus haut de son trône,
Aux deux rivaux l'infaillible Barjone ;
Cela fut dit en deux mots tout au plus,
Le laconisme est langue des élus.
En un clin d'œil, les deux rivaux célestes,
Pour terminer leurs querelles funestes,
Vont assembler les saints de leur pays
Qui sur la terre ont été beaux esprits.
Le bon patron qu'on révère à Paris

---

1. « Remettez votre épée en son lieu, car qui prendra l'épée périra par l'épée. » Saint Pierre conseille ici avec une piété adroite aux Anglais de ne pas faire la guerre. [Matth., xxvi, 52.] (*Note de Voltaire*, 1762.)

2. Lamotte-Houdard, poëte un peu sec, mais qui a fait d'assez bonnes choses, avait malheureusement fait des odes en prose, en 1730 ; preuve nouvelle que ce poëme divin fut composé vers ce temps-là. (*Id.*, 1762.)

CHANT XVI.

Fit aussitôt seoir à sa table ronde
Saint Fortunat [1], peu connu dans le monde,
Et qui passait pour l'auteur du *Pange;*
Et saint Prosper, d'épithètes chargé [2],
Quoique un peu dur et qu'un peu janséniste.
Il mit aussi Grégoire dans sa liste,
Le grand Grégoire, évêque tourangeau [3],
Cher au pays qui vit naître Bonneau;
Et saint Bernard fameux par l'antithèse [4],
Qui dans son temps n'avait pas son pareil;
Et d'autres saints pour servir de conseil :
Sans prendre avis, il est rare qu'on plaise.

   George, en voyant tous ces soins de Denis,
Le regardait d'un dédaigneux souris;
Il avisa dans le sacré pourpris
Un saint Austin, prêcheur de l'Angleterre [5],
Puis en ces mots il lui dit son avis :
« Bonhomme Austin, je suis né pour la guerre,
Non pour les vers, dont je fais peu de cas;
Je sais brandir mon large cimeterre,
Pourfendre un buste, et casser tête et bras;
Tu sais rimer : travaille, versifie,
Soutiens en vers l'honneur de la patrie.
Un seul Anglais, dans les champs de la mort,
De trois Français triomphe sans effort.
Nous avons vu devers la Normandie,

---

1. Fortunat, évêque de Poitiers, poëte. Il n'est pas l'auteur du *Pange lingua* qu'on lui attribue. (*Note de Voltaire*, 1762.) — Le *Pange lingua* est de Claudien Mamert, *le plus beau génie de son siècle*, au jugement de Sidoine Apollinaire. (R.)

2. Saint Prosper, auteur d'un poëme fort sec sur la grâce, au ve siècle. (*Note de Voltaire*, 1762.) — Le *Poëme* de saint Prosper *contre les ingrats*, traduit en vers français par Lemaistre de Sacy, a été souvent réimprimé avec cette traduction. L'auteur y attaque les semi-pélagiens, ingrats, suivant lui, envers *la grâce* de Jésus-Christ. (R.)

3. Grégoire de Tours, le premier qui écrivit une *Histoire de France*, toute pleine de miracles. (*Note de Voltaire*, 1762.)

4. Saint Bernard, Bourguignon, né en 1091, moine de Citeaux, puis abbé de Clairvaux; il entra dans toutes les affaires publiques de son temps, et agit autant qu'il écrivit. On ne voit pas qu'il ait fait beaucoup de vers. Quant à l'antithèse dont notre auteur le glorifie, il est vrai qu'il était grand amateur de cette figure. Il dit d'Abélard : « Leonem invasimus, incidimus in draconem. » Sa mère, étant grosse de lui, songea qu'elle accouchait d'un chien blanc, et on lui prédit que son fils serait moine, et aboierait contre les mondains. (*Id.*, 1762.)

5. Saint Austin ou Augustin, moine qu'on regarde comme le fondateur de la primatie de Cantorbéry, ou Kenterbury. (*Id.*, 1762.)

Dans le Haut-Maine, en Guienne, en Picardie,
Ces beaux messieurs aisément mis à bas ;
Si pour frapper nous avons meilleurs bras,
Crois, en fait d'hymne, et d'ode, et d'œuvre telle,
Quand il s'agit de penser, de rimer,
Que nous avons non moins bonne cervelle.
Travaille, Austin, cours en vers t'escrimer :
Je veux que Londre ait à jamais l'empire
Dans les deux arts de bien faire et bien dire.
Denis ameute un tas de rimailleurs
Qui tous ensemble ont très-peu de génie ;
Travaille seul : tu sais tes vieux auteurs ;
Courage ! allons, prends ta harpe bénie,
Et moque-toi de son académie. »
 Le bon Austin, de cet emploi chargé,
Le remercie en auteur protégé.
Denis et lui, dans un réduit commode,
Vont se tapir, et chacun fit son ode.
Quand tout fut fait, les brûlants séraphins,
Les gros joufflus, têtes de chérubins,
Près de Barjone en deux rangs se perchèrent ;
Au-dessous d'eux les anges se nichèrent ;
Et tous les saints, soigneux de s'arranger,
Sur des gradins s'assirent pour juger.
 Austin commence : il chantait les prodiges
Qui de l'Égypte endurcirent les cœurs ;
Ce grand Moïse, et ses imitateurs
Qui l'égalaient dans ses divins prestiges :
Les flots du Nil, jadis si bienfaisants,
D'un sang affreux dans leur course écumants ;
Du noir limon les venimeux reptiles
Changés en verge, et la verge en serpents ;
Le jour en nuit ; les déserts et les villes,
De moucherons, de vermine couverts ;
La rogne aux os, la foudre dans les airs ;
Les premiers-nés d'une race rebelle
Tous égorgés par l'ange du Seigneur ;
L'Égypte en deuil, et le peuple infidèle
De ses patrons emportant la vaisselle [1],

---

1. Les Juifs empruntèrent, comme on sait, les vases des Égyptiens, et s'enfuirent. [*Exod.*, xii, 35 et 36.] (*Note de Voltaire*, 1762.)

Et par le vol méritant son bonheur ;
Ce peuple errant pendant quarante années ;
Vingt mille Juifs égorgés pour un veau[1] ;
Vingt mille encore envoyés au tombeau
Pour avoir eu des amours fortunées[2] ;
Et puis Aod, ce Ravaillac hébreu[3],
Assassinant son maître au nom de Dieu ;
Et Samuel, qui d'une main divine
Prend sur l'autel un couteau de cuisine,
Et bravement met Agag en hachis[4],
Car cet Agag était incirconcis ;
Puis la beauté qui, sauvant Béthulie[5],
Si purement de son corps fit folie ;
Le bon Basa qui massacra Nadad[6] ;
Et puis Achab mourant comme un impie[7]
Pour n'avoir pas égorgé Benhadad ;
Le roi Joas meurtri par Jozabad[8],

1. Les lévites, qui égorgèrent vingt mille de leurs frères. (*Note de Voltaire*, 1762.) — La *Bible* dit vingt-cinq mille. Voyez *Judic.*, xx, 46.
2. Phinées, qui fit massacrer vingt-quatre mille de ses frères, parce qu'un d'eux couchait avec une Madianite. [*Num.*, xxv, 9.] (*Note de Voltaire*, 1762.)
3. Aod, ou Eüd, assassina le roi Églon, mais de la main gauche. [*Judic.*, iii, 21.] (*Id.*, 1762.)
4. Samuel coupa en morceaux le roi Agag, que Saül avait mis à rançon. [I. *Reg.*, xv, 33.] (*Id.*, 1762.)
5. Judith, assez connue. (*Id.*, 1762.)
6. Basa, roi d'Israël, assassina Nadad ou Nadab, et lui succéda. [III. *Reg.*, xv, 27 et 28.] (*Id.*, 1762.)
7. Achab avait eu une grosse rançon de Benhadad, roi syrien, comme Saül en avait eu une d'Agag, et fut tué pour avoir pardonné. (*Note de Voltaire*, 1762.) — Benhadad, vaincu, envoya des députés à Achab pour lui demander la vie. « S'il vit, répondit Achab aux députés, il n'est plus que mon frère. » Cette réponse, qui, humainement parlant, est d'une naïveté touchante et sublime, attira sur Achab la colère du ciel, et surtout celle des prophètes. [*Rois*, liv. III, chap. xx.] (K.)
8. Joas, assassiné par Jozabad. [IV. *Reg.*, xii, 21.] (*Note de Voltaire*, 1762.)
Nos anciens poëtes donnaient avec raison au mot *meurtri* le sens de tué, massacré, assassiné.
On lit dans Rotrou (*Venceslas*, acte V, sc. 1re) :

Pour un frère meurtri ma douleur a des larmes.

Avant lui, Ronsard avait dit :

Et pour te rendre infâme,
T'ont fait meurtrir tes enfants et ta femme.

Au temps de Racine, la signification de ce mot n'en faisait plus qu'un synonyme de blessé, contusionné, froissé ; et l'auteur d'*Athalie* a, comme Voltaire, vainement essayé (acte V, sc. vi) de lui rendre le sens déterminé par son étymologie :

Allez, sacrés vengeurs de vos princes meurtris. (R.)

Fils d'Atrobad ; et la reine Athalie,
Si méchamment mise à mort par Joad [1].
   Longuette fut la triste litanie ;
Ces beaux récits étaient entrelacés
De ces grands traits si chers aux temps passés.
On y voyait le soleil se dissoudre,
La mer fuyant, la lune mise en poudre,
Le monde en feu qui toujours tressaillait ;
Dieu qui cent fois en fureur s'éveillait ;
Des flots de sang, des tombeaux, des ruines ;
Et cependant près des eaux argentines
Le lait coulait sous de verts oliviers ;
Les monts sautaient tout comme des béliers,
Et les béliers tout comme des collines [2].
Le bon Austin célébrait le Seigneur,
Qui menaçait le Chaldéen vainqueur,
Et qui laissait son peuple en esclavage ;
Mais des lions brisant toujours les dents,
Sous ses deux pieds écrasant les serpents,
Parlant au Nil, et suspendant la rage
Des basilics [3] et des léviathans [4].
Austin finit. Sa pindarique ivresse
Fit élever parmi les bienheureux
Un bruit confus, un murmure douteux,
Qui n'était pas en faveur de la pièce.
   Denis se lève ; et, baissant ses doux yeux,
Puis les levant avec un air modeste,
Il salua l'auditoire céleste,
Parut surpris de leurs traits radieux ;
Et finement sa pudeur semblait dire :

---

1. Allusion à l'épigramme de Racine :

Je pleure, hélas ! pour ce pauvre Holopherne,
Si méchamment mis à mort par Judith.

(*Note de Voltaire*, 1762.)

2. Il y a dans cette analyse de l'ode du bienheureux Austin de fréquentes allusions critiques à certaines beautés littéraires des saintes Écritures, entre autres du psaume CXIII : « Mare vidit, et fugit (v. 3)... Montes exultaverunt ut arietes, et colles sicut agni ovium (v. 4). » (R.)

3. Basilic, animal fort fameux, mais qui n'exista jamais. [*Psal.*, XC, 13.] (*Note de Voltaire*, 1762.)

4. Léviathan, autre animal fort célèbre. Les uns disent que c'est la baleine, les autres le crocodile. [*Job.*, III, 8 ; XL, 20 ; *Isa.*, XXVII, 1.] (*Id.*, 1762.)

« Encouragez celui qui vous admire. »
Il salua trois fois très-humblement
Les conseillers, le premier président ;
Puis il chanta d'une voix douce et tendre
Cet hymne adroit que vous allez entendre :
 « O Pierre ! ô Pierre ! ô toi sur qui Jésus
Daigna fonder son Église immortelle[1],
Portier des cieux, pasteur de tout fidèle,
Maître des rois à tes pieds confondus,
Docteur divin, prêtre saint, tendre père,
Auguste appui de nos rois très-chrétiens,
Étends sur eux ta faveur salutaire ;
Leurs droits sont purs, et ces droits sont les tiens.
Le pape à Rome est maître des couronnes,
Aucun n'en doute ; et si ton lieutenant
A qui lui plaît fait ce petit présent,
C'est en ton nom, car c'est toi qui les donnes.
Hélas ! hélas ! nos gens de parlement
Ont banni Charle ; ils ont impudemment
Mis sur le trône une race étrangère ;
On ôte au fils l'héritage du père.
Divin portier, oppose tes bienfaits
A cette audace, à dix ans de misère :
Rends-nous les clefs de la cour du palais. »
 C'est sur ce ton que saint Denis prélude ;
Puis il s'arrête : il lit avec étude
Du coin de l'œil dans les yeux de Céphas,
En affectant un secret embarras.
Céphas content fit voir sur son visage
De l'amour-propre un secret témoignage,
Et rassurant les esprits interdits
Du chantre habile, il dit dans son langage :
« Cela va bien ; continuez, Denis. »
 L'humble Denis repart avec prudence :
« Mon adversaire a pu charmer les cieux ;
Il a chanté le Dieu de la vengeance,
Je vais bénir le Dieu de la clémence :

---

1. Ces paroles de saint Denis rappellent à la mémoire, non peut-être sans intention de la part de Voltaire, celles que saint Matthieu (cap. XVI, v. 18) met dans la bouche de Jésus : « Tu es Petrus, et super hanc petram ædificabo ecclesiam meam. » (R.)

Haïr est bon, mais aimer vaut bien mieux. »
    Denis alors d'une voix assurée
En vers heureux chanta le bon berger
Qui va cherchant sa brebis égarée,
Et sur son dos se plaît à la charger ;
Le bon fermier, dont la main libérale
Daigne payer l'ouvrier négligent
Qui vient trop tard, afin que diligent
Il vienne ouvrer dès l'aube matinale ;
Le bon patron qui, n'ayant que cinq pains
Et trois poissons, nourrit cinq mille humains ;
Le bon prophète, encor plus doux qu'austère,
Qui donne grâce à la femme adultère,
A Magdeleine,, et permet que ses pieds
Soient gentiment par la belle essuyés.
Par Magdeleine Agnès est figurée.
Denis a pris ce délicat détour ;
Il réussit : la grand'chambre éthérée
Sentit le trait, et pardonna l'amour.
Du doux Denis l'ode fut bien reçue ;
Elle eut le prix, elle eut toutes les voix.
Du saint Anglais l'audace fut déçue ;
Austin rougit, il fuit en tapinois :
Chacun en rit, le paradis le hue.
Tel fut hué dans les murs de Paris
Un pédant sec, à face de Thersite[1],
Vil délateur, insolent hypocrite,
Qui fut payé de haine et de mépris
Quand il osa dans ses phrases vulgaires
Flétrir les arts et condamner nos frères.
    Pierre à Denis donna deux beaux *agnus* ;
Denis les baise, et soudain l'on ordonne,
Par un arrêt signé de douze élus,
Qu'en ce grand jour les Anglais soient vaincus
Par les Français et par Charle en personne.

---

1. Omer Joly de Fleury. Voltaire avait, dès 1761, tracé le portrait du même personnage dans des vers qui ont tout naturellement une grande ressemblance avec ceux-ci :

> Un petit singe à face de Thersite,
> Au sourcil noir, à l'œil noir, au teint gris,
> Bel esprit faux, qui hait les bons esprits.

PANTA ODAI, *Étrennes à mademoiselle Clairon*, vers 106-108.

En ce moment la barroise amazone
Vit dans les airs, dans un nuage épais,
De son grison la figure et les traits,
Comme un soleil dont souvent un nuage
Reçoit l'empreinte et réfléchit l'image.
Elle cria : « Ce jour est glorieux ;
Tout est pour nous, mon âne est dans les cieux. »
Bedfort, surpris de ce prodige horrible,
Déjà s'arrête et n'est plus invincible.
Il lit au ciel, d'un regard consterné,
Que de saint George il est abandonné.
L'Anglais surpris, croyant voir une armée,
Descend soudain de la ville alarmée ;
Tous les bourgeois, devenus valeureux,
Les voyant fuir, descendent après eux.
Charles plus loin, entouré de carnage,
Jusqu'à leur camp se fait un beau passage.
Les assiégeants, à leur tour assiégés,
En tête, en queue, assaillis, égorgés,
Tombent en foule au bord de leurs tranchées,
D'armes, de morts, et de mourants jonchées.
 C'est en ces lieux, c'est dans ce champ mortel
Que tu venais exercer ta vaillance,
O dur Anglais, ô Christophe Arondel !
Ton maintien sec, ta froide indifférence,
Donnaient du prix à ton courage altier.
Sans dire un mot ce sourcilleux guerrier
Examinait comme on se bat en France :
Et l'on eût dit, à son air d'importance,
Qu'il était là pour se désennuyer.
Sa Rosamore, à ses pas attachée,
Est comme lui de fer enharnachée,
Tel qu'un beau page ou qu'un jeune écuyer :
Son casque est d'or, sa cuirasse est d'acier ;
D'un perroquet la plume panachée
Au gré des vents ombrage son cimier.
Car dès ce jour où son bras meurtrier
A dans son lit décollé Martinguerre,
Elle se plaît tout à fait à la guerre.
On croirait voir la superbe Pallas
Quittant l'aiguille et marchant aux combats,
Ou Bradamante, ou bien Jeanne elle-même.

Elle parlait au voyageur qu'elle aime,
Et lui montrait les plus grands sentiments,
Lorsqu'un démon trop funeste aux amants,
Pour leur malheur, vers Arondel attire
Le dur Poton et le jeune La Hire,
Et Richemont qui n'a pitié de rien.
Poton, voyant le grave et fier maintien
De notre Anglais, tout indigné s'élance
Sur le causeur, et d'un grand coup de lance,
Qui par le flanc sort au milieu du dos,
D'un sang trop froid lui fait verser des flots :
Il tombe et meurt; et la lance cassée
Roule avec lui dans son corps enfoncée.
    A ce spectacle, à ce moment affreux,
On ne vit point la belle Rosamore
Se renverser sur l'amant qu'elle adore,
Ni s'arracher l'or de ses blonds cheveux,
Ni remplir l'air de ses cris douloureux,
Ni s'emporter contre la Providence ;
Point de soupirs; elle cria : « Vengeance ! »
Et dans l'instant que Poton se baissait
En ramassant son fer qui se cassait,
Ce bras tout nu, ce bras dont la puissance
Avait d'un coup séparé dans un lit
Un chef grison du cou d'un vieux bandit,
Tranche à Poton la main trop redoutable,
Cette main droite à ses yeux si coupable.
Les nerfs cachés sous la peau des cinq doigts
Les font mouvoir pour la dernière fois ;
Poton depuis ne sut jamais écrire.
    Mais dans l'instant le brave et beau La Hire
Porte au guerrier, du grand Poton vainqueur,
Un coup mortel qui lui perce le cœur.
Son casque d'or, que sa chute détache,
Découvre un sein de roses et de lis ;
Son front charmant n'a plus rien qui le cache ;
Ses longs cheveux tombent sur ses habits
Ses grands yeux bleus dans la mort endormis,
Tout laisse voir une femme adorable,
Et montre un corps formé pour les plaisirs.
Le beau La Hire en pousse des soupirs,
Répand des pleurs, et d'un ton lamentable

S'écrie : « O ciel! je suis un meurtrier,
Un housard noir plutôt qu'un chevalier;
Mon cœur, mon bras, mon épée est infâme :
Est-il permis de tuer une dame? »
Mais Richemont, toujours mauvais plaisant
Et toujours dur, lui dit : « Mon cher La Hire,
Va, tes remords ont sur toi trop d'empire;
C'est une Anglaise, et le mal n'est pas grand;
Elle n'est pas pucelle comme Jeanne. »
Tandis qu'il tient un discours si profane,
D'un coup de flèche il se sentit blessé :
Et devenu plus fier, plus courroucé,
Il rend cent coups à la troupe bretonne,
Qui comme un flot le presse et l'environne.
La Hire et lui, nobles, bourgeois, soldats,
Portent partout les efforts de leurs bras :
On tue, on tombe, on poursuit, on recule,
De corps sanglants un monceau s'accumule;
Et des mourants l'Anglais fait un rempart.

Dans cette horrible et sanglante mêlée,
Le roi disait à Dunois : « Cher bâtard,
Dis-moi, de grâce, où donc est-elle allée?
— Qui? » dit Dunois. Le bon roi lui repart :
« Ne sais-tu pas ce qu'elle est devenue?
— Qui donc? — Hélas! elle était disparue
Hier au soir, avant qu'un heureux sort
Nous eût conduits au château de Bedfort;
Et dans la place on est entré sans elle.
— Nous la trouverons bien, dit la Pucelle.
— Ciel! dit le roi, qu'elle me soit fidèle!
Gardez-la-moi. » Pendant ce beau discours,
Il avançait et combattait toujours.

Bientôt la nuit, couvrant notre hémisphère,
L'enveloppa d'un noir et long manteau,
Et mit un terme à ce cours tout nouveau
Des beaux exploits que Charle eût voulu faire.

Comme il sortait de cette grande affaire,
Il entendit qu'on avait le matin
Vu cheminer vers la forêt voisine
Quelques tendrons du genre féminin;
Une surtout, à la taille divine,
Aux grands yeux bleus, au minois enfantin,

Au sourire tendre, à la peau de satin,
Que sermonnait un bon dominicain.
Des écuyers brillants, à mines fières,
Des chevaliers, sur leurs coursiers fringants,
Couverts d'acier, et d'or, et de rubans,
Accompagnaient les belles cavalières.
La troupe errante avait porté ses pas
Vers un palais qu'on ne connaissait pas,
Et que jamais, avant cette aventure,
On n'avait vu dans ces lieux écartés ;
Rien n'égalait sa bizarre structure.
   Le roi, surpris de tant de nouveautés,
Dit à Bonneau : « Qui m'aime doit me suivre ;
Demain matin je veux au point du jour
Revoir l'objet de mon fidèle amour,
Reprendre Agnès, ou bien cesser de vivre. »
Il resta peu dans les bras du sommeil ;
Et quand Phosphore[1], au visage vermeil,
Eut précédé les roses de l'Aurore ;
Quand dans le ciel on attelait encore
Les beaux coursiers que conduit le Soleil[2],
Le roi, Bonneau, Dunois, et la Pucelle,
Allègrement se remirent en selle,
Pour découvrir ce superbe palais.
Charles disait : « Voyons d'abord ma belle ;
Nous rejoindrons assez tôt les Anglais :
Le plus pressé, c'est de vivre avec elle. »

   1. Phosphore ou Fosfore, porte-lumière qui précédait l'Aurore, laquelle précédait le char du Soleil. Tout était animé, tout était brillant dans l'ancienne mythologie. On ne peut trop en poésie déplorer la perte de ces temps de génie, remplis de belles fictions toutes allégoriques. Que nous sommes secs et arides en comparaison, nous autres *remués de barbares!* (*Note de Voltaire*, 1762.)

   2. Les anciens donnèrent un char au Soleil. Cela était fort commun : Zoroastre traversait les airs dans un char ; Élie fut transporté au ciel dans un char lumineux. Les quatre chevaux du Soleil étaient blancs. Leur noms étaient Pyroïs, Éoüs, Éthon, Phlégon, selon Ovide ; c'est-à-dire l'Enflammé, l'Oriental, l'Annuel, le Brûlant. Mais selon d'autres savants antiquaires, ils s'appelaient Érythrée, Actéon, Lampos, et Philogée ; c'est-à-dire le Rouge, le Lumineux, l'Éclatant, le Terrestre. Je crois que ces savants se sont trompés, et qu'ils ont pris les noms des quatre parties du jour pour ceux des chevaux ; c'est une erreur grossière, que je démontrerai dans le prochain *Mercure*, en attendant les deux dissertations in-folio que j'ai faites sur ce sujet. (*Id.*, 1762.)

FIN DU CHANT SEIZIÈME.

VARIANTES

DU CHANT SEIZIÈME.

Vers 357 :
« Nous la trouverons bien, » dit la Pucelle.

Ce n'est point par inadvertance, comme pourrait le soupçonner M. Louis du Bois, mais après un mûr examen, que j'ai adopté ou plutôt conservé cette leçon, qui lui a fourni le prétexte d'une sortie contre ses prédécesseurs, et notamment contre le premier des éditeurs de l'édition Perronneau[1], « dont « l'autorité, dit-il, ne m'a pas paru assez respectable pour être suivie ».

Je ne partage point l'avis de M. Louis du Bois, et peut-être ai-je mis assez d'empressement à lui donner des éloges dans les rares occasions qu'il m'en a offertes, pour qu'il me soit permis de dire ici, au moins, qu'il est dans l'erreur. Toutes les éditions données du vivant de Voltaire, et un très-grand nombre de manuscrits, portent le vers que j'ai reproduit. Le repos, il est vrai, s'y trouve renvoyé après la sixième syllabe; mais cette licence, qu'autorisent nos traités de versification, n'est pas sans exemple : Voltaire nous en fournirait plusieurs au besoin. Dans *Nanine*, qui ne passe pas pour le plus mal écrit de ses ouvrages, on trouve (acte II, scène II) :

Mais vous extra—vaguez, mon très-cher fils.

Je pourrais multiplier les citations, et prouver qu'on est fort excusable d'avoir attribué à Voltaire un vers qui, sans aucun doute, est de lui.

L'édition compacte de Desoër porte :

« Nous la verrons bientôt, » dit la Pucelle.

M. Louis du Bois a mis, d'après un manuscrit :

« Pour la trouver, marchons, » dit la Pucelle.

Il y a, dans un autre manuscrit que j'ai sous les yeux :

« Nous la saurons trouver, » dit la Pucelle.

Enfin, on lit dans l'édition de Genève, 1780, in-12, ce vers de douze syllabes :

« Nous la trouverons bien, » répondit la Pucelle.

---

1. L'édition des *OEuvres de Voltaire* publiée par Mme Perronneau a été commencée par M. Bouchot, et terminée par M. Louis du Bois. (R.)

Pour éviter toute discussion, Palissot a trouvé plus court de supprimer le vers. (R.)

Vers 372. — Toutes les éditions données du vivant de Voltaire, l'édition de Kehl, et quelques autres, portent :

> Que sermonnait un bon bénédictin.

Palissot a remarqué avec raison que Bonifoux est désigné comme jacobin au XIIe chant (v. 162-163) :

> Le confesseur du monarque gallique
> Était un fils du bon saint Dominique;

et que le même homme ne pouvait appartenir à la fois à saint Dominique et à saint Benoît. Presque tous les éditeurs modernes ont adopté la correction proposée par Palissot. (R.)

CHANT DIX-SEPTIÈME[1].

ARGUMENT.

Comment Charles VII, Agnès, Jeanne, Dunois, La Trimouille, etc., devinrent tous fous; et comment ils revinrent en leur bon sens par les exorcismes du R. P. Bonifoux, confesseur ordinaire du roi.

Oh! que ce monde est rempli d'enchanteurs!
Je ne dirai rien des enchanteresses.
Je t'ai passé, temps heureux des faiblesses,
Printemps des fous, bel âge des erreurs;
Mais à tout âge on trouve des trompeurs,
De vrais sorciers tout-puissants séducteurs,
Vêtus de pourpre, et rayonnants de gloire.
Au haut des cieux ils vous mènent d'abord.
Puis on vous plonge au fond de l'onde noire,
Et vous buvez l'amertume et la mort[2].
Gardez-vous tous, gens de bien que vous êtes,
De vous frotter à de tels nécromans;
Et s'il vous faut quelques enchantements,
Aux plus grands rois préférez vos grisettes.
Hermaphrodix a bâti tout exprès
Le beau château qui retenait Agnès,
Pour se venger des belles de la France,
Des chevaliers, des ânes, et des saints
Dont la pudeur et les exploits divins
Avaient bravé sa magique puissance.
Quiconque entrait en ce maudit logis
Méconnaissait sur-le-champ ses amis,
Perdait le sens, l'esprit, et la mémoire.

---

1. Ce chant, tel qu'il est ici, parut en 1762, pour remplacer le chant de *Corisandre*, qui fut supprimé.
2. Voltaire fait allusion à ses déboires avec Frédéric II. (G. A.)

L'eau du Léthé que les morts allaient boire,
Les mauvais vins, funestes aux vivants,
Ont des effets bien moins extravagants.
  Sous les grands arcs d'un immense portique,
Amas confus de moderne et d'antique,
Se promenait un fantôme brillant,
Au pied léger, à l'œil étincelant,
Au geste vif, à la marche égarée,
La tête haute, et de clinquants parée.
On voit son corps toujours en action ;
Et son nom est l'Imagination :
Non cette belle et charmante déesse
Qui présida, dans Rome et dans la Grèce,
Aux beaux travaux de tant de grands auteurs,
Qui répandit l'éclat de ses couleurs,
Ses diamants, ses immortelles fleurs,
Sur plus d'un chant du grand peintre d'Achille,
Sur la Didon que célébra Virgile,
Et qui d'Ovide anima les accents ;
Mais celle-là qu'abjure le bon sens,
Cette étourdie, effarée, insipide,
Que tant d'auteurs approchent de si près,
Qui les inspire, et qui servit de guide
Aux Scudéri, Lemoine, Desmarets[1].
Elle répand ses faveurs les plus chères
Sur nos romans, nos nouveaux opéra ;
Et son empire assez longtemps dura
Sur le théâtre, au barreau, dans les chaires.
Près d'elle était le Galimatias,
Monstre bavard caressé dans ses bras,
Nommé jadis le docteur séraphique[2],
Subtil, profond, énergique, angélique,
Commentateur d'imagination,
Et créateur de la confusion,

---

1. Scudéri, auteur d'*Alaric*, poëme épique; Lemoine, jésuite, auteur du *Saint Louis*, ou *Louisiade*, poëme épique; Desmarets Saint-Sorlin, auteur de *Clovis*, poëme épique : ces trois ouvrages sont de terribles poëmes épiques. (*Note de Voltaire*, 1762.)

2. Noms que prenaient les théologiens. (*Id.*, 1762.) — Un passage de la XIIIe des *Lettres philosophiques* nous apprend les noms des docteurs séraphique, subtil, et angélique : ce sont saint Bonaventure, Jean Duns Scot, et saint Thomas d'Aquin. Suivant M. Louis du Bois, le docteur profond (*fundatissimus*) était Gille Colonne; et le docteur énergique, Guillaume Durand de Saint-Pourçain. (R.)

CHANT XVII.

Qui depuis peu fit *Marie Alacoque*[1].
Autour de lui voltigent l'Équivoque,
La louche Énigme, et les mauvais Bons Mots,
A double sens, qui font l'esprit des sots ;
Les Préjugés, les Méprises, les Songes,
Les Contre-Sens, les absurdes Mensonges,
Ainsi qu'on voit aux murs d'un vieux logis
Les chats-huants et les chauves-souris.
Quoi qu'il en soit, ce damnable édifice
Fut fabriqué par un tel artifice
Que tout mortel qui dans ces lieux viendra
Perdra l'esprit tant qu'il y restera.
  A peine Agnès, avec sa douce escorte,
De ce palais avait touché la porte,
Que Bonifoux, ce grave confesseur,
Devint l'objet de sa fidèle ardeur ;
Elle le prend pour son cher roi de France.
« O mon héros ! ô ma seule espérance !
Le juste ciel vous rend à mes souhaits.
Ces fiers Bretons sont-ils par vous défaits ?
N'auriez-vous point reçu quelque blessure ?
Ah ! laissez-moi détacher votre armure. »
Lors elle veut, d'un effort tendre et doux,
Oter le froc du père Bonifoux,
Et, dans ses bras bientôt abandonnée,
L'œil enflammé, le cou vers lui tendu,
Cherche un baiser qui soit pris et rendu.
Charmante Agnès, que tu fus consternée,
Lorsque, cherchant un menton frais tondu,
Tu ne sentis qu'une barbe tannée,
Longue, piquante, et rude, et mal peignée !
Le confesseur tout effaré s'enfuit,
Méconnaissant la belle qui le suit.
  La tendre Agnès, se voyant dédaignée,

---

1. L'*Histoire de Marie Alacoque*, ouvrage rare par l'excès du ridicule, composé par Languet, alors évêque de Soissons. Ce passage nous indique que le fameux poëme que nous commentons fut fait vers l'an 1730, temps où il était beaucoup question de Marie Alacoque. (*Note de Voltaire*, 1762.) — On ferait un énorme volume de toutes les satires, chansons, et épigrammes, que Languet s'attira par la publication de la *Vie de Marguerite-Marie Alacoque, religieuse de la Visitation de sainte Marie du monastère de Paray-le-Monial, en Charolais;* Paris, 1729, in-4°. (R.)

Court après lui, de pleurs toute baignée.
  Comme ils couraient dans ce vaste pourpris,
L'un se signant, et l'autre tout en larmes,
Ils sont frappés des plus lugubres cris.
Un jeune objet, touchant, rempli de charmes,
Avec frayeur embrassait les genoux
D'un chevalier qui, couvert de ses armes,
L'allait bientôt immoler sous ses coups.
Peut-on connaître à cette barbarie
Ce La Trimouille, et ce parfait amant
Qui de grand cœur, en tout autre moment,
Pour Dorothée aurait donné sa vie?
Il la prenait pour le fier Tirconel ;
Elle n'avait nul trait en son visage
Qui ressemblât à cet Anglais cruel ;
Elle cherchait le héros qui l'engage,
Le cher objet d'un amour immortel ;
Et, lui parlant sans pouvoir le connaître,
Elle lui dit : « Ne l'avez-vous point vu
Ce chevalier qui de mon cœur est maître,
Qui près de moi dans ces lieux est venu?
Mon La Trimouille, hélas! est disparu.
Que fait-il donc? de grâce, où peut-il être? »
Le Poitevin, à ces touchants discours,
Ne connut point ses fidèles amours.
Il croit entendre un Anglais implacable,
Qui vient sur lui prêt à trancher ses jours.
Le fer en main il se met en défense,
Vers Dorothée en mesure il avance.
« Je te ferai, dit-il, changer de ton,
Fier, dédaigneux, triste, arrogant Breton.
Dur insulaire, ivre de bière forte,
C'est bien à toi de parler de la sorte,
De menacer un homme de mon nom !
Moi petit-fils des Poitevins célèbres
Dont les exploits, au séjour des ténèbres,
Ont fait passer tant d'Anglais valeureux,
Plus fiers que toi, plus grands, plus généreux.
Eh quoi! ta main ne tire pas l'épée!
De quel effroi ta vile âme est frappée!
Fier en discours, et lâche en action,
Chevreuil anglais, Thersite d'Albion,

Fait pour brailler chez tes parlementaires,
Vite, essayons tous deux nos cimeterres;
Çà, qu'on dégaîne, où je vais de ma main
Signer ton front, des fronts le plus vilain,
Et t'appliquer sur ton large derrière,
A mon plaisir, deux cents coups d'étrivière. »
A ce discours qu'il prononce en fureur,
Pâle, éperdue, et mourante de peur:
« Je ne suis point Anglais, dit Dorothée;
J'en suis bien loin: comment, pourquoi, par où,
Me vois-je ici par vous si maltraitée?
Dans quel danger je suis précipitée!
Je cherche ici le héros du Poitou;
C'est une fille, hélas! bien tourmentée,
Qui baise en pleurs votre noble genou. »
Elle parlait, mais sans être écoutée;
Et La Trimouille, étant tout à fait fou,
Allait déjà la prendre par le cou.

Le confesseur, qui dans sa prompte fuite
D'Agnès Sorel évitait la poursuite,
Bronche en courant, et tombe au milieu d'eux;
Le Poitevin veut le prendre aux cheveux,
N'en trouve point, roule avec lui par terre;
La belle Agnès, qui le suit et le serre,
Sur lui trébuche, en poussant des clameurs
Et des sanglots qu'interrompent ses pleurs;
Et sous eux tous se débat Dorothée,
Très en désordre et fort mal ajustée.

Tout au milieu de ce conflit nouveau,
Le bon roi Charle, escorté de Bonneau,
Avec Dunois et la fière Pucelle,
Entre à la fois dans ce fatal château,
Pour y chercher sa maîtresse fidèle.
O grand pouvoir! ô merveille nouvelle!
A peine ils sont de cheval descendus,
Sous le portique à peine ils sont rendus,
Incontinent ils perdent la cervelle.
Tels dans Paris tous ces docteurs fourrés,
Pleins d'arguments sous leurs bonnets carrés,
Vont gravement vers la Sorbonne antique,
Séjour de noise, antre théologique,
Où la Dispute et la Confusion

Ont établi leur sacré domicile,
Et dont jamais n'approcha la Raison.
Nos révérends arrivent à la file :
Ils avaient l'air d'être de sens rassis ;
Chacun passait pour sage en son logis ;
On les prendrait pour des gens fort honnêtes,
Point querelleurs et point extravagants ;
Quelques-uns même étaient de bonnes têtes
Ils sont tous fous quand ils sont sur les bancs.

    Charle, enivré de joie et de tendresse,
Les yeux mouillés, tout petillant d'ardeur,
Et ressentant un battement de cœur,
Disait, d'un ton d'amour et de langueur :
« Ma chère Agnès, ma pudique maîtresse,
Mon paradis, précis de tous les biens,
Combien de fois, hélas! fus-tu perdue !
A mes désirs te voilà donc rendue.
Perle d'amour[1], je te vois, je te tiens ;
Oh! que tu fais une charmante mine !
Mais tu n'as plus cette taille si fine
Que je pouvais embrasser autrefois,
En la serrant du bout de mes dix doigts.
Quel embonpoint! quel ventre! quelles fesses !
Voilà le fruit de nos tendres caresses ;
Agnès est grosse, Agnès me donnera
Un beau bâtard qui pour nous combattra,
Je veux greffer, dans l'ardeur qui m'emporte,
Ce fruit nouveau sur l'arbre qui le porte.
Amour le veut ; il faut que dans l'instant
J'aille au-devant de cet aimable enfant. »

    A qui le roi se faisait-il entendre ?
A qui tient-il ce discours noble et tendre ?
Qui tenait-il dans ses bras amoureux ?
C'était Bonneau, soufflant, suant, poudreux ;
C'était Bonneau ; jamais homme en sa vie
Ne se sentit l'âme plus ébahie.
Charles, pressé d'un désir violent,
D'un bras nerveux le pousse tendrement ;

---

1. On lit dans toutes les éditions : *Parle d'amour*, ce qui me paraît ici n'avoir aucun sens. En me permettant de rectifier, sans l'autorité d'aucune édition, le vers de Voltaire, je ne crois pas avoir dépassé les droits d'un éditeur. (R.

CHANT XVII.

Il le renverse; et Bonneau pesamment
S'en va tomber sur la troupe mêlée,
Qui de son poids se sentit accablée.
Ciel! que de cris et que de hurlements!
Le confesseur reprit un peu ses sens ;
Sa grosse panse était juste portée
Dessus Agnès et dessous Dorothée;
Il se relève, il marche, il court, il fuit;
Tout haletant le bon Bonneau le suit.
Mais La Trimouille à l'instant s'imagine
Que sa beauté, sa maîtresse divine,
Sa Dorothée était entre les bras
Du Tourangeau qui fuyait à grands pas.
Il court après, il le presse, il lui crie :
« Rends-moi mon cœur, bourreau, rends-moi ma vie ;
Attends, arrête. » En prononçant ces mots,
D'un large sabre il frappe son gros dos.
Bonneau portait une épaisse cuirasse,
Et ressemblait à la pesante masse
Qui dans la forge à grand bruit retentit
Sous le marteau qui frappe et rebondit.
La peur hâtait sa marche écarquillée.
Jeanne, voyant le Bonneau qui trottait,
Et les grands coups que l'autre lui portait
Jeanne casquée, et de fer habillée,
Suit à grands pas La Trimouille, et lui rend
Tout ce qu'il donne au royal confident.
Dunois, la fleur de la chevalerie,
Ne souffre pas qu'on attente à la vie
De La Trimouille, il est son cher appui ;
C'est son destin de combattre pour lui :
Il le connaît ; mais il prend la Pucelle
Pour un Anglais ; il vous tombe sur elle,
Il vous l'étrille ainsi qu'elle étrillait
Le Poitevin, qui toujours chatouillait
L'ami Bonneau, qui lourdement fuyait.

   Le bon roi Charle, en ce désordre extrême,
Dans son Bonneau voit toujours ce qu'il aime;
Il voit Agnès. Quel état pour un roi,
Pour un amant des amants le plus tendre!
Nul ennemi ne lui cause d'effroi ;
Contre une armée il voudrait la défendre.

Tous ces guerriers après Bonneau courants
Sont à ses yeux des ravisseurs sanglants.
L'épée au poing sur Dunois il s'élance ;
Le beau bâtard se retourne, et lui rend
Sur la visière un énorme fendant.
Ah ! s'il savait que c'est le roi de France,
Qu'il se verrait avec un œil d'horreur !
Il périrait de honte et de douleur.
En même temps Jeanne, par lui frappée,
Lui répondit de sa puissante épée ;
Et le bâtard, incapable d'effroi,
Frappe à la fois sa maîtresse et son roi ;
A droite, à gauche, il lance sur leurs têtes
De mille coups les rapides tempêtes.
Charmant Dunois, belle Jeanne, arrêtez ;
Ciel ! quels seront vos regrets et vos larmes
Quand vous saurez qui poursuivent vos armes
Et qui vous frotte, et qui vous combattez !
  Le Poitevin, dans l'horrible mêlée,
De temps en temps appesantit son bras
Sur la Pucelle, et rosse ses appas.
L'ami Bonneau ne les imite pas ;
Sa grosse tête était la moins troublée.
Il recevait, mais il ne rendait point.
Il court toujours ; Bonifoux le précède,
Aiguillonné de la peur qui le point.
Le tourbillon que la rage possède,
Tous contre tous, assaillants, assaillis,
Battants, battus, dans ce grand chamaillis,
Criant, hurlant, parcourent le logis.
Agnès en pleurs, Dorothée éperdue
Crie : « Au secours ! on m'égorge, on me tue. »
Le confesseur, plein de contrition,
Menait toujours cette procession.
  Il aperçoit à certaine fenêtre
De ce logis le redoutable maître,
Hermaphrodix, qui contemplait gaîment
Des bons Français le barbare tourment,
Et se tenait les deux côtés de rire.
Bonifoux vit que ce fatal empire
Était sans doute une œuvre du démon.
Il conservait un reste de raison :

Son long capuce et sa large tonsure
A sa cervelle avaient servi d'armure.
Il se souvint que notre ami Bonneau
Suivait toujours l'usage antique et beau,
Très-sagement établi par nos pères,
D'avoir sur soi les choses nécessaires,
Muscade, clou, poivre, girofle, et sel[1].
Pour Bonifoux, il avait son missel.
Il aperçut une fontaine claire,
Il y courut, sel et missel en main,
Bien résolu d'attraper le malin.
Le voilà donc qui travaille au mystère ;
Il dit tout bas : « *Sanctam, Catholicam,
Papam, Romam, aquam benedictam;* »
Puis de Bonneau prend la tasse, et va vite
Adroitement asperger d'eau bénite
Le farfadet né de la belle Alix.
Chez les païens l'eau brûlante du Styx
Fut moins fatale aux âmes criminelles.
Son cuir tanné fut couvert d'étincelles ;
Un gros nuage, enfumé, noir, épais,
Enveloppa le maître et le palais.
Les combattants, couverts d'une nuit sombre,
Couraient encore et se cherchaient dans l'ombre.
Tout aussitôt le palais disparut ;
Plus de combat, d'erreur ni de méprise,
Chacun se vit, chacun se reconnut ;
Chaque cervelle en son lieu fut remise.
A nos héros un seul moment rendit
Le peu de sens qu'un seul moment perdit :
Car la folie, hélas ! ou la sagesse,
Ne tient à rien dans notre pauvre espèce.
C'était alors un grand plaisir de voir
Ces paladins aux pieds du moine noir,
Le bénissant, chantant des litanies,
Se demandant pardon de leurs folies.

---

1. C'est ce qu'on appelait autrefois *cuisine de poche,* et ce que signifie ce vers d'une comédie :

   Porte cuisine en poche, et poivre concassé.
         (*Note de Voltaire,* 1762.)

— Le vers cité est de Regnard. Voyez *le Joueur,* acte IV, scène IX.

O La Trimouille! ô vous, royal amant
Qui me peindra votre ravissement?
On n'entendait que ces mots : « Ah! ma belle,
Mon tout, mon roi, mon ange, ma fidèle,
C'est vous! c'est toi! jour heureux! doux moments! »
Et des baisers, et des embrassements,
Cent questions, cent réponses pressées ;
Leur voix ne peut suffire à leurs pensées.
Le confesseur, d'un paternel regard,
Les lorgnait tous, et priait à l'écart.
Le grand bâtard et sa fière maîtresse
Modestement s'expliquaient leur tendresse.
De leurs amours le rare compagnon
Élève alors la tête avec le ton ;
Il entonna l'octave discordante
De son gosier de cornet à bouquin.
A cette octave, à ce bruit tout divin,
Tout fut ému : la nature tremblante
Frémit d'horreur ; et Jeanne vit soudain
Tomber les murs de ce palais magique,
Cent tours d'acier et cent portes d'airain ;
Comme autrefois la horde mosaïque
Fit voir, au son de sa trompe hébraïque,
De Jéricho le rempart écroulé[1],
Réduit en poudre, à la terre égalé :
Le temps n'est plus de semblable pratique.
 Alors, alors ce superbe palais,
Si brillant d'or, si noirci de forfaits,
Devint un ample et sacré monastère.
Le salon fut en chapelle changé.
Le cabinet où ce maître enragé
Avait dormi dans le vice plongé
Transmué fut en un beau sanctuaire.
L'ordre de Dieu, qui préside aux destins,
Ne changea point la salle des festins ;
Mais elle prit le nom de réfectoire ;
On y bénit le manger et le boire.
Jeanne, le cœur élevé vers les saints,
Vers Orléans, vers le sacre de Reims,

---

1. Jéricho, comme vous savez, tomba au son des cornemuses; c'est un événement très-commun. [*Jos.*, vi, 20.] (*Note de Voltaire*, 1762.)

Dit à Dunois : « Tout nous est favorable
Dans nos amours et dans nos grands desseins :
Espérons tout ; soyez sûr que le diable
A contre nous fait son dernier effort. »
Parlant ainsi, Jeanne se trompait fort.

FIN DU CHANT DIX-SEPTIÈME.

VARIANTES

DU CHANT DIX-SEPTIÈME.

Vers 1. — Le commencement de ce chant, qui était alors le quatorzième, et suivait la mort de Chandos, est différent dans un manuscrit trouvé parmi les papiers de l'auteur. Le voici :

*C'était le temps de la saison brillante,
*Quand le soleil, aux bornes de son cours,
*Prend sur les nuits pour ajouter aux jours,
*Et, se plaisant dans sa démarche lente
*A contempler nos fortunés climats,
*Vers le tropique arrête encor ses pas.
*O grand saint Jean ! c'était alors ta fête ;
*Premier des Jeans, orateur des déserts,
*Toi qui crias jadis à pleine tête :
*« Que du salut les chemins soient ouverts ! »
Grand précurseur du vainqueur des enfers [1],
Toi qui plongeas l'Agneau de Dieu dans l'onde,
Et baptisas le baptiseur du monde.
  Du roi des Francs le bénin confesseur
Voulut alors réparer le scandale
Qu'avait porté la luxure fatale
De Jean Chandos au logis du Seigneur.
Il rebénit la chapelle polluc,
Puis fit crier dans les lieux d'alentour,
Par cet ermite à la barbe touffue :
« Tout pénitent qui veut en ce saint jour,
De ses péchés détaillant le grimoire,
Se dérober au gentil purgatoire,
Peut s'adresser au père Bonifoux ;
Avec trois mots tous péchés sont absous. »
  A ce tocsin de la vie éternelle,
Des lieux voisins une foule accourut :
Bourgeois, soldat, jeune, sempiternelle,
Anglais, Français, pour faire son salut,
Attrit, contrit, à genoux comparut,
De ses péchés contant la kyrielle.

---

[1] Les dix vers qui précèdent celui-ci forment aujourd'hui le commencement du chant XIII.

La belle Agnès, qui toujours dans son cœur
Avait gardé la crainte du Seigneur,
Au tribunal ne fut pas la dernière.
Le révérend tenait sa cour plénière,
Les yeux baissés, un mouchoir à la main,
A droite, à gauche, absolvant son prochain.
O Dorothée! ô cœur dévot et tendre!
Dans le saint lieu tu vins aussi te rendre ;
Et La Trimouille, un peu faible et traînant,
Y vint chercher sa part du sacrement.
Ce couple heureux eut le plaisir suprême
De détailler les doux péchés qu'il aime ;
Et Bonifoux était par piété
Le confident de leur fidélité.
Ces gens de bien, ayant dit leur histoire,
Se promenaient sur le bord de la Loire,
Signant leur face, et récitant encor
Quelques morceaux de leur *Confiteor*.
Le beau Monrose alors vint à paraître;
Il déplorait la mort de son cher maître.
De ce trépas le grand événement
Porte en son cœur un trouble pénitent :
Il entrevoit, dans sa douleur profonde,
Le grand néant des vanités du monde ;
Et, de remords saintement tourmenté,
Pour un moment songe à l'éternité.
Il entre seul dans la demeure sainte ;
Il se présente à ce bon Bonifoux,
Qui le reçoit dans sa petite enceinte,
Le pose en face entre ses deux genoux,
Et, lui pressant la tête et la poitrine,
Lui fait conter les péchés qu'il devine.
« Cher pénitent, pour ces petits péchés,
Et pour les cas en iceux épluchés,
Il vous convient avoir la discipline.
Çà mettez-vous en état; que ma main
Légèrement pour votre bien remplisse
Sur votre peau ce bienheureux office. »
D'un cœur contrit, et d'un air enfantin,
Le doux Monrose offre à la main du père
Modestement ces globes de satin
Dont quelquefois abusa le malin.
Il les soumet au tourment salutaire
Qui va mêler la rose à leur blancheur.
Que devins-tu, mon prudent confesseur
Lorsque tu vis sur ce charmant ivoire
Ces fleurs de lis, ces monuments de gloire,
Ce rare hommage au sceptre des Français
Ainsi rendu par le cul d'un Anglais?
Charle avait pris ce signe inconcevable [1]
Pour un effet des malices du diable :
Toi, qui lis mieux dans le livre du ciel,

---

1. Voyez chant XII, vers 383.

Tu découvris par quel ordre éternel
Les fleurs de lis allaient lever leur tête,
Que fit baisser cette longue tempête.
Extasié, saisi d'un saint transport,
Tu contemplais ces trois fleurs de lis d'or
En champ d'albâtre; et ta main suspendue
Comme ton âme en demeurait perclue;
Tu t'arrêtais, cou penché, pied tremblant,
Les bras en haut, l'œil fixe, étincelant.
    Comme il gardait cette belle attitude,
Paul Tirconel, soldat fier, esprit rude,
Vers la chapelle avançait sans dessein,
De Jean Chandos déplorant le destin.
Le cœur pétri du fiel de ses ancêtres,
Et détestant les Français et les prêtres,
Il vit de loin ce beau page étalé,
Et Bonifoux par derrière installé.
Il crut voir pis : sa cervelle gâtée
Croyait le mal beaucoup plus que le bien.
Cette posture et ce plaisant maintien
Sont un affront à son âme irritée.
« Quoi! disait-il, un Français jacobin
A de Chandos le plus bel héritage. »
Il prend son fer, il se livre à la rage.
Monrose fuit en tenant d'une main
Son haut-de-chausse, et le dominicain
Tout éperdu court en suivant le page.
Tirconel suit le grave personnage,
Qui lourdement se hâtait par la peur.
Le Poitevin voyant son confesseur
Que Tirconel semblait vouloir pourfendre,
Suit cet Anglais, et crie : « Ose m'attendre,
Maudit Breton : n'auras-tu donc du cœur
Qu'avec un moine? et ta rare valeur
Contre un guerrier craint-elle de paraître?
Je fus hier bien battu [1]; mais peut-être
Tu reverras en moi quelque vigueur,
Et tour à tour chacun trouve son maître. »
Ainsi parlait La Trimouille assez bas
A Tirconel, qui ne l'entendait pas.
La Dorothée, en voyant dans la plaine
Son cher amant qui courait hors d'haleine,
Se mit alors à galoper aussi.
La belle Agnès, qui la voit fuir ainsi,
Trotte après elle, et cependant ignore
Pourquoi l'on court, et de loin trotte encore :
Tel un mouton, par son instinct porté,
Saute à son tour quand un autre a sauté.
Le fier Dunois était près du roi Charle,
Vers l'autre bord : en secret il lui parle
De l'appareil, des mesures, du temps
Dont il lui faut entrer dans Orléans.

---

1. Voyez chant XIV, vers 165.

Non loin du pont la redoutable Jeanne
Caracolait noblement sur son âne;
Elle aperçut dessus ces bords fleuris,
Vers la chapelle, à quelque quart de mille,
Les six coursiers se suivant à la file;
D'étonnement ses sens furent saisis.
Jeanne bientôt s'étonna davantage
Lorsque, voyant ces gens courir si bien,
En un moment elle ne vit plus rien.
Au coin d'un bois la main de la Nature
*Tend sous leurs pieds un tapis de verdure,
*Velours uni, semblable au pré fameux
*Où s'exerçait la rapide Atalante.
*Sur le duvet de cette herbe riante
Monrose vole, et de ses blonds cheveux
L'air soulevait la parure ondoyante.
Jeanne de l'œil le suit, et s'y complaît;
Mais tout à coup Monrose disparaît.
Le confesseur au même endroit arrive.
Ciel! plus de prêtre et plus de Bonifoux.
Tirconel vient, toujours plein de courroux.
Jeanne portait une vue attentive
Sur cet Anglais; l'Anglais s'évanouit
A ses regards. La Trimouille le suit,
La Trimouille est éclipsé comme un autre.
Quel sentiment, quel trouble était le vôtre,
O Dorothée! Elle accourt, et soudain
Elle est perdue, et l'œil la cherche en vain.
Agnès se rend sur la place funeste,
La belle Agnès y fond avec le reste.
Tel dans Paris, près du Palais-Royal,
*A l'opéra, souvent joué si mal,
*Plus d'un héros à nos regards échappe,
*Et dans l'enfer descend par une trappe.
Jeanne effarée, et se frottant les yeux,
Priant Denis, et son âne, et les cieux,
Crut être alors dans le pays du diable,
Des enchanteurs, des larves, des sorciers,
Pays si cher à nos bons devanciers,
Que de Roland le chantre inimitable
Chanta depuis dans son délire heureux;
Que Torquato rendit encor fameux;
Que crut longtemps l'Église charitable;
Qu'ont supposé de graves parlements,
Et des docteurs, et même des savants.
Jeanne, piquant sa divine monture,
La lance en main, se rend sur la verdure
Où se passait cette étrange aventure.
Mais c'est en vain que d'un double éperon
Elle pressait le céleste grison.
Il s'arrêta vers la place fatale,
D'un cou rétif, et rebelle au bridon,
Se démenant d'une ardeur sans égale,
Ruant, tournant, et fuyant ce gazon.

Tout animal reçut de la nature
Certain instinct dont la conduite est sûre;
Et les humains n'ont que de la raison.
De saint Denis cet ingénieux âne
Sent le péril que ne voyait point Jeanne.
Il prend son vol, et, prompt comme un éclair,
Portant sa dame aux campagnes de l'air,
Franchit le bois qui bordait la prairie.
Du saint patron l'assistance chérie,
Qui conduisait le quadrupède oiseau,
Fixa sa course aux portes d'un château,
Tel que jamais n'en eut le Quatorzième
De nos Louis, aïeul d'un roi qu'on aime.
Jeanne voyant le marbre, le rubis,
Le jaspe, et l'or de ce brillant pourpris :
« Ah! sainte Vierge, ah! Denis, cria-t-elle,
Le ciel le veut; la vengeance m'appelle;
C'est le château du paillard Conculix. »
Tandis qu'ainsi l'errante chevalière,
Branlant sa lance, et faisant sa prière,
De l'aventure attend l'heureuse fin,
Le roi des Francs suit toujours son chemin,
*Environné de sa troupe dorée...

Voyez la suite au chant XV, vers 38. Une partie de ces vers se trouve dans les variantes [1] du même chant, tirées des éditions imprimées.

Le chant suivant, qui alors était le quinzième, commençait ainsi dans le manuscrit : le préambule se trouve à présent au chant dix-septième, et la fin dans le chant vingtième.

*Oh! que ce monde est rempli d'enchanteurs!
*Je ne dirai rien des enchanteresses :
Je t'ai passé, bel âge des faiblesses,
Je t'ai passé, temps heureux des erreurs;
*Mais à tout âge on trouve des trompeurs,
De ces sorciers, tout-puissants séducteurs,
*Vêtus de pourpre et rayonnants de gloire.
*Au haut des cieux ils vous mènent d'abord;
*Puis on vous plonge au sein de l'onde noire,
*Et vous buvez l'amertume et la mort.
*Gardez-vous tous, gens de bien que vous êtes
*De vous frotter à de tels nécromants;
*Et s'il vous faut quelques enchantements,
*Aux plus grands rois préférez vos grisettes.
Jeanne, pressant de son divin baudet
Le dos pointu sous ses fesses charnues,
Vers le château fondit du haut des nues,
Le cœur ému, le regard stupéfait,
Vers ce château dont le mur étalait
Des ornements dont l'œil s'émerveillait.

---

1. Ce sont, ici, les éditeurs de Kehl qui parlent. J'ai reporté dans le texte (voyez page 244) les variantes auxquelles ils renvoient. (R.)

VARIANTES DU CHANT XVII.

Jeanne, effarée, et ne sachant que croire,
Craignant encor les tours de Conculix,
Fit en secret à monsieur saint Denis
Une oraison qu'on tient jaculatoire;
Elle priait seulement en esprit,
Ne disant mot. Saint Denis l'entendit.
Il fit soudain, du haut de l'empyrée,
Partir un trait d'influence sacrée,
Qui pénétra tout droit jusqu'au grison.
Lors, élevant la tête avec le ton,
L'âne entonna l'octave discordante
*De son gosier de cornet à bouquin.
*A cette octave, à ce bruit tout divin,
Blois, Orléans, Tours, et Saumur, et Nante,
Tout retentit; la nature tremblante
S'émut d'horreur, et Jeanne vit soudain
*Tomber les murs de ce palais magique,
*Cent tours d'acier et cent portes d'airain;
*Comme autrefois la horde mosaïque
Ayant sonné de sa trompe hébraïque,
De Jéricho le rempart disparut,
Le beau rempart, si jamais il en eut.
*Le temps n'est plus de semblable pratique;
Et pour briser les murs audacieux
Du Milanais ou du pays belgique,
Nous prétendons que le canon vaut mieux.
   Dès qu'aux accents de la trompette asine,
Des murs épais la superbe ruine
S'éparpilla dans les champs d'alentour,
Le saint baudet et la grosse héroïne
D'un saut léger entrèrent dans la cour.
Les prisonniers près de Jeanne accoururent.
Ce La Trimouille et ce dur Tirconel
Accompagnaient Dorothée et Sorel :
En bons chrétiens tous les deux comparurent.
Dans l'esclavage ils s'étaient réunis :
Les malheureux volontiers sont amis.
De Charles Sept le confesseur très-sage
Venait derrière avec le jeune page.
Mais quelle foule, ô ciel ! quel assemblage
De prisonniers de toute nation,
De tout état, âge, religion,
Que Conculix tenait en esclavage
Pour ses plaisirs et pour son double usage !
Auprès de Jeanne ils s'empressèrent tous :
Chacun voulait conter son aventure.
Jeanne cria : « Qu'on se mette à genoux ! »
Chacun se mit en cette humble posture.
*Alors, alors ce superbe palais,
*Si brillant d'or, si noirci de forfaits,
*Devint un ample et sacré monastère.
*Le salon fut en chapelle changé;
*Le cabinet où ce maître enragé
*Avait dormi, dans le vice plongé,

* Transmué fut en un beau sanctuaire :
* L'ordre de Dieu, qui préside aux destins,
* Ne changea point la salle des festins,
* Mais elle prit le nom de réfectoire.
Le Conculix pour jamais fut exclus
De ces repas réservés aux élus ;
* On y bénit le manger et le boire.
Mais qui croirait que ce séjour si saint,
Malgré Denis, très-fortement retint
L'impression des mœurs du premier maître ?
C'est en ces lieux que devaient reparaître
Ces vains désirs et ces vœux effrontés,
Ces attentats dont frémit la nature,
Et que les Grecs ont hardiment chantés.
  * Muses, tremblez de l'étrange aventure
* Qu'il faut apprendre à la race future.
* Et vous, lecteurs, en qui le ciel a mis
* Les sages goûts d'une tendresse pure,
Remerciez le bon monsieur Denis
* Qu'un grand péché n'ait pas été commis.

La suite se trouve au vingtième chant (vers 75). (K.)

CHANT DIX-HUITIÈME[1].

ARGUMENT.

Disgrâce de Charles et de sa troupe dorée.

Je ne connais dans l'histoire du monde
Aucun héros, aucun homme de bien,
Aucun prophète, aucun parfait chrétien,
Qui n'ait été la dupe d'un vaurien,
Ou des jaloux, ou de l'esprit immonde.
 La Providence en tout temps éprouva
Mon bon roi Charle avec mainte détresse [2].

---

1. Ce chant a paru, pour la première fois, avec les *Contes de Guillaume Vadé*. L'auteur l'a joint aux nouvelles éditions de *la Pucelle*, avec quelques changements. (K.) — Les *Contes de Guillaume Vadé* furent publiés en 1764, deux ans après la première édition avouée de *la Pucelle*. Ils contiennent un *Chant détaché d'un poëme épique de la composition de Jérôme Carré, trouvé dans ses papiers après le décès dudit Jérôme :* c'est celui qui forme maintenant le dix-huitième chant de *la Pucelle*, à laquelle il ne fut réuni qu'en 1773. Voltaire le désigne ordinairement sous ce titre : *la Capilotade*. La composition en était achevée en 1761. Voltaire l'avait entrepris pour immoler à sa vengeance ses ennemis et ceux de la raison : « Frère Thieriot, écrivait-il à d'Alembert le 6 janvier 1761, frère Thieriot saura que la capilotade est achevée, et qu'elle forme un chant de Jeanne par voie de prophétie, ou à peu près. Dieu m'a fait la grâce de comprendre que, quand on veut rendre les gens ridicules et méprisables à la postérité, il faut les nicher dans quelque ouvrage qui aille à la postérité. »
Les notes de ce chant, qui portent la date de 1764, sont empruntées au volume des *Contes de Vadé*. (R.)

2. Bertin, dans son *Voyage de Bourgogne*, n'a pas craint d'entrer en concurrence avec Voltaire. Voici en quels termes il rappelle les malheurs de l'amant d'Agnès :

> Vous le savez : en naissant rebuté
> Ses chers parents ne l'ont jamais gâté ;
> De tous ses droits dépouillé par sa mère,
> Seul fils, du trône écarté par son père,
> Par gens de loi contre les lois proscrit,
> Exil, affronts, besoins, tout il souffrit,
> L'absence même, en amour si cruelle.
> Beauté touchante, et douce autant que belle,

Dès son berceau fort mal on l'éleva ;
Le Bourguignon poursuivit sa jeunesse [1] ;
De tous ses droits son père le priva ;
Le parlement de Paris près Gonesse [2],
Tuteur des rois, son pupille ajourna [3] ;
De ses beaux lis un chef anglais s'orna ;
Il fut errant, manqua souvent de messe
Et de dîner ; rarement séjourna
En même lieu. Mère [4], oncle, ami, maîtresse,
Tout le trahit ou tout l'abandonna.
Un page anglais partagea la tendresse
De son Agnès ; et l'enfer déchaîna
Hermaphrodix, qui par magique adresse
Pour quelque temps la tête lui tourna.
Il essuya des traits de toute espèce ;
Il les souffrit, et Dieu lui pardonna.

 De nos amants la troupe fière et leste
S'acheminait loin du château funeste
Où Belzébut dérangea le cerveau
Des chevaliers, d'Agnès, et de Bonneau.
Ils côtoyaient la forêt vaste et sombre
Qui d'Orléans porte aujourd'hui le nom.
A peine encor l'épouse de Tithon
En se levant mêlait le jour à l'ombre.
On aperçut de loin des hoquetons,

   Ange envoyé pour charmer son malheur,
   Agnès enfin avait rempli son cœur.
   Il l'adorait, et fut trahi par elle.   (R.)

1. Le duc de Bourgogne, qui assassina le duc d'Orléans. Mais le bon Charles le lui rendit bien au pont de Montereau. (*Note de Voltaire*, 1764.)

2. Gonesse, village auprès de Paris, célèbre par ses boulangers et par plusieurs combats. (*Id.*, 1764.) — En 1773, Voltaire réduisit à ces mots la note qui, en 1764, se terminait ainsi : « Mais surtout par la meilleure manufacture de draps qu'il y eût alors en France. » (R.)

 M. Louis du Bois fait remarquer que cette plaisanterie (*de Paris près Gonesse*) est imitée d'un vers de Villon, tiré de son épitaphe

   Né de Paris emprès Pontoise.

3. Charles VII, ajourné à la table de marbre par l'avocat général Desmarets. (*Note de Voltaire*, 1764.) — Les quatre derniers mots ont été ajoutés en 1773. Voyez la note sur le vers 173 du premier chant. (R.)

4. Sa propre mère, Isabelle de Bavière, fut celle qui le persécuta le plus. Elle pressa le traité de Troyes, par lequel son gendre, le roi d'Angleterre Henri V, eut la couronne de France. (*Note de Voltaire*, 1764.)

CHANT XVIII.

Au rond bonnet, aux écourtés jupons ;
Leur corselet paraissait mi-partie
De fleurs de lis et de trois léopards [1].
Le roi fit halte, en fixant ses regards
Sur la cohorte en la forêt blottie.
Dunois et Jeanne avancent quelques pas.
La tendre Agnès, étendant ses beaux bras,
Dit à son Charle : « Allons, fuyons, mon maître. »
Jeanne en courant s'approcha, vit paraître
Des malheureux deux à deux enchaînés [2],
Les yeux en terre, et les fronts consternés.
« Hélas ! ce sont des chevaliers, dit-elle,
Qui sont captifs ; et c'est notre devoir
De délivrer cette troupe fidèle.
Allons, bâtard, allons et faisons voir
Ce qu'est Dunois et ce qu'est la Pucelle. »
Lance en arrêt, ils fondent à ces mots
Sur les soldats qui gardaient ces héros.
Au fier aspect de la puissante Jeanne
Et de Dunois, et plus encor de l'âne,
D'un pas léger ces prétendus guerriers
S'en vont au loin comme des lévriers.
Jeanne aussitôt, de plaisir transportée,
Complimenta la troupe garrottée.
« Beaux chevaliers, que l'Anglais mit aux fers,
Remerciez le roi qui vous délivre ;
Baisez sa main, soyez prêts à le suivre,
Et vengeons-nous de ces Anglais pervers. »
Les chevaliers, à cette offre courtoise,
Montraient encore une face sournoise,
Baissaient les yeux... Lecteurs impatients,
Vous demandez qui sont ces personnages
Dont la Pucelle animait les courages.
Ces chevaliers étaient des garnements
Qui, dans Paris payés pour leur mérite,
Allaient ramer sur le dos d'Amphitrite ;
On les connut à leurs accoutrements.
En les voyant le bon Charles soupire :

---

1. Ce sont les armes d'Angleterre. (*Note de Voltaire*, 1764.)
2. Palissot fait observer que « l'idée de ce chant appartient en entier à Michel de Cervantes ». Voir *Don Quichotte*, part. I, ch. XXII.

« Hélas! dit-il, ces objets dans mon cœur
Ont enfoncé les traits de la douleur.
Quoi! les Anglais règnent dans mon empire!
C'est en leur nom que l'on rend des arrêts!
C'est pour eux seuls que l'on dit des prières!
C'est de leur part, hélas! que mes sujets
Sont de Paris envoyés aux galères!... »
Puis le bon prince avec compassion
Daigne approcher du maître compagnon
Qui de la file était mis à la tête.
Nul malandrin n'eut l'air plus malhonnête;
Sa barbe torse ombrage un long menton;
Ses yeux tournés, plus menteurs que sa bouche,
Portent en bas un regard double et louche;
Ses sourcils roux, mélangés et retors,
Semblent loger la fraude et l'imposture;
Sur son front large est l'audace et l'injure,
L'oubli des lois, le mépris des remords;
Sa bouche écume, et sa dent toujours grince.
  Le sycophante, à l'aspect de son prince,
Affecte un air humble, dévot, contrit,
Baisse les yeux, compose et radoucit
Les traits hagards de son affreux visage.
Tel est un dogue au regard impudent,
Au gosier rauque, affamé de carnage;
Il voit son maître, il rampe doucement,
Lèche ses mains, le flatte en son langage,
Et pour du pain devient un vrai mouton.
Ou tel encore on nous peint le démon,
Qui, s'échappant des gouffres du Tartare,
Cache sa queue et sa griffe barbare,
Vient parmi nous, prend la mine et le ton,
Le front tondu d'un jeune anachorète,
Pour mieux tenter sœur Rose ou sœur Discrète.
  Le roi des Francs, trompé par le félon,
Lui témoigna commisération,
L'encouragea par un discours affable :
« Dis-moi quel est ton métier, pauvre diable,
Ton nom, ta place, et pour quelle action
Le Châtelet, avec tant d'indulgence,
Te fait ramer sur les mers de Provence. »
Le condamné, d'un ton de doléance,

CHANT XVIII.

Lui répondit : « O monarque trop bon !
Je suis de Nante, et mon nom est Frélon[1].
J'aime Jésus d'un feu pur et sincère ;
Dans un couvent je fus quelque temps frère ;
J'en ai les mœurs ; et j'eus dans tous les temps
Un très-grand soin du salut des enfants.
A la vertu je consacrai ma vie.
Sous les charniers qu'on dit des Innocents,
Paris m'a vu travailler de génie ;
J'ai vendu cher mes feuilles à Lambert ;
Je suis connu dans la place Maubert ;
C'est là surtout qu'on m'a rendu justice.
Des indévots quelquefois par malice
M'ont reproché les faiblesses du froc,
Celles du monde et quelques tours d'escroc ;
Mais j'ai pour moi ma bonne conscience. »
 Ce bon propos toucha le roi de France.
« Console-toi, dit-il, et ne crains rien.
Dis-moi, l'ami, si chaque camarade
Qui vers Marseille allait en ambassade
Ainsi que toi fut un homme de bien.
— Ah ! dit Frélon, sur ma foi de chrétien,
Je réponds d'eux ainsi que de moi-même :
Nous sommes tous en un moule jetés.
L'abbé Coyon[2], qui marche à mes côtés,

---

1. Selon les chroniques de ce temps-là, il y avait un misérable de ce nom qui écrivait des feuilles sous les charniers Saints-Innocents. Il fit quelques tours de passe-passe pour lesquels il fut enfermé plusieurs fois au Châtelet, à Bicêtre, et au Fort-l'Évêque. Il avait été quelque temps moine, et s'était fait chasser du couvent ; il réussit beaucoup dans le nouveau métier qu'il embrassa. Plusieurs célèbres écrivains lui ont rendu justice. Il était originaire de Nantes, et exerçait à Paris la profession de gazetier satirique. Jamais homme ne fut plus méprisé et plus détesté que lui, comme dit la *Chronique* de Froissard. (*Note de Voltaire*, 1773.) — La majeure partie de cette note est de 1764. Voltaire avait déjà, dans *l'Écossaise*, employé le nom de *Frélon* pour désigner l'auteur de *l'Année littéraire*. (R.)
Jeannot *l'hébété* a désigné avec plus d'exactitude le lieu de la naissance de Fréron :

 C'est notre ami Fréron, de Quimper-Corentin.
   Le Père Nicodème et Jeannot, v. 40.

2. Coyon ou Guyon, auteur du temps de Charles VII. Il composa une *Histoire romaine*, détestable à la vérité, mais qui était passable pour le temps. Il fit aussi l'*Oracle des philosophes*. C'est un tissu ridicule de calomnies. Aussi il s'en repentit sur la fin de sa vie, comme le dit Monstrelet. (*Note de Voltaire*, 1764.) — Dans l'édition de 1764, le nom de Guyon est travesti en celui de *Guignon*. En 1773,

Quoi qu'on en dise, est bien digne qu'on l'aime ;
Point étourdi, point brouillon, point menteur,
Jamais méchant ni calomniateur.
Maître Chaumé[1], dessous sa mine basse,
Porte un cœur haut, plein d'une sainte audace ;
Pour sa doctrine il se ferait fesser.
Maître Gauchat[2] pourrait embarrasser
Tous les rabbins sur le texte et la glose.
Voyez plus loin cet avocat sans cause ;
Il a quitté le barreau pour le ciel.
Ce Sabotier[3] est tout pétri de miel.
Ah ! l'esprit fin ! le bon cœur ! le saint prêtre !
Il est bien vrai qu'il a trahi son maître,
Mais sans malice et pour très-peu d'argent ;
Il s'est vendu, mais c'est au plus offrant.
Il trafiquait comme moi de libelles :
Est-ce un grand mal ? on vit de son talent.
Employez-nous ; nous vous serons fidèles.
En ce temps-ci la gloire et les lauriers
Sont dévolus aux auteurs des charniers.
Nos grands succès ont excité l'envie ;
Tel est le sort des auteurs, des héros,
Des grands esprits, et surtout des dévots :
Car la vertu fut toujours poursuivie.
O mon bon roi ! qui le sait mieux que vous ? »

    Comme il parlait sur ce ton tendre et doux,
Charle aperçut deux tristes personnages,
Qui des deux mains cachaient leurs gros visages.
« Qui sont, dit-il, ces deux rameurs honteux ?
    — Vous voyez là, reprit l'homme aux semaines[4],
Les plus discrets et les plus vertueux

Voltaire y substitua celui de Coyon. Toutes les éditions antérieures à celle de Kehl en font un auteur du temps de Charles VI. (R.)

    1. Autre calomniateur du temps. (*Note de Voltaire*, 1764.) — Chaumeix. (R.)
    2. Autre calomniateur. (*Note de Voltaire*, 1764.) — Gauchat. (R.)
    3. L'abbé Sabotier, ou Sabatier, natif de Castres, auteur de deux espèces de dictionnaires, où il dit le pour et le contre ; calomniateur effronté, et le tout pour de l'argent. Il trahit son maître, M. le comte de L......c, et fut chassé d'une manière un peu rude, dont il s'est ressenti longtemps. (*Note de Voltaire*, 1773.) — Le nom de Lautrec se lit en entier dans les éditions modernes. (R.)
    4. Frélon donnait alors toutes les semaines une feuille, dans laquelle il hasardait quelquefois de petits mensonges, de petites calomnies, de petites injures, pour lesquels il fut repris de justice, comme on l'a déjà dit. (*Note de Voltaire*, 1773.)

CHANT XVIII.

De ceux qui vont sur les liquides plaines.
L'un est Fantin[1], prédicateur des grands,
Humble avec eux, aux petits débonnaire :
Sa piété ménagea les vivants ;
Et, pour cacher le bien qu'il savait faire,
Il confessait et volait les mourants.
L'autre est Brizet[2], directeur de nonnettes,
Peu soucieux de leurs faveurs secrètes,
Mais s'appliquant sagement les dépôts,
Le tout pour Dieu. Son âme pure et sainte
Méprisait l'or ; mais il était en crainte
Qu'il ne tombât aux mains des indévots[3].
Pour le dernier de la noble séquelle,
C'est mon soutien, c'est mon cher La Beaumelle[4].

1. Il semble que ce chant de l'abbé Trithème soit une prophétie : en effet, nous avons vu un Fantin, docteur et curé à Versailles, qui fut aperçu volant un rouleau de cinquante louis à un malade qu'il confessait. Il fut chassé, mais il ne fut pas pendu. (*Note de Voltaire*, 1764.)

2. Autre prophétie. Tout Paris a vu un abbé Brizet, fameux directeur de femmes de qualité, dissiper en débauches sourdes l'argent qu'il extorquait de ses dévotes, et qu'on lui remettait en dépôt pour le soulagement des pauvres. Il y a grande apparence que quelque homme instruit de nos mœurs a inséré une partie de cette tirade dans cette nouvelle édition du divin poëme de l'abbé Trithème. Il aurait bien dû dire un mot de l'abbé Lacoste, condamné à être marqué d'un fer chaud, et aux galères perpétuelles, en l'an de grâce 1759, pour plusieurs crimes de faux. (*Id.*, 1764.) Cet abbé Lacoste avait travaillé avec Frélon à l'*Année littéraire*. (*Id.*, 1773.) — L'abbé Brizet est le masque de Grizel. Dans l'édition qui fait partie du volume des *Contes de Guillaume Vadé*, au lieu des mots « divin poëme de l'abbé Trithème », on lisait « divin poëme de *Jérôme Carré* ». (R.)

3. Tartuffe avait les mêmes principes de morale :

> . . . Si je me résous à recevoir du père
> Cette donation qu'il a voulu me faire,
> Ce n'est, à dire vrai, que parce que je crains
> Que tout ce bien ne tombe en de méchantes mains :
> Qu'il ne trouve des gens qui, l'ayant en partage,
> En fassent dans le monde un criminel usage,
> Et ne s'en servent pas, ainsi que j'ai dessein,
> Pour la gloire du ciel et le bien du prochain.
>
>   (Act. IV, sc. I.)

4. La Beaumelle, natif d'un village près de Castres, prédicant quelque temps à Genève, précepteur chez M. de Boissy, puis réfugié à Copenhague. Chassé de ce pays, il alla à Gotha, où l'on vola la toilette d'une dame et ses dentelles ; il s'enfuit avec la femme de chambre qui avait commis ce vol, ce qui est connu de toute la cour de Gotha. Il a été mis au cachot deux fois à Paris, ensuite en a été banni : et ce malheureux a trouvé enfin de la protection. C'est lui qui est l'auteur d'un mauvais petit ouvrage intitulé *Mes Pensées*, dans lequel il vomit les plus lâches injures contre presque tous les gens en place. C'est lui qui a falsifié les *Lettres de madame de Maintenon*, et les a fait imprimer avec les notes les plus scandaleuses et les

De dix gredins qui m'ont vendu leur voix,
C'est le plus bas, mais c'est le plus fidèle ;
Esprit distrait, on prétend que parfois,
Tout occupé de ses œuvres chrétiennes,
Il prend d'autrui les poches pour les siennes.
Il est d'ailleurs si sage en ses écrits !
Il sait combien, pour les faibles esprits,
La vérité souvent est dangereuse ;
Qu'aux yeux des sots sa lumière est trompeuse,
Qu'on en abuse ; et ce discret auteur,
Qui toujours d'elle eut une sage peur,
A résolu de ne la jamais dire.
Moi, je la dis à Votre Majesté ;
Je vois en vous un héros que j'admire,
Et je l'apprends à la postérité.
Favorisez ceux que la calomnie
Voulut noircir de son souffle empesté ;
Sauvez les bons des filets de l'impie ;
Délivrez-nous, vengez-nous, payez-nous :
Foi de Frélon, nous écrirons pour vous. »
 Alors il fit un discours pathétique
Contre l'Anglais et pour la loi salique :
Et démontra que bientôt sans combat
Avec sa plume il défendrait l'État.
Charle admira sa profonde doctrine ;
Il fit à tous une charmante mine,
Les assurant avec compassion
Qu'il les prenait sous sa protection.

plus calomnieuses. Il fit imprimer à Francfort, en quatre petits volumes, le *Siècle de Louis XIV*, qu'il falsifia et qu'il chargea de remarques, non-seulement rebutantes par la plus crasse ignorance, mais punissables pour les calomnies atroces répandues contre la maison royale et contre les plus illustres maisons du royaume.
 Tous ceux dont il est ici question ont écrit des volumes d'ordures contre celui qui daigne ici les faire connaître. Il y a des gens qui sont bien aises de voir insulter, calomnier, par des gredins, les hommes célèbres dans les arts. Ils leur disent : « N'y faites pas attention, laissez crier ces misérables, afin que nous ayons le plaisir de voir des gueux vous jeter de la boue. » Nous ne pensons pas ainsi ; nous croyons qu'il faut punir les gueux quand ils sont insolents et fripons, et surtout quand ils ennuient. Ces anecdotes trop véritables se trouvent en vingt endroits, et doivent s'y trouver, comme des sentences affichées contre les malfaiteurs au coin de toutes les rues : « Oportet cognosci malos. » (*Note de Voltaire*, 1773.)—Les faits imputés ici à La Beaumelle sont rapportés avec plus de développements dans d'autres écrits de Voltaire, notamment dans la XVIIe des *Honnêtetés litteraires*, et dans le *Supplément au Siècle de Louis XIV*, première partie, neuvième alinéa. (R.)

CHANT XVIII.

La belle Agnès, présente à l'entrevue,
S'attendrissait, se sentait tout émue.
Son cœur est bon : femme qui fait l'amour
A la douceur est toujours plus encline
Que femme prude ou bien femme héroïne.
« Mon roi, dit-elle, avouez que ce jour
Est fortuné pour cette pauvre race.
Puisque ces gens contemplent votre face,
Ils sont heureux, leurs fers seront brisés :
Votre visage est visage de grâce.
Les gens de loi sont des gens bien osés
D'instrumenter au nom d'un autre maître !
C'est mon amant qu'on doit seul reconnaître ;
Ce sont pédants en juges déguisés.
Je les ai vus, ces héros d'écritoire,
De nos bons rois ces tuteurs prétendus,
Bourgeois altiers, tyrans en robe noire,
A leur pupille ôter ses revenus,
Par-devant eux le citer en personne,
Et gravement confisquer sa couronne.
Les gens de bien qui sont à vos genoux
Par leurs arrêts sont traités comme vous ;
Protégez-les, vos causes sont communes :
Proscrit comme eux, vengez leurs infortunes. »
De ce discours le roi fut très-touché :
Vers la clémence il a toujours penché.
Jeanne, dont l'âme est d'espèce moins tendre,
Soutint au roi qu'il les fallait tous pendre ;
Que les Frélons, et gens de ce métier,
N'étaient tous bons qu'à garnir un poirier.
Le grand Dunois, plus profond et plus sage,
En bon guerrier tint un autre langage.
« Souvent, dit-il, nous manquons de soldats ;
Il faut des dos, des jambes, et des bras.
Ces gens en ont ; et dans nos aventures,
Dans les assauts, les marches, les combats,
Nous pouvons bien nous passer d'écritures.
Enrôlons-les ; mettons-leur dès demain,
Au lieu de rame, un mousquet à la main.
Ils barbouillaient du papier dans les villes ;
Qu'aux champs de Mars ils deviennent utiles. »
Du grand Dunois le roi goûta l'avis.

A ses genoux ces bonnes gens tombèrent
En soupirant, et de pleurs les baignèrent.
On les mena sous l'auvent d'un logis
Où Charle, Agnès, et la troupe dorée,
Après dîner passèrent la soirée.
Agnès eut soin que l'intendant Bonneau
Fît bien manger la troupe délivrée ;
On leur donna les restes du serdeau.
 Charle et les siens assez gaiement soupèrent,
Et puis Agnès et Charles se couchèrent.
En s'éveillant chacun fut bien surpris
De se trouver sans manteau, sans habits.
Agnès en vain cherche ses engageantes,
Son beau collier de perles jaunissantes,
Et le portrait de son royal amant.
Le gros Bonneau, qui gardait tout l'argent
Bien enfermé dans une bourse mince,
Ne trouve plus le trésor de son prince.
Linge, vaisselle, habits, tout est troussé,
Tout est parti. La horde griffonnante,
Sous le drapeau du gazetier de Nante,
D'une main prompte et d'un zèle empressé,
Pendant la nuit avait débarrassé
Notre bon roi de son leste équipage.
Ils prétendaient que pour de vrais guerriers,
Selon Platon, le luxe est peu d'usage.
Puis s'esquivant par de petits sentiers,
Au cabaret la proie ils partagèrent,
Là par écrit doctement ils couchèrent
Un beau traité, bien moral, bien chrétien,
Sur le mépris des plaisirs et du bien.
On y prouva que les hommes sont frères,
Nés tous égaux, devant tous partager
Les dons de Dieu, les humaines misères,
Vivre en commun pour se mieux soulager.
Ce livre saint, mis depuis en lumière,
Fut enrichi d'un docte commentaire
Pour diriger *et l'esprit et le cœur*[1],
Avec préface et l'avis au lecteur.
 Du clément roi la maison consternée

---

1. Voyez la note de la page 138.

Est cependant au trouble abandonnée ;
On court en vain dans les champs, dans les bois.
Ainsi jadis on vit le bon Phinée,
Prince de Thrace, et le pieux Énée[1],
Tout effarés et de frayeur pantois,
Quand à leur nez les gloutonnes harpies,
Juste à midi de leurs antres sorties,
Vinrent manger le dîner de ces rois.
Agnès timide, et Dorothée en larmes,
Ne savent plus comment couvrir leurs charmes ;
Le bon Bonneau, fidèle trésorier,
Les faisait rire à force de crier.
« Ah ! disait-il, jamais pareille perte
Dans nos combats ne fut par nous soufferte.
Ah ! j'en mourrai ; les fripons m'ont tout pris.
Le roi mon maître est trop bon, quand j'y pense ;
Voilà le prix de son trop d'indulgence,
Et ce qu'on gagne avec les beaux esprits. »
La douce Agnès, Agnès compatissante,
Toujours accorte et toujours bien disante,
Lui répliqua : « Mon cher et gros Bonneau,
Pour Dieu, gardez qu'une telle aventure
Ne vous inspire un dégoût tout nouveau
Pour les auteurs et la littérature :
Car j'ai connu de très-bons écrivains,
Ayant le cœur aussi pur que les mains,
Sans le voler aimant le roi leur maître,
Faisant du bien sans chercher à paraître,
Parlant en prose, en vers mélodieux,
De la vertu, mais la pratiquant mieux ;

---

1. Les harpies Céléno, Ocypète, et Aello, filles de Neptune et de la Terre, venaient manger tous les mets qu'on servait sur la table du roi de Thrace Phinée, et infectaient toute la maison. Zétès et Calaïs, fils de Borée, chassèrent ces harpies jusque vers les îles Strophades, près de la Grèce. Elles traitèrent Énée comme Phinée ; mais Virgile en fait des prophétesses : voilà de plaisantes créatures pour être inspirées de Dieu !

> Virginei volucrum vultus, fœdissima ventris
> Proluvies, uncæque manus, et pallida semper
> Ora fame.

Elles se plaignent à Énée de ce qu'il veut leur faire la guerre pour quelques morceaux de bœuf, et lui prédisent que pour sa peine il sera contraint un jour de manger ses assiettes en Italie. Les amateurs des anciens disent que cette fiction est fort belle. (*Note de Voltaire*, 1764.) — Voyez *Æneid.*, III, 316-318.

Le bien public est le fruit de leurs veilles ;
Le doux plaisir, déguisant leurs leçons,
Touche les cœurs en charmant les oreilles ;
On les chérit ; et, s'il est des frelons
Dans notre siècle, on trouve des abeilles. »
   Bonneau reprit : « Eh ! que m'importe, hélas?
Frelon, abeille, et tout ce vain fatras ?
Il faut dîner, et ma bourse est perdue. »
On le console ; et chacun s'évertue,
En vrais héros endurcis aux revers,
A réparer les dommages soufferts.
On s'achemine aussitôt vers la ville,
Vers ce château, le noble et sûr asile
Du grand roi Charle et de ses paladins,
Garni de tout, et fourni de bons vins.
Nos chevaliers à moitié s'équipèrent,
Fort simplement les dames s'ajustèrent.
On arriva mal en point, harassé,
Un pied tout nu, l'autre à demi chaussé.

FIN DU CHANT DIX-HUITIÈME.

VARIANTES

DU CHANT DIX-HUITIÈME.

Vers 21, 22. — Première édition; on lisait entre ces deux vers :
    Son mauvais sort contre lui s'obstina.

Vers 47 :
    « Marchons, bâtard! avançons! faisons voir. »

Vers 67 :
    Qui dans Paris connus pour leur mérite.

Vers 108 :
    « Quel est ton nom, mon pauvre misérable,
    Et ton métier? et pour quelle action
    Le Châtelet, avec tant d'indulgence,
    T'envoyait-il sur les mers de Provence? »

Vers 118 :
    Un tendre soin des plus jolis enfants.

Vers 139 :
    Point ignorant, point brouillon, point menteur.

Vers 148. — Première édition :

    « Ce Vacerac [1] est tout pétri de miel ;
    Ah! l'honnête homme! indulgent, pacifique,
    Doux, charitable, et surtout véridique!
    Tous ces savants, dignes de mes lauriers,
    Grands écrivains, Cicérons des charniers,
    Sont comme moi victimes de l'envie.
    On nous accuse, et bien mal à propos,
    D'avoir commis quelques crimes de faux [2];
    Mais la vertu fut toujours poursuivie. »   (K.)

---

1. Caveyrac. (R.)
2. Nous entendons ici par crime de faux toutes les fausses citations que ces délateurs alléguaient incessamment. Peut-être aussi furent-ils condamnés comme faussaires. (*Note de Voltaire*, 1764.)

VARIANTES DU CHANT XVIII.

Vers 180. — Première édition :

*« Qu'il ne tombât aux mains des indévots.
« Voici, grand roi, ce bénin sycophante,
A tête longue, et de côté pendante ;
Du nombre trois parfois il se tourmente.
A son air humble, au maintien qu'il a pris,
Du bon Tartuffe on le croirait le fils[1].
Sur tous ses tours son petit pays glose,
Du doigt index on le montre aux passants ;
On fait de lui des contes si plaisants !
Je crois, pour moi, qu'il en est quelque chose.
Mais, ô mon roi ! votre bénignité
Est au-dessus de la malignité.
*Pour le dernier... »

Il est probablement ici question de Vernet le trinitaire. Voyez la satire intitulée *Éloge de l'hypocrisie* (1766); la *Lettre curieuse de Robert Covelle* (1765), etc. (K.)

Vers 223. — Première édition :

*« C'est mon amant qu'on doit seul reconnaître.
L'arrêt est nul, et vous l'allez casser. »
*Jeanne, dont l'âme... (K.)

Vers 331 :

*On le console ; et chacun s'évertue
En vrai héros, peu troublé des revers,
A réparer les dommages soufferts.
Le seul remède en pareille disgrâce
Sans doute était de regagner la place
Où le roi Charle avait ses magasins
Garnis de tout et fournis de bons vins.
Nos chevaliers à moitié s'équipèrent ;
Très-simplement les dames s'ajustèrent,
Et l'on partit mal en point, très-pressé,
*Un pied tout nu, l'autre à demi chaussé.

---

1. Il faut que ce soit quelque maître Gonin de ce temps-là, qui ait été très-irrévérend envers le *Trisagion*. (*Note de Voltaire*, 1764.)

CHANT DIX-NEUVIÈME.

ARGUMENT.

Mort du brave et tendre La Trimouille et de la charmante Dorothée.
Le dur Tirconel se fait chartreux.

Sœur de la Mort, impitoyable Guerre,
Droit des brigands que nous nommons héros,
Monstre sanglant, né des flancs d'Atropos,
Que tes forfaits ont dépeuplé la terre !
Tu la couvris et de sang et de pleurs.
Mais quand l'Amour joint encor ses malheurs
A ceux de Mars ; lorsque la main chérie
D'un tendre amant de faveurs enivré
Répand un sang par lui-même adoré,
Et qu'il voudrait racheter de sa vie ;
Lorsqu'il enfonce un poignard égaré
Au même sein que ses lèvres brûlantes
Ont marqueté d'empreintes si touchantes ;
Qu'il voit fermer à la clarté du jour
Ces yeux aimés qui respiraient l'amour :
D'un tel objet les peintures terribles
Font plus d'effet sur les cœurs nés sensibles,
Que cent guerriers qui terminent leur sort,
Payés d'un roi pour courir à la mort.
    Charle, entouré de la troupe royale,
Avait repris cette raison fatale,
Présent maudit dont on fait tant de cas,
Et s'en servait pour chercher les combats.
Ils cheminaient vers les murs de la ville[1],

---

1. Il existe de ce passage une variante que voici :

> Il cheminait vers les murs de la ville,
> * Vers ce château, son noble et sûr asile,
> Où se gardaient les arsenaux de Mars. (R)

Vers ce château, son noble et sûr asile,
Où se gardaient ces magasins de Mars,
Ce long amas de lances et de dards,
Et les canons que l'enfer en sa rage
Avait fondus pour notre affreux usage.
Déjà des tours le faîte paraissait ;
La troupe en hâte au grand trot avançait,
Pleine d'espoir ainsi que de courage :
Mais La Trimouille, honneur des Poitevins
Et des amants, allant près de sa dame
Au petit pas, et parlant de sa flamme,
Manqua sa route et prit d'autres chemins.

Dans un vallon qu'arrose une onde pure,
Au fond d'un bois de cyprès toujours verts,
Qu'en pyramide a formés la nature,
Et dont le faîte a bravé cent hivers,
Il est un antre où souvent les Naïades
Et les Sylvains viennent prendre le frais.
Un clair ruisseau, par des conduits secrets,
Y tombe en nappe, et forme vingt cascades.
Un tapis vert est tendu tout auprès ;
Le serpolet, la mélisse naissante,
Le blanc jasmin, la jonquille odorante,
Y semblent dire aux bergers d'alentour :
« Reposez-vous sur ce lit de l'Amour. »
Le Poitevin entendit ce langage
Du fond du cœur. L'haleine des zéphyrs,
Le lieu, le temps, sa tendresse, son âge,
Surtout sa dame, allument ses désirs.
Les deux amants de cheval descendirent,
Sur le gazon côte à côte se mirent,
Et puis des fleurs, puis des baisers cueillirent :
Mars et Vénus, planant du haut des cieux,
N'ont jamais vu d'objets plus dignes d'eux ;
Du fond des bois les Nymphes applaudirent ;
Et les moineaux, les pigeons de ces lieux,
Prirent exemple, et s'en aimèrent mieux.
Dans le bois même était une chapelle,
Séjour funèbre à la mort consacré,
Où l'avant-veille on avait enterré
De Jean Chandos la dépouille mortelle.
Deux desservants, vêtus d'un blanc surplis,

Y dépêchaient de longs *De profundis*.
Paul Tirconel assistait au service,
Non qu'il goûtât ce dévot exercice,
Mais au défunt il était attaché.
Du preux Chandos il était frère d'armes,
Fier comme lui, comme lui débauché,
Ne connaissant ni l'amour ni les larmes.
Il conservait un reste d'amitié
Pour Jean Chandos : et dans sa violence
Il jurait Dieu qu'il en prendrait vengeance,
Plus par colère encor que par pitié.
   Il aperçut du coin d'une fenêtre
Les deux chevaux qui s'amusaient à paître ;
Il va vers eux : ils tournent en ruant
Vers la fontaine, où l'un et l'autre amant
A ses transports en secret s'abandonne,
Occupés d'eux, et ne voyant personne.
Paul Tirconel, dont l'esprit inhumain
Ne souffrait pas les plaisirs du prochain,
Grinça des dents, et s'écria : « Profanes,
C'est donc ainsi, dans votre indigne ardeur,
Que d'un héros vous insultez les mânes !
Rebut honteux d'une cour sans pudeur,
Vils ennemis, quand un Anglais succombe
Vous célébrez ce rare événement ;
Vous l'outragez au sein du monument,
Et vous venez vous baiser sur sa tombe !
Parle, est-ce toi, discourtois chevalier,
Fait pour la cour et né pour la mollesse,
Dont la main faible aurait, par quelque adresse,
Donné la mort à ce puissant guerrier ?
Quoi ! sans parler tu lorgnes ta maîtresse !
Tu sens ta honte, et ton cœur se confond. »
   A ce discours La Trimouille répond :
« Ce n'est point moi ; je n'ai point cette gloire.
Dieu, qui conduit la valeur des héros,
Comme il lui plaît accorde la victoire.
Avec honneur je combattis Chandos ;
Mais une main qui fut plus fortunée
Aux champs de Mars trancha sa destinée ;
Et je pourrai peut-être dès ce jour
Punir aussi quelque Anglais à mon tour. »

Comme un vent frais d'abord par son murmure
Frise en sifflant la surface des eaux,
S'élève, gronde, et, brisant les vaisseaux,
Répand l'horreur sur toute la nature :
Tels La Trimouille et le dur Tirconel
Se préparaient au terrible duel
Par ces propos pleins d'ire et de menace.
Ils sont tous deux sans casque et sans cuirasse.
Le Poitevin sur les fleurs du gazon
Avait jeté près de sa Milanaise
Cuirasse, lance, et sabre, et morion,
Tout son harnois, pour être plus à l'aise ;
Car de quoi sert un grand sabre en amours ?
Paul Tirconel marchait armé toujours ;
Mais il laissa dans la chapelle ardente
Son casque d'or, sa cuirasse brillante,
Ses beaux brassards aux mains d'un écuyer.
Il ne garda qu'un large baudrier
Qui soutenait sa lame étincelante.
Il la tira. La Trimouille à l'instant,
Prêt à punir ce brutal insulaire,
D'un saut léger à son arme sautant,
La ramassa tout bouillant de colère,
Et s'écriant : « Monstre cruel, attends,
Et tu verras bientôt ce que mérite
Un scélérat qui, faisant l'hypocrite,
S'en vient troubler un rendez-vous d'amants. »
Il dit, et pousse à l'Anglais formidable.
Tels en Phrygie Hector et Ménélas
Se menaçaient, se portaient le trépas,
Aux yeux d'Hélène affligée et coupable [1].

    L'antre, le bois, l'air, le ciel retentit

---

1. Vous savez, mon cher lecteur, qu'Hector et Ménélas se battirent, et qu'Hélène les regardait faire tranquillement. Dorothée a bien plus de vertu : aussi notre nation est bien plus vertueuse que celle des Grecs. Nos femmes sont galantes, mais au fond elles sont beaucoup plus tendres, comme je le prouve dans mon *Philosophe chrétien*, tome XII, page 169. (*Note de Voltaire*, 1762.) — On ne connaît de l'auteur de *la Pucelle* aucun écrit portant le titre de *Philosophe chrétien*. Il est présumable qu'il y a ici de sa part, comme dans quelques autres endroits, *un peu d'ironie*. Il serait possible qu'il eût voulu ridiculiser l'exactitude niaise avec laquelle Formey, le *secrétaire éternel*, citait les tomes et les pages de ses écrits, que personne ne lisait. On a de lui, en effet, le *Philosophe chrétien*, 1750-56, quatre volumes in-12. C'est un recueil de sermons. (R.)

Des cris perçants que jetait Dorothée :
Jamais l'amour ne l'a plus transportée ;
Son tendre cœur jamais ne ressentit
Un trouble égal. « Eh quoi ! sur le pré même
Où je goûtais les pures voluptés,
Dieux tout-puissants, je perdrais ce que j'aime !
Cher La Trimouille ! Ah ! barbare, arrêtez ;
Barbare Anglais, percez mon sein timide. »
　Disant ces mots, courant d'un pas rapide,
Les bras tendus, les yeux étincelants,
Elle s'élance entre les combattants.
De son amant la poitrine d'albâtre,
Ce doux satin, ce sein qu'elle idolâtre,
Était déjà vivement effleuré
D'un coup terrible à grand'peine paré.
Le beau Français, que sa blessure irrite,
Sur le Breton vole et se précipite.
Mais Dorothée était entre les deux.
O dieu d'amour ! ô ciel ! ô coup affreux !
O quel amant pourra jamais apprendre,
Sans arroser mes écrits de ses pleurs,
Que des amants le plus beau, le plus tendre,
Le plus comblé des plus douces faveurs,
A pu frapper sa maîtresse charmante !
Ce fer mortel, cette lame sanglante
Perçait ce cœur, ce siége des amours,
Qui pour lui seul fut embrasé toujours :
Elle chancelle, elle tombe expirante,
Nommant encor La Trimouille.... et la mort,
L'affreuse mort déjà s'emparait d'elle :
Elle le sent ; elle fait un effort,
Rouvre les yeux qu'une nuit éternelle
Allait fermer ; et de sa faible main,
De son amant touchant encor le sein,
Et lui jurant une ardeur immortelle,
Elle exhalait son âme et ses sanglots :
Et « J'aime... J'aime... » étaient les derniers mots
Que prononça cette amante fidèle.
C'était en vain. Son La Trimouille, hélas !
N'entendait rien. Les ombres du trépas
L'environnaient ; il est tombé près d'elle
Sans connaissance : il était dans ses bras

Teint de son sang, et ne le sentait pas.
A ce spectacle épouvantable et tendre,
Paul Tirconel demeura quelque temps
Glacé d'horreur ; l'usage de ses sens
Fut suspendu. Tel on nous fait entendre
Que cet Atlas, que rien ne put toucher [1],
Prit autrefois la forme d'un rocher.

    Mais la pitié que l'aimable nature
Mit de sa main dans le fond de nos cœurs,
Pour adoucir les humaines fureurs,
Se fit sentir à cette âme si dure :
Il secourut Dorothée ; il trouva
Deux beaux portraits tous deux en miniature,
Que Dorothée avec soin conserva
Dans tous les temps et dans toute aventure.
On voit dans l'un La Trimouille aux yeux bleus,
Aux cheveux blonds ; les traits de son visage
Sont fiers et doux : la grâce et le courage
Y sont mêlés par un accord heureux.
Tirconel dit : « Il est digne qu'on l'aime. »
Mais que dit-il, lorsqu'au second portrait
Il aperçut qu'on l'avait peint lui-même ?
Il se contemple, il se voit trait pour trait.
Quelle surprise! en son âme il rappelle
Que vers Milan voyageant autrefois,
Il a connu Carminetta la belle,
Noble et galante, aux Anglais peu cruelle ;
Et qu'en partant au bout de quelques mois,
La laissant grosse, il eut la complaisance
De lui donner, pour adoucir l'absence,
Ce beau portrait que du Lombard Bélin [2]
La main savante a mis sur le vélin.
De Dorothée, hélas! elle fut mère ;
Tout est connu : Tirconel est son père.

    Il était froid, indifférent, hautain,

---

1. Je crois que notre auteur entend par ces mots : *que rien ne put toucher*, la dureté de cœur que fit paraître Atlas quand il refusa l'hospitalité à Persée. Il le laissa coucher dehors, et Jupiter l'en punit, comme chacun sait, en le changeant en montagne. (*Note de Voltaire*, 1762.)

2. Ce Bélin était en effet un contemporain ; ce fut lui qui depuis peignit Mahomet II. (*Id.*, 1773.) — Gentile Bellini, né à Venise en 1421, mourut dans cette ville en 1501. (R.)

Mais généreux, et dans le fond humain.
Quand la douleur à de tels caractères
Fait éprouver ses atteintes amères,
Ses traits sur eux font des impressions
Qui n'entrent point dans les cœurs ordinaires,
Trop aisément ouverts aux passions.
L'acier, l'airain plus fortement s'allume
Que les roseaux qu'un feu léger consume.
Ce dur Anglais voit sa fille à ses pieds,
De son beau sang la mort s'est assouvie;
Il la contemple, et ses yeux sont noyés
Des premiers pleurs qu'il versa de sa vie.
Il l'en arrose, il l'embrasse cent fois,
De hurlements il étonne les bois,
Et, maudissant la fortune et la guerre,
Tombe à la fin sans haleine et sans voix.

   A ces accents tu rouvris la paupière,
Tu vis le jour, La Trimouille, et soudain
Tu détestas ce reste de lumière.
Il retira son arme meurtrière
Qui traversait cet adorable sein ;
Sur l'herbe rouge il pose la poignée,
Puis sur la pointe avec force élancé,
D'un coup mortel il est bientôt percé,
Et de son sang sa maîtresse est baignée.

   Aux cris affreux que poussa Tirconel,
Les écuyers, les prêtres accoururent;
Épouvantés du spectacle cruel,
Ces cœurs de glace ainsi que lui s'émurent :
Et Tirconel aurait suivi sans eux
Les deux amants au séjour ténébreux.

   Ayant enfin de ce désordre extrême
Calmé l'horreur, et rentrant en lui-même,
Il fit poser ces amants malheureux
Sur un brancard que des lances formèrent :
Au camp du roi des guerriers les portèrent,
Et de leurs pleurs les chemins arrosèrent.

   Paul Tirconel, homme en tout violent,
Prenait toujours son parti sur-le-champ.
Il détesta, depuis cette aventure,
Et femme, et fille, et toute la nature.
Il monte un barbe ; et, courant sans valets,

L'œil morne et sombre, et ne parlant jamais,
Le cœur rongé, va dans son humeur noire
Droit à Paris, loin des rives de Loire.
En peu de jours il arrive à Calais,
S'embarque, et passe à sa terre natale :
C'est là qu'il prit la robe monacale
De saint Bruno[1]; c'est là qu'en son ennui
Il mit le ciel entre le monde et lui,
Fuyant ce monde, et se fuyant lui-même ;
C'est là qu'il fit un éternel carême ;
Il y vécut sans jamais dire un mot,
Mais sans pouvoir jamais être dévot.

    Quand le roi Charle, Agnès, et la guerrière,
Virent passer ce convoi douloureux,
Qu'on aperçut ces amants généreux,
Jadis si beaux et si longtemps heureux,
Souillés de sang et couverts de poussière,
Tous les esprits parurent effrayés,
Et tous les yeux de pleurs furent noyés.
On pleura moins dans la sanglante Troie,
Quand de la mort Hector devint la proie,
Et lorsqu'Achille, en modeste vainqueur,
Le fit traîner avec tant de douceur[2],
Les pieds liés et la tête pendante
Après son char qui volait sur des morts ;
Car Andromaque au moins était vivante,
Quand son époux passa les sombres bords.

    La belle Agnès, Agnès toute tremblante,
Pressait le roi, qui pleurait dans ses bras,
Et lui disait : « Mon cher amant, hélas !
Peut-être un jour nous serons l'un et l'autre
Portés ainsi dans l'empire des morts ;
Ah ! que mon âme, aussi bien que mon corps,
Soit à jamais unie avec la vôtre ! »

    A ces propos, qui portaient dans les cœurs
La triste crainte et les molles douleurs,

---

1 Vous savez que Bruno fonda les chartreux, après avoir vu ce chanoine de Magdebourg qui parlait après sa mort. (*Note de Voltaire*, 1762.) — Les éditeurs de Kehl ont rectifié Voltaire, qui fait erreur en supposant que le chanoine auquel les chartreux attribuaient la conversion de leur fondateur était de Magdebourg : il était de Paris, suivant les historiens de la *Vie de saint Bruno*. (R.)

2 Je soupçonne un peu d'ironie dans notre grave auteur. (*Id.*, 1762.)

Jeanne, prenant ce ton mâle et terrible,
Organe heureux d'un courage invincible,
Dit : « Ce n'est point par des gémissements,
Par des sanglots, par des cris, par des larmes,
Qu'il faut venger ces deux nobles amants ;
C'est par le sang : prenons demain les armes.
Voyez, ô roi, ces remparts d'Orléans,
Tristes remparts que l'Anglais environne.
Les champs voisins sont encor tout fumants
Du sang versé que vous-même en personne
Fîtes couler de vos royales mains.
Préparons-nous ; suivez vos grands desseins :
C'est ce qu'on doit à l'ombre ensanglantée
De La Trimouille et de sa Dorothée :
Un roi doit vaincre, et non pas soupirer.
Charmante Agnès, cessez de vous livrer
Aux mouvements d'une âme douce et bonne.
A son amant Agnès doit inspirer
Des sentiments dignes de sa couronne. »
Agnès reprit : « Ah ! laissez-moi pleurer ! »

FIN DU CHANT DIX-NEUVIÈME.

CHANT VINGTIÈME.

ARGUMENT.

Comment Jeanne tomba dans une étrange tentation ; tendre témérité de son âne ; belle résistance de la Pucelle.

L'homme et la femme est chose bien fragile ;
Sur la vertu gardez-vous de compter :
Ce vase est beau, mais il est fait d'argile,
Un rien le casse : on peut le rajuster,
Mais ce n'est pas entreprise facile.
Garder ce vase avec précaution,
Sans le ternir, croyez-moi, c'est un rêve :
Nul n'y parvient ; témoin le mari d'Ève,
Et le vieux Loth, et l'aveugle Samson,
David le saint, le sage Salomon,
Et vous surtout, sexe doux, sexe aimable,
Tant du Nouveau que du Vieux Testament,
Et de l'histoire, et même de la fable.
Sexe dévot, je pardonne aisément
Vos petits tours et vos petits caprices,
Vos doux refus, vos charmants artifices ;
Mais j'avouerai qu'il est de certains cas,
De certains goûts que je n'excuse pas.
J'ai vu parfois une bamboche, un singe,
Gros, court, tanné, tout velu sous le linge,
Comme un blondin caressé dans vos bras :
J'en suis fâché pour vos tendres appas.
Un âne ailé vaut cent fois mieux peut-être
Qu'un fat en robe et qu'un lourd petit-maître.
Sexe adorable, à qui j'ai consacré
Le don des vers dont je fus honoré,
Pour vous instruire il est temps de connaître

L'erreur de Jeanne, et comme un beau grison
Pour un moment égara sa raison :
Ce n'est pas moi, c'est le sage Trithème,
Ce digne abbé, qui vous parle lui-même.
 Le gros damné de père Grisbourdon,
Terrible encore au fond de sa chaudière,
En blasphémant cherchait l'occasion
De se venger de la Pucelle altière,
Par qui là-haut d'un coup d'estramaçon
Son chef tondu fut privé de son tronc.
Il s'écriait : « O Belzébuth, mon père,
Ne pourrais-tu dans quelque gros péché
Faire tomber cette Jeanne sévère ?
J'y crois, pour moi, ton honneur attaché. »
Comme il parlait, arriva plein de rage
Hermaphrodix au ténébreux rivage,
Son eau bénite encor sur le visage.
Pour se venger, l'amphibie animal
Vint s'adresser à l'auteur de tout mal.
Les voilà donc tous les trois qui conspirent
Contre une femme. Hélas! le plus souvent,
Pour les séduire il n'en fallut pas tant.
Depuis longtemps tous les trois ils apprirent
Que Jeanne d'Arc dessous son cotillon
Gardait les clefs de la ville assiégée,
Et que le sort de la France affligée
Ne dépendait que de sa mission.
L'esprit du diable a de l'invention :
Il courut vite observer sur la terre
Ce que faisaient ses amis d'Angleterre ;
En quel état, et de corps et d'esprit,
Se trouvait Jeanne après le grand conflit.
Le roi, Dunois, Agnès alors fidèle,
L'âne, Bonneau, Bonifoux, la Pucelle,
Étaient entrés vers la nuit dans le fort,
En attendant quelque nouveau renfort.
Des assiégés la brèche réparée
Aux assaillants ne permet plus l'entrée.
Des ennemis la troupe est retirée.
Les citoyens, le roi Charle, et Bedfort,
Chacun chez soi soupe en hâte et s'endort.
Muses, tremblez de l'étrange aventure

Qu'il faut apprendre à la race future ;
Et vous, lecteurs, en qui le ciel a mis
Les sages goûts d'une tendresse pure,
Remerciez et Dunois et Denis
Qu'un grand péché n'ait pas été commis.

   Il vous souvient que je vous ai promis
De vous conter les galantes merveilles
De ce Pégase aux deux longues oreilles,
Qui combattit, sous Jeanne et sous Dunois,
Les ennemis des filles et des rois.
Vous l'avez vu sur ses ailes dorées
Porter Dunois aux lombardes contrées :
Il en revint ; mais il revint jaloux.
Vous savez bien qu'en portant la Pucelle,
Au fond du cœur il sentit l'étincelle
De ce beau feu, plus vif encor que doux,
Ame, ressort, et principe des mondes,
Qui dans les airs, dans les bois, dans les ondes,
Produit les corps et les anime tous.
Ce feu sacré, dont il nous reste encore
Quelques rayons dans ce monde épuisé,
Fut pris au ciel pour animer Pandore.
Depuis ce temps le flambeau s'est usé :
Tout est flétri ; la force languissante
De la nature, en nos malheureux jours,
Ne produit plus que d'imparfaits amours.
S'il est encore une flamme agissante,
Un germe heureux des principes divins,
Ne cherchez pas chez Vénus Uranie,
Ne cherchez pas chez les faibles humains :
Adressez-vous aux héros d'Arcadie.

   Beaux Céladons, que des objets vainqueurs
Ont enchaînés par des liens de fleurs ;
Tendres amants en cuirasse, en soutane,
Prélats, abbés, colonels, conseillers,
Gens du bel air, et même cordeliers,
En fait d'amour défiez-vous d'un âne.
Chez les Latins le fameux âne d'or,
Si renommé par sa métamorphose,
De celui-ci n'approchait pas encor :
Il n'était qu'homme, et c'est bien peu de chose.

   L'abbé Trithème, esprit sage et discret,

Et plus savant que le pédant Larchet[1],
Modeste auteur de cette noble histoire,
Fut effrayé plus qu'on ne saurait croire,
Quand il fallut, aux siècles à venir,
De ces excès transmettre la mémoire.
De ses trois doigts il eut peine à tenir
Sur son papier sa plume épouvantée ;
Elle tomba : mais son âme agitée
Se rassura, faisant réflexion
Sur la malice et le pouvoir du diable.
  Du genre humain cet ennemi coupable
Est tentateur de sa profession.
Il prend les gens en sa possession ;
De tout péché ce père formidable,
Rival de Dieu, séduisit autrefois
Ma chère mère, un soir au coin d'un bois[2],
Dans son jardin. Ce serpent hypocrite
Lui fit manger d'une pomme maudite :
Même on prétend qu'il lui fit encor pis.
On la chassa de son beau paradis.
Depuis ce jour, Satan dans nos familles
A gouverné nos femmes et nos filles.
Le bon Trithême en avait dans son temps
Vu de ses yeux des exemples touchants.
Voici comment ce grand homme raconte
Du saint baudet l'insolence et la honte.
  La grosse Jeanne, au visage vermeil,
Qu'ont rafraîchi les pavots du sommeil,
Entre ses draps doucement recueillie,

---

1. Le pédant Larchet, mazarinier ridicule, homme de collège qui, dans un livre de critique, assure, d'après Hérodote, qu'à Babylone toutes les dames se prostituaient dans le temple par dévotion, et que tous les jeunes Gaulois étaient sodomites. (*Note de Voltaire*, 1773.) — Larchet désigne P.-H. Larcher. (R.)

2. Voilà comment il convient de parler du diable, et de tous les diables qui ont succédé aux furies, et de toutes les impertinences qui ont succédé aux impertinences antiques. On sait assez que Satan, Belzébuth, Astaroth, n'existent pas plus que Tisiphone, Alecton, et Mégère. Le sombre et fanatique Milton, de la secte des indépendants, détestable secrétaire en langue latine du parlement nommé le *Croupion*, et détestable apologiste de l'assassinat de Charles Ier, peut, tant qu'il voudra, célébrer l'enfer, et peindre le diable déguisé en cormoran et en crapaud, et faire tenir tous les diables en pygmées dans une grande salle : ces imaginations dégoûtantes, affreuses, absurdes, ont pu plaire à quelques fanatiques comme lui. Nous déclarons que nous avons ces facéties abominables en horreur. Nous ne voulons que nous réjouir. (*Note de Voltaire*, 1773.)

Se rappelait les destins de sa vie.
De tant d'exploits son jeune cœur flatté
A saint Denis n'en donna pas la gloire;
Elle conçut un grain de vanité.
Denis, fâché, comme on peut bien le croire,
Pour la punir, laissa quelques moments
Sa protégée au pouvoir de ses sens.
Denis voulut que sa Jeanne, qu'il aime,
Connût enfin ce qu'on est par soi-même,
Et qu'une femme, en toute occasion,
Pour se conduire a besoin d'un patron.
Elle fut prête à devenir la proie [1]
D'un piége affreux que tendit le démon :
On va bien loin sitôt qu'on se fourvoie.
   Le tentateur, qui ne néglige rien,
Prenait son temps; il le prend toujours bien.
Il est partout : il entra par adresse
Au corps de l'âne, il forma son esprit,
Valeur des sons à sa langue il apprit,
De sa voix rauque adoucit la rudesse,
Et l'instruisit aux finesses de l'art
Approfondi par Ovide et Bernard [2].
   L'âne éclairé surmonta toute honte;
De l'écurie adroitement il monte
Au pied du lit où, dans un doux repos,
Jeanne en son cœur repassait ses travaux;
Puis doucement s'accroupissant près d'elle,
Il la loua d'effacer les héros,
D'être invincible, et surtout d'être belle.
Ainsi jadis le serpent séducteur,
Quand il voulut subjuguer notre mère,

---

1. M. Louis du Bois a remarqué avec raison qu'aujourd'hui l'on dirait *près de*, ce qui d'ailleurs offrirait un sens plus honnête ; mais l'usage contraire était établi du temps de Voltaire. Il dit même positivement (*Commentaire sur Corneille, les Horaces,* act. I, sc. I, v. 3) que « *près de* veut un substantif ». L'inconvénient qu'offre le vers, objet de cette note, de laisser planer quelque doute sur la pureté des désirs de Jeanne, était moins grave sans doute à ses yeux que le rapprochement cacophonique des deux syllabes *de* : « près *de* devenir ». (R.)

2. Bernard, auteur de l'opéra de *Castor et Pollux,* et de quelques pièces fugitives, a fait un *Art d'aimer* comme Ovide, mais cet ouvrage n'est pas encore imprimé. (*Note de Voltaire,* 1773.) — Le poëme de l'*Art d'aimer*, qui était encore inédit lorsque Voltaire écrivait cette note, fut publié en 1775, avec quelques autres poésies du même auteur. (R.)

CHANT XX.

Lui fit d'abord un compliment flatteur :
L'art de louer commença l'art de plaire.
  « Où suis-je ? Ô ciel ! s'écria Jeanne d'Arc :
Qu'ai-je entendu ? par saint Luc ! par saint Marc !
Est-ce mon âne ? Ô merveille ! Ô prodige !
Mon âne parle, et même il parle bien ! »
  L'âne à genoux, composant son maintien,
Lui dit : « O d'Arc ! ce n'est point un prestige ;
Voyez en moi l'âne de Canaan :
Je fus nourri chez le vieux Balaam ;
Chez les païens Balaam était prêtre,
Moi j'étais juif ; et sans moi mon cher maître
Aurait maudit tout ce bon peuple élu,
Dont un grand mal fût sans doute advenu.
Adonaï récompensa mon zèle ;
Au vieil Énoc bientôt on me donna :
Énoc avait une vie immortelle ;
J'en eus autant ; et le maître ordonna
Que le ciseau de la Parque cruelle
Respecterait le fil de mes beaux ans.
Je jouis donc d'un éternel printemps.
De notre pré le maître débonnaire
Me permit tout, hors un cas seulement :
Il m'ordonna de vivre chastement.
C'est pour un âne une terrible affaire.
Jeune et sans frein dans ce charmant séjour,
Maître de tout, j'avais droit de tout faire,
Le jour, la nuit, tout, excepté l'amour.
J'obéis mieux que ce premier sot homme,
Qui perdit tout pour manger une pomme.
Je fus vainqueur de mon tempérament ;
La chair se tut ; je n'eus point de faiblesses ;
Je vécus vierge : or savez-vous comment ?
Dans le pays il n'était point d'ânesses.
Je vis couler, content de mon état,
Plus de mille ans dans ce doux célibat.
  « Lorsque Bacchus vint du fond de la Grèce
Porter le thyrse, et la gloire, et l'ivresse,
Dans les pays par le Gange arrosés,
A ce héros je servis de trompette :
Les Indiens par nous civilisés
Chantent encor ma gloire et leur défaite.

Silène[1] et moi nous sommes plus connus
Que tous les grands qui suivirent Bacchus.
C'est mon nom seul, ma vertu signalée,
Qui fit depuis tout l'honneur d'Apulée[2].

 « Enfin là-haut, dans ces plaines d'azur,
Lorsque saint George, à vos Français si dur,
Ce fier saint George, aimant toujours la guerre,
Voulut avoir un coursier d'Angleterre;
Quand saint Martin, fameux par son manteau[3],
Obtint encore un cheval assez beau;
Monsieur Denis, qui fait comme eux figure,
Voulut, comme eux, avoir une monture :
Il me choisit, près de lui m'appela;
Il me fit don de deux brillantes ailes ;
Je pris mon vol aux voûtes éternelles;
Du grand saint Roch[4] le chien me festoya;
J'eus pour ami le porc de saint Antoine,
Céleste porc, emblème de tout moine;
D'étrilles d'or mon maître m'étrilla;
Je fus nourri de nectar, d'ambrosie :
Mais, ô ma Jeanne! une si belle vie
N'approche pas du plaisir que je sens
Au doux aspect de vos charmes puissants.
Le chien, le porc, et George, et Denis même,
Ne valent pas votre beauté suprême.
Croyez surtout que de tous les emplois
Où m'éleva mon étoile bénigne,
Le plus heureux, le plus selon mon choix,
Et dont je suis peut-être le plus digne,

---

1. C'est l'âne de Silène, qui est assez connu; on tient qu'il servit de trompette. (*Note de Voltaire*, 1762.)

2. L'âne d'Apulée ne parla point; il ne put jamais prononcer que *oh* et *non* : mais il eut une bonne fortune avec une dame, comme on peut le voir dans l'*Apuleius* en deux volumes in-4°, « cum notis, ad usum Delphini ». Au reste, on attribua de tout temps les mêmes sentiments aux bêtes qu'aux hommes. Les chevaux pleurent dans *l'Iliade* et dans *l'Odyssée;* les bêtes parlent dans Pilpay, dans Lokman, et dans Ésope, etc. (*Id.*, 1762.)

3. Les hérétiques doivent savoir que le diable, demandant l'aumône à Martin, ce Martin lui donna la moitié de son manteau. (*Id.*, 1773.)

4. Saint Roch, qui guérit de la peste, est toujours peint avec un chien; et saint Antoine est toujours suivi d'un cochon. (*Id.*, 1762.) — Tous les bons chrétiens connaissent l'aigle de saint Jean, le bœuf de saint Luc, et les autres bêtes du paradis. (K.)

Est de servir sous vos augustes lois.
Quand j'ai quitté le ciel et l'empyrée,
J'ai vu par vous ma fortune honorée.
Non, je n'ai pas abandonné les cieux,
J'y suis encor; le ciel est dans vos yeux. »
A ce discours, peut-être téméraire,
Jeanne sentit une juste colère.
Aimer un âne, et lui donner sa fleur!
Souffrirait-elle un pareil déshonneur,
Après avoir sauvé son innocence
Des muletiers et des héros de France,
Après avoir, par la grâce d'en haut,
Dans le combat mis Chandos en défaut?
Mais que cet âne, ô ciel! a de mérite!
Ne vaut-il pas la chèvre favorite
D'un Calabrois, qui la pare de fleurs!
« Non, disait-elle, écartons ces horreurs. »
Tous ces pensers formaient une tempête
Au cœur de Jeanne, et confondaient sa tête.
Ainsi qu'on voit sur les profondes mers
Les fiers tyrans des ondes et des airs,
L'un accourant des cavernes australes,
L'autre sifflant des glaces boréales,
Battre un vaisseau cinglant sur l'Océan
Vers Sumatra, Bengale, ou Ceïlan :
Tantôt la nef aux cieux semble portée,
Près des rochers tantôt elle est jetée,
Tantôt l'abîme est prêt à l'engloutir,
Et des enfers elle paraît sortir.
   L'enfant malin qui tient sous son empire
Le genre humain, les ânes, et les dieux,
Son arc en main, planait au haut des cieux,
Et voyait Jeanne avec un doux sourire.
De Jeanne d'Arc le grand cœur en secret
Était flatté de l'étonnant effet
Que produisait sa beauté singulière
Sur le sens lourd d'une âme si grossière.
Vers son amant elle avança la main,
Sans y songer; puis la tira soudain.
Elle rougit, s'effraye, et se condamne;
Puis se rassure, et puis lui dit : « Bel âne,
Vous concevez un chimérique espoir;

Respectez plus ma gloire et mon devoir ;
Trop de distance est entre nos espèces ;
Non, je ne puis approuver vos tendresses ;
Gardez-vous bien de me pousser à bout. »
　　L'âne reprit : « L'amour égale tout.
Songez au cygne à qui Léda fit fête [1]
Sans cesser d'être une personne honnête.
Connaissez-vous la fille de Minos [2],
Pour un taureau négligeant des héros,
Et soupirant pour son beau quadrupède ?
Sachez qu'un aigle enleva Ganymède,
Et que Philyre avait favorisé
Le dieu des mers en cheval déguisé. »
　　Il poursuivait son discours ; et le diable,
Premier auteur des écrits de la fable,
Lui fournissait ces exemples frappants,
Et mettait l'âne au rang de nos savants.
　　Tandis qu'il parle avec tant d'élégance,
Le grand Dunois, qui près de là couchait,
Prêtait l'oreille, était tout stupéfait
Des traits hardis d'une telle éloquence.
Il voulut voir le héros qui parlait,
Et quel rival l'Amour lui suscitait.
Il entre, il voit (ô prodige ! ô merveille !)
Le possédé porteur de longue oreille,
Et ne crut pas encor ce qu'il voyait.
　　Jadis Vénus fut ainsi confondue,
Lorsqu'en un rets formé de fils d'airain,
Aux yeux des dieux le malheureux Vulcain
Sous le dieu Mars la montra toute nue.
Jeanne, après tout, n'a point été vaincue ;
Le bon Denis ne l'abandonnait pas ;
Près de l'abîme il affermit ses pas ;
Il la soutint dans ce péril extrême,
Jeanne s'indigne et rentre en elle-même :
Comme un soldat dans son poste endormi,

---

1. Léda, ayant donné ses faveurs à son cygne, accoucha de deux œufs. (*Note de Voltaire*, 1762.)

2. Pasiphaé, amoureuse d'un taureau, en eut le Minotaure. Philyre eut d'un cheval le centaure Chiron, précepteur d'Achille : ce ne fut point Neptune, mais Saturne, qui prit la forme d'un cheval ; notre auteur se trompe en ce point. Je ne nie pas que quelques doctes ne soient de son avis. (*Id.*, 1762.)

Qui se réveille aux premières alarmes,
Frotte ses yeux, saute en pied, prend les armes,
S'habille en hâte, et fond sur l'ennemi.
 De Débora la lance redoutable
Était chez Jeanne auprès de son chevet,
Et de malheur souvent la préservait.
Elle la prend ; la puissance du diable
Ne tint jamais contre ce fer divin.
Jeanne et Dunois fondent sur le malin.
Le malin court, et sa voix effrayante
Fait retentir Blois, Orléans, et Nante ;
Et les baudets dans le Poitou nourris
Du même ton répondaient à ses cris.
Satan fuyait ; mais dans sa course prompte
Il veut venger les Anglais et sa honte ;
Dans Orléans il vole comme un trait
Droit au logis du président Louvet.
Il s'y tapit dans le corps de madame :
Il était sûr de gouverner cette âme ;
C'était son bien ; le perfide est instruit
Du mal secret qui tient la présidente,
Il sait qu'elle aime, et que Talbot l'enchante.
Le vieux serpent en secret la conduit,
Il la dirige, il l'enflamme, il espère
Qu'elle pourra prêter son ministère
Pour introduire aux remparts d'Orléans
Le beau Talbot et ses fiers combattants :
En travaillant pour les Anglais qu'il aime,
Il sait assez qu'il combat pour lui-même.

FIN DU CHANT VINGTIÈME.

VARIANTES

DU CHANT VINGTIÈME.

Vers 1. — Édition de 1756 :

 Que la vengeance est une passion
 Funeste au monde, affreuse, impitoyable!
 C'est un tourment, c'est une obsession;
 Et c'est aussi le partage du diable.
 *Le gros damné... (K.)

Vers 41. — Édition de 1756 :

 * « J'y crois, pour moi, ton honneur attaché. »
 Il ne faut pas beaucoup de rhétorique
 Pour engager le tentateur antique
 A travailler de son premier métier.
 De tout méchef ce maudit ouvrier
 Courut bien vite observer sur la terre
 *En quel état... (K.)

Vers 60 :

 Charles, Dunois, et la grosse amazone,
 Lassés tous trois des travaux de Bellone,
 Étaient enfin revenus dans leur fort.

Vers 73 :

 Remerciez le bon monsieur Denis.

Vers 75 :

 *Il vous souvient que je vous ai promis
 De vous donner des mémoires fidèles
 De ce baudet possesseur de deux ailes.
 Mon cher lecteur me semble assez instruit
 Que quand Dunois aux Alpes fut conduit,
 Il y vola sur la noble monture
 Tant célébrée en la sainte Ecriture.
 La nuit des temps cache encore aux humains
 De l'âne ailé quels étaient les desseins.
 Quand il avait sur ses ailes dorées
 Porté Dunois aux lombardes contrées.
 De ce héros cet âne était jaloux.

VARIANTES DU CHANT XX.

Plus d'une fois, en portant la Pucelle
Dessus sa croupe, il sentit l'étincelle
*De ce beau feu... (R.)

Vers 100 :
Mais voyagez aux confins d'Arcadie.

Vers 154. — Manuscrit :

*On va bien loin sitôt qu'on se fourvoie.
Négligemment la belle sur son lit,
Sans corselet, sans armes, s'étendit.
Ses vêtements, qui se jouaient en ondes,
Se relevaient sur ses deux cuisses rondes.
*Le tentateur... (K.)

Vers 184 :
J'avais parlé deux fois à Balaam.

Vers 186 :
Le juste ciel récompensa mon zèle.

Vers 189 :
J'en eus autant; le Seigneur ordonna...

Vers 192 :

*Je jouis donc d'un éternel printemps
Dans le jardin de vos premiers parents
Avec Énoch, dont je fus la monture.
Là pour nous deux l'indulgente nature
Sans s'épuiser prodiguait ses présents.
De ce jardin le maître débonnaire... (R.)

Vers 200 :
J'obéis mieux que votre premier homme.

Vers 202 :
Dieu l'emporta sur mon tempérament.

Vers 207. — Édition de 1756 :

*« Plus de mille ans dans ce doux célibat.
Bientôt il plut au maître du tonnerre,
Au créateur du ciel et de la terre,
Pour racheter le genre humain captif,
De se faire homme, et, ce qui pis est, juif.
Joseph Panther et la brune Marie,
Sans le savoir, firent cette œuvre pie.
A son époux la belle dit adieu,
Puis accoucha d'un bâtard qui fut Dieu.
Il fut d'abord suivi par la canaille,
Par des Matthieu, des Jacques, des enfants :
Car Dieu se cache aux sages comme aux grands;
L'humble le suit, l'homme d'État s'en raille :
La cour d'Hérode et les gens du bel air

Narguent un Dieu bâtard et fait de chair¹.
De cette chair l'humanité sacrée
Est de Pilate assez peu révérée.
Mais quelques jours avant qu'il fût fessé,
Et qu'un long bois pour Jésus fût dressé ²,
Il devait faire en public son entrée.
C'était un point de sa religion
Que sur un âne il entrât dans Sion ;
Cet âne était prédit par Isaïe,
Ézéchiel, Baruch, et Jérémie :
C'était un cas important dans la loi ;
O Jeanne d'Arc ! cet âne, c'était moi.
Un ordre vint, à l'archange terrible
Qui du jardin est le suisse inflexible,
De me laisser sortir de ce beau lieu.
Je pris ma course, et j'allai porter Dieu.
Notre présence imposait aux oracles :
A chaque pas nous faisions des miracles ;
Vérole, toux, fièvre, chancre, farcin,
Disparaissaient à notre aspect divin ;
Chacun criait : *Vive le roi de gloire!*
Vous connaissez le reste de l'histoire.
Le Créateur, pendu publiquement³,
Ressuscita bientôt secrètement.
  « Je fus fidèle, et restai chez sa mère,
Très-mal bâté, faisant très-maigre chère.
Marie, au jour de son assomption,
Par testament me laissa pension ;
Et je vécus mille ans dans la maison,
Jusques au jour où cette maison sainte,
De la cité quittant l'indigne enceinte,
Alla par mer aux rivages heureux
Où de Lorette est le trésor fameux.
Là, du Seigneur je servis les pucelles ;
J'en fus aimé ; je fus plus vierge qu'elles.
'Enfin là-haut... » (K.)

Vers 226. — Édition de 1756 :

' « Il me choisit, près de lui m'appela ;
D'étrilles d'or mon maître m'étrilla ;
Du doux Jésus les bontés paternelles
Me firent don de deux brillantes ailes ;
Et dans le temps que les anges des airs
Faisaient voguer les maisons sur les mers,

1. Variante ; manuscrit :
    Se moquaient tous d'un dieu formé de chair.
2. Variante ; manuscrit :
    Et qu'un long bois pour le Dieu fût dressé.
3. Variante ; manuscrit :
    Le Créateur, au supplice conduit,
    Pendu de jour, ressuscita de nuit.

VARIANTES DU CHANT XX.

*Je pris mon vol aux voûtes éternelles.
L'aigle de Jean et le bœuf de Matthieu
Me firent fête en cet auguste lieu ;
L'agneau sans tache avec moi brouta l'herbe :
Là, je bravai ce cheval si superbe
Qui doit porter, par arrêt du destin,
Tantôt Luther, tantôt le dur Calvin [1].
*« Je fus nourri de nectar, d'ambrosie :
*Mais, ô ma Jeanne ! une si belle vie
*N'approche pas du plaisir que je sens
*Au doux aspect de vos charmes puissants.
L'aigle, le bœuf, le cheval, l'agneau même,
*Ne valent pas... » (K.)

Vers 237 :

L'aigle, le bœuf, et George, et Jésus même.

Vers 247. — Édition de 1756. On lit après ce vers :

Ainsi parlait l'âne avec élégance,
En appuyant sa flatteuse éloquence
D'un geste heureux, que n'ont point eu Baron,
Et Bourdaloue, et le doux Massillon.
Ce beau récit, cette histoire admirable,
Cet air naïf dont l'âne débitait,
Mais plus que tout ce geste inimitable,
Firent sur Jeanne un vif et prompt effet,
Que son Dunois n'avait point encor fait.
  Tandis qu'il parle avec tant d'impudence,
*Le grand Dunois, qui près de là couchait,
*Prêtait l'oreille, était tout stupéfait
*Des traits hardis d'une telle éloquence.
*Il voulut voir le héros qui parlait,
*Et quel rival l'amour lui suscitait.
*Il entre, il voit (ô prodige ! ô merveille !)
*Le possédé porteur de longue oreille,
*Et ne crut pas encor ce qu'il voyait.
*De Débora la lance redoutable
*Était chez Jeanne auprès de son chevet.
Il la saisit ; la puissance du diable
*Ne tint jamais contre ce fer divin.
Le grand Dunois poursuit l'esprit malin ;
Belzébuth tremble, et, prompt à disparaître,
Emporte l'âne à travers la fenêtre.
Il le conduit par le chemin des airs
Dans ce château, fatal à l'innocence,
Où Conculix tenait en sa puissance
La belle Agnès et les héros divers,
Anglais, Français, qui, tombés dans le piége,
Sont prisonniers en ce lieu sacrilége.
  Ce Conculix, depuis le jour cruel

---

1. Variante ; manuscrit :

Tantôt saint George, et tantôt saint Martin.

Où le bâtard et la Pucelle altière,
L'ayant couvert d'un affront éternel,
De son palais ont forcé la barrière[1],
Se gardait bien de donner des soupés
Aux chevaliers dans ses lacs attrapés.
Il les traitait avec rude manière,
Et les tenait dans le fond d'un caveau.
Son chancelier s'en vint, en long manteau,
Signifier à la troupe éplorée
De Conculix la volonté sacrée.
« Vous jeûnerez et vous boirez de l'eau,
Serez fessés une fois par semaine,
Jusqu'au moment où quelqu'une ou quelqu'un
En remplissant un devoir peu commun,
Pourra sauver votre demi-douzaine.
Tâchez d'aimer; il faut qu'un de vous six
Du fond du cœur brûle pour Conculix.
Il veut qu'on l'aime : il en vaut bien la peine.
Si nul de vous ne peut y réussir,
Soyez fessés, car tel est son plaisir. »
    Il s'en retourne; après cette sentence,
Les prisonniers restent en conférence.
Mais qui voudra se dévouer pour tous?
Agnès disait : « Pourrais-je en conscience
Du dieu d'amour sentir ici les coups?
Le don d'aimer ne dépend pas de nous;
Et je serai fidèle au roi de France. »
Parlant ainsi, ses regards affligés
Lorgnent Monrose, et de pleurs sont chargés.
Monrose dit : « Pour moi, j'aime une belle
Que pour des dieux je ne saurais quitter.
Cent Conculix ne sauraient me tenter,
Et je voudrais être fessé pour elle.
    — Je voudrais l'être aussi pour mon amant,
Dit Dorothée. Il n'est point de tourment
Que de l'amour le charme n'adoucisse :
Quand on est deux, est-il quelque supplice? »
    Son La Trimouille, à ce discours charmant,
Tombe à ses pieds, et s'abandonne en proie
A des douleurs qu'allége un peu de joie.
    Le confesseur, ayant toussé deux fois,
Leur dit : « Messieurs, j'étais jeune autrefois :
Ce temps n'est plus, et les rides de l'âge
Ont sillonné la peau de mon visage :
Que puis-je? hélas! je suis, par mon emploi,
Dominicain et confesseur du roi :
Je ne saurais vous tirer d'esclavage. »
    Paul Tirconel, qu'anime un fier courage,
Se lève, et dit : « Eh bien! ce sera moi. »
    A ces trois mots, dits avec assurance,
Les prisonniers reprirent l'espérance.

---

1. Voyez chant IV.

A Conculix, le lendemain matin,
Étant pourvu du sexe féminin [1],
Paul écrivit une lettre fort tendre,
Qu'au chancelier la geôlière alla rendre.
Paul y joignit un petit madrigal,
D'un goût tout neuf et fort original. (K.)

On lit dans un manuscrit :

Ainsi parlait cet âne avec prudence,
En appuyant sa nerveuse éloquence
D'un geste heureux que n'eut point Cicéron,
Et que n'a point tout faiseur de sermon.
Son beau récit, cette histoire admirable,
Cet air naïf dont il la débitait,
Et, plus que tout, ce geste inimitable,
Firent sur Jeanne un prompt et sûr effet
Que Dunois nu n'avait pas encor fait.
Son cœur s'émut; tous ses sens se troublèrent.

La suite comme aux variantes du vingt et unième chant.

1. Variante :
Étant pourvu du sexe *masculin.*

Cette leçon, que fournit un manuscrit, a l'avantage de ne pas être en contradiction avec le vers 279 du chant IV, où l'on voit que le fils d'Alix n'était femme que de nuit. (R.)

CHANT VINGT ET UNIÈME.

ARGUMENT.

Pudeur de Jeanne démontrée. Malice du diable. Rendez-vous donné par la présidente Louvet au grand Talbot. Services rendus par frère Lourdis. Belle conduite de la discrète Agnès. Repentir de l'âne. Exploits de la Pucelle. Triomphe du grand roi Charles VII.

    Mon cher lecteur sait par expérience
Que ce beau dieu qu'on nous peint dans l'enfance,
Et dont les jeux ne sont pas jeux d'enfants,
A deux carquois tout à fait différents :
L'un a des traits dont la douce piqûre
Se fait sentir sans danger, sans douleur,
Croît par le temps, pénètre au fond du cœur,
Et vous y laisse une vive blessure.
Les autres traits sont un feu dévorant
Dont le coup part et brûle au même instant[1].
Dans les cinq sens ils portent le ravage,
Un rouge vif allume le visage,
D'un nouvel être on se croit animé,
D'un nouveau sang le corps est enflammé,
On n'entend rien ; le regard étincelle.
L'eau sur le feu bouillonnant à grand bruit,
Qui sur ses bords s'élève, échappe, et fuit,

---

1. Cette idée des deux carquois de l'Amour, inspirée peut-être par un passage d'Ovide (*Métam.*, lib. I, v. 468-474) a été exprimée aussi heureusement dans *Nanine*, acte I, scène I. (Voyez tome IV *du Théâtre*, p. 15.) Les vers d'Ovide, dans lesquels il n'est point question des deux carquois de l'Amour, mais seulement de la différence des traits dont il se sert, ont été ainsi imités par Voltaire. (*Dictionnaire philosophique*, article FIGURE) :

    Fatal Amour, tes traits sont différents ;
    Les uns sont d'or, ils sont doux et perçants,
    Ils font qu'on aime ; et d'autres au contraire
    Sont d'un vil plomb qui rend froid et sévère.... (R.)

CHANT XXI.

N'est qu'une image imparfaite, infidèle,
De ces désirs dont l'excès vous poursuit.
　Profanateurs indignes de mémoire,
Vous qui de Jeanne avez souillé la gloire,
Vils écrivains, qui, du mensonge épris,
Falsifiez les plus sages écrits,
Vous prétendez que ma Pucelle Jeanne
Pour son grison sentit ce feu profane;
Vous imprimez qu'elle a mal combattu [1];
Vous insultez son sexe et sa vertu.
D'écrits honteux compilateurs infâmes,
Sachez qu'on doit plus de respect aux dames.
Ne dites point que Jeanne a succombé :
Dans cette erreur nul savant n'est tombé,
Nul n'avança des faussetés pareilles.
Vous confondez et les faits et les temps,
Vous corrompez les plus rares merveilles;
Respectez l'âne et ses faits éclatants;
Vous n'avez pas ses fortunés talents,
Et vous avez de plus longues oreilles.
Si la Pucelle, en cette occasion,
Vit d'un regard de satisfaction
Les feux nouveaux qu'inspirait sa personne,
C'est vanité qu'à son sexe on pardonne,
C'est amour-propre, et non pas l'autre amour.
　Pour achever de mettre en tout son jour
De Jeanne d'Arc le lustre internissable,
Pour vous prouver qu'aux malices du diable,
Aux fiers transports de cet âne éloquent,
Son noble cœur était inébranlable,
Sachez que Jeanne avait un autre amant.
C'était Dunois, comme aucun ne l'ignore;
C'est le bâtard que son grand cœur adore.
On peut d'un âne écouter les discours,
On peut sentir un vain désir de plaire;

---

1. L'auteur du *Testament du cardinal Albéroni*, et de quelques autres livres pareils, s'avisa de faire imprimer *la Pucelle* avec des vers de sa façon, qui sont rapportés dans notre Préface. Ce malheureux était un capucin défroqué, qui se réfugia à Lausanne et en Hollande, où il fut correcteur d'imprimerie. (*Note de Voltaire*, 1773.) — Voyez la note 1 de la page 20.

　Voltaire veut parler de Maubert de Gouvest qui n'a fait que revoir le *Testament d'Albéroni*, œuvres de Durey de Morsan. (G. A.)

Cette passade, innocente et légère,
Ne trahit point de fidèles amours.
    C'est dans l'histoire une chose avérée
Que ce héros, ce sublime Dunois
Était blessé d'une flèche dorée,
Qu'Amour tira de son premier carquois.
Il commanda toujours à sa tendresse ;
Son cœur altier n'admit point de faiblesse ;
Il aimait trop et l'État et le roi ;
Leur intérêt fut sa première loi.
    O Jeanne ! il sait que ton beau pucelage
De la victoire est le précieux gage ;
Il respectait Denis et tes appas :
Semblable au chien courageux et fidèle,
Qui, résistant à la faim qui l'appelle,
Tient la perdrix et ne la mange pas.
Mais quand il vit que le baudet céleste
Avait parlé de sa flamme funeste,
Dunois voulut en parler à son tour.
Il est des temps où le sage s'oublie.
    C'était, sans doute, une grande folie
Que d'immoler sa patrie à l'amour.
C'était tout perdre ; et Jeanne, encor honteuse
D'avoir d'un âne écouté les propos,
Résistait mal à ceux de son héros.
L'amour pressait son âme vertueuse :
C'en était fait, lorsque son doux patron
Du haut du ciel détacha son rayon,
Ce rayon d'or, sa gloire et sa monture,
Qui transporta sa béate figure,
Quand il chercha, par ses soins vigilants,
Un pucelage aux remparts d'Orléans.
Ce saint rayon, frappant au sein de Jeanne,
En écarta tout sentiment profane.
Elle cria : « Cher bâtard, arrêtez ;
Il n'est pas temps, nos amours sont comptés :
Ne gâtons rien à notre destinée.
C'est à vous seul que ma foi s'est donnée ;
Je vous promets que vous aurez ma fleur :
Mais attendons que votre bras vengeur,
Votre vertu, sous qui le Breton tremble,
Ait du pays chassé l'usurpateur :

Sur des lauriers nous coucherons ensemble. »
   A ce propos le bâtard s'adoucit;
Il écouta l'oracle et se soumit.
Jeanne reçut son pur et doux hommage
Modestement, et lui donna pour gage
Trente baisers chastes, pleins de pudeur,
Et tels qu'un frère en reçoit de sa sœur.
Dans leurs désirs tous deux ils se continrent,
Et de leurs faits honnêtement convinrent.
Denis les voit; Denis, très-satisfait,
De ses projets pressa le grand effet.
   Le preux Talbot devait, cette nuit même,
Dans Orléans entrer par stratagème;
Exploit nouveau pour ses Anglais hautains,
Tous gens sensés, mais plus hardis que fins.
   O dieu d'amour! ô faiblesse! ô puissance!
Amour fatal, tu fus près de livrer
Aux ennemis ce rempart de la France.
Ce que l'Anglais n'osait plus espérer,
Ce que Bedfort et son expérience,
Ce que Talbot et sa rare vaillance
Ne purent faire, Amour, tu l'entrepris!
Tu fais nos maux, cher enfant, et tu ris!
   Si dans le cours de ses vastes conquêtes
Il effleura de ses flèches honnêtes
Le cœur de Jeanne, il lança d'autres coups
Dans les cinq sens de notre présidente.
Il la frappa de sa main triomphante
Avec les traits qui rendent les gens fous.
Vous avez vu la fatale escalade,
L'assaut sanglant, l'horrible canonnade,
Tous ces combats, tous ces hardis efforts,
Au haut des murs, en dedans, en dehors,
Lorsque Talbot et ses fières cohortes
Avaient brisé les remparts et les portes,
Et que sur eux tombaient du haut des toits
Le fer, la flamme, et la mort à la fois.
L'ardent Talbot avait, d'un pas agile,
Sur des mourants pénétré dans la ville,
Renversant tout, criant à haute voix :
« Anglais! entrez : bas les armes, bourgeois! »
Il ressemblait au grand dieu de la guerre,

Qui sous ses pas fait retentir la terre,
Quand la Discorde, et Bellone, et le Sort,
Arment son bras, ministre de la mort.
   La présidente avait une ouverture
Dans son logis auprès d'une masure,
Et par ce trou contemplait son amant.
Ce casque d'or, ce panache ondoyant,
Ce bras armé, ces vives étincelles
Qui s'élançaient du rond de ses prunelles,
Ce port altier, cet air d'un demi-dieu.
La présidente en était tout en feu,
Hors de ses sens, de honte dépouillée.
Telle autrefois, d'une loge grillée,
Madame Audou[1], dont l'Amour prit le cœur,
Lorgnait Baron, cet immortel acteur;
D'un œil ardent dévorait sa figure,
Son beau maintien, ses gestes, sa parure;
Mêlait tout bas sa voix à ses accents,
Et recevait l'amour par tous les sens.
   Chez la Louvet vous savez que le diable
Était entré sans se rendre importun;
Et que le diable et l'Amour, c'est tout un.
L'archange noir, de mal insatiable,
Prit la cornette et les traits de Suzon,
Qui dès longtemps servait dans la maison;
Fille entendue, active, nécessaire,

---

1. On sent bien qu'ici le nom de Mme Audou est substitué au nom d'une grande dame de la cour qui, en effet, avait eu de la passion pour Baron le comédien. (*Note de Voltaire*, 1773.) — C'est probablement Mlle de La Force que Voltaire veut désigner ici. Il était trop au courant de la chronique scandaleuse de la cour de Louis XIV pour ignorer l'anecdote suivante, dont le récit, extrait d'un recueil manuscrit formé par M. de Brienne, a été communiqué par M. Van Praet à M. Walckenaer. « La célèbre Mlle de La Force, parmi toutes ses galanteries, connues de tout le monde, en a eu une avec Baron le père, qui fit beaucoup de bruit. Un jour, après avoir passé la nuit avec elle, il était sorti de grand matin pour éviter le scandale; mais, ayant oublié de lui dire quelque chose qui était très-pressé, il retourna chez elle à son lever, et comme il était fort familier, il entra dans la chambre où elle était encore au lit, sans se faire annoncer. La demoiselle se crut obligée de se fâcher, parce qu'elle avait auprès d'elle deux prudes qui auraient pu s'en scandaliser; en sorte que, prenant un ton sérieux, elle demanda brusquement à Baron de quel droit il se donnait les airs d'entrer si familièrement chez elle, et dans sa chambre. Baron, piqué de la réprimande, répondit froidement : « Je vous demande excuse; « c'est que je venais chercher mon bonnet de nuit que j'avais oublié ici ce matin. » Voyez *Histoire de la vie et des ouvrages de J. de La Fontaine;* Paris, 1820, in-8°, page 475. (R.)

Coiffant, frisant, portant des billets doux,
Savante en l'art de conduire une affaire,
Et ménageant souvent deux rendez-vous,
L'un pour sa dame, et puis l'autre pour elle.
Satan, caché sous l'air de la donzelle,
Tint ce discours à notre grosse belle :
« Vous connaissez mes talents et mon cœur :
Je veux servir votre innocente ardeur ;
Votre intérêt d'assez près me concerne.
Mon grand cousin est de garde ce soir,
En sentinelle à certaine poterne ;
Là, sans risquer que votre honneur soit terne,
Le beau Talbot peut en secret vous voir.
Écrivez-lui ; mon grand cousin est sage,
Il vous fera très-bien votre message. »
La présidente écrit un beau billet,
Tendre, emporté : chaque mot porte à l'âme
La volupté, les désirs, et la flamme :
On voyait bien que le diable dictait.
Le grand Talbot, habile ainsi que tendre,
Au rendez-vous fit serment de se rendre :
Mais il jura que, dans ce doux conflit,
Par les plaisirs il irait à la gloire ;
Et tout fut prêt afin qu'au saut du lit
Il ne fît plus qu'un saut à la victoire.

 Il vous souvient que le frère Lourdis
Fut envoyé, par le grand saint Denis,
Chez les Anglais pour lui rendre service.
Il était libre et chantait son office,
Disait sa messe, et même confessait.
Le preux Talbot sur sa foi le laissait,
Ne jugeant pas qu'un rustre, un imbécile,
Un moine épais, excrément de couvent,
Qu'il avait fait fesser publiquement,
Pût traverser un général habile.
Le juste ciel en jugeait autrement.
Dans ses décrets il se complaît souvent
A se moquer des plus grands personnages.
Il prend les sots pour confondre les sages.
Un trait d'esprit, venant du paradis,
Illumina le crâne de Lourdis.
De son cerveau la matière épaissie

Devint légère, et fut moins obscurcie ;
Il s'étonna de son discernement.
Las ! nous pensons, le bon Dieu sait comment !
Connaissons-nous quel ressort invisible
Rend la cervelle ou plus ou moins sensible ?
Connaissons-nous quels atomes divers
Font l'esprit juste ou l'esprit de travers,
Dans quels recoins du tissu cellulaire
Sont les talents de Virgile ou d'Homère,
Et quel levain, chargé d'un froid poison,
Forme un Thersite, un Zoïle, un Fréron ?
Un intendant de l'empire de Flore
Près d'un œillet voit la ciguë éclore ;
La cause en est au doigt du Créateur ;
Elle est cachée aux yeux de tout docteur :
N'imitons pas leur babil inutile.

    Lourdis d'abord devint très-curieux ;
Utilement il employa ses yeux.
Il vit marcher sur le soir, vers la ville,
Des cuisiniers qui portaient à la file
Tous les apprêts pour un repas exquis ;
Truffes, jambons, gelinottes, perdrix ;
De gros flacons à panse ciselée
Rafraîchissaient, dans la glace pilée,
Ce jus brillant, ces liquides rubis
Que tient Cîteaux[1] dans ses caveaux bénis.
Vers la poterne on marchait en silence ;
Lourdis alors fut rempli de science,
Non de latin, mais de cet art heureux
De se conduire en ce monde scabreux.
Il fut doué d'une douce faconde,
Devint accort, attentif, avisé,
Regardant tout du coin d'un œil rusé,
Fin courtisan, plein d'astuce profonde,
Le moine, enfin, le plus moine du monde.
Ainsi l'on voit en tout temps ses pareils
De la cuisine entrer dans les conseils ;

---

1. Il y a dans Cîteaux et dans Clairvaux une grosse tonne, semblable à celle de Heidelberg : c'est la plus belle relique du couvent. (*Note de Voltaire*, 1762.) — La tonne si célèbre que l'on voyait dans la ville de Heidelberg contenait huit cents muids. (R.)

Brouillons en paix, intrigants dans la guerre,
Régnant d'abord chez le grossier bourgeois,
Puis se glissant au cabinet des rois,
Et puis enfin troublant toute la terre;
Tantôt adroits et tantôt insolents,
Renards ou loups, ou singes ou serpents :
Voilà pourquoi les Bretons mécréants
De leur engeance ont purgé l'Angleterre.

 Notre Lourdis gagne un petit sentier,
Qui par un bois mène au royal quartier.
En son esprit roulant ce grand mystère,
Il va trouver Bonifoux son confrère.
Dom Bonifoux, en ce même moment,
Sur les destins rêvait profondément ;
Il mesurait cette chaîne invisible
Qui tient liés les destins et les temps,
Les petits faits, les grands événements,
Et l'autre monde, et le monde sensible.
Dans son esprit il les combine tous,
Dans les effets voit la cause et l'admire ;
Il en suit l'ordre : il sait qu'un rendez-vous
Peut renverser ou sauver un empire.
Le confesseur se souvenait encor
Qu'on avait vu les trois fleurs de lis d'or
En champ d'albâtre à la fesse d'un page,
D'un page anglais : surtout il envisage
Les murs tombés du mage Hermaphrodix.
Ce qui surtout l'étonne davantage,
C'est le bon sens, c'est l'esprit de Lourdis.
Il connut bien qu'à la fin saint Denis
De cette guerre aurait tout l'avantage.

 Lourdis se fait présenter poliment
Par Bonifoux à la royale amie ;
Sur sa beauté lui fait son compliment,
Et sur le roi ; puis il lui dit comment
Du grand Talbot la prudence endormie
A pour le soir un rendez-vous donné
Vers la poterne, où ce déterminé
Est attendu par la Louvet qui l'aime.
« On peut, dit-il, user d'un stratagème,
Suivre Talbot, et le surprendre là,
Comme Samson le fut par Dalila.

Divine Agnès, proposez cette affaire
Au grand roi Charle. — Ah! mon révérend père,
Lui dit Agnès, pensez-vous que le roi
Puisse toujours être amoureux de moi?
— Je n'en sais rien : je pense qu'il se damne,
Répond Lourdis ; ma robe le condamne,
Mon cœur l'absout. Ah! qu'ils sont fortunés
Ceux qui pour vous seront un jour damnés! »
Agnès reprit : « Moine, votre réponse
Est bien flatteuse, et de l'esprit annonce. »
Puis dans un coin le tirant à l'écart,
Elle lui dit : « Auriez-vous par hasard
Chez les Anglais vu le jeune Monrose? »
Le moine noir l'entendit finement :
« Oui, je l'ai vu, dit-il, il est charmant. »
Agnès rougit, baisse les yeux, compose
Son beau visage, et, prenant par la main
L'adroit Lourdis, le mène avant nuit close
Au cabinet de son cher suzerain.
    Lourdis y fit un discours plus qu'humain.
Le roi Charlot, qui ne le comprit guère,
Fit assembler son conseil souverain,
Ses aumôniers et son conseil de guerre.
Jeanne, au milieu des héros ses pareils,
Comme au combat assistait aux conseils.
La belle Agnès, d'une façon gentille,
Discrètement travaillant à l'aiguille,
De temps en temps donnait de bons avis,
Qui du roi Charle étaient toujours suivis.
    On proposa de prendre avec adresse
Sous les remparts Talbot et sa maîtresse :
Tels dans les cieux le Soleil et Vulcain
Surprirent Mars avec son Aphrodise[1].
On prépara cette grande entreprise,
Qui demandait et la tête et la main.
Dunois d'abord prit le plus long chemin,
Fit une marche et pénible et savante,

---

1. *Aphrodise* est le nom grec de Vénus : cela ne veut dire qu'*écume*. Mais que les noms grecs sont sonores! que cette écume est une belle allégorie! Voyez Hésiode. Vous ne douterez pas que les anciennes fables ne soient souvent l'emblème de la vérité. (*Note de Voltaire*, 1762.)

Effort de l'art, que dans l'histoire on vante.
Entre la ville et l'armée on passa,
Vers la poterne enfin on se plaça.
Talbot goûtait avec sa présidente
Les premiers fruits d'une union naissante,
Se promettant que du lit aux combats,
En vrai héros, il ne ferait qu'un pas.
Six régiments devaient suivre à la file.
L'ordre est donné. C'était fait de la ville.
Mais ses guerriers, de la veille engourdis,
Pétrifiés d'un sermon de Lourdis,
Bâillaient encore et se mouvaient à peine;
L'un contre l'autre ils dormaient dans la plaine.
O grand miracle! ô pouvoir de Denis!
 Jeanne et Dunois, et la brillante élite
Des chevaliers qui marchaient à leur suite,
Bordaient déjà, sous les murs d'Orléans,
Les longs fossés du camp des assiégeants.
Sur un cheval venu de Barbarie,
Le seul que Charle eût dans son écurie,
Jeanne avançait, en tenant d'une main
De Débora l'estramaçon divin;
A son côté pendait la noble épée
Qui d'Holopherne a la tête coupée.
Notre Pucelle, avec dévotion,
Fit à Denis tout bas cette oraison :
 « Toi qui daignas à ma faiblesse obscure,
Dans Domremy, confier cette armure,
Sois le soutien de ma fragilité.
Pardonne-moi si quelque vanité
Flatta mes sens quand ton âne infidèle
S'émancipa jusqu'à me trouver belle.
Mon cher patron, daigne te souvenir
Que c'est par moi que tu voulus punir
De ces Anglais les ardeurs enragées,
Qui polluaient des nonnes affligées.
Un plus grand cas se présente aujourd'hui :
Je ne puis rien sans ton divin appui.
Prête ta force au bras de ta servante;
Il faut sauver la patrie expirante,
Il faut venger les lis de Charles Sept,
Avec l'honneur du président Louvet.

Conduis à fin cette aventure honnête;
Ainsi le ciel te conserve la tête ! »
   Du haut du ciel saint Denis l'entendit,
Et dans le camp son âne la sentit :
Il sentit Jeanne; et d'un battement d'aile,
La tête haute, il s'envole vers elle.
Il s'agenouille, il demande pardon
Des attentats de sa tendresse impure.
« Je fus, dit-il, possédé du démon ;
Je m'en repens. » Il pleure, il la conjure
De le monter; il ne saurait souffrir
Que sous sa Jeanne un autre ose courir.
Jeanne vit bien qu'une vertu divine
Lui ramenait la volatile asine.
Au pénitent sa grâce elle accorda,
Fessa son âne, et lui recommanda
D'être à jamais plus discret et plus sage.
L'âne le jure, et, rempli de courage,
Fier de sa charge, il la porte dans l'air.
   Sur les Anglais il fond comme un éclair,
Comme un éclair que la foudre accompagne.
Jeanne en volant inonde la campagne
De flots de sang, de membres dispersés,
Coupe cent cous l'un sur l'autre entassés.
   Dans son croissant de la nuit la courrière
Lui fournissait sa douteuse lumière.
L'Anglais surpris, encor tout étourdi,
Regarde en haut d'où le coup est parti;
Il ne voit point la lance qui le tue.
La troupe fuit, égarée, éperdue,
Et va tomber dans les mains de Dunois.
Charles se voit le plus heureux des rois.
Ses ennemis à ses coups se présentent,
Tels que perdreaux en l'air éparpillés,
Tombant en foule et par le chien pillés,
Sous le fusil la bruyère ensanglantent.
La voix de l'âne inspire la terreur;
Jeanne d'en haut étend son bras vengeur,
Poursuit, pourfend, perce, coupe, déchire;
Dunois assomme; et le bon Charles tire
A son plaisir tout ce qui fuit de peur.
   Le beau Talbot, tout enivré des charmes

CHANT XXI.

De sa Louvet, et de plaisirs rendu,
Sur son beau sein mollement étendu,
A sa poterne entend le bruit des armes ;
Il en triomphe. Il disait à part soi :
« Voilà mes gens, Orléans est à moi. »
Il s'applaudit de ses ruses habiles.
« Amour, dit-il, c'est toi qui prends les villes. »
Dans cet espoir Talbot encouragé
Donne à sa belle un baiser de congé.
Il sort du lit, il s'habille, il s'avance,
Pour recevoir les vainqueurs de la France.

Auprès de lui le grand Talbot n'avait
Qu'un écuyer, qui toujours le suivait ;
Grand confident et rempli de vaillance,
Digne vassal d'un si galant héros,
Gardant sa lance ainsi que les manteaux.
« Entrez, amis, saisissez votre proie »,
Criait Talbot ; mais courte fut sa joie.
Au lieu d'amis, Jeanne, la lance en main,
Fondait vers lui sur son âne divin.
Deux cents Français entrent par la poterne ;
Talbot frémit, la terreur le consterne.
Ces bons Français criaient : « Vive le roi !
A boire, à boire, avançons : marche à moi !
A moi, Gascons, Picards ! qu'on s'évertue,
Point de quartier ! les voilà, tire, tue ! »

Talbot, remis du long saisissement
Que lui causa le premier mouvement,
A sa poterne ose encor se défendre :
Tel, tout sanglant, dans sa patrie en cendre,
Le fils d'Anchise attaquait son vainqueur.
Talbot combat avec plus de fureur,
Il est Anglais ; l'écuyer le seconde :
Talbot et lui combattraient tout un monde.
Tantôt de front, et tantôt dos à dos,
De leurs vainqueurs ils repoussent les flots ;
Mais à la fin leur vigueur épuisée
Cède au Français une victoire aisée.
Talbot se rend, mais sans être abattu.
Jeanne et Dunois prisèrent sa vertu.
Ils vont tous deux, de manière engageante,
Au président rendre la présidente.

Sans nul soupçon il la reçoit très-bien :
Les bons maris ne savent jamais rien.
Louvet toujours ignora que la France
A sa Louvet devait sa délivrance.
　Du haut des cieux Denis applaudissait ;
Sur son cheval saint George frémissait ;
L'âne entonnait son octave écorchante,
Qui des Bretons redoublait l'épouvante.
Le roi, qu'on mit au rang des conquérants,
Avec Agnès soupa dans Orléans.
La même nuit, la fière et tendre Jeanne,
Ayant au ciel renvoyé son bel âne,
De son serment accomplissant les lois,
Tint sa parole à son ami Dunois.
Lourdis, mêlé dans la troupe fidèle,
Criait encore : « Anglais ! elle est pucelle ! »

FIN DU CHANT VINGT ET UNIÈME ET DERNIER.

VARIANTES

DU CHANT VINGT ET UNIÈME.

Vers 19 :
*De ces désirs dont l'excès vous poursuit.
Songez, lecteur, que ces fatales flammes
Brûlent vos corps et hasardent vos âmes.
Vous avertir est mon premier devoir,
Et le second est de faire savoir
Comment Denis punit l'âne infidèle
Par qui Satan fit rougir la Pucelle;
Quel avantage en prit le beau Dunois.
Il faut chanter leurs feux et leurs exploits.

Vers 232. — Manuscrit :

*Lourdis alors fut rempli de science.
Bientôt d'un sot il devint un fripon,
Homme d'État, politique, espion,
*Fin courtisan, plein d'astuce profonde,
*Le moine enfin le plus moine du monde.
*Ainsi l'on voit... (K.)

Vers 254 :
Le confesseur en ce même moment.

Vers 264 :
Le jacobin se souvenait encor.

Vers 297 :
Frère Lourdis l'entendit finement.

Vers 300 :
. . . . Et prenant par la main
Le moine blanc, le mène avant nuit close.

Vers 462. — Le dernier chant des premières éditions étant presque entièrement changé ou supprimé dans celles qui ont été imprimées sous les yeux de l'auteur, nous le donnons ici tel qu'il a paru dans les éditions en dix-huit et en vingt-quatre chants.

Je dois conter quelle terrible suite
De Conculix eut l'infâme conduite,

Ce que devint l'effronté Tirconel,
Et quel secours étrange et salutaire
Sut procurer notre révérend père
A Dorothée, à la douce Sorel,
Et par quel art il les tira d'affaire.
Je dois chanter par quels feux, quels exploits,
L'âne ravit la Pucelle à Dunois,
Et comment Dieu punit l'âne infidèle
Par qui Satan pollua la Pucelle.
   Mais, avant tout, le siége d'Orléans,
Où s'escrimaient tant de fiers combattants,
Est le grand point qui tous nous intéresse.
O dieu d'amour! ô puissance! ô faiblesse!
*Amour fatal! tu fus près de livrer
*Aux ennemis ce rempart de la France.
*Ce que l'Anglais n'osait plus espérer,
*Ce que Bedfort et son expérience,
*Ce que Talbot et sa rare vaillance,
*Ne purent faire, Amour, tu l'entrepris.
Songez, lecteurs, que ces fatales flammes
Brûlent vos corps et hasardent vos âmes.
*Tu fais nos maux, cher enfant, et tu ris!
   En te jouant dans la triste contrée
Où cent héros combattaient pour deux rois,
Ta douce main blessa depuis deux mois
Le grand Talbot d'une flèche dorée,
Que tu tiras de ton premier carquois.
C'était avant ce siége mémorable,
Dans une trêve, hélas! trop peu durable.
Il conféra, soupa paisiblement
Avec Louvet, ce grave président,
Lequel Louvet eut la gloire imprudente
De faire aussi souper la présidente.
Madame était un peu collet monté.
L'Amour se plut à dompter sa fierté.
Il hait l'air prude, et souvent l'humilie.
Il dérangea sa noble gravité
Par un des traits qui donnent la folie.
La présidente, en cette occasion,
Gagna Talbot, et perdit la raison.
   *Vous avez vu la fatale escalade,
*L'assaut sanglant, l'horrible canonnade,
*Tous ces combats, tous ces hardis efforts,
*Au haut des murs, en dedans, en dehors,
*Lorsque Talbot et ses fières cohortes
*Avaient brisé les remparts et les portes,
*Et que sur eux tombaient, du haut des toits,
*Le fer, la flamme, et la mort à la fois.
*L'ardent Talbot avait, d'un pas agile,
*Sur des mourants pénétré dans la ville,
*Renversant tout, criant à haute voix:
*« Anglais! entrez; bas les armes, bourgeois! »
*Il ressemblait au grand dieu de la guerre,
*Qui sous ses pas fait retentir la terre,

*Quand la Discorde, et Bellone, et le Sort,
*Arment son bras, ministre de la mort.
 *La présidente avait une ouverture
*Dans son logis, auprès d'une masure,
*Et par ce trou contemplait son amant,
*Ce casque d'or, ce panache ondoyant,
*Ce bras armé, ces vives étincelles
*Qui s'élançaient du rond de ses prunelles,
*Ce port altier, cet air d'un demi-dieu.
 *La présidente en était tout en feu,
*Hors de ses sens, de honte dépouillée.
*Telle autrefois, d'une loge grillée,
Une beauté, dont l'Amour prit le cœur,
*Lorgnait Baron, cet immortel acteur,
 *D'un œil ardent dévorait sa figure,
 *Son beau maintien, ses gestes, sa parure,
*Mêlait tout bas sa voix à ses accents,
*Et recevait l'amour par tous les sens.
 N'en pouvant plus, la belle présidente
Dans son accès, dit à sa confidente :
« Cours, ma Suzon, vole, va le trouver;
Dis-lui, dis-lui qu'il vienne m'enlever.
Si tu ne peux lui parler, fais-lui dire
Qu'il ait pitié de mon tendre martyre,
Et que, s'il est un digne chevalier,
Je veux souper ce soir dans son quartier. »
 La confidente envoie un jeune page,
C'était son frère ; il fait bien son message;
Et, sans tarder, six estafiers hardis
Vont chez Louvet, et forcent le logis.
 On entre, on voit une femme masquée[1],
Et mouchetée, et peinte, et requinquée,
Le front garni de cheveux vrais ou faux,
Montés en arc et tournés en anneaux.
On vous l'enlève, on la fait disparaître
Par des chemins dont Talbot est le maître.
 Ce beau Talbot, ayant dans ce grand jour
Tant répandu, tant essuyé d'alarmes,
Voulut le soir, dans les bras de l'Amour,
Se consoler du malheur de ses armes.
Tout vrai héros, ou vainqueur ou battu,
Quand il le peut, soupe avec sa maîtresse [2].
Sire Talbot, qui n'est point abattu,
Attend chez lui l'objet de sa tendresse.
 Tout était prêt pour un souper exquis;
De gros flacons à panse ciselée
Ont rafraîchi dans la glace pilée

---

1. Variante ; manuscrit ·

On entre, on voit une femme *musquée*.

2. On rapporte qu'après la bataille de Mariendal, M. de Turenne passa la nuit dans un moulin. Il coucha avec la meunière. Son aide de camp en parut un peu étonné. « Mon ami, lui dit le maréchal, il faut bien se consoler. » (K.)

Ce jus brillant, ces liquides rubis,
Que tient Cîteaux dans ses caveaux bénis.
A l'autre bout de la superbe tente
Est un sopha d'une forme élégante,
Bas, large, mou, très-proprement orné,
A deux chevets, à dossier contourné,
Où deux amis peuvent tenir à l'aise.
Sire Talbot vivait à la française.
   Son premier soin fut de faire chercher
Le tendre objet qu'il avait su toucher.
Tout ce qu'il voit parle de son amante :
Il la demande ; on vient ; on lui présente
Un monstre gris en pompons enfantins,
Haut de trois pieds, en comptant ses patins.
D'un rouge vif ses paupières bordées
Sont d'un suc jaune en tous temps inondées :
Un large nez, au bout tors et crochu,
Semble couvrir un long menton fourchu.
   Talbot crut voir la maitresse du diable ;
Il jette un cri qui fait trembler la table.
C'était la sœur du gros monsieur Louvet,
Qu'en son logis la garde avait trouvée,
Et qui de gloire et de plaisir crevait,
Se pavanant de se voir enlevée.
   La présidente, en proie à la douleur
D'avoir manqué son illustre entreprise,
Se désolait de la triste méprise :
Et jamais sœur n'a plus maudit sa sœur [1].
L'amour déjà troublait sa fantaisie ;
Ce fut bien pis, lorsque la jalousie
Dans son cerveau porta de nouveaux traits ;
Elle devint plus folle que jamais [2].
   L'âne plus fou revint vers la Pucelle.
Jeanne s'émut, ses sens furent charmés ;
Les yeux en feu : « Par saint Denis ! dit-elle,
Est-il bien vrai, monsieur, que vous m'aimez ?
   — Si je vous aime ! en doutez-vous encore ?
Répondit l'âne. Oui, mon cœur vous adore.
Ciel ! que je fus jaloux du cordelier !
Q'avec plaisir je servis l'écuyer
Qui vous sauva de la fureur claustrale
Où s'emportait la bête monacale [3] !
Mais que je suis plus jaloux mille fois
De ce bâtard, de ce brutal Dunois !
Ivre d'amour, et fou de jalousie,
Je transportai Dunois en Italie [4].
Las ! il revint ; il vous offrit ses vœux ;

---

1. Variante ; manuscrit :

    Jamais Valois n'a plus maudit sa sœur.

2. C'est ici que finissaient les éditions antérieures à celle de 1756. (R.)
3. Voyez chant V, 209-241.
4. Voyez chant VI, 32-64.

VARIANTES DU CHANT XXI.

Il est plus beau, mais non plus amoureux.
O noble Jeanne! ornement de ton âge,
Dont l'univers vante le pucelage,
Est-ce Dunois qui sera ton vainqueur?
Ce sera moi, j'en jure par mon cœur.
Ah! si le ciel, en m'ôtant les ânesses,
Te réserva mes plus pures caresses [1];
Si, toujours doux, toujours tendre et discret,
Jusqu'à ce jour j'ai gardé mon secret;
De mes désirs si Jeannette est flattée;
Si, pénétré du plus ardent amour,
Je te préfère au céleste séjour,
Et si mon dos tant de fois t'a portée,
Tu pourras bien me porter à ton tour. »
Jeanne reçut cet aveu téméraire
Avec surprise autant qu'avec colère;
Et cependant son grand cœur en secret
Était flatté de l'étonnant effet
*Que produisait sa beauté singulière
*Sur les sens lourds d'une âme si grossière.
  *Vers son amant elle avance la main
*Sans y songer, puis la tire soudain.
*Elle rougit, s'effraye, et se condamne,
*Puis se rassure, et puis lui dit : « Bel âne,
*Vous conservez un chimérique espoir :
*Respectez plus ma gloire et mon devoir;
*Trop de distance est entre nos espèces;
*Non, je ne puis approuver vos tendresses.
*Gardez-vous bien de me pousser à bout. »
  *L'âne reprit : « L'amour égale tout.
*Songez au cygne à qui Léda fit fête,
*Sans cesser d'être une personne honnête.
*Connaissez-vous la fille de Minos?
*Un taureau l'aime : elle fuit des héros,
*Et va coucher avec son quadrupède.
*Sachez qu'un aigle enleva Ganymède,
*Et que Philyre avait favorisé
*Le dieu des mers en cheval déguisé. »
  *Il poursuivait son discours ; et le diable,
*Premier auteur des écrits de la fable,
*Lui fournissait ces exemples frappants,
*Et mettait l'âne au rang de nos savants.
Jeanne écoutait; que ne peut l'éloquence!
Toujours l'oreille est le chemin du cœur.
L'étonnement est suivi du silence.
Jeanne, ébranlée, admire, rêve, pense.
Aimer un âne, et lui donner sa fleur!
Souffrirait-elle un pareil déshonneur,
Après avoir sauvé son innocence
Des muletiers et des héros de France;

---

1. Variante; manuscrit :
   Te réserva pour mes pures caresses.

Après avoir, par la grâce d'en haut,
Dans le combat mis Chandos en défaut [1] ?
Mais ce bel âne est un amant céleste ;
Il n'est héros si brillant et si leste ;
Nul n'est plus tendre, et nul n'a plus d'esprit ;
Il eut l'honneur de porter Jésus-Christ ;
Il est venu des plaines éternelles ;
D'un séraphin il a l'air et les ailes :
Il n'est point là de bestialité,
C'est bien plutôt de la divinité.
Tous ces pensers formaient une tempête
Au cœur de Jeanne, et confondaient sa tête.
Ainsi l'on voit sur les profondes mers
Deux fiers tyrans des ondes et des airs,
L'un accourant des cavernes australes,
L'autre sifflant des plaines boréales
Contre un vaisseau cinglant sur l'Océan
Vers Sumatra, Bengale, ou Ceïlan ;
Tantôt la nef aux cieux semble portée,
Près des rochers tantôt elle est jetée,
Tantôt l'abîme est prêt à l'engloutir,
Et des enfers elle paraît sortir.
   Notre amazone est ainsi tourmentée.
L'âne est pressant, et la belle agitée
Ne put tenir, dans son émotion,
Le gouvernail que l'on nomme raison.
D'un tendre feu ses yeux étincelèrent,
Son cœur s'émut, tous ses sens se troublèrent ;
Sur son visage un instant de pâleur
Fut remplacé d'une vive rougeur.
Du harangueur le redoutable geste
Était surtout l'écueil le plus funeste.
Elle n'est plus maîtresse de ses sens ;
Ses yeux mouillés deviennent languissants ;
Dessus son lit sa tête s'est penchée ;
De ses beaux yeux la honte s'est cachée ;
Ses yeux pourtant regardaient par en bas :
Elle étalait ses robustes appas ;
De son cul brun les voûtes s'élevèrent,
Et ses genoux sous elle se plièrent.
Tels on a vu Thibouville et Villars [2],

---

1. Voyez chant XIII, 408-419.
2. Dans une lettre adressée au marquis de Thibouville le 21 mai 1755, Voltaire se plaint amèrement des interpolations nombreuses qui défiguraient son poëme encore manuscrit : « Ma pauvre *Pucelle*, dit-il, devient une p..... infâme, à qui on fait dire des grossièretes insupportables. On y mêle encore de la satire ; on glisse, pour la commodité de la rime, des vers scandaleux contre les personnes à qui je suis le plus attaché. » Bien que le nom de Thibouville ne se trouve point amené ici pour la commodité de la rime, il ne paraît pas douteux que Voltaire n'eût l'intention de designer ce passage. Malgré son désaveu *obligé*, j'ai peine à croire que ces vers ne soient pas de lui.

Henri de Lambert, chevalier d'Herbigny, puis marquis de Thibouville, était du nombre de ces *philosophes parfaits* que Gilbert nous a dépeints

En petite Gomorrhe érigeant leur palais.

Il n'en crut pas moins devoir prendre femme, et même, chose plus singulière, une maîtresse.

VARIANTES DU CHANT XXI.

Imitateurs du premier des Césars,
Tout enflammés du feu qui les possède,
Tête baissée attendre un Nicomède [1];
Et seconder, par de fréquents écarts,
Les vaillants coups de leurs laquais picards.
　L'enfant malin qui tient sous son empire
Le genre humain, les ânes, et les dieux,
Son arc en main, planait au haut des cieux,
Et voyait Jeanne avec un doux sourire,
Serrant la fesse et tortillant le cu,
Brûler des feux dont son amant petille,
Hâter l'instant de cesser d'être fille,
Et, du satin de son croupion charnu,
De son baudet presser l'*inguen* à cru.
　Déjà trois fois la défunte Pucelle
Avait senti, dans son brûlant manoir,
Jaillir les eaux du céleste arrosoir;
Et quatre fois la terrible alumelle
Jusques au vif ayant percé la belle,
Jeanne avait vu (car bien sentir c'est voir),
Du chaux brasier qui couve au dedans d'elle,
Naître et mourir mainte et mainte étincelle;
Quand tout à coup on entend une voix :
« Jeanne, accourez, signalez vos exploits;
Levez-vous donc, Dunois est sous les armes;
On va combattre, et déjà nos gendarmes
Avec le roi commencent à sortir :
Habillez-vous; est-il temps de dormir? »
　C'était la belle et jeune Dorothée,
De bonté d'âme envers Jeanne portée,
Qui, la croyant dans les bras du sommeil,
Venait la voir et hâter son réveil.
　Ainsi parlant à la belle pâmée,
Elle entr'ouvrit la porte mal fermée.

Ce prodige fut opéré par les charmes de la demoiselle Mélanie, très-jeune actrice, qui débuta à la Comédie-Française le 15 octobre 1746, dans le rôle d'Agnès de l'*École des femmes*. Les plaisants, qui avaient quelque peine à croire à une conversion sincère de la part du marquis, répandirent, à cette occasion, l'épigramme suivante :

　　　Agnès, débutant dans le monde,
　　　Prétendait avoir des amants;
　　　Mais d'avoir la panse un peu ronde
　　　Lui déplaisait, à quatorze ans.
　　　« Ah! ménagez du moins ma taille,
　　　Disait-elle à certain marquis. —
　　　Le propos, dit-il, est exquis!
　　　Suis-je né parmi la canaille!
　　　Sur moi vous pouvez faire fond :
　　　Vous connaîtrez, jeune merveille,
　　　Que jamais enfants ne se font
　　　Ni par le c.. ni par l'oreille. »

Le marquis de Thibouville est auteur de quelques romans et de plusieurs pièces de théâtre peu estimés. Né à Paris le 4 décembre 1714, il est mort en cette ville le 12 juin 1784.
　Le duc de Villars, fils du maréchal, fut en butte aux mêmes soupçons que Thibouville, et avec non moins de raison. « Il était, disent les *Mémoires de Bachaumont* (5 mai 1770), taxé d'un vice qu'il avait mis à la mode à la cour, et qui lui avait valu une renommée très-étendue, comme on peut le voir dans la *Pucelle*. » (R.)

1 Voyez page 199, note 1.

Dieux! quel spectacle! elle fit par trois fois,
Tout en tremblant le signe de la croix.
'Jadis Vénus fut bien moins confondue,
'Lorsqu'en des rets, formés de fil d'airain,
A tous les dieux ce cocu de Vulcain
Sous le dieu Mars la fit voir toute nue.
    Jeanne, ayant vu que Dorothée est là,
Témoin de tout, immobile resta,
Puis dans son lit se remit, s'ajusta,
Puis en ces mots d'un ton ferme parla :
    « Vous avez vu, ma fille, un grand mystère,
Suite d'un vœu que j'ai fait pour le roi :
Si l'apparence est un peu contre moi,
J'en suis fâchée, et vous saurez vous taire.
De l'amitié je sais remplir les droits ;
En cas pareil comptez sur mon silence ;
Cachez surtout cette affaire à Dunois,
Vous risqueriez le salut de la France. »
Après ces mots elle sauta du lit [1],
Son corselet et son haubert vêtit,
Quand Dorothée, encor toute surprise,
Ainsi lui parle avec toute franchise :
    « En vérité, madame, mon esprit
Ne connaît rien à pareille aventure.
Je vous tiendrai le secret, je vous jure ;
Car de l'amour j'éprouvai la blessure,
J'en suis atteinte, et mon malheur m'apprit
A pardonner des faiblesses aimables.
Oui, tous les goûts pour moi sont respectables.
Mais j'avouerai que je ne conçois pas,
Lorsque l'on peut serrer entre ses bras
Le beau Dunois, comment on peut descendre
Aux vils devoirs qu'un âne peut vous rendre ;
Comment on peut soutenir l'appareil
De l'attitude aptée à cas pareil ;
Comment on n'est d'avance consternée,
Épouvantée, abîmée, étonnée
De la douleur qu'on ne peut qu'endurer
Pour donner place à la grosseur outrée,
Longueur, roideur, force démesurée
De l'instrument qui doit vous déchirer,
Pour de droit fil en plein vous perforer !
Comment enfin peut-on, sans résistance,
Sans nul dégoût, en bonne conscience,
S'aimer si peu, si peu se respecter,
Que d'assouvir un désir si profane,
De préférer au beau Dunois un âne,
Et d'espérer quelque plaisir goûter ?

---

1. Au lieu de ces vers de l'édition en vingt-quatre chants, on trouve ceux-ci dans celle de 1756 :

> Après ces mots elle sauta du lit,
> D'eau de lavande amplement se servit,
> Prit sa culotte et changea de chemise,
> Son corselet... (K.)

VARIANTES DU CHANT XXI.

> Vous en goûtiez pourtant, la belle dame ;
> Car je l'ai lu dans vos yeux pleins de flamme.
> Certes en moi la nature pâtit ;
> Je me connais : je serais alarmée
> D'un tel galant. » Jeanne alors repartit
> En soupirant : « Ah! s'il t'avait aimée ! »

Le trait qui termine ce chant est un mot connu. On a laissé en blanc quelques vers, par respect pour les dames [1]. Ces vers ne se trouvent dans aucun des manuscrits que nous avons consultés, et ils portent d'ailleurs avec eux la marque évidente de leur supposition.

On voit, en lisant ce dernier chant, que l'ouvrage n'est pas terminé ; et il est aisé de sentir par quelle raison l'auteur prit un nouveau plan, et changea le dénoûment. Suivant le premier plan, il paraît que le poëme ne devait avoir que quinze chants : tous les manuscrits antérieurs aux premières éditions n'en ont pas davantage. C'est d'après une de ces copies que les La Beaumelle et les Maubert publièrent, en 1755, leur édition de ce poëme arrangé à leur manière. Ces éditeurs et leurs successeurs, ennemis apparemment du nombre impair, et s'imaginant que les chants d'un poëme épique devaient être essentiellement en nombre rond, ont divisé *la Pucelle* tantôt en dix-huit, tantôt en vingt-quatre chants, sans autre peine que d'en couper plus ou moins en deux ; car leurs éditions d'ailleurs ne contiennent, aux falsifications près, rien de plus que les manuscrits.

Ce fut sans doute pour arrêter toutes ces éditions subreptices que M. de Voltaire se détermina, en 1762, à publier son véritable ouvrage, et en donna la première édition in-8° en vingt chants, dont six n'étaient pas connus, savoir : les huit, neuf, seize, dix-sept, dix-neuf, et vingtième ; le chant de *Corisandre* en était supprimé : dans la suite, il y ajouta encore le dix-huitième chant, qui avait paru séparément en 1764 [2]. De sorte que le nombre en est demeuré fixé à vingt et un.

Nous n'avons remarqué que de légères différences entre les premiers manuscrits. Dans quelques-uns le quinzième et dernier chant commence ainsi :

> Tout bon Français, dans le fond de son cœur,
> Doit savourer un plaisir bien flatteur,
> Alors qu'il voit dans les champs de l'honneur,
> La lance au poing, son respectacle maître,
> Suivi des siens, en héros reparaître,
> Avec l'objet qui seul fait son bonheur,
> Et la Pucelle, et son doux confesseur,
> Et son Bonneau plus nécessaire encore.
> Vers Orléans conduit par sa valeur,
> Il va défendre un peuple qui l'implore,

---

1. J'ai suivi l'exemple de M. Louis du Bois, qui n'a pas imité la pruderie des éditeurs de Kehl, pruderie assez mal placée, et dont on peut dire, je crois : « Non erat hic locus. » Les vers qu'ils ont omis sont, en grande partie au moins, de Voltaire, et ont été cités dans un trop grand nombre d'ouvrages pour qu'il soit permis de ne les point comprendre dans les variantes du poëme de *la Pucelle*. (R.)

2. Voyez la note 1 de la page 287.

VARIANTES DU CHANT XXI.

  Et l'arracher au joug de son vainqueur.
   Le fier Chandos, malgré tout son courage,
  N'ayant pu vaincre au grand jeu des deux dos
  Cette Pucelle et si belle et si sage,
  Se consolait avec son jeune page.
  La nuit versait ses humides pavots;
  L'Anglais confus poursuivait son voyage
  Devers son camp; et le roi fortuné,
  Par un sentier, du chemin détourné,
  Près d'Orléans rejoignit son armée
  Au point du jour, au pied d'un petit fort
  *Que négligeait le bon duc de Bedfort.
  *Ce fort touchait à la ville investie...

La suite comme au quinzième chant de notre édition, jusqu'à ce vers :

  *Va retrouver tout ce qu'il a perdu.

On lit ensuite :

  Le beau Dunois, après tant d'aventures,
  Se retrouvant auprès de Jeanne d'Arc,
  Avait reçu du dieu qui porte un arc
  De nouveaux traits et de vives blessures;
  Depuis ce jour qu'ils s'étaient vus tout nus,
  Ce dieu malin, qui jamais ne s'habille,
  Lui suggérait, pour cette auguste fille,
  De grands désirs aux héros très-connus.
  Mais ce Dunois, si fier et si sensible,
  Si beau, si frais, si poli, si loyal,
  Ne savait pas qu'il avait un rival,
  Et le rival de tous le plus terrible.
   Mon cher lecteur me semble assez instruit[1]
  Que quand Dunois aux Alpes fut conduit,
  Il y vola sur la noble monture
  Tant célébrée en la sainte Écriture.
  La nuit des temps cache encore aux humains
  De l'âne ailé quels étaient les desseins,
  Quand il avait sur ses ailes dorées
  Porté Dunois aux lombardes contrées.
  De ce héros cet âne était jaloux.
  Plus d'une fois, en portant la Pucelle,
  Au fond du cœur...

La suite comme au vingtième chant, jusqu'à ce vers :

  *L'abbé Trithème, esprit sage et discret.

Après celui-ci :

  *Que son Dunois n'avait pas encor fait,

on lit :

  Son cœur s'émut, tous ses sens se troublèrent;
  Sur son visage un instant de pâleur

---

1. Voyez les variantes du chant XX, vers 75.

VARIANTES DU CHANT XXI.

> Fut remplacé d'une vive rougeur;
> D'un tendre feux ses yeux étincelèrent.
> Elle flatta son amant de la main,
> Mais en tremblant, puis la tira soudain.
> Elle soupire, elle craint, se condamne,
> Puis se rassure, et puis lui dit : « Bel âne,
> De vos récits mes esprits sont charmés;
> Mais dois-je croire, hélas! que vous m'aimez?
> — Si je vous aime! en doutez-vous encore?...

La suite comme aux variantes du vingt et unième chant, sauf que les vers grossiers ne se trouvent pas dans les manuscrits.

Il est évident que ces vers intercalés sont de la façon des premiers éditeurs, ainsi qu'un assez grand nombre d'autres vers indiqués dans les variantes des autres chants. Le premier but de ces éditeurs était, comme on l'a dit[1], de gagner quelque argent, et le second de nuire à M. de Voltaire, et de lui susciter de nouveaux ennemis; car non-seulement ils ont souillé son poëme de leurs ordures, mais ils y ont outragé plusieurs de ses amis, et des personnes puissantes auxquelles il était attaché. Ce sont les mêmes motifs qui avaient déjà porté La Beaumelle à falsifier le *Siècle de Louis XIV*.

Le dernier chant de l'édition de 1756 est suivi de cet épilogue.

> C'est par ces vers, enfants de mon loisir,
> Que j'égayais les soucis du vieil âge :
> O don du ciel! tendre amour! doux désir!
> On est encore heureux par votre image;
> L'illusion est le premier plaisir.
> J'allais enfin, libre en mon ermitage,
> Chantant les feux de Jeanne et de Dunois,
> Me consoler de la jalouse rage,
> Des faux mépris, des cruautés des rois,
> Des traits du sot, des sottises du sage.
> Mais quel démon me vole cet ouvrage?
> Brisons ma lyre; elle échappe à mes doigts.
> Ne t'attends pas à de nouveaux exploits,
> Lecteur! ma Jeanne aura son pucelage,
> Jusqu'à ce que les vierges du Seigneur,
> Malgré leurs vœux, sachent garder le leur.

Ces vers semblent tirés de quelque manuscrit où le poëme n'était pas achevé, et où Jeanne ne cédait ni à Dunois ni à son autre amant. Les éditeurs capucins ou diacres du saint Évangile les ont imprimés à la suite de leur dernier chant, qu'on vient de lire, et avec lequel cet épilogue formerait une contradiction grossière; nouvelle preuve de l'honnêteté de ces savants éditeurs et de leur bonne intention. (K.)

---

1. Voyez l'*Avertissement* des éditeurs de Kehl, page 15.

PETITS POËMES

LA BASTILLE

(1717[1])

Or ce fut donc par un matin, sans faute,
En beau printemps, un jour de Pentecôte,
Qu'un bruit étrange en sursaut m'éveilla.
Un mien valet, qui du soir était ivre :
« Maître, dit-il, le Saint-Esprit est là ;
C'est lui sans doute, et j'ai lu dans mon livre
Qu'avec vacarme il entre chez les gens. »
Et moi de dire alors entre mes dents :
« Gentil puîné de l'essence suprême,
Beau Paraclet, soyez le bienvenu ;
N'êtes-vous pas celui qui fait qu'on aime ? »
   En achevant ce discours ingénu,
Je vois paraître au bout de ma ruelle,
Non un pigeon, non une colombelle,
De l'Esprit saint oiseau tendre et fidèle,
Mais vingt corbeaux de rapine affamés,
Monstres crochus que l'enfer a formés.
L'un près de moi s'approche en sycophante :
Un maintien doux, une démarche lente,
Un ton cafard, un compliment flatteur,
Cachent le fiel qui lui ronge le cœur.
« Mon fils, dit-il, la cour sait vos mérites ;
On prise fort les bons mots que vous dites,
Vos petits vers, et vos galants écrits ;
Et, comme ici tout travail a son prix,

---

1. Les *Mémoires de la Bastille* disent que Voltaire fut mis à la Bastille le 17 mai 1717 : c'était le lendemain de la Pentecôte. Les *Mémoires de Dangeau* parlent de cet événement, à la date du 19 mai 1717, comme d'un fait récent, mais dont ils ne donnent pas le jour. Un registre manuscrit que j'ai vu, et qu'on m'a dit être l'original, porte au 16 mai l'entrée de Voltaire à la Bastille ; ce qui est d'accord avec le texte même de sa pièce. Ces témoignages ne laissent aucun doute sur l'année. Voltaire indique lui-même, dans sa pièce, le jour où l'on vint l'arrêter. (B.)

Le roi, mon fils, plein de reconnaissance,
Veut de vos soins vous donner récompense,
Et vous accorde, en dépit des rivaux,
Un logement dans un de ses châteaux.
Les gens de bien qui sont à votre porte
Avec respect vous serviront d'escorte ;
Et moi, mon fils, je viens de par le roi
Pour m'acquitter de mon petit emploi [1].
— Trigaud, lui dis-je, à moi point ne s'adresse
Ce beau début ; c'est me jouer d'un tour :
Je ne suis point rimeur suivant la cour ;
Je ne connais roi, prince, ni princesse ;
Et, si tout bas je forme des souhaits,
C'est que d'iceux ne sois connu jamais.
Je les respecte, ils sont dieux sur la terre ;
Mais ne les faut de trop près regarder :
Sage mortel doit toujours se garder
De ces gens-là qui portent le tonnerre.
Partant, vilain, retournez vers le roi ;
Dites-lui fort que je le remercie
De son logis ; c'est trop d'honneur pour moi ;
Il ne me faut tant de cérémonie :
Je suis content de mon bouge ; et les dieux
Dans mon taudis m'ont fait un sort tranquille ;
Mes biens sont purs, mon sommeil est facile,
J'ai le repos ; les rois n'ont rien de mieux. »
 J'eus beau prêcher, et j'eus beau m'en défendre,
Tous ces messieurs, d'un air doux et bénin,
Obligeamment me prirent par la main :
« Allons, mon fils, marchons. » Fallut se rendre,
Fallut partir. Je fus bientôt conduit
En coche clos vers le royal réduit
Que près Saint-Paul ont vu bâtir nos pères
Par Charles Cinq. O gens de bien, mes frères,
Que Dieu vous gard' d'un pareil logement !
J'arrive enfin dans mon appartement.
Certain croquant avec douce manière
Du nouveau gîte exaltait les beautés,
Perfections, aises, commodités.

---

1. L'Intimé, dans *les Plaideurs*, acte II, scène IV, a dit :
Je m'acquitte assez bien de mon petit emploi. (B.)

« Jamais Phébus, dit-il, dans sa carrière,
De ses rayons n'y porta la lumière :
Voyez ces murs de dix pieds d'épaisseur,
Vous y serez avec plus de fraîcheur. »
Puis me faisant admirer la clôture,
Triple la porte et triple la serrure,
Grilles, verrous, barreaux de tout côté :
« C'est, me dit-il, pour votre sûreté. »
 Midi sonnant, un chaudeau l'on m'apporte ;
La chère n'est délicate ni forte :
De ce beau mets je n'étais point tenté ;
Mais on me dit : « C'est pour votre santé ;
Mangez en paix, ici rien ne vous presse. »
 Me voici donc en ce lieu de détresse,
Embastillé, logé fort à l'étroit,
Ne dormant point, buvant chaud, mangeant froid,
Trahi de tous, même de ma maîtresse.
O Marc-René[1], que Caton le Censeur
Jadis dans Rome eût pris pour successeur,
O Marc-René, de qui la faveur grande
Fait ici-bas tant de gens murmurer,
Vos beaux avis m'ont fait claquemurer :
Que quelque jour le bon Dieu vous le rende[2] !

---

1. Marc-René de Voyer d'Argenson, alors lieutenant de police. M. de Voltaire ne parle point ici de M. d'Argenson du même ton que dans le *Siècle de Louis XIV*. Mais M. d'Argenson fut plus haï qu'estimé tant qu'il vécut : après sa mort on lui a rendu justice et même plus que justice. (K.) — C'est au chapitre XXIX du *Siècle de Louis XIV* que Voltaire fait l'éloge de Marc-René d'Argenson. (B.)

2. A la suite de ce morceau, les éditeurs de Kehl avaient imprimé une pièce de vers intitulée *la Police sous Louis XIV*, qui n'est pas de la main de Voltaire. On l'attribue avec quelque raison à Lamare, jeune poëte que Voltaire protégea, et qui mourut en 1742. (G. A.)

VARIANTES

DE *LA BASTILLE*.

Vers 2. — « En beau matin. »

Vers 13. — « Auprès. »

Vers 25. — « Vaut. »

Vers 30. — « Ces gens de bien. »

Vers 31. — « Benoitement. »

Vers 34. — Des versions portent : « Truand » ; d'autres : « Faquin. » (B.)

Vers 52 :

> J'eus beau parler et j'eus beau me défendre,
> Tous ces messieurs, d'un air doux et badin,
> Obligeamment, etc.

Vers 66 :

> N'y fit briller sa trop vive lumière.

Vers 81 :

> Sans passe-temps, sans amis, sans maîtresse.

Vers 85 :

> Fait ici-bas gens de bien murmurer.

AVERTISSEMENT

POUR *LE POUR ET LE CONTRE.*

Ce petit poëme est un des premiers ouvrages où M. de Voltaire ait fait connaître ouvertement ses opinions sur la religion et la morale. Nous ignorons quelle est la femme[1] à qui l'auteur l'avait adressé. Il est du temps de sa jeunesse, et antérieur à ses querelles avec J.-B. Rousseau, qui parle de cet ouvrage comme d'une des raisons qui l'ont éloigné de M. de Voltaire; délicatesse bien singulière dans l'auteur de tant d'épigrammes où la religion est tournée en ridicule. Rousseau croyait apparemment qu'il n'y avait de scandale que dans les raisonnements philosophiques; et que, pourvu qu'un conte irréligieux fût obscène, la foi de l'auteur était à l'abri de tout reproche.

Au reste, cet ouvrage a le mérite singulier de renfermer dans quelques pages, et en très-beaux vers, les objections les plus fortes contre la religion chrétienne, les réponses que font à ces objections les dévots persuadés et les dévots politiques, et enfin le plus sage conseil qu'on puisse donner à un homme raisonnable qui ne veut connaître sur ces objets que ce qui est nécessaire pour se bien conduire. La fameuse profession de foi du vicaire savoyard[2] n'est presque qu'un commentaire éloquent de cette épître, et de quelques morceaux du poëme de *la Loi naturelle*.

K.

---

1. C'était Mme de Rupelmonde. Mme de Rupelmonde, fille du maréchal d'Alègre, à une âme pleine de candeur et un penchant extrême pour la tendresse, joignait, dit Duvernet, une grande incertitude sur ce qu'elle devait croire. Pendant le voyage qu'elle fit en Hollande, elle déposait dans le sein de Voltaire ses doutes et ses perplexités. Dans la vue de fixer son esprit incertain, Voltaire fit ce poëme, dont le but est de montrer que pour plaire à Dieu, indépendamment de toute croyance, il suffit d'avoir des vertus. — Marie-Marguerite-Élisabeth d'Alègre, fille du maréchal de ce nom, mariée en 1705 à Maximilien-Philippe-Joseph de Récourt, comte de Rupelmonde, tué à Villaviciosa en 1710, perdit son fils dans la guerre de 1748, et mourut à Bercy le 31 mai 1752. Elle fut inhumée dans l'église paroissiale de Conflans. (B.)

2. Dans le troisième livre de l'*Émile* de J.-J. Rousseau.

LE POUR ET LE CONTRE[1]

A MADAME DE RUPELMONDE

(1722)

Tu veux donc, belle Uranie,
Qu'érigé par ton ordre en Lucrèce nouveau,
Devant toi, d'une main hardie,
Aux superstitions j'arrache le bandeau ;

1. On a attribué cet ouvrage à l'abbé de Chaulieu, parce qu'il y a en effet quelque ressemblance entre cette pièce et celle du *Déiste*, qui commence par ces mots :

J'ai vu de près le Styx, j'ai vu les Euménides.
Déjà venaient frapper mes oreilles timides
Les affreux cris du chien de l'empire des morts.

(*Note de Voltaire*, 1775.)

— Intitulée d'abord *Épître à Julie*, cette pièce doit être de 1722, époque du voyage de Voltaire à Bruxelles et en Hollande avec Mme de Rupelmonde. J.-B. Rousseau, à qui Voltaire la récita, dit, dans une lettre du 22 mai 1736, en avoir été scandalisé au point d'interrompre l'auteur qui lui en faisait la lecture. A en croire Rousseau, ce fut l'origine de la brouille entre les deux poëtes. Voltaire lui donne une autre cause. Il raconte que Rousseau lui ayant montré son *Ode à la Postérité* : « Mon ami, dit Voltaire, voilà une lettre qui ne sera jamais reçue à son adresse. »

L'*Épître à Uranie* fut imprimée, pour la première fois, dix ans après avoir été composée. Tanevot fit alors paraître quelques vers intitulés *A l'auteur de l'Épître à Uranie*. Ils sont précédés d'une lettre à l'abbé Bignon, du 8 mars 1732.

C'est en 1772 que l'*Épître à Uranie* a été admise, pour la première fois, dans les OEuvres de Voltaire (tome XII des *Nouveaux Mélanges*, pages 309-313). Elle fut reproduite, en 1775, dans le t. XVII, p. 239-243, mais sous ce titre : *le Pour et le Contre*.

Cependant je dois dire que dans une édition de 1764, qui porte l'adresse d'Amsterdam (que je crois de Rouen), on a imprimé au tome XIII l'*Épître à Uranie*. Mais Voltaire était entièrement étranger à cette édition, mauvaise et curieuse tout à la fois.

Outre la pièce de Tanevot, qui est dans les *Poésies diverses* de cet auteur, il a paru : I. *la Religion défendue, poëme contre l'Épître à Uranie*, 1733, in-8° ; l'auteur est Fr.-Michel-Chrétien Deschamps, né près de Troyes en 1683, mort le 10 novembre 1747 ; II. l'*Anti-Uranie, ou le Déisme comparé au christianisme, épîtres à M. de Voltaire, suivies de réflexions critiques sur plusieurs ouvrages de ce célèbre*

Que j'expose à tes yeux le dangereux tableau
Des mensonges sacrés dont la terre est remplie,
  Et que ma philosophie
T'apprenne à mépriser les horreurs du tombeau
  Et les terreurs de l'autre vie.
Ne crois point qu'enivré des erreurs de mes sens,
De ma religion blasphémateur profane,
Je veuille avec dépit dans mes égarements
Détruire en libertin la loi qui les condamne.
Viens, pénètre avec moi, d'un pas respectueux,
  Les profondeurs du sanctuaire
Du Dieu qu'on nous annonce, et qu'on cache à nos yeux.
Je veux aimer ce Dieu, je cherche en lui mon père :
On me montre un tyran que nous devons haïr.
Il créa des humains à lui-même semblables,
  Afin de les mieux avilir ;
  Il nous donna des cœurs coupables,
  Pour avoir droit de nous punir ;
  Il nous fit aimer le plaisir,
Pour nous mieux tourmenter par des maux effroyables,
Qu'un miracle éternel empêche de finir.
Il venait de créer un homme à son image :
  On l'en voit soudain repentir,
Comme si l'ouvrier n'avait pas dû sentir
  Les défauts de son propre ouvrage.
Aveugle en ses bienfaits, aveugle en son courroux,
A peine il nous fit naître, il va nous perdre tous.
Il ordonne à la mer de submerger le monde,
Ce monde qu'en six jours il forma du néant.
Peut-être qu'on verra sa sagesse profonde
Faire un autre univers plus pur, plus innocent :
  Non ; il tire de la poussière
  Une race d'affreux brigands,
D'esclaves sans honneur, et de cruels tyrans,
  Plus méchante que la première.
Que fera-t-il enfin, quels foudres dévorants

---

auteur, par le *P. B. C.* (le P. Bonhomme, cordelier), 1763, in-8° de 127 pages. — J.-C. Courtalon-Delaistre est auteur de l'*Épître à l'auteur de l'Anti-Uranie*, Troyes, 1765, in-8°.

J'ai suivi, pour le texte, les éditions de Kehl, qui avaient reproduit le texte de 1775 ; mais j'ai recueilli les variantes de 1772, etc. (B.)

Vont sur ces malheureux lancer ses mains sévères?
Va-t-il dans le chaos plonger les éléments?
Écoutez ; ô prodige! ô tendresse! ô mystères!
    Il venait de noyer les pères,
    Il va mourir pour les enfants.

Il est un peuple obscur, imbécile, volage,
Amateur insensé des superstitions,
Vaincu par ses voisins, rampant dans l'esclavage,
Et l'éternel mépris des autres nations :
Le fils de Dieu, Dieu même, oubliant sa puissance,
Se fait concitoyen de ce peuple odieux ;
Dans les flancs d'une Juive il vient prendre naissance ;
Il rampe sous sa mère, il souffre sous ses yeux
    Les infirmités de l'enfance.
Longtemps, vil ouvrier, le rabot à la main,
Ses beaux jours sont perdus dans ce lâche exercice ;
Il prêche enfin trois ans le peuple iduméen,
    Et périt du dernier supplice.
Son sang du moins, le sang d'un Dieu mourant pour nous,
N'était-il pas d'un prix assez noble, assez rare,
    Pour suffire à parer les coups
    Que l'enfer jaloux nous prépare ?
Quoi ! Dieu voulut mourir pour le salut de tous,
    Et son trépas est inutile!
Quoi! l'on me vantera sa clémence facile,
Quand remontant au ciel il reprend son courroux,
Quand sa main nous replonge aux éternels abîmes,
Et quand, par sa fureur effaçant ses bienfaits,
Ayant versé son sang pour expier nos crimes,
Il nous punit de ceux que nous n'avons point faits !
Ce Dieu poursuit encore, aveugle en sa colère,
Sur ses derniers enfants l'erreur d'un premier père ;
Il en demande compte à cent peuples divers
    Assis dans la nuit du mensonge ;
    Il punit au fond des enfers
L'ignorance invincible où lui-même il les plonge,
Lui qui veut éclairer et sauver l'univers!
    Amérique, vastes contrées,
Peuples que Dieu fit naître aux portes du soleil,
    Vous, nations hyperborées,
Que l'erreur entretient dans un si long sommeil,

Serez-vous pour jamais à sa fureur livrées
      Pour n'avoir pas su qu'autrefois,
Dans un autre hémisphère, au fond de la Syrie,
Le fils d'un charpentier, enfanté par Marie,
Renié par Céphas, expira sur la croix?
Je ne reconnais point à cette indigne image
      Le Dieu que je dois adorer :
      Je croirais le déshonorer
Par une telle insulte et par un tel hommage.

Entends, Dieu que j'implore, entends du haut des cieux
      Une voix plaintive et sincère.
Mon incrédulité ne doit pas te déplaire ;
      Mon cœur est ouvert à tes yeux :
L'insensé te blasphème, et moi, je te révère ;
Je ne suis pas chrétien ; mais c'est pour t'aimer mieux.

Cependant quel objet se présente à ma vue!
Le voilà, c'est le Christ, puissant et glorieux.
      Auprès de lui dans une nue
L'étendard de sa mort, la croix brille à mes yeux.
Sous ses pieds triomphants la mort est abattue ;
Des portes de l'enfer il sort victorieux :
Son règne est annoncé par la voix des oracles ;
Son trône est cimenté par le sang des martyrs ;
Tous les pas de ses saints sont autant de miracles ;
Il leur promet des biens plus grands que leurs désirs ;
Ses exemples sont saints, sa morale est divine ;
Il console en secret les cœurs qu'il illumine ;
Dans les plus grands malheurs il leur offre un appui ;
Et si sur l'imposture il fonde sa doctrine,
C'est un bonheur encor d'être trompé par lui.

Entre ces deux portraits, incertaine Uranie,
C'est à toi de chercher l'obscure vérité,
A toi, que la nature honora d'un génie
      Qui seul égale ta beauté.
Songe que du Très-Haut la sagesse éternelle
A gravé de sa main dans le fond de ton cœur
      La religion naturelle ;
Crois que de ton esprit la naïve candeur
Ne sera point l'objet de sa haine immortelle ;

Crois que devant son trône, en tout temps, en tous lieux,
  Le cœur du juste est précieux ;
Crois qu'un bonze modeste, un dervis charitable,
  Trouvent plutôt grâce à ses yeux
  Qu'un janséniste impitoyable,
  Ou qu'un pontife ambitieux.
Eh ! qu'importe en effet sous quel titre on l'implore ?
Tout hommage est reçu, mais aucun ne l'honore.
Un Dieu n'a pas besoin de nos soins assidus :
Si l'on peut l'offenser, c'est par des injustices ;
  Il nous juge sur nos vertus,
  Et non pas sur nos sacrifices [1].

---

1. A propos même de l'*Épître à Uranie*, le chancelier d'Aguesseau demandant à Langlois, son secrétaire, ce qu'il en pensait : « Monseigneur, répondit celui-ci, Voltaire doit être renfermé dans un endroit où il n'ait jamais ni plume, ni encre, ni papier. Par le tour de son esprit, cet homme peut perdre un État. » (Gab. Brottier, *Paroles mémorables*, Paris, 1790, p. 303.)

L'archevêque de Paris, M. de Vintimille, se plaignit fortement au lieutenant de police, qui ne put se dispenser de donner satisfaction au prélat. Voltaire est mandé à la barre de M. Hérault ; mais sa réponse était toute faite : l'épître n'était pas de lui, elle était de l'abbé de Chaulieu à qui il prétendait l'avoir entendu réciter... On ne fut pas dupe du désaveu de Voltaire, et les plus fins ne s'y méprirent point. Mais on voulut bien pour cette fois se contenter de ses dénégations ; il fit le mort, et essuya sans y répondre les attaques dont l'auteur anonyme de l'*Épître à Uranie* fut l'objet de la part des poëtes religieux, qui trouvèrent là une occasion de faire preuve d'orthodoxie « en ce temps de carême propre aux réflexions sérieuses », nous dit le *Mercure* en les reproduisant. (G. D.)

VARIANTES

DU POUR ET DU CONTRE.

Vers 1er :
        Tu veux donc, charmante Uranie.

Vers 4 :
        A la religion j'arrache le bandeau.

Vers 7 :
        Et qu'enfin ma philosophie.

Vers 14 :
        Examinateur scrupuleux.
       De ce redoutable mystère,
Je prétends pénétrer d'un pas respectueux
        Au plus profond du sanctuaire
D'un dieu mort sur la croix que l'Europe révère.
       L'horreur d'une effroyable nuit
Semble cacher son temple à mon œil téméraire :
        Mais la raison qui m'y conduit
Fait marcher devant moi le flambeau qui m'éclaire.
Les prêtres de ce temple, avec un front sévère,
M'offrent d'abord un dieu que je devrais haïr,
Un dieu qui nous forma pour être misérables.
       Qui nous donna des cœurs coupables
        Pour avoir droit de nous punir;
Qui nous créa d'abord à lui-même semblables
        Afin de nous mieux avilir,
        Et nous faire à jamais sentir
       Des tourments plus insupportables.
Sa main créait à peine un homme à son image ;
        On l'en voit soudain repentir.

Vers 29 :
       Le défaut de son propre ouvrage,
        Et sagement le prévenir.
       Bientôt sa fureur meurtrière
Du monde épouvanté détruit les fondements,
Dans un déluge d'eau détruit en même temps
        Les sacriléges habitants
        Qui remplissaient la terre entière
        De leurs honteux déréglements.
Sans doute on le verra, par d'heureux changements,
Sous un ciel épuré redonner la lumière

A de nouveaux humains, à des cœurs innocents,
De sa lente sagesse aimables monuments.
Non, il tire de la poussière
Un nouveau peuple de Titans,
Une race livrée à ses emportements,
Plus coupable que la première.
Que fera-t-il? quels foudres éclatants, etc.

Vers 52 :
. . . . . . Il veut prendre naissance.

Vers 57 :
Il prêche enfin le peuple iduméen.

Vers 66 :
Quand remontant aux cieux il reprend son courroux.

Vers 68 :
Et quand par ses fureurs.

Vers 74 :
Assis dans la nuit du mensonge
De ces obscurités où lui-même les plonge.

Vers 84 :
Vous que l'erreur nourrit dans un profond sommeil,
Vous serez donc un jour à sa fureur livrées
Pour n'avoir pas su qu'autrefois
Sous un autre hémisphère, aux plaines idumées,
Le fils d'un charpentier expira sur la croix.
Non, je ne connais point à cette indigne image...

Vers 90 :
Par un si criminel hommage.

Vers 92 :
Ma voix pitoyable et sincère.

Vers 94 :
Mon cœur est ouvert à tes yeux :
On te fait un tyran, je cherche en toi mon père :
Je ne suis pas chrétien, mais c'est pour t'aimer mieux.
Ciel! ô ciel! quel objet vient de frapper ma vue!
Je reconnais le Christ puissant et glorieux.
Auprès de lui, dans une nue,
Sa croix se présente à mes yeux;
Sous ses pieds triomphants, etc.

Vers 119 :
Crois que ta bonne foi, ta bonté, ta douceur
Ne sont pas les objets de sa haine immortelle.

Vers 126 :
Ou qu'un prélat ambitieux.

Vers 130 :
. . . . C'est par nos injustices.

APOLOGIE
DE LA FABLE[1]

Savante antiquité, beauté toujours nouvelle,
Monument du génie, heureuses fictions,
  Environnez-moi des rayons
  De votre lumière immortelle :
Vous savez animer l'air, la terre, et les mers;
  Vous embellissez l'univers.
Cet arbre à tête longue, aux rameaux toujours verts,
  C'est Atys aimé de Cybèle;
La précoce hyacinthe est le tendre mignon
Que sur ces prés fleuris caressait Apollon.
Flore, avec le Zéphyr, a peint ces jeunes roses
  De l'éclat de leur vermillon.
Des baisers de Pomone on voit dans ce vallon
Les fleurs de mes pêchers nouvellement écloses.
Ces montagnes, ces bois qui bordent l'horizon,
  Sont couverts de métamorphoses :
Ce cerf aux pieds légers est le jeune Actéon :
Du chantre de la nuit j'entends la voix touchante;
  C'est la fille de Pandion,
  C'est Philomèle gémissante.
Si le soleil se couche, il dort avec Téthys[2];
Si je vois de Vénus la planète brillante,
C'est Vénus que je vois dans les bras d'Adonis.
Ce pôle me présente Andromède et Persée;
Leurs amours immortels échauffent de leurs feux

---

1. C'est dans le *Supplément* au tome II des *Nouveaux Mélanges*, qui est de 1765, que l'*Apologie de la fable* a été imprimée, pour la première fois, parmi les *OEuvres de Voltaire*. Je n'ai aucune donnée sur l'époque de sa composition. Voltaire reproduisit ces vers en 1771, dans ses *Questions sur l'Encyclopédie*. (B.)
2. Voyez, sur ce mot, la note 1 de la page 154.

Les éternels frimas de la zone glacée.
Tout l'Olympe est peuplé de héros amoureux.
Admirables tableaux ! séduisante magie !
Qu'Hésiode me plaît dans sa théologie[1]
Quand il me peint l'Amour débrouillant le chaos,
S'élançant dans les airs, et planant sur les flots !
Vantez-nous maintenant, bienheureux légendaires,
Le porc de saint Antoine et le chien de saint Roch,
   Vos reliques, vos scapulaires,
Et la guimpe d'Ursule, et la crasse du froc ;
Mettez la *Fleur des saints* à côté d'un Homère :
Il ment, mais en grand homme ; il ment, mais il sait plaire.
   Sottement vous avez menti ;
   Par lui l'esprit humain s'éclaire ;
Et, si l'on vous croyait, il serait abruti.
On chérira toujours les erreurs de la Grèce ;
   Toujours Ovide charmera.
Si nos peuples nouveaux sont chrétiens à la messe,
   Ils sont païens à l'opéra.
L'almanach est païen, nous comptons nos journées
Par le seul nom des dieux que Rome avait connus ;
C'est Mars et Jupiter, c'est Saturne et Vénus,
Qui président au temps, qui font nos destinées.
Ce mélange est impur, on a tort ; mais enfin
Nous ressemblons assez à l'abbé Pellegrin,
« Le matin catholique, et le soir idolâtre,
Déjeunant de l'autel, et soupant du théâtre[2]. »

---

1. Voyez la *Théogonie* d'Hésiode, vers 120.
2. Ces deux vers se trouvent dans l'épitaphe de l'abbé Pellegrin, imprimée sous le nom de des Sandrais Sebire. On la croit cependant d'un poëte fort peu connu, nommé Remi. Dans les *Jugements sur quelques ouvrages nouveaux*, IX, p. 212, on dit que ces deux vers sont de Rousseau. — L'abbé Pellegrin n'est mort qu'en 1745, et dès 1716 les vers qui le concernent étaient connus. (B.)

DIVERTISSEMENT

MIS EN MUSIQUE

Pour une fête donnée par M. André à Mme la maréchale de Villars.

RÉCITATIF.

Quel éclat vient frapper mes yeux?
Est-ce Mars et Vénus qui viennent en ces lieux?
Les Grâces et Bellone y marchent sur leur trace;
C'est ce héros semblable au dieu de Thrace;
C'est lui dont l'heureuse audace
Arracha le tonnerre à l'aigle des césars[2],
Brisa les plus fermes remparts,
Rassura nos États, et fit trembler la terre;
C'est lui qui, répandant la crainte et les bienfaits,
A mêlé sur son front l'olive de la paix
Aux lauriers sanglants de la guerre.

UNE VOIX SEULE.

AIR.

Voici cet objet charmant
Qui ternirait l'éclat de la fille de l'onde.
Entre elle et son époux le destin tout-puissant
Semble avoir partagé la conquête du monde :
L'un a dompté les plus fameux vainqueurs,
Et l'autre a soumis tous les cœurs.

---

1. Je ne connais pas de ce *Divertissement* d'impression antérieure à celle qui fait partie des éditions de Kehl. Je ne sais si ce M. André, pour qui Voltaire composa ce *Divertissement*, est le même qui, en 1741, lui fit un procès. La pièce doit être environ de 1720. (B.)
2. On lit dans *la Henriade*, chant VII, vers 395-96 :

>Regardez dans Denain l'audacieux Villars
>Disputant le tonnerre à l'aigle des césars.

DUO.

Que les fleurs parent nos têtes :
Que les plus aimables fêtes
Soient l'ornement de leur cour.
Fuyez, nuit obscure;
Que les feux de l'amour
Allument dans ce séjour
Une clarté plus pure
Que le flambeau du jour.

UNE VOIX SEULE.

AIR.

Régnez, Nymphe charmante,
Régnez parmi les ris;
Ne voyez point avec mépris
L'hommage que l'on vous présente :
Vos attraits en font tout le prix.
De vos yeux l'aimable pouvoir
De la paix de nos cœurs a troublé l'innocence :
Nous vous aimons sans espérance;
Nous jouissons du moins du bonheur de vous voir;
C'est notre unique récompense.

DEUX VOIX.

Régnez, Nymphe charmante,
Régnez parmi les ris;
Ne voyez point avec mépris
L'hommage que l'on vous présente :
Vos attraits en font tout le prix.

LA MORT
DE
Mlle LECOUVREUR[1]
CÉLÈBRE ACTRICE.

(1730)

Que vois-je? quel objet! Quoi! ces lèvres charmantes,
Quoi! ces yeux d'où partaient ces flammes éloquentes,
Éprouvent du trépas les livides horreurs!
Muses, Grâces, Amours, dont elle fut l'image,
O mes dieux et les siens, secourez votre ouvrage!
Que vois-je? c'en est fait, je t'embrasse, et tu meurs!
Tu meurs; on sait déjà cette affreuse nouvelle;
Tous les cœurs sont émus de ma douleur mortelle.
J'entends de tous côtés les beaux-arts éperdus
S'écrier en pleurant : « Melpomène n'est plus ! »
   Que direz-vous, race future[2],
Lorsque vous apprendrez la flétrissante injure
Qu'à ces arts désolés font des hommes cruels?
   Ils privent de la sépulture
Celle qui dans la Grèce aurait eu des autels.
Quand elle était au monde, ils soupiraient pour elle;
Je les ai vus soumis, autour d'elle empressés :
Sitôt qu'elle n'est plus, elle est donc criminelle !

---

1. Mlle Lecouvreur mourut le 20 mars 1730. Voltaire mit beaucoup de réserve à donner des copies de ces vers, si l'on en juge par sa lettre à Thieriot, du 1er mai 1731. Frédéric, alors prince royal de Prusse, les mit en musique; voyez sa lettre du 26 janvier 1738. (B.)

2. Malherbe commence son ode *Sur l'attentat commis en la personne de Henri le Grand le* 19 *décembre* 1605, par ces vers :

   Que direz-vous, races futures,
   Si quelquefois un vrai discours
   Vous récite les aventures
   De nos abominables jours? (B.)

Elle a charmé le monde, et vous l'en punissez !
Non, ces bords désormais ne seront plus profanes ;
Ils contiennent ta cendre ; et ce triste tombeau,
Honoré par nos chants, consacré par tes mânes,
    Est pour nous un temple nouveau !
Voilà mon Saint-Denis ; oui, c'est là que j'adore
Tes talents, ton esprit, tes grâces, tes appas :
Je les aimai vivants, je les encense encore
    Malgré les horreurs du trépas,
    Malgré l'erreur et les ingrats,
Que seuls de ce tombeau l'opprobre déshonore.
Ah ! verrai-je toujours ma faible nation,
Incertaine en ses vœux, flétrir ce qu'elle admire ;
Nos mœurs avec nos lois toujours se contredire ;
Et le Français volage endormi sous l'empire
    De la superstition ?
    Quoi ! n'est-ce donc qu'en Angleterre
    Que les mortels osent penser ?
O rivale d'Athène, ô Londre ! heureuse terre !
Ainsi que les tyrans vous avez su chasser
Les préjugés honteux qui vous livraient la guerre.
C'est là qu'on sait tout dire, et tout récompenser ;
Nul art n'est méprisé, tout succès a sa gloire.
Le vainqueur de Tallard, le fils de la victoire,
Le sublime Dryden, et le sage Addison,
Et la charmante Ophils[1], et l'immortel Newton,
    Ont part au temple de mémoire :
Et Lecouvreur à Londre aurait eu des tombeaux
Parmi les beaux-esprits, les rois, et les héros.
Quiconque a des talents à Londre est un grand homme.
    L'abondance et la liberté
Ont, après deux mille ans, chez vous ressuscité
    L'esprit de la Grèce et de Rome.
Des lauriers d'Apollon dans nos stériles champs
La feuille négligée est-elle donc flétrie ?
Dieux ! pourquoi mon pays n'est-il plus la patrie
    Et de la gloire et des talents ?

---

1. Anne Oldfield ou Oldfields, illustre actrice anglaise, morte le 23 octobre 1730, fut enterrée à l'abbaye de Westminster. (B.)

VARIANTES

DE *LA MORT DE* Mlle *LECOUVREUR.*

Vers 13. — Dans les premières éditions, on lisait :

> Qu'à ces arts désolés font des prêtres cruels :
> Un objet digne des autels
> Est privé de la sépulture !
> Et dans un champ profane on jette à l'aventure
> De ce corps si chéri les restes immortels !
> Non, ces bords désormais, etc.

Vers 48. — Après ce vers :

> Quiconque a des talents à Londre est un grand homme,

on lisait ceux-ci dans les premières éditions :

> Le génie étonnant de la Grèce et de Rome,
> Enfant de l'abondance et de la liberté,
> Semble, après deux mille ans, chez eux ressuscité.
> O toi, jeune Sallé, fille de Terpsichore,
> Qu'on insulte à Paris, mais que tout Londre honore,
> Dans tes nouveaux succès, reçois avec mes vœux
> Les applaudissements d'un peuple respectable,
> De ce peuple puissant, fier, libre, généreux,
> Aux malheureux propice, aux beaux-arts favorable.
> Des lauriers d'Apollon, etc.

Mlle Sallé, célèbre danseuse de l'Opéra de Paris, était alors en Angleterre. (K.)

LE
TEMPLE DE L'AMITIÉ[1]

(1732)

Au fond d'un bois à la paix consacré,
Séjour heureux, de la cour ignoré,
S'élève un temple, où l'art et ses prestiges
N'étalent point l'orgueil de leurs prodiges,
Où rien ne trompe et n'éblouit les yeux,
Où tout est vrai, simple, et fait pour les dieux.
De bons Gaulois de leurs mains le fondèrent;
A l'Amitié leurs cœurs le dédièrent.
Las! ils pensaient, dans leur crédulité,
Que par leur race il serait fréquenté.
En vieux langage on voit sur la façade
Les noms sacrés d'Oreste et de Pylade,
Le médaillon du bon Pirithoüs,
Du sage Achate et du tendre Nisus,
Tous grands héros, tous amis véritables :
Ces noms sont beaux, mais ils sont dans les fables.
Les doctes sœurs ne chantent qu'en ces lieux,
Car on les siffle au superbe empyrée.
On n'y voit point Mars et sa Cythérée,
Car la discorde est toujours avec eux :
L'Amitié vit avec très-peu de dieux.
A ses côtés sa fidèle interprète,
La Vérité, charitable et discrète,
Toujours utile à qui veut l'écouter,
Attend en vain qu'on l'ose consulter :
Nul ne l'approche, et chacun la regrette.
Par contenance un livre est dans ses mains,
Où sont écrits les bienfaits des humains,
Doux monuments d'estime et de tendresse,
Donnés sans faste, acceptés sans bassesse,

---

1. Ce poëme est, depuis 1739, admis dans les *OEuvres de Voltaire;* il est au tome IV de l'édition de 1738-39. (B.)

Du protecteur noblement oubliés,
Du protégé sans regret publiés.
C'est des vertus l'histoire la plus pure :
L'histoire est courte, et le livre est réduit
A deux feuillets de gothique écriture,
Qu'on n'entend plus, et que le temps détruit.
   Or des humains quelle est donc la manie ?
Toute amitié de leur cœur est bannie,
Et cependant on les entend toujours
De ce beau nom décorer leurs discours.
Ses ennemis ne jurent que par elle ;
En la fuyant chacun s'y dit fidèle ;
Ainsi qu'on voit, devers l'État romain,
Des indévots chapelet à la main.
   De leurs propos la déesse en colère
Voulut enfin que ses mignons chéris,
Si contents d'elle et si sûrs de lui plaire,
Vinssent la voir en son sacré pourpris,
Fixa le jour, et promit un beau prix
Pour chaque couple au cœur noble, sincère,
Tendre comme elle, et digne d'être admis,
S'il se pouvait, au rang des vrais amis.
   Au jour nommé, viennent d'un vol rapide
Tous nos Français, que la nouveauté guide :
Un peuple immense inonde le parvis.
Le temple s'ouvre : on vit d'abord paraître
Deux courtisans par l'intérêt unis ;
Par l'amitié tous deux ils croyaient l'être.
Vint un courrier, qui dit qu'auprès du maître
Vaquait alors un beau poste d'honneur,
Un noble emploi de valet grand seigneur.
Nos deux amis poliment se quittèrent,
Déesse, et prix, et temple, abandonnèrent,
Chacun des deux en son âme jurant
D'anéantir son très-cher concurrent.
   Quatre dévots, à la mine discrète,
Dos en arcade, et missel à la main,
Unis en Dieu de charité parfaite,
Et tout brûlants de l'amour du prochain,
Psalmodiaient et bâillaient en chemin.
L'un, riche abbé, prélat à l'œil lubrique,
Au menton triple, au col apoplectique,

Porc engraissé des dîmes de Sion,
Oppressé fut d'une indigestion.
On confessa mon vieux ladre au plus vite;
D'huile il fut oint, aspergé d'eau bénite,
Dûment lesté par le curé du lieu
Pour son voyage au pays du bon Dieu.
Ses trois amis gaîment lui marmottèrent
Un *oremus*, en leur cœur convoitèrent
Son bénéfice, et vers la cour trottèrent;
Puis chacun d'eux, dévotement rival,
En se jurant fraternité sincère,
Les yeux baissés va chez le cardinal [1]
De jansénisme accuser son confrère.

   Gais et brillants, après un long repas,
Deux jeunes gens, se tenant sous les bras,
Lisant tout haut des lettres de leurs belles,
D'un air galant leur figure étalaient,
Et, détonnant quelques chansons nouvelles,
Ainsi qu'au bal à l'autel ils allaient:
Nos étourdis pour rien s'y querellèrent,
De l'Amitié l'autel ensanglantèrent;
Et le moins fou laissa, tout éperdu,
Son tendre ami sur la place étendu.

   Plus loin venaient, d'un air de complaisance,
Lise et Chloé, qui, dès leur tendre enfance,
Se confiaient leurs plaisirs, leurs humeurs,
Et tous ces riens qui remplissent leurs cœurs,
Se caressant, se parlant sans rien dire,
Et sans sujet toujours prêtes à rire:
Mais toutes deux avaient le même amant;
A son nom seul, ô merveille soudaine!
Lise et Chloé prirent tout doucement
Le grand chemin du temple de la Haine.

   Enfin Zaïre y parut à son tour
Avec ces yeux où languit la mollesse,
Où le plaisir brille avec la tendresse.
« Ah! que d'ennui, dit-elle, en ce séjour!
Que fait ici cette triste déesse?
Tout y languit; je n'y vois point l'Amour. »
Elle sortit; vingt rivaux la suivirent;

---

1. Le cardinal de Fleury. (*Note de Voltaire*, 1775.)

Sur le chemin vingt beautés en gémirent.
Dieu sait alors où ma Zaïre alla.

De l'Amitié le prix fut laissé là ;
Et la déesse en tous lieux célébrée,
Jamais connue et toujours désirée,
Gela de froid sur ses sacrés autels :
J'en suis fâché pour les pauvres mortels.

ENVOI.

Mon cœur, ami charmant et sage,
Au vôtre n'était point lié
Lorsque j'ai dit qu'à l'Amitié
Nul mortel ne rendait hommage.
Elle a maintenant à sa cour
Deux cœurs dignes du premier âge :
Hélas ! le véritable amour
En a-t-il beaucoup davantage[1] ?

---

1. « J'ai le Temple d'Amitié tout entier, et c'est une plaisante idée d'en avoir chassé tout le monde pour y demeurer avec son amie (Mme de Fontaine-Martel, en l'honneur de qui ce morceau avait été composé) à geler de froid. Ce n'est pas ainsi que La Fontaine bâtissait ses temples, quand il disait sur le Temple de l'Hymen ou de l'Amitié conjugale :

    Ah ! si.... mais autre part j'ai porté mes présents !

(Lettre de Mathieu Marais au président Bouhier; à Paris, ce 4 janvier 1733. — *Correspondance du président Bouhier*, t. VII, p. 561, manuscrits de la Bibliothèque nationale.)

VARIANTES

DU *TEMPLE DE L'AMITIÉ.*

Vers 3 :
    S'élève un temple où l'art par ses prestiges
    N'étale point l'orgueil de ses prodiges.

Vers 17 :
    La déité de cet obscur séjour,
    Reine sans faste et femme sans intrigue,
    Divinité sans prêtres et sans brigue,
    Est peu fêtée au milieu de sa cour.
        A ses côtés, etc.

Vers 31 :
    Du bienfaiteur noblement oubliés,
    Par son ami sans regret publiés.

Vers 38 :
    A l'amitié nul d'eux ne sacrifie.

Vers 43 :
    Froid par dégoût, amant par vanité,
    Chacun prétend en être bien traité.
        De leurs propos, etc.

Vers 57 :
    Deux courtisans flatteurs d'un commun maître;
    Par l'intérêt depuis longtemps unis,
    *Par l'amitié tous deux ils croyaient l'être.
    Vint un courrier qui leur dit qu'à l'instant
    Auprès du prince un poste était vacant.
    Nos deux amis, etc.

Vers 70 :
    Psalmodiaient en bâillant en chemin.

Vers 71 :
    L'un, riche abbé, prélat à l'œil oblique,
    *Au menton triple, au col apoplectique,
    L'estomac plein d'un pâté d'esturgeon,
    Fut pris en bref d'une indigestion.
    Ses trois amis au temple le laissèrent,
    Le bénéfice en leur cœur dévorèrent;
    Et le trio, dévotement rival, etc.

Autre version :

> *Au menton triple, au col apoplectique,
> Sur le chemin de Conflans à Gaillon [1],
> Fut pris en bref d'une indigestion.

Vers 84 :
> Les yeux baissés, courut au cardinal.

Vers 89 :
> Dansants, sifflants, leur figure étalaient.

Vers 94 :
> Près de l'autel ensemble ils accouraient.
> Nos étourdis pour rien se querellèrent,
> Flamberge au vent, dans le temple escrimèrent;
> *Et le moins fou, etc.

Vers 96 :
> *Plus loin venaient, d'un air de complaisance,
> Nonchalamment clochant sur leurs patins,
> *Lise et Chloé, qui, dès leur tendre enfance,
> Se confiaient tous leurs petits desseins,
> *Se caressant, etc.

Vers 102 :
> Elles s'aimaient, hélas! si tendrement!
> Nos deux beautés en public s'embrassèrent :
> Un jeune amant passa dans le moment,
> Lise et Chloé pour lui se décoiffèrent.
> *Enfin, etc.

Une autre édition porte :

> Mais Richelieu passa dans le moment,
> Lise et Chloé, etc.

Vers 106 :
> Enfin Thémire à son tour y parut,
> *Avec ces yeux où languit la mollesse,
> *Où le plaisir brille avec la tendresse;
> Mais l'Amitié soudain la reconnut.
> « Allez, allez, vous vous trompez, dit-elle;
> Ce n'est pas moi qu'il vous faut aujourd'hui :
> C'était l'Amour que vous cherchiez, ma belle;
> Gardez-vous bien de me prendre pour lui. »
> L'autre deux fois ne se le fit redire;
> Le dieu d'amour est celui de Thémire.
> Elle partit, aucun ne demeura.
> *De l'Amitié, etc.

---

1. Maisons de campagne des archevêques de Paris et de Rouen. Ces deux prélats étaient alors des gourmands célèbres. (K.) — L'archevêque de Paris, en 1732, était Charles-Gaspard-Guillaume de Vintimille, mort en 1746, dans sa 91e année. L'archevêque de Rouen était Louis de La Vergne de Tressan. (B.)

AVERTISSEMENT [1]

POUR LES *DISCOURS EN VERS SUR L'HOMME.*

Les trois premiers sont de l'année 1734; les quatre derniers sont de l'année 1737.

Le premier prouve l'égalité des conditions, c'est-à-dire qu'il y a dans chaque profession une mesure de biens et de maux qui les rend toutes égales;

Le second, que l'homme est libre, et qu'ainsi c'est à lui à faire son bonheur;

Le troisième, que le plus grand obstacle au bonheur est l'envie;

Le quatrième, que, pour être heureux, il faut être modéré en tout;

Le cinquième, que le plaisir vient de Dieu;

Le sixième, que le bonheur parfait ne peut être le partage de l'homme en ce monde, et que l'homme n'a point à se plaindre de son état;

Le septième, que la vertu consiste à faire du bien à ses semblables, et non pas dans de vaines pratiques de mortification.

---

1. Si cet *Avertissement* n'est pas de plusieurs mains, il est du moins de divers temps (de 1745 à 1752). Ce fut en 1745, dans le tome VI des *OEuvres de Voltaire*, que les six premiers discours furent recueillis. On trouve à leur suite : *Ce que c'est que la vertu, discours en vers;* mais il n'est pas donné comme *septième*. Dans les éditions de 1742, 1746, 1748, 1751, le septième discours est séparé des autres. L'édition de Dresde, 1752, sept volumes in-12, est la première qui les donne tous à la suite les uns des autres.

Malgré ce qui est dit dans l'*Avertissement*, on ne trouve dans la correspondance de Voltaire trace de ces discours, qui étaient d'abord intitulés *Épîtres*, qu'au commencement de 1738. Les deux premières furent envoyées à Frédéric le 23 janvier; il y en avait alors quatre de faites. Cependant la troisième ne fut envoyée que le 8 mars; la quatrième, en avril.

Les deux premières furent imprimées sous le titre de *Épîtres sur le Bonheur*, Paris, Prault, 1738, in-8°. Chacune a sa pagination séparée et son approbation du censeur, datée du 1er mars. L'approbation de la troisième est du 28 avril. Ces trois épîtres furent réimprimées en Hollande avec le nom de l'auteur; ce qui le contraria beaucoup. La quatrième épître, aussi imprimée séparément, porte une approbation de Crébillon, datée du 2 août 1738.

La cinquième épître doit être de juin 1738; la sixième, du mois de juillet.

Ce qui forme aujourd'hui le septième discours était composé dès juin 1738, si toutefois la lettre de Frédéric n'est pas altérée ou mal classée. (B.)

DISCOURS EN VERS
SUR L'HOMME

PREMIER DISCOURS.

DE L'ÉGALITÉ DES CONDITIONS.

Tu vois, sage Ariston, d'un œil d'indifférence
La grandeur tyrannique et la fière opulence ;
Tes yeux d'un faux éclat ne sont point abusés !
Ce monde est un grand bal où des fous, déguisés
Sous les risibles noms d'Éminence et d'Altesse,
Pensent enfler leur être et hausser leur bassesse.
En vain des vanités l'appareil nous surprend :
Les mortels sont égaux[1] ; leur masque est différent.
Nos cinq sens imparfaits, donnés par la nature,
De nos biens, de nos maux sont la seule mesure.
Les rois en ont-ils six ? et leur âme et leur corps
Sont-ils d'une autre espèce, ont-ils d'autres ressorts ?
C'est du même limon que tous ont pris naissance ;
Dans la même faiblesse ils traînent leur enfance ?
Et le riche et le pauvre, et le faible et le fort,
Vont tous également des douleurs à la mort.
« Eh quoi ! me dira-t-on, quelle erreur est la vôtre !
N'est-il aucun état plus fortuné qu'un autre ?

---

1. Voltaire a dit dans *Mahomet*, acte Ier, scène IV :

> Les mortels sont égaux ; ce n'est pas la naissance,
> C'est la seule vertu qui fait la différence.

On lit dans l'*Épître au peuple*, par Thomas :

> Les mortels sont égaux ; la vertu fait le rang,
> Et l'homme le plus juste est toujours le plus grand. (B.)

Le ciel a-t-il rangé les mortels au niveau ?
La femme d'un commis courbé sur son bureau
Vaut-elle une princesse auprès du trône assise ?
N'est-il pas plus plaisant pour tout homme d'église
D'orner son front tondu d'un chapeau rouge ou vert
Que d'aller, d'un vil froc obscurément couvert,
Recevoir à genoux, après laude ou matine,
De son prieur cloîtré vingt coups de discipline ?
Sous un triple mortier n'est-on pas plus heureux
Qu'un clerc enseveli dans un greffe poudreux ? »
Non : Dieu serait injuste ; et la sage nature
Dans ses dons partagés garde plus de mesure.
Pense-t-on qu'ici-bas son aveugle faveur
Au char de la fortune attache le bonheur ?
Un jeune colonel a souvent l'impudence
De passer en plaisirs un maréchal de France.
« Être heureux comme un roi », dit le peuple hébété :
Hélas ! pour le bonheur que fait la majesté ?
En vain sur ses grandeurs un monarque s'appuie ;
Il gémit quelquefois, et bien souvent s'ennuie.
Son favori sur moi jette à peine un coup d'œil.
Animal composé de bassesse et d'orgueil,
Accablé de dégoûts, en inspirant l'envie,
Tour à tour on t'encense et l'on te calomnie.
Parle ; qu'as-tu gagné dans la chambre du roi ?
Un peu plus de flatteurs et d'ennemis que moi.

   Sur les énormes tours de notre Observatoire,
Un jour, en consultant leur céleste grimoire,
Des enfants d'Uranie un essaim curieux,
D'un tube de cent pieds braqué contre les cieux,
Observait les secrets du monde planétaire.
Un rustre s'écria : « Ces sorciers ont beau faire,
Les astres sont pour nous aussi bien que pour eux. »
On en peut dire autant du secret d'être heureux ;
Le simple, l'ignorant, pourvu d'un instinct sage,
En est tout aussi près au fond de son village
Que le fat important qui pense le tenir,
Et le triste savant qui croit le définir.

   On dit qu'avant la boîte apportée à Pandore
Nous étions tous égaux : nous le sommes encore ;
Avoir les mêmes droits à la félicité,
C'est pour nous la parfaite et seule égalité.

Vois-tu dans ces vallons ces esclaves champêtres
Qui creusent ces rochers, qui vont fendre ces hêtres,
Qui détournent ces eaux, qui, la bêche à la main,
Fertilisent la terre en déchirant son sein?
Ils ne sont point formés sur le brillant modèle
De ces pasteurs galants qu'a chantés Fontenelle :
Ce n'est point Timarette et le tendre Tyrcis,
De roses couronnés, sous des myrtes assis,
Entrelaçant leurs noms sur l'écorce des chênes,
Vantant avec esprit leurs plaisirs et leurs peines ;
C'est Pierrot, c'est Colin, dont le bras vigoureux
Soulève un char tremblant dans un fossé bourbeux.
Perrette au point du jour est aux champs la première.
Je les vois, haletants et couverts de poussière,
Braver, dans ces travaux chaque jour répétés,
Et le froid des hivers, et le feu des étés.
Ils chantent cependant; leur voix fausse et rustique
Gaîment de Pellegrin[1] détonne un vieux cantique[2].
La paix, le doux sommeil, la force, la santé,
Sont le fruit de leur peine et de leur pauvreté.
Si Colin voit Paris, ce fracas de merveilles,
Sans rien dire à son cœur, assourdit ses oreilles :
Il ne désire point ces plaisirs turbulents ;
Il ne les conçoit pas ; il regrette ses champs ;
Dans ces champs fortunés l'amour même l'appelle ;
Et tandis que Damis, courant de belle en belle,
Sous des lambris dorés, et vernis par Martin[3],
Des intrigues du temps composant son destin,
Dupé par sa maîtresse et haï par sa femme,
Prodigue à vingt beautés ses chansons et sa flamme,

---

1. L'abbé Pellegrin a fait des cantiques de dévotion sur des airs du Pont-Neuf; c'est là qu'on trouve, à ce qu'on dit:

> Quand on a perdu Jésus-Christ,
> Adieu paniers, vendanges sont faites.

Ces cantiques ont été chantés à la campagne et dans des couvents de province. (*Note de Voltaire*, 1752.) — Plusieurs cantiques de Pellegrin sont sur l'air : *Adieu paniers, vendanges sont faites;* mais je n'en ai vu aucun qui contienne ces paroles. (B.)

2. Bertin a dit depuis, livre III, élégie v :

> Tout un peuple courbé qui s'empresse à l'ouvrage,
> Et détonne gaîment de rustiques chansons.

3. Fameux vernisseur. (*Note de Voltaire*, 1756.)

Quitte Églé qui l'aimait pour Chloris qui le fuit,
Et prend pour volupté le scandale et le bruit,
Colin, plus vigoureux, et pourtant plus fidèle,
Revole vers Lisette en la saison nouvelle ;
Il vient, après trois mois de regrets et d'ennui,
Lui présenter des dons aussi simples que lui.
Il n'a point à donner ces riches bagatelles
Qu'Hébert[1] vend à crédit pour tromper tant de belles :
Sans tous ces riens brillants il peut toucher un cœur ;
Il n'en a pas besoin : c'est le fard du bonheur.
   L'aigle fier et rapide, aux ailes étendues,
Suit l'objet de sa flamme élancé dans les nues ;
Dans l'ombre des vallons le taureau bondissant
Cherche en paix sa génisse, et plaît en mugissant ;
Au retour du printemps la douce Philomèle
Attendrit par ses chants sa compagne fidèle ;
Et du sein des buissons le moucheron léger
Se mêle en bourdonnant aux insectes de l'air.
De son être content, qui d'entre eux s'inquiète
S'il est quelque autre espèce ou plus ou moins parfaite ?
Eh ! qu'importe à mon sort, à mes plaisirs présents,
Qu'il soit d'autres heureux, qu'il soit des biens plus grands ?
   « Mais quoi ! cet indigent, ce mortel famélique,
Cet objet dégoûtant de la pitié publique,
D'un cadavre vivant traînant le reste affreux,
Respirant pour souffrir, est-il un homme heureux ? »
Non, sans doute ; et Thamas qu'un esclave détrône,
Ce vizir déposé, ce grand qu'on emprisonne,
Ont-ils des jours sereins quand ils sont dans les fers ?
Tout état a ses maux, tout homme a ses revers.
Moins hardi dans la paix, plus actif dans la guerre,
Charle[2] aurait sous ses lois retenu l'Angleterre ;
Dufresny[3], moins prodigue, et docile au bon sens,
N'eût point dans la misère avili ses talents.
Tout est égal enfin : la cour a ses fatigues,

---

1. Fameux marchand de curiosités à Paris. Il avait beaucoup de goût, et cela seul lui avait procuré une grande fortune. (*Note de Voltaire*, 1752.) — Voltaire a cité aussi Hébert dans *la Prude*, acte Ier, scène IV ; voyez t. III du *Théâtre*, p. 410.

2. Charles Ier.

3. Louis XIV disait : « Il y a deux hommes que je ne pourrai jamais enrichir, Dufresny et Bontemps. » Dufresny mourut dans la misère, après avoir dissipé de grandes richesses ; il a laissé de jolies comédies. (*Note de Voltaire*, 1748.)

L'Église a ses combats, la guerre a ses intrigues :
Le mérite modeste est souvent obscurci ;
Le malheur est partout, mais le bonheur aussi.
Ce n'est point la grandeur, ce n'est point la bassesse,
Le bien, la pauvreté, l'âge mûr, la jeunesse,
Qui fait ou l'infortune ou la félicité.
   Jadis le pauvre Irus, honteux et rebuté,
Contemplant de Crésus l'orgueilleuse opulence,
Murmurait hautement contre la Providence :
« Que d'honneurs! disait-il, que d'éclat! que de bien!
Que Crésus est heureux! il a tout, et moi rien. »
Comme il disait ces mots, une armée en furie
Attaque en son palais le tyran de Carie :
De ses vils courtisans il est abandonné ;
Il fuit, on le poursuit ; il est pris, enchaîné ;
On pille ses trésors, on ravit ses maîtresses.
Il pleure : il aperçoit, au fort de ses détresses,
Irus, le pauvre Irus, qui, parmi tant d'horreurs,
Sans songer aux vaincus, boit avec les vainqueurs.
« O Jupiter! dit-il, ô sort inexorable!
Irus est trop heureux, je suis seul misérable. »
Ils se trompaient tous deux ; et nous nous trompons tous.
Ah! du destin d'autrui ne soyons point jaloux ;
Gardons-nous de l'éclat qu'un faux dehors imprime.
Tous les cœurs sont cachés ; tout homme est un abîme.
La joie est passagère, et le rire est trompeur[1].
Hélas! où donc chercher, où trouver le bonheur?
En tous lieux, en tous temps, dans toute la nature,
Nulle part tout entier, partout avec mesure,
Et partout passager, hors dans son seul auteur.
Il est semblable au feu dont la douce chaleur
Dans chaque autre élément en secret s'insinue,
Descend dans les rochers, s'élève dans la nue,
Va rougir le corail dans le sable des mers,
Et vit dans les glaçons qu'ont durcis les hivers[2].
   Le ciel, en nous formant, mélangea notre vie
De désirs, de dégoûts, de raison, de folie,
De moments de plaisirs, et de jours de tourments :

---

1. Dans son *Précis de l'Ecclésiaste,* Voltaire a dit :
      Votre bruit m'importune, et le rire est trompeur.
2. Cette comparaison n'a rien de scientifique. (G. A.)

De notre être imparfait voilà les éléments ;
Ils composent tout l'homme, ils forment son essence ;
Et Dieu nous pesa tous dans la même balance[1].

[1]. « Quelque différence qui paraisse entre les fortunes, il y a une certaine compensation de biens et de maux qui les rend égales. » (*Réflexions morales de La Rochefoucauld*, édition du Louvre, n° 52.)

Suivant M. Rousseau, on doit mettre une grande différence entre les maux des dernières classes de la société et ceux qui affligent les premières, parce que, dit-il, les maux du peuple sont l'effet de la mauvaise constitution de la société; les grands, au contraire, ne sont malheureux que par leur faute.

1° Cette observation n'est pas vraie rigoureusement. Ce n'est pas absolument par sa faute que tel riche, tel grand, étant né un sot, et ayant reçu une mauvaise éducation, passe tristement sa vie dans l'ennui et le dégoût. Ce n'est point par sa faute qu'Ivan fut assassiné après avoir été en prison toute sa vie. Est-ce par sa faute que le Masque de fer fut mis à la Bastille? que les fils du comte d'Armagnac, arrosés du sang de leur père, passèrent toute leur jeunesse dans un cachot fait en forme de hotte? D'un autre côté, parmi les hommes qui souffrent les maux de la pauvreté, un grand nombre n'aurait-il pas évité ses malheurs par plus d'activité pour le travail, plus d'économie, plus de prévoyance? Il est très-rare dans tous les états d'être uniquement malheureux par sa faute, ou de l'être sans y avoir contribué : le hasard et la mauvaise conduite entrent à la fois dans presque tous les malheurs des hommes.

2° Ce n'est pas de la cause des maux des différents états que parle M. de Voltaire ; c'est d'une sorte d'équilibre entre les maux et les biens, qui rend ces états presque égaux. Cette manière de voir les états de la vie est consolante pour le peuple; elle conduit même à une conséquence très-utile. Si les biens et les maux des différentes conditions forment entre ces conditions une sorte de balance; si l'ennui qui poursuit les riches, si les dangers qui environnent les grands, sont un équivalent des maux auxquels la misère condamne le peuple, tous gagneront à une plus grande égalité : les uns y trouveront plus d'aisance, les autres plus de sureté. Ne serait-il pas utile de persuader aux hommes que l'intérêt des différentes classes de la société n'est point de se séparer, mais de se rapprocher ; qu'elles doivent chercher non à s'opprimer, mais à s'unir, parce qu'aucune classe ne peut augmenter son bonheur aux dépens d'une autre, mais seulement en faisant des sacrifices au bonheur commun?

Il était naturel que deux hommes dont l'un croyait que la société et les lumières corrompent l'homme, tandis que l'autre voyait dans les progrès des lumières une source de perfections pour la société et de bonheur pour l'espèce humaine, fussent presque toujours d'avis contraires. Mais qui des deux a été le plus utile aux hommes? Celui sans doute dont l'opinion était la plus conforme à la vérité. (K.)

VARIANTES

DU PREMIER DISCOURS.

Vers 1ᵉʳ. — Ce ne fut qu'en 1738 que ce discours parut la première fois imprimé à Paris, ainsi que le second et le troisième, sous le titre général d'*Épitres sur le Bonheur*. Le commencement du premier discours a été plusieurs fois refondu. Voici les différentes leçons jusqu'à l'édition de 1757 exclusivement.

PREMIÈRE LEÇON.

Eh bien, jeune Hermotime, en province élevé,
Avec un cœur tout neuf à Paris arrivé,
Tu ne sais pas encor quel parti tu dois suivre?
Tu voudrais des leçons sur le grand art de vivre ;
Il faut prendre un état. Incertain dans tes vœux,
Tu veux choisir, dis-tu, le sort le plus heureux :
Mais ce sort, quel est-il? tu ne sais. Tu peux être
Magistrat, financier, courtisan, guerrier, prêtre.
Ton goût doit décider ; ce n'est pas ton emploi
Qui doit te rendre heureux, ce bonheur est dans toi.
Les états sont égaux, mais les hommes diffèrent.
Où l'imprudent périt, les habiles prospèrent.
Le bonheur est le port où tendent les humains ;
Les écueils sont fréquents, les vents sont incertains.
Le ciel, pour aborder cette rive étrangère,
Accorde à tout mortel une barque légère :
Ainsi que les secours les dangers sont égaux.
Qu'importe, quand l'orage a soulevé les flots,
Que ta poupe soit peinte, et que ton mât déploie
Une voile de pourpre et des câbles de soie?
Le vent est sans respect, il renverse à la fois
Les bateaux des pêcheurs et les barques des rois.
Si quelque heureux pilote, échappé de l'orage,
Près du bord arrivé, gagne au moins le rivage,
Son vaisseau, plus heureux, n'était pas mieux construit ;
Mais le pilote est sage, et Dieu l'avait conduit.
  « Eh quoi ! me dites-vous, etc.

SECONDE LEÇON.

Ami, dont la vertu toujours facile et pure
A suivi par raison l'instinct de la nature,

Qui sais à ton état conformer tes désirs,
Satisfait sans fortune et sage en tes plaisirs,
Heureux qui, comme toi, docile à son génie,
Dirige prudemment la course de sa vie !
Son cœur n'entend jamais la voix du repentir ;
Enfermé dans sa sphère, il n'en veut point sortir.
Les états sont égaux, etc. . . . .
. . . . !.
Une voile de pourpre et des câbles de soie
L'art du pilote est tout ; et pour dompter les vents
Il faut la main du sage, et non des ornements.
  « Eh quoi ! me dira-t-on, etc.

(1748, in-4°, tome Ier). — Quoique cette note ait paru dans une édition du vivant de l'auteur, je la crois d'un éditeur. (B.)

Vers 31 :

PREMIÈRE LEÇON.

Il serait beau vraiment que sa triste faveur
Eût au grade, en ce monde, attaché le bonheur !
Jamais un colonel n'aura donc l'impudence
D'égaler en plaisir un maréchal de France !
L'empereur est toujours, grâces à ses honneurs,
Plus fortuné lui seul que les sept électeurs !
Et le cœur d'un sujet se gardera bien d'être
Aussi tendre, aussi gai que celui de son maître !
Non, n'accusons point Dieu de cette absurdité ;
Pour les cœurs qu'il a faits il a trop de bonté.
Tous sont heureux par lui, tous au moins peuvent l'être :
En leur donnant la vie, il leur doit le bien-être ;
Il veut, en les rangeant sous différentes lois,
En faire autant d'heureux, non pas autant de rois.
Le casque, le mortier, la barrette, la mitre,
A la félicité n'apportent aucun titre ;
Et ce Bernard qu'on vante est heureux en effet,
Non par le bien qu'il a, mais par le bien qu'il fait.
*On dit qu'avant la boîte, etc.

SECONDE LEÇON.

Plus fortuné lui seul que les sept électeurs !
Et le roi des Romains serait un téméraire
De prétendre un moment au bonheur du saint-père !
Crois-moi, Dieu d'un autre œil voit les faibles humains,
Nés du même limon façonné par ses mains.
Admirons de ses dons le différent partage ;
Chacun de ses enfants reçut un héritage.
Le terrain le moins vaste a sa fécondité,
Et l'ingrat qui se plaint est seul déshérité.
Possédons sans fierté, subissons sans murmure
Le sort que nous a fait l'auteur de la nature ;
Dieu, qui nous a rangés sous différentes lois,
Peut faire autant d'heureux, non pas autant de rois.
  On dit qu'avant la boîte, etc.

SUR L'HOMME.

Vers 85 :

    *Dans ses champs fortunés l'amour même l'appelle,
    L'amour, ce dieu des cieux, cette flamme éternelle
    Qui peuple les forêts, les ondes et les airs,
    Qui va d'un pôle à l'autre animer l'univers.
    Ses traits, toujours lancés des mains de la nature,
    Souffrent les ornements, mais plaisent sans parure :
    Un éclat étranger est le fard du bonheur;
    Tu n'en as pas besoin, tu peux donner ton cœur
    Sans tous ces riens brillants, ces nobles bagatelles
    *Qu'Hébert vend à crédit pour tromper tant de belles.
    L'amour n'a pas toujours un tranquille destin.
    *Sous les lambris dorés et vernis par Martin.

Vers 120 :

    *Tout état a ses maux, tout homme ses revers :
    Concini moins altier, plus fidèle à ses maîtres,
    N'aurait point de son sang apaisé nos ancêtres;
    Et Dufresny, plus sage et moins dissipateur,
    Ne fût pas mort de faim, digne mort d'un auteur.

Vers 126 :

    . . . . . Le mérite a ses brigues.

Vers 131 :

    *Qui fait ou l'infortune ou la félicité?
    « Où donc trouver, dis-tu, cet être si vanté,
    Fugitif, inconnu, qu'on croit imaginaire? »
    Où? chez toi, dans ton cœur, et dans ton caractère.
    Quel que soit ton état, quel que soit ton destin,
    Sois sage, il te suffit, ton bonheur est certain.

Vers 160 :

    Et vit dans les glaçons qu'ont durcis les hivers.
    Mortel, en quelque état que le ciel t'ait fait naître,
    Sois soumis, sois content, et rends grâce à ton maître.

DEUXIÈME DISCOURS[1].

DE LA LIBERTÉ.

On entend par ce mot Liberté le pouvoir de faire ce qu'on veut. Il n'y a et ne peut y avoir d'autre Liberté. C'est pourquoi Locke l'a si bien définie Puissance.

Dans le cours de nos ans, étroit et court passage,
Si le bonheur qu'on cherche est le prix du vrai sage,
Qui pourra me donner ce trésor précieux?
Dépend-il de moi-même? est-ce un présent des cieux?
Est-il comme l'esprit, la beauté, la naissance,
Partage indépendant de l'humaine prudence?
Suis-je libre en effet? ou mon âme et mon corps
Sont-ils d'un autre agent les aveugles ressorts?
Enfin ma volonté, qui me meut, qui m'entraîne,
Dans le palais de l'âme est-elle esclave ou reine?
Obscurément plongé dans ce doute cruel,
Mes yeux, chargés de pleurs, se tournaient vers le ciel,
Lorsqu'un de ces esprits que le souverain Être
Plaça près de son trône, et fit pour le connaître,
Qui respirent dans lui, qui brûlent de ses feux,
Descendit jusqu'à moi de la voûte des cieux;
Car on voit quelquefois ces fils de la lumière
Éclairer d'un mondain l'âme simple et grossière,
Et fuir obstinément tout docteur orgueilleux
Qui dans sa chaire assis pense être au-dessus d'eux,
Et, le cerveau troublé des vapeurs d'un système,
Prend ces brouillards épais pour le jour du ciel même.
« Écoute, me dit-il, prompt à me consoler,
Ce que tu peux entendre et qu'on peut révéler.
J'ai pitié de ton trouble; et ton âme sincère,

---

1. Voyez sur ce discours la lettre de Frédéric à Voltaire, du 17 février 1738, et celle de Voltaire à Frédéric, du 8 mars, même année.

Puisqu'elle sait douter, mérite qu'on l'éclaire.
Oui, l'homme sur la terre est libre ainsi que moi :
C'est le plus beau présent de notre commun roi.
La liberté, qu'il donne à tout être qui pense,
Fait des moindres esprits et la vie et l'essence.
Qui conçoit, veut, agit, est libre en agissant :
C'est l'attribut divin de l'Être tout-puissant ;
Il en fait un partage à ses enfants qu'il aime ;
Nous sommes ses enfants, des ombres de lui-même.
Il conçut, il voulut, et l'univers naquit :
Ainsi, lorsque tu veux, la matière obéit.
Souverain sur la terre, et roi par la pensée,
Tu veux, et sous tes mains la nature est forcée.
Tu commandes aux mers, au souffle des zéphirs,
A ta propre pensée, et même à tes désirs.
Ah! sans la liberté que seraient donc nos âmes?
Mobiles agités par d'invisibles flammes,
Nos vœux, nos actions, nos plaisirs, nos dégoûts,
De notre être, en un mot, rien ne serait à nous :
D'un artisan suprême impuissantes machines,
Automates pensants, mus par des mains divines [1],
Nous serions à jamais de mensonge occupés,
Vils instruments d'un Dieu qui nous aurait trompés.
Comment, sans liberté, serions-nous ses images?
Que lui reviendrait-il de ces brutes ouvrages?
On ne peut donc lui plaire, on ne peut l'offenser ;
Il n'a rien à punir, rien à récompenser.
Dans les cieux, sur la terre il n'est plus de justice.
Pucelle est sans vertu [2], Desfontaines sans vice :

1. Vers souvent cité par les spiritualistes. (G. A.)
2. L'abbé Pucelle, célèbre conseiller au parlement. L'abbé Desfontaines, homme souvent repris de justice, qui tenait une boutique ouverte où il vendait des louanges et des satires. (*Note de Voltaire.* 1748.) — L'abbé Pucelle était neveu de M. de Catinat. Sa mère accordait à son frère aîné une préférence que les premières années de la jeunesse du cadet semblaient excuser, et qui cependant était la seule cause de ces erreurs, dans un homme qui était né avec un caractère très-ferme et une âme ardente. Elle le déshérita ; il n'avait encore aucun état, quoiqu'il eût été tonsuré dans son enfance. Son frère vint le trouver quelques jours après, lui remit la fortune dont sa mère l'avait privé, et lui annonça en même temps qu'il avait acheté pour lui une charge de conseiller-clerc au parlement de Paris, et obtenu sa nomination à une abbaye, en ajoutant qu'il ne lui demandait d'autres preuves de reconnaissance que d'oublier l'injustice de sa mère. Le frère de l'abbé Pucelle mourut, peu de temps après, premier président du parlement de Grenoble.
Le conseiller au parlement de Paris se fit une grande réputation par son inté-

Le destin nous entraîne à nos affreux penchants,
Et ce chaos du monde est fait pour les méchants.
L'oppresseur insolent, l'usurpateur avare,
Cartouche, Miriwits[1], ou tel autre barbare,
Plus coupable enfin qu'eux, le calomniateur
Dira : « Je n'ai rien fait, Dieu seul en est l'auteur ;
« Ce n'est pas moi, c'est lui qui manque à ma parole,
« Qui frappe par mes mains, pille, brûle, viole. »
C'est ainsi que le Dieu de justice et de paix
Serait l'auteur du trouble et le dieu des forfaits.
Les tristes partisans de ce dogme effroyable
Diraient-ils rien de plus s'ils adoraient le diable? »

    J'étais à ce discours tel qu'un homme enivré
Qui s'éveille en sursaut, d'un grand jour éclairé,
Et dont la clignotante et débile paupière
Lui laisse encore à peine entrevoir la lumière.
J'osai répondre enfin d'une timide voix :
« Interprète sacré des éternelles lois,
Pourquoi, si l'homme est libre, a-t-il tant de faiblesse?
Que lui sert le flambeau de sa vaine sagesse?
Il le suit, il s'égare ; et, toujours combattu,
Il embrasse le crime en aimant la vertu.
Pourquoi ce roi du monde, et si libre, et si sage,
Subit-il si souvent un si dur esclavage? »

    L'esprit consolateur à ces mots répondit :
« Quelle douleur injuste accable ton esprit?
La liberté, dis-tu, t'est quelquefois ravie :
Dieu te la devait-il immuable, infinie,
Égale en tout état, en tout temps, en tout lieu?
Tes destins sont d'un homme, et tes vœux sont d'un Dieu[2].
Quoi! dans cet océan cet atome qui nage
Dira : « L'immensité doit être mon partage. »
Non ; tout est faible en toi, changeant et limité,

---

grité, par le courage avec lequel il défendait la liberté des citoyens contre les prétentions de la cour de Rome et du clergé. Comme le jansénisme était alors le prétexte de ses entreprises, les Parisiens le prirent pour un janséniste : mais sa véritable religion était l'amour des lois et la haine de la tyrannie sacerdotale; il n'en eut jamais d'autre. (K.)

1. Assassin du prince de Candahar, au commencement du XVIIIe siècle. Voyez le chapitre XVI de la deuxième partie de l'*Histoire de Russie*.

2. Traduction de ce vers d'Ovide (*Métam.*, II, 56) :

    Sors tua mortalis, non est mortale quod optas.

Ta force, ton esprit, tes talents, ta beauté.
La nature en tout sens a des bornes prescrites;
Et le pouvoir humain serait seul sans limites!
Mais, dis-moi, quand ton cœur, formé de passions,
Se rend malgré lui-même à leurs impressions,
Qu'il sent dans ses combats sa liberté vaincue,
Tu l'avais donc en toi, puisque tu l'as perdue.
Une fièvre brûlante, attaquant tes ressorts,
Vient à pas inégaux miner ton faible corps :
Mais quoi! par ce danger répandu sur ta vie
Ta santé pour jamais n'est point anéantie;
On te voit revenir des portes de la mort
Plus ferme, plus content, plus tempérant, plus fort.
Connais mieux l'heureux don que ton chagrin réclame :
La liberté dans l'homme est la santé de l'âme.
On la perd quelquefois; la soif de la grandeur,
La colère, l'orgueil, un amour suborneur,
D'un désir curieux les trompeuses saillies,
Hélas! combien le cœur a-t-il de maladies!
Mais contre leurs assauts tu seras raffermi :
Prends ce livre sensé, consulte cet ami
(Un ami, don du ciel, est le vrai bien du sage);
Voilà l'Helvétius[1], le Silva, le Vernage[2],
Que le Dieu des humains, prompt à les secourir,
Daigne leur envoyer sur le point de périr.
Est-il un seul mortel de qui l'âme insensée,
Quand il est en péril, ait une autre pensée?
Vois de la liberté cet ennemi mutin,
Aveugle partisan d'un aveugle destin :
Entends comme il consulte, approuve, délibère;
Entends de quel reproche il couvre un adversaire;
Vois comment d'un rival il cherche à se venger,
Comme il punit son fils, et le veut corriger.
Il le croyait donc libre? Oui, sans doute, et lui-même
Dément à chaque pas son funeste système;
Il mentait à son cœur en voulant expliquer
Ce dogme absurde à croire, absurde à pratiquer :
Il reconnaît en lui le sentiment qu'il brave;
Il agit comme libre, et parle comme esclave.

---

1. Père du philosophe.
2. Fameux médecins de Paris. (*Note de Voltaire*, 1748.)

Sûr de ta liberté, rapporte à son auteur
Ce don que sa bonté te fit pour ton bonheur.
Commande à ta raison d'éviter ces querelles,
Des tyrans de l'esprit disputes immortelles ;
Ferme en tes sentiments et simple dans ton cœur,
Aime la vérité, mais pardonne à l'erreur ;
Fuis les emportements d'un zèle atrabilaire ;
Ce mortel qui s'égare est un homme, est ton frère :
Sois sage pour toi seul, compatissant pour lui ;
Fais ton bonheur enfin par le bonheur d'autrui. »
    Ainsi parlait la voix de ce sage suprême.
Ses discours m'élevaient au-dessus de moi-même :
J'allais lui demander, indiscret dans mes vœux,
Des secrets réservés pour les peuples des cieux ;
Ce que c'est que l'esprit, l'espace, la matière,
L'éternité, le temps, le ressort, la lumière :
Étranges questions, qui confondent souvent
Le profond S'Gravesande[1] et le subtil Mairan[2],
Et qu'expliquait en vain dans ses doctes chimères
L'auteur des tourbillons[3] que l'on ne croit plus guères.
Mais déjà, s'échappant à mon œil enchanté,
Il volait au séjour où luit la vérité.
Il n'était pas vers moi descendu pour m'apprendre
Les secrets du Très-Haut que je ne puis comprendre.
Mes yeux d'un plus grand jour auraient été blessés :
Il m'a dit : « Sois heureux ! » il m'en a dit assez.

---

1. M. S'Gravesande, professeur à Leyde, le premier qui ait enseigné en Hollande les découvertes de Newton. (*Note de Voltaire*, 1748.)
2. M. Dortous de Mairan, secrétaire de l'Académie des sciences de Paris. (*Id.*, 1748.)
3. Descartes.

VARIANTES

DU DEUXIÈME DISCOURS.

Vers 16 :

    * Descendit jusqu'à moi de la voûte des cieux.
Tel du sein du soleil un torrent de lumière
Part, arrive à l'instant, et couvre l'hémisphère.
Il avait pris un corps, ainsi que l'un d'entre eux,
Que nos pères ont vu, dans des jours ténébreux,
Sous les traits de Newton, sous ceux de Galilée,
Apporter la lumière à la terre aveuglée.
    *Écoute, me dit-il, etc.

Vers 54. — On lisait dans les premières éditions jusqu'à 1746 inclus :

    Caton fut sans vertu, Catilina sans vice.

Vers 129 :

    Épargne à ta raison ces disputes frivoles,
Ce poison de l'esprit né du sein des écoles.

Vers 151 :

    Et s'il a daigné dire à mes vœux empressés
Le secret d'être heureux, il en a dit assez.

TROISIÈME DISCOURS.

DE L'ENVIE.

Si l'homme est créé libre, il doit se gouverner ;
Si l'homme a des tyrans, il les doit détrôner [1].
On ne le sait que trop, ces tyrans sont les vices.
Le plus cruel de tous dans ses sombres caprices,
Le plus lâche à la fois et le plus acharné,
Qui plonge au fond du cœur un trait empoisonné,
Ce bourreau de l'esprit, quel est-il? c'est l'envie.
L'orgueil lui donna l'être au sein de la folie ;
Rien ne peut l'adoucir, rien ne peut l'éclairer :
Quoique enfant de l'orgueil, il craint de se montrer.
Le mérite étranger est un poids qui l'accable :
Semblable à ce géant si connu dans la fable,
Triste ennemi des dieux, par les dieux écrasé,
Lançant en vain les feux dont il est embrasé ;
Il blasphème, il s'agite en sa prison profonde ;
Il croit pouvoir donner des secousses au monde ;
Il fait trembler l'Etna dont il est oppressé :
L'Etna sur lui retombe, il en est terrassé.
J'ai vu des courtisans, ivres de fausse gloire,
Détester dans Villars l'éclat de la victoire [2].
Ils haïssaient le bras qui faisait leur appui ;
Il combattait pour eux, ils parlaient contre lui.
Ce héros eut raison quand, cherchant les batailles,
Il disait à Louis : « Je ne crains que Versailles ;
Contre vos ennemis je marche sans effroi :
Défendez-moi des miens ; ils sont près de mon roi. »
Cœurs jaloux ! à quels maux êtes-vous donc en proie?

---

1. Ces deux vers furent inscrits, en 1791, sur le chariot qui ramena les cendres de Voltaire à Paris. (G. A.)
2. Voyez *Siècle de Louis XIV*, chap. XXIII.

Vos chagrins sont formés de la publique joie [1].
Convives dégoûtés, l'aliment le plus doux,
Aigri par votre bile, est un poison pour vous.
O vous qui de l'honneur entrez dans la carrière,
Cette route à vous seul appartient-elle entière?
N'y pouvez-vous souffrir les pas d'un concurrent?
Voulez-vous ressembler à ces rois d'Orient,
Qui, de l'Asie esclave oppresseurs arbitraires,
Pensent ne bien régner qu'en étranglant leurs frères?
　　Lorsqu'aux jeux du théâtre, écueil de tant d'esprits,
Une affiche nouvelle entraîne tout Paris;
Quand Dufresne et Gaussin [2], d'une voix attendrie,
Font parler Orosmane, Alzire, Zénobie,
Le spectateur content, qu'un beau trait vient saisir,
Laisse couler des pleurs, enfants de son plaisir :
Rufus [3] désespéré, que ce plaisir outrage,
Pleure aussi dans un coin ; mais ses pleurs sont de rage.
　　Hé bien! pauvre affligé, si ce fragile honneur,
Si ce bonheur d'un autre a déchiré ton cœur,
Mets du moins à profit le chagrin qui t'anime ;
Mérite un tel succès, compose, efface, lime.
Le public applaudit aux vers du *Glorieux* [4],
Est-ce un affront pour toi? courage, écris, fais mieux :
Mais garde-toi surtout, si tu crains les critiques,
D'envoyer à Paris tes *Aïeux chimériques* [5] :
Ne fais plus grimacer tes odieux portraits
Sous des crayons grossiers pillés chez Rabelais.
　　Tôt ou tard on condamne un rimeur satirique
Dont la moderne muse emprunte un air gothique,
Et, dans un vers forcé que surcharge un vieux mot,
Couvre son peu d'esprit des phrases de Marot [6] :

---

1. Dans *les Pélopides*, acte II, scène III, Voltaire a dit :

　　　Tous mes maux sont formés de la publique joie.

2. Dufresne, célèbre acteur de Paris. Mlle Gaussin, actrice pleine de grâces, qui joua *Zaïre*. (*Note de Voltaire*, 1748.)

3. J.-B. Rousseau, qui avait écrit contre *Zaïre*.

4. Comédie de Destouches, jouée en 1732

5. Mauvaise comédie de Rousseau, qui n'a pu être jouée. (*Note de Voltaire*, 1748.)

6. Il est à remarquer que M. de Voltaire s'est toujours élevé contre ce mélange de l'ancienne langue et de la nouvelle. Cette bigarrure est non-seulement ridicule, mais elle jetterait dans l'erreur les étrangers qui apprennent le français. (*Id.*, 1752.)
— Voyez aussi les variantes du septième discours.

Ce jargon dans un conte est encor supportable;
Mais le vrai veut un air, un ton plus respectable.
Si tu veux, faux dévot, séduire un sot lecteur,
Au miel d'un froid sermon mêle un peu moins d'aigreur;
Que ton jaloux orgueil parle un plus doux langage;
Singe de la vertu, masque mieux ton visage.
La gloire d'un rival s'obstine à t'outrager;
C'est en le surpassant que tu dois t'en venger;
Érige un monument plus haut que ton trophée;
Mais pour siffler Rameau, l'on doit être un Orphée.
Qu'un petit monstre noir, peint de rouge et de blanc [1],
Se garde de railler ou Vénus ou Rohan;
On ne s'embellit point en blâmant sa rivale.
   Qu'a servi contre Bayle une infâme cabale?
Par le fougueux Jurieu [2] Bayle persécuté
Sera des bons esprits à jamais respecté;
Et le nom de Jurieu, son rival fanatique,
N'est aujourd'hui connu que par l'horreur publique.
   Souvent dans ses chagrins un misérable auteur
Descend au rôle affreux de calomniateur:
Au lever de Séjan, chez Nestor, chez Narcisse,
Il distille à longs traits son absurde malice.
Pour lui tout est scandale, et tout impiété:
Assurer que ce globe, en sa course emporté,
S'élève à l'équateur, en tournant sur lui-même.
C'est un raffinement d'erreur et de blasphème.
Malbranche est spinosiste, et Locke en ses écrits
Du poison d'Épicure infecte les esprits;
Pope est un scélérat, de qui la plume impie
Ose vanter de Dieu la clémence infinie,
Qui prétend follement (ô le mauvais chrétien!)

---

1. On prétendit dans le temps que le *petit monstre* était Mme de Ruffec, veuve en premières noces de M. de Maisons; voyez la lettre à Pont-de-Veyle, du 10 mai 1738. (B.)

2. Jurieu était un ministre protestant qui s'acharna contre Bayle et contre le bon sens: il écrivit en fou, et il fit le prophète; il prédit que le royaume de France éprouverait des révolutions qui ne sont jamais arrivées. Quant à Bayle, on sait que c'est un des plus grands hommes que la France ait produits. Le parlement de Toulouse lui a fait un honneur unique en faisant valoir son testament, qui devait être annulé comme celui d'un réfugié, selon la rigueur de la loi, et qu'il déclara valide, comme le testament d'un homme qui avait éclairé le monde et honoré sa patrie. L'arrêt fut rendu sur le rapport de M. de Senaux, conseiller. (*Note de Voltaire*, 1738.)

DE L'ENVIE.

Que Dieu nous aime tous, et qu'ici tout est bien[1].
 Cent fois plus malheureux et plus infâme encore
Est ce fripier d'écrits[2] que l'intérêt dévore,
Qui vend au plus offrant son encre et ses fureurs ;
Méprisable en son goût, détestable en ses mœurs ;
Médisant, qui se plaint des brocards qu'il essuie ;
Satirique ennuyeux, disant que tout l'ennuie ;
Criant que le bon goût s'est perdu dans Paris,
Et le prouvant très-bien, du moins par ses écrits.
 On peut à Despréaux pardonner la satire,
Il joignit l'art de plaire au malheur de médire :
Le miel que cette abeille avait tiré des fleurs
Pouvait de sa piqûre adoucir les douleurs ;
Mais pour un lourd frelon méchamment imbécile[3],
Qui vit du mal qu'il fait, et nuit sans être utile,
On écrase à plaisir cet insecte orgueilleux,
Qui fatigue l'oreille et qui choque les yeux.
 Quelle était votre erreur, ô vous, peintres vulgaires,
Vous, rivaux clandestins, dont les mains téméraires,
Dans ce cloître où Bruno semble encor respirer,
Par une lâche envie ont pu défigurer[4]
Du Zeuxis des Français les savantes peintures!
L'honneur de son pinceau s'accrut par vos injures :
Ces lambeaux déchirés en sont plus précieux ;
Ces traits en sont plus beaux, et vous plus odieux.
Détestons à jamais un si dangereux vice.
 Ah! qu'il nous faut chérir ce trait plein de justice
D'un critique modeste, et d'un vrai bel esprit,
Qui, lorsque Richelieu follement entreprit
De rabaisser du *Cid* la naissante merveille,
Tandis que Chapelain osait juger Corneille,
Chargé de condamner cet ouvrage imparfait,
Dit pour tout jugement : « Je voudrais l'avoir fait[5] ! »

---

1. L'optimisme de Platon, renouvelé par Shaftesbury, Bolingbroke, Leibnitz, et chanté par Pope en beaux vers, est peut-être un système faux ; mais ce n'est pas assurément un système impie, comme des calomniateurs l'ont dit. (*N. de Voltaire*, 1775.)

2. Ces vers désignent l'abbé Desfontaines ; il a eu tant de successeurs si dignes de lui, qu'on pourrait s'y tromper. (K.)

3. Ce vers est de 1745. Fréron, longtemps collaborateur de Desfontaines, publiait seul alors des *Lettres critiques*. (G. A.)

4. Quelques peintres, jaloux de Le Sueur, gâtèrent ses tableaux qui sont aux Chartreux. (*Note de Voltaire*, 1740.)

5. Habert de Cerisi, de l'Académie. (*Id.*, 1756.)

C'est ainsi qu'un grand cœur sait penser d'un grand homme.
   A la voix de Colbert Bernini vint de Rome ;
De Perrault[1], dans le Louvre, il admira la main :
« Ah ! dit-il, si Paris renferme dans son sein
Des travaux si parfaits, un si rare génie,
Fallait-il m'appeler du fond de l'Italie? »
Voilà le vrai mérite ; il parle avec candeur :
L'envie est à ses pieds, la paix est dans son cœur.
   Qu'il est grand, qu'il est doux de se dire à soi-même :
Je n'ai point d'ennemis, j'ai des rivaux que j'aime ;
Je prends part à leur gloire, à leurs maux, à leurs biens ;
Les arts nous ont unis, leurs beaux jours sont les miens !
C'est ainsi que la terre avec plaisir rassemble
Ces chênes, ces sapins, qui s'élèvent ensemble :
Un suc toujours égal est préparé pour eux ;
Leur pied touche aux enfers, leur cime est dans les cieux[2] ;
Leur tronc inébranlable, et leur pompeuse tête,
Résiste, en se touchant, aux coups de la tempête ;
Ils vivent l'un par l'autre, ils triomphent du temps :
Tandis que sous leur ombre on voit de vils serpents
Se livrer, en sifflant, des guerres intestines,
Et de leur sang impur arroser leurs racines[3].

---

1. La belle façade du vieux Louvre est de M. Perrault. (*Note de Voltaire*, 1748.)
— Dans les premières éditions on lit :

<blockquote>Il vit l'heureux dessein.</blockquote>

On écrivait alors *dessein* pour *dessin*. Ce dernier mot n'est en usage que depuis 1750. Au reste, ce ne fut qu'après le départ de Bernin que les dessins de la façade par Perrault furent présentés à Louis XIV ; voyez les *Mémoires de Ch. Perrault*, 1750, in-12, page 111. Voyez aussi le *Siècle de Louis XIV*, chap. xxix. (B.)

2. La Fontaine a dit, livre Ier, fable xxii :

<blockquote>Celui de qui la tête au ciel était voisine,
Et dont les pieds touchaient à l'empire des morts.</blockquote>

3. « Votre épître *sur l'Envie* est inimitable, écrivait Frédéric à Voltaire. Je la préfère presque encore aux deux autres. Vous parlez de l'envie comme un homme qui a senti le mal qu'elle peut faire, et des sentiments généreux comme de votre patrimoine. Je vous reconnais toujours aux grands sentiments. Vous les sentez si bien, qu'il vous est facile de les exprimer. »

VARIANTES

DU TROISIÈME DISCOURS.

Vers 9 :
>De ses armes toujours prêt à se déchirer.

Vers 18. — L'auteur a retranché les quatre vers suivants :
>Quelle était la raison du magistrat perfide
>Qui voulait en exil envoyer Aristide?
>Il fut, dans son dépit, contraint de l'avouer :
>« Je suis las, disait-il, de l'entendre louer. »
>*J'ai vu des courtisans, etc.

Vers 69 :
>Un petit monstre noir, peint de rouge et de blanc,
>Ne doit point censurer ou Vénus ou Rohan.
>Ta rivale est aimée; un bon couplet contre elle
>Ne peut ni l'enlaidir, ni te rendre plus belle.
>*Par le fougueux Jurieu, etc.

Et dans l'édition in-4°, après ce vers :
>*Mais pour siffler Rameau, l'on doit être un Orphée;
>Il faut être Psyché pour censurer Vénus.
>Eh! pourquoi censurer? quel triste et vain abus!
>*On ne s'embellit point, etc. (K.)

Vers 92. — Voltaire, en désavouant ces vers dans une lettre à Thieriot, reconnaît la ressemblance du portrait de Desfontaines. Il avait d'abord mis :
>Est ce vil gazetier.

Vers 94 :
>Méprisable en son goût, détestable en ses mœurs.
>Médisant acharné, quelle étrange manie
>Fait aboyer ta voix contre une académie?
>As-tu, vieux candidat, chez les quarante élus,
>Approché seulement de l'honneur d'un refus?
>Hélas! quel est le fruit de tes cris imbéciles?
>La police est sévère, on fouette les zoïles.

> Chacun avec mépris se détourne de toi;
> Tout fuit, jusqu'aux enfants, et l'on sait trop pourquoi.
> Détestons, Hermotime, un si dangereux vice.
> *Ah! qu'il nous faut chérir, etc.

— D'après la lettre de Voltaire, du 27 janvier 1739, il paraît que ce fut sur la demande de d'Argental que furent supprimés ces vers. (B.)

Vers 99 :

> Despréaux quelquefois fit aimer la satire;
> *Il joignait l'art de plaire, etc.

Vers 129 :

> Voilà le vrai mérite; il se peint dans ces traits :
> C'est ainsi qu'en son âme on conserve la paix.

QUATRIÈME DISCOURS[1].

DE LA MODÉRATION EN TOUT[2],
DANS L'ÉTUDE, DANS L'AMBITION, DANS LES PLAISIRS

A MONSIEUR HELVÉTIUS[3].

Tout vouloir est d'un fou, l'excès est son partage :
La modération est le trésor du sage ;
Il sait régler ses goûts, ses travaux, ses plaisirs,
Mettre un but à sa course, un terme à ses désirs.
Nul ne peut avoir tout. L'amour de la science
A guidé ta jeunesse au sortir de l'enfance ;
La nature est ton livre, et tu prétends y voir
Moins ce qu'on a pensé que ce qu'il faut savoir.
La raison te conduit : avance à sa lumière ;
Marche encor quelques pas, mais borne ta carrière.
Au bord de l'infini ton cours doit s'arrêter ;
Là commence un abîme, il le faut respecter.
   Réaumur[4], dont la main si savante et si sûre
A percé tant de fois la nuit de la nature,
M'apprendra-t-il jamais par quels subtils ressorts
L'éternel Artisan fait végéter les corps ?
Pourquoi l'aspic affreux, le tigre, la panthère,
N'ont jamais adouci leur cruel caractère ;

---

1. Cette épître fut imprimée séparément en 1738.
2. Dans les *Nouveaux Amusements du cœur et de l'esprit*, tome II, page 421, on trouve une pièce de Descaseaux intitulée *la Prédiction, vers au sujet de l'épître de M. de Voltaire sur la Modération en tout*. C'est une invective contre Voltaire et Newton. (B.)
3. C'est le philosophe, alors âgé de vingt-huit ans.
4. Célèbre physicien et naturaliste, membre de l'Académie des sciences.

Et que, reconnaissant la main qui le nourrit,
Le chien meurt en léchant le maître qu'il chérit [1]?
D'où vient qu'avec cent pieds qui semblent inutiles,
Cet insecte tremblant traîne ses pas débiles?
Pourquoi ce ver changeant se bâtit un tombeau,
S'enterre, et ressuscite avec un corps nouveau,
Et, le front couronné, tout brillant d'étincelles,
S'élance dans les airs en déployant ses ailes?
Le sage du Faï [2], parmi ces plants divers,
Végétaux rassemblés des bouts de l'univers [3],
Me dira-t-il pourquoi la tendre sensitive
Se flétrit sous nos mains, honteuse et fugitive?
   Pour découvrir un peu ce qui se passe en moi,
Je m'en vais consulter le médecin du roi ;
Sans doute il en sait plus que ses doctes confrères.
Je veux savoir de lui par quels secrets mystères
Ce pain, cet aliment dans mon corps digéré,
Se transforme en un lait doucement préparé ;
Comment, toujours filtré dans ses routes certaines [4],
En longs ruisseaux de pourpre il court enfler mes veines,
A mon corps languissant rend un pouvoir nouveau,
Fait palpiter mon cœur, et penser mon cerveau.
Il lève au ciel les yeux, il s'incline, il s'écrie :
« Demandez-le à ce Dieu qui nous donna la vie. »
   Courriers de la physique [5], Argonautes nouveaux,

---

1. On voit dans la lettre à M. Berger, du 29 juin 1740, que M. de La Popelinière avait proposé de corriger ainsi ce vers :

      Le chien lèche, en criant, le maître qui le bat.

2. M. du Faï était directeur du jardin et du cabinet d'histoire naturelle du roi, qui avaient été très-négligés jusqu'à lui, et qui ont été ensuite portés par M. de Buffon à un point qui fait l'admiration des étrangers. Il existe en Europe des cabinets plus riches dans quelques parties, mais il n'en est aucun d'aussi complet. (*Note de Voltaire*, 1748.) — Du Faï (Charles-François de Cisternay), né le 14 septembre 1698, mort le 16 juillet 1739.

3. Bertin a dit, livre III, élégie xix :

      Quel art a rassemblé tous ces hôtes divers,
      Nourrissons transplantés des bouts de l'univers.

4. Perrault, dans son poëme sur le *Siècle de Louis le Grand*, a dit :

      Nous avons su marquer jusqu'aux routes certaines
      Du méandre vivant qui coule dans nos veines.

5. MM. de Maupertuis, Clairaut, Le Monnier, etc., allèrent, en 1736, à Tornéa mesurer un degré du méridien, et ramenèrent deux Lapones. Les trois couronnes sont les armes de la Suède, à qui Tornéa appartient. (*Note de Voltaire*, 1748 et 1752.)

DE LA MODÉRATION EN TOUT.

Qui franchissez les monts, qui traversez les eaux,
Ramenez des climats soumis aux trois couronnes
Vos perches, vos secteurs, et surtout deux Lapones,
Vous avez confirmé dans ces lieux pleins d'ennui
Ce que Newton connut sans sortir de chez lui.
Vous avez arpenté quelque faible partie
Des flancs toujours glacés de la terre aplatie.
Dévoilez ces ressorts qui font la pesanteur;
Vous connaissez les lois qu'établit son auteur.
Parlez, enseignez-moi comment ses mains fécondes
Font tourner tant de cieux, graviter tant de mondes;
Pourquoi vers le soleil notre globe entraîné
Se meut autour de soi sur son axe incliné;
Parcourant en douze ans les célestes demeures,
D'où vient que Jupiter a son jour de dix heures.
Vous ne le savez point; votre savant compas
Mesure l'univers, et ne le connaît pas.
Je vous vois dessiner, par un art infaillible,
Les dehors d'un palais à l'homme inaccessible;
Les angles, les côtés, sont marqués par vos traits :
Le dedans à vos yeux est fermé pour jamais.
Pourquoi donc m'affliger si ma débile vue
Ne peut percer la nuit sur mes yeux répandue?
Je n'imiterai point ce malheureux savant [1]
Qui, des feux de l'Etna scrutateur imprudent,
Marchant sur des monceaux de bitume et de cendre,
Fut consumé du feu qu'il cherchait à comprendre.
   Modérons-nous surtout dans notre ambition;
C'est du cœur des humains la grande passion.
L'empesé magistrat, le financier sauvage,
La prude aux yeux dévots, la coquette volage,
Vont en poste à Versaille essuyer des mépris
Qu'ils reviennent soudain rendre en poste à Paris.
Les libres habitants des rives du Permesse
Ont saisi quelquefois cette amorce traîtresse :
Pluton va raisonner à la cour de Denis;
Racine, janséniste, est auprès de Louis;
L'auteur voluptueux qui célébra Glycère
Prodigue au fils d'Octave un encens mercenaire.
Moi-même, renonçant à mes premiers desseins,

---

1. Empédocle.

J'ai vécu, je l'avoue, avec des souverains[1].
Mon vaisseau fit naufrage aux mers de ces sirènes :
Leur voix flatta mes sens, ma main porta leurs chaînes.
On me dit : « Je vous aime », et je crus comme un sot
Qu'il était quelque idée attachée à ce mot.
J'y fus pris ; j'asservis au vain désir de plaire
La mâle liberté qui fait mon caractère ;
Et, perdant la raison, dont je devais m'armer,
J'allai m'imaginer qu'un roi pouvait aimer.
Que je suis revenu de cette erreur grossière !
A peine de la cour j'entrai dans la carrière,
Que mon âme éclairée, ouverte au repentir,
N'eut d'autre ambition que d'en pouvoir sortir.
Raisonneurs beaux esprits, et vous qui croyez l'être,
Voulez-vous vivre heureux, vivez toujours sans maître.

O vous, qui ramenez dans les murs de Paris
Tous les excès honteux des mœurs de Sybaris ;
Qui, plongés dans le luxe, énervés de mollesse,
Nourrissez dans votre âme une éternelle ivresse ;
Apprenez, insensés qui cherchez le plaisir,
Et l'art de le connaître, et celui de jouir.
Les plaisirs sont les fleurs que notre divin maître
Dans les ronces du monde autour de nous fait naître.
Chacune a sa saison, et par des soins prudents
On peut en conserver pour l'hiver de nos ans.
Mais s'il faut les cueillir, c'est d'une main légère ;
On flétrit aisément leur beauté passagère.
N'offrez pas à vos sens, de mollesse accablés,
Tous les parfums de Flore à la fois exhalés :
Il ne faut point tout voir, tout sentir, tout entendre :
Quittons les voluptés pour savoir les reprendre.
Le travail est souvent le père du plaisir :
Je plains l'homme accablé du poids de son loisir.
Le bonheur est un bien que nous vend la nature.
Il n'est point ici-bas de moisson sans culture :
Tout veut des soins sans doute, et tout est acheté.
  Regardez Brossoret[2], de sa table entêté,

---

1. La fin de cet alinéa fut ajoutée en 1756. (B.)
2. C'était un conseiller au parlement, fort riche, homme voluptueux, qui faisait excellente chère. (*Note de Voltaire*, 1756.) — Les premières éditions ne l'appelaient que Lucullus. (K.)

Au sortir d'un spectacle, où de tant de merveilles
Le son, perdu pour lui, frappe en vain ses oreilles;
Il se traîne à souper, plein d'un secret ennui,
Cherchant en vain la joie, et fatigué de lui.
Son esprit, offusqué d'une vapeur grossière,
Jette encor quelques traits sans force et sans lumière;
Parmi les voluptés dont il croit s'enivrer,
Malheureux! il n'a pas le temps de désirer.
Jadis trop caressé des mains de la Mollesse,
Le Plaisir s'endormit au sein de la Paresse;
La langueur l'accabla : plus de chants, plus de vers,
Plus d'amour; et l'ennui détruisait l'univers.
Un dieu qui prit pitié de la nature humaine
Mit auprès du Plaisir le Travail et la Peine :
La Crainte l'éveilla, l'Espoir guida ses pas;
Ce cortége aujourd'hui l'accompagne ici-bas.

Semez vos entretiens de fleurs toujours nouvelles :
Je le dis aux amants, je le répète aux belles.
Damon, tes sens trompeurs, et qui t'ont gouverné,
T'ont promis un bonheur qu'ils ne t'ont point donné.
Tu crois, dans les douceurs qu'un tendre amour apprête,
Soutenir de Daphné l'éternel tête-à-tête;
Mais ce bonheur usé n'est qu'un dégoût affreux,
Et vous avez besoin de vous quitter tous deux.
Ah! pour vous voir toujours sans jamais vous déplaire,
Il faut un cœur plus noble, une âme moins vulgaire,
Un esprit vrai, sensé, fécond, ingénieux,
Sans humeur, sans caprice, et surtout vertueux :
Pour les cœurs corrompus l'amitié n'est point faite.
O divine amitié! félicité parfaite,
Seul mouvement de l'âme où l'excès soit permis,
Change en bien tous les maux où le ciel m'a soumis;
Compagne de mes pas dans toutes mes demeures,
Dans toutes les saisons, et dans toutes les heures :
Sans toi tout homme est seul; il peut par ton appui
Multiplier son être, et vivre dans autrui.
Idole d'un cœur juste, et passion du sage,
Amitié, que ton nom couronne cet ouvrage!
Qu'il préside à mes vers comme il règne en mon cœur!
Tu m'appris à connaître, à chanter le bonheur.

VARIANTES

DU QUATRIÈME DISCOURS.

Vers 21 :
> . . . . . . Qui lui sont inutiles.

Vers 31. — On lisait dans les premières éditions, et dans l'in-4º :

> Malade et dans un lit, de douleur accablé,
> Par l'éloquent Sylva vous êtes consolé;
> Il sait l'art de guérir autant que l'art de plaire.
> Demandez à Sylva par quel secret mystère
> *Ce pain, cet aliment, etc.

Vers 43 :

> Revole, Maupertuis, de ces déserts glacés
> Où les rayons du jour sont six mois éclipsés :
> Apôtre de Newton, digne appui d'un tel maître,
> Né pour la vérité, viens la faire connaître.
> Héros de la physique, Argonautes nouveaux,
> *Qui franchissez les monts, qui traversez les eaux,
> Dont le travail immense et l'exacte mesure
> De la terre étonnée ont fixé la figure,
> *Dévoilez ces ressorts, etc.

Cette leçon de la première édition est, comme on voit, très-différente de la dernière. L'auteur, qui avait à se plaindre de Maupertuis, a substitué des plaisanteries à un éloge exagéré. La mesure d'un degré du méridien au pôle était une opération utile aux sciences; mais cette opération méritait moins de gloire que de reconnaissance. On en devait surtout à ceux qui, comme MM. Clairaut, Bouguer, Le Monnier, pouvant s'illustrer *sans sortir de chez eux*, eurent le courage d'entreprendre des voyages aussi pénibles. Le géomètre à qui un homme en place proposait de passer avec eux, et qui répondit : « Je n'ai pas besoin d'aller si loin pour faire des découvertes », était injuste; aussi les plaisanteries de M. de Voltaire ne tombent-elles que sur l'importance excessive que Maupertuis attachait à ce voyage. On sait qu'il se fit peindre aplatissant le globe : c'est tout au plus ce que Newton aurait pu faire, si Newton avait eu de la vanité.

On trouvera dans les *Poésies mêlées* les vers que M. de Voltaire a faits pour ce portrait, dans le temps de ses liaisons avec Maupertuis. Il ramena réellement deux Suédoises. Elles s'appelaient Plaiscom : il ne manqua pas de les convertir. Une d'elles se fit religieuse; l'autre épousa un gentilhomme de Normandie, qui lui intenta, en 1762, un de ces procès que les hommes raisonnables entreprennent rarement, parce qu'ils ne peuvent y gagner que la confirmation juridique d'un titre qu'on est toujours humilié de porter, quoique l'exemple de Sylla, de Pompée, de César, et de Marc-Aurèle, pût consoler l'amour-propre.(K.)

Vers 72. — Après ce vers :

C'est du cœur des humains la grande passion,

on lisait dans les premières éditions les quatre suivants, que l'auteur a retranchés :

Sans doute elle est utile, et son souffle rapide
Sur la mer de ce monde est le vent qui nous guide :
Il faut des passions; mais retenez, grands dieux,
De ces vents déchaînés le cours impétueux.

Seconde version :

*C'est du cœur des humains la grande passion.
On cherche à s'élever beaucoup plus qu'à s'instruire.
Vingt savants qu'Apollon prenait soin de conduire
De l'éclat des grandeurs n'ont pu se détromper :
Au Parnasse ils régnaient, la cour les vit ramper.
La cour est de Circé le palais redoutable ;
La fortune y préside, enchanteresse aimable,
Qui, des mains des plaisirs préparant son poison,
Par un filtre invincible assoupit la raison.
Qui la voit est changé, c'est en vain qu'on la brave ;
On est arrivé libre, on se retrouve esclave.
Le guerrier tout couvert du sang des ennemis,
Le magistrat austère, et le grossier commis,
Et la dévote adroite, et le marquis volage,
Tout y cherche à l'envi l'argent et l'esclavage.
Laissons ces insensés que leur espoir séduit
Courir en malheureux au bonheur qui les fuit.
Mes vers ne peuvent rien contre tant de folie;
La seule adversité peut réformer leur vie.
Parlons de nos plaisirs; ce sujet plein d'appas
Est bien moins dangereux, et ne s'épuise pas;
De nos réflexions c'est la source féconde;
Il vaut mieux en parler que des maîtres du monde :
Que m'importe leur trône? et quel suprême honneur,
Quel éclat peut valoir un sentiment du cœur?
*Les plaisirs sont les fleurs, etc.

Vers 82. — Dans les premières éditions, on lisait :

*Prodigue au fils d'Octave un encens mercenaire.
S'ils ont cherché la cour, ils ont porté des fers;
Mais leur sagesse au moins les a rendus légers.
Horace modéré vécut riche et tranquille.

> Qui veut tout n'obtient rien, le discret est l'habile.
> *O vous, qui ramenez, etc.

L'auteur ajouta les vers qui sont dans le texte, après son départ de Berlin. Un philosophe doit à l'humanité de donner aux rois les leçons ou les conseils dont ils ont besoin, et qu'ils lui demandent. Il est au-dessous de lui de se charger de les amuser, et dangereux de vouloir être leur ami. (K.)

Vers 114. — Quelques éditions portent :

> Quittons les voluptés pour pouvoir les reprendre.

Voltaire a exprimé la même idée dans la pièce *Sur l'usage de la vie*, à la suite de *la Défense du Mondain*.

Vers 124 :

> Surpris du vide affreux qu'il sent toujours en u:,
> Sans appétit il mange, il parle sans rien dire ;
> Il cherche le plaisir, qui de lui se retire.
> Le nectar d'Épernay, si pétillant, si frais,
> Pour son goût dédaigneux a perdu ses attraits.

Ces quatre derniers vers ont été retranchés dès 1738.

Vers 136 :

> *Ce cortége aujourd'hui l'accompagne ici-bas.
> Ne nous en plaignons point, imitons la nature ;
> Elle couvre nos champs de glace ou de verdure ;
> Tout renaît au printemps, tout mûrit dans l'été :
> Livrons-nous donc comme elle à la diversité.
> Climène a peu d'esprit, elle est vive, légère ;
> Touché de ses appas, vous avez su lui plaire ;
> Vous pensez, sur la foi de vos emportements,
> De vos jours à ses pieds couler tous les moments :
> Mais bientôt de vos sens vous voyez l'imposture ;
> Ce feu follet s'éteint faute de nourriture ;
> Votre bonheur usé n'est qu'un dégoût affreux,
> *Et vous avez besoin de vous quitter tous deux.
> Vivre avec un ami, toujours sûrs de vous plaire,
> Exige en tous les deux une âme non vulgaire, etc.

Seconde version :

> *Ce cortége aujourd'hui l'accompagne ici-bas.
> *Semez vos entretiens de fleurs toujours nouvelles ;
> *Je le dis aux amants, je le répète aux belles.
> De l'uniformité l'éternelle langueur
> Glace un cœur émoussé par l'excès du bonheur.
> D'un séducteur plaisir redoutez l'imposture ;
> Ce feu follet, etc.

Vers 152 :

> Corrige les défauts qu'en moi le ciel a mis.

CINQUIÈME DISCOURS.

SUR LA NATURE DU PLAISIR[1].

Jusqu'à quand verrons-nous ce rêveur fanatique
Fermer le ciel au monde, et d'un ton despotique
Damnant le genre humain, qu'il prétend convertir,
Nous prêcher la vertu pour la faire haïr[2] ?
Sur les pas de Calvin, ce fou sombre et sévère
Croit que Dieu, comme lui, n'agit qu'avec colère.
Je crois voir d'un tyran le ministre abhorré,
D'esclaves qu'il a faits tristement entouré,
Dictant d'un air hideux ses volontés sinistres.
Je cherche un roi plus doux, et de plus doux ministres.
Timon se croit parfait depuis qu'il n'aime rien :
Il faut que l'on soit homme avant d'être chrétien.
Je suis homme, et d'un Dieu je chéris la clémence.
Mortels, venez à lui, mais par reconnaissance.
La nature, attentive à remplir vos désirs,
Vous appelle à ce Dieu par la voix des plaisirs.
Nul encor n'a chanté sa bonté tout entière :
Par le seul mouvement il conduit la matière ;
Mais c'est par le plaisir qu'il conduit les humains[3].
Sentez du moins les dons prodigués par ses mains.

---

1. Cette pièce est uniquement fondée sur l'impossibilité où est l'homme d'avoir des sensations par lui-même. Tout sentiment prouve un Dieu, et tout sentiment agréable prouve un Dieu bienfaisant. (*Note de Voltaire*, 1742.)

2. Dans *la Mort de César* (acte II, scène 1re), Antoine dit à Brutus :

> Et ton farouche orgueil, que rien ne peut fléchir,
> Embrassa la vertu pour la faire haïr.

3. Dans un des couplets du vaudeville du *Mariage de Figaro*, Beaumarchais a dit :

> Ainsi la nature sage
> Nous conduit, dans nos désirs,
> A son but par les plaisirs.

Tout mortel au plaisir a dû son existence;
Par lui le corps agit, le cœur sent, l'esprit pense.
Soit que du doux sommeil la main ferme vos yeux,
Soit que le jour pour vous vienne embellir les cieux,
Soit que, vos sens flétris cherchant leur nourriture,
L'aiguillon de la faim presse en vous la nature,
Ou que l'amour vous force en des moments plus doux
A produire un autre être, à revivre après vous;
Partout d'un Dieu clément la bonté salutaire
Attache à vos besoins un plaisir nécessaire.
Les mortels, en un mot, n'ont point d'autre moteur.

Sans l'attrait du plaisir, sans ce charme vainqueur,
Qui des lois de l'hymen eût subi l'esclavage?
Quelle beauté jamais aurait eu le courage
De porter un enfant dans son sein renfermé,
Qui déchire en naissant les flancs qui l'ont formé;
De conduire avec crainte une enfance imbécile,
Et d'un âge fougueux l'imprudence indocile?
Ah! dans tous vos états, en tout temps, en tout lieu,
Mortels, à vos plaisirs reconnaissez un Dieu.
Que dis-je? à vos plaisirs! c'est à la douleur même
Que je connais de Dieu la sagesse suprême.
Ce sentiment si prompt dans nos cœurs répandu,
Parmi tous nos dangers sentinelle assidu,
D'une voix salutaire incessamment nous crie:
« Ménagez, défendez, conservez votre vie. »
Chez de sombres dévots l'amour-propre est damné;
C'est l'ennemi de l'homme, aux enfers il est né.
Vous vous trompez, ingrats; c'est un don de Dieu même.
Tout amour vient du ciel: Dieu nous chérit, il s'aime;
Nous nous aimons dans nous, dans nos biens, dans nos fils,
Dans nos concitoyens, surtout dans nos amis:
Cet amour nécessaire est l'âme de notre âme;
Notre esprit est porté sur ses ailes de flamme.

Oui, pour nous élever aux grandes actions,
Dieu nous a, par bonté, donné les passions[1]:

---

1. Comme presque tous les mots d'une langue peuvent être entendus en plus d'un sens, il est bon d'avertir ici qu'on entend par le mot *passions* des désirs vifs et continus de quelque bien que ce puisse être. Ce mot vient de *pâtir*, souffrir, parce qu'il n'y a aucun désir sans souffrance : désirer un bien, c'est souffrir de l'absence de ce bien, c'est *pâtir*, c'est avoir une passion; et le premier pas vers le plaisir est essentiellement un soulagement de cette souffrance. Les vicieux et les

SUR LA NATURE DU PLAISIR.

Tout dangereux qu'il est, c'est un présent céleste ;
L'usage en est heureux, si l'abus est funeste.
J'admire et ne plains point un cœur maître de soi,
Qui, tenant ses désirs enchaînés sous sa loi,
S'arrache au genre humain pour Dieu qui nous fit naître ;
Se plaît à l'éviter plutôt qu'à le connaître ;
Et, brûlant pour son Dieu d'un amour dévorant,
Fuit les plaisirs permis pour un plaisir plus grand.
Mais que, fier de ses croix, vain de ses abstinences,
Et surtout en secret lassé de ses souffrances,
Il condamne dans nous tout ce qu'il a quitté,
L'hymen, le nom de père, et la société :
On voit de cet orgueil la vanité profonde ;
C'est moins l'ami de Dieu que l'ennemi du monde ;
On lit dans ses chagrins les regrets des plaisirs.
Le ciel nous fit un cœur, il lui faut des désirs.
   Des stoïques nouveaux le ridicule maître[1]
Prétend m'ôter à moi, me priver de mon être :
Dieu, si nous l'en croyons, serait servi par nous
Ainsi qu'en son sérail un musulman jaloux,
Qui n'admet près de lui que ces monstres d'Asie
Que le fer a privés des sources de la vie[2].
   Vous qui vous élevez contre l'humanité,
N'avez-vous lu jamais la docte antiquité !
Ne connaissez-vous point les filles de Pélie ?
Dans leur aveuglement voyez votre folie.
Elles croyaient dompter la nature et le temps,
Et rendre leur vieux père à la fleur de ses ans :
Leurs mains par piété dans son sein se plongèrent ;
Croyant le rajeunir, ses filles l'égorgèrent.

---

gens de bien ont tous également de ces désirs vifs et continus appelés *passions*, qui ne deviennent des vices que par leur objet ; le désir de réussir dans son art, l'amour conjugal, l'amour paternel, le goût des sciences, sont des passions qui n'ont rien de criminel. Il serait à souhaiter que les langues eussent des mots pour exprimer les désirs habituels qui en soi sont indifférents, ceux qui sont vertueux, ceux qui sont coupables : mais il n'y a aucune langue au monde qui ait des signes représentatifs de chacune de nos idées ; et on est obligé de se servir du même mot dans une acception différente, à peu près comme on se sert quelquefois du même instrument pour des ouvrages de différente nature. (*Note de Voltaire*, 1742.)

1. Jansénius.
2. Cela ne regarde pas les esprits outrés, qui veulent ôter à l'homme tous les sentiments. (*Note de Voltaire*, 1742.)

Voilà votre portrait, stoïques abusés[1],
Vous voulez changer l'homme, et vous le détruisez.
Usez, n'abusez point ; le sage ainsi l'ordonne.
Je fuis également Épictète et Pétrone.
L'abstinence ou l'excès ne fit jamais d'heureux.
   Je ne conclus donc pas, orateur dangereux,
Qu'il faut lâcher la bride aux passions humaines :
De ce coursier fougueux je veux tenir les rênes ;
Je veux que ce torrent, par un heureux secours,
Sans inonder mes champs, les abreuve en son cours :
Vents, épurez les airs, et soufflez sans tempêtes ;
Soleil, sans nous brûler, marche et luis sur nos têtes.
Dieu des êtres pensants, Dieu des cœurs fortunés,
Conservez les désirs que vous m'avez donnés,
Ce goût de l'amitié, cette ardeur pour l'étude,
Cet amour des beaux-arts et de la solitude :
Voilà mes passions ; mon âme en tous les temps
Goûta de leurs attraits les plaisirs consolants.
Quand sur les bords du Mein deux écumeurs barbares[2],
Des lois des nations violateurs avares,
Deux fripons à brevet, brigands accrédités,
Épuisaient contre moi leurs lâches cruautés,
Le travail occupait ma fermeté tranquille ;
Des arts qu'ils ignoraient leur antre fut l'asile.
Ainsi le dieu des bois enflait ses chalumeaux
Quand le voleur Cacus enlevait ses troupeaux :
Il n'interrompit point sa douce mélodie.
Heureux qui jusqu'au temps du terme de sa vie,
Des beaux-arts amoureux, peut cultiver leurs fruits !
Il brave l'injustice, il calme ses ennuis ;
Il pardonne aux humains, il rit de leur délire,
Et de sa main mourante il touche encor sa lyre.

---

1. M. de Voltaire combat ici, comme dans le discours septième, la morale fausse et outrée des jansénistes, qui était encore à la mode, et en général la morale chrétienne. Il est un des premiers, parmi nos philosophes, qui ait fait voir qu'il vaut mieux diriger nos passions naturelles vers un but utile que de chercher à les détruire ; qu'un homme qui passerait sa vie à combattre en lui la nature serait fort inutile à ses semblables. Ce sont les mêmes principes exagérés depuis dans le livre *De l'Esprit*, qui ont excité, avec si peu de raison, tant de scandale et d'enthousiasme. (K.)

2. Freytag et Smith. Lorsqu'en 1756 Voltaire fit imprimer la fin de ce discours tel qu'il est, il y avait trois ans que le roi de Prusse et lui ne s'étaient écrit. (B.)

VARIANTES

DU CINQUIÈME DISCOURS.

Vers 11.

    Pascal se crut parfait alors qu'il n'aima rien.

Vers 47 :

    O moitié de notre être, amour-propre enchanteur,
    Sans nous tyranniser, règne dans notre cœur;
    Pour aimer un autre homme, il faut s'aimer soi-même.
    Que Dieu soit notre exemple; il nous chérit, il s'aime.
    *Nous nous aimons dans nous, etc.

Vers 88 :

    *Vous voulez changer l'homme, et vous le détruisez.
    Un monarque de l'Inde, honnête homme et peu sage,
    Vers les rives du Gange, après un long orage,
    Voyant de vingt vaisseaux les débris dispersés,
    Des mâts demi-rompus et des morts entassés,
    Fit fermer par pitié le port de son rivage,
    Défendit que jamais, par un profane usage,
    Les pins de ses forêts, façonnés en vaisseaux,
    Portassent sur les mers à des peuples nouveaux
    Les fruits trop dangereux de l'humaine avarice.
    Un bonze l'applaudit; on vanta sa justice :
    Mais bientôt, triste roi d'un État indigent,
    Il se vit sans pouvoir, ainsi que sans argent.
    Un voisin moins bigot, et bien plus sage prince,
    Conquit en peu de temps sa stérile province;
    Il rendit la mer libre, et l'État fut heureux.
    Je suis loin d'en conclure, orateur dangereux,
    *Qu'il faut, etc.

Vers 103. — Voici la fin de ce discours dans les premières éditions :

    Voilà mes passions. Vous qui les approuvez,
    Vous, l'honneur de ces arts par vos mains cultivés,
    Vous, dont la passion nouvelle et généreuse
    Est d'éclairer la terre, et de la rendre heureuse;
    Grand prince, esprit sublime, heureux présent du ciel,
    Qui connaît mieux que vous les dons de l'Éternel?

Aidez ma voix tremblante et ma lyre affaiblie
A chanter le bonheur qu'il répand sur la vie.
Qu'un autre en frémissant craigne ses cruautés;
Un cœur aimé de vous ne sent que ses bontés.

Ce discours était adressé au roi de Prusse, alors prince royal. M. de Voltaire changea ces vers, et au témoignage de sa reconnaissance pour le prince royal il substitua le tableau des violences exercées contre lui à Francfort au nom du roi, et les traça avec ce burin qui, pour emprunter une de ses expressions, *gravait pour l'immortalité*. C'était la vengeance la plus grande et la plus noble qu'un particulier pût exercer contre un souverain. Voyez aussi la variante du vers 68, *Deuxième Partie*, du poëme sur *la Loi naturelle*. (K.) — C'est à l'occasion des *Mémoires de La Chalotais*, et dans sa lettre à d'Alembert, du 7 auguste 1766, que Voltaire a employé l'expression de *graver pour l'immortalité*. (B.)

SIXIÈME DISCOURS.

SUR LA NATURE DE L'HOMME.

« La voix de la vertu préside à tes concerts :
Elle m'appelle à toi par le charme des vers.
Ta grande étude est l'homme, et de ce labyrinthe
Le fil de la raison te fait chercher l'enceinte.
Montre l'homme à mes yeux : honteux de m'ignorer,
Dans mon être, dans moi, je cherche à pénétrer.
Despréaux et Pascal en ont fait la satire ;
Pope et le grand Leibnitz, moins enclins à médire,
Semblent dans leurs écrits prendre un sage milieu ;
Ils descendent à l'homme, ils s'élèvent à Dieu :
Mais quelle épaisse nuit voile encor la nature !
Sois l'OEdipe nouveau de cette énigme obscure.
Chacun a dit son mot, on a longtemps rêvé ;
Le vrai sens de l'énigme est-il enfin trouvé ?
 « Je sais bien qu'à souper, chez Laïs ou Catulle,
Cet examen profond passe pour ridicule :
Là, pour tout argument, quelques couplets malins
Exercent plaisamment nos cerveaux libertins.
Autre temps, autre étude ; et la raison sévère
Trouve accès à son tour, et peut ne point déplaire.
Dans le fond de son cœur on se plaît à rentrer ;
Nos yeux cherchent le jour, lent à nous éclairer.
Le grand monde est léger, inappliqué, volage ;
Sa voix trouble et séduit : est-on seul, on est sage.
Je veux l'être ; je veux m'élever avec toi
Des fanges de la terre au trône de son roi.
Montre-moi, si tu peux, cette chaîne invisible
Du monde des esprits et du monde sensible ;
Cet ordre si caché de tant d'êtres divers,
Que Pope après Platon crut voir dans l'univers. »

Vous me pressez en vain ; cette vaste science,
Ou passe ma portée, ou me force au silence.
Mon esprit, resserré sous le compas français,
N'a point la liberté des Grecs et des Anglais.
Pope a droit de tout dire, et moi je dois me taire.
A Bourge[1] un bachelier peut percer ce mystère ;
Je n'ai point mes degrés, et je ne prétends pas
Hasarder pour un mot de dangereux combats.
Écoutez seulement un récit véritable,
Que peut-être Fourmont[2] prendra pour une fable,
Et que je lus hier dans un livre chinois
Qu'un jésuite à Pékin traduisit autrefois.
  Un jour quelques souris se disaient l'une à l'autre :
« Que ce monde est charmant ! quel empire est le nôtre !
Ce palais si superbe est élevé pour nous ;
De toute éternité Dieu nous fit ces grands trous :
Vois-tu ces gras jambons sous cette voûte obscure ?
Ils y furent créés des mains de la Nature ;
Ces montagnes de lard, éternels aliments,
Sont pour nous en ces lieux jusqu'à la fin des temps.
Oui, nous sommes, grand Dieu, si l'on en croit nos sages,
Le chef-d'œuvre, la fin, le but de tes ouvrages.
Les chats sont dangereux et prompts à nous manger ;
Mais c'est pour nous instruire et pour nous corriger. »
  Plus loin, sur le duvet d'une herbe renaissante,
Près des bois, près des eaux, une troupe innocente
De canards nasillants, de dindons rengorgés,
De gros moutons bêlants, que leur laine a chargés,
Disait : « Tout est à nous, bois, prés, étangs, montagnes ;
Le ciel pour nos besoins fait verdir les campagnes. »
L'âne passait auprès, et, se mirant dans l'eau,
Il rendait grâce au ciel en se trouvant si beau :
« Pour les ânes, dit-il, le ciel a fait la terre ;
L'homme est né mon esclave, il me panse, il me ferre,
Il m'étrille, il me lave, il prévient mes désirs,
Il bâtit mon sérail, il conduit mes plaisirs ;
Respectueux témoin de ma noble tendresse,

---

1. C'était à Bourges que Cujas avait été professeur, et la réputation du professeur avait rendu célèbre la ville de Bourges. (B.)

2. Homme très-savant dans l'histoire des Chinois, et même dans leur langue. (*Note de Voltaire*, 1748.)

SUR LA NATURE DE L'HOMME.

Ministre de ma joie, il m'amène une ânesse ;
Et je ris quand je vois cet esclave orgueilleux
Envier l'heureux don que j'ai reçu des cieux. »
 L'homme vint, et cria : « Je suis puissant et sage ;
Cieux, terres, éléments, tout est pour mon usage :
L'océan fut formé pour porter mes vaisseaux ;
Les vents sont mes courriers, les astres mes flambeaux.
Ce globe qui des nuits blanchit les sombres voiles
Croît, décroît, fuit, revient, et préside aux étoiles :
Moi, je préside à tout ; mon esprit éclairé
Dans les bornes du monde eût été trop serré ;
Mais enfin, de ce monde et l'oracle et le maître,
Je ne suis point encor ce que je devrais être. »
Quelques anges alors, qui là-haut dans les cieux
Règlent ces mouvements imparfaits à nos yeux,
En faisant tournoyer ces immenses planètes,
Disaient : « Pour nos plaisirs sans doute elles sont faites. »
Puis de là sur la terre ils jetaient un coup d'œil :
Ils se moquaient de l'homme et de son sot orgueil.
Le Tien[1] les entendit ; il voulut que sur l'heure
On les fît assembler dans sa haute demeure,
Ange, homme, quadrupède, et ces êtres divers
Dont chacun forme un monde en ce vaste univers.
« Ouvrages de mes mains, enfants du même père,
Qui portez, leur dit-il, mon divin caractère,
Vous êtes nés pour moi, rien ne fut fait pour vous :
Je suis le centre unique où vous répondez tous.
Des destins et des temps connaissez le seul maître.
Rien n'est grand ni petit ; tout est ce qu'il doit être.
D'un parfait assemblage instruments imparfaits,
Dans votre rang placés demeurez satisfaits. »
L'homme ne le fut point. Cette indocile espèce
Sera-t-elle occupée à murmurer sans cesse ?
Un vieux lettré chinois, qui toujours sur les bancs
Combattit la raison par de beaux arguments,
Plein de Confucius, et sa logique en tête,
Distinguant, concluant, présenta sa requête.
 « Pourquoi suis-je en un point resserré par le temps ?
Mes jours devraient aller par delà vingt mille ans ;
Ma taille pour le moins dut avoir cent coudées ;

---

1. Dieu des Chinois. (*Note de Voltaire*, 1748.)

D'où vient que je ne puis, plus prompt que mes idées,
Voyager dans la lune, et réformer son cours?
Pourquoi faut-il dormir un grand tiers de mes jours?
Pourquoi ne puis-je, au gré de ma pudique flamme,
Faire au moins en trois mois cent enfants à ma femme?
Pourquoi fus-je en un jour si las de ses attraits?
 — Tes pourquoi, dit le dieu, ne finiraient jamais :
Bientôt tes questions vont être décidées :
Va chercher ta réponse au pays des idées :
Pars. » Un ange aussitôt l'emporte dans les airs,
Au sein du vide immense où se meut l'univers,
A travers cent soleils entourés de planètes,
De lunes et d'anneaux, et de longues comètes.
Il entre dans un globe où d'immortelles mains
Du roi de la nature ont tracé les desseins,
Où l'œil peut contempler les images visibles
Et des mondes réels et des mondes possibles.
 Mon vieux lettré chercha, d'espérance animé,
Un monde fait pour lui, tel qu'il l'aurait formé.
Il cherchait vainement : l'ange lui fait connaître
Que rien de ce qu'il veut en effet ne peut être ;
Que si l'homme eût été tel qu'on feint les géants,
Faisant la guerre au ciel, ou plutôt au bon sens,
S'il eût à vingt mille ans étendu sa carrière,
Ce petit amas d'eau, de sable, et de poussière,
N'eût jamais pu suffire à nourrir dans son sein
Ces énormes enfants d'un autre genre humain.
Le Chinois argumente : on le force à conclure
Que dans tout l'univers chaque être a sa mesure ;
Que l'homme n'est point fait pour ces vastes désirs ;
Que sa vie est bornée ainsi que ses plaisirs[1] ;
Que le travail, les maux, la mort sont nécessaires ;
Et que, sans fatiguer par de lâches prières
La volonté d'un Dieu qui ne saurait changer,
On doit subir la loi qu'on ne peut corriger,
Voir la mort d'un œil ferme et d'une âme soumise.
Le lettré convaincu, non sans quelque surprise,

---

1. Il existe de ce passage une variante que voici :

> *Que sa vie est bornée, ainsi que ses plaisirs ;
> Que Dieu seul a raison, sans qu'il nous en informe.
> Le lettré, convaincu de sa sottise énorme,
> *S'en retourne ici-bas, etc.

S'en retourne ici-bas ayant tout approuvé ;
Mais il y murmura quand il fut arrivé :
Convertir un docteur est une œuvre impossible.
　Matthieu Garo chez nous eut l'esprit plus flexible ;
Il loua Dieu de tout[1] ! Peut-être qu'autrefois
De longs ruisseaux de lait serpentaient dans nos bois[2] ;
La lune était plus grande, et la nuit moins obscure ;
L'hiver se couronnait de fleurs et de verdure ;
L'homme, ce roi du monde, et roi très-fainéant,
Se contemplait à l'aise, admirait son néant,
Et, formé pour agir, se plaisait à rien faire.
Mais pour nous, fléchissons sous un sort tout contraire.
Contentons-nous des biens qui nous sont destinés,
Passagers comme nous, et comme nous bornés.
Sans rechercher en vain ce que peut notre maître,
Ce que fut notre monde, et ce qu'il devrait être,
Observons ce qu'il est, et recueillons le fruit
Des trésors qu'il renferme et des biens qu'il produit.
Si du Dieu qui nous fit l'éternelle puissance
Eût à deux jours au plus borné notre existence,
Il nous aurait fait grâce ; il faudrait consumer
Ces deux jours de la vie à lui plaire, à l'aimer.
Le temps est assez long pour quiconque en profite ;
Qui travaille et qui pense en étend la limite.
On peut vivre beaucoup sans végéter longtemps ;
Et je vais te prouver par mes raisonnements...
Mais malheur à l'auteur qui veut toujours instruire !
Le secret d'ennuyer est celui de tout dire.
　C'est ainsi que ma muse avec simplicité
Sur des tons différents chantait la vérité,
Lorsque, de la nature éclaircissant les voiles,
Nos Français à Quito cherchaient d'autres étoiles ;
Que Clairaut, Maupertuis, entourés de glaçons,

---

1. Voyez la fable de La Fontaine [intitulée *le Gland et la Citrouille*, livre IX] :

　　En louant Dieu de toute chose,
　　Garo retourne à la maison.

　　　(*Note de Voltaire*, 1748.)

— Cependant on a répondu à Matthieu Garo dans les *Questions sur l'Encyclopédie*. (*Id.* 1775.) — Voyez l'article CALEBASSE.

2. Boileau, épître III, vers 62, a dit :

　　Et des ruisseaux de lait serpentaient dans les plaines.

D'un secteur à lunette étonnaient les Lapons,
Tandis que, d'une main stérilement vantée,
Le hardi Vaucanson [1], rival de Prométhée,
Semblait, de la nature imitant les ressorts,
Prendre le feu des cieux pour animer les corps.

    Pour moi, loin des cités, sur les bords du Permesse
Je suivais la nature, et cherchais la sagesse;
Et des bords de la sphère où s'emporta Milton,
Et de ceux de l'abîme où pénétra Newton,
Je les voyais franchir leur carrière infinie;
Amant de tous les arts et de tout grand génie,
Implacable ennemi du calomniateur,
Du fanatique absurde, et du vil délateur;
Ami sans artifice, auteur sans jalousie;
Adorateur d'un Dieu, mais sans hypocrisie;
Dans un corps languissant, de cent maux attaqué,
Gardant un esprit libre, à l'étude appliqué [2],
Et sachant qu'ici-bas la félicité pure
Ne fut jamais permise à l'humaine nature.

  1. M. de Vaucanson n'était encore connu que par son flûteur, son joueur de tambourin, ses canards. Il s'est illustré depuis en appliquant son génie pour la mécanique à la perfection des arts, et il en a été récompensé comme il méritait de l'être. Lui-même ne regardait ses automates que comme des *jeux d'enfants;* mais on avait tort de ne pas sentir que ces jeux d'enfants annonçaient un génie qu'il ne fallait qu'employer pour le rendre utile. (K.)

  2. Qu'il nous soit permis d'observer que nous avons vu M. de Voltaire à quatre-vingts ans tel que lui-même se peignait ici à quarante. (K.)

SEPTIÈME DISCOURS.

SUR LA VRAIE VERTU.

Le nom de la vertu retentit sur la terre ;
On l'entend au théâtre, au barreau, dans la chaire ;
Jusqu'au milieu des cours il parvient quelquefois ;
Il s'est même glissé dans les traités des rois.
C'est un beau mot sans doute, et qu'on se plaît d'entendre,
Facile à prononcer, difficile à comprendre :
On trompe, on est trompé. Je crois voir des jetons
Donnés, reçus, rendus, troqués par des fripons ;
Ou bien ces faux billets, vains enfants du système
De ce fou d'Écossais qui se dupa lui-même.
  Qu'est-ce que la vertu ? Le meilleur citoyen,
Brutus, se repentit d'être un homme de bien :
« La vertu, disait-il, est un nom sans substance. »
  L'école de Zénon, dans sa fière ignorance,
Prit jadis pour vertu l'insensibilité.
Dans les champs levantins le derviche hébété,
L'œil au ciel, les bras hauts, et l'esprit en prières,
Du Seigneur en dansant invoque les lumières,
Et, tournant dans un cercle au nom de Mahomet,
Croit de la vertu même atteindre le sommet.
  Les reins ceints d'un cordon, l'œil armé d'impudence,
Un ermite à sandale, engraissé d'ignorance,
Parlant du nez à Dieu, chante au dos d'un lutrin
Cent cantiques hébreux mis en mauvais latin.
Le ciel puisse bénir sa piété profonde !
Mais quel en est le fruit ? quel bien fait-il au monde ?
Malgré la sainteté de son auguste emploi,
C'est n'être bon à rien de n'être bon qu'à soi.
  Quand l'ennemi divin des scribes et des prêtres
Chez Pilate autrefois fut traîné par des traîtres,

De cet air insolent qu'on nomme dignité,
Le Romain demanda : « Qu'est-ce que vérité? »
L'Homme-Dieu, qui pouvait l'instruire ou le confondre,
A ce juge orgueilleux dédaigna de répondre :
Son silence éloquent disait assez à tous
Que ce vrai tant cherché ne fut point fait pour nous.
Mais lorsque, pénétré d'une ardeur ingénue,
Un simple citoyen l'aborda dans la rue,
Et que, disciple sage, il prétendit savoir
Quel est l'état de l'homme, et quel est son devoir;
Sur ce grand intérêt, sur ce point qui nous touche,
Celui qui savait tout ouvrit alors la bouche ;
Et dictant d'un seul mot ses décrets solennels :
« Aimez Dieu, lui dit-il, mais aimez les mortels. »
Voilà l'homme et sa loi, c'est assez : le ciel même
A daigné tout nous dire en ordonnant qu'on aime.
Le monde est médisant, vain, léger, envieux;
Le fuir est très-bien fait, le servir encor mieux :
A sa famille, aux siens, je veux qu'on soit utile.
   Où vas-tu loin de moi, fanatique indocile?
Pourquoi ce teint jauni, ces regards effarés,
Ces élans convulsifs[1], et ces pas égarés?
Contre un siècle indévot plein d'une sainte rage,
Tu cours chez ta béate à son cinquième étage :
Quelques saints possédés dans cet honnête lieu
Jurent, tordent les mains, en l'honneur du bon Dieu :
Sur leurs tréteaux montés, ils rendent des oracles,
Prédisent le passé, font cent autres miracles;
L'aveugle y vient pour voir, et, des deux yeux privé[2],
Retourne aux Quinze-Vingts marmottant son *Ave;*
Le boiteux saute et tombe, et sa sainte famille
Le ramène en chantant, porté sur sa béquille;
Le sourd au front stupide écoute et n'entend rien ;
D'aise alors tout pâmés, de pauvres gens de bien,
Qu'un sot voisin bénit, et qu'un fourbe seconde,
Aux filles du quartier prêchent la fin du monde.
   Je sais que ce mystère a de nobles appas ;
Les saints ont des plaisirs que je ne connais pas.

---

1. Les convulsionnaires. (*Note de Voltaire*, 1742.)
2. Dans le chant III de *la Pucelle* on trouve une autre description de ces miracles; voyez page 63.

Les miracles sont bons ; mais soulager son frère,
Mais tirer son ami du sein de la misère,
Mais à ses ennemis pardonner leurs vertus,
C'est un plus grand miracle, et qui ne se fait plus.
   Ce magistrat, dit-on, est sévère, inflexible,
Rien n'amollit jamais sa grande âme insensible.
J'entends : il fait haïr sa place et son pouvoir ;
Il fait des malheureux par zèle et par devoir :
Mais l'a-t-on jamais vu, sans qu'on le sollicite,
Courir d'un air affable au-devant du mérite,
Le choisir dans la foule, et donner son appui
A l'honnête homme obscur qui se tait devant lui ?
De quelques criminels il aura fait justice !
C'est peu d'être équitable, il faut rendre service ;
Le juste est bienfaisant. On conte qu'autrefois
Le ministre odieux d'un de nos meilleurs rois
Lui disait en ces mots son avis despotique :
« Timante est en secret bien mauvais catholique,
On a trouvé chez lui la Bible de Calvin ;
A ce funeste excès vous devez mettre un frein :
Il faut qu'on l'emprisonne, ou du moins qu'on l'exile.
— Comme vous, dit le roi, Timante m'est utile.
Vous m'apprenez assez quels sont ses attentats ;
Il m'a donné son sang, et vous n'en parlez pas ! »
De ce roi bienfaisant la prudence équitable
Peint mieux que vingt sermons la vertu véritable.
   Du nom de vertueux seriez-vous honoré,
Doux et discret Cyrus, en vous seul concentré,
Prêchant le sentiment, vous bornant à séduire,
Trop faible pour servir, trop paresseux pour nuire,
Honnête homme indolent, qui, dans un doux loisir,
Loin du mal et du bien, vivez pour le plaisir ?
Non ; je donne ce titre au cœur tendre et sublime
Qui soutient hardiment son ami qu'on opprime.
Il t'était dû sans doute, éloquent Pellisson,
Qui défendis Fouquet du fond de ta prison.
Je te rends grâce, ô ciel, dont la bonté propice
M'accorda des amis dans les temps d'injustice,
Des amis courageux, dont la mâle vigueur
Repoussa les assauts du calomniateur,
Du fanatisme ardent, du ténébreux Zoïle,
Du ministre abusé par leur troupe imbécile,

Et des petits tyrans, bouffis de vanité,
Dont mon indépendance irritait la fierté.
Oui, pendant quarante ans poursuivi par l'envie,
Des amis vertueux ont consolé ma vie.
J'ai mérité leur zèle et leur fidélité ;
J'ai fait quelques ingrats, et ne l'ai point été.

   Certain législateur[1], dont la plume féconde
Fit tant de vains projets pour le bien de ce monde,
Et qui depuis trente ans écrit pour des ingrats,
Vient de créer un mot qui manque à Vaugelas :
Ce mot est *bienfaisance :* il me plaît ; il rassemble,
Si le cœur en est cru, bien des vertus ensemble.
Petits grammairiens, grands précepteurs des sots,
Qui pesez la parole et mesurez les mots,
Pareille expression vous semble hasardée ;
Mais l'univers entier doit en chérir l'idée.

   1. L'abbé de Saint-Pierre. C'est lui qui a mis le mot de *bienfaisance* à la mode, à force de le répéter. On l'appelle législateur, parce qu'il n'a écrit que pour réformer le gouvernement. Il s'est rendu un peu ridicule en France par l'excès de ses bonnes intentions. (*Note de Voltaire*, 1752). — Palissot, dans ses *Mémoires*, 1803, tome II, page 43, remarque que le mot *bienfaisance* est de Balzac. (B.)

VARIANTES

DU SEPTIÈME DISCOURS.

Vers 1er. — Ce discours fut d'abord adressé à Racine le fils, auteur d'un poëme janséniste sur la grâce.

Il commençait alors de la manière suivante :

>J'ai lu les quatre points des sermons poétiques
>Qu'a débités ta muse, en ses vers didactiques ;
>Peut-être il serait mieux de prêcher un peu moins,
>Et d'imiter Gresset, qui, sans art et sans soins,
>Dans un style rapide et vif avec mollesse,
>Peint les plaisirs du sage, et chante la paresse.
>Mais j'aime mieux cent fois ta mâle austérité,
>Et de tes vers hardis la pénible beauté,
>Qu'un écrit bigarré de grave et de comique,
>Où le rimeur moderne affecte un air gothique,
>* Et dans un vers forcé, que surcharge un vieux mot,
>Veut couvrir la raison du masque de Marot.
>Il faut parler français. Boileau n'a qu'un langage,
>Son style est clair et pur ; il prouve un esprit sage :
>Suis cet exemple heureux, laisse aux esprits mal faits
>L'art de moraliser du ton de Rabelais.
>* Ce jargon dans un conte est encor supportable ;
>* Mais le vrai veut un air, un ton plus respectable ;
>Instruis-moi donc, poursuis, parle, et dans tes discours
>Définis la vertu, que tu chantas toujours.
>* C'est un beau mot sans doute, etc.

On retrouve quelques-uns des derniers vers dans le discours sur *l'Envie* (voyez pages 395-396). Quelques-uns aussi se retrouvent dans la lettre à Formont, du 11 novembre 1738.

Vers 13. — Après ce vers :

>La vertu, disait-il, est un nom sans substance,

il y avait :

>Hermotime, il est temps de rompre le silence ;
>Il est temps que ma voix défende en liberté
>La cause de Dieu même et de l'humanité.

Qui se tait la trahit; l'intérêt de la terre
Force encore un profane à remonter en chaire.
Le bonheur des humains, ce grand but où tu *cours,
Est le texte, la fin, l'âme de mes discours[1].
    *Quand l'ennemi divin, etc.

Vers 67. — Premières éditions :

Je sais que ce saint œuvre a des charmes puissants :
Mais, dis-moi, n'as-tu point des devoirs plus pressants?
D'où vient que ton ami languit dans la misère?
Pourquoi lui refuser le plus vil nécessaire,
Tandis qu'entouré d'or, et même de Chloris,
Tu vis dans la mollesse en damnant tout Paris?
« Sur mon ami, dis-tu, j'exerce la justice;
C'est un homme incrédule, et qu'il faut qu'on punisse :
Ce n'est pas aux élus, par la grâce éprouvés,
A faire aveuglément l'aumône aux réprouvés. »
Voilà donc ta réponse, âme farouche et dure!
Quelle vertu, grand Dieu, dont frémit la nature!
Et puisque par son nom tout doit être nommé,
Quel détestable vice en vertu transformé!
    *Ce magistrat, dit-on, est sévère, etc.

Dans les éditions suivantes on lisait :

. . . .
Pourquoi lui refuser le plus vil nécessaire?
Chez toi, chez tes pareils, le seul riche est sauvé,
Et le pauvre inutile est le seul réprouvé.
    *Ce magistrat, etc.

Vers 90. — Premières éditions :

Alors, d'un ton de père et d'un regard tranquille,
Le roi lui répondit : « Modérons nos rigueurs.
Je sais quel est Timante, et je hais ses erreurs;
L'esprit de l'hérésie infecta sa province :
Mais son cœur est français, son bras est à son prince.
Vous grossissez ici ses faibles attentats;
*Il m'a donné son sang, et vous n'en parlez pas!
Je le fais à l'instant gouverneur de la ville
Où vos sévérités conseillent qu'on l'exile.
Allez de mes bienfaits l'assurer aujourd'hui,
Et, sans plus l'accuser, servez-moi comme lui. »
Ce roi, je l'avouerai, tendre, ferme, équitable,
Peint mieux que vingt sermons la vertu véritable.
Ce beau nom de vertu sera-t-il accordé
Au mérite farouche, à l'art toujours fardé,
A l'indolent Germont, dont la pitié discrète
Craint de parler pour moi quand Séjan m'inquiète;

---

1. Et cela a été vrai soixante ans. (K.)

> Au faible et doux Cyrus, tout le jour occupé
> Des propos d'un flatteur et des soins d'un soupé?
> *Non, je donne ce titre au cœur tendre et sublime
> Qui prévient les besoins d'un ami qu'on opprime ;
> Je le donne à Normand, je le donne à Cochin,
> Dont l'éloquente voix protégea l'orphelin :
> Non pas à toi, Griffon, babillard mercenaire,
> Qui, prodiguant en vain ta vénale colère,
> Et changeant un art noble en un lâche métier,
> N'as fait qu'un plat libelle, au lieu d'un plaidoyer.
> Toi qui vas nous quitter, magistrat plein de zèle,
> Parlant comme de Thou, jugeant comme Pucelle,
> Tendre et fidèle ami, bienfaiteur généreux,
> Qui peut te refuser le nom de vertueux?
> Jouis de ce grand titre, ô toi dont la sagesse
> N'est point le triste fruit d'une austère rudesse ;
> Toi qui, malgré l'éclat dont tu blesses les yeux,
> Peux compter plus d'amis que tu n'as d'envieux.
> *Certain législateur, etc.

L'édition de 1748 présente une seule différence; on y lit :

> Non à toi, Mannory, bateleur mercenaire,
> Qui, vendant bassement ta stupide colère, etc.

Et une note appelle Mannory un « mauvais avocat, qui, manquant de causes et de pain, avait souvent reçu l'aumône de l'auteur, et qui plaida ensuite contre lui ridiculement ».

Mannory avait été l'avocat de Travenol dans son procès contre Voltaire, en 1746. C'était en 1744 qu'il avait reçu des bienfaits de Voltaire.

Dans quelques autres éditions on lisait :

> . . . . Au cœur ferme et sublime
> Qui sut gagner mon cœur en forçant mon estime,
> A ce sage guerrier considéré des rois,
> Éloquent pour autrui, muet sur ses exploits ;
> Je le donne à Normand...

Normand et Cochin étaient des avocats célèbres alors. Par *ce sage guerrier*, M. de Voltaire désigne le maréchal d'Estrées, doyen de l'Académie française. Il s'était rendu cher aux gens de lettres, en s'opposant à une cabale de prêtres qui voulaient faire exclure de l'Académie l'auteur des *Lettres persanes*.

Le magistrat dont parle l'auteur est M. le comte d'Argental, ministre plénipotentiaire de l'infant duc de Parme, alors conseiller au parlement. Il avait été nommé intendant d'une des îles de l'Amérique, mais il n'accepta point cette place. Il quitta sa charge de conseiller au parlement, parce que l'absurdité et la barbarie de notre jurisprudence criminelle le révoltaient. Il a été l'ami constant de M. de Voltaire depuis sa jeunesse jusqu'à la mort de ce grand homme, et l'a soutenu dans tous les temps de tout le crédit que des amis puissants pouvaient lui donner. Cette amitié si constante est une des meilleures réponses qu'on puisse faire ici à cette foule de détracteurs de M. de Voltaire, qui, bien sûrs que son génie est au-dessus de leurs atteintes, ont recours à la honteuse ressource de calomnier sa personne.

<blockquote>Pour les cœurs corrompus l'amitié n'est point faite.
(*Quatrième discours.*)</blockquote>

Et c'est surtout pour les amitiés longues et inaltérables que ce vers est vrai. (K.)

Vers 95. — Cette version est dans l'édition de 1752. (B.)

SUR LES ÉVÉNEMENTS

DE L'ANNÉE 1744[1]

―――

« Quoi ! verrai-je toujours des sottises en France ? »
Disait, l'hiver dernier, d'un ton plein d'importance,
Timon, qui, du passé profond admirateur,
Du présent, qu'il ignore, est l'éternel frondeur.
« Pourquoi, s'écriait-il, le roi va-t-il en Flandre ?
Quelle étrange vertu qui s'obstine à défendre
Les débris dangereux du trône des césars
Contre l'or des Anglais et le fer des houssards !
Dans le jeune Conti quel excès de folie
D'escalader les monts qui gardent l'Italie,
Et d'attaquer vers Nice un roi victorieux,
Sur ces sommets glacés dont le front touche aux cieux !
Pour franchir ces amas de neiges éternelles,
Dédale à cet Icare a-t-il prêté ses ailes ?
A-t-il reçu du moins, dans son dessein fatal,
Pour briser les rochers, le secret d'Annibal ? »
   Il parle, et Conti vole. Une ardente jeunesse,
Voyant peu les dangers que voit trop la vieillesse,
Se précipite en foule autour de son héros.
Du Var qui s'épouvante on traverse les flots ;
De torrents en rochers, de montagne en abîme,
Des Alpes en courroux on assiége la cime ;
On y brave la foudre ; on voit de tous côtés
Et la nature, et l'art, et l'ennemi domptés.
Conti, qu'on censurait, et que l'univers loue,
Est un autre Annibal qui n'a point de Capoue.
Critiques orgueilleux, frondeurs, en est-ce assez ?

---

1. Ce poëme a été imprimé dans le *Mercure* de novembre 1744, p. 59.

Avec Nice et Démont vous voilà terrassés.
Mais, tandis que sous lui les Alpes s'aplanissent,
Que sur les flots voisins les Anglais en frémissent,
Vers les bords de l'Escaut Louis fait tout trembler :
Le Batave s'arrête, et craint de le troubler.
Ministres, généraux, suivent d'un même zèle
Du conseil au danger leur prince et leur modèle.
L'ombre du grand Condé, l'ombre du grand Louis,
Dans les champs de la Flandre ont reconnu leur fils.
L'Envie alors se tait, la Médisance admire.
Zoïle, un jour du moins, renonce à la satire ;
Et le vieux nouvelliste, une canne à la main,
Trace au Palais-Royal Ypres, Furne, et Menin.
   Ainsi lorsqu'à Paris la tendre Melpomène
De quelque ouvrage heureux vient embellir la scène,
En dépit des sifflets de cent auteurs malins,
Le spectateur sensible applaudit des deux mains :
Ainsi, malgré Bussy[1], ses chansons, et sa haine,
Nos aïeux admiraient Luxembourg et Turenne.
Le Français quelquefois est léger et moqueur,
Mais toujours le mérite eut des droits sur son cœur.
Son œil perçant et juste est prompt à le connaître ;
Il l'aime en son égal, il l'adore en son maître.
La vertu sur le trône est dans son plus beau jour,
Et l'exemple du monde en est aussi l'amour.
   Nous l'avons bien prouvé quand la fièvre fatale,
A l'œil creux, au teint sombre, à la marche inégale[2],
De ses tremblantes mains, ministres du trépas,
Vint attaquer Louis au sortir des combats :
Jadis Germanicus fit verser moins de larmes ;
L'univers éploré ressentit moins d'alarmes,
Et goûta moins l'excès de sa félicité,
Lorsque Antonin mourant reparut en santé.
Dans nos emportements de douleur et de joie,
Le cœur seul a parlé, l'amour seul se déploie ;
Paris n'a jamais vu de transports si divers,
Tant de feux d'artifice, et tant de mauvais vers.
   Autrefois, ô grand roi, les filles de Mémoire,

---

1. Bussy-Rabutin.
2. Dans *la Pucelle,* chant V, vers 12, Voltaire a dit :
    La fièvre ardente, à la marche inégale.

Chantant au pied du trône, en égalaient la gloire.
Que nous dégénérons de ce temps si chéri !
L'éclat du trône augmente, et le nôtre est flétri.
O ma prose et mes vers, gardez-vous de paraître !
Il est dur d'ennuyer son héros et son maître.
Cependant nous avons la noble vanité
De mener les héros à l'immortalité.
Nous nous trompons beaucoup ; un roi juste et qu'on aime
Va sans nous à la gloire, et doit tout à lui-même :
Chaque âge le bénit ; le vieillard expirant[1]
De ce prince à son fils fait l'éloge en pleurant ;
Le fils, éternisant des images si chères,
Raconte à ses neveux le bonheur de leurs pères ;
Et ce nom dont la terre aime à s'entretenir
Est porté par l'amour aux siècles à venir.
Si pourtant, ô grand roi, quelque esprit moins vulgaire,
Des vœux de tout un peuple interprète sincère,
S'élevant jusqu'à vous par le grand art des vers,
Osait, sans vous flatter, vous peindre à l'univers,
Peut-être on vous verrait, séduit par l'harmonie,
Pardonner à l'éloge en faveur du génie ;
Peut-être d'un regard le Parnasse excité
De son lustre terni reprendrait la beauté.
L'œil du maître peut tout ; c'est lui qui rend la vie
Au mérite expirant sous la dent de l'envie ;
C'est lui dont les rayons ont cent fois éclairé
Le modeste talent dans la foule ignoré.
Un roi qui sait régner nous fait ce que nous sommes ;
Les regards d'un héros produisent les grands hommes.

---

1. Ce vers et les cinq qui le suivent sont déjà presque textuellement dans une *Épître au duc d'Orléans*, qui est de 1716. (B.)

VARIANTES

DU POËME *SUR LES ÉVÉNEMENTS DE 1744.*

Vers 1er :
    Nous verrons donc toujours des sottises en France?

Vers 35 :
    Et tandis que Conti l'a si bien secondé,
    Près de lui dans Clermont il retrouve un Condé.

Vers 48 :
    *Mais toujours le mérite eut des droits sur son cœur :
    Il l'encourage, il l'aime, il en est idolâtre;
    Et le premier acteur de ce vaste théâtre,
    Le roi le plus auguste et le plus vertueux,
    Est de tous les humains le plus cher à nos yeux.
       *Nous l'avons bien prouvé, etc.

Vers 63 :
    *Paris n'a jamais vu de transports si divers,
    Avec si peu d'esprit et tant de méchants vers.
    Vos sujets, ô grand roi, sont de mauvais poëtes;
    Et quand, pour vous louer embouchant nos trompettes,
    Nous allons assourdir notre sacré vallon
    Par ce fatras de vers approuvés CRÉBILLON;
    Quand sur votre santé nous nous tuons d'écrire,
    Que vous êtes heureux de ne nous jamais lire!
    *Cependant nous avons la noble vanité, etc.

Vers 64. — Par la lettre de Voltaire à d'Argental, de septembre 1744, on voit que l'auteur avait d'abord mis :

    Et si peu de bons vers.

Vers 88 :
    *De son lustre terni reprendrait la beauté.
    Ses lauriers renaîtraient dans ses vallons stériles;
    Louis fit des Boileaux, Auguste des Virgiles.
    Grand roi, d'un tel honneur daignez être jaloux,
    Et formez des esprits qui soient dignes de vous.

AVERTISSEMENT

POUR LE POËME SUR *LA LOI NATURELLE*

ET LE POËME

SUR *LE DÉSASTRE DE LISBONNE*[1].

L'objet du poëme sur *la Loi naturelle*[2] est d'établir l'existence d'une morale universelle et indépendante, non-seulement de toute religion révélée, mais de tout système particulier sur la nature de l'Être suprême.

La tolérance des religions et l'absurdité de l'opinion qu'il peut exister

---

1. Les deux poëmes, l'un sur *la Loi naturelle* (voyez page 441), l'autre sur *le Désastre de Lisbonne* (voyez page 471), furent imprimés, pour la première fois, en 1756; mais ils n'avaient pas été composés la même année; voyez la note suivante et celle de la page 434. (B.)

2. Voltaire lui-même, dans la note de l'Exorde (voyez page 441), dit que *la Loi naturelle* est de 1751. Il lui donne la même date dans sa note de l'*Ode sur la mort de la princesse de Bareith*. Dans sa lettre à d'Argental, du 22 mars 1756, il dit que ce poëme fut crayonné pour le roi de Prusse précisément avant la brouillerie, qui est du commencement de 1753 et même de la fin de 1752. D'après Colini (*Mon séjour auprès de Voltaire*, page 31), c'est en 1752 que ce poëme fut composé. J'ai donc adopté cette date. Voltaire l'appelle tantôt son *Petit Carême* (voyez lettre à Thieriot, du 12 mars 1756), tantôt son *Testament en vers* (voyez lettre à Thieriot, du 12 avril 1756). Quant au titre de *la Religion naturelle*, que l'on reprocha à Voltaire qui fut réduit à le renier, Voltaire l'emploie lui-même dans sa lettre à Thieriot, du 12 mars 1756. Thomas publia des *Réflexions philosophiques et littéraires sur le poëme de la Religion naturelle*, 1756, petit in-8°, réimprimées en 1801, in-8°. Je ne sais quel est l'auteur de l'*Anti-Naturaliste, ou Examen critique du poëme de la Religion naturelle*, Berlin, 1756, petit in-8° de 21 pages. C'est une critique des pensées et non du style. J'ignore aussi le nom de l'auteur d'une *Parodie anecdotique du poëme de la Religion naturelle de M. de Voltaire, par M. P. A. A. A. P.*, La Haye, Regissart, 1757, petit in-8° de XII et 52 pages. Cette Parodie a cinq chants. Les *Remarques sur la Religion naturelle, poëme de M. de V...*, *suivies d'une addition sur l'édition de Genève du même poëme*, Louvain, 1757, petit in-8° de 72 pages, ne me sont connues que par la mention que j'en trouve dans les *Annales typographiques* (pour 1757), Paris, 1759, in-4°, page 33. Le *Catalogue de la Bibliothèque du duc de La Vallière* (n° 14,335 de la deuxième partie) contient une *Épître d'un homme désintéressé à M. de Voltaire, sur son poëme de la Religion naturelle; examen du Voltéranisme en prose et en vers*, 1757, in-8°. Cette *Épître* est probablement celle dont Luchet cite un fragment dans le t. III de son

une puissance spirituelle indépendante de la puissance civile sont des conséquences nécessaires de ce premier principe, conséquences que M. de Voltaire développe dans les deux dernières parties. En effet, s'il existe une morale indépendante de toute opinion spéculative, ces opinions deviennent indifférentes au bonheur des hommes, et dès lors cessent de pouvoir être l'objet de la législation. Ce n'est pas pour être instruits sur la métaphysique, mais pour s'assurer le libre exercice de leurs droits, que les hommes se sont réunis en société ; et le droit de penser ce qu'on veut, et de faire tout ce qui n'est pas contraire au droit d'autrui, est aussi réel, aussi sacré que le droit de propriété.

Dans le poëme sur *le Désastre de Lisbonne*[1] M. de Voltaire attaque l'opinion que tout est bien, opinion très-répandue au commencement de ce siècle, parmi les philosophes d'Angleterre et d'Allemagne. La question de l'origine du mal a été insoluble jusqu'ici, et le sera toujours. En effet le mal, tel qu'il existe à notre égard, est une suite nécessaire de l'ordre du monde ; mais pour savoir si un autre ordre était possible, il faudrait connaître le système entier de celui qui existe. D'ailleurs, en réfléchissant sur

---

Histoire littéraire de Voltaire. C'est Sauvigny qui est auteur de *la Religion révélée, poëme en réponse à celui de la Religion naturelle,* etc., 1758, petit in-8° de 64 pages. Les *Lettres flamandes, ou Histoire des variations et contradictions de la prétendue Religion naturelle* (par l'abbé Duhamel), Lille (Auxerre), 1752, in-18, sont, comme on voit, antérieures au poëme de Voltaire. Ce n'est donc pas contre cet ouvrage, mais contre quelques autres écrits du même auteur, soit en vers, soit en prose, que les *Lettres flamandes* sont dirigées. (B.)

1. Le tremblement de terre de Lisbonne est du 1er novembre 1755 ; mais Voltaire n'en eut la certitude qu'à la fin du mois (voyez ses lettres à M. Bertrand, des 28 et 30 novembre). On peut croire qu'il avait déjà conçu l'idée de son poëme ; mais il en parle pour la première fois dans sa lettre à d'Argental, du 8 janvier 1756. Il l'y appelle son *Sermon.* Dans une lettre à Thieriot, du 12 avril 1756, il l'appelle ses *Lamentations de Jérémie.* L'ouvrage circulait à Paris dès le mois de janvier, et Voltaire voulait l'attribuer à un P. Liébaut ou Liébaud (voyez lettres à Gauffecourt, du 29 janvier 1756 ; à Thieriot, du 29 février). Le *Journal encyclopédique* du 15 février 1756 parle d'une *Epître sur la ruine de Lisbonne,* qu'on attribuait à Voltaire, mais qui paraît être de Ximenès. Cette épître, qui n'a que trente-six vers, est imprimée dans la *Correspondance de Grimm,* au 15 janvier 1756. On imprima dans le *Journal encyclopédique,* du 1er avril 1756, une *Réponse à M. de V...., ou Défense de l'axiome Tout est bien.* Cette *Réponse* en cent soixante-quatre vers est réimprimée à la suite d'une édition du *Poëme de M. de Voltaire,* 1756, in-8° de 16 pages.

Je dois aussi parler du *Poëme sur le tremblement de terre de Constantinople, par un garçon perruquier, ci-devant attaché à la boutique de M. André,* Amsterdam, 1766, in-8° de 15 pages. Un perruquier, nommé Charles André, né à Langres en 1722, s'étant laissé persuader qu'il était poëte, avait publié le *Tremblement de terre de Lisbonne, tragédie en cinq actes et en vers,* 1755 (1756), in-8°, dédiée à *l'illustre et célèbre poëte M. de Voltaire,* qu'il appelle monsieur *et cher confrère.* Le principal auteur de cette tragédie est Lasalle-Dampierre, l'une des pratiques d'André ; quelques personnes l'attribuent aussi à Paris de Maizieux. On ne sait quelle est la personne qui a publié le poëme sur *le Tremblement de terre de Constantinople,* sous le nom d'un garçon perruquier ; mais ce n'était pas un ami de Voltaire, qu'on essaye en deux ou trois endroits de tourner en ridicule. Dans sa lettre à d'Alembert, du 30 juillet 1766, Voltaire parle d'un tremblement de terre à Constantinople. (B.)

la manière dont nous acquérons nos idées, il est aisé de voir que nous ne pouvons en avoir aucune de la possibilité prise en général, puisque notre idée de possibilité, relative à des objets réels, ne se forme que d'après l'observation des faits existants.

M. Rousseau (J.-J.) a publié une lettre[1] adressée à M. de Voltaire, à l'occasion du poëme sur *la Destruction de Lisbonne* : elle contient quelques objections sur lesquelles la réputation méritée de cet auteur nous oblige d'entrer dans quelques détails.

Il convient d'abord que nous n'avons aucun moyen d'expliquer l'origine du mal; et il ajoute qu'il ne croit le système de l'optimisme que parce qu'il trouve ce système très-consolant, et qu'il pense qu'on doit déduire de l'existence d'un Dieu juste que tout est bien, et non déduire de la perfection de l'ordre du monde l'existence d'un Dieu juste.

Nous observerons : 1° que l'on ne doit croire une chose que parce qu'elle est prouvée. Il y a des hommes qui croient plus facilement ce qui leur est plus agréable ; d'autres sont au contraire plus portés à croire les événements fâcheux. La constitution des premiers est plus heureuse ; mais le doute sur ce qui n'est pas prouvé est le seul parti raisonnable.

2° En supposant que l'ordre du monde, tel que nous le connaissons, nous conduise à l'existence d'un Être suprême, il est évident que nous ne pouvons nous former une idée de sa justice ou de sa bonté que d'après la manière dont nous le voyons agir. Chercher *a priori* à se faire une idée des attributs de Dieu est une méthode de philosopher qui ne peut conduire à aucune véritable connaissance. Des métaphysiciens hardis en ont conclu qu'on ne pouvait se former une idée de Dieu; cette assertion est trop absolue; il fallait ajouter : En suivant la méthode des théologiens et des métaphysiciens de l'école. Mais on ne peut se former de Dieu, comme d'aucun autre objet réel, que des idées incomplètes, et seulement d'après les faits observés. (*Voyez* Locke, et l'article EXISTENCE dans *l'Encyclopédie*.)

M. de Voltaire avait dit dans ses notes[2] que rien dans l'univers n'est assujetti à des lois rigoureusement mathématiques, et qu'il peut y avoir des événements indifférents à l'ordre du monde. M. Rousseau combat ces assertions ; mais nous répondrons : 1° qu'il ne peut être question que de lois mathématiques connues de nous ; car dire qu'il existe peut-être dans l'univers un ordre que nous ne voyons pas, c'est apporter, non une preuve que cet ordre existe, mais un motif de ne pas en nier l'existence.

2° En supposant un ordre d'événements quelconque, ils suivront toujours entre eux une certaine loi générale. Supposez deux mille boules placées sur une table ; quel que soit leur ordre, vous pourrez toujours faire passer une courbe géométrique par le centre de toutes ces boules : en conclurez-vous qu'elles ont été arrangées suivant un certain ordre ? Ce mot d'ordre appliqué à la nature est vide de sens, s'il ne signifie un arrangement dont nous saisissons la régularité et le dessein.

---

1. Voyez, dans la *Correspondance*, cette lettre, qui est du 18 août 1756.
2. Dans la note sur le vers 75 du poëme sur *le Désastre de Lisbonne*.

Quant à l'existence des événements indifférents, il est difficile d'en nier la possibilité, parce que l'on peut supposer que le petit dérangement qui résulte de cet événement soit imperceptible pour la totalité du système général. Supposons, par exemple, cent millions de planètes mues suivant certaines lois : il est évident que leur position peut être telle qu'un léger dérangement dans la vitesse de l'une d'elles ne changera point leur ordre d'une manière sensible dans un temps même infini ; cela est encore plus vrai pour les systèmes de corps qui, après un petit dérangement, reviennent à l'équilibre. L'ordre du monde peut être changé par la seule différence d'un mouvement que j'aurai fait à droite ou à gauche; mais il peut aussi ne pas l'être.

M. Rousseau proposait, dans cette même lettre, d'exclure de la tolérance universelle toute opinion intolérante. Cette maxime séduit par un faux air de justice; mais M. de Voltaire n'eût pas voulu l'admettre. Les lois en effet ne doivent avoir d'empire que sur les actions extérieures : elles doivent punir un homme pour avoir persécuté, mais non pour avoir prétendu que la persécution est ordonnée par Dieu même. Ce n'est par pour avoir eu des idées extravagantes, mais pour avoir fait des actions de folie, que la société a droit de priver un homme de sa liberté. Ainsi, sous aucun point de vue, une opinion qui ne s'est manifestée que par des raisonnements généraux, même imprimés, ne pouvant être regardée comme une action, elle ne peut jamais être l'objet d'une loi.

Le seul reproche fondé qu'on puisse faire à M. de Voltaire serait d'avoir exagéré les maux de l'humanité; mais s'il les a sentis comme il les a peints dans l'instant où il a écrit son poëme, il a eu raison. Le devoir d'un écrivain n'est pas de dire des choses qu'il croit agréables ou consolantes, mais de dire des choses vraies; d'ailleurs la doctrine que *Tout est bien* est aussi décourageante que celle de la fatalité. On trompe ses douleurs par des opinions générales, comme chaque homme peut adoucir ses chagrins par des illusions particulières : tel se console de mourir, parce qu'il ne laisse au monde que des mourants; tel autre, parce que sa mort est une suite nécessaire de l'ordre de l'univers; un troisième, parce qu'elle fait partie d'un arrangement où tout est bien; un autre enfin, parce qu'il se réunira à l'âme universelle du monde. Des hommes d'une autre classe se consoleront en songeant qu'ils vont entendre la musique des esprits bienheureux, se promener en causant dans de beaux jardins, caresser des houris, boire la bière céleste, voir Dieu face à face, etc., etc.; mais il serait ridicule d'établir sur aucune de ces opinions le bonheur général de l'espèce humaine.

N'est-il pas plus raisonnable à la fois et plus utile de se dire : « La nature a condamné les hommes à des maux cruels, et ceux qu'ils se font à eux-mêmes sont encore son ouvrage, puisque c'est d'elle qu'ils tiennent leurs penchants? Quelle est la raison première de ces maux? je l'ignore; mais la nature m'a donné le pouvoir de détourner une partie des malheurs auxquels elle m'a soumis. L'homme doué de raison peut se flatter, par ses progrès dans les sciences et dans la législation, de s'assurer une vie douce et une mort facile, de terminer un jour tranquille par un sommeil paisible.

Travaillons sans cesse à ce but, pour nous-mêmes comme pour les autres; la nature nous a donné des besoins; mais nous trouvons avec les arts les moyens de les satisfaire. Nous opposons aux douleurs physiques la tempérance et les remèdes; nous avons appris à braver le tonnerre, cherchons à pénétrer la cause des volcans et des tremblements de terre, à les prévoir, si nous ne pouvons les détourner. Corrigeons les mauvais penchants, s'il en existe, par une bonne éducation; apprenons aux hommes à bien connaître leurs vrais intérêts; accoutumons-les à se conduire d'après la raison. La nature leur a donné la pitié et un sentiment d'affection pour leurs semblables; avec ces moyens, dirigés par une raison éclairée, nous détournerons loin de nous le vice et le crime.

« Qu'importe que tout soit bien, pourvu que nous fassions en sorte que tout soit mieux qu'il n'était avant nous? »

K.

PRÉFACE[1]

On sait assez que ce poëme n'avait pas été fait pour être public ; c'était depuis trois ans un secret entre un grand roi[2] et l'auteur. Il n'y a que trois mois qu'il s'en répandit quelques copies dans Paris, et bientôt après il y fut imprimé plusieurs fois d'une manière aussi fautive que les autres ouvrages qui sont partis de la même plume.

Il serait juste d'avoir plus d'indulgence pour un écrit secret, tiré de l'obscurité où son auteur l'avait condamné, que pour un ouvrage qu'un écrivain expose lui-même au grand jour. Il serait encore juste de ne pas juger le poëme d'un laïque comme on jugerait une thèse de théologie. Ces deux poëmes[3] sont les fruits d'un arbre transplanté : quelques-uns de ces fruits peuvent n'être pas du goût de quelques personnes ; ils sont d'un climat étranger, mais il n'y en a aucun d'empoisonné, et plusieurs peuvent être salutaires.

Il faut regarder cet ouvrage comme une lettre où l'on expose en liberté ses sentiments. La plupart des livres ressemblent à ces conversations générales et gênées dans lesquelles on dit rarement ce qu'on pense. L'auteur a dit ce qu'il a pensé à un prince philosophe auprès duquel il avait alors l'honneur de vivre. Il a appris que des esprits éclairés n'ont pas été mécontents de cette ébauche : ils ont jugé que le poëme sur *la Loi naturelle* est une préparation à des vérités plus sublimes. Cela seul aurait déterminé l'auteur à rendre l'ouvrage plus complet et plus correct, si ses infirmités l'avaient permis. Il a été obligé de se borner à corriger les fautes dont fourmillent les éditions qu'on en a faites.

Les louanges données dans cet écrit à un prince qui ne cher-

---

1. Cette préface est de 1756. (B.)
2. Frédéric, roi de Prusse; voyez la note 2, page 433.
3. L'auteur parle ici du poëme sur *le Désastre de Lisbonne*, qui parut avec celui sur *la Loi naturelle*. (K.)

chait pas ces louanges ne doivent surprendre personne ; elles n'avaient rien de la flatterie, elles partaient du cœur : ce n'est pas là de cet encens que l'intérêt prodigue à la puissance. L'homme de lettres pouvait ne pas mériter les éloges et les bontés dont le monarque le comblait ; mais le monarque méritait la vérité que l'homme de lettres lui disait dans cet ouvrage. Les changements survenus depuis dans un commerce si honorable pour la littérature n'ont point altéré les sentiments qu'il avait fait naître.

Enfin, puisqu'on a arraché au secret et à l'obscurité un écrit destiné à ne point paraître, il subsistera chez quelques sages comme un monument d'une correspondance philosophique qui ne devait point finir; et l'on ajoute que si la faiblesse humaine se fait sentir partout, la vraie philosophie dompte toujours cette faiblesse.

Au reste, ce faible essai fut composé à l'occasion d'une petite brochure qui parut en ce temps-là. Elle était intitulée *du Souverain Bien*, et elle devait l'être *du Souverain Mal*. On y prétendait qu'il n'y a ni vertu ni vice, et que les remords sont une faiblesse d'éducation qu'il faut étouffer. L'auteur du poëme prétend que les remords nous sont aussi naturels que les autres affections de notre âme. Si la fougue d'une passion fait commettre une faute, la nature, rendue à elle-même, sent cette faute. La fille sauvage trouvée près de Châlons[1] avoua que, dans sa colère, elle avait donné à sa compagne un coup dont cette infortunée mourut entre ses bras. Dès qu'elle vit son sang couler, elle se repentit, elle pleura, elle étancha ce sang, elle mit des herbes sur la blessure. Ceux qui disent que ce retour d'humanité n'est qu'une branche de notre amour-propre font bien de l'honneur à l'amour-propre. Qu'on appelle la raison et les remords comme on voudra, ils existent, et ils sont les fondements de la loi naturelle.

---

1. Voyez, dans les *OEuvres de L. Racine*, les *Eclaircissements sur la fille sauvage dont il est parlé dans l'épître II, sur l'homme*.

POËME

SUR

LA LOI NATURELLE

(1752)

EXORDE

O vous dont les exploits, le règne, et les ouvrages[1],
Deviendront la leçon des héros et des sages,
Qui voyez d'un même œil les caprices du sort,
Le trône et la cabane, et la vie et la mort ;
Philosophe intrépide, affermissez mon âme ;
Couvrez-moi des rayons de cette pure flamme
Qu'allume la raison, qu'éteint le préjugé.
Dans cette nuit d'erreur où le monde est plongé,
Apportons, s'il se peut, une faible lumière.
Nos premiers entretiens, notre étude première,
Étaient, je m'en souviens, Horace avec Boileau.
Vous y cherchiez le *vrai*, vous y goûtiez le *beau*;
Quelques traits échappés d'une utile morale
Dans leurs piquants écrits brillent par intervalle :
Mais Pope approfondit ce qu'ils ont effleuré ;
D'un esprit plus hardi, d'un pas plus assuré,

---

1. Nous savons que ce poëme, qu'on regarde comme l'un des meilleurs ouvrages de notre auteur, fut fait vers l'an 1751, chez Mme la margrave de Bareith, sœur du roi de Prusse. Je ne sais quels pédants eurent depuis l'atrocité imbécile de le condamner.

Ces vils tyrans de l'esprit, qui avaient alors trop de crédit, ont été punis depuis de toutes leurs insolences. (*Note de Voltaire*, 1773.) — Le parlement de Paris, qui, le 23 janvier 1759, avait condamné à être brûlés la *Religion naturelle* et autres écrits, était supprimé depuis décembre 1770 lorsque Voltaire imprima cette note. (B.)

Il porta le flambeau dans l'abîme de l'être ;
Et l'homme avec lui seul apprit à se connaître.
L'art quelquefois frivole et quelquefois divin,
L'art des vers est, dans Pope, utile au genre humain.
Que m'importe en effet que le flatteur d'Octave,
Parasite discret, non moins qu'adroit esclave,
Du lit de sa Glycère, ou de Ligurinus,
En prose mesurée insulte à Crispinus ;
Que Boileau, répandant plus de sel que de grâce,
Veuille outrager Quinault, pense avilir le Tasse ;
Qu'il peigne de Paris les tristes embarras,
Ou décrive en beaux vers un fort mauvais repas?
Il faut d'autres objets à votre intelligence.
 De l'esprit qui vous meut vous recherchez l'essence,
Son principe, sa fin, et surtout son devoir.
Voyons sur ce grand point ce qu'on a pu savoir,
Ce que l'erreur fait croire aux docteurs du vulgaire,
Et ce que vous inspire un Dieu qui vous éclaire.
Dans le fond de nos cœurs il faut chercher ses traits :
Si Dieu n'est pas dans nous, il n'exista jamais.
Ne pouvons-nous trouver l'auteur de notre vie
Qu'au labyrinthe obscur de la théologie?
Origène et Jean Scott sont chez vous sans crédit :
La nature en sait plus qu'ils n'en ont jamais dit.
Écartons ces romans qu'on appelle systèmes ;
Et pour nous élever descendons dans nous-mêmes.

PREMIÈRE PARTIE

Dieu a donné aux hommes les idées de la justice, et la conscience pour les avertir, comme il leur a donné tout ce qui leur est nécessaire. C'est là cette loi naturelle sur laquelle la religion est fondée ; c'est le seul principe qu'on développe ici. L'on ne parle que de la loi naturelle, et non de la religion et de ses augustes mystères.

> Soit qu'un Être inconnu, par lui seul existant,
> Ait tiré depuis peu l'univers du néant ;
> Soit qu'il ait arrangé la matière éternelle ;
> Qu'elle nage en son sein, ou qu'il règne loin d'elle[1] ;
> Que l'âme, ce flambeau souvent si ténébreux,
> Ou soit un de nos sens ou subsiste sans eux ;
> Vous êtes sous la main de ce maître invisible.
> Mais du haut de son trône, obscur, inaccessible,
> Quel hommage, quel culte exige-t-il de vous?
> De sa grandeur suprême indignement jaloux,
> Des louanges, des vœux, flattent-ils sa puissance ?
> Est-ce le peuple altier conquérant de Byzance,
> Le tranquille Chinois, le Tartare indompté,
> Qui connaît son essence, et suit sa volonté ?
> Différents dans leurs mœurs ainsi qu'en leur hommage,

---

1. Dieu étant un être infini, sa nature a dû être inconnue à tous les hommes. Comme cet ouvrage est tout philosophique, il a fallu rapporter les sentiments des philosophes. Tous les anciens, sans exception, ont cru l'éternité de la matière ; c'est presque le seul point sur lequel ils convenaient. La plupart prétendaient que les dieux avaient arrangé le monde ; nul ne croyait que Dieu l'eût tiré du néant. Ils disaient que l'intelligence céleste avait, par sa propre nature, le pouvoir de disposer de la matière, et que la matière existait par sa propre nature.

Selon presque tous les philosophes et les poëtes, les grands dieux habitaient loin de la terre. L'âme de l'homme, selon plusieurs, était un feu céleste ; selon d'autres, une harmonie résultante de ses organes ; les uns en faisaient une partie de la Divinité, *divinæ particulam auræ ;* les autres, une matière épurée, une quintessence ; les plus sages, un être immatériel : mais, quelque secte qu'ils aient embrassée, tous, hors les épicuriens, ont reconnu que l'homme est entièrement soumis à la Divinité. (*Note de Voltaire*, 1756.)

Ils lui font tenir tous un différent langage :
Tous se sont donc trompés. Mais détournons les yeux
De cet impur amas d'imposteurs odieux[1] ;
Et, sans vouloir sonder d'un regard téméraire
De la loi des chrétiens l'ineffable mystère,
Sans expliquer en vain ce qui fut révélé,
Cherchons par la raison si Dieu n'a point parlé.
   La nature a fourni d'une main salutaire
Tout ce qui dans la vie à l'homme est nécessaire,
Les ressorts de son âme, et l'instinct de ses sens.
Le ciel à ses besoins soumet les éléments.
Dans les plis du cerveau la mémoire habitante
Y peint de la nature une image vivante.
Chaque objet de ses sens prévient la volonté ;
Le son dans son oreille est par l'air apporté ;
Sans efforts et sans soins son œil voit la lumière.
Sur son Dieu, sur sa fin, sur sa cause première,
L'homme est-il sans secours à l'erreur attaché ?
Quoi ! le monde est visible, et Dieu serait caché ?
Quoi ! le plus grand besoin que j'aie en ma misère
Est le seul qu'en effet je ne puis satisfaire ?
Non ; le Dieu qui m'a fait ne m'a point fait en vain :
Sur le front des mortels il mit son sceau divin.
Je ne puis ignorer ce qu'ordonna mon maître ;
Il m'a donné sa loi, puisqu'il m'a donné l'être.
Sans doute il a parlé ; mais c'est à l'univers :
Il n'a point de l'Égypte habité les déserts[2] ;
Delphes, Délos, Ammon, ne sont pas ses asiles ;
Il ne se cacha point aux antres des sibylles.
La morale uniforme en tout temps, en tout lieu,
A des siècles sans fin parle au nom de ce Dieu.
C'est la loi de Trajan, de Socrate, et la vôtre.
De ce culte éternel la nature est l'apôtre.
Le bon sens la reçoit ; et les remords vengeurs,
Nés de la conscience, en sont les défenseurs ;

---

1. Il faut distinguer Confutzée, qui s'en est tenu à la religion naturelle, et qui a fait tout ce qu'on peut faire sans révélation. (*Note de Voltaire*, 1756.)

2. Voltaire avait dit dans *Sémiramis*, acte I, scène v :

> Comme si loin de nous le Dieu de l'univers
> N'eût mis la vérité qu'au fond de ces déserts.

C'est l'idée de Lucain dans la *Pharsale*, livre IX, vers 476-77.

Leur redoutable voix partout se fait entendre.
   Pensez-vous en effet que ce jeune Alexandre,
Aussi vaillant que vous, mais bien moins modéré,
Teint du sang d'un ami trop inconsidéré,
Ait pour se repentir consulté des augures?
Ils auraient dans leurs eaux lavé ses mains impures;
Ils auraient à prix d'or absous bientôt le roi.
Sans eux, de la nature il écouta la loi :
Honteux, désespéré d'un moment de furie,
Il se jugea lui-même indigne de la vie.
Cette loi souveraine, à la Chine, au Japon,
Inspira Zoroastre, illumina Solon.
D'un bout du monde à l'autre elle parle, elle crie :
« Adore un Dieu, sois juste, et chéris ta patrie. »
Ainsi le froid Lapon crut un Être éternel,
Il eut de la justice un instinct naturel ;
Et le Nègre, vendu sur un lointain rivage,
Dans les Nègres encore aima sa noire image.
Jamais un parricide, un calomniateur,
N'a dit tranquillement dans le fond de son cœur :
« Qu'il est beau, qu'il est doux d'accabler l'innocence,
De déchirer le sein qui nous donna naissance !
Dieu juste, Dieu parfait, que le crime a d'appas ! »
Voilà ce qu'on dirait, mortels, n'en doutez pas,
S'il n'était une loi terrible, universelle,
Que respecte le crime en s'élevant contre elle.
Est-ce nous qui créons ces profonds sentiments ?
Avons-nous fait notre âme ? avons-nous fait nos sens ?
L'or qui naît au Pérou, l'or qui naît à la Chine,
Ont la même nature et la même origine :
L'artisan les façonne, et ne peut les former.
Ainsi l'Être éternel qui nous daigne animer
Jeta dans tous les cœurs une même semence.
Le ciel fit la vertu ; l'homme en fit l'apparence.
Il peut la revêtir d'imposture et d'erreur,
Il ne peut la changer ; son juge est dans son cœur.

DEUXIÈME PARTIE

Réponses aux objections contre les principes d'une morale universelle.
Preuve de cette vérité.

J'entends avec Cardan Spinosa qui murmure :
« Ces remords, me dit-il, ces cris de la nature,
Ne sont que l'habitude, et les illusions
Qu'un besoin mutuel inspire aux nations. »
Raisonneur malheureux, ennemi de toi-même,
D'où nous vient ce besoin? Pourquoi l'Être suprême
Mit-il dans notre cœur, à l'intérêt porté,
Un instinct qui nous lie à la société?
Les lois que nous faisons, fragiles, inconstantes,
Ouvrages d'un moment, sont partout différentes.
Jacob chez les Hébreux put épouser deux sœurs ;
David, sans offenser la décence et les mœurs,
Flatta de cent beautés la tendresse importune ;
Le pape au Vatican n'en peut posséder une.
Là, le père à son gré choisit son successeur ;
Ici, l'heureux aîné de tout est possesseur.
Un Polaque à moustache, à la démarche altière ;
Peut arrêter d'un mot sa république entière ;
L'empereur ne peut rien sans ses chers électeurs.
L'Anglais a du crédit, le pape a des honneurs.
Usages, intérêts, cultes, lois, tout diffère.
Qu'on soit juste, il suffit; le reste est arbitraire[1].

---

1. Il est évident que cet *arbitraire* ne regarde que les choses d'institution, les lois civiles, la discipline, qui changent tous les jours, selon le besoin (*note de Voltaire*, 1756), et selon la prudence des chefs de l'Église.

C'est-à-dire, il est arbitraire, il est égal pour le salut d'être dévot à saint François ou à saint Dominique, d'aller en pèlerinage à Notre-Dame de Lorette ou à Notre-Dame des Neiges, d'avoir pour directeur un carme ou un capucin, de réciter le rosaire ou l'oraison des trente jours. Mais il n'est point arbitraire, il n'est point égal sans doute d'être catholique apostolique romain, ou de servir Dieu dans une

Mais tandis qu'on admire et ce juste et ce beau,
Londre immole son roi par la main d'un bourreau;
Du pape Borgia le bâtard sanguinaire
Dans les bras de sa sœur assassine son frère;

autre religion. Nous savons bien, nous l'avons dit, et nous le confirmons avec plaisir, que le roi et la reine d'Angleterre, la chambre des pairs et des communes, en un mot les trois royaumes et leurs colonies, sont damnés à toute éternité, puisqu'ils ne sont pas catholiques apostoliques romains; qu'il en est de même du roi de Danemark, du roi de Suède, du roi de Prusse, de l'impératrice de Russie, et de tous les monarques de la terre qui sont hors de notre giron. Cette vérité est incontestable.

Cependant frère Nonnotte et frère Patouillet, ci-devant soi-disant jésuites, se sont portés pour délateurs de notre modeste auteur, et ils l'ont déféré à Rome à M. le secrétaire des brefs, comme nous l'avons dit. Ils l'ont accusé d'avoir cru, dans le fond de son cœur, qu'il est égal d'être jésuite, ou janséniste, ou turc. Et comme souvent les puissances belligérantes font des trêves pour courir sus à l'ennemi commun, ils se sont réunis cette fois-ci pour accabler notre pauvre auteur, qui voudrait que tous les hommes vécussent en frères, si faire se peut.

Addition de l'auteur. M. le maréchal de R... me gronde toujours de ce que mes commentateurs font revenir tant de fois sur la scène l'ami Fréron, l'ami Patouillet, et l'ami Nonnotte. Mais je le supplie de considérer que je suis attaqué continuellement dans ce que j'ai de plus cher au monde par des hommes de la plus profonde érudition, du plus grand mérite et du plus grand crédit, sur qui l'univers a les yeux. Il est certain que ces grands hommes passeront à la postérité avec la théologie du R. P. Viret. Mon nom sera porté par eux, peut-être dans deux jours et pour deux jours, au tribunal souverain de cette postérité. Il faut bien que j'aie un avocat. Damilaville et Thieriot avaient entrepris ma défense. Ils sont morts, et Dieu sait où ils sont. Il ne me reste plus que l'avocat du diable.

Voici, au fond, de quoi il s'agit. Frère Nonnotte a voulu me faire cuire en ce monde, comme on voulut faire cuire frère Guignard, frère Girard, frère Malagrida, frère Mathos, frère Alexandre, et tant d'autres frères, et comme de fait on en a cuit quelques-uns. Non content de cette charité, il veut m'envoyer en enfer; et, qui pis est, il veut que tous les siècles à venir lui donnent la préférence sur moi. Ah! c'en est trop. Passe pour être damné.

Mais cette postérité équitable, devant laquelle nous plaidons, que dira-t-elle de tout cela? Rien.

Note de l'éditeur. Le R. P. Nonnotte, dont notre auteur reconnaît le crédit immense, égal à son érudition, a été en effet régent de sixième, et a même prêché dans quelques villages.

C'est lui qui releva toutes les erreurs grossières de notre auteur, et qui eut la générosité de vouloir lui vendre toute l'édition pour deux mille écus.

Il est vrai que le R. P. Nonnotte ne savait pas que le fameux combat de saint Pierre et de saint Paul avec Simon le magicien, à qui ressusciterait un parent de l'empereur dans Rome et à qui ferait les plus beaux tours, était un conte d'Abdias et de Marcel, répété par Hégésippe, et longtemps après très-indiscrètement recueilli par Eusèbe.

Il ne savait pas que les empereurs romains, permettant des synagogues aux Juifs dans Rome, toléraient aussi les chrétiens, et que Trajan, en écrivant à Pline: « Il ne faut faire aucune recherche contre les chrétiens », leur donnait par ces mots essentiels la permission tacite d'exercer leur religion secrètement; qu'en un mot Trajan n'était pas un exécrable persécuteur, comme ce bon jésuite le représente.

Il est vrai que notre auteur, ayant dit dans son *Histoire générale* : « L'igno-

Là, le froid Hollandais devient impétueux,
Il déchire en morceaux deux frères vertueux[1];
Plus loin la Brinvilliers, dévote avec tendresse,
Empoisonne son père en courant à confesse;
Sous le fer du méchant le juste est abattu.
Eh bien! conclurez-vous qu'il n'est point de vertu?
Quand des vents du midi les funestes haleines
De semences de mort ont inondé nos plaines,
Direz-vous que jamais le ciel en son courroux
Ne laissa la santé séjourner parmi nous?
Tous les divers fléaux dont le poids nous accable,
Du choc des éléments effet inévitable,
Des biens que nous goûtons corrompent la douceur;
Mais tout est passager, le crime et le malheur :
De nos désirs fougueux la tempête fatale
Laisse au fond de nos cœurs la règle et la morale.
C'est une source pure : en vain dans ses canaux

rance se représente d'ordinaire Dioclétien comme un ennemi armé sans cesse contre les fidèles », ce jésuite exact et officieux falsifie ainsi ce passage : « L'ignorance *chrétienne*, etc. », pour faire des amis à notre auteur.

Il ne savait pas que le célèbre docteur Dupin traite de fables ridicules les prétendus martyres de saint Clément, de saint Césaire, de saint Domitite, de sainte Hyacinthe, de sainte Eudoxie, de saint Eudoxe, de saint Romule, de saint Zénon, de saint Macaire, toutes fables, dit-il, qu'il faut mettre avec les martyres des onze mille soldats et des onze mille vierges (page 178, tome II). Le pauvre homme ne connaissait ni Dupin, ni Dodwell.

Il ne savait pas que quelques rois de la première race avaient eu plusieurs femmes à la fois, comme son confrère Daniel l'avoue de Gontran, de Théodebert et de Clotaire Second. Il n'avait pas même lu Daniel.

Il ne savait même rien de l'histoire de la confession publique et de la confession secrète, quoiqu'il se fût mêlé de confesser des filles. Il ne savait pas l'histoire de la synaxe et de la messe, quoiqu'il l'eût dite.

Enfin, pour abréger, il ne savait pas mieux la fable que la Bible. Il dit dans son beau livre, page 360, pour excuser ses petites méprises : « Je suis comme Polyphème; je m'écrie avec lui :

    Video meliora proboque,
    Deteriora sequor.

Nous ne nions pas que le R. P. Nonnotte n'ait quelque air de Polyphème; mais il le cite fort mal; et M. le secrétaire des brefs, très-savant Italien qui a lu son Ovide, sait très-bien que ce n'est pas Polyphème, amant de Galathée, qui dit : *Deteriora sequor*.

M. Damilaville, qui a daigné relever tant de sottises de Nonnotte, a dit qu'il écrivit son libelle avec l'ignorance d'un prédicateur, l'effronterie d'un jésuite, les falsifications continuelles d'un procureur de couvent, la perfidie et la scélératesse d'un délateur. Mais puisque notre auteur lui pardonne, je lui pardonne aussi, et me recommande à ses prières. (*Note de Voltaire*, 1773.)

1. Les deux frères de Witt.

Les vents contagieux en ont troublé les eaux ;
En vain sur sa surface une fange étrangère
Apporte en bouillonnant un limon qui l'altère ;
L'homme le plus injuste et le moins policé
S'y contemple aisément quand l'orage est passé.
Tous ont reçu du ciel avec l'intelligence
Ce frein de la justice et de la conscience.
De la raison naissante elle est le premier fruit ;
Dès qu'on la peut entendre, aussitôt elle instruit :
Contre-poids toujours prompt à rendre l'équilibre
Au cœur plein de désirs, asservi, mais né libre ;
Arme que la nature a mise en notre main,
Qui combat l'intérêt par l'amour du prochain.
De Socrate, en un mot, c'est là l'heureux génie ;
C'est là ce dieu secret qui dirigeait sa vie,
Ce dieu qui jusqu'au bout présidait à son sort
Quand il but sans pâlir la coupe de la mort.
Quoi ! cet esprit divin n'est-il que pour Socrate ?
Tout mortel a le sien, qui jamais ne le flatte.
Néron, cinq ans entiers, fut soumis à ses lois ;
Cinq ans, des corrupteurs il repoussa la voix.
Marc-Aurèle, appuyé sur la philosophie,
Porta ce joug heureux tout le temps de sa vie.
Julien, s'égarant dans sa religion,
Infidèle à la foi[1], fidèle à la raison,
Scandale de l'Église, et des rois le modèle,
Ne s'écarta jamais de la loi naturelle.
   On insiste, on me dit : « L'enfant dans son berceau
N'est point illuminé par ce divin flambeau ;
C'est l'éducation qui forme ses pensées ;
Par l'exemple d'autrui ses mœurs lui sont tracées ;
Il n'a rien dans l'esprit, il n'a rien dans le cœur ;
De ce qui l'environne il n'est qu'imitateur ;
Il répète les noms de devoir, de justice ;
Il agit en machine ; et c'est par sa nourrice
Qu'il est juif ou païen, fidèle ou musulman,
Vêtu d'un justaucorps, ou bien d'un doliman. »
   Oui, de l'exemple en nous je sais quel est l'empire.
Il est des sentiments que l'habitude inspire.

---

1. Ces vers sont imités de ceux de Prudentius, que Voltaire cite dans le *Dictionnaire philosophique*, au mot APOSTAT.

Le langage, la mode et les opinions,
Tous les dehors de l'âme, et ses préventions,
Dans nos faibles esprits sont gravés par nos pères,
Du cachet des mortels impressions légères.
Mais les premiers ressorts sont faits d'une autre main :
Leur pouvoir est constant, leur principe est divin.
Il faut que l'enfant croisse, afin qu'il les exerce ;
Il ne les connaît pas sous la main qui le berce.
Le moineau, dans l'instant qu'il a reçu le jour,
Sans plumes dans son nid, peut-il sentir l'amour?
Le renard en naissant va-t-il chercher sa proie?
Les insectes changeants qui nous filent la soie,
Les essaims bourdonnants de ces filles du ciel
Qui pétrissent la cire et composent le miel,
Sitôt qu'ils sont éclos forment-ils leur ouvrage?
Tout mûrit par le temps, et s'accroît par l'usage.
Chaque être a son objet, et dans l'instant marqué
Il marche vers le but par le ciel indiqué.
De ce but, il est vrai, s'écartent nos caprices ;
Le juste quelquefois commet des injustices ;
On fuit le bien qu'on aime, on hait le mal qu'on fait[1] :
De soi-même en tout temps quel cœur est satisfait?

 L'homme, on nous l'a tant dit, est une énigme obscure :
Mais en quoi l'est-il plus que toute la nature?
Avez-vous pénétré, philosophes nouveaux,
Cet instinct sûr et prompt qui sert les animaux?
Dans son germe impalpable avez-vous pu connaître
L'herbe qu'on foule aux pieds, et qui meurt pour renaître?
Sur ce vaste univers un grand voile est jeté ;
Mais, dans les profondeurs de cette obscurité,
Si la raison nous luit, qu'avons-nous à nous plaindre?
Nous n'avons qu'un flambeau, gardons-nous de l'éteindre.

 Quand de l'immensité Dieu peupla les déserts,
Alluma des soleils, et souleva des mers :
« Demeurez, leur dit-il, dans vos bornes prescrites. »

---

1. Racine a dit :

> Je ne fais pas le bien que j'aime,
> Et je fais le mal que je hais.

On lit dans Ovide (*Métamorph.*, VII, 20-21) :

> Video meliora proboqu
> Deteriora sequor.

Tous les mondes naissants connurent leurs limites.
Il imposa des lois à Saturne, à Vénus,
Aux seize orbes divers dans nos cieux contenus,
Aux éléments unis dans leur utile guerre,
A la course des vents, aux flèches du tonnerre,
A l'animal qui pense, et né pour l'adorer,
Au ver qui nous attend, né pour nous dévorer.
Aurons-nous bien l'audace, en nos faibles cervelles,
D'ajouter nos décrets à ces lois immortelles[1] ?
Hélas ! serait-ce à nous, fantômes d'un moment,
Dont l'être imperceptible est voisin du néant,
De nous mettre à côté du maître du tonnerre,
Et de donner en dieux des ordres à la terre ?

---

1. On ne doit entendre par ce mot *décrets* que les opinions passagères des hommes, qui veulent donner leurs sentiments particuliers pour des lois générales. (*Note de Voltaire*, 1756.)

TROISIÈME PARTIE

Que les hommes, ayant pour la plupart défiguré, par les opinions qui les divisent, le principe de la religion naturelle qui les unit, doivent se supporter les uns les autres.

L'univers est un temple où siége l'Éternel.
Là chaque homme[1] à son gré veut bâtir un autel.
Chacun vante sa foi, ses saints et ses miracles,
Le sang de ses martyrs, la voix de ses oracles.
L'un pense, en se lavant cinq ou six fois par jour,
Que le ciel voit ses bains d'un regard plein d'amour,
Et qu'avec un prépuce on ne saurait lui plaire;
L'autre a du dieu Brama désarmé la colère,
Et, pour s'être abstenu de manger du lapin,
Voit le ciel entr'ouvert, et des plaisirs sans fin.
Tous traitent leurs voisins d'impurs et d'infidèles :
Des chrétiens divisés les infâmes querelles
Ont, au nom du Seigneur, apporté plus de maux,
Répandu plus de sang, creusé plus de tombeaux,
Que le prétexte vain d'une utile balance
N'a désolé jamais l'Allemagne et la France.
  Un doux inquisiteur, un crucifix en main,
Au feu, par charité, fait jeter son prochain,
Et, pleurant avec lui d'une fin si tragique,
Prend, pour s'en consoler, son argent qu'il s'applique ;
Tandis que, de la grâce ardent à se toucher,
Le peuple, en louant Dieu, danse autour du bûcher.
On vit plus d'une fois, dans une sainte ivresse,
Plus d'un bon catholique, au sortir de la messe,
Courant sur son voisin pour l'honneur de la foi,

---

1. *Chaque homme* signifie clairement chaque particulier qui veut s'ériger en législateur; et il n'est ici question que des cultes étrangers, comme on l'a déclaré au commencement de la première partie. (*Note de Voltaire*, 1756.)

Lui crier : « Meurs, impie, ou pense comme moi. »
Calvin et ses suppôts, guettés par la justice,
Dans Paris, en peinture, allèrent au supplice.
Servet fut en personne immolé par Calvin.
Si Servet dans Genève eût été souverain,
Il eût, pour argument contre ses adversaires,
Fait serrer d'un lacet le cou des trinitaires.
Ainsi d'Arminius les ennemis nouveaux
En Flandre étaient martyrs, en Hollande bourreaux.

   D'où vient que, deux cents ans, cette pieuse rage
De nos aïeux grossiers fut l'horrible partage ?
C'est que de la nature on étouffa la voix ;
C'est qu'à sa loi sacrée on ajouta des lois ;
C'est que l'homme, amoureux de son sot esclavage,
Fit, dans ses préjugés, Dieu même à son image.
Nous l'avons fait injuste, emporté, vain, jaloux,
Séducteur, inconstant, barbare comme nous.

   Enfin, grâce en nos jours à la philosophie,
Qui de l'Europe au moins éclaire une partie,
Les mortels, plus instruits, en sont moins inhumains ;
Le fer est émoussé, les bûchers sont éteints.
Mais si le fanatisme était encor le maître,
Que ces feux étouffés seraient prompts à renaître !
On s'est fait, il est vrai, le généreux effort
D'envoyer moins souvent ses frères à la mort ;
On brûle moins d'Hébreux dans les murs de Lisbonne[1] ;
Et même le mouphti, qui rarement raisonne,
Ne dit plus aux chrétiens que le sultan soumet :
« Renonce au vin, barbare, et crois à Mahomet. »
Mais du beau nom de chien ce mouphti nous honore[2] ;
Dans le fond des enfers il nous envoie encore.
Nous le lui rendons bien : nous damnons à la fois
Le peuple circoncis, vainqueur de tant de rois,
Londres, Berlin, Stockholm et Genève : et vous-même
Vous êtes, ô grand roi, compris dans l'anathème.
En vain, par des bienfaits signalant vos beaux jours,
A l'humaine raison vous donnez des secours,

---

1. On ne pouvait prévoir alors que les flammes détruiraient une partie de cette ville malheureuse, dans laquelle on alluma trop souvent des bûchers. (*Note de Voltaire*, 1756.)

2. Les Turcs appellent indifféremment les chrétiens *infidèles* et *chiens*. (*Id.*, 1756.)

Aux beaux-arts des palais, aux pauvres des asiles,
Vous peuplez les déserts, vous les rendez fertiles;
De fort savants esprits jurent sur leur salut[1]
Que vous êtes sur terre un fils de Belzébut.
    Les vertus des païens étaient, dit-on, des crimes.
Rigueur impitoyable! odieuses maximes!
Gazetier clandestin dont la plate âcreté
Damne le genre humain de pleine autorité,
Tu vois d'un œil ravi les mortels, tes semblables,
Pétris des mains de Dieu pour le plaisir des diables.
N'es-tu pas satisfait de condamner au feu
Nos meilleurs citoyens, Montaigne et Montesquieu?
Penses-tu que Socrate et le juste Aristide,
Solon, qui fut des Grecs et l'exemple et le guide;
Penses-tu que Trajan, Marc-Aurèle, Titus,
Noms chéris, noms sacrés, que tu n'as jamais lus,
Aux fureurs des démons sont livrés en partage
Par le Dieu bienfaisant dont ils étaient l'image;
Et que tu seras, toi, de rayons couronné,
D'un chœur de chérubins au ciel environné,
Pour avoir quelque temps, chargé d'une besace,
Dormi dans l'ignorance et croupi dans la crasse?
Sois sauvé, j'y consens; mais l'immortel Newton,
Mais le savant Leibnitz, et le sage Addison,
Et ce Locke, en un mot, dont la main courageuse[2]

---

1. On respecte cette maxime : « Hors de l'Église point de salut; » mais tous les hommes sensés trouvent ridicule et abominable que des particuliers osent employer cette sentence générale et comminatoire contre des hommes qui sont leurs supérieurs et leurs maîtres en tout genre : les hommes raisonnables n'en usent point ainsi. L'archevêque Tillotson aurait-il jamais écrit à l'archevêque Fénelon : « Vous êtes damné? » et un roi de Portugal écrirait-il à un roi d'Angleterre qui lui envoie des secours : « Mon frère, vous irez à tous les diables? » La dénonciation des peines éternelles à ceux qui ne pensent pas comme nous est une arme ancienne qu'on laisse sagement reposer dans l'arsenal, et dont il n'est permis à aucun particulier de se servir. (*Note de Voltaire*, 1756.)

2. Le modeste et sage Locke est connu pour avoir développé toute la marche de l'entendement humain, et pour avoir montré les limites de son pouvoir. Convaincu de la faiblesse humaine, et pénétré de la puissance infinie du Créateur, il dit que nous ne connaissons la nature de notre âme que par la foi; il dit que l'homme n'a point par lui-même assez de lumières pour assurer que Dieu ne peut pas communiquer la pensée à tout être auquel il daignera faire ce présent, à la matière elle-même.

    Ceux qui étaient encore dans l'ignorance s'élevèrent contre lui. Entêtés d'un cartésianisme aussi faux en tout que le péripatétisme, ils croyaient que la matière n'est autre chose que l'étendue en longueur, largeur et profondeur : ils ne

A de l'esprit humain posé la borne heureuse;
Ces esprits qui semblaient de Dieu même éclairés,
Dans des feux éternels seront-ils dévorés?
Porte un arrêt plus doux, prends un ton plus modeste,
Ami ; ne préviens point le jugement céleste ;

savaient pas qu'elle a la gravitation vers un centre, la force d'inertie, et d'autres propriétés; que ses éléments sont invisibles, tandis que ses composés se divisent sans cesse. Ils bornaient la puissance de l'Être tout-puissant; ils ne faisaient pas réflexion qu'après toutes les découvertes sur la matière, nous ne connaissons point le fond de cet être. Ils devaient songer que l'on a longtemps agité si l'entendement humain est une faculté ou une substance; ils devaient s'interroger eux-mêmes, et sentir que nos connaissances sont trop bornées pour sonder cet abîme.

La faculté que les animaux ont de se mouvoir n'est point une substance, un être à part; il paraît que c'est un don du Créateur. Locke dit que ce même Créateur peut faire ainsi un don de la pensée à tel être qu'il daignera choisir. Dans cette hypothèse, qui nous soumet plus que toute autre à l'Être suprême, la pensée accordée à un élément de matière n'en est pas moins pure, moins immortelle que dans toute autre hypothèse. Cet élément indivisible est impérissable : la pensée peut assurément subsister à jamais avec lui, quand le corps est dissous. Voilà ce que Locke propose sans rien affirmer. Il dit ce que Dieu eût pu faire, et non ce que Dieu a fait. Il ne connaît point ce que c'est que la matière; il avoue qu'entre elle et Dieu il peut y avoir une infinité de substances créées absolument différentes les unes des autres. La lumière, le feu élémentaire, paraît en effet, comme on l'a dit dans les *Éléments* de Newton, une substance mitoyenne entre cet être inconnu, nommé matière, et d'autres êtres encore plus inconnus. La lumière ne tend point vers un centre comme la matière, elle ne paraît pas impénétrable; aussi Newton dit souvent dans son *Optique* : « Je n'examine pas si les rayons de la lumière sont des corps ou non. »

Locke dit donc qu'il peut y avoir un nombre innombrable de substances, et que Dieu est le maître d'accorder des idées à ces substances. Nous ne pouvons deviner par quel art divin un être, quel qu'il soit, a des idées, nous en sommes bien loin : nous ne saurons jamais comment un ver de terre a le pouvoir de se remuer. Il faut dans toutes ces recherches s'en remettre à Dieu, et sentir son néant. Telle est la philosophie de cet homme, d'autant plus grand qu'il est plus simple : et c'est cette soumission à Dieu qu'on a osé appeler impiété; et ce sont ses sectateurs, convaincus de l'immortalité de l'âme, qu'on a nommés matérialistes; et c'est un homme tel que Locke à qui un compilateur de quelque physique [*] a donné le nom d'*ennuyeux*.

Quand même Locke se serait trompé sur ce point (si l'on peut pourtant se tromper en n'affirmant rien), cela n'empêche pas qu'il ne mérite la louange qu'on lui donne ici : il est le premier, ce me semble, qui ait montré qu'on ne connaît aucun axiome avant d'avoir connu les vérités particulières; il est le premier qui ait fait voir ce que c'est que l'identité, et ce que c'est que d'être la même personne, le même *soi;* il est le premier qui ait prouvé la fausseté du système des idées innées. Sur quoi je remarquerai qu'il y a des écoles qui anathématisèrent les idées innées quand Descartes les établit, et qui anathématisèrent ensuite les adversaires des idées innées, quand Locke les eut détruites. C'est ainsi que jugent les hommes qui ne sont pas philosophes. (*Note de Voltaire*, 1756.)

---

[*] Pluche, auteur du *Spectacle de la Nature*.

Respecte ces mortels, pardonne à leur vertu :
Ils ne t'ont point damné, pourquoi les damnes-tu ?
A la religion discrètement fidèle[1],
Sois doux, compatissant, sage, indulgent, comme elle ;
Et sans noyer autrui songe à gagner le port :
La clémence a raison, et la colère a tort.
Dans nos jours passagers de peines, de misères,
Enfants du même Dieu, vivons au moins en frères ;
Aidons-nous l'un et l'autre à porter nos fardeaux[2] ;
Nous marchons tous courbés sous le poids de nos maux ;
Mille ennemis cruels assiégent notre vie,
Toujours par nous maudite, et toujours si chérie ;
Notre cœur égaré, sans guide et sans appui,
Est brûlé de désirs, ou glacé par l'ennui ;
Nul de nous n'a vécu sans connaître les larmes.
De la société les secourables charmes
Consolent nos douleurs, au moins quelques instants :
Remède encor trop faible à des maux si constants.
Ah ! n'empoisonnons pas la douceur qui nous reste.
Je crois voir des forçats dans un cachot funeste,
Se pouvant secourir, l'un sur l'autre acharnés,
Combattre avec les fers dont ils sont enchaînés.

---

1. Toute la fin de cette troisième partie est citée par Voltaire dans son *Avis au public sur les Calas et les Sirven*.

2. « Alter alterius onera portate », dit saint Paul dans son *Épître aux Galates*, vi, 2.

QUATRIÈME PARTIE

C'est au gouvernement à calmer les malheureuses disputes de l'école qui troublent la société.

Oui, je l'entends souvent de votre bouche auguste,
Le premier des devoirs, sans doute, est d'être juste;
Et le premier des biens est la paix de nos cœurs.
Comment avez-vous pu, parmi tant de docteurs,
Parmi ces différends que la dispute enfante,
Maintenir dans l'État une paix si constante?
D'où vient que les enfants de Calvin, de Luther,
Qu'on croit, delà les monts, bâtards de Lucifer,
Le grec et le romain, l'empesé quiétiste,
Le quakre au grand chapeau, le simple anabaptiste,
Qui jamais dans leur loi n'ont pu se réunir,
Sont tous, sans disputer, d'accord pour vous bénir?
C'est que vous êtes sage, et que vous êtes maître.
Si le dernier Valois, hélas! avait su l'être,
Jamais un jacobin, guidé par son prieur,
De Judith et d'Aod fervent imitateur,
N'eût tenté dans Saint-Cloud sa funeste entreprise:
Mais Valois aiguisa le poignard de l'Église[1],
Ce poignard qui bientôt égorgea dans Paris,
Aux yeux de ses sujets, le plus grand des Henris.
Voilà le fruit affreux des pieuses querelles[2]:
Toutes les factions à la fin sont cruelles;
Pour peu qu'on les soutienne, on les voit tout oser:
Pour les anéantir il les faut mépriser.

---

1. Il ne faut pas entendre par ce mot l'Église catholique, mais le poignard d'un ecclésiastique, le fanatisme abominable de quelques gens d'église de ces temps-là, détesté par l'Église de tous les temps. (*Note de Voltaire*, 1756.)

2. Chénier, dans sa pièce de vers intitulée *la Promenade*, a dit :

Tel est le fruit amer des discordes civiles.

Qui conduit des soldats peut gouverner des prêtres.
Un roi[1] dont la grandeur éclipsa ses ancêtres
Crut pourtant, sur la foi d'un confesseur normand,
Jansénius à craindre, et Quesnel important;
Du sceau de sa grandeur il chargea leurs sottises.
De la dispute alors cent cabales éprises,
Cent bavards en fourrure, avocats, bacheliers,
Colporteurs, capucins, jésuites, cordeliers,
Troublèrent tout l'État par leurs doctes scrupules :
Le régent, plus sensé, les rendit ridicules[2] ;
Dans la poussière alors on les vit tous rentrer.
  L'œil du maître suffit, il peut tout opérer.
L'heureux cultivateur des présents de Pomone,
Des filles du printemps, des trésors de l'automne,
Maître de son terrain, ménage aux arbrisseaux
Les secours du soleil, de la terre et des eaux ;
Par de légers appuis soutient leurs bras débiles,
Arrache impunément les plantes inutiles,
Et des arbres touffus dans son clos renfermés
Émonde les rameaux de la séve affamés ;
Son docile terrain répond à sa culture :
Ministre industrieux des lois de la nature,
Il n'est pas traversé dans ses heureux desseins;
Un arbre qu'avec peine il planta de ses mains
Ne prétend pas le droit de se rendre stérile,
Et, du sol épuisé tirant un suc utile,
Ne va pas refuser à son maître affligé
Une part de ses fruits dont il est trop chargé ;
Un jardinier voisin n'eut jamais la puissance
De diriger des dieux la maligne influence,
De maudire ses fruits pendants aux espaliers,
Et de sécher d'un mot sa vigne et ses figuiers[3].
Malheur aux nations dont les lois opposées
Embrouillent de l'État les rênes divisées !
Le sénat des Romains, ce conseil de vainqueurs,

---

1. Louis XIV.
2. Ce ridicule, si universellement senti par toutes les nations, tombe sur les grandes intrigues pour de petites choses, sur la haine acharnée de deux partis qui n'ont jamais pu s'entendre, sur plus de quatre mille volumes imprimés. (*Note de Voltaire*, 1756.)
3. Allusion au figuier dont parlent saint Matthieu, ch. xxi, v. 19; saint Marc, ch. xi, v. 13 et 14.

QUATRIÈME PARTIE.

Présidait aux autels, et gouvernait les mœurs,
Restreignait sagement le nombre des vestales,
D'un peuple extravagant réglait les bacchanales.
Marc-Aurèle et Trajan mêlaient, au Champ de Mars,
Le bonnet de pontife au bandeau des Césars ;
L'univers, reposant sous leur heureux génie,
Des guerres de l'école ignora la manie :
Ces grands législateurs, d'un saint zèle enivrés,
Ne combattirent point pour leurs poulets sacrés.
Rome, encore aujourd'hui conservant ces maximes [1]
Joint le trône à l'autel par des nœuds légitimes ;
Ses citoyens en paix, sagement gouvernés,
Ne sont plus conquérants, et sont plus fortunés.
   Je ne demande pas que dans sa capitale
Un roi, portant en main la crosse épiscopale,
Au sortir du conseil allant en mission,
Donne au peuple contrit sa bénédiction ;
Toute église a ses lois, tout peuple a son usage :
Mais je prétends qu'un roi, que son devoir engage
A maintenir la paix, l'ordre, la sûreté,
Ait sur tous ses sujets égale autorité [2].
Ils sont tous ses enfants ; cette famille immense
Dans ses soins paternels a mis sa confiance.
Le marchand, l'ouvrier, le prêtre, le soldat,
Sont tous également les membres de l'État.
De la religion l'appareil nécessaire
Confond aux yeux de Dieu le grand et le vulgaire ;
Et les civiles lois, par un autre lien,
Ont confondu le prêtre avec le citoyen.
La loi dans tout État doit être universelle :
Les mortels, quels qu'ils soient, sont égaux devant elle.
Je n'en dirai pas plus sur ces points délicats.
Le ciel ne m'a point fait pour régir les États,
Pour conseiller les rois, pour enseigner les sages ;
Mais, du port où je suis contemplant les orages,
Dans cette heureuse paix où je finis mes jours,

---

1. Voyez dans le *Dictionnaire philosophique*, au mot Théocratie, la note de Voltaire lui-même sur ces deux vers.
2. Ce n'est pas à dire que chaque ordre de l'État n'ait ses distinctions, ses priviléges indispensablement attachés à ses fonctions. Ils jouissent de ces priviléges dans tout pays ; mais la loi générale lie également tout le monde. (*Note de Voltaire*, 1756.)

Éclairé par vous-même, et plein de vos discours,
De vos nobles leçons salutaire interprète,
Mon esprit suit le vôtre, et ma voix vous répète.
 Que conclure à la fin de tous mes longs propos?
C'est que les préjugés sont la raison des sots;
Il ne faut pas pour eux se déclarer la guerre :
Le vrai nous vient du ciel, l'erreur vient de la terre;
Et, parmi les chardons qu'on ne peut arracher,
Dans les sentiers secrets le sage doit marcher.
La paix enfin, la paix, que l'on trouble et qu'on aime,
Est d'un prix aussi grand que la vérité même.

PRIÈRE.

 O Dieu qu'on méconnaît, ô Dieu que tout annonce,
Entends les derniers mots que ma bouche prononce;
Si je me suis trompé, c'est en cherchant ta loi.
Mon cœur peut s'égarer, mais il est plein de toi.
Je vois sans m'alarmer l'éternité paraître;
Et je ne puis penser qu'un Dieu qui m'a fait naître,
Qu'un Dieu qui sur mes jours versa tant de bienfaits,
Quand mes jours sont éteints me tourmente à jamais[1].

---

1. Marie Leczinska, en allant à la messe (juillet 1757), aperçut sur un étalage de libraire *la Religion naturelle*. Elle en fut indignée. Elle ne s'arrêta point pourtant; mais au retour elle se saisit de la brochure et la déchira, en disant à la marchande que, si elle s'avisait de débiter de pareilles œuvres, on lui ôterait sa boutique. La pauvre femme était loin de se croire si coupable. Le titre de *Religion* l'avait trompée : elle pensait vendre un livre d'édification. (Duc de Luynes, *Mémoires*, Paris, Didot, tome XVI, p. 108, extrait d'une lettre du 19 juillet 1757.)

VARIANTES

DU POËME SUR *LA LOI NATURELLE*.

EXORDE

Vers 2 :

> Sont l'exemple des rois et la leçon des sages.

Vers 19 :

> L'art des vers en effet, utile au genre humain,
> S'il est partout frivole, est quelquefois divin.
> Qu'importe aux bons esprits que le flatteur d'Octave.

Vers 28 :

> Ou qu'il décrive en vers.

Vers 34 :

> . . . . . . Mais surtout son devoir.

Vers 34. — C'est ici que finit l'exorde dans la première édition.

Vers 35. — Ce poëme fut aussi adressé à Mme la margrave de Bareith (voyez ci-après la variante du vers 68, *Deuxième Partie*). L'Exorde commence ainsi dans une ancienne copie :

> Souveraine sans faste, et femme sans faiblesse,
> Vous dont la raison mâle et la ferme sagesse
> Sont pour moi des attraits plus chers, plus précieux,
> Que ces feux séduisants qui brillent dans vos yeux :
> Digne ouvrage d'un Dieu, connaissez votre maître;
> La main des préjugés défigura son être.
> *Dans le fond de nos cœurs il faut chercher ses traits. (K.)

— Colini dit que ce poëme fut dédié à la duchesse de Saxe-Gotha. Voltaire lui-même, dans sa lettre à d'Argental, du 22 mars 1756, parle aussi de la dédicace à cette princesse. Ce n'était donc pas à la margrave de Bareith. (B.)

PREMIÈRE PARTIE

Vers 1ᵉʳ. — Dans la première édition la première partie commençait ainsi :

> Je n'irai point d'abord, philosophe orgueilleux,
> Sur l'aile de Platon me perdre dans les cieux :
> *Écartons ces romans qu'on appelle systèmes,
> *Et pour nous élever descendons dans nous-mêmes.
> *Soit qu'un être inconnu, etc.

Vers 7 :

> Nous sommes sous la main...

Vers 9 :

> .... Exige-t-il de nous?

Vers 19 :

> Et sans vouloir sonder d'un œil philosophique
> Des mystères chrétiens l'amas théologique.

DEUXIÈME PARTIE

Vers 14. — Dans l'édition de 1773, on lit :

> .... N'en peut caresser une.

Vers 16. — Dans l'édition de 1756, il y avait :

> Ici l'heureux aîné de tout est possesseur;
> Aux lois de vos voisins votre code est contraire.
> Qu'on soit juste, il suffit; le reste est arbitraire.

Vers 56 :

> *Qui combat l'intérêt par l'amour du prochain;
> Pilote qui s'oppose aux vents toujours contraires
> De tant de passions qui nous sont nécessaires.
> *On insiste, etc.

Vers 68. — C'est ici que vient un fragment précieux que Laharpe a fait imprimer, pour la première fois, dans son *Lycée, ou Cours de Littérature*. « *La Loi naturelle,* dit-il, adressée d'abord au roi de Prusse, et faite à Berlin, fut dédiée, dans une édition subséquente, à la sœur de ce prince, la margrave de Bareith, chez qui Voltaire passa quelque temps, après ses brouilleries avec Frédéric... Très-peu de gens connaissent les vers que le ressentiment lui dictait alors contre Frédéric qu'il avait tant exalté. Il est bien extraordinaire qu'il les adressât à la sœur d'un monarque qu'il peignait comme on va le voir. » Mais on a vu dans la variante du vers 35 de l'*Exorde*

VARIANTES DE LA LOI NATURELLE.

que ce fut à la duchesse de Saxe-Gotha, et non à la margrave de Bareith, que fut dédié le poëme, qui primitivement l'était au roi de Prusse. (B.)

> * Infidèle à la foi, fidèle à la raison,
> * Ne s'écarta jamais de la loi naturelle.
> Frédéric aujourd'hui l'a pris pour son modèle;
> Vainqueur des préjugés, savant, ingénieux,
> Environné des arts, éclairé par ses yeux,
> Assemblage éclatant de qualités contraires,
> Écrasant les mortels en les nommant ses frères,
> Misanthrope et farouche avec un air hautain,
> Souvent impétueux, et quelquefois trop fin,
> Modeste avec orgueil, colère avec faiblesse,
> Pétri de passions, et cherchant la sagesse,
> Dangereux politique et dangereux censeur,
> Mon patron, mon disciple, et mon persécuteur,
> C'est en vain qu'il se fait une secrète étude
> De se cacher sa faute et son ingratitude.
> Dans la bouche d'un autre il hait la vérité;
> Elle parle à son cœur en secret révolté;
> Elle parle; il l'écoute; il voit son injustice;
> Sa raison, malgré lui, rougit de son caprice.
> * On insiste, etc.

Vers 104. — Dans les premières éditions, immédiatement après

> Il marche vers le but par le ciel indiqué,

on lit :

> L'homme, on nous l'a tant dit, etc.

Dans des manuscrits on lisait :

> Quel fut ce but de l'homme, et qu'est-ce qu'il doit être?
> Ce qu'il est : il naquit à la voix de son maître,
> Pour cultiver les champs, se loger, se nourrir,
> Vivre en adorant Dieu, travailler et mourir.

Les quatre vers qu'on lit aujourd'hui ont été donnés dans les éditions de Kehl. (B.)

Vers 125 :

> Et vous avez l'audace, en vos visions folles,
> Orgueilleux excréments du bourbier des écoles,
> D'ajouter vos décrets aux volontés des cieux!
> Imbéciles tyrans qui nous parlez en dieux,
> Vous commandez aux rois prosternés dans la poudre :
> Ah! l'insecte rampant doit-il lancer la foudre?

TROISIÈME PARTIE

Vers 21 :

> Tandis qu'à ce bourreau, loin d'oser l'arracher,
> Le peuple, louant Dieu, danse autour du bûcher.

Vers 58 :

> Le peuple circoncis vainqueur de tant de rois,
> Et les climats de l'Ourse, et la riche Angleterre.
> Le plus vil capucin, juge altier de la terre,
> Dans les ardents transports de son zèle hébété,
> Damne le genre humain de pleine autorité,
> Et contemple à loisir les mortels ses semblables,
> Pétris des mains de Dieu pour le plaisir des diables.
> Çà, dis-moi, tête chauve, ou toi qui dans un froc
> Des arguments en forme as soutenu le choc,
> Penses-tu que Socrate, etc.

Vers 66 :

> Boyer et Tamponet jurent sur leur salut
> Que vous êtes sur terre un fils de Belzébut :
> Ils ont des partisans; et l'on honore en France
> De ces ânes fourrés l'imbécile insolence.
>   Çà, dis-moi, tête chauve, ou toi qui dans un froc
> Des arguments en forme as soutenu le choc,
> *Penses-tu que Socrate et le juste Aristide,
> *Solon, qui fut des Grecs et l'exemple et le guide;
> *Penses-tu que Trajan, Marc-Aurèle, Titus,
> *Noms chéris, noms sacrés que tu n'as jamais lus,
> De l'univers charmé, bienfaiteurs adorables,
> Soient au fond des enfers empalés par des diables?
> *Et que tu seras, toi, etc.

Vers 98 :

> Qui pardonne a raison, et la colère a tort.

Vers 104. — Laharpe, dans son *Lycée*, VIII, 208 (troisième partie, liv. Ier, chap. II), rapporte comme venant ici quatre vers qui sont du *Désastre de Lisbonne* :

> Quelquefois dans nos jours, etc. (B.)

QUATRIÈME PARTIE

Vers 26 :

> Louis, dont la grandeur.

PRÉFACE[1]

DU POËME SUR *LE DÉSASTRE DE LISBONNE*.

Si jamais la question du mal physique a mérité l'attention de tous les hommes, c'est dans ces événements funestes qui nous rappellent à la contemplation de notre faible nature, comme les pestes générales qui ont enlevé le quart des hommes dans le monde connu, le tremblement de terre qui engloutit quatre cent mille personnes à la Chine en 1699, celui de Lima et de Collao, et en dernier lieu celui du Portugal et du royaume de Fez. L'axiome *Tout est bien* paraît un peu étrange à ceux qui sont les témoins de ces désastres. Tout est arrangé, tout est ordonné, sans doute, par la Providence; mais il n'est que trop sensible que tout, depuis longtemps, n'est pas arrangé pour notre bien-être présent.

Lorsque l'illustre Pope donna son *Essai sur l'Homme*, et qu'il développa dans ses vers immortels les systèmes de Leibnitz, du lord Shaftesbury[2], et du lord Bolingbroke, une foule de théolo-

---

1. Cette préface et la note suivante sont de 1756. (B.)
2. C'est peut-être la première fois qu'on a dit que le système de Pope était celui du lord Shaftesbury; c'est pourtant une vérité incontestable. Toute la partie physique est presque mot à mot dans la première partie du chapitre intitulé *les Moralistes*, section III : *Much is alleg'd in answer to show*, etc. « On a beaucoup à répondre à ces plaintes des défauts de la nature : comment est-elle sortie si impuissante et si défectueuse des mains d'un être parfait? *Mais je nie* qu'elle soit défectueuse... Sa beauté résulte des contrariétés, et la concorde universelle naît d'un combat perpétuel... Il faut que chaque être soit immolé à d'autres, les végétaux aux animaux, les animaux à la terre...; et les lois du pouvoir central et de la gravitation, qui donnent aux corps célestes leur poids et leur mouvement, ne seront point dérangées pour l'amour d'un chétif et faible animal, qui, tout protégé qu'il est par ces mêmes lois, sera bientôt par elles réduit en poussière. »

Cela est admirablement dit; et cela n'empêche pas que l'illustre docteur Clarke, dans son traité de l'existence de Dieu, ne dise que « le genre humain se trouve dans un état où l'ordre naturel des choses de ce monde est manifestement renversé »; page 10, tome II, deuxième édition, traduction de M. Ricotier. Cela n'empêche pas qu' l'homme ne puisse dire : « Je dois être aussi cher à mon maître,

giens de toutes les communions attaqua ce système. On se révoltait contre cet axiome nouveau que *tout est bien*, que *l'homme jouit de la seule mesure du bonheur dont son être soit susceptible*, etc. Il y a toujours un sens dans lequel on peut condamner un écrit, et un sens dans lequel on peut l'approuver. Il serait bien plus raisonnable de ne faire attention qu'aux beautés utiles d'un

<blockquote>
moi être pensant et sentant, que les planètes, qui probablement ne sentent point » ; cela n'empêche pas que les choses de ce monde ne puissent être autrement, puisqu'on nous apprend que l'ordre a été perverti, et qu'il sera rétabli; cela n'empêche pas que le mal physique et le mal moral ne soient une chose incompréhensible à l'esprit humain ; cela n'empêche pas qu'on ne puisse révoquer en doute le *Tout est bien*, en respectant Shaftesbury et Pope, dont le système a d'abord été attaqué comme suspect d'athéisme, et est aujourd'hui canonisé.

La partie morale de l'*Essai sur l'Homme* de Pope est aussi tout entière dans Shaftesbury, à l'article de la recherche sur la vertu, au second volume des *Caracteristics*. C'est là que l'auteur dit que l'intérêt particulier bien entendu fait l'intérêt général. « Aimer le bien public et le nôtre est non-seulement possible, mais inséparable : To be well affected towards the public interest and ones own, in not only consistent, but inseparable. » C'est là ce qu'il prouve dans tout ce livre, et c'est la base de toute la partie morale de l'*Essai* de Pope *sur l'Homme*. C'est par là qu'il finit.

> That reason, passion, answer one great aim,
> That true self love and social be the same.

« La raison et les passions répondent au grand but de Dieu. Le véritable amour-propre et l'amour social sont le même. »

Une si belle morale, bien mieux développée encore dans Pope que dans Shaftesbury, a toujours charmé l'auteur des poëmes sur *Lisbonne* et sur *la Loi naturelle* : voilà pourquoi il a dit (pages 441-442) :

> Mais Pope approfondit ce qu'ils ont effleuré,
> . . . .
> Et l'homme avec lui seul apprend à se connaître.

Le lord Shaftesbury prouve encore que la perfection de la vertu est due nécessairement à la croyance d'un Dieu : « And thus perfection of virtue must be owing to the belief of a God. »

C'est apparemment sur ces paroles que quelques personnes ont traité Shaftesbury d'athée. S'ils avaient bien lu son livre, ils n'auraient pas fait cet infâme reproche à la mémoire d'un pair d'Angleterre, d'un philosophe élevé par le sage Locke.

C'est ainsi que le P. Hardouin traita d'athées Pascal, Malebranche, et Arnauld; c'est ainsi que le docteur Lange traita d'athée le respectable Wolf pour avoir loué la morale des Chinois; et Wolf s'étant appuyé du témoignage des jésuites missionnaires à la Chine, le docteur répondit : « Ne sait-on pas que les jésuites sont des athées? » Ceux qui gémirent sur l'aventure des diables de Loudun, si humiliante pour la raison humaine; ceux qui trouvèrent mauvais qu'un récollet, en conduisant Urbain Grandier au supplice, le frappât au visage avec un crucifix de fer, furent appelés athées par les récollets. Les convulsionnaires ont imprimé que ceux qui se moquaient des convulsions étaient des athées; et les molinistes ont cent fois baptisé de ce nom les jansénistes.

Lorsqu'un homme connu écrivit le premier en France, il y a plus de trente ans, sur l'inoculation de la petite vérole, un auteur inconnu écrivit : « Il n'y a qu'un
</blockquote>

ouvrage, et de n'y point chercher un sens odieux ; mais c'est une des imperfections de notre nature d'interpréter malignement tout ce qui peut être interprété, et de vouloir décrier tout ce qui a eu du succès.

On crut donc voir dans cette proposition : *Tout est bien,* le renversement du fondement des idées reçues. « Si tout est bien, disait-on, il est donc faux que la nature humaine soit déchue. Si l'ordre général exige que tout soit comme il est, la nature humaine n'a donc pas été corrompue ; elle n'a donc pas eu besoin de rédempteur. Si ce monde, tel qu'il est, est le meilleur des mondes possibles, on ne peut donc pas espérer un avenir plus heureux. Si tous les maux dont nous sommes accablés sont un bien général, toutes les nations policées ont donc eu tort de rechercher l'origine du mal physique et du mal moral. Si un homme mangé par les bêtes féroces fait le bien-être de ces bêtes et contribue à l'ordre du monde, si les malheurs de tous les particuliers ne sont que la suite de cet ordre général et nécessaire, nous ne sommes donc que des roues qui servent à faire jouer la grande machine ; nous ne sommes pas plus précieux aux yeux de Dieu que les animaux qui nous dévorent. »

Voilà les conclusions qu'on tirait du poëme de M. Pope ; et ces conclusions mêmes augmentaient encore la célébrité et le succès de l'ouvrage. Mais on devait l'envisager sous un autre aspect : il fallait considérer le respect pour la Divinité, la résignation qu'on doit à ses ordres suprêmes, la saine morale, la tolérance, qui sont l'âme de cet excellent écrit. C'est ce que le public a fait ; et l'ouvrage, ayant été traduit par des hommes

athée imbu des folies anglaises qui puisse proposer à notre nation de faire un mal certain pour un bien incertain. »

L'auteur des *Nouvelles ecclésiastiques,* qui écrit tranquillement depuis si longtemps contre les lois et contre la raison, a employé une feuille à prouver que M. de Montesquieu était athée, et une autre feuille à prouver qu'il était déiste.

Saint-Sorlin Desmarets, connu en son temps par le poëme de *Clovis* et par son fanatisme, voyant passer un jour dans la galerie du Louvre La Mothe-Le-Vayer, conseiller d'État et précepteur de Monsieur : « Voilà, dit-il, un homme qui n'a point de religion. » La Motte-Le-Vayer se retourna vers lui, et daigna lui dire : « Mon ami, j'ai tant de religion que je ne suis pas de ta religion. »

En général, cette ridicule et abominable démence d'accuser d'athéisme à tort et à travers tous ceux qui ne pensent pas comme nous est ce qui a le plus contribué à répandre d'un bout de l'Europe à l'autre ce profond mépris que tout le public a aujourd'hui pour les libelles de controverse. (*Note de Voltaire.*)

— L'homme connu dont il est parlé dans un des alinéa de cette note est Voltaire lui-même, qui, en 1727, dans la XI° de ses *Lettres philosophiques,* avait parlé de l'inoculation. (B.)

dignes de le traduire [1], a triomphé d'autant plus des critiques qu'elles roulaient sur des matières plus délicates.

C'est le propre des censures violentes d'accréditer les opinions qu'elles attaquent. On crie contre un livre parce qu'il réussit, on lui impute des erreurs : qu'arrive-t-il ? les hommes révoltés contre ces cris prennent pour des vérités les erreurs mêmes que ces critiques ont cru apercevoir. La censure élève des fantômes pour les combattre, et les lecteurs indignés embrassent ces fantômes.

Les critiques ont dit : « Leibnitz, Pope, enseignent le fatalisme »; et les partisans de Leibnitz et de Pope ont dit : « Si Leibnitz et Pope enseignent le fatalisme, ils ont donc raison, et c'est à cette fatalité invincible qu'il faut croire. »

Pope avait dit *Tout est bien* en un sens qui était très-recevable; et ils le disent aujourd'hui en un sens qui peut être combattu.

L'auteur du poëme sur *le Désastre de Lisbonne* ne combat point l'illustre Pope, qu'il a toujours admiré et aimé : il pense comme lui sur presque tous les points; mais, pénétré des malheurs des hommes, il s'élève contre les abus qu'on peut faire de cet ancien axiome *Tout est bien*. Il adopte cette triste et plus ancienne vérité, reconnue de tous les hommes, qu'*il y a du mal sur la terre*; il avoue que le mot *Tout est bien*, pris dans un sens absolu et sans l'espérance d'un avenir, n'est qu'une insulte aux douleurs de notre vie.

Si, lorsque Lisbonne, Méquinez, Tétuan, et tant d'autres villes, furent englouties avec un si grand nombre de leurs habitants au mois de novembre 1755, des philosophes avaient crié aux malheureux qui échappaient à peine des ruines : « Tout est bien ; les héritiers des morts augmenteront leurs fortunes ; les maçons gagneront de l'argent à rebâtir des maisons; les bêtes se nourriront des cadavres enterrés dans les débris : c'est l'effet nécessaire des causes nécessaires ; votre mal particulier n'est rien, vous contribuez au bien général »; un tel discours certainement eût été aussi cruel que le tremblement de terre a été funeste. Et voilà ce que dit l'auteur du poëme sur *le Désastre de Lisbonne*.

Il avoue donc avec toute la terre qu'il y a du mal sur la terre, ainsi que du bien ; il avoue qu'aucun philosophe n'a pu jamais expliquer l'origine du mal moral et du mal physique ; il avoue que Bayle, le plus grand dialecticien qui ait jamais écrit, n'a fait qu'apprendre à douter [2], et qu'il se combat lui-même ; il avoue

---

1. Ces deux hommes sont Silhouette et l'abbé du Resnel.
2. Voyez le vers 192.

qu'il y a autant de faiblesse dans les lumières de l'homme que de misères dans sa vie. Il expose tous les systèmes en peu de mots. Il dit que la révélation seule peut dénouer ce grand nœud, que tous les philosophes ont embrouillé ; il dit que l'espérance d'un développement de notre être dans un nouvel ordre de choses peut seule consoler des malheurs présents, et que la bonté de la Providence est le seul asile auquel l'homme puisse recourir dans les ténèbres de sa raison, et dans les calamités de sa nature faible et mortelle.

P. S.[1] — Il est toujours malheureusement nécessaire d'avertir qu'il faut distinguer les objections que se fait un auteur de ses réponses aux objections, et ne pas prendre ce qu'il réfute pour ce qu'il adopte.

---

1. Ce *P. S.* est aussi de 1756. (B.)

POËME

SUR LE

DÉSASTRE DE LISBONNE

OU EXAMEN DE CET AXIOME :

TOUT EST BIEN.

———

O malheureux mortels! ô terre déplorable!
O de tous les mortels assemblage effroyable!
D'inutiles douleurs éternel entretien!
Philosophes trompés qui criez : « Tout est bien »;
Accourez, contemplez ces ruines affreuses,
Ces débris, ces lambeaux, ces cendres malheureuses,
Ces femmes, ces enfants l'un sur l'autre entassés,
Sous ces marbres rompus ces membres dispersés;
Cent mille infortunés que la terre dévore,
Qui, sanglants, déchirés, et palpitants encore,
Enterrés sous leurs toits, terminent sans secours
Dans l'horreur des tourments leurs lamentables jours!
Aux cris demi-formés de leurs voix expirantes,
Au spectacle effrayant de leurs cendres fumantes,
Direz-vous : « C'est l'effet des éternelles lois
Qui d'un Dieu libre et bon nécessitent le choix? »
Direz-vous, en voyant cet amas de victimes :
« Dieu s'est vengé, leur mort est le prix de leurs crimes? »
Quel crime, quelle faute ont commis ces enfants
Sur le sein maternel écrasés et sanglants?
Lisbonne, qui n'est plus, eut-elle plus de vices
Que Londres, que Paris, plongés dans les délices?
Lisbonne est abîmée, et l'on danse à Paris.
Tranquilles spectateurs, intrépides esprits,

De vos frères mourants contemplant les naufrages,
Vous recherchez en paix les causes des orages :
Mais du sort ennemi quand vous sentez les coups,
Devenus plus humains, vous pleurez comme nous.
Croyez-moi, quand la terre entr'ouvre ses abîmes,
Ma plainte est innocente et mes cris légitimes.
Partout environnés des cruautés du sort,
Des fureurs des méchants, des piéges de la mort,
De tous les éléments éprouvant les atteintes,
Compagnons de nos maux, permettez-nous les plaintes.
C'est l'orgueil, dites-vous, l'orgueil séditieux,
Qui prétend qu'étant mal, nous pouvions être mieux.
Allez interroger les rivages du Tage ;
Fouillez dans les débris de ce sanglant ravage ;
Demandez aux mourants, dans ce séjour d'effroi,
Si c'est l'orgueil qui crie : « O ciel, secourez-moi !
O ciel, ayez pitié de l'humaine misère ! »
« Tout est bien, dites-vous, et tout est nécessaire. »
Quoi ! l'univers entier, sans ce gouffre infernal,
Sans engloutir Lisbonne, eût-il été plus mal ?
Êtes-vous assurés que la cause éternelle
Qui fait tout, qui sait tout, qui créa tout pour elle,
Ne pouvait nous jeter dans ces tristes climats
Sans former des volcans allumés sous nos pas ?
Borneriez-vous ainsi la suprême puissance ?
Lui défendriez-vous d'exercer sa clémence ?
L'éternel artisan n'a-t-il pas dans ses mains
Des moyens infinis tout prêts pour ses desseins ?
Je désire humblement, sans offenser mon maître,
Que ce gouffre enflammé de soufre et de salpêtre
Eût allumé ses feux dans le fond des déserts.
Je respecte mon Dieu, mais j'aime l'univers.
Quand l'homme ose gémir d'un fléau si terrible,
Il n'est point orgueilleux, hélas! il est sensible.
  Les tristes habitants de ces bords désolés
Dans l'horreur des tourments seraient-ils consolés
Si quelqu'un leur disait : « Tombez, mourez tranquilles ;
Pour le bonheur du monde on détruit vos asiles ;
D'autres mains vont bâtir vos palais embrasés,
D'autres peuples naîtront dans vos murs écrasés ;
Le Nord va s'enrichir de vos pertes fatales ;
Tous vos maux sont un bien dans les lois générales ;

Dieu vous voit du même œil que les vils vermisseaux
Dont vous serez la proie au fond de vos tombeaux? »
A des infortunés quel horrible langage!
Cruels, à mes douleurs n'ajoutez point l'outrage.
  Non, ne présentez plus à mon cœur agité
Ces immuables lois de la nécessité,
Cette chaîne des corps, des esprits, et des mondes.
O rêves des savants! ô chimères profondes!
Dieu tient en main la chaîne, et n'est point enchaîné[1];

---

[1]. La chaîne universelle n'est point, comme on l'a dit, une gradation suivie qui lie tous les êtres. Il y a probablement une distance immense entre l'homme et la brute, entre l'homme et les substances supérieures; il y a l'infini entre Dieu et toutes les substances. Les globes qui roulent autour de notre soleil n'ont rien de ces gradations insensibles, ni dans leur grosseur, ni dans leurs distances, ni dans leurs satellites.

Pope dit que l'homme ne peut savoir pourquoi les lunes de Jupiter sont moins grandes que Jupiter : il se trompe en cela; c'est une erreur pardonnable qui a pu échapper à son beau génie. Il n'y a point de mathématicien qui n'eût fait voir au lord Bolingbroke et à M. Pope que si Jupiter était plus petit que ses satellites, ils ne pourraient pas tourner autour de lui; mais il n'y a point de mathématicien qui pût découvrir une gradation suivie dans les corps du système solaire.

Il n'est pas vrai que, si on ôtait un atome du monde, le monde ne pourrait subsister; et c'est ce que M. de Crousaz, savant géomètre, remarqua très-bien dans son livre contre M. Pope. Il paraît qu'il avait raison en ce point, quoique sur d'autres il ait été invinciblement réfuté par MM. Warburton et Silhouette.

Cette chaîne des événements a été admise et très-ingénieusement défendue par le grand philosophe Leibnitz; elle mérite d'être éclaircie. Tous les corps, tous les événements, dépendent d'autres corps et d'autres événements. Cela est vrai; mais tous les corps ne sont pas nécessaires à l'ordre et à la conservation de l'univers, et tous les événements ne sont pas essentiels à la série des événements. Une goutte d'eau, un grain de sable de plus ou de moins ne peuvent rien changer à la constitution générale. La nature n'est asservie ni à aucune quantité précise, ni à aucune forme précise. Nulle planète ne se meut dans une courbe absolument régulière; nul être connu n'est d'une figure précisément mathématique; nulle quantité précise n'est requise pour nulle opération : la nature n'agit jamais rigoureusement. Ainsi on n'a aucune raison d'assurer qu'un atome de moins sur la terre serait la cause de la destruction de la terre.

Il en est de même des événements : chacun d'eux a sa cause dans l'événement qui précède; c'est une chose dont aucun philosophe n'a jamais douté. Si on n'avait pas fait l'opération césarienne à la mère de César, César n'aurait pas détruit la république, il n'eût pas adopté Octave, et Octave n'eût pas laissé l'empire à Tibère. Maximilien épouse l'héritière de la Bourgogne et des Pays-Bas, et ce mariage devient la source de deux cents ans de guerre. Mais que César ait craché à droite ou à gauche, que l'héritière de Bourgogne ait arrangé sa coiffure d'une manière ou d'une autre, cela n'a certainement rien changé au système général.

Il y a donc des événements qui ont des effets, et d'autres qui n'en ont pas. Il en est de leur chaîne comme d'un arbre généalogique; on y voit des branches qui s'éteignent à la première génération, et d'autres qui continuent la race. Plusieurs événements restent sans filiation. C'est ainsi que dans toute machine il y a des effets nécessaires au mouvement, et d'autres effets indifférents, qui sont la suite

Par son choix bienfaisant tout est déterminé :
Il est libre, il est juste, il n'est point implacable.
Pourquoi donc souffrons-nous sous un maître équitable[1] ?
Voilà le nœud fatal qu'il fallait délier.
Guérirez-vous nos maux en osant les nier ?
Tous les peuples, tremblant sous une main divine,
Du mal que vous niez ont cherché l'origine.
Si l'éternelle loi qui meut les éléments
Fait tomber les rochers sous les efforts des vents,
Si les chênes touffus par la foudre s'embrasent,
Ils ne ressentent point les coups qui les écrasent :
Mais je vis, mais je sens, mais mon cœur opprimé
Demande des secours au Dieu qui l'a formé.

Enfants du Tout-Puissant, mais nés dans la misère,
Nous étendons les mains vers notre commun père.
Le vase, on le sait bien, ne dit point au potier :
« Pourquoi suis-je si vil, si faible et si grossier ? »
Il n'a point la parole, il n'a point la pensée ;
Cette urne en se formant qui tombe fracassée,
De la main du potier ne reçut point un cœur
Qui désirât les biens et sentît son malheur.
« Ce malheur, dites-vous, est le bien d'un autre être. »
De mon corps tout sanglant mille insectes vont naître ;
Quand la mort met le comble aux maux que j'ai soufferts,
Le beau soulagement d'être mangé des vers !
Tristes calculateurs des misères humaines,
Ne me consolez point, vous aigrissez mes peines ;

---

des premiers, et qui ne produisent rien. Les roues d'un carrosse servent à le faire marcher ; mais qu'elles fassent voler un peu plus ou un peu moins de poussière, le voyage se fait également. Tel est donc l'ordre général du monde que les chaînons de la chaîne ne seraient point dérangés par un peu plus ou un peu moins de matière, par un peu plus ou un peu moins d'irrégularité.

La chaîne n'est pas dans un plein absolu ; il est démontré que les corps célestes font leurs révolutions dans l'espace non résistant. Tout l'espace n'est pas rempli. Il n'y a donc pas une suite de corps depuis un atome jusqu'à la plus reculée des étoiles ; il peut donc y avoir des intervalles immenses entre les êtres sensibles, comme entre les insensibles. On ne peut donc assurer que l'homme soit nécessairement placé dans un des chaînons attachés l'un à l'autre par une suite non interrompue. *Tout est enchaîné* ne veut dire autre chose sinon que tout est arrangé. Dieu est la cause et le maître de cet arrangement. Le Jupiter d'Homère était l'esclave des destins ; mais dans une philosophie plus épurée Dieu est le maître des destins. Voyez Clarke, *Traité de l'existence de Dieu*. (*Note de Voltaire*, 1756.)

1. « Sub Deo justo nemo miser nisi mereatur. » *Saint Augustin.* (*Id.*, 1756.)

Et je ne vois en vous que l'effort impuissant
D'un fier infortuné qui feint d'être content.
  Je ne suis du grand *tout* qu'une faible partie :
Oui ; mais les animaux condamnés à la vie,
Tous les êtres sentants, nés sous la même loi,
Vivent dans la douleur, et meurent comme moi.
  Le vautour acharné sur sa timide proie
De ses membres sanglants se repaît avec joie ;
Tout semble bien pour lui : mais bientôt à son tour
Un aigle au bec tranchant dévore le vautour ;
L'homme d'un plomb mortel atteint cette aigle altière :
Et l'homme aux champs de Mars couché sur la poussière,
Sanglant, percé de coups, sur un tas de mourants,
Sert d'aliment affreux aux oiseaux dévorants.
Ainsi du monde entier tous les membres gémissent ;
Nés tous pour les tourments, l'un par l'autre ils périssent :
Et vous composerez dans ce chaos fatal
Des malheurs de chaque être un bonheur général !
Quel bonheur ! ô mortel et faible et misérable.
Vous criez « Tout est bien » d'une voix lamentable,
L'univers vous dément, et votre propre cœur
Cent fois de votre esprit a réfuté l'erreur.
  Éléments, animaux, humains, tout est en guerre.
Il le faut avouer, le *mal* est sur la terre :
Son principe secret ne nous est point connu.
De l'auteur de tout bien le mal est-il venu ?
Est-ce le noir Typhon[1], le barbare Arimane[2],
Dont la loi tyrannique à souffrir nous condamne ?
Mon esprit n'admet point ces monstres odieux
Dont le monde en tremblant fit autrefois des dieux.
  Mais comment concevoir un Dieu, la bonté même,
Qui prodigua ses biens à ses enfants qu'il aime,
Et qui versa sur eux les maux à pleines mains ?
Quel œil peut pénétrer dans ses profonds desseins ?
De l'Être tout parfait le mal ne pouvait naître ;
Il ne vient point d'autrui[3], puisque Dieu seul est maître :
Il existe pourtant. O tristes vérités !
O mélange étonnant de contrariétés !

---

1. Principe du mal chez les Égyptiens. (*Note de Voltaire*, 1756.)
2. Principe du mal chez les Perses. (*Id.*, 1756.)
3. C'est-à-dire d'un autre principe. (*Id.*, 1756.)

Un Dieu vint consoler notre race affligée;
Il visita la terre, et ne l'a point changée[1]!
Un sophiste arrogant nous dit qu'il ne l'a pu;
« Il le pouvait, dit l'autre, et ne l'a point voulu :
Il le voudra, sans doute »; et, tandis qu'on raisonne,
Des foudres souterrains engloutissent Lisbonne,
Et de trente cités dispersent les débris,
Des bords sanglants du Tage à la mer de Cadix.
  Ou l'homme est né coupable, et Dieu punit sa race,
Ou ce maître absolu de l'être et de l'espace,
Sans courroux, sans pitié, tranquille, indifférent,
De ses premiers décrets suit l'éternel torrent;
Ou la matière informe, à son maître rebelle,
Porte en soi des défauts *nécessaires* comme elle;
Ou bien Dieu nous éprouve, et ce séjour mortel[2]
N'est qu'un passage étroit vers un monde éternel.
Nous essuyons ici des douleurs passagères :
Le trépas est un bien qui finit nos misères.
Mais quand nous sortirons de ce passage affreux,
Qui de nous prétendra mériter d'être heureux?
  Quelque parti qu'on prenne, on doit frémir, sans doute.
Il n'est rien qu'on connaisse, et rien qu'on ne redoute.
La nature est muette, on l'interroge en vain;
On a besoin d'un Dieu qui parle au genre humain.
Il n'appartient qu'à lui d'expliquer son ouvrage,
De consoler le faible, et d'éclairer le sage.
L'homme, au doute, à l'erreur, abandonné sans lui,
Cherche en vain des roseaux qui lui servent d'appui.
Leibnitz ne m'apprend point par quels nœuds invisibles,
Dans le mieux ordonné des univers possibles,
Un désordre éternel, un chaos de malheurs,
Mêle à nos vains plaisirs de réelles douleurs,
Ni pourquoi l'innocent, ainsi que le coupable,
Subit également ce mal inévitable.
Je ne conçois pas plus comment tout serait bien :
Je suis comme un docteur; hélas! je ne sais rien.

---

1. Un philosophe anglais a prétendu que le monde physique avait dû être changé au premier avénement, comme le monde moral. (*Note de Voltaire*, 1756.)

2. Voilà, avec l'opinion des deux principes, toutes les solutions qui se présentent à l'esprit humain dans cette grande difficulté; et la révélation seule peut enseigner ce que l'esprit humain ne saurait comprendre. (*Id.*, 1756.)

Platon dit qu'autrefois l'homme avait eu des ailes,
Un corps impénétrable aux atteintes mortelles ;
La douleur, le trépas, n'approchaient point de lui.
De cet état brillant qu'il diffère aujourd'hui !
Il rampe, il souffre, il meurt ; tout ce qui naît expire ;
De la destruction la nature est l'empire.
Un faible composé de nerfs et d'ossements
Ne peut être insensible au choc des éléments ;
Ce mélange de sang, de liqueurs, et de poudre,
Puisqu'il fut assemblé, fut fait pour se dissoudre ;
Et le sentiment prompt de ces nerfs délicats
Fut soumis aux douleurs, ministres du trépas :
C'est là ce que m'apprend la voix de la nature.
J'abandonne Platon, je rejette Épicure.
Bayle en sait plus qu'eux tous ; je vais le consulter :
La balance à la main, Bayle enseigne à douter[1],

---

1. Une centaine de remarques répandues dans le *Dictionnaire* de Bayle lui ont fait une réputation immortelle. Il a laissé la dispute sur *l'origine du mal* indécise. Chez lui toutes les opinions sont exposées ; toutes les raisons qui les soutiennent, toutes les raisons qui les ébranlent, sont également approfondies ; c'est l'avocat général des philosophes, mais il ne donne point ses conclusions. Il est comme Cicéron, qui souvent, dans ses ouvrages philosophiques, soutient son caractère d'académicien indécis, ainsi que l'a remarqué le savant et judicieux abbé d'Olivet.

Je crois devoir essayer ici d'adoucir ceux qui s'acharnent depuis quelques années avec tant de violence et si vainement contre Bayle ; j'ai tort de dire vainement, car ils ne servent qu'à le faire lire avec plus d'avidité. Ils devraient apprendre de lui à raisonner et à être modérés : jamais d'ailleurs le philosophe Bayle n'a nié ni la Providence, ni l'immortalité de l'âme. On traduit Cicéron, on le commente, on le fait servir à l'éducation des princes ; mais que trouve-t-on presque à chaque page dans Cicéron, parmi plusieurs choses admirables ? on y trouve que « s'il est une Providence, elle est blâmable d'avoir donné aux hommes une intelligence dont elle savait qu'ils devaient abuser ». *Sic vestra ista Providentia reprehendenda, quæ rationem dederit iis quos sciret ea perverse et improbe usuros.* (De Natura deorum, lib. III, cap. xxxi.)

« Jamais personne n'a cru que la vertu vînt des dieux, et on a eu raison. » *Virtutem autem nemo unquam Deo retulit ; nimirum recte.* (Ibid., cap. xxxvi.)

« Qu'un criminel meure impuni, vous dites que les dieux le frappent dans sa postérité. Une ville souffrirait-elle un législateur qui condamnerait les petits-enfants pour les crimes de leur grand-père ? » *Ferretne ulla civitas latorem istius modi legis ut condemnaretur filius aut nepos, si pater aut avus deliquisset ?* (Ibid., cap. xxxviii.)

Et ce qu'il y a de plus étrange, c'est que Cicéron finit son livre de la *Nature des dieux* sans réfuter de telles assertions. Il soutient en cent endroits la mortalité de l'âme, dans ses *Tusculanes*, après avoir soutenu son immortalité.

Il y a bien plus ; c'est à tout le sénat de Rome qu'il dit, dans son plaidoyer pour Cluentius : « Quel mal lui a fait la mort ? Nous rejetons toutes les fables ineptes des enfers ; qu'est-ce donc que la mort lui a ôté, sinon le sentiment des dou-

POËME SUR LE DÉSASTRE DE LISBONNE.

Assez sage, assez grand pour être sans système,
Il les a tous détruits, et se combat lui-même :
Semblable à cet aveugle en butte aux Philistins,
Qui tomba sous les murs abattus par ses mains.

Que peut donc de l'esprit la plus vaste étendue?
Rien : le livre du sort se ferme à notre vue.
L'homme, étranger à soi, de l'homme est ignoré.
Que suis-je, où suis-je, où vais-je, et d'où suis-je tiré [1] ?
Atomes tourmentés sur cet amas de boue,
Que la mort engloutit, et dont le sort se joue,
Mais atomes pensants [2], atomes dont les yeux,
Guidés par la pensée, ont mesuré les cieux ;
Au sein de l'infini nous élançons notre être,
Sans pouvoir un moment nous voir et nous connaître.
Ce monde, ce théâtre et d'orgueil et d'erreur,
Est plein d'infortunés qui parlent de bonheur.
Tout se plaint, tout gémit en cherchant le bien-être :

---

leurs? » *Quid tandem illi mali mors attulit? nisi forte ineptiis ac fabulis ducimur, ut existimemus illum apud inferos impiorum supplicia perferre... quæ si falsa sunt, id quod omnes intelligunt, quid ei tandem aliud mors eripuit, præter sensum doloris?* (Cap. LXI.)

Enfin dans ses lettres, où le cœur parle, ne dit-il pas : *Si non ero, sensu omnino carebo?* « Quand je ne serai plus, tout sentiment périra avec moi. » (*Ep. fam.*, lib. VI, ep. III.)

Jamais Bayle n'a rien dit d'approchant. Cependant on met Cicéron entre les mains de la jeunesse; on se déchaîne contre Bayle : pourquoi? c'est que les hommes sont inconséquents, c'est qu'ils sont injustes. (*Note de Voltaire.*)

— Au moment où se publiait le poëme sur *le Désastre de Lisbonne*, le parlement de Paris condamnait au feu, le 9 avril 1756, une *Analyse de Bayle* (par Marsy). Voltaire craignit que quelques expressions de cette note ne fussent appliquées à l'arrêt du parlement et au réquisitoire de l'avocat général Fleury. Il pria de faire quelques corrections; mais il était trop tard. (B.)

1. Il est clair que l'homme ne peut par lui-même être instruit de tout cela. L'esprit humain n'acquiert aucune notion que par l'expérience ; nulle expérience ne peut nous apprendre ni ce qui était avant notre existence, ni ce qui est après, ni ce qui anime notre existence présente. Comment avons-nous reçu la vie? quel ressort la soutient? comment notre cerveau a-t-il des idées et de la mémoire? comment nos membres obéissent-ils incontinent à notre volonté? etc. Nous n'en savons rien. Ce globe est-il seul habité? a-t-il été fait après d'autres globes, ou dans le même instant? chaque genre de plantes vient-il, ou non, d'une première plante? chaque genre d'animaux est-il produit, ou non, par deux premiers animaux? Les plus grands philosophes n'en savent pas plus sur ces matières que les plus ignorants des hommes. Il en faut revenir à ce proverbe populaire : « La poule a-t-elle été avant l'œuf, ou l'œuf avant la poule? » Le proverbe est bas, mais il confond la plus haute sagesse, qui ne sait rien sur les premiers principes des choses sans un secours surnaturel. (*Note de Voltaire*, 1756.)

2. Pascal a dit : « L'homme n'est qu'un roseau, mais c'est un roseau pensant. » (B.)

Nul ne voudrait mourir, nul ne voudrait renaître[1].
Quelquefois, dans nos jours consacrés aux douleurs,
Par la main du plaisir nous essuyons nos pleurs ;
Mais le plaisir s'envole, et passe comme une ombre ;
Nos chagrins, nos regrets, nos pertes, sont sans nombre.
Le passé n'est pour nous qu'un triste souvenir ;
Le présent est affreux, s'il n'est point d'avenir,
Si la nuit du tombeau détruit l'être qui pense.
Un jour tout sera bien, voilà notre espérance ;
Tout est bien aujourd'hui, voilà l'illusion.
Les sages me trompaient, et Dieu seul a raison.
Humble dans mes soupirs, soumis dans ma souffrance,
Je ne m'élève point contre la Providence.
Sur un ton moins lugubre on me vit autrefois
Chanter des doux plaisirs les séduisantes lois[2] :
D'autres temps, d'autres mœurs : instruit par la vieillesse,
Des humains égarés partageant la faiblesse,
Dans une épaisse nuit cherchant à m'éclairer,
Je ne sais que souffrir, et non pas murmurer.

    Un calife autrefois, à son heure dernière,
Au Dieu qu'il adorait dit pour toute prière :
« Je t'apporte, ô seul roi, seul être illimité,
Tout ce que tu n'as pas dans ton immensité,
Les défauts, les regrets, les maux, et l'ignorance. »
Mais il pouvait encore ajouter *l'espérance*[3].

    1. On trouve difficilement une personne qui voulût recommencer la même carrière qu'elle a courue, et repasser par les mêmes événements. (*Note de Voltaire*, 1756.)

    2. Voltaire désigne sa pièce du *Mondain*.

    3. La plupart des hommes ont eu cette espérance, avant même qu'ils eussent le secours de la révélation. L'espoir d'être après la mort est fondé sur l'amour de l'être pendant la vie; il est fondé sur la probabilité que ce qui pense pensera. On n'en a point de démonstration, parce qu'une chose démontrée est une chose dont le contraire est une contradiction, et parce qu'il n'y a jamais eu de disputes sur les vérités démontrées. Lucrèce, pour détruire cette espérance, apporte, dans son troisième livre, des arguments dont la force afflige ; mais il n'oppose que des vraisemblances à des vraisemblances plus fortes. Plusieurs Romains pensaient comme Lucrèce; et on chantait sur le théâtre de Rome : *Post mortem nihil est,* « il n'est rien après la mort ». Mais l'instinct, la raison, le besoin d'être consolé, le bien de la société, prévalurent, et les hommes ont toujours eu l'espérance d'une vie à venir ; espérance, à la vérité, souvent accompagnée de doute. La révélation détruit le doute, et met la certitude à la place : mais qu'il est affreux d'avoir encore à disputer tous les jours sur la révélation; de voir la société chrétienne insociable, divisée en cent sectes sur la révélation; de se calomnier, de se persécuter, de se détruire pour la révélation; de faire des Saint-Barthélemy pour la révélation;

d'assassiner Henri III et Henri IV pour la révélation; de faire couper la tête au roi Charles Ier pour la révélation; de traîner un roi de Pologne tout sanglant pour la révélation! O Dieu, révélez-nous donc qu'il faut être humain et tolérant! (*Note de Voltaire*, 1756, 1771, etc.)

— Dans les éditions de 1756, la note se terminait aux mots *met la certitude à la place*. En 1771, l'auteur ajouta : *mais gardons-nous de nous méprendre sur la révélation*. Cependant l'édition encadrée ou de 1775 ne contient pas cette petite addition. C'est dans l'édition de Kehl que la fin de cette note parut pour la première fois.

L'attentat contre le roi de Pologne est du 3 novembre 1771. (B.)

VARIANTES

DU POËME SUR *LE DÉSASTRE DE LISBONNE*.

Vers 24. — On lit dans quelques copies manuscrites :

>Tranquilles raisonneurs, intrépides esprits,
Si sur vous votre ville eût été renversée,
On vous entendrait dire en changeant de pensée,
En pleurant vos enfants, et vos femmes, et vous :
« Le bien fut pour Dieu seul, et le mal est pour nous. »
Quand la terre où je suis porte sur des abîmes,
Ma plainte est innocente, etc.

Vers 33 :

>De tous les éléments j'éprouve les atteintes.

Vers 206. — Dans les premières éditions le poëme était terminé par ces deux vers :

>Que faut-il, ô mortels? Mortels, il faut souffrir,
Se soumettre en silence, adorer, et mourir ;

auxquels l'auteur a substitué :

>Ce monde, ce théâtre, etc.

Vers 211 :

>Je sais que dans nos jours.

Vers 221 :

>Humble dans mes soupirs, soumis dans ma souffrance,
Je n'interroge point la suprême puissance.
Sur un ton moins lugubre on me vit autrefois
Chanter des vains plaisirs les séduisantes lois.
Instruit par les douleurs, instruit par la vieillesse,
Des malheureux humains déplorant la faiblesse,
Mon cœur compatissant gémit sans murmurer,
Sans accuser le Dieu que je dois implorer.

C'était alors la fin du poëme. Cependant les six vers qui le terminent aujourd'hui furent ajoutés dès 1756. (B.)

AVERTISSEMENT

POUR LE *PRÉCIS DE L'ECCLÉSIASTE*.

Le *Précis de l'Ecclésiaste* et le *Précis du Cantique des cantiques*, qui est à la suite, sont de 1759.

Deux lettres du comte d'Argental à Voltaire[1], des 1er mars et 22 avril 1756, nous ont appris que Mme de Pompadour, tout en continuant *la même vie,* voulut alors se faire dévote. Elle n'allait plus au spectacle, faisait maigre trois jours de la semaine pendant tout le carême, *mais sous la condition qu'elle n'en serait point incommodée.* Elle voulut avoir des psaumes mis en vers par Voltaire, qui n'eut point égard à cette demande. Mais ce fut pour cette dame[2] qu'il composa le *Précis de l'Ecclésiaste* et le *Précis du Cantique des cantiques.* Il paraît même[3] que la composition de ces deux ouvrages est de 1756; ce ne fut toutefois qu'en 1759 qu'ils virent le jour: on en fit au Louvre, c'est-à-dire à l'Imprimerie royale, une magnifique édition[4] avec le portrait de l'auteur; *mais il y a beaucoup de fautes, et le texte manque au bas des pages*[5]. Louis XV l'avait lu à son souper[6]. Cela n'empêcha pas le parlement de Paris, sur le réquisitoire d'Omer Joly de Fleury, et sur le rapport de l'abbé Terray, de condamner le *Précis de l'Ecclésiaste* et du *Cantique des cantiques* à être lacéré et brûlé au pied

---

1. Ces deux lettres à Voltaire, imprimées aux pages 532 et 534 du tome II des *Mémoires sur Voltaire, par Longchamp et Wagnière,* 1826, deux volumes in-8°, sont du duc de La Vallière, et non du comte d'Argental comme le dit Beuchot.
2. Lettres à Thieriot, du 11 juin 1759, et à d'Argental, du 7 février 1761.
3. Lettre à Thieriot, du 11 juin 1759.
4. Lettre à Thieriot, du 15 décembre 1759.
5. Lettre à Thieriot, du 15 décembre 1759. D'après une plainte aussi précise, il était du devoir d'un éditeur de donner le texte latin. On s'est contenté jusqu'à présent d'imprimer la traduction française. Je fais précéder cette traduction du texte d'après la Vulgate, le tout selon une édition de 1759 dans laquelle se trouve l'indication de chaque passage par chapitre et verset. (B.) — Quant à l'édition du Louvre, imprimée avec le portrait de Voltaire, et de l'incorrection de laquelle il se plaint, nous l'avons cherchée vainement à la Bibliothèque nationale et ailleurs. Beuchot ne nous paraît pas avoir été plus heureux, et semble ne la citer que sur la lettre du poëte à Thieriot, du 15 décembre 1759. (G. D.)
6. Lettre à d'Argental, du 7 février 1761.

du grand escalier du Palais, par l'exécuteur de la haute justice. L'arrêt du 3 septembre 1759 fut exécuté le 7 du même mois.

Collé, dans son *Journal historique,* dit que les deux *Précis* sont arrivés manuscrits à la fin de mai. La *Correspondance de Grimm* n'en parle qu'en novembre 1759. On a vu que la condamnation était du commencement de septembre; on peut donc présumer que la publication eut lieu en juillet.

Le *Précis de l'Ecclésiaste* avait d'abord été imprimé seul en 1759; on annonce en même temps la prochaine publication du *Précis du Cantique des cantiques,* qui en effet parut bientôt après. Les deux *Précis* ont, dès 1759, presque toujours été réimprimés à la suite l'un de l'autre.

Dans les *Poésies diverses du philosophe de Sans-Souci* (le roi de Prusse), qui parurent en 1760, on trouve des *Stances, paraphrase de l'Ecclésiaste :* il y a onze stances de six vers de sept syllabes, et six stances de quatre vers alexandrins. C'est précisément la forme des stances de l'ouvrage de Voltaire.

Dès 1759 parut un *Nouveau Précis de l'Ecclésiaste sur les mêmes passages de M. de Voltaire, avec des notes sur celui de ce poète, par C. G. P. R.,* in-8° de 19 pages. L'auteur, dont je n'ai pu découvrir le nom, avoue que sa poésie n'a *ni le goût ni la grâce de celle de Voltaire.*

Lorsqu'en 1764 Cramer admit le *Précis de l'Ecclésiaste* dans la seconde partie du tome V de son édition des *Œuvres de Voltaire,* il mit au bas de l'*Avertissement :*

« *N. B.* On a attribué ce *Précis* à M. de Voltaire; mais il n'est pas de lui : il est de M. Eratou, conseiller de S. A. S. M. le landgrave. »

Ce *nota bene* a été conservé dans l'édition in-4°, tome XVIII, daté de 1771, et dans l'édition encadrée de 1775, tome XII.

La dédicace au roi de Prusse n'était pas encore imprimée en 1771. La première édition où je la trouve est celle de 1775. La phrase de cette dédicace où Voltaire parle des cuistres ignorants qui ont condamné le *Précis de l'Ecclésiaste* me fait croire qu'elle est antérieure au rétablissement des parlements, et qu'elle peut être du même temps que la fin de la note sur *la Loi naturelle* (pages 446-448), c'est-à-dire de 1773 [1].

B.

---

[1]. Voltaire fait allusion, dans la lettre à Thieriot, du 11 juin 1759, à la demande d'une traduction des psaumes. « Il y a longtemps que quelqu'un exigea de moi des paraphrases de l'Ancien Testament; je choisis le *Cantique des cantiques* et *l'Ecclésiaste.* L'un de ces ouvrages est tendre, l'autre est philosophique. .» Si l'on considère cette imitation libre, et trop libre, de *l'Ecclésiaste* et du *Cantique des cantiques* comme un acquiescement aux ordres de la favorite, on conviendra que le choix était étrange et ne répondait que médiocrement aux intentions d'édification de Mme de Pompadour, qui, nous assure-t-on, les fit imprimer dans sa chambre et sous ses yeux. (G. D.)

ÉPITRE DÉDICATOIRE

AU ROI DE PRUSSE

SIRE,

On impute au troisième roi de la Judée le petit livre de *l'Ecclésiaste*. Je dédie le *Précis* de cet ouvrage au troisième roi de la Prusse, qui pense comme Salomon paraît penser, et qui a souvent exprimé les mêmes sentiments avec plus de méthode et plus d'énergie.

Quel que soit l'auteur de *l'Ecclésiaste*, il est certain qu'il était philosophe ; et il n'est pas si certain qu'il fût roi. Vous êtes l'un et l'autre ; ainsi vous réunissez tout ce qu'il y a, dit-on, de mieux sur la terre.

Des cuistres ignorants, qui détestaient les philosophes et qui n'aimaient pas les rois, ont condamné ce petit *Précis de l'Ecclésiaste*, apparemment parce qu'il est en vers ; car ces messieurs ne sont pas plus touchés de la poésie que de la philosophie. C'est une nouvelle raison pour dédier cet ouvrage à Votre Majesté. Elle a sur Salomon l'avantage de faire des vers, et de n'être point tiraillée par sept cents épouses, dites légitimes, et par trois cents drôlesses, dites concubines ou femmes du second rang ; ce qui ne convient pas trop à un sage.

L'Ecclésiaste a été inspiré par le Saint-Esprit ; la traduction libre que je mets à vos pieds n'a été inspirée que par la raison : ainsi le traducteur peut être tombé dans des erreurs grossières. Il a pu, sans le savoir, hasarder des paroles malsonnantes et sentant l'hérésie : mais, comme Votre Majesté est hérétique, elle ne s'en offensera pas. Elle continuera à me donner sa protection contre les sots, dont elle est accoutumée à triompher comme de ses ennemis.

AVERTISSEMENT[1]
DE L'AUTEUR.

Soit que *l'Ecclésiaste* ait été effectivement composé par Salomon, soit qu'un autre auteur inspiré ait fait parler ce sage, ce livre a toujours été regardé comme un monument précieux. Il l'est d'autant plus qu'on y trouve plus de philosophie. Il montre le néant des choses humaines, il conseille en même temps l'usage raisonnable des biens que Dieu a donnés aux hommes : il ne fait pas de la sagesse un tableau hideux et révoltant ; c'est un cours de morale fait pour les gens du monde. C'est pourquoi on a cru ce livre de l'Écriture préférable à tout autre pour en donner un *Précis* en vers, et pour le présenter à la personne respectable[2] à qui on a eu l'honneur de l'adresser.

Il n'aurait pas été possible de le traduire d'un bout à l'autre avec succès ; le style oriental est trop différent du nôtre. L'esprit divin, qui s'élève au-dessus de nos idées, néglige la méthode ; il ne fait point difficulté de répéter souvent les mêmes pensées et les mêmes expressions ; il passe rapidement d'un objet à un autre ; il revient sur ses pas ; il ne craint ni les contradictions apparentes que notre esprit borné est obligé de concilier, ni les grandes hardiesses que notre faiblesse est dans la nécessité d'adoucir.

Le sentiment de sa propre insuffisance a forcé le traducteur à rassembler en un corps les idées qui sont répandues dans ce livre avec une sublime profusion ; à y mettre une liaison nécessaire pour nous, et un ordre qui était inutile à l'Esprit saint ; et enfin à prendre un vol moins hardi, convenable à un laïque qui donne l'abrégé d'un livre divin.

---

1. Cet avertissement est de Voltaire, et de 1759. (B.)
2. Mme de Pompadour. Voyez l'avertissement, page 481.

PRÉCIS
DE L'ECCLÉSIASTE

Dans ma bouillante jeunesse,
J'ai cherché la volupté,
J'ai savouré son ivresse :
De mon bonheur dégoûté,
Dans sa coupe enchanteresse
J'ai trouvé la vanité[1].
 La grandeur et la richesse[2]
Dans l'âge mûr m'ont flatté :
Les embarras, la tristesse,
L'ennui, la satiété,
Ont averti ma vieillesse
Que tout était vanité.
 J'ai voulu de la science[3]
Pénétrer l'obscurité.
O nature, abîme immense !
Tu me laisses sans clarté ;
J'ai recours à l'ignorance :
Le savoir est vanité.

---

1. *Vanitas vanitatum, et omnia vanitas.* [Cap. I. v. 1.] *Dixi ego in corde meo : vadam et affluam deliciis, et fruar bonis, et vidi quod hoc quoque esset vanitas.* [Cap. II, v. 1.]
 Vanité des vanités, et tout est vanité. J'ai dit dans mon cœur : Je vais me plonger dans les délices, et j'ai trouvé encore que cela est vanité. (*Note de Voltaire.*)
 2. *Et proposui in animo meo quærere... quæ fiunt sub sole... hanc occupationem pessimam dedit Deus filiis hominum.* [Cap. I, v. 13.]
 Je me suis proposé d'examiner tout ce qui est sous le soleil, et c'est une très-mauvaise occupation. (*Id.*)
 3. *Dedique cor meum ut scirem prudentiam, atque doctrinam, erroresque et stultitiam; et agnovi quod in his quoque esset labor et afflictio spiritus.* [Cap. II, v. 7.]
 J'ai voulu connaître la doctrine et les erreurs, et c'est une affliction d'esprit. (*Id.*)

De quoi m'aura servi ma suprême puissance[1],
Qui ne dit rien aux sens, qui ne dit rien au cœur?
Brillante opinion, fantôme de bonheur,
Dont jamais en effet on n'a la jouissance.

J'ai cherché ce bonheur, qui fuyait de mes bras,
Dans mes palais de cèdre, aux bords de cent fontaines;
Je le redemandais aux voix de mes sirènes :
Il n'était point dans moi, je ne le trouvai pas.

J'accablai mon esprit de trop de nourriture[2],
A prévenir mon goût j'épuisai tous mes soins;
Mais mon goût s'émoussait en fuyant la nature :
Il n'est de vrais plaisirs qu'avec de vrais besoins.

  Je me suis fait une étude[3]
  De connaître les mortels;
  J'ai vu leurs chagrins cruels,
  Et leur vague inquiétude,
  Et la secrète habitude
  De leurs penchants criminels.

  L'artiste le plus habile
  Fut le moins récompensé;
  Le serviteur inutile
  Était le plus caressé;
  Le juste fut traversé,
  Le méchant parut tranquille.

---

1. *Magnificavi opera mea, œdificavi domos...* [Cap. II, v. 4.] *Possedi servos et ancillas.* [Cap. II, v. 5.]
Coacervavi mihi argentum et aurum, et substantias regum et provinciarum. Feci mihi cantatores et cantatrices... [Cap. II, v. 8.] *Feci hortos et pomaria...* [Cap. II, v. 5.] *Et omnia quæ desideraverunt oculi mei, non negavi eis...* [Cap. II, v. 11.] *Vidi in omnibus vanitatem et afflictionem animi...* [Cap. II, v. 11.] *Et idcirco tæduit me vitæ meæ.* [Cap. II, v. 17.]

J'ai entrepris de grandes choses, j'ai bâti des palais, j'ai eu des esclaves, j'ai fait de grands amas d'or, j'ai accumulé les substances des rois et des provinces, j'ai eu des musiciens et des musiciennes, et j'ai planté des jardins; je ne me suis refusé aucun désir; j'ai reconnu qu'il n'y avait que vanité et affliction d'esprit : la vie m'est devenue insupportable. (*Note de Voltaire.*)

2. *Rursus detestatus sum omnem industriam meam.* [Cap. II, v. 18.] *Nam cum alius laboret in sapientia et doctrina... Et hoc ergo vanitas.* [Cap. II, v. 21.]

J'ai regardé ensuite avec détestation mes applications, après avoir cherché en vain la doctrine et la sagesse. (*Id.*)

3. *Verti me ad aliud, et vidi sub sole nec velocium cursum... nec artificum gratiam.* [Cap. IX, v. 11.]

J'ai tourné mes pensées ailleurs. J'ai vu que, sous le soleil, le prix n'était point pour celui qui avait le mieux couru, ni la faveur pour l'artiste le plus habile. (*Id.*)

   Tu viens de trahir l'amour,
   Et tu ris, beauté volage ;
   Un nouvel amant t'engage,
   T'aime, et te quitte en un jour ;
   Et dans l'instant qu'il t'outrage
   On le trahit à son tour.

J'entends siffler partout les serpents de l'Envie [1] ;
Je vois par ses complots le mérite immolé ;
L'innocent confondu traîne une affreuse vie ;
Il s'écrie en mourant : « Nul ne m'a consolé ! »
 Le travail, la vertu, pleurent sans récompense :
La calomnie insulte à leurs cris douloureux ;
Et du riche amolli la stupide insolence
Ne sait pas seulement s'il est des malheureux.
 Il l'est pourtant lui-même ; un éternel orage [2]
Promène de son cœur les désirs inquiets ;
Il hait son héritier, qui le hait davantage ;
Il vit dans la contrainte, et meurt dans les regrets.

   Dans leur course vagabonde
   Les mortels sont entraînés ;
   Frêles vaisseaux que sur l'onde
   Battent les vents mutinés,
   Et dans l'océan du monde
   Au naufrage destinés.

   D'espérances mensongères [3]
   Nous vivons préoccupés :
   Tous les malheurs de nos pères
   Ne nous ont point détrompés ;
   Nous éprouvons les misères
   Dont nos fils seront frappés.

   Rien de nouveau sur la terre [4] :

---

1. *Verti me ad alia, et vidi calumnias et lacrymas innocentium, et neminem consolatorem... Cunctorum auxilio destitutos.* [Cap. IV, v. 1.]
J'ai porté mon esprit ailleurs ; j'ai vu les calomnies, l'innocent en larmes, sans secours et sans consolateur. (*Note de Voltaire.*)

2. *Homo extraneus vorabit illud, hoc vanitas et magna miseria est.* [Cap. VI, v. 2.]
Un étranger dévorera toutes vos richesses après vous, et c'est là encore une très-grande misère. (*Id.*)

3. *Quid est quod fuit ? ipsum quod futurum est. Quid est quod factum est ? ipsum quod faciendum est.* [Cap. I, v. 9.]
Qu'est-ce qui a été ? ce qui sera. Qu'est-ce qui s'est fait ? ce qui se fera. (*Id.*)

4. *Nihil sub sole novum...* [Cap. I, v. 10.] *Ne dicas : Quid putas causa est*

On verra ce qu'on a vu,
Le droit affreux de la guerre,
Par qui tout est confondu,
Et le vice et la vertu
En butte aux coups du tonnerre :
Le sage et l'imprudent, et le faible, et le fort [1],
Tous sont précipités dans les mêmes abîmes ;
Le cœur juste et sans fiel, le cœur pétri de crimes.
Tous sont également les vains jouets du sort.
Le même champ nourrit la brebis innocente,
Et le tigre odieux qui déchire son flanc ;
Le tombeau réunit la race bienfaisante,
Et les brigands cruels enivrés de son sang.
En vain par vos travaux vous courez à la gloire [2],
Vous mourez : c'en est fait, tout sentiment s'éteint ;
Vous n'êtes ni chéri, ni respecté, ni plaint :
La mort ensevelit jusqu'à votre mémoire.
Que la vie a peu d'appas [3] !

quod priora tempora meliora fuere quam nunc sunt? stulta enim est hujusce modi interrogatio. [Cap. VII, v. 11.]

Rien de nouveau sous le soleil ; ne dites point que les premiers temps ont été meilleurs que ceux d'aujourd'hui : car c'est le discours d'un fou. (*Note de Voltaire.*)

1. *Justus perit in justitia sua, et impius multo vivit tempore in malitia sua.* [Cap. VII, v. 16.] *Universa æque eveniant justo et impio... mundo et immundo, immolanti victimas, et sacrificia contemnenti... Ut perjurus, ita et ille qui verum dejerat.* [Cap. IX, v. 2.]

Le juste périt dans sa justice, et le méchant vit longtemps dans sa malice. Tout arrive également au juste et à l'injuste, au pur et à l'impur, à celui qui offre des sacrifices et à celui qui n'en offre pas ; le parjure est traité comme l'homme ami de la vérité. (*Id.*)

2. *Viventes enim sciunt se morituros; mortui vero nihil noverunt amplius, nec habent ultra mercedem... Amor quoque et odium, et invidiæ simul perierunt.* [Cap. IX, v. 5 et 6.]

Les vivants savent qu'ils doivent mourir ; mais les morts ne connaissent plus rien, et il ne leur reste plus de récompense... l'amour, la haine, l'envie, périssent avec eux. (*Id.*)

3. *Si genuerit quispiam centum liberos, et vixerit multos annos. , et anima illius non utatur bonis substantiæ suæ... de hoc ego pronuntio quod melior illo sit abortivus. Frustra enim venit, et pergit ad tenebras et oblivione delebitur nomen ejus...* [Cap. VI, v. 3 et 4.] *Et laudavi magis mortuos quam viventes, et feliciorem utroque judicavi qui necdum natus est, nec vidit mala quæ sub sole fiunt.* [Cap. IV, v. 2 et 3.] *Et melior est canis vivus leone mortuo.* [Cap. IX, v. 4.]

Qu'un homme ait eu cent enfants, qu'il ait vécu longtemps, et qu'il n'ait pas joui de ses richesses, je prononce qu'un avorton vaut mieux que lui. C'est en vain qu'il est né ; il va dans les ténèbres, et son nom dans l'oubli... Et j'ai préféré l'état des morts à celui des vivants ; et j'ai estimé plus heureux celui qui n'est pas né encore, et n'a pas vu les maux qui sont sous le soleil... Un chien vivant vaut mieux qu'un lion mort. (*Id.*)

Cependant on la désire.
Plus de plaisirs, plus d'empire
Dans les horreurs du trépas.
Un lion mort ne vaut pas
Un moucheron qui respire.
    O mortel infortuné !
Soit que ton âme jouisse
Du moment qui t'est donné,
Soit que la mort le finisse,
L'un et l'autre est un supplice :
Il vaut mieux n'être point né.
    Le néant est préférable
A nos funestes travaux,
Au mélange lamentable
Des faux biens et des vrais maux,
A notre espoir périssable
Qu'engloutissent les tombeaux.
Quel homme a jamais su par sa propre lumière[1]
Si, lorsque nous tombons dans l'éternelle nuit,
Notre âme avec nos sens se dissout tout entière,
Si nous vivons encore, ou si tout est détruit?
  Des plus vils animaux Dieu soutient l'existence ;
Ils sont, ainsi que nous, les objets de ses soins ;
Il borna leur instinct et notre intelligence ;
Ils ont les mêmes sens et les mêmes besoins.
  Ils naissent comme nous, ils expirent de même :
Que deviendra leur âme au jour de leur trépas ?

---

1. *Dixi in corde meo de filiis hominum, ut probaret eos Deus, et ostenderet similes esse bestiis. Idcirco unus interitus est hominis et jumentorum, et æqua utriusque conditio : sicut moritur homo, sic et illa moriuntur : similiter spirant omnia, et nihil habet bona jumento amplius. Cuncta subjacent vanitati. Et omnia pergunt ad cumdem locum : de terra facta sunt, et in terra pariter revertuntur. Quis novit si spiritus filiorum Adam ascendat sursum, et spiritu jumentorum descendat deorsum?* [Cap. III, v. 18, 19, 20, 21.]

J'ai dit à mon cœur : Dieu met en probation tous les enfants des hommes ; il montre qu'ils sont semblables aux bêtes. Les hommes meurent comme les bêtes, leur sort est égal ; ils respirent de même, l'homme n'a rien de plus que la bête : tout est vanité, tout tend au même lieu ; ils ont tous été tirés de la terre, et ils retourneront pareillement en terre. Qui connaît si l'âme des hommes monte en haut, et si l'âme des bêtes descend en bas? (*Note de Voltaire.*)

N. B. L'*Ecclésiaste* semble s'exprimer ici avec une dureté qui convenait sans doute à son temps, et qui doit être adoucie dans le nôtre. Ainsi l'auteur du *Précis* ne dit point : « L'homme n'a rien de plus que la bête ; » mais : « Qui sait par sa propre lumière si l'homme n'a rien de plus que la bête? » C'est le sens de l'*Ecclésiaste*. L'homme ne sait rien par lui-même ; il a besoin de la foi. (*Id.* 1761.)

Que deviendra la nôtre à ce moment suprême?
Humains, faibles humains, vous ne le savez pas!
  Cependant l'homme s'égare [1]
 Dans ses travaux insensés.
 Les biens dont l'Inde se pare,
 Avec fureur amassés,
 Sont vainement entassés
 Dans les trésors de l'avare.
  Ce monarque ambitieux
 Menaçait la terre entière :
 Il tombe dans sa carrière;
 Et ce géant sourcilleux,
 Ce front qui touchait aux cieux,
 Est caché dans la poussière.
  La beauté dans son printemps [2]
 Brille pompeuse et chérie,
 Semblable à la fleur des champs,
 Le matin épanouie,
 Le soir livide et flétrie,
 En horreur à ses amants.
Ainsi tout se corrompt, tout se détruit, tout passe [3] :
Mon oreille bientôt sera sourde aux concerts:
La chaleur de mon sang va se tourner en glace;
D'un nuage épaissi mes yeux seront couverts;

---

1. *Interdum dominatur homo homini in malum suum...* [Cap. VIII, v. 9.] *Unus est, et secundum non habet, non filium, non fratrem, et tamen laborare non cessat, nec satiantur oculi ejus divitiis, nec recogitat, dicens : Cui laboro... ?* [Cap. IV, v. 8.]

Un homme quelquefois domine pour son propre malheur. Un homme est seul, sans enfants, sans frères; cependant il travaille sans cesse, il est insatiable de richesses; il ne lui vient point dans l'esprit de se dire : Pour qui est-ce que je travaille? (*Note de Voltaire.*)

2. *Et inveni amariorem morte mulierem.* [Cap. VII, v. 27.]

J'ai trouvé la femme plus amère que la mort. (*Id.*)

3. *Quando commovebuntur custodes domus... et otiosæ erunt molentes in minuto numero... florebit amygdalus... et dissipabitur capparis... antequam rumpatur funiculus argenteus, et recurrat vitta aurea, et conteratur hydria super fontem...* [Cap. XII, v. 3, 5, 6.]

Lorsque les gardes de la maison (c'est-à-dire les jambes) commenceront à trembler; quand celles qui doivent moudre (c'est-à-dire les dents) seront en petit nombre et oisives; quand l'amandier fleurira (c'est-à-dire quand la tête sera chauve), que le câprier se dissipera (c'est-à-dire quand les cheveux seront tombés); quand la chaîne d'argent sera rompue, que le ruban d'or se retirera, que la cruche se cassera sur la fontaine (c'est-à-dire quand on ne sera plus propre aux plaisirs)... (*Id.*)

— Voltaire regardait ce passage comme un des plus beaux emblèmes des livres judaïques. (B.)

Des vins du mont Liban la séve nourrissante
Ne pourra plus flatter mes languissants dégoûts;
Courbé, traînant à peine une marche pesante,
J'approcherai du terme où nous arrivons tous.
 Je ne vous verrai plus, beautés dont la tendresse
Consola mes chagrins, enchanta mes beaux jours.
O charme de la vie! ô précieuse ivresse!
Vous fuyez loin de moi, vous fuyez pour toujours.
  Du temps qui périt sans cesse[1]
 Saisissons donc les moments;
 Possédons avec sagesse,
 Goûtons sans emportements
 Les biens qu'à notre jeunesse
 Donnent les cieux indulgents.
 Que les plaisirs de la table,
 Les entretiens amusants,
 Prolongent pour nous le temps;
 Et qu'une compagne aimable
 M'inspire un amour durable,
 Sans trop régner sur mes sens.
  Mortel, voilà ton partage[2]
 Par les destins accordé;
 Sur ces biens, sur leur usage,
 Ton vrai bonheur est fondé :
 Qu'ils soient possédés du sage,
 Sans qu'il en soit possédé.
Usez, n'abusez point; ne soyez point en proie[3]

---

1. *Et deprehendi nihil esse melius quam lœtari hominem in opere suo, et hanc esse partem illius. Quis enim eum adducet ut post se futura cognoscat?* [Cap. III, v. 22.]
Et j'ai reconnu qu'il n'y a rien de meilleur à l'homme que de se réjouir dans ses œuvres, et que c'est là son partage; car qui le ramènera de la mort, pour connaître l'avenir? (*Note de Voltaire.*)

2. *Nonne melius est comedere, et bibere, et ostendere animæ suæ bona de laboribus suis? et hoc de manu Dei est.* [Cap. II, v. 24.]
Ne vaut-il pas mieux manger et boire, et faire plaisir à son cœur avec le fruit de ses travaux? Cela même est de Dieu. (*Id.*)

3. *Et omni homini, cui dedit Deus divitias, atque substantiam, potestatemque, ei tribuit ut comedat ex eis, et fruatur parte sua... hoc est donum Dei.* [Cap. v., v. 18.] *Et cognovi quod non esset melius nisi lœtari, et facere bene in vita sua.* [Cap. III, v. 11.]
Et quand Dieu lui a donné biens et richesses, et pouvoir d'en jouir, c'est un don de Dieu; et j'ai reconnu qu'il n'y a rien de meilleur que de se réjouir et de bien faire. (*Note de Voltaire.*)

Aux désirs effrénés, au tumulte, à l'erreur.
Vous m'avez affligé, vains éclats de la joie ;
Votre bruit m'importune, et le rire est trompeur [1].

 Dieu nous donna des biens, il veut qu'on en jouisse [2] ;
Mais n'oubliez jamais leur cause et leur auteur ;
Et lorsque vous goûtez sa divine faveur,
O mortels ! gardez-vous d'oublier sa justice.

 Aimez ces biens pour lui, ne l'aimez point pour eux [3] ;
Ne pensez qu'à ses lois, car c'est là tout votre être.
Grand, petit, riche, pauvre, heureux, ou malheureux,
Étrangers sur la terre, adorez votre maître.

  N'affectez point les éclats [4]
  D'une vertu trop austère :
  La sagesse atrabilaire
  Nous irrite, et n'instruit pas.
  C'est à la vertu de plaire :
  Le vice a bien moins d'appas.

  Indulgent pour la faiblesse [5]
  Que vous voyez en autrui,
  Qu'il trouve en vous un appui,
  Que son sort vous intéresse.
  Hélas ! malgré la sagesse,
  Vous tomberez comme lui.

  Favori de la nature [6],
  Le climat le plus vanté
  Par les vents, par la froidure,

---

1. Dans son premier *Discours sur l'homme*, Voltaire a dit (voyez page 383) :

  La joie est passagère, et le rire est trompeur.

2. *Lœtare ergo, juvenis, in adolescentia tua, et in bono sit cor tuum.* [Cap. xi, v. 9.]

Réjouissez-vous donc, jeune homme, dans votre jeunesse ; que votre cœur soit dans l'allégresse. (*Note de Voltaire.*)

3. *Deum time, et mandata ejus observa : hoc enim omnis homo.* [Cap. xii, v. 13.] Craignez Dieu, observez ses lois ; car c'est là tout l'homme. (*Id.*)

4. *Noli esse justus multum ; neque plus sapias quam necesse est, ne obstupescas.* [Cap. vii, v. 17.]

Ne soyez pas plus juste et plus sage qu'il ne faut, de peur d'être stupide. (*Id.*)

5. *Bonum est te sustentare justum, sed et ab illo (injusto) ne subtrahas manum tuam.* [Cap. vii, v. 19.]

Il est bon de soutenir le juste ; mais ne retirez pas votre main de celui qui ne l'est pas. (*Id.*)

6. *Non est enim homo in terra qui... non peccet.* [Cap. vii, v. 21.]

Il n'y a point de juste sur la terre qui ne pèche. (*Id.*)

Voit son espoir avorté ;
Et la vertu la plus pure
A ses temps d'iniquité.
 Répandez vos bienfaits avec magnificence[1] ;
Même au moins vertueux ne les refusez pas ;
Ne vous informez point de leur reconnaissance :
Il est grand, il est beau de faire des ingrats.
 Laissez parler les cours, et crier le vulgaire[2] ;
Leur langue est indiscrète, et leurs yeux sont jaloux ;
De leurs suffrages faux dédaignez le salaire :
Dieu vous voit, il suffit ; qu'il règne seul sur vous.
 L'homme est un vil atome, un point dans l'étendue[3] ;
Cependant du plus haut des palais éternels
Dieu sur notre néant daigne abaisser sa vue :
C'est lui seul qu'il faut craindre, et non pas les mortels.

1. *Mitte panem tuum super trănseuntes aquas.* [Cap. xi, v. 1.]
Jetez votre pain dans les eaux qui passent (c'est-à-dire, faites également du bien à tout le monde). (*Note de Voltaire.*)
2. *Cunctis sermonibus qui dicuntur, ne accommodes cor tuum.* [Cap. vii, v. 22.]
Ne faites point attention aux choses qui se disent de vous. (*Id.*)
3. *Et cuncta, quæ fiunt, adducet Deus in judicium pro omni errato, sive bonum, sive malum illud sit.* [Cap. xii, v. 14.]
Dieu vous fera rendre compte en sa justice de ce que vous aurez fait en bien ou en mal. (*Id.*)

AVERTISSEMENT

POUR LE *PRÉCIS DU CANTIQUE DES CANTIQUES.*

Ainsi que je l'ai dit pages 481-482, le *Précis du Cantique des cantiques* parut peu après le *Précis de l'Ecclésiaste*, et fut condamné au feu en même temps.

L'*Avertissement* qui suit est de Voltaire, et parut dès la première édition.

La *Lettre de M. Eratou*, qui est après l'*Avertissement*, parut en 1761, dans la seconde partie du tome V des *Œuvres de Voltaire*. C'est en même temps que fut ajoutée la dernière phrase de l'*Avertissement*. La *Lettre de M. Eratou à M. Clocpitre* est citée dans une lettre de Voltaire à d'Argental, de mai 1761.

André-Joseph Ansart, bénédictin, membre de l'Académie d'Amiens, mort en 1784, publia, en 1770, *Expositio in Canticum canticorum Salomonis*, in-12 ; il s'y élève contre le *Précis* donné par Voltaire.

B.

AVERTISSEMENT

DE L'AUTEUR.

Après avoir donné le *Précis de l'Ecclésiaste*, qui est l'ouvrage le plus philosophique de l'ancienne Asie, voici le *Précis du Cantique des cantiques* : c'est le poëme le plus tendre, et même le seul de ce genre, qui nous soit resté de ces temps reculés. Tout y respire une simplicité de mœurs qui seule rendrait ce petit poëme précieux. On y voit même une esquisse de la poésie dramatique des Grecs. Il y a des chœurs de jeunes filles et de jeunes hommes qui se mêlent quelquefois au dialogue des deux personnages. Les deux interlocuteurs sont le Chaton et la Sulamite. Chaton est le mot hébreu qui signifie l'amant ou le fiancé ; la Sulamite est le nom propre de la fiancée. Plusieurs savants hommes ont attribué cet ouvrage à Salomon ; mais on y voit plusieurs versets qui ont fait douter qu'il en puisse être l'auteur.

On a rassemblé les principaux traits de ce poëme pour en faire un petit ouvrage régulier qui en conservât tout l'esprit. Les répétitions et le désordre, qui étaient peut-être un mérite dans le style oriental, n'en sont point un dans le nôtre. On s'est abstenu surtout scrupuleusement de toucher aux sublimes et respectables allégories que les plus graves docteurs ont tirées de cet ancien poëme, et on s'en est tenu à la simplicité non moins respectable du texte. Nous autres éditeurs, nous ne pouvons donner une idée plus claire de ces choses qu'en imprimant la *Lettre de M. Eratou à M. Clocpitre*, aumônier de Son Altesse Sérénissime monsieur le landgrave.

LETTRE DE M. ERATOU[1]

A M. CLOCPITRE

AUMÔNIER DE S. A. S. M. LE LANDGRAVE.

MONSIEUR ET CHER AMI,

J'apprends avec mépris que le *Précis du Cantique des cantiques* a encouru la censure de quelques ignorants qui font les entendus. Ces pauvres gens ont jugé un ouvrage hébreu qui a environ trois mille ans d'antiquité comme ils jugeraient un bouquet à Iris, ou une jouissance de l'abbé Tétu, ou une chanson de l'abbé de L'Attaignant, imprimée dans le *Mercure galant*. Ils ne connaissent que nos petits amours de ruelle, ce qu'on appelle des conquêtes ; ils ne peuvent se faire une idée des temps héroïques ou patriarcaux ; ils s'imaginent que la nature a été au fond de l'Asie ce qu'elle est dans la paroisse de Saint-André des Arts ou des Arcs, et dans la cour du Palais.

Il faut apprendre à ces pédants petits-maîtres qu'il y a toujours eu une grande différence entre les mœurs des Asiatiques, qui n'ont jamais changé, et celles des badauds de Paris, qui changent tous les jours. Ils doivent se mettre dans la tête que la princesse Nausicaa[2], fille du roi Alcinoüs, et l'épouse du *Cantique des cantiques*, et la naïve parente de Booz, et Lia, et Rachel, n'ont rien de commun avec la femme ou la fille d'un marguillier.

Les chastes amours, la propagation de l'espèce humaine, ne faisaient point rougir ; on ne célébrait point l'adultère en chanson : on ne mettait point sur un théâtre d'opéra les amours les plus

---

1. Cette lettre est de mai 1761 ; voyez l'avertissement page 495. Les éditeurs de Kehl ont remarqué qu'Eratou est l'anagramme d'Arouet, nom de famille de Voltaire. (B.)

2. Voyez *l'Odyssée*, livre VI.

lascifs, avec l'approbation d'un censeur et la permission du lieutenant de police de Jérusalem.

Si les amours respectables de l'époux et de l'épouse commencent par ces mots : « Isaguni minsichot piho kytobem dodeka me yayin : Qu'il me baise d'un baiser de sa bouche, car sa gorge est meilleure que du vin, » c'est que l'auteur de ce cantique n'était pas né à Paris ; c'est que ni notre galanterie, ni notre esprit critique, ni notre insolence pédantesque, n'étaient pas connus à Hershalaïm, vulgairement nommée Jérusalem.

Vous qui insultez à l'antiquité sans la connaître ; vous qui n'êtes savants que dans la langue de l'opéra de Paris, du barreau de Paris, et des brochures de Paris ; vous qui voulez que l'esprit divin emprunte votre syle, osez lire le livre d'Ézéchiel ; vous serez scandalisés que Dieu ordonne au prophète de manger son pain couvert d'excréments humains[1], et qu'ensuite il change cet ordre en celui de manger son pain avec de la fiente de vache[2]. Mais sachez que dans toute l'Arabie déserte on mange quelquefois de la bouse de vache ; surtout que les plus vils excréments et le bourgeois le plus fier qui achète un office sont absolument égaux aux yeux du Créateur, et même aux yeux du sage ; que rien n'est ni dégoûtant, ni vil, ni odieux devant la sagesse, sinon l'esprit d'ignorance et d'orgueil, qui juge de tout suivant ses petits usages et ses petites idées.

Ceux qui ont osé regarder les expressions naturelles d'un amour légitime comme des expressions profanes seraient bien étonnés s'ils lisaient le seizième et le vingt-troisième chapitre d'Ézéchiel, qu'ils n'ont jamais lus : ils verront dans le seizième que Dieu même compare Jérusalem à une jeune fille pauvre, malpropre, dégoûtante. « J'ai eu pitié de vous, dit-il, je vous ai fait croître comme l'herbe des champs. Et ubera tua intumuerunt, et pilus tuus germinavit, et eras nuda... Et transivi per te, et vidi te, et ecce... tempus amantium, et extendi amictum meum super te... et facta es mihi. Et lavavi te aqua... Et vestivi te discoloribus... Et ornavi te ornamentis, et dedi armillas... et torquem... sed habens fiduciam in pulchritudine tua, fornicata es cum omni transeunte. Et fecisti tibi simulacra masculina, et fornicata es cum eis... Et fecisti tibi lupanar, et fornicata es cum vicinis magnarum carnium... Et dona donabas eis ut intrarent ad te undique ad fornicandum. »

1. Ézéchiel, ch. IV, v. 12.
2. *Id.*, ch. IV, v. 15.

Le vingt-troisième chapitre est encore beaucoup plus fort. Ce sont les deux sœurs Oolla et Oliba qui se sont abandonnées aux plus infâmes prostitutions ; Oolla a aimé avec fureur de jeunes officiers et de jeunes magistrats : « Oliba insanivit amore super concubitum eorum qui habent membra asinorum, et sicut fluxus equorum fluxus eorum. »

Vous voyez évidemment que dans ces temps-là on ne faisait point scrupule de découvrir ce que nous voilons, de nommer ce que nous n'osons dire, et d'exprimer les turpitudes par les noms des turpitudes.

D'où vient notre délicatesse ? c'est que plus les mœurs sont dépravées, plus les expressions deviennent mesurées. On croit regagner en paroles ce qu'on a perdu en vertu. La pudeur s'est enfuie des cœurs, et s'est réfugiée sur les lèvres. Les hommes sont enfin parvenus à vivre ensemble sans se dire jamais un seul mot de ce qu'ils sentent et de ce qu'ils pensent ; la nature est partout déguisée, tout est un commerce de tromperie.

Rien de plus naturel, de plus ingénu, de plus simple, de plus vrai, que *le Cantique des cantiques;* donc il n'est pas fait pour notre langue, disent ces hypocrites qui lisent l'*Aloïsia*[1], et qui prennent des airs graves en sortant des lieux que fréquentait Oliba.

La traduction que j'ai faite de cette ancienne églogue hébraïque n'est point indécente ; elle est tendre, elle est noble, elle n'est point recherchée comme celle de Théodore de Bèze :

> Ecce tu bellissima
> His columbis prædita
> Pætulis ocellulis,
> Hinc et inde perdulis
> Crispulis cincinnulis.

J'ai eu surtout l'attention de ne point traduire les endroits dont l'esprit licencieux de quelques jeunes gens abuse quelquefois. Plusieurs interprètes n'ont fait aucune difficulté de traduire littéralement ce passage : « Misit manum ad foramen, et intremuit venter meus[2] ; » et cet autre : « Absque eo quod intrinsecus latet[3]. »

---

1. C'est ainsi qu'on désigne l'ouvrage intitulé *Joannis Meursii elegantiæ latini sermonis : Aloysiæ Sigeæ Toletanæ Satiræ sotadicæ de arcanis Amoris et Veneris*, dont l'auteur est Nicolas Chorier, avocat à Grenoble, mort en 1692, et qui a été traduit en français sous le titre d'*Académie des dames*. (B.)
2. *Cantique des cantiques,* ch. v, v. 4.
3. *Id.*, ch. iv, v. 3.

Calmet même, en adoptant le sens dans lequel saint Jérôme entend ces paroles, ne craint point de les expliquer par ce demi-vers d'Ovide :

. . . . . . Si qua latent, meliora putat.
Metam., I, 502.

Calmet était comptable aux savants des diverses traductions de ces passages. Il devait rappeler les usages anciens de l'Orient. Il n'écrivait ni pour les mauvais plaisants, ni pour les insolents pédants de nos jours; mais le devoir d'un commentateur et celui d'un poëte ne sont pas les mêmes. J'imite, je rédige, et je ne commente pas. J'ai dû retrancher ces images qui autrefois n'étaient que naïves, et peuvent aujourd'hui paraître trop hardies[1].

Je n'ai donc rendu que les idées tendres; j'ai supprimé celles qui vont plus loin que la tendresse, et qui peuvent paraître trop physiques; de même que j'ai adouci, dans *l'Ecclésiaste*, ce qui pouvait paraître d'une métaphysique trop dure. Ceux qui me reprochent d'avoir supprimé les choses hardies n'ont pas fait assez d'attention au temps présent; et ceux qui me reprochent d'avoir fidèlement exprimé les autres n'ont aucune connaissance des temps passés.

En un mot, l'esprit du texte est entièrement conservé dans mon ouvrage. C'est ainsi que les princes de l'Église de Rome en ont jugé; et leur approbation a un peu plus de poids que les censures de quelques laïques qui n'entendent ni l'hébreu ni le grec, qui savent très-peu de latin, parlent très-mal français, et se mêlent toujours de dire leur avis sur ce qui ne les regarde point.

1. Si la traduction du *Cantique des cantiques* est loin d'être servile, elle n'exagère point le tempérament passionné de l'original, elle l'adoucit même. « Il l'a un peu châtié, écrivait Mme du Bocage à Algarotti, en le versifiant, parce qu'il l'avait fait jadis pour Mme de Pompadour. Bernard (Gentil) l'a paraphrasé d'une manière bien plus agréable, mais un peu obscène... (*Opere del conte Algarotti*, Venezia, 1794, t. XVII, p. 14. Paris, 9 sept. 1759.) (G. D.)

PRÉCIS
DU CANTIQUE
DES CANTIQUES

(1759)

INTERLOCUTEURS :

LE CHATON, LA SULAMITE,
LES COMPAGNES DE LA SULAMITE.

(Les amis du Chaton ne parlent pas.)

LE CHATON.

Que les baisers ravissants [1]
De ta bouche demi-close
Ont enivré tous mes sens !
Les lis, les boutons de rose
De tes deux globes naissants
Sont à mon âme enflammée
Comme les vins bienfaisants
De la fertile Idumée,

---

1. TEXTE : Qu'il me baise, ou Qu'elle me baise de baisers de sa bouche; car vos mamelles sont meilleures que le vin ; elles ont l'odeur du meilleur baume, et votre nom est une huile répandue.

REMARQUE : Quoique plusieurs grands personnages aient cru que c'était la Sulamite qui parlait dans ces deux premiers versets, cependant, comme il s'agit de mamelles, il a paru plus convenable de mettre ces paroles dans la bouche du Chaton. De plus, la comparaison des mamelles avec les grappes de raisin et avec du vin se trouve plusieurs fois dans le Cantique, et c'est toujours le Chaton qui parle. Les hébraïsants disent que le terme qui répond à mamelle est d'une beauté énergique en hébreu. Ce mot n'a pas en français la même grâce; *tétons* est trop peu grave, *sein* est trop vague. Les savants croient qu'il est difficile d'atteindre à la beauté de la langue hébraïque. (*Note de Voltaire*.)

Et comme le pur encens
Dont Tadmor est parfumée.
Sous les murs des pharaons [1],
A travers les beaux vallons,
Les cavales bondissantes
Ont moins de légèreté ;
Les colombes caressantes,
Dans leurs ardeurs innocentes,
Ont moins de fidélité.

LA SULAMITE.

J'ai peu d'éclat, peu de beauté ; mais j'aime,
Mais je suis belle aux yeux de mon amant ;
Lui seul il fait ma joie et mon tourment ;
Mon tendre cœur n'aime en lui que lui-même [2].
De mes parents la sévère rigueur [3]
Me commanda de bien garder ma vigne ;

---

1. TEXTE : Mon amie, je te compare aux chevaux attelés au char de Pharaon. Ah, que vous êtes belle ! vos yeux sont comme des yeux de colombe. Je suis noire, mais je suis belle comme les tabernacles de Cédar, et comme les pelisses de Salomon… Ne considérez pas que je suis trop brune, car c'est le soleil qui m'a hâlée. Mes parents m'ont fait garder les vignes : hélas ! je n'ai pu garder ma propre vigne.

REMARQUE : Ces paroles semblent prouver que la Sulamite est une bergère, une villageoise qui dit naïvement qu'elle se croit belle comme les tapisseries du roi, et que par conséquent ce cantique n'est pas l'épithalame de Salomon et d'une fille du roi d'Égypte, comme d'illustres commentateurs l'ont dit. Les princesses égyptiennes n'étaient pas noires, et ne gardaient pas les vignes. (*Note de Voltaire.*)

2. Voltaire avait dit dans *Zaïre*, acte I, scène I :

   Chère Fatime, en lui je n'aime que lui-même.

3. TEXTE : Si tu ne te connais pas, la plus belle des femmes, va paître tes moutons et tes chevreaux… Il y a soixante reines, quatre-vingts concubines, et des jeunes filles sans nombre. Tu es seule ma colombe, ma parfaite. Les reines et les concubines t'ont admirée.

REMARQUE : Ces soixante reines et ces quatre-vingts concubines on fait penser à plusieurs commentateurs que ce n'est pas Salomon qui composa ce cantique, puisque Salomon avait sept cents femmes et trois cents concubines, selon le texte sacré. Peut-être n'avait-il alors que soixante femmes. Il se peut aussi que l'auteur parle ici d'un autre roi que Salomon. Les commentateurs qui ne croient pas que *le Cantique des cantiques* soit de ce roi juif prétendent qu'il n'est guère vraisemblable que Salomon dise à sa bien-aimée : « Tu es plus belle que toutes les maîtresses du roi. » C'est une expression qui semble convenir aux hommes d'un ordre inférieur, comme il est d'usage parmi nous d'appeler une femme ma reine ; cependant il est tout aussi naturel que Salomon dise à sa nouvelle femme : « Tu es plus belle que toutes mes femmes et mes maîtresses. » (*Id.*)

— Cette remarque était moins étendue en 1759. Les changements et augmentations sont de 1761. (B.)

Je l'ai livrée au maître de mon cœur :
Le vendangeur en était assez digne.

LE CHATON.

Non, tu ne te connais pas,
O ma chère Sulamite !
Rends justice à tes appas,
N'ignore plus ton mérite.
Salomon dans son palais
A cent femmes, cent maîtresses,
Seul objet de leurs tendresses
Et seul but de tous leurs traits ;
Mille autres sont renfermées
Dans ce palais des plaisirs,
Et briguent par leurs soupirs
L'heureux moment d'être aimées.
Je ne possède que toi ;
Mais ce sérail d'un grand roi,
Ces compagnes de sa couche,
Ces objets si glorieux,
N'ont point d'attrait qui me touche ;
Rien n'approche sous les cieux
D'un sourire de ta bouche,
D'un regard de tes beaux yeux.
Sais-tu que ces grandes reines,
Dans leurs pompes si hautaines,
A ton aspect ont pâli ?
Leur éclat s'en est terni ;
Défaites, humiliées,
Malgré leur orgueil jaloux,
Toutes se sont écriées :
Elle est plus belle que nous !

LA SULAMITE.

Le maître heureux de mes sens, de mon âme[1],
De tous mes vœux, de tous mes sentiments,
Me fait goûter de fortunés moments.

---

1. TEXTE : Mon bien-aimé est comme un bouquet de myrte ; il demeurera entre mes mamelles... Soutenez-moi avec des fleurs, fortifiez-moi avec des fruits ; car je languis d'amour. Qu'il mette sa main gauche sur ma tête, et que sa main droite m'embrasse.

Je dors, mais mon cœur veille.

REMARQUE : Il est difficile d'exprimer comment à la fois on dort et on veille. C'est une figure asiatique qui exprime un songe. (*Note de Voltaire.*)

Soutenez-moi, je languis, je me pâme,
Je meurs d'amour; versez sur moi des fleurs,
Inondez-moi des plus douces odeurs :
Que sur mon sein mon tendre amant repose ;
Qu'en s'endormant de moi-même il dispose :
Qu'il soit à moi dans les bras du sommeil ;
Que de ses mains il me tienne embrassée ;
Que son image occupe ma pensée,
Et qu'il m'embrasse encore à son réveil.
  Chère idole que j'adore,
  Mon cœur a veillé toujours !
  Je me lève avant l'aurore,
  Je demande mes amours.
  Lit sacré, dépositaire
  Des mouvements de mon cœur,
  Des amours doux sanctuaire,
  Qu'as-tu fait de mon bonheur ?
  Éveillez-vous, mes compagnes,
  Venez plaindre mon tourment ;
  Prés, ruisseaux, forêts, montagnes,
  Rendez-moi mon cher amant.
Je l'ai perdu le seul bien qui m'enchante[1] !
Ah ! je l'entends, j'entends sa voix touchante ;
Il vient, il ouvre, il entre. Ah ! je te vois !
Mon cœur s'échappe, et s'envole après toi.
  Hélas ! une fausse image
  Trompe mes yeux égarés ;
  Je ne vois plus qu'un nuage ;
  Des regrets sont le partage
  De mes sens désespérés.
  O mes compagnes fidèles[2],
  Voyez mes craintes cruelles ;
  Adoucissez ma douleur ;
  Dites-moi quelle contrée,

---

1. Texte : J'ai cherché durant la nuit celui qu'aime mon âme; je l'ai cherché, et je ne l'ai point trouvé. Mon bien-aimé a passé sa main par le trou, et mon ventre tressaillit à ce tact. J'ai ouvert la porte à mon bien-aimé, mais il n'y était plus : mon âme s'est liquéfiée. Je l'ai cherché, et je ne l'ai point trouvé.

Remarque : La Sulamite dit ensuite qu'elle a cherché son Chaton aux portes de la ville, et que les gardes l'ont battue; ce qui ne conviendrait guère à une épouse de Salomon. (*Note de Voltaire.*)

2. Texte : Je vous conjure, filles de Jérusalem, si vous trouvez mon bien-aimé, de lui dire que je languis d'amour. (*Id.*)

Quelle terre est honorée
De l'objet de mon ardeur,
Quel Dieu m'en a séparée.
LES COMPAGNES DE LA SULAMITE.
Apprenez-nous quel est l'amant heureux [1]
Qui vous retient dans de si douces chaînes :
Nous partageons votre joie et vos peines,
Nous chercherons cet objet de vos vœux.
LA SULAMITE.
Le vainqueur que j'idolâtre [2]
Est le plus beau des humains ;
L'Amour forma de ses mains
Son sein, plus blanc que l'albâtre ;
L'ébène de ses cheveux
Ombrage son front d'ivoire,
Ce front noble et gracieux,
Ce front couronné de gloire ;
Un feu pur est dans ses yeux :
Sous une telle figure
Descendent du haut des cieux
Les maîtres de la nature,
Ministres du Dieu des dieux ;
Mais de son cœur vertueux
Si je faisais la peinture,
Vous le connaîtriez mieux.
LE CHATON.
Je vous retrouve, ô maîtresse chérie [3] ?

---

1. Texte :
LES FILLES.
Quel est le bien-aimé que vous aimez d'amour, ô la plus belle des femmes? etc. (*Note de Voltaire.*)

2. Texte :
LA SULAMITE.
Mon bien-aimé est blanc et rouge, choisi entre mille ; ses cheveux sont comme des feuilles de palmier, noirs comme un corbeau ; ses yeux sont comme des pigeons sur le bord des eaux, lavés dans du lait ; ses joues sont comme des parterres d'aromates, sa poitrine est comme un ivoire marqueté de saphirs, etc.
LES FILLES.
Où est allé votre bien-aimé? nous irons le chercher avec vous. (*Id.*)

3. Texte :
LE CHATON.
Je suis descendu dans le jardin des noyers, pour voir les fruits des vallées... Votre nez est comme la tour du mont Liban qui regarde vers Damas... votre taille

Je vous revois, je vous tiens dans mes bras :
Dans mes jardins j'avais porté mes pas ;
Mais près de vous toute fleur est flétrie.
Charmant palmier, tige aimable et fleurie,
Je viens cueillir vos fruits délicieux.
Ciel, que le temps est un bien précieux !
Tout le consume, et l'amour seul l'emploie.
Mes chers amis, qui partagez ma joie,
Buvez, chantez, célébrez ses attraits :
Dans les bons vins que votre âme se noie ;
Je vais goûter des plaisirs plus parfaits.

LA SULAMITE.

Paix du cœur, volupté pure[1].
Doux et tendre emportement,
Vous guérissez ma blessure.
Ne souffrez pas que j'endure
Un nouvel éloignement ;
L'absence d'un seul moment
Est un moment de parjure.
Allons voir, allons tous deux
Voir nos myrtes amoureux ;
Prenons soin de leur culture,
Redoublons nos tendres nœuds
Sur nos tapis de verdure ;
Fuyons le bruyant séjour
De cette superbe ville :
Le village est plus tranquille ;
Et la nature et l'amour
L'ont choisi pour leur asile.

---

est semblable à un palmier. J'ai dit : « Je monterai sur le palmier, et j'en prendrai les fruits ; » car vos mamelles sont comme des grappes de raisin, etc.

J'ai bu mon vin avec mon lait. Mangez, mes amis ; buvez, enivrez-vous, mes très-chers amis.

REMARQUE : C'était un usage commun dans les pays chauds de ne point boire son vin pur ; on le mêlait souvent avec du lait. Dans *l'Odyssée* on y infuse des râclures de fromage. Les anciens diffèrent de nous en tout. (*Note de Voltaire.*)

— Cette remarque est de 1761. (B.)

1. TEXTE :
LA SULAMITE.
Je suis à mon bien-aimé, et son cœur se retourne vers moi. Venez, sortons dans les champs, demeurons au village ; levons-nous matin pour aller aux vignes : c'est là que je vous donnerai mes mamelles. (*Note de Voltaire.*)

AVERTISSEMENT

POUR *LA GUERRE CIVILE DE GENÈVE.*

On a fait un crime à M. de Voltaire d'avoir publié ce poëme[1]. Nous ne doutons point que les chantres de la Sainte-Chapelle n'aient aussi trouvé Boileau un homme bien abominable.

M. de Voltaire avait acheté fort cher une petite maison auprès de Genève, et il avait été forcé de la vendre à perte. Malgré la défense d'appeler son frère *raca*, quelques *vénérables maîtres* lui avaient dit de grosses injures. Cependant le produit de ses ouvrages, dont il ne tirait rien pour lui-même, avait enrichi une des familles patriciennes de la république. Son séjour avait rendu à la ville de Genève, en Europe, la célébrité que deux siècles

---

1. Voltaire avait conçu, en janvier 1767, le projet de ce poëme (voyez ses lettres au landgrave de Hesse-Cassel, du 13 janvier, et à d'Alembert, du 18 janvier 1767). Le premier chant fut envoyé à Damilaville le 27 février. Les *Mémoires secrets* parlent de quatre chants à la date du 6 avril, et des cinquième et sixième chants à la date du 2 mai; mais il n'y a jamais eu que cinq chants à ce poëme. Voici peut-être la cause de cette erreur.

L'ouvrage de Voltaire n'arrivait à Paris que par fragments : on était d'autant plus avide de se les procurer. On n'avait encore que les quatre premiers chants manuscrits, lorsque Cazotte imagina d'en composer un *septième*, qui augmenta encore l'impatience d'avoir la suite des quatre premiers. Ce fut, dit-on, l'affaire d'une nuit; et les conteurs d'anecdotes ajoutent que tout le monde fut la dupe de Cazotte, et prit ses vers pour ceux de Voltaire. Cela paraît d'autant plus difficile à croire que, dans ce septième chant (qui est imprimé dans les *OEuvres de Cazotte*), il y a quelques plaisanteries sur le philosophe de Ferney.

Voltaire donna depuis un cinquième chant; il n'a jamais fait de sixième. La première édition des cinq chants est du commencement de 1768. Mais elle n'était pas arrivée à Paris à la fin de mars 1768 (voyez la lettre à Panckoucke, de mars 1768, qui, jusqu'à ce jour, avait été classée en 1769). Une note manuscrite que j'ai vue sur un exemplaire imprimé porte : « Reçu le 21 avril. »

Il est mention d'une nouvelle édition dans la lettre à d'Argental, du 6 juin 1768. Cette *nouvelle* édition doit être celle qui porte le titre de *dernière édition*, et le millésime 1768. Elle est in-16. L'édition in-8°, qui a la même date, me paraît être la première, puisque la note sur Rosimond au cinquième chant est plus étendue dans l'in-16.

Quelques passages de *la Guerre civile de Genève* sont imprimés dans le *Mercure* de la même année, tome Ier de juillet, pages 5-13. (B.)

auparavant le Picard Jehan Chauvin lui avait donnée, et qu'elle avait perdue depuis que la théologie avait passé de mode. Il avait donné de plus la comédie gratis aux dames genevoises, et avait formé plusieurs citoyens dans l'art de la déclamation. Les exécutions de Servet, d'Antoine et Michel Chaudron, avaient été jusqu'alors les seuls spectacles permis par le consistoire : l'ingratitude ne pouvait donc être de son côté.

D'ailleurs ce poëme n'a d'autre objet que de prêcher la concorde aux deux partis; et ce qui prouve que M. de Voltaire avait raison, c'est que, bientôt après, la lassitude des troubles amena une espèce de paix.

L'histoire de Robert Covelle [1] est très-vraie. Les prêtres genevois avaient l'insolence d'appeler à leur tribunal les citoyens et citoyennes accusés du crime de fornication, et les obligeaient de recevoir leur sentence à genoux : c'était rendre un service important à la république que de tourner cette extravagance en ridicule. M. Rousseau est traité dans ce poëme avec trop de dureté, sans doute; mais M. Rousseau accusait publiquement M. de Voltaire d'être un athée, le dénonçait comme l'auteur d'ouvrages irréligieux auxquels M. de Voltaire n'avait pas mis son nom [2], cherchait à attirer la persécution sur lui, et mettait en même temps à la tête de ses persécuteurs ce vieillard dont la vie avait été une guerre continuelle contre les fauteurs de la persécution, et qui, dans ce temps-là même, prenait contre les prêtres le parti de Jean-Jacques.

M. de Voltaire vivait dans un pays où des lois barbares, établies contre la liberté de penser dans les siècles d'ignorance, n'étaient pas encore abolies. De telles accusations étaient donc un véritable crime, et elles doivent paraître plus odieuses encore, lorsque l'on songe que l'accusateur lui-même avait imprimé des choses plus hardies que celles qu'il reprochait à son ennemi; qu'il donnait pour un modèle de vertu un prêtre qui disait la messe pour de l'argent, sans y croire; et qu'il avait la fureur de prétendre être un bon chrétien parce qu'il avait développé en prose sérieuse cette épigramme de Jean-Baptiste Rousseau [3] :

. . . . . « Oui, je voudrais connaître,
Toucher au doigt, sentir la vérité.
— Eh bien ! courage, allons, reprit le prêtre :
Offrez à Dieu votre incrédulité. »

L'humeur qui a pu égarer M. de Voltaire n'est-elle pas excusable ? Il eût dû plaindre M. Rousseau; mais un homme qui, dans son malheur,

---

1. La *Correspondance* de Grimm, novembre 1768, donne quelques détails sur ce personnage, qui était horloger, et bourgeois de Genève. (B.)

2. Dans la cinquième de ses *Lettres écrites de la montagne*, J.-J. Rousseau présente Voltaire comme auteur du *Sermon des Cinquante*, ouvrage auquel il n'avait pas mis son nom. (B.)

3. L'épigramme de J.-B. Rousseau commence par ce vers :

Près de sa mort une vieille incrédule. (B.)

calomniait, outrageait, dénonçait tous ceux qui faisaient cause commune avec lui, pouvait aussi exciter l'indignation.

Excepté ces traits contre M. Rousseau, on ne trouve ici que des plaisanteries. La manière dont milord Abington ressuscite Catherine est une sorte de reproche aux Genevois d'aimer trop l'argent; mais ce reproche, qu'on peut faire aux habitants de toutes les villes purement commerçantes, n'est-il pas fondé? Tout homme qui, ayant le nécessaire, et un patrimoine suffisant à laisser à ses enfants, se dévoue à un métier lucratif, peut-il ne pas aimer l'argent? S'occupe-t-on toute sa vie sans nécessité d'une chose qu'on n'aime point? Le désintéressement qu'affecte un homme qui s'est livré longtemps au soin de s'enrichir ne peut être que de l'hypocrisie.

K.

PROLOGUE

On a si mal imprimé quelques chants de ce poëme, nous en avons vu des morceaux si défigurés dans différents journaux, on est si empressé de publier toutes les nouveautés dans l'heureuse paix dont nous jouissons, que nous avons interrompu notre édition de l'histoire des anciens Babyloniens et des Gomérites, pour donner l'histoire véritable des dissensions présentes de Genève, mises en vers par un jeune Franc-Comtois qui paraît promettre beaucoup. Ses talents seront encouragés sans doute par tous les gens de lettres, qui ne sont jamais jaloux les uns des autres, qui courent tous avec candeur au-devant du mérite naissant, qui n'ont jamais fait la moindre cabale pour faire tomber les pièces nouvelles, jamais écrit la moindre imposture, jamais accusé personne de sentiments erronés sur la grâce prévenante, jamais attribué à d'autres leurs obscurs écrits, et jamais emprunté de l'argent du jeune auteur en question pour faire imprimer contre lui de petits avertissements scandaleux.

Nous recommandons ce poëme à la protection des esprits fins et éclairés qui abondent dans notre province. Nous ne nous flattons pas que le sieur d'Hémeri[1], et le nommé Bruyset Ponthus, marchand libraire à Lyon, le laissent arriver jusqu'à Paris. On imprime aujourd'hui dans les provinces uniquement pour les provinces : Paris est une ville trop occupée d'objets sérieux pour être seulement informée de la guerre de Genève. L'opéra-comique, le singe de Nicolet, les romans nouveaux, les actions des fermes, et les actrices de l'Opéra, fixent l'attention de Paris avec tant d'empire que personne n'y sait ni se soucie de savoir ce qui se passe au grand Caire, à Constantinople, à Moscou, et à Genève. Mais nous espérons d'être lus des beaux esprits du pays de Gex, des Savoyards, des petits cantons suisses, de M. l'abbé de Saint-Gall, de M. l'évêque d'Annecy et de son chapitre, des révérends pères carmes de Fribourg, etc., etc. *Contenti paucis lectoribus*[2].

---

1. Inspecteur de police de la librairie de Paris. (K.)
2. Horace, livre Ier, sat. x, vers 74.

PROLOGUE.

Nous avons suivi la nouvelle orthographe mitigée qui retranche les lettres inutiles, en conservant celles qui marquent l'étymologie des mots. Il nous a paru prodigieusement ridicule d'écrire *françois*, de ne pas distinguer les *Français* de saint *François d'Assise*; de ne pas écrire anglais et écossais par un *a*, comme on orthographie *portugais*. Il nous semble palpable que quand on prononce *j'aimais, je faisais, je plaisais*, avec un *a*, comme on prononce *je hais, je fais, je plais*, il est tout à fait impertinent de ne pas mettre un *a* à tous ces mots, et de ne pas orthographier de même ce qu'on prononce absolument de même.

S'il y a des imprimeurs qui suivent encore l'ancienne routine, c'est qu'ils composent avec la main plus qu'avec la tête. Pour moi, quand je vois un livre où le mot *Français* est imprimé avec un *o*, j'avertis l'auteur que je jette là le livre, et que je ne le lis point.

J'en dis autant à Le Breton, imprimeur de l'*Almanach royal*: je ne lui payerai point l'almanach qu'il m'a vendu cette année. Il a eu la grossièreté de dire que M. le président... M. le conseiller... demeure dans le cul-de-sac de Ménard, dans le cul-de-sac des Blancs-Manteaux, dans le cul-de-sac de l'Orangerie. Jusqu'à quand les Welches croupiront-ils dans leur ancienne barbarie ?

Hodieque manent vestigia ruris [1].

Comment peut-on dire qu'un grave président demeure dans un cul? passe encore pour Fréron, on peut habiter dans le lieu de sa naissance [2]; mais un président, un conseiller! fi,

---

1. Horace, livre II, ép. I, vers 160.
2. Voyez *le Pauvre Diable*, ouvrage en vers aisés de feu mon cousin Vadé.

Je m'accostai d'un homme à lourde mine,
Qui sur sa plume a fondé sa cuisine,
Grand écumeur des bourbiers d'Hélicon,
De Loyola chassé pour ses fredaines,
Vermisseau né du cul de Desfontaines,
Digne en tout sens de son extraction,
Lâche Zoïle, autrefois laid giton :
Cet animal se nommait Jean Fréron.
J'étais tout neuf; j'étais jeune, sincère,
Et j'ignorais son naturel félon :
Je m'engageai, sous l'espoir d'un salaire,
A travailler à son hebdomadaire,
Qu'aucuns nommaient alors patibulaire :
Il m'enseigna comment on dépeçait
Un livre entier, comme on le recousait,
Comme on jugeait du tout par la préface,
Comme on louait un sot auteur en place,
Comme on fondait avec lourde roideur
Sur l'écrivain pauvre et sans protecteur.

monsieur Le Breton! corrigez-vous, servez-vous du mot *impasse*, qui est le mot propre; l'expression ancienne est *impasse*. Feu mon cousin Guillaume Vadé, de l'académie de Besançon, vous en avait averti[1]. Vous ne vous êtes pas plus corrigé que nos plats auteurs à qui l'on montre en vain leurs sottises; ils les laissent subsister, parce qu'ils ne peuvent mieux faire. Mais vous, monsieur Le Breton, qui avez du génie, comment, dans le seul ouvrage où un illustre académicien[2] dit que la vérité se trouve, pouvez-vous glisser une infamie qui fait rougir les dames, à qui nous devons tous un si profond respect? Par Notre-Dame, monsieur Le Breton, je vous attends à l'année 1769.

> Je m'enrôlai, je servis le corsaire;
> Je critiquai, sans esprit et sans choix,
> Impunément le théâtre, la chaire;
> Et je mentis pour dix écus par mois.
>   Quel fut le prix de ma plate manie?
> Je fus connu, mais par mon infamie.
> Comme un gredin que la main de Thémis
> A diapré de nobles fleurs de lis,
> Par un fer chaud gravé sur l'omoplate.
> Triste et honteux, je quittai mon pirate,
> Qui me vola, pour fruit de mon labeur,
> Mon honoraire, en me parlant d'honneur.
>
>   (*Édit. de 1768.*)

— *Le Pauvre Diable* est dans le tome X de la présente édition. (B.)

1. Voyez le *Discours aux Welches*, qui faisait partie du volume intitulé *Contes de Guillaume Vadé*. Voyez aussi tome VI du *Théâtre*, page 416.

2. Fontenelle disait que l'*Almanach royal* était le livre qui contenait le plus de vérités. (B.)

PREMIER POSTSCRIPT.

A ANDRÉ PRAULT, LIBRAIRE, QUAI DES AUGUSTINS.

Monsieur André Prault, vous avertissez le public, dans *l'Avant-Coureur*, n° 9, du lundi 29 février 1768, que M. Lefranc de Pompignan ayant magnifiquement et superbement fait imprimer ses cantiques sacrés à ses dépens, vous les avez offerts d'abord pour dix-huit livres, ensuite pour seize ; puis vous les avez mis à douze, puis à dix. Enfin vous les cédez pour huit francs ; et vous avez dit dans votre boutique :

> Sacrés ils sont, car personne n'y touche[1].

Je vous donnerai six francs d'un exemplaire bien relié, pourvu que vous n'appeliez jamais cul-de-lampe les ornements, les vignettes, les cartouches, les fleurons. Vous êtes parfaitement instruit qu'il n'y a nul rapport d'un fleuron à un cul, ni d'un cul à une lampe. Si quelque critique demande pourquoi je répète ces leçons utiles, je réponds que je les répéterai jusqu'à ce qu'on se soit rangé à son devoir.

DEUXIÈME POSTSCRIPT.

A M. PANCKOUCKE.

Et vous, monsieur Panckoucke, qui avez offert par souscription le recueil de *l'Année littéraire* de maître Aliboron, dit Fréron, à dix sous le volume relié, sachez que cela est trop cher ; deux sous et demi, s'il vous plaît, monsieur Panckoucke, et je placerai dans ma chaumière cet ouvrage entre Cicéron et Quintilien. Je me forme une assez belle bibliothèque, dont je parlerai incessamment au roi[2] ; mais je ne veux pas me ruiner.

---

1. Vers 172 du *Pauvre Diable*.
2. Plaisanterie contre Lefranc de Pompignan. (B.)

TROISIÈME POSTCRIPT.

AU MÊME.

Je ne veux pas vous ruiner non plus. J'apprends que vous imprimez[1] mes fadaises in-4°, comme un ouvrage de bénédictin, avec estampes, fleurons, et point de culs-de-lampe. De quoi vous avisez-vous? on aime assez les estampes dans ce siècle; mais pour les gros recueils, personne ne les lit. Ne faites-vous pas quelquefois réflexion à la multitude innombrable de livres qu'on imprime tous les jours en Europe? les plaines de Beauce ne pourraient pas les contenir. Et n'était le grand usage qu'on en fait dans votre ville au haut des maisons, il y aurait mille fois plus de livres que de gens qui ne savent pas lire. La rage de mettre du noir sur du blanc, comme dit Sady; le *Scribendi cacoethes*[2], comme dit Horace, est une maladie dont j'ai été attaqué, et dont je veux absolument me guérir : tâchez de vous défaire de celle d'imprimer. Tenez-vous-en au moins, en fait de belles-lettres, au siècle de Louis XIV.

M. d'Aquin, que j'aime et que j'estime[3], a célébré, à mon exemple, le siècle présent comme j'ai broché le passé : il a fait un relevé des grands hommes d'aujourd'hui. On y trouve dix-huit maîtres d'orgues et quinze joueurs de violons, Mlle Petit-Pas, Mlle Pélissier, Mlle Chevalier, M. Cahusac, plusieurs basses-tailles, quelques hautes-contre, neuf danseurs, autant de danseuses. Tous ces talents sont fort agréables, et les jeunes gens comme moi en sont fort épris. Mais peut-être le siècle des Condé, des Turenne, des Luxembourg, des Colbert, des Fénelon, des Bossuet, des Corneille, des Racine, des Boileau, des Molière, des La Fontaine, avait-il quelque chose de plus imposant. Je puis me tromper; je me défie toujours de mon opinion, et je m'en rapporte à M. d'Aquin.

---

1. L'édition in-4° des *OEuvres de Voltaire*, entreprise par Panckoucke, était en trente volumes, 1768-1777. On imprima, en 1796, quinze volumes de supplément; ce qui la porte à quarante-cinq volumes. (B.)

2. Le *Scribendi cacoethes* n'est pas d'Horace, mais de Juvénal, satire VII, v. 52. (B.)

3. D'Aquin de Châteaulyon avait donné, en 1752, des *Lettres sur les hommes célèbres... sous le règne de Louis XV* : c'est lui qui avait été éditeur du *Portefeuille trouvé*, dont j'ai parlé tome V du *Théâtre*, page 337. (B.)

LA GUERRE CIVILE
DE GENÈVE

ou

LES AMOURS DE ROBERT COVELLE

POËME HÉROÏQUE

AVEC DES NOTES INSTRUCTIVES

(1768)

CHANT PREMIER

Auteur sublime, inégal, et bavard [1],
Toi qui chantas le rat et la grenouille,
Daigneras-tu m'instruire dans ton art?
Poliras-tu les vers que je barbouille?
O Tassoni [2]! plus long dans tes discours,
De vers prodigue, et d'esprit fort avare,
Me faudra-t-il, dans mon dessein bizarre,
De tes langueurs implorer le secours?
Grand Nicolas [3], de Juvénal émule,
Peintre des mœurs, surtout du ridicule,
Ton style pur aurait pu me tenter;
Il est trop beau, je ne puis l'imiter :
A son génie il faut qu'on s'abandonne;
Suivons le nôtre, et n'invoquons personne.

---

1. Homère, qui a fait le combat des grenouilles et des rats. (*Note de Voltaire*, 1768.)
2. L'auteur de la *Secchia rapita*, ou de la terrible guerre entre Bologne et Modène, pour un seau d'eau. (*Id.*, 1768.)
3. Nicolas Boileau. (*Id.*, 1768.)

Au pied d'un mont[1] que les temps ont pelé,
Sur le rivage où, roulant sa belle onde,
Le Rhône échappe à sa prison profonde,
Et court au loin par la Saône appelé,
On voit briller la cité genevoise,
Noble cité, riche[2], fière[3], et sournoise ;
On y calcule, et jamais on n'y rit ;
L'art de Barême[4] est le seul qui fleurit :
On hait le bal, on hait la comédie ;
Du grand Rameau l'on ignore les airs :
Pour tout plaisir Genève psalmodie
Du bon David les antiques concerts,
Croyant que Dieu se plaît aux mauvais vers[5] ;
Des prédicants la morne et dure espèce
Sur tous les fronts a gravé la tristesse.

C'est en ces lieux que maître Jean Calvin,
Savant Picard, opiniâtre et vain,
De Paul apôtre impudent interprète,
Disait aux gens que la vertu parfaite
Est inutile au salut du chrétien ;
Que Dieu fait tout, et l'honnête homme rien.
Ses successeurs en foule s'attachèrent
A ce grand dogme, et très-mal le prêchèrent.
Robert Covelle était d'un autre avis ;
Il prétendait que Dieu nous laisse faire ;
Qu'il va donnant châtiment ou salaire
Aux actions, sans gêner les esprits.
Ses sentiments étaient assez suivis
Par la jeunesse, aux nouveautés encline.

---

1. La montagne de Salève, partie des Alpes. (*Note de Voltaire*, 1768.)
2. Les seuls citoyens de Genève ont quatre millions cinq cent mille livres de rentes sur la France, en divers effets. Il n'y a point de ville en Europe qui, dans son territoire, ait autant de jolies maisons de campagne, proportion gardée. Il y a cinq cents fourneaux dans Genève, où l'on fond l'or et l'argent : on y poussait autrefois des arguments théologiques. (*Id.*, 1768.)
3. Dans sa lettre à Frédéric, du 17 octobre 1740, Voltaire, lui annonçant la prochaine arrivée d'une troupe de comédiens, s'exprime ainsi ;

>Bientôt à Berlin vous l'aurez
>Cette cohorte théâtrale,
>Race gueuse, *fière* et vénale. (B.)

4. Auteur des *Comptes faits*. (*Note de Voltaire.* 1768.)
5. Ces vers sont dignes de la musique ; on y chante les commandements de Dieu sur l'air *Réveillez-vous, belle endormie*. (*Id.*, 1768.)

CHANT I.

Robert Covelle, au sortir d'un sermon
Qu'avait prêché l'insipide Brognon [1],
Grand défenseur de la vieille doctrine,
Dans un réduit rencontra Catherine
Aux grands yeux noirs, à la fringante mine,
Qui laissait voir un grand tiers de téton
Rebondissant sous sa mince étamine.
Chers habitants de ce petit canton,
Vous connaissez le beau Robert Covelle,
Son large nez, son ardente prunelle,
Son front altier, ses jarrets bien dispos,
Et tout l'esprit qui brille en ses propos.
Jamais Robert ne trouva de cruelle [2].
Voici les mots qu'il dit à sa pucelle :
« Mort de Calvin! quel ennuyeux prêcheur
Vient d'annoncer à son sot auditoire
Que l'homme est faible et qu'un pauvre pécheur
Ne fit jamais une œuvre méritoire?
J'en veux faire une. » Il dit, et dans l'instant,
O Catherine, il vous fait un enfant.
Ainsi Neptune en rencontrant Phillyre,
Et Jupiter voyant au fond des bois
La jeune Io pour la première fois,
Ont abrégé le temps de leur martyre;
Ainsi David, vainqueur du Philistin,
Vit Bethsabée, et lui planta soudain,
Sans soupirer, dans son pudique sein
Un Salomon et toute son engeance;
Ainsi Covelle en ses amours commence;
Ainsi les rois, les héros, et les dieux,
En ont agi. Le temps est précieux.
    Bientôt Catin dans sa taille arrondie
Manifesta les œuvres de Robert.
Les gens malins ont l'œil toujours ouvert,
Et le scandale a la marche étourdie.
Tout fut ému dans les murs genevois;
Du vieux Picard [3] on consulta les lois;

---

1. Prédicant genevois. (*Note de Voltaire*, 1768.)
2. Tout le monde connaît ce vers de Boileau (sat. VIII, v. 208.)
    Jamais surintendant ne connut de cruelle. (B.)

3. Calvin, chanoine de Noyon. (*Note de Voltaire*, 1768.)

On convoqua le sacré consistoire ;
Trente pédants en robe courte et noire
Dans leur taudis vont siéger après boire,
Prêts à dicter leur arrêt solennel.
Ce n'était pas le sénat immortel
Qui s'assemblait sur la voûte éthérée
Pour juger Mars avec sa Cythérée [1],
Surpris tous deux l'un sur l'autre étendus,
Tout palpitants, et s'embrassant tout nus.
La Catherine avait caché ses charmes ;
Covelle aussi, de peur d'humilier
Le sanhédrin trop prompt à l'envier,
Cache avec soin ses redoutables armes.

   Du noir sénat le grave directeur
Est Jean Vernet [2], de maint volume auteur,
Le vieux Vernet, ignoré du lecteur,
Mais trop connu des malheureux libraires ;
Dans sa jeunesse il a lu les saints pères,
Se croit savant, affecte un air dévot :
Broun est moins fat, et Needham est moins sot [3].
Les deux amants devant lui comparaissent.
A ces objets, à ces péchés charmants,
Dans sa vieille âme en tumulte renaissent
Les souvenirs des tendres passe-temps
Qu'avec Javotte il eut dans son printemps.
Il interroge ; et sa rare prudence
Pèse à loisir, sur chaque circonstance,
Le lieu, le temps, le nombre, la façon.
« L'amour, dit-il, est l'œuvre du démon ;

---

1. Le Soleil, comme on sait, découvrit Vénus couchée avec Mars, et Vulcain porta sa plainte au consistoire de là-haut. (*Note de Voltaire*, 1768.)

2. Vernet, professeur en théologie, très-plat écrivain, fils d'un réfugié. Nous avons ses lettres originales par lesquelles il pria l'auteur de l'*Essai sur les mœurs* de le gratifier de l'édition, et de l'accepter pour correcteur d'imprimerie. Il fut refusé, et se jeta dans la politique. (*Id.*, 1768.) (Voyez parmi les *Satires*, la note de la pièce intitulée *l'Hypocrisie*.)

3. Broun, prédicant écossais, qui a écrit des sottises et des injures, de compagnie avec Vernet. Ce prédicant écossais venait souvent manger chez l'auteur sans être prié, et c'est ainsi qu'il témoigna sa reconnaissance. Needham est un jésuite irlandais, imbécile qui a cru faire des anguilles avec de la farine. On a donné quelque temps dans sa chimère, et quelques philosophes même ont bâti un système sur cette prétendue expérience, aussi fausse que ridicule. (*Id.*, 1768.)

— Robert Brown, pasteur de l'Eglise anglaise à Utrecht, avait été éditeur de l'ouvrage de Vernet, intitulé *Lettres critiques d'un voyageur anglais*. (B.)

Gardez-vous bien de la persévérance,
Et dites-moi si les tendres désirs
Ont subsisté par-delà les plaisirs. »
　　Catin subit son interrogatoire
Modestement, jalouse de sa gloire,
Non sans rougir; car l'aimable pudeur
Est sur son front comme elle est dans son cœur.
Elle dit tout, rend tout clair et palpable,
Et fait serment que son amant aimable
Est toujours gai devant, durant, après.
Vernet, content de ces aveux discrets,
Va prononcer la divine sentence :
« *Robert Covelle, écoutez à genoux.*
— A genoux, moi ! — *Vous-même.* — Qui ? moi ! — *Vous;
A vos vertus joignez l'obéissance.* »
Covelle alors, à sa mâle éloquence
Donnant l'essor, et ranimant son feu,
Dit : « Je fléchis les genoux devant Dieu,
Non devant l'homme; et jamais ma patrie
A mon grand nom ne pourra reprocher
Tant de bassesse et tant d'idolâtrie.
J'aimerais mieux périr sur le bûcher
Qui de Servet a consumé la vie ;
J'aimerais mieux mourir avec Jean Hus,
Avec Chausson [1], et tant d'autres élus,
Que m'avilir à rendre à mes semblables
Un culte infâme et des honneurs coupables ;
J'ignore encor tout ce que votre esprit
Peut en secret penser de Jésus-Christ [2];
Mais il fut juste, et ne fut point sévère :
Jésus fit grâce à la femme adultère,
Il dédaigna de tenir à ses pieds
Ses doux appas de honte humiliés ;
Et vous, pédants, cuistres de l'Évangile,
Qui prétendez remplacer en fierté
Ce qui chez vous manque en autorité,

1. Chausson, fameux partisan d'Alcibiade, d'Alexandre, de Jules César, de Giton, de Desfontaines, de l'*âne littéraire*, brûlé chez les Welches au xvii⁰ siècle. (*Note de Voltaire*, 1768.)

2. Voyez l'article Genève dans *l'Encyclopédie*. Jamais Vernet n'a signé que Jésus est Dieu consubstantiel à Dieu le père. A l'égard de l'Esprit, il n'en parle pas. (*Id.*, 1768.)

Nouveaux venus, troupe vaine et futile,
Vous oseriez exiger un honneur
Que refusa Jésus-Christ mon Sauveur!
Tremblez, cessez d'insulter votre maître...
Tu veux parler; tais-toi, Vernet... Peut-être
Me diras-tu qu'aux murs de Saint-Médard,
Trente prélats, tous dignes de la hart,
Pour exalter leur sacré caractère,
Firent fesser Louis le Débonnaire[1],
Sur un cilice étendu devant eux?
Louis était plus bête que pieux :
La discipline, en ces jours odieux,
Était d'usage, et nous venait du Tibre;
C'était un temps de sottise et d'erreur.
Ce temps n'est plus; et si ce déshonneur
A commencé par un vil empereur,
Il finira par un citoyen libre[2]. »
 A ces discours tous les bons citadins,
Pressés en foule à la porte, applaudirent,
Comme autrefois les chevaliers romains
Battaient des pieds et claquaient des deux mains
Dans le forum, alors qu'ils entendirent
De Cicéron les beaux discours diffus
Contre Verrès, Antoine, et Céthégus[3],
Ses tours nombreux, son éloquente emphase,
Et les grands mots qui terminaient sa phrase :
Tel de plaisir le parterre enivré
Fit retentir les clameurs de la joie
Quand *l'Écossaise* abandonnait en proie
Aux ris moqueurs du public éclairé
Ce lourd Fréron[4], diffamé par la ville,
Comme un bâtard du bâtard de Zoïle.
 Six cents bourgeois proclamèrent soudain
Robert Covelle heureux vainqueur des prêtres,
Et défenseur des droits du genre humain.

---

1. Voyez l'histoire de l'Empire et de France. (*Note de Voltaire*, 1768.)

2. Il est très-vrai que les ministres citèrent à Covelle l'exemple de Louis le Débonnaire ou le Faible, et qu'il leur fit cette réponse. (*Id.*, 1768.)

3. Céthégus, complice de Catilina. (*Id.*, 1768.)

4. Maître Aliboron, dit Fréron, était à la première représentation de *l'Écossaise*. Il fut hué pendant toute la pièce, et reconduit chez lui par le public avec des huées. (*Id.*, 1768.)

CHANT I.

Chacun embrasse et Robert et Catin ;
Et, dans leur zèle, ils tiennent pour des traîtres
Les prédicants qui, de leurs droits jaloux,
Dans la cité voudraient faire les maîtres,
Juger l'amour, et parler de genoux.
  Ami lecteur, il est dans cette ville
De magistrats un sénat peu commun,
Et peu connu. Deux fois douze, plus un,
Font le complet de cette troupe habile.
Ces sénateurs, de leur place ennuyés,
Vivent d'honneur, et sont fort mal payés ;
On ne voit point une pompe orgueilleuse
Environner leur marche fastueuse :
Ils vont à pied comme les Manlius,
Les Curius, et les Cincinnatus ;
Pour tout éclat, une énorme perruque
D'un long boudin cache leur vieille nuque,
Couvre l'épaule, et retombe en anneaux ;
Cette crinière a deux pendants égaux,
De la justice emblème respectable ;
Leur col est roide, et leur front vénérable
N'a jamais su pencher d'aucun côté ;
Signe d'esprit et preuve d'équité.
Les deux partis devant eux se présentent,
Plaident leur cause, insistent, argumentent ;
De leurs clameurs le tribunal mugit ;
Et plus on parle, et moins on s'éclaircit ;
L'un se prévaut de la sainte Écriture ;
L'autre en appelle aux lois de la nature ;
Et tous les deux décochent quelque injure
Pour appuyer le droit et la raison.
  Dans le sénat il était un Caton,
Paul Gallatin[1], syndic de cette année,
Qui crut l'affaire en ces mots terminée :
  « Vos différends pourraient s'accommoder.
Vous avez tous l'art de persuader.
Les citoyens et l'éloquent Covelle
Ont leurs raisons... les vôtres ont du poids...
C'est ce qui fait... l'objet de la querelle...
Nous en pourrons parler une autre fois...

---

1. Au lieu de Paul Gallatin, la première édition porte : « Pierre Aguelin. » (B.)

Car... en effet... il est bon qu'on s'entende...
Il faut savoir ce que chacun demande...
De tout état l'Église est le soutien...
On doit surtout penser au... citoyen...
Les blés sont chers, et la disette est grande.
Allons dîner... les genoux n'y font rien[1]. »
    A ce discours, à cet arrêt suprême,
Digne en tout sens de Thémis elle-même,
Les deux partis, également flattés,
Également l'un et l'autre irrités,
Sont résolus de commencer la guerre.
O guerre horrible! ô fléau de la terre!
Que deviendront Covelle et ses amours?
Des bons bourgeois le bras les favorise;
Mais les bourgeois sont un faible secours
Quand il s'agit de combattre l'Église.
Leur premier feu bientôt se ralentit,
Et pour l'éteindre un dimanche suffit.
Au cabaret on est fier, intrépide;
Mais au sermon qu'on est sot et timide!
Qui parle seul a raison trop souvent;
Sans rien risquer sa voix peut nous confondre.
Un temps viendra qu'on pourra lui répondre;
Ce temps est proche, et sera fort plaisant.

---

1. C'est le refrain d'une chanson grivoise : *Et lon, lan, la, les genoux n'y font rien.* (*Note de Voltaire,* 1768.)

CHANT DEUXIÈME

Quand deux partis divisent un empire,
Plus de plaisirs, plus de tranquillité,
Plus de tendresse, et plus d'honnêteté ;
Chaque cerveau, dans sa moelle infecté,
Prend pour raison les vapeurs du délire ;
Tous les esprits, l'un par l'autre agité,
Vont redoublant le feu qui les inspire :
Ainsi qu'à table un cercle de buveurs,
Faisant au vin succéder les liqueurs,
Tout en buvant demande encore à boire,
Verse à la ronde, et se fait une gloire
En s'enivrant d'enivrer son voisin.
Des prédicants le bataillon divin,
Ivre d'orgueil et du pouvoir suprême,
Avait déjà prononcé l'anathème ;
Car l'hérétique excommunie aussi.
Ce sacré foudre est lancé sans merci
Au nom de Dieu. Genève imite Rome,
Comme le singe est copiste de l'homme.
Robert Covelle et ses braves bourgeois
Font peu de cas des foudres de l'Église :
On en sait trop : on lit *l'Esprit des lois ;*
A son pasteur l'ouaille est peu soumise.
Le fier Rondon, l'intrépide Flournois,
Pallard le riche, et le discret Clavière,
Vont envoyer, d'une commune voix,
Les prédicants prêcher dans la rivière.
On s'y dispose ; et le vaillant Rodon
Saisit déjà le sot prêtre Brognon
A la braguette, au collet, au chignon ;
Il le soulève ainsi qu'on vit Hercule,
En déchirant la robe qui le brûle,
Lancer d'un jet le malheureux Lychas.

Mais, ô prodige! et qu'on ne croira pas,
Tel est l'ennui dont la sage nature
Dota Brognon, que sa seule figure
Peut assoupir, et même sans prêcher,
Tout citoyen qui l'oserait toucher;
Rien n'y résiste, homme, femme, ni fille.
Maître Brognon ressemble à la torpille;
Elle engourdit les mains des matelots
Qui de trop près la suivent sur les flots.
Rodon s'endort, et Pallard le secoue;
Brognon gémit étendu dans la boue.
   Tous les pasteurs étaient saisis d'effroi;
Ils criaient tous : « Au secours! à la loi!
A moi, chrétiens, femmes, filles, à moi! »
A leurs clameurs, une troupe dévote,
Se rajustant, descend de son grenier,
Et crie, et pleure, et se retrousse, et trotte,
Et porte en main Saurin [1] et le psautier;
Et les enfants vont pleurant après elles,
Et les amants donnant le bras aux belles;
Diacre, maçon, corroyeur, pâtissier,
D'un flot subit inondent le quartier.
La presse augmente; on court, on prend les armes :
Qui n'a rien vu donne le plus d'alarmes;
Chacun pense être à ce jour si fatal
Où l'ennemi, qui s'y prit assez mal,
Au pied des murs vint planter ses échelles [2],
Pour tuer tout, excepté les pucelles.
   Dans ce fracas, le sage et doux Dolot
Fait un grand signe, et d'abord ne dit mot :
Il est aimé des grands et du vulgaire;
Il est poëte, il est apothicaire,
Grand philosophe, et croit en Dieu pourtant;
Simple en ses mœurs, il est toujours content,
Pourvu qu'il rime, et pourvu qu'il remplisse
De ses beaux vers le *Mercure* de Suisse.
Dolot s'avance; et dès qu'on s'aperçut

---

1. Les sermons de Saurin, prédicant à la Haye, connu pour une petite espièglerie qu'il fit à milord Portland, en faveur d'une fille : ce qui déplut fort au Portland, lequel ne passait cependant pas pour aimer les filles. (*Note de Voltaire*, 1768.)

2. L'escalade de Genève, le 12 décembre 1602. (*Id.*, 1768.)

CHANT II.

Qu'il prétendait parler à des visages[1],
On l'entoura, le désordre se tut.
   « Messieurs, dit-il, vous êtes nés tous sages ;
Ces mouvements sont des convulsions ;
C'est dans le foie, et surtout dans la rate,
Que Galien, Nicomaque, Hippocrate,
Tous gens savants, placent les passions ;
L'âme est du corps la très-humble servante ;
Vous le savez, les esprits animaux
Sont fort légers, et s'en vont aux cerveaux
Porter le trouble avec l'humeur peccante.
Consultons tous le célèbre Tronchin ;
Il connaît l'âme, il est grand médecin ;
Il peut beaucoup dans cette épidémie. »
Tronchin sortait de son académie
Lorsque Dolot disait ces derniers mots :
Sur son beau front siége le doux repos ;
Son nez romain dès l'abord en impose ;
Ses yeux sont noirs, ses lèvres sont de rose ;
Il parle peu, mais avec dignité ;
Son air de maître est plein d'une bonté
Qui tempérait la splendeur de sa gloire ;
Il va tâtant le pouls du consistoire,
Et du conseil, et des plus gros bourgeois.
   Sur eux à peine il a placé ses doigts,
O de son art merveilleuse puissance !
O vanités ! ô fatale science !
La fièvre augmente, un délire nouveau
Avec fureur attaque tout cerveau.
J'ai vu souvent près des rives du Rhône
Un serviteur de Flore et de Pomone
Par une digue arrêtant de ses mains
Le flot bruyant qui fond sur ses jardins :
L'onde s'irrite, et, brisant sa barrière,
Va ravager les œillets, les jasmins,
Et des melons la couche printanière.
Telle est Genève ; elle ne peut souffrir
Qu'un médecin prétende la guérir :
Chacun s'émeut, et tous donnent au diable

---

1. C'est l'expression de Molière dans *le Malade imaginaire*, acte III, scène IV. « On voit bien que vous n'avez pas accoutumé de parler à des visages. »

Le grand Tronchin avec sa mine affable.
Du genre humain voilà le sort fatal :
Nous buvons tous dans une coupe amère
Le jus du fruit que mangea notre mère ;
Et du bien même il naît encor du mal.
Lui, d'un pas grave et d'une marche lente,
Laisse gronder la troupe turbulente,
Monte en carrosse, et s'en va dans Paris
Prendre son rang parmi les beaux esprits.
 Genève alors est en proie au tumulte,
A la menace, à la crainte, à l'insulte :
Tous contre tous, Bitet contre Bitet,
Chacun écrit, chacun fait un projet ;
On représente, et puis on représente ;
A penser creux tout bourgeois se tourmente ;
Un prédicant donne à l'autre un soufflet ;
Comme la horde à Moïse attachée
Vit autrefois, à son très-grand regret,
Sédékia, prophète peu discret,
Qui souffletait le prophète Michée [1].
 Quand le soleil, sur la fin d'un beau jour,
De ses rayons dore encor nos rivages,
Que Philomèle enchante nos bocages,
Que tout respire et la paix et l'amour,
Nul ne prévoit qu'il viendra des orages.
D'où partent-ils? dans quels antres profonds
Étaient cachés les fougueux aquilons ?
Où dormaient-ils? quelle main, sur nos têtes,
Dans le repos retenait les tempêtes?
Quel noir démon soudain trouble les airs?
Quel bras terrible a soulevé les mers?
On n'en sait rien. Les savants ont beau dire
Et beau rêver, leurs systèmes font rire.
Ainsi Genève, en ces jours pleins d'effroi,
Était en guerre, et sans savoir pourquoi.
 Près d'une église à Pierre consacrée,
Très-sale église, et de Pierre abhorrée,

---

1. Voyez les *Paralipomènes*, liv. II, ch. xviii, v. 23. Or Sédékia, fils de Kanaa, s'approcha de Michée, lui donna un soufflet, et lui dit : « Par où l'esprit du Seigneur a-t-il passé pour aller de ma main à ta joue (et, selon la Vulgate, de toi à moi) ? » (*Note de Voltaire*, 1768.)

CHANT II.

Qui brave Rome, hélas ! impunément,
Sur un vieux mur est un vieux monument,
Reste maudit d'une déesse antique,
Du paganisme ouvrage fantastique,
Dont les enfers animaient les accents
Lorsque la terre était sans prédicants.
Dieu quelquefois permet qu'à cette idole
L'esprit malin prête encor sa parole.
Les Genevois consultent ce démon
Quand par malheur ils n'ont point de sermon.
Ce diable antique est nommé l'Inconstance ;
Elle a toujours confondu la prudence :
Une girouette exposée à tout vent
Est à la fois son trône et son emblème ;
Cent papillons forment son diadème :
Par son pouvoir magique et décevant
Elle envoya Charles-Quint au couvent,
Jules Second aux travaux de la guerre ;
Fit Amédée et moine, et pape, et rien [1],
Bonneval turc [2], et Macarti chrétien [3].
Elle est fêtée en France, en Angleterre.
Contre l'ennui son charme est un secours.
Elle a, dit-on, gouverné les amours :
S'il est ainsi, c'est gouverner la terre.
Monsieur Grillet [4], dont l'esprit est vanté,
Est fort dévot à cette déité :

---

1. Amédée, duc de Savoie, retiré à Ripaille, devenu antipape sous le nom de Félix V, en 1440. (*Note de Voltaire*, 1768.)

2. Le comte de Bonneval, général en Allemagne, et bacha en Turquie, sous le nom d'Osman. (*Id.*, 1768.)

3. L'abbé Macarty, Irlandais, prieur en Bretagne, sodomite, simoniaque, puis turc. Il emprunta, comme on sait, à l'auteur de ce grave poëme 2,000 livres, avec lesquelles il s'alla faire circoncire. Il a rechristianisé depuis, et est mort à Lisbonne. (*Id.*, 1768)

4. Celui que l'auteur désigne par le nom de Grillet est en effet un homme d'esprit, qui joint à une dialectique profonde beaucoup d'imagination. (*Id.*, 1768.)

— J'ai dans le texte rétabli Grillet, d'après toutes les éditions du vivant de l'auteur que j'ai pu voir. Le véritable nom du personnage est Rilliet. Il est mort en 1782. C'est celui que Voltaire recommandait à Tressan, dans sa lettre du 16 auguste 1760. Ce Théodore Rilliet eut un procès très-scandaleux avec sa femme. Ce fut le sujet de trois brochures sur le faux-titre desquelles on lit : *Procès romanesque, offrant un sujet de comédie très-riche et très-heureux*. La collection forme plus de 600 pages ; cependant Senebier l'a omise dans son *Histoire littéraire de Genève*. Le marquis de Florian, devenu veuf de la nièce de Voltaire, épousa une Mme Rilliet, qui, d'après Laharpe (voyez sa *Correspondance littéraire*), avait été la femme de Th. Rilliet. (B.)

Il est profond dans l'art de l'ergotisme ;
En quatre parts il vous coupe un sophisme,
Prouve et réfute, et rit d'un ris malin
De saint Thomas, de Paul, et de Calvin :
Il ne fait pas grand usage des filles,
Mais il les aime ; il trouve toujours bon
Que du plaisir on leur donne leçon
Quand elles sont honnêtes et gentilles ;
Permet qu'on change et de fille et d'amant,
De vins, de mode, et de gouvernement.

« Amis, dit-il, alors que nos pensées
Sont au droit sens tout à fait opposées,
Il est certain par le raisonnement
Que le contraire est un bon jugement ;
Et qui s'obstine à suivre ses visées
Toujours du but s'écarte ouvertement.
Pour être sage, il faut être inconstant ;
Qui toujours change une fois au moins trouve
Ce qu'il cherchait, et la raison l'approuve :
A ma déesse allez offrir vos vœux ;
Changez toujours, et vous serez heureux. »

Ce beau discours plut fort à la commune.
« Si les Romains adoraient la Fortune,
Disait Grillet, on peut avec honneur
Prier aussi l'Inconstance, sa sœur. »
Un peuple entier suit avec allégresse
Grillet, qui vole aux pieds de la déesse.
On s'agenouille, on tourne à son autel.
La déité, tournant comme eux sans cesse,
Dicte en ces mots son arrêt solennel :

« Robert Covelle, allez trouver Jean-Jacques,
Mon favori, qui devers Neuchâtel
Par passe-temps fait aujourd'hui ses pâques[1].

---

1. Jean-Jacques Rousseau communiait en effet alors dans le village de Moutier-Travers, diocèse de Neuchâtel. Il imprima une lettre dans laquelle il dit *qu'il pleurait de joie à cette sainte cérémonie.* Le lendemain, il écrivit une lettre sanglante contre le prédicant, qui l'avait, dit-il, très-mal communié ; le surlendemain, il fut lapidé par les petits garçons, et ne communia plus. Il avait commencé par se faire papiste à Turin, puis il se refit calviniste à Genève ; puis il alla à Paris faire des comédies ; puis il écrivit à l'auteur qu'il le ferait poursuivre au consistoire de Genève, pour avoir fait jouer la comédie sur terre de France, dans son château à deux lieues de Genève ; puis il écrivit contre M. d'Alembert en faveur des prédicants de Genève ; puis il écrivit contre les prédicants de Genève, et imprima qu'ils

C'est le soutien de mon culte éternel ;
Toujours il tourne, et jamais ne rencontre ;
Il vous soutient et le pour et le contre
Avec un front de pudeur dépouillé.
Cet étourdi souvent a barbouillé
De plats romans, de fades comédies,
Des opéras, de minces mélodies ;
Puis il condamne, en style entortillé,
Les opéras, les romans, les spectacles.
Il vous dira qu'il n'est point de miracles,
Mais qu'à Venise il en a fait jadis [1].
Il se connaît finement en amis ;
Il les embrasse, et pour jamais les quitte.
L'ingratitude est son premier mérite.
Par grandeur d'âme il hait ses bienfaiteurs.
Versez sur lui les plus nobles faveurs,
Il frémira qu'un homme ait la puissance,
La volonté, la coupable impudence
De l'avilir en lui faisant du bien [2].
Il tient beaucoup du naturel d'un chien ;
Il jappe et fuit, et mord qui le caresse.
« Ce qui surtout me plaît et m'intéresse,
C'est que de secte il a changé trois fois,
En peu de temps, pour faire un meilleur choix.
Allez, volez, Catherine, Covelle ;
Dans votre guerre engagez mon héros,
Et qu'il y trouve une gloire nouvelle ;
Le dieu du lac vous attend sur ses flots.
En vain mon sort est d'aimer les tempêtes ;
Puisse Borée, enchaîné sur vos têtes,

étaient tous des fripons, aussi bien que ceux qui avaient travaillé au dictionnaire de l'*Encyclopédie*, auxquels il avait de très-grandes obligations. Comme il en avait davantage à M. Hume, son protecteur, qui le mena en Angleterre, et qui épuisa son crédit pour lui faire obtenir cent guinées d'aumône du roi, il écrivit bien plus violemment contre lui : « Premier soufflet, dit-il, sur la joue de mon protecteur ; second soufflet, troisième soufflet. » Apparemment, a-t-on dit, que le quatrième était pour le roi. (*Note de Voltaire*, 1768.)

— C'est dans sa lettre à d'Alembert que J.-J. Rousseau prend le parti des ministres de Genève ; c'est dans ses *Lettres écrites de la montagne* qu'il se prononce contre eux.

1. C'est dans une note de la troisième de ses *Lettres écrites de la montagne* que J.-J. Rousseau parle de ses miracles ou sortiléges à Venise.

2. Hume avait obtenu du roi d'Angleterre une pension pour J.-J. Rousseau.

Abandonner au souffle des zéphyrs
Et votre barque et vos charmants plaisirs!
Soyez toujours amoureux et fidèles,
Et jouissants. C'est sans doute un souhait
Que jusqu'ici je n'avais jamais fait;
Je ne voulais que des amours nouvelles :
Mais ma nature étant le changement,
Pour votre bien je change en ce moment.
Je veux enfin qu'il soit dans mon empire
Un couple heureux sans infidélité,
Qui toujours aime, et qui toujours désire;
On l'ira voir un jour par rareté :
Je veux donner, moi qui suis l'Inconstance,
Ce rare exemple : il est sans conséquence;
J'empêcherai qu'il ne soit imité.
Je suis vrai pape, et je donne dispense,
Sans déroger à ma légèreté :
Ne doutez point de ma divinité;
Mon Vatican, mon église est en France. »
Disant ces mots, la déesse bénit
Les deux amants, et le peuple applaudit.
 A cet oracle, à cette voix divine,
Le beau Robert, la belle Catherine,
Vers la girouette avancèrent tous deux,
En se donnant des baisers amoureux;
Leur tendre flamme en était augmentée;
Et la girouette, un moment arrêtée,
Ne tourna point, et se fixa pour eux.
 Les deux amants sont prêts pour le voyage;
Un peuple entier les conduit au rivage :
Le vaisseau part; Zéphyre et les Amours
Sont à la poupe, et dirigent son cours,
Enflent la voile, et d'un battement d'aile
Vont caressant Catherine et Covelle.
Tels, en allant se coucher à Paphos,
Mars et Vénus ont vogué sur les flots;
Telle Amphitrite et le puissant Nérée
Ont fait l'amour sur la mer azurée[1].

---

1. C'est ici que le deuxième chant finissait en 1768 et même en 1772 (*Nouveaux Mélanges*, tome XII, page 216); le reste fut donné dans l'édition in-4°, tome XXVI, qui est de 1777. (B.)

CHANT II.

  Les bons bourgeois, au rivage assemblés,
Suivaient de l'œil ce couple si fidèle ;
On n'entendait que les cris redoublés
De liberté, de Catin, de Covelle.
  Parmi la foule il était un savant
Qui sur ce cas rêvait profondément,
Et qui tirait un fort mauvais présage
De ce tumulte et de ce beau voyage.
« Messieurs, dit-il, je suis vieux, et j'ai vu
Dans ce pays bon nombre de sottises ;
Je fus soldat, prédicant, et cocu ;
Je fus témoin des plus terribles crises ;
Mon bisaïeul a vu mourir Calvin :
J'aime Covelle, et surtout sa Catin ;
Elle est charmante, et je sais qu'elle brille
Par son esprit comme par ses attraits ;
Mais, croyez-moi, si vous aimez la paix,
Allez souper avec madame Oudrille. »
  Notre savant, ayant ainsi parlé,
Fut du public impudemment sifflé.
Il n'en tint compte ; il répétait sans cesse,
« Madame Oudrille... » On l'entoure, on le presse ;
Chacun riait des discours du barbon :
Et cependant lui seul avait raison.

VARIANTES

DU CHANT DEUXIÈME.

Vers 24. — Au lieu de Rodon, Flournois, Pallard, Clavière, on lit dans la première édition : Roson, Cournois, Paillart, Flavière. (B.)

Vers 82. — Lorsqu'en 1772 ce poëme fut réimprimé dans le tome XII des *Nouveaux Mélanges,* on y ajouta en note : « Personne n'ignore la sagacité et la justesse avec lesquelles ce grand médecin fit ses pronostics sur les causes et les suites de la maladie de Mme la Dauphine. » Mais cette note ayant une étoile, tandis que toutes les autres sont indiquées par des lettres, je n'ai osé la mettre au bas du texte comme étant de Voltaire ; et, quoique dédaignée ou omise par mes prédécesseurs, j'ai cru devoir la recueillir. (B.)

Vers 100 :
>Les Genevois tombent en frénésie,
>Dans le sénat et dans la bourgeoisie ;
>Bientôt le mal devient contagieux :
>L'un tord les bras, l'autre roule les yeux,
>Un autre écume, et tous donnent au diable
>*Le grand Tronchin avec sa mine affable.
>Jamais son art ne parut plus fatal :
>Qui veut guérir fait souvent bien du mal.
>Lui, d'un pas grave, etc.

Vers 121. — Au lieu de Bitet, les premières éditions portent Biret. (B.)

CHANT TROISIÈME

Quand sur le dos de ce lac argenté
Le beau Robert et sa tendre maîtresse
Voguaient en paix, et savouraient l'ivresse
Des doux désirs et de la volupté ;
Quand le sylvain, la dryade attentive,
D'un pas léger accouraient sur la rive ;
Lorsque Protée et les nymphes de l'eau
Nageaient en foule autour de leur bateau,
Lorsque Triton caressait la naïade,
Que devenait ce Jean-Jacques Rousseau
Chez qui Robert allait en ambassade ?
    Dans un vallon fort bien nommé Travers
S'élève un mont, vrai séjour des hivers ;
Son front altier se perd dans les nuages,
Ses fondements sont au creux des enfers ;
Au pied du mont sont des antres sauvages,
Du dieu du jour ignorés à jamais :
C'est de Rousseau le digne et noir palais.
Là se tapit ce sombre énergumène,
Cet ennemi de la nature humaine,
Pétri d'orgueil et dévoré de fiel ;
Il fuit le monde, et craint de voir le ciel :
Et cependant sa triste et vilaine âme
Du dieu d'amour a ressenti la flamme ;
Il a trouvé, pour charmer son ennui,
Une beauté digne en effet de lui :
C'était Caron amoureux de Mégère.
Cette infernale et hideuse sorcière
Suit en tous lieux le magot ambulant,
Comme la chouette est jointe au chat-huant.
L'infâme vieille avait pour nom Vachine [1] ;

---

1. Son nom est Vacheur ; c'est de là que l'auteur a tiré le nom de la fée Va-

C'est sa Circé, sa Didon, son Alcine.
L'aversion pour la terre et les cieux
Tient lieu d'amour à ce couple odieux.
Si quelquefois, dans leurs ardeurs secrètes,
Leurs os pointus joignent leurs deux squelettes,
Dans leurs transports ils se pâment soudain
Du seul plaisir de nuire au genre humain.

   Notre Euménide avait alors en tête
De diriger la foudre et la tempête
Devers Genève. Ainsi l'on vit Junon,
Du haut des airs, terrible et forcenée,
Persécuter les restes d'Ilion,
Et foudroyer les compagnons d'Énée.
Le roux Rousseau, renversé sur le sein,
Le sein pendant de l'infernale amie,
L'encourageait dans le noble dessein
De submerger sa petite patrie :
Il détestait sa ville de Calvin ;
Hélas ! pourquoi ? c'est qu'il l'avait chérie.

   Aux cris aigus de l'horrible harpie,
Déjà Borée, entouré de glaçons,
Est accouru du pays des Lapons ;
Les aquilons arrivent de Scythie ;
Les gnomes noirs, dans la terre enfermés
Où se pétrit le bitume et le soufre,
Font exhaler du profond de leur gouffre
Des feux nouveaux dans l'enfer allumés :
L'air s'en émeut, les Alpes en mugissent ;
Les vents, la grêle, et la foudre, s'unissent ;
Le jour s'enfuit ; le Rhône épouvanté
Vers Saint-Maurice[1] est déjà remonté ;

---

chine. (*Note de Voltaire*, 1768.) — Il n'est pas difficile de voir que, sous le nom de Vachine, Voltaire désigne Thérèse Levasseur, d'abord gouvernante puis femme de J.-J. Rousseau. (B.)

1. Saint-Maurice dans le Valais, à quelques milles de la source du Rhône. C'est en cet endroit que la légende a prétendu que Dioclétien, en 287, avait fait martyriser une légion composée de six mille chrétiens à pied, et de sept cents chrétiens à cheval, qui arrivaient d'Égypte par les Alpes. Le lecteur remarquera que Saint-Maurice est une vallée étroite entre deux montagnes escarpées, et qu'on ne peut pas y ranger trois cents hommes en bataille. Il remarquera encore qu'en 287 il n'y avait aucune persécution ; que Dioclétien alors comblait tous les chrétiens de faveurs ; que les premiers officiers de son palais, Gorgonios et Dorotheos, étaient chrétiens, et que sa femme Prisca était chrétienne, etc. Le lecteur observera surtout que la fable du mar-

CHANT III.

Le lac, au loin vomit de ses abîmes
Des flots d'écume élancés dans les airs,
De cent débris ses deux bords sont couverts ;
Des vieux sapins les ondoyantes cimes
Dans leurs rameaux engouffrent tous les vents,
Et de leur chute écrasent les passants :
Un foudre tombe, un autre se rallume :
Du feu du ciel on connaît la coutume ;
Il va frapper des arides rochers,
Ou le métal branlant dans les clochers ;
Car c'est toujours sur les murs de l'église
Qu'il est tombé : tant Dieu la favorise,
Tant il prend soin d'éprouver ses élus !

Les deux amants, au gré des flots émus,
Sont transportés au séjour du tonnerre,
Au fond du lac, aux rochers, à la terre,
De tous côtés entourés de la mort.
Aucun des deux ne pensait à son sort.
Covelle craint, mais c'était pour sa belle ;
Catin s'oublie, et tremble pour Covelle.
Robert disait aux Zéphyrs, aux Amours,
Qui conduisaient la barque tournoyante :
« Dieux des amants, secourez mon amante ;
Aidez Robert à sauver ses beaux jours ;
Pompez cette eau, bouchez-moi cette fente ;
A l'aide ! à l'aide ! » Et la troupe charmante
Le secondait de ses doigts enfantins
Par des efforts douloureux et trop vains.

L'affreux Borée a chassé le Zéphyre,
Un aquilon prend en flanc le navire,
Brise la voile, et casse les deux mâts ;

---

tyre de cette légion fut écrite par Grégoire de Tours, qui ne passe pas pour un Tacite, d'après un mauvais roman attribué à l'abbé Eucher, évêque de Lyon, mort en 454 ; et dans ce roman il est fait mention de Sigismond, roi de Bourgogne, mort en 523.

Je veux et je dois apprendre au public qu'un nommé Nonotte, ci-devant jésuite, fils d'un brave crocheteur de notre ville, a depuis peu, dans le style de son père, soutenu l'authenticité de cette ridicule fable avec la même impudence qu'il a prétendu que les rois de France de la première race n'ont jamais eu plusieurs femmes, que Dioclétien avait toujours été persécuteur, et que Constantin était, comme Moïse, le plus doux de tous les hommes. Cela se trouve dans un libelle de cet ex-jésuite, intitulé *les Erreurs de Voltaire*, libelle aussi rempli d'erreurs que de mauvais raisonnements. Cette note est un peu étrangère au texte, mais c'est le droit des commentateurs. — Cette note est de M. C***, avocat à Besançon. (*Note de Voltaire*, 1768.)

Le timon cède, et s'envole en éclats ;
La quille saute, et la barque s'entr'ouvre ;
L'onde écumante en un moment la couvre.
   La tendre amante, étendant ses beaux bras,
Et s'élançant vers son héros fidèle,
Disait : « Cher Co... » L'onde ne permit pas
Qu'elle achevât le beau nom de Covelle :
Le flot l'emporte, et l'horreur de la nuit
Dérobe aux yeux Catherine expirante.
Mais la clarté terrible et renaissante
De cent éclairs dont le feu passe et fuit
Montre bientôt Catherine flottante,
Jouet des vents, des flots, et du trépas.
Robert voyait ses malheureux appas,
Ces yeux éteints, ces bras, ces cuisses rondes,
Ce sein d'albâtre, à la merci des ondes ;
Il la saisit ; et d'un bras vigoureux,
D'un fort jarret, d'une large poitrine,
Brave les vents, fend les flots écumeux,
Tire après lui la tendre Catherine,
Pousse, s'avance, et cent fois repoussé,
Plongé dans l'onde, et jamais renversé,
Perdant sa force, animant son courage,
Vainqueur des flots, il aborde au rivage.
   Alors il tombe épuisé de l'effort.
Les habitants de ce malheureux bord
Sont fort humains, quoique peu sociables,
Aiment l'argent autant qu'aucun chrétien,
En gagnent peu, mais sont fort charitables
Aux étrangers, quand il n'en coûte rien.
   Aux deux amants une troupe s'avance :
Bonnet[1] accourt, Bonnet-le médecin[2],

---

1. Il est mort depuis peu. Il faut avouer qu'il aimait fort à boire ; mais il n'en avait pas moins de pratiques. Il disait plus de bons mots qu'il ne guérissait de malades. Les médecins ont joué un grand rôle dans toute cette guerre de Genève. M. Jori, mon médecin ordinaire, a contribué beaucoup à la pacification ; il faut espérer que l'auteur en parlera dans sa première édition de cet important ouvrage. A l'égard des chirurgiens, ils s'en sont peu mêlés, attendu qu'il n'y a pas eu une égratignure, excepté le soufflet donné par un prédicant dans l'assemblée qu'on nomme la vénérable compagnie. Les chirurgiens avaient cependant préparé de la charpie, et plusieurs citoyens avaient fait leur testament. Il faut que l'auteur ait ignoré ces particularités. (*Note de Voltaire*, 1768.)

2. Dans quelques copies manuscrites, au lieu de Bonnet on avait mis « Tissot », et

CHANT III.

De qui Lausanne admire la science;
De son grand art il connaît tout le fin;
Aux impotents il prescrit l'exercice;
D'après Haller, il décide qu'en Suisse
Qui but trop d'eau doit guérir par le vin.
A ce seul mot Covelle se réveille;
Avec Bonnet il vide une bouteille,
Et puis une autre : il reprend son teint frais,
Il est plus leste et plus beau que jamais.
Mais Catherine, hélas! ne pouvait boire;
De son amant les soins sont superflus :
Bonnet prétend qu'elle a bu l'onde noire;
Robert disait : « Qui ne boit point n'est plus. »
Lors il se pâme, il revient, il s'écrie,
Fait retentir les airs de ses clameurs,
Se pâme encor sur la nymphe chérie,
S'étend sur elle, et, la baignant de pleurs,
Par cent baisers croit la rendre à la vie;
Il pense même en cet objet charmant
Sentir encore un peu de mouvement :
A cet espoir en vain il s'abandonne,
Rien ne répond à ses brûlants efforts.
« Ah! dit Bonnet, je crois, Dieu me pardonne!
Si les baisers n'animent point les morts,
Qu'on n'a jamais ressuscité personne. »
Covelle dit : « Hélas! s'il est ainsi,
C'en est donc fait, je vais mourir aussi. »
Puis il retombe; et la nuit éternelle
Semblait couvrir le beau front de Covelle.
Dans le moment, du fond des antres creux
Venait Rousseau suivi de son Armide,
Pour contempler le ravage homicide
Qu'ils excitaient sur ce bord malheureux;
Il voit Robert qui, penché sur l'arène,
Baisait encor les genoux de sa reine,
Roulait des yeux, et lui serrait la main.
— Que fais-tu là? lui cria-t-il soudain.
« Ce que je fais? mon ami, je suis ivre
De désespoir et de très-mauvais vin :

Voltaire se plaignait de cette altération; voyez sa lettre à d'Argence de Dirac, du 10 juillet 1767. (B.)

Catin n'est plus; j'ai le malheur de vivre;
J'en suis honteux : adieu; je vais la suivre. »
Rousseau réplique : « As-tu perdu l'esprit?
As-tu le cœur si lâche et si petit?
Aurais-tu bien cette faiblesse infâme
De t'abaisser à pleurer une femme?
Sois sage enfin ; le sage est sans pitié,
Il n'est jamais séduit par l'amitié;
Tranquille et dur en son orgueil suprême,
Vivant pour soi, sans besoin, sans désir,
Semblable à Dieu, concentré dans lui-même,
Dans son mérite il met tout son plaisir.
J'ai quelquefois festoyé ma sorcière;
Mais si le ciel terminait sa carrière,
Je la verrais mourir à mes côtés
Des dons cuisants qui nous ont infectés,
Sur un fumier rendant son âme au diable,
Que ma vertu, paisible, inaltérable,
Me défendrait de m'écarter d'un pas
Pour la sauver des portes du trépas.
D'un vrai Rousseau tel est le caractère;
Il n'est ami, parent, époux, ni père;
Il est de roche; et quiconque, en un mot,
Naquit sensible, est fait pour être un sot.
— Ah! dit Robert, cette grande doctrine
A bien du bon; mais elle est trop divine :
Je ne suis qu'homme[1] et j'ose déclarer
Que j'aime fort toute humaine faiblesse;
Pardonnez-moi la pitié, la tendresse,
Et laissez-moi la douceur de pleurer. »
Comme il parlait, passait sur cette terre
En berlingot certain pair d'Angleterre,
Qui voyageait tout excédé d'ennui,
Uniquement pour sortir de chez lui,
Lequel avait pour charmer sa tristesse
Trois chiens courants, du punch, et sa maîtresse.
Dans le pays on connaissait son nom,
Et tous ses chiens : c'est milord Abington[2].

---

1. Imitation de ces mots de Térence :
   Homo sum : humani nihil a mé alienum puto.
2. Milord Abington s'est distingué depuis dans le sénat britannique par son

Il aperçoit une foule éperdue,
Une beauté sur le sable étendue,
Covelle en pleurs, et des verres cassés.
« Que fait-on là ? dit-il à la cohue.
— On meurt, milord. » Et les gens empressés
Portaient déjà les quatre ais d'une bière,
Et deux manants fouillaient le cimetière.
Bonnet disait : « Notre art n'est que trop vain ;
On a tenté des baisers et du vin,
Rien n'a passé ; cette pauvre bourgeoise
A fait son temps ; qu'on l'enterre, et buvons. »
Milord reprit : « Est-elle Genevoise ?
— Oui, dit Covelle. — Eh bien nous le verrons. »
Il saute en bas, il écarte la troupe,
Qui fait un cercle en lui pressant la croupe,
Marche à la belle, et lui met dans la main
Un gros bourson de cent livres sterling.
La belle serre, et soudain ressuscite.
On bat des mains : Bonnet n'a jamais su
Ce beau secret ; la gaupe décrépite
Dit qu'en enfer il était inconnu.
Rousseau convient que, malgré ses prestiges,
Il n'a jamais fait de pareils prodiges.
Milord sourit : Covelle transporté
Croit que c'est lui qu'on a ressuscité.
Puis en dansant ils s'en vont à la ville,
Pour s'amuser de la guerre civile.

patriotisme, et une haine constante pour la corruption, la tyrannie, et les restes de superstition que l'Angleterre conserve encore. Il a fait un discours très-raisonnable et très-plaisant contre des lois ridicules sur l'observation du dimanche, imitées des lois juives sur le sabbat, qui s'observent à Londres avec rigueur, et pour lesquelles le conseil de la Cité et même les chambres du parlement font semblant d'avoir beaucoup de zèle, afin de faire leur cour à la populace, qui, en Angleterre comme ailleurs, s'amuse beaucoup des persécutions exercées au nom de Dieu. Milord Abington consultait un jour pour un mal d'yeux Tronchin, qui lui recommanda de ne pas trop lire. « Je ne lis jamais, dit milord : il y a quelques années que j'essayai de parcourir un livre qui s'appelait, je crois, la *Genèse;* mais, après avoir lu quelques pages, je le laissai là. » Il paraissait à Genève tel qu'on le peint ici. (K.)

CHANT QUATRIÈME

Nos voyageurs devisaient en chemin ;
Ils se flattaient d'obtenir du destin
Ce que leur cœur aveuglément désire :
Bonnet, de boire ; et Jean-Jacques, d'écrire ;
Catin, d'aimer ; la vieille, de médire ;
Robert, de vaincre, et d'aller à grands pas
Du lit à table, et de table aux combats.
   Tout caractère en causant se déploie.
Milord disait : « Dans ces remparts sacrés
Avant-hier les Français sont entrés :
Nous nous battrons, c'est là toute ma joie :
Mes chiens et moi nous suivrons cette proie ;
J'aurai contre eux mes fusils à deux coups :
Pour un Anglais c'est un plaisir bien doux ;
Des Genevois je conduirai l'armée. »
   Comme il parlait, passa la Renommée ;
Elle portait trois cornets à bouquin [1],
L'un pour le faux, l'autre pour l'incertain ;
Et le dernier, que l'on entend à peine,
Est pour le vrai, que la nature humaine
Chercha toujours, et ne connut jamais.
La belle aussi se servait de sifflets.
Son écuyer, l'astrologue de Liége,
De son chapitre obtint le privilége
D'accompagner l'errante déité ;
Et le Mensonge était à son côté.

---

1. Observez, cher lecteur, combien le siècle se perfectionne. On n'avait donné qu'une trompette à la Renommée dans *la Henriade*, on lui en a donné deux dans la divine *Pucelle*, et aujourd'hui on lui en donne trois dans le poëme moral de la guerre genevoise. Pour moi, j'ai envie d'en prendre une quatrième pour célébrer l'auteur, qui est sans doute un jeune homme qu'il faut bien encourager. (*Note de Voltaire*, 1768.)

CHANT IV.

Entre eux marchait le Vieux à tête chauve,
Avec son sable et sa fatale faux.
Auprès de lui la Vérité se sauve.
L'âge et la peine avaient courbé son dos ;
Il étendait ses deux pesantes ailes ;
La Vérité, qu'on néglige, ou qu'on fuit,
Qu'on aime en vain, qu'on masque, ou qu'on poursuit,
En gémissant se blottissait sous elles.
La Renommée à peine la voyait.
Et tout courant devant elle avançait.
 « Eh bien, madame, avez-vous des nouvelles?
dit Abington. — J'en ai beaucoup, milord :
Déjà Genève est le champ de la mort ;
J'ai vu Deluc[1], plein d'esprit et d'audace,
Dans le combat animer les bourgeois ;
J'ai vu tomber au seul son de sa voix.
Quatre syndics[2] étendus sur la place :
Verne[3] est en casque, et Vernet en cuirasse ;
L'encre et le sang dégouttent de leurs doigts :
Ils ont prêché la discorde cruelle
Différemment, mais avec même zèle.
Tels autrefois dans les murs de Paris
Des moines blancs, noirs, minimes, et gris,
Portant mousquet, carabine, rondelle,
Encourageaient tout un peuple fidèle
A débusquer le plus grand des Henris,
Aimé de Mars, aimé de Gabrielle,
Héros charmant, plus héros que Covelle.
Bèze et Calvin sortent de leurs tombeaux ;
Leur voix terrible épouvante les sots :
Ils ont crié d'une voix de tonnerre :
Persécutez! c'est là leur cri de guerre.
Satan, Mégère, Astaroth, Alecton,

---

1. Deluc, d'une des plus anciennes familles de la ville ; c'était le Paoli de Genève : il est d'ailleurs physicien et naturaliste. Son père entend merveilleusement saint Paul, sans savoir le grec et le latin : on dit qu'il ressemble aux apôtres, tels qu'ils étaient avant la descente du Saint-Esprit. (*Note de Voltaire*, 1768.)
2. Les bourgeois voulaient avoir le droit de destituer quatre syndics. (*Id.*, 1768.)
3. Le ministre Verne, homme d'un esprit cultivé, et fort aimable. Il a beaucoup servi à la conciliation : ce fut lui qui releva la garde posée par les bourgeois dans l'antichambre du procureur général Tronchin pour l'empêcher de sortir de la ville. La Renommée, qui est menteuse, dit ici le contraire de ce qu'il a fait. (*Id.*, 1768.)

Sur les remparts ont pointé le canon :
Il va tirer ; je crois déjà l'entendre :
L'église tombe, et Genève est en cendre.
 — Bon, dit la vieille, allons, doublons le pas ;
Exaucez-nous, puissant Dieu des combats,
Dieu Sabaoth, de Jacob et de Bèze !
Tout va périr ; je ne me sens pas d'aise. »
 Enfin la troupe est aux remparts sacrés,
Remparts chétifs et très-mal réparés :
Elle entre, observe, avance, fait sa ronde.
Tout respirait la paix la plus profonde ;
Au lieu du bruit des foudroyants canons,
On entendait celui des violons ;
Chacun dansait ; on voit pour tout carnage
Pigeons, poulets, dindons, et grianaux ;
Trois cents perdrix à pieds de cardinaux
Chez les traiteurs étalent leur plumage.
 Milord s'étonne ; il court au cabaret :
A peine il entre, une actrice jolie
Vient l'aborder d'un air tendre et discret,
Et l'inviter à voir la comédie.
O juste ciel ! qu'est-ce donc qui s'est fait ?
Quel changement ! Alors notre Zaïre
Au doux parler, au gracieux sourire,
Lorgna milord, et dit ces propres mots[1] :
« Ignorez-vous que tout est en repos ?
Ignorez-vous qu'un Mécène de France,
Ministre heureux et de guerre et de paix,
Jusqu'en ces lieux a versé ses bienfaits ?
S'il faut qu'on prêche, il faut aussi qu'on danse.
Il nous envoie un brave chevalier[2],

---

1. Il existe de ce passage une variante que voici :

> Le roi de France à Genève affligée
> Par ses bontés rend enfin le repos ;
> Las de la voir par le chagrin rongée,
> Il a daigné mettre fin à ses maux.
> Il a voulu que tout soit dans la joie :
> Pour cet effet, ce bon roi nous envoie
> Un doux ministre, un brave chevalier,
> *Ange de paix ! etc.

2. Le chevalier de Beauteville, ambassadeur en Suisse, lieutenant général des armées. Il contribua plus que personne à la prise de Berg-op-Zoom. (*Note de Voltaire*, 1768.)

CHANT IV.

Ange de paix comme vaillant guerrier :
Qu'il soit béni! grâce à son caducée,
Par les plaisirs la discorde est chassée ;
Le vieux Vernet sous son vieux manteau noir
Cache en tremblant sa mine embarrassée ;
Et nous donnons le *Tartuffe* ce soir.
— *Tartuffe*; allons, je vole à cette pièce,
Lui dit milord ; j'ai haï de tout temps
De ces croquants la détestable espèce ;
Égayons-nous ce soir à leurs dépens.
Allons, Bonnet, Covelle, et Catherine ;
Et vous aussi, vous Jean-Jacque et Vachine ;
Buvons dix coups, mangeons vite, et courons
Rire à Molière, et siffler les fripons. »
    A ce discours enfant de l'allégresse,
Rousseau restait morne, pâle, et pensif ;
Son vilain front fut voilé de tristesse ;
D'un vieux caissier l'héritier présomptif
N'est pas plus sot alors qu'on lui vient dire
Que le bonhomme en réchappe, et respire.
Rousseau, poussé par son maudit démon,
S'en va trouver le prédicant Brognon :
Dans un réduit à l'écart il le tire,
Grince les dents, se recueille, et soupire ;
Puis il lui dit : « Vous êtes un fripon ;
Je sens pour vous une haine implacable ;
Vous m'abhorrez, vous me donnez au diable ;
Mais nos dangers doivent nous réunir.
Tout est perdu ; Genève a du plaisir ;
C'est pour nous deux le coup le plus terrible ;
Vernet surtout y sera bien sensible.
Les charlatans sont donc bernés tout net!
Ce soir *Tartuffe*, et demain *Mahomet!*
Après-demain l'on nous jouera de même.
Des Genevois on adoucit les mœurs,
On les polit, ils deviendront meilleurs ;
On s'aimera! Souffrirons-nous qu'on s'aime?
Allons brûler le théâtre à l'instant.
Un chevalier, ambassadeur de France,
Vient d'ériger cet affreux monument,
Séjour de paix, de joie, et d'innocence :
Qu'il soit détruit jusqu'en son fondement!

Ayons tous deux la vertu d'Érostrate [1];
Ainsi que lui méritons un grand nom.
Vous connaissez la noble ambition;
Le grand vous plaît, et la gloire vous flatte:
Prenons ce soir en secret un brandon.
En vain les sots diront que c'est un crime;
Dans ce bas monde il n'est ni bien ni mal;
Aux vrais savants tout doit sembler égal.
Bâtir est beau, mais détruire est sublime.
Brûlons théâtre, actrice, acteur, souffleur,
Et spectateur, et notre ambassadeur. »
   Le lourd Brognon crut entendre un prophète,
Crut contempler l'ange exterminateur
Qui fait sonner sa fatale trompette
Au dernier jour, au grand jour du Seigneur.
   Pour accomplir ce projet de détruire,
Pour réussir, Vachine doit s'armer.
Sans toi, Bacchus, peut-on chanter et rire?
Sans toi, Vénus, peut-on savoir aimer?
Sans toi, Vachine, on n'est pas sûr de nuire.
Ils font venir la vieille à leur taudis.
La gaupe arrive, et de ses mains crochues,
Que de l'enfer les chiens avaient mordues,
Forme un gâteau de matières fondues
Qui brûleraient les murs du paradis.
Pour en répandre au loin les étincelles
Vachine a pris (je ne puis décemment
Dire en quel lieu, mais le lecteur m'entend)
Un tas pourri de brochures nouvelles,
Vers de Le Brun morts aussitôt que nés [2],
Longs mandements dans le Puy confinés [3],

---

1. Érostrate brûla, dit-on, le temple d'Éphèse pour se faire de la réputation. (*Note de Voltaire*, 1768.)

2. Nous ne savons pas qui est ce Le Brun. Il y a tant de plats poëtes connus deux jours à Paris, et ignorés ensuite pour jamais! (*Note de Voltaire*.)

— Les éditions de 1768, 1772, 1777, portaient dans le texte *Brunet* au lieu de *Le Brun*. J'ai même vu une édition où il était dit en note : « Il (Brunet) a fait *les Noms changés*, comédie qui eut quelque succès. » Un nommé Brunet fit en effet jouer, en 1758, au Théâtre-Français, une comédie en trois actes, intitulée *les Noms changés;* mais la cinquième des notes de Voltaire lui-même sur son *Épître à d'Alembert*, qui est de 1771 (voyez tome X), prouve que c'est de Le Brun (Ponce-Denis Écouchard) que Voltaire a voulu parler sous le nom de Brunet. (B.)

3. C'est apparemment un mandement de l'évêque du Puy-en-Velay, qui, adres-

CHANT IV.

Tacite orné par le sieur La Blétrie
D'un style neuf et d'un mélange heureux
De pédantisme et de galanterie,
Journal chrétien, madrigaux amoureux,
De Chiniac les écrits plagiaires [1],
Du droit canon quarante commentaires.
Tout ce fatras fut du chanvre en son temps ;
Linge il devint par l'art des tisserands,
Puis en lambeaux des pilons le pressèrent :
Il fut papier ; cent cerveaux à l'envers
De visions à l'envi le chargèrent ;
Puis on le brûle, il vole dans les airs,
Il est fumée, aussi bien que la gloire.
De nos travaux voilà quelle est l'histoire ;
Tout est fumée, et tout nous fait sentir
Ce grand néant qui doit nous engloutir.

Les trois méchants ont posé cette étoupe
Sous le foyer où s'assemble la troupe :
La mèche prend. Ils regardent de loin
L'heureux effet qui suit leur noble soin [2],
Clignant les yeux, et tremblant qu'on ne voie
Leurs fronts plissés se dérider de joie.
Déjà la flamme a surmonté les toits,
Les toits pourris, séjour de tant de rois ;
Le feu s'étend, le vent le favorise.
Le spectateur, que la flamme poursuit,
Crie au secours, se précipite, et fuit :
Jean-Jacques rit ; Brognon les exorcise.
Ainsi Calchas et le traître Sinon
S'applaudissaient lorsqu'ils mirent en cendre
Les murs sacrés du superbe Ilion,

---

sant la parole aux chaudronniers de son diocèse, leur parla de Lamotte et de Fontenelle. (*Note de Voltaire*, 1768.)

1. Le Chiniac nous est aussi inconnu que Le Brun. Nous apprenons dans le moment que c'est un commentateur des discours de Fleury, qui a été assez indigent pour voler tout ce qui se trouve sur ce sujet dans un livre très-connu, et assez impudent pour insulter ceux qu'il a volés.

De telles gens il est assez :
Priez Dieu pour les trépassés. (*Id.*, 1768.)

— On a de Chiniac : *Discours sur les libertés de l'Église gallicane, par M. l'abbé Fleury, avec un commentaire*, 1765, in-12. (B.)

2. Ce fut le 5 février 1768 qu'on mit le feu à la salle des spectacles. (*Note de Voltaire*, 1768.)

Que le dieu Mars, Aphrodise[1], Apollon,
Virent brûler, et ne purent défendre.
Las! que devient le pauvre entrepreneur,
Ce Rosimond plus généreux qu'habile[2]?
A ses dépens il a, pour son malheur,
Fait à grands frais meubler le noble asile
Des doux plaisirs peu faits pour cette ville;
Un seul moment consume l'attirail
Du grand César, d'Auguste, d'Orosmane,
Et la toilette où se coiffa Roxane,
Et l'ornement de Rome et du sérail.
O Rosimond! que devient votre bail?
De tous vos soins quel funeste salaire!
Est-ce à Calvin que vous aurez recours?
Est-ce à l'évêque appelé titulaire?
Hélas! lui-même a besoin de secours.
Ah, malheureux! à qui vouliez-vous plaire?
Vous êtes plaint, mais fort abandonné.
Après vingt ans vous voilà ruiné :
De vos pareils c'est le sort ordinaire;
Qui du public s'est fait le serviteur
Peut se vanter d'avoir un méchant maître.
Soldat, auteur, commentateur, acteur,
Également se repentent peut-être.
Loin du public, heureux dans sa maison
Qui boit en paix, et dort avec Suzon[3]!

1. Vénus est nommée en grec Aphrodite. Notre auteur l'appelle Aphrodise : c'est apparemment par euphonie, comme disent les doctes. (*Note de Voltaire*, 1768.)

2. M. Rosimond, entrepreneur des spectacles à Genève. Il a perdu plus de quarante mille francs à cet incendie. (*Id.*, 1768.)

— Dans les éditions in-8° et in-16 de 1768, et dans celle de 1772, après le mot *Genève,* on lisait : *Un des plus honnêtes hommes du monde.* Dans l'édition ir-16 la note se terminait ainsi : « De sorte qu'il est encore plus à plaindre que celui du théâtre de la Haye, au gros Dindon. » (B.)

3. On accusa de cet incendie le fanatisme religieux ou patriotique des bons Genevois, qui croyaient que, si la comédie s'établissait à Genève, ils seraient ruinés dans ce monde et damnés dans l'autre. C'est par une fiction poétique qu'on l'attribue ici à ceux qui avaient mis cette idée dans la tête de ces pauvres gens. (*Note de Voltaire.*)

CHANT CINQUIÈME

Des prédicants les âmes réjouies
Rendaient à Dieu des grâces infinies [1]
Sincèrement du mal qu'on avait fait :
Le cœur d'un prêtre est toujours satisfait
Si les plaisirs que son rabbat condamne
Sont enlevés au séculier profane.
Qu'arriva-t-il? Le désordre s'accrut
Quand de ces lieux le plaisir disparut.
Mieux qu'un sermon l'aimable comédie [2]
Instruit les gens, les rapproche, les lie :
Voilà pourquoi la discorde en tout temps
Pour son séjour a choisi les couvents.
Les deux partis, plus fous qu'à l'ordinaire,
S'allaient gourmer, n'ayant plus rien à faire ;
Et tous les soins du ministre de paix
Dans la cité sont perdus désormais :
Mille horlogers [3], de qui les mains habiles
Savaient guider leurs aiguilles dociles,
D'un acier fin régler les mouvements,
Marquer l'espace, et diviser le temps,

---

1. Expression si familière à l'un d'entre eux que, l'ayant répétée vingt fois dans un sermon, un de ses parents lui dit : « Je te rends des grâces infinies d'avoir fini. » (*Note de Voltaire*, 1768.)

2. Voltaire dit dans son conte *les Trois Manières* (voyez tome X, page 30) :

    Le théâtre instruit mieux que ne fait un gros livre.

3. Genève fait un commerce de montres qui va par année à plus d'un million. Les horlogers ne sont pas des artisans ordinaires; ce sont, comme l'a dit l'auteur du *Siècle de Louis XIV*, des physiciens de pratique. Les Graham et les Le Roy ont joui d'une grande considération; et M. Le Roy d'aujourd'hui est un des plus habiles mécaniciens de l'Europe. Les grands mécaniciens sont aux simples géomètres ce qu'un grand poëte est à un grammairien. (*Note de Voltaire*, 1768.)

— C'est dans sa liste des *Artistes célèbres* que Voltaire appelle les horlogers des *physiciens de pratique*. (B.)

Renonçaient tous à leurs travaux utiles :
Le trouble augmente ; on ne sait plus enfin
Quelle heure il est dans les murs de Calvin.
On voit leurs mains tristement occupées
A ranimer sur un grès plat et rond
Le fer rouillé de leurs vieilles épées ;
Ils vont chargeant de salpêtre et de plomb
De lourds mousquets dégarnis de platine ;
Le fer pointu qui tourne à la cuisine,
Et fait tourner les poulets déplumés,
Bientôt se change, aux regards alarmés,
En longue pique, instrument de carnage ;
Et l'ouvrier, contemplant son ouvrage,
Tremble lui-même, et recule de peur.

O jours ! ô temps de disette et d'horreur !
Les artisans, dépourvus de salaire,
Nourris de vent, défiant les hasards,
Meurent de faim, en attendant que Mars
Les extermine à coups de cimeterre.
Avant ce temps l'industrie et la paix
Entretenaient une honnête opulence,
Et le travail, père de l'abondance,
Sur la cité répandait ses bienfaits :
La pauvreté, sèche, pâle, au teint blême,
Aux longues dents, aux jambes de fuseaux,
Au corps flétri, mal couvert de lambeaux,
Fille du Styx, pire que la mort même,
De porte en porte allait traînant ses pas ;
Monsieur Labat la guette, et n'ouvre pas[1] :
Et cependant Jean-Jacque et sa sorcière,

---

1. C'est un Français réfugié, qui, par une honnête industrie et par un travail estimable, s'est procuré une fortune de plus de deux millions. Presque toutes les familles opulentes de Genève sont dans le même cas. Les enfants de M. Hervart, contrôleur général des finances sous le cardinal Mazarin, se retirèrent dans la Suisse et en Allemagne, avec plus de six millions, à la révocation de l'édit de Nantes. La Hollande et l'Angleterterre sont remplies de familles réfugiées qui, ayant transporté les manufactures, ont fait des fortunes très-considérables, dont la France a été privée. La plupart de ces familles reviendraient avec plaisir dans leur patrie, et y rapporteraient plus de cent millions, si l'on établissait en France la liberté de conscience, comme elle l'est dans l'Allemagne, en Angleterre, en Hollande, dans le vaste empire de la Russie, et dans la Pologne.

Cette note nous a été fournie par un descendant de M. Hervart. (*Note de Voltaire*, 1768.)

CHANT V.

Le beau Covelle et sa reine d'amour,
Avec Bonnet buvaient le long du jour
Pour soulager la publique misère.
Au cabaret le bon milord payait;
Des indigents la foule s'y rendait;
Pour s'en défaire, Abington leur jetait
De temps en temps de l'or par les fenêtres :
Nouveau secret, très-peu connu des prêtres.
L'or s'épuisa, le secours dura peu.
Deux fois par jour il faut qu'un mortel mange;
Sous les drapeaux il est beau qu'il se range,
Mais il faudrait qu'il eût un pot-au-feu.

 C'en était fait; *les seigneurs magnifiques*[1]
Allaient subir le sort des républiques,
Sort malheureux qui mit Athène aux fers,
Abîma Tyr et les murs de Carthage,
Changea la Grèce en d'horribles déserts,
Des fils de Mars énerva le courage,
Dans des filets[2] prit l'empire romain,
Et quelque temps menaça Saint-Marin[3].
Hélas! un jour il faut que tout périsse!
Dieu paternel, sauvez du précipice
Ce pauvre peuple, et reculez sa fin!

 Dans le conseil le doux Paul Gallatin
Cède à l'orage, et, navré de tristesse,
Quitte un timon qui branlait dans sa main.
 Nécessité fait bien plus que sagesse.
 Cramer un jour, ce Cramer dont la presse[4]

---

1. Quand les citoyens sont convoqués, le premier syndic les appelle *souverains et magnifiques seigneurs*. (*Note de Voltaire*, 1768.)
2. Les filets de saint Pierre. Les curieux ne cessent d'admirer que des cordeliers et des dominicains aient régné sur les descendants des Scipions. (*Id.*, 1768.)
3. Le cardinal Albéroni, n'ayant pu bouleverser l'Europe, voulut détruire la république de Saint-Marin en 1739. C'est une petite ville perchée sur une montagne de l'Apennin, entre Urbin et Rimini. Elle conquit autrefois un moulin; mais, craignant le sort de la république romaine, elle rendit le moulin, et demeura tranquille et heureuse. Elle a mérité de garder sa liberté. C'est une grande leçon qu'elle a donnée à tous les États. (*Id.*, 1768.)
4. Dans les éditions in-8° et in-16 de 1768, et dans celle de 1772, au lieu de Cramer on lit Brimer. Une note de la page 57 de l'édition in-16 dit de substituer Cramer à Brimer. Dans l'édition de 1772, on lit en note : « Voici encore un nom propre défiguré : la véritable orthographe demandait un *C* au lieu d'un *B*, et un *a* au lieu d'un *i*. Au reste, on ignore pourquoi l'auteur ne fait point ici au cadet Cram.. l'honneur de parler de lui; il n'est pas moins bon acteur que son frère,

A tant gémi sous ma prose et mes vers,
Au magasin déjà rongés des vers ;
Le beau Cramer, qui jamais ne s'empresse
Que de chercher la joie et les festins,
Dont le front chauve est encor cher aux belles,
Acteur brillant dans nos pièces nouvelles ;
Cramer, vous dis-je, aimé des citadins,
Se promenait dans la ville affligée,
Vide d'argent, et d'ennuis surchargée.
Dans sa cervelle il cherchait un moyen
De la sauver, et n'imaginait rien.
A la fenêtre il voit madame Oudrille,
Et son époux, et son frère, et sa fille,
Qui chantaient tous des chansons en refrain
Près d'un buffet garni de chambertin.
Mon cher Cramer est homme qui se pique
De se connaître en vin plus qu'en musique.
Il entre, il boit ; il demeure surpris,
Tout en buvant, de voir de beaux lambris,
Des meubles frais, tout l'air de la richesse :
« Je crois, dit-il non sans quelque allégresse,
Que la fortune enfin vous a compris
Au numéro de ses chers favoris.
L'an dix-sept cent deux, six, ou je me trompe,
Vous étiez loin d'étaler cette pompe ;
Vous demeuriez dans le fond d'un taudis ;
Votre gosier, raclé par la piquette,
Poussait des sons d'une voix bien moins nette :
Pour Dieu, montrez à mes sens ébaudis
Par quel moyen votre fortune est faite. »
 Madame Oudrille en ces mots répliqua :
« La pauvreté longtemps nous suffoqua,
Quand la discorde était dans la famille,
Et de chez elle écartait le bon sens.
J'étais brouillée avec monsieur Oudrille,
Monsieur Oudrille avec tous ses parents,
Ma belle-sœur l'était avec ma fille ;
Nous plaidions tous, nous mangions du pain bis.
Notre intérêt nous a tous réunis :

---

ayant acquis dans ses voyages à Paris toutes les grâces plaisantes et l'élégance des Français de meilleur ton. » Dans l'édition in-4° il y a *Hébert*, et *Hébert le beau*. (B.)

CHANT V.

Pour être en paix dans son lit comme à table,
Le premier point est d'être raisonnable ;
Chacun, cédant un peu de son côté,
Dans la maison met la prospérité. »
 Cramer aimait cette saine doctrine :
D'un trait de feu son esprit s'illumine ;
Il se recueille, il fait son pronostic,
Boit, prend congé, puis avise un syndic
Qui disputait dans la place voisine
Avec Deluc, et Clavière, et Flournois ;
Trois conseillers et quatre bons bourgeois
Auprès de là criaient à pleine tête,
Et se morguaient d'un air très-malhonnête.
Cramer leur dit : « Madame Oudrille est prête
A vous donner du meilleur chambertin :
Montez là-haut, c'est l'arrêt du destin ;
Ce jour pour vous doit être un jour de fête. »
Chacun y court, citadin, conseiller :
Le beau Covelle y monte le premier ;
En jupon blanc sa belle requinquée,
Les cheveux teints d'une poudre musquée,
L'accompagnait, et serrait son blondin,
Qui sur le cou lui passait une main.
A leur devant madame Oudrille arrive ;
Sa face est ronde, et sa mine est naïve :
En la voyant, le cœur se réjouit.
Elle conta comment elle s'y prit
Pour radouber sa barque délabrée.
 Tout le conseil entendit la leçon :
Le peuple même écouta la raison.
Les jours sereins de Saturne et de Rhée,
Les temps heureux du beau règne d'Astrée,
Dès ce moment renaquirent pour eux ;
On rappela les danses et les jeux
Qu'avait bannis Calvin l'impitoyable,
Jeux protégés par un ministre aimable,
Jeux détestés de Vernet l'ennuyeux.
Celle qu'on dit de Jupiter la fille,
Mère d'amour et des plaisirs de paix,
Revint placer son lit à Plainpalais[1].

---

1. Plainpalais, promenade entre le Rhône et l'Arve aux portes de la ville, cou-

Genève fut une grande famille;
Et l'on jura que si quelque brouillon
Mettait jamais le trouble à la maison,
On l'enverrait devers madame Oudrille.
　　Le roux Rousseau, de fureur hébété,
Avec sa gaupe errant à l'aventure,
S'enfuit de rage, et fit vite un traité
Contre la paix qu'on venait de conclure.

verte de maisons de plaisance, de jardins, et d'excellents potagers d'un très-grand rapport. C'était autrefois un marais infect, *plana palus,* du temps qu'il n'était question dans Genève que de la grâce prévenante accordée à Jacob, et refusée à son frère le *pate-pelu;* qu'on ne parlait que des supralapsaires, des infralapsaires, des universalistes, de la perception de Dieu différente de sa vision, de plusieurs autres visions; de la manducation supérieure, de l'inutilité des bonnes œuvres, des querelles de Vigilantius et de Jérôme, et autres controverses sublimes extrêmement nécessaires à la santé, et par le moyen desquelles on vit fort à l'aise, et on marie avantageusement ses filles.

N. B. — On a souvent donné à Plainpalais de très-agréables rendez-vous avec toute la discrétion requise. (*Note de Voltaire,* 1768.)

ÉPILOGUE

Je donnerai le sixième chant[1] dès que l'auteur voudra bien m'en gratifier; car il gratifie, et ne vend pas, quoi qu'en dise l'ex-jésuite Patouillet dans un de ses mandements contre tous les parlements du royaume, sous le nom d'un archevêque[2]. J'espère

1. Voltaire n'a pas donné plus de cinq chants; voyez la note de la page 507.
2. J.-F. de Montillet, archevêque d'Auch, signa *dans son* palais archiépiscopal, le 23 janvier 1764, un libelle diffamatoire composé par Patouillet et consorts. Ce libelle fut condamné à être brûlé par le bourreau, et l'archevêque à dix mille écus d'amende. Il est dit dans ce libelle (page 35) : « Vos pères vous avaient appris à respecter les jésuites; cette vénérable compagnie vous avait pris dans son sein dès votre enfance, pour former vos cœurs et vos esprits par le lait de ses instructions. Elle cesse d'être : on leur ôte, en les rendant au siècle, le patrimoine qu'ils y avaient laissé, etc. » C'est-à-dire que Patouillet voulait bouleverser la famille des Patouillets, en demandant à partager, et en ne se contentant pas de sa pension.
Patouillet poursuit humblement *dans son* palais archiépiscopal (page 47) : « Quelle est la puissance qui a frappé ces coups inouïs? c'est une puissance étrangère.. qui est allée bien au delà des limites de sa compétence. » Ainsi, selon l'archevêque d'Auch, il faut excommunier tous les parlements du royaume, les rois de France, d'Espagne, de Naples, de Portugal, le duc de Parme, etc., etc., etc. « Ces parlements, ajoute-t-il (page 48), sont les vrais ennemis des deux puissances, qui, mille fois abattus par leur concert, toujours animés de la rage la plus noire, toujours attentifs à nous nuire, nous ont porté enfin le plus perçant de tous les coups. » Ainsi Patouillet fait dire à Montillet que les parlements sont des séditieux qui ont nui à tous les évêques en les défaisant des jésuites.

> Notre imbécile Montillet
> Devint ainsi le perroquet
> De notre savant Patouillet ;
> Mais on rabattit son caquet.

Patouillet s'avise de parler de poésie dans son mandement. Il traite (page 13) de vagabond un officier du roi qui n'était pas sorti de ses terres depuis quinze ans. Il est assez bien instruit pour appeler mercenaire un homme qui dans ce temps-là même avait prêté généreusement au neveu de J.-F. Montillet une somme considérable, en bon voisin; et le J.-F. Montillet d'Auch est assez malavisé pour signer cette impertinence. J'étais auprès de cet officier du roi quand, au bout de trois ans, la nièce de l'archevêque J.-F. Montillet envoya son argent avec les intérêts au créancier, qui les jeta au nez du porteur.
Si j'avais été à la place de l'archevêque J.-F. Montillet, j'aurais écrit au bienfaiteur de mon neveu : « Monsieur, je vous demande très-humblement pardon d'avoir signé le libelle de Patouillet, etc.; » ou bien : « Monsieur, je suis un imbécile qui ne sais pas ce que c'est qu'un mandement, et qui m'en suis rapporté à ce misérable Patouillet, etc.; » ou bien : « Monsieur, pardonnez à ma bêtise si, ne sachant ni lire ni écrire, j'ai prêté mon nom à ce polisson de Patouillet »; ou enfin quelque chose dans ce goût d'honnêteté et de décence. Mais en voilà assez sur Montillet et Patouillet. (*Note de Voltaire.*)

qu'alors ma fortune sera faite, comme celle de *l'Homme aux quarante écus.*

Si quelqu'un se formalise de ces plaisanteries très-légères sur un sujet qui en méritait de plus fortes, si quelqu'un est assez sot pour se fâcher, l'auteur, qui est parfois goguenard, m'a promis de le fâcher un peu davantage dans le nouveau chant que nous espérons publier.

A l'égard de Jean-Jacques, puisqu'il n'a joué dans tout ce tracas que le rôle d'une cervelle fort mal timbrée; puisqu'il s'est fait chasser partout où il a paru; puisque c'est un absurde raisonneur, qui, ayant imprimé sous son nom quelques petites sottises contre Jésus-Christ, a imprimé aussi dans le même libelle que Jésus-Christ *est mort comme un Dieu*[1]; puisqu'il est quelquefois calomniateur, déclaré tel et affiché tel par une déclaration publique des plénipotentiaires de France, de Zurich, et de Berne[2], le 25 juillet 1766, nous pensons qu'il a fallu lui donner le fouet beaucoup plus fort qu'aux autres, et que l'auteur a très-bien fait de montrer le vice et la folie dans toute leur turpitude. Nous l'exhortons à traiter ainsi les brouillons et les ingrats, et à écraser les serpents de la littérature de la même main dont il a élevé des trophées à Henri IV, à Louis XIV, et à la vérité, dans tous ses ouvrages. Nous avons besoin d'un vengeur : il est juste que celui qui a vécu avec la petite-fille de Corneille extermine les descendants des Claveret, des Scudéri, et des d'Aubignac.

Les lois ne peuvent pas punir un calomniateur littéraire, encore moins un charlatan déclamateur qui se contredit à chaque page, un romancier qui croit éclipser *Télémaque* en élevant un jeune seigneur pour en faire un menuisier, et qui croit surpasser Mme de La Fayette en faisant donner des *baisers âcres* par une Suissesse à un précepteur suisse. Il n'y a pas moyen de condamner à l'amende honorable ceux qui, ayant devant les yeux les grands modèles du siècle de Louis XIV, défigurent la langue française par un style barbare, ou ampoulé, ou entortillé; ceux qui parlent poétiquement de physique[3]; ceux qui, dans les choses les plus communes, prodiguent les expressions les plus violentes; ceux qui, ayant fait ronfler au théâtre des vers qu'on ne peut lire, ne manquent pas de faire dire dans les journaux qu'ils sont supérieurs à

---

1. Au livre IV d'*Émile*, J.-J. Rousseau a dit : « Si la vie et la mort de Socrate sont d'un sage, la vie et la mort de Jésus sont d'un Dieu. » (B.)
2. Voyez la lettre à d'Alembert, du 30 juillet 1766.
3. Il s'agit de Noël Regnault.

ÉPILOGUE.

l'inimitable Racine ; ceux qui se croient des Tive-Live pour avoir copié des dates ; ceux qui écrivent l'histoire avec le style familier de la conversation, ou qui font des phrases au lieu de nous apprendre des faits ; ceux qui, inconnus au barreau, publient les recueils de leurs plaidoyers[1] inconnus au public ; ceux qui soutiennent une cause respectable par d'absurdes arguments, et qui ont la bêtise de rapporter les objections les plus accablantes pour y faire les réponses les plus frivoles et les plus sottes ; ceux qui trafiquent de la louange et de la satire, comme on vend des merceries dans une boutique, et qui jugent insolemment de tout ce qui est approuvé, sans avoir jamais pu rien produire de supportable ; ceux qui... On aurait plutôt compté les dettes de l'Angleterre que le nombre de ces excréments du Parnasse.

Nous avons donc besoin qu'il s'élève enfin parmi nous un homme qui sache détruire cette vermine, qui encourage le bon goût et qui proscrive le mauvais, qui puisse donner le précepte et l'exemple. Mais où le trouver ? qui sera assez éclairé et courageux ?... Ah ! si M. l'abbé d'Olivet, notre cher compatriote, pouvait prendre cette peine ! Mais il est trop vieux, et l'ex-jésuite Nonotte[2] infecte impunément notre Franche-Comté.

---

1. Les *Plaidoyers et Mémoires de Mannory* ont été recueillis en dix-huit volumes in-12. (B.)

2. Nous commençons pourtant à espérer que Nonotte se décrassera. Un magistrat de notre ville le trouva ces jours passés dansant, en veste et en culotte déchirée, avec deux filles de quinze ans. Le voilà dans le bon chemin. On a réprimandé les deux filles ; elles ont répondu qu'elles l'avaient pris pour un singe. A l'égard de Patouillet, il n'y a rien à espérer de lui ; le maraud a pris son pli. En qualité de Franc-Comtois, je ne cherche pas les expressions délicates quand j'ai trouvé les vraies. Le mot propre est quelquefois nécessaire, quoique la métaphore ait ses agréments. On m'a parlé aussi d'un ex-jésuite nommé Prost, impliqué dans la sainte banqueroute de frère La Valette*, lequel Prost est retiré à Dôle sous le nom de Rotalier : il a déjà fait son marché avec tous les épiciers de la province pour leur vendre ses *Remarques* sur le pontificat de Grégoire VII, de Jean XII, d'Alexandre VI ; sur l'ulcère malin dont Léon X fut attaqué dans le périnée ; sur la liberté d'indifférence, *l'Optimisme, Zaïre, Tancrède, Nanine, Mérope, le Siècle de Louis XIV*, et *la Princesse de Babylone*. Nous pourrons joindre ici frère Prost, dit Rotalier, à frère Nonotte et à frère Patouillet, quand nous serons de loisir, et que nous aurons envie de rire. Ce n'est pas que nous négligions Cogé, et Larcher, et Guyon, et les grands hommes attachés à la secte des convulsionnaires, de qui les écrits donnent des convulsions. Nous sommes justes, nous n'avons acception de personne :

Bos, asinusve fuat, nullo discrimine habemus.

(*Note de Voltaire.*)

* On ne sait pas de quelle banqueroute parle ici M. C..., avocat de Besançon, auteur de cet épilogue ; car le révérend père La Valetto, ou frère La Valette (comme on voudra), a fait deux banqueroutes *ad majorem Dei gloriam*, l'une à la Guadeloupe ou Guadaloupe, l'autre à Londres. (*Note de Voltaire.*)

JEAN

QUI PLEURE ET QUI RIT[1]

(1772)

Quelquefois le matin, quand j'ai mal digéré,
Mon esprit abattu, tristement éclairé,
Contemple avec effroi la funeste peinture
    Des maux dont gémit la nature :
Aux erreurs, aux tourments, le genre humain livré ;
Les crimes, les fléaux de cette race impure,
    Dont le diable s'est emparé.
Je dis au mont Etna : « Pourquoi tant de ravages,
Et ces sources de feu qui sortent de tes flancs ? »
Je redemande aux mers tous ces tristes rivages
Disparus autrefois sous leurs flots écumants ;
    Et je redis aux tyrans :
    « Vous avez troublé le monde
    Plus que les fureurs de l'onde,
    Et les flammes des volcans. »
    Enfin, lorsque j'envisage
    Dans ce malheureux séjour
    Quel est l'horrible partage
    De tout ce qui voit le jour,

---

1. Il est dit dans le *Commentaire historique* que cette pièce fut écrite à quatre-vingt-deux ans : l'auteur n'en avait que soixante-dix-huit. On parle de *Jean qui pleure et qui rit* dans les *Mémoires secrets*, à la date du 28 mai 1772, et on l'imprima dans le *Mercure*, premier cahier de juillet, toutefois avec quelques différences que j'indiquerai. Toutes les éditions séparées que j'en ai vues contiennent une *Réponse de M. de Voisenon*. On imprima, en 1784, *Jean qui pleure et Jean qui rit*, pièce en un acte et en prose. M. Brazier a fait jouer sur le théâtre des Variétés, le 17 juillet 1815, une comédie-vaudeville intitulée *Jean qui pleure et Jean qui rit*, non imprimée. Un Dialogue politique, en prose, imprimé en 1789 ou 1790, in-8° de 8 pages, a pour titre *Jean qui pleure et Jean qui rit, ou l'Héraclite et le Démocrite français*. (B.)

Et que la loi suprême est qu'on souffre et qu'on meure,
    Je pleure.

Mais lorsque sur le soir, avec des libertins,
   Et plus d'une femme agréable,
Je mange mes perdreaux, et je bois les bons vins
Dont monsieur d'Aranda vient de garnir ma table ;
   Quand, loin des fripons et des sots,
La gaîté, les chansons, les grâces, les bons mots,
Ornent les entremets d'un souper délectable ;
   Quand, sans regretter mes beaux jours,
    J'applaudis aux nouveaux amours
    De Cléon et de sa maîtresse,
   Et que la charmante amitié,
   Seul nœud dont mon cœur est lié,
   Me fait oublier ma vieillesse,
Cent plaisirs renaissants réchauffent mes esprits :
    Je ris.

Je vois, quoique de loin, les partis, les cabales,
Qui soufflent dans Paris vainement agité
    Des inimitiés infernales,
Et versent leur poison sur la société ;
L'infâme calomnie avec perversité
   Répand ses ténébreux scandales ;
On me parle souvent du Nord ensanglanté,
D'un roi sage et clément[1] chez lui persécuté,
   Qui dans sa royale demeure
    N'a pu trouver sa sûreté,
Que ses propres sujets poursuivent à toute heure :
    Je pleure.

Mais si monsieur Terray[2] veut bien me rembourser ;

---

1. Stanislas-Auguste Poniatowski, roi de Pologne.
2. Dans le *Mercure* de juillet 1772, ce vers est ainsi :

  Mais si mon débiteur veut bien me rembourser.

On conçoit que la censure ne pouvait dans le *Mercure* laisser imprimer *l'abbé Terray*, qui était alors contrôleur des finances, et avait fait violer les dépôts d'argent appartenant à des particuliers. Voltaire, dans sa lettre à Mme du Deffant, du 21 octobre 1770, dit qu'on lui prit deux cent mille francs, ce qui lui occasionna une perte de trois cent mille; voyez aussi, tome X, le conte intitulé *les Finances*, qui est de 1775. (B.)

Si mes prés, mes jardins, mes forêts, s'embellissent ;
    Si mes vassaux se réjouissent,
    Et sous l'orme viennent danser ;
    Si parfois, pour me délasser,
Je relis l'Arioste, ou même la Pucelle[1],
    Toujours catin, toujours fidèle,
Ou quelque autre impudent dont j'aime les écrits,
            Je ris.

Il le faut avouer, telle est la vie humaine :
Chacun a son lutin qui toujours le promène
        Des chagrins aux amusements.
De cinq sens tout au plus malgré moi je dépends ;
L'homme est fait, je le sais, d'une pâte divine ;
Nous serons tous un jour des esprits glorieux ;
Mais dans ce monde-ci l'âme est un peu machine :
        La nature change à nos yeux ;
        Et le plus triste Héraclite
        Redevient un Démocrite
Lorsque ses affaires vont mieux [2].

---

1. Dans le *Mercure* on avait mis ici quelques points, et l'on avait imprimé seulement :

    Je relis Arioste. . . . .
    . . . .
    Ou quelque autre impudent dont j'aime les écrits. (B.)

2. La plupart des éditeurs mettent ici le *Temple du Goût* et la relation du *Voyage à Berlin*, en prose et en vers, adressée de Clèves à Mme Denis en 1750. Il nous a paru que la place de ces deux morceaux n'était point parmi les *Petits Poëmes*. Le *Temple du Goût* est donné à la fin du tome précédent, et la relation du *Voyage à Berlin* figure naturellement à sa date dans la *Correspondance*.

FIN DES PETITS POËMES.

PREMIERS CONTES

EN VERS

PREMIERS CONTES

EN VERS[1]

L'ANTI-GITON

A MADEMOISELLE LECOUVREUR[*]

(1714)

O du théâtre aimable souveraine,
Belle Chloé, fille de Melpomène,
Puissent ces vers de vous être goûtés !
Amour le veut, Amour les a dictés.

---

1. On trouve dans les Contes de M. de Voltaire une poésie plus brillante, une philosophie aussi vraie, moins naïve, mais plus relevée et plus profonde que dans ceux de La Fontaine. L'auteur de *Joconde* est un voluptueux rempli d'esprit et de gaieté, auquel il échappe, comme malgré lui, quelques traits de philosophie; celui de *l'Éducation d'un prince* est un philosophe qui, pour faire passer des leçons utiles, a pris un masque qu'il savait devoir plaire au grand nombre des lecteurs. Dans un moindre nombre d'ouvrages, les sujets sont plus variés; ce n'est pas toujours, comme dans La Fontaine, une femme séduite, ou un mari trompé; la véritable morale y est plus respectée; la fourberie, la violation des serments, n'y sont point traitées si légèrement. La volupté y est plus décente; et, à l'exception d'un petit nombre de pièces échappées à sa première jeunesse*, le ton du libertinage en est absolument banni. (K.)

2. La date de 1714 est donnée à cette pièce par les éditeurs de Kehl; et rien, à ma connaissance, ne la contredit.

Ce ne fut cependant qu'en 1720 qu'elle fut imprimée pour la première fois. C'est

---

[*] A la suite de *la Henriade*, on trouve, dans l'édition donnée par Desfontaines en 1724, un conte intitulé *le Banquet*, et qui est donné comme étant de Voltaire. Le doute sur son authenticité est si général qu'aucun éditeur des Œuvres de Voltaire ne l'a encore reproduit; je ne commencerai pas. Je parle ailleurs de deux autres contes attribués à Voltaire; voyez tome X, note 1 de la page 3. (B.)

Ce petit dieu, de son aile légère,
Un arc en main, parcourait l'autre jour
Tous les recoins de votre sanctuaire,
Car le théâtre appartient à l'Amour ;
Tous ses héros sont enfants de Cythère.
Hélas ! Amour, que tu fus consterné
Lorsque tu vis ce temple profané,
Et ton rival, de son culte hérétique
Établissant l'usage anti-physique,
Accompagné de ses mignons fleuris,
Fouler aux pieds les myrtes de Cypris !
   Cet ennemi jadis eut dans Gomorrhe
Plus d'un autel, et les aurait encore,
Si par le feu son pays consumé
En lac un jour n'eût été transformé.
Ce conte n'est de la métamorphose,
Car gens de bien m'ont expliqué la chose
Très-doctement ; et partant ne veux pas
Mécroire en rien la vérité du cas.
Ainsi que Loth, chassé de son asile,
Ce pauvre dieu courut de ville en ville :
Il vint en Grèce ; il y donna leçon
Plus d'une fois à Socrate, à Platon ;
Chez des héros il fit sa résidence
Tantôt à Rome, et tantôt à Florence ;
Cherchant toujours, si bien vous l'observez,

---

du moins ce qu'on lit dans l'avertissement du tome V des *OEuvres diverses de M. de Voltaire,* 1746, in-12.

   Prosper Marchand, dans son *Dictionnaire historique,* tome Ier, page 37, dit que cette satire est dirigée contre Desfontaines. C'est une erreur. Ce n'est rien moins qu'un grand seigneur que Voltaire a eu en vue. Il nous a mis lui-même sur la voie, en disant (vers 52) :

        D'un beau marquis il a pris le visage.

   C'est en effet contre le marquis de Courcillon que fut fait *l'Anti-Giton.* L'avertissement cité plus haut dit qu'en 1720 *l'Anti-Giton* fut imprimé sous le titre de *la Courcillonade.* Enfin des manuscrits que j'ai vus l'intitulent simplement *Vers contre M. de Courcillon.* Dans l'origine, cette pièce était adressée à Mlle Duclos, célèbre actrice, et sur laquelle on trouve quatre vers dans l'épître à Mme de Montbrun-Villefranche.

   Le Courcillon, héros de *l'Anti-Giton,* est Philippe Égon, né vers 1687 de Louis de Courcillon, marquis de Dangeau, et de Sophie, comtesse de Lowestein. Philippe Égon, mort le 20 septembre 1719, avait eu une jambe emportée à la bataille de Malplaquet en 1709. (B.)

Peuples polis et par art cultivés.
Maintenant donc le voici dans Lutèce,
Séjour fameux des effrénés désirs,
Et qui vaut bien l'Italie et la Grèce,
Quoi qu'on en dise, au moins pour les plaisirs.
Là, pour tenter notre faible nature,
Ce dieu paraît sous humaine figure,
Et n'a point pris bourdon de pèlerin,
Comme autrefois l'a pratiqué Jupin,
Qui, voyageant au pays où nous sommes,
Quittait les cieux pour éprouver les hommes.
Il n'a point l'air de ce pesant abbé [1]
Brutalement dans le vice absorbé,
Qui, tourmentant en tout sens son espèce,
Mord son prochain, et corrompt la jeunesse ;
Lui, dont l'œil louche et le mufle effronté
Font frissonner la tendre Volupté,
Et qu'on prendrait, dans ses fureurs étranges,
Pour un démon qui viole des anges.
Ce dieu sait trop qu'en un pédant crasseux
Le plaisir même est un objet hideux.

D'un beau marquis il a pris le visage [2],
Le doux maintien, l'air fin, l'adroit langage ;
Trente mignons le suivent en riant ;
Philis le lorgne, et soupire en fuyant.
Ce faux Amour se pavane à toute heure
Sur le théâtre aux muses destiné,
Où, par Racine en triomphe amené,
L'Amour galant choisissait sa demeure.
Que dis-je? hélas ! l'Amour n'habite plus
Dans ce réduit : désespéré, confus
Des fiers succès du dieu qu'on lui préfère,
L'Amour honnête est allé chez sa mère,
D'où rarement il descend ici-bas.
Belle Chloé, ce n'est que sur vos pas
Qu'il vient encor. Chloé, pour vous entendre,
Du haut des cieux j'ai vu ce dieu descendre

---

1. L'abbé Desfontaines. Les dix vers sur Desfontaines ont été ajoutés plus de vingt ans après l'édition originale. (G. A.)

2. L'homme dont il est question avait eu une cuisse emportée à Ramilly (Ramillies) (*Note de Voltaire*, 1732). — C'était à Malplaquet que le marquis avait perdu une jambe ; voyez la note 2 de la page 561. (B.)

Sur le théâtre ; il vole parmi nous
Quand, sous le nom de Phèdre ou de Monime,
Vous partagez entre Racine et vous
De notre encens le tribut légitime.
Si vous voulez que cet enfant jaloux
De ces beaux lieux désormais ne s'envole,
Convertissez ceux qui devant l'idole
De son rival ont fléchi les genoux.
Il vous créa la prêtresse du temple :
A l'hérétique il faut prêcher d'exemple.
Prêchez donc vite, et venez dès ce jour
Sacrifier au véritable Amour.

VARIANTES

DE L'ANTI-GITON.

Vers 7 :
>Tous les recoins de votre sanctuaire,
>Loges, foyers, théâtre tour à tour.
>Un chacun sait que ce joli séjour
>Fut de tout temps du ressort de Cythère.
>Hélas ! Amour, etc.

Vers 13 :
>. . . . . l'usage frénétique.

Vers 22 :
>Très-doctement : partant je ne veux pas.

Vers 38 :
>Et s'il n'a pris bourdon de pèlerin,
>Comme autrefois l'a pratiqué Jupin,
>Qui, voyageant aux pays où nous sommes,
>Quittait ses dieux pour éprouver les hommes,
>Trop bien il s'est en marquis déguisé.
>Leste équipage, et chère de satrape,
>Chez nos blondins l'ont impatronisé.
>Momus, Silène, Adonis, et Priape,
>Sont à sa table, où messire Apollon,
>Vient quelquefois jouer du violon.
>Au demeurant, il est haut du corsage,
>Bien fait et beau. L'Amour dans son jeune âge
>Pour compagnon l'aurait pris autrefois,
>Si de l'Amour il n'eût bravé les lois.
>Dans ses yeux brille et luxure et malice ;
>Il est joyeux, et de doux entretien.
>Faites état qu'il ne défaut en rien,
>Quoiqu'on ait dit qu'il lui manque une cuisse.
>Finalement on voit de toutes parts
>Jeunes menins suivre ses étendards,
>Dont glorieux il paraît à toute heure
>Sur le théâtre, etc.

LE CADENAS

ENVOYÉ EN 1716 A MADAME DE B.[1]

Je triomphais; l'Amour était le maître,
Et je touchais à ces moments trop courts
De mon bonheur, et du vôtre peut-être :
Mais un tyran veut troubler nos beaux jours.
C'est votre époux : geôlier sexagénaire,
Il a fermé le libre sanctuaire
De vos appas ; et, trompant nos désirs,
Il tient la clef du séjour des plaisirs.
Pour éclaircir ce douloureux mystère,
D'un peu plus haut reprenons cette affaire.
  Vous connaissez la déesse Cérès :
Or en son temps Cérès eut une fille
Semblable à vous, à vos scrupules près,
Brune piquante, honneur de sa famille,
Tendre surtout, et menant à sa cour
L'aveugle enfant que l'on appelle Amour.
Un autre aveugle, hélas ! bien moins aimable,
Le triste Hymen, la traita comme vous.
Le vieux Pluton, riche autant qu'haïssable,
Dans les enfers fut son indigne époux.
Il était dieu, mais avare et jaloux :
Il fut cocu, car c'était la justice.
Pirithoüs, son fortuné rival,
Beau, jeune, adroit, complaisant, libéral,
Au dieu Pluton donna le bénéfice

---

1. L'auteur avait environ vingt ans quand il fit cette pièce, adressée à une dame contre laquelle son mari avait pris cette étrange précaution ; elle fut imprimée en 1724 pour la première fois.

De cocuage. Or ne demandez pas
Comment un homme, avant sa dernière heure,
Put pénétrer dans la sombre demeure :
Cet homme aimait ; l'Amour guida ses pas.
Mais aux enfers, comme aux lieux où vous êtes,
Voyez qu'il est peu d'intrigues secrètes !
De sa chaudière un traître d'espion
Vit le grand cas, et dit tout à Pluton.
Il ajouta que même, à la sourdine,
Plus d'un damné festoyait Proserpine.
Le dieu cornu dans son noir tribunal
Fit convoquer le sénat infernal.
Il assembla les détestables âmes
De tous ces saints dévolus aux enfers,
Qui, dès longtemps en cocuage experts,
Pendant leur vie ont tourmenté leurs femmes.
Un Florentin lui dit : « Frère et seigneur,
Pour détourner la maligne influence
Dont Votre Altesse a fait l'expérience,
Tuer sa dame est toujours le meilleur :
Mais, las ! seigneur, la vôtre est immortelle.
Je voudrais donc, pour votre sûreté,
Qu'un cadenas, de structure nouvelle,
Fût le garant de sa fidélité.
A la vertu par la force asservie,
Lors vos plaisirs borneront son envie ;
Plus ne sera d'amant favorisé.
Et plût aux dieux que, quand j'étais en vie,
D'un tel secret je me fusse avisé ! »
   A ce discours les damnés applaudirent,
Et sur l'airain les Parques l'écrivirent.
En un moment, fers, enclumes, fourneaux,
Sont préparés aux gouffres infernaux ;
Tisiphoné, de ces lieux serrurière,
Au cadenas met la main la première ;
Elle l'achève, et des mains de Pluton
Proserpina reçut ce triste don.
On m'a conté qu'essayant son ouvrage,
Le cruel dieu fut ému de pitié,
Qu'avec tendresse il dit à sa moitié :
« Que je vous plains ! vous allez être sage. »
   Or ce secret, aux enfers inventé,

Chez les humains tôt après fut porté;
Et depuis ce, dans Venise et dans Rome,
Il n'est pédant, bourgeois, ni gentilhomme,
Qui, pour garder l'honneur de sa maison,
De cadenas n'ait sa provision.
Là, tout jaloux, sans craindre qu'on le blâme,
Tient sous la clef la vertu de sa femme.
Or votre époux dans Rome a fréquenté;
Chez les méchants on se gâte sans peine,
Et le galant vit fort à la romaine;
Mais son trésor est-il en sûreté?
A ses projets l'Amour sera funeste :
Ce dieu charmant sera notre vengeur;
Car vous m'aimez : et quand on a le cœur
De femme honnête, on a bientôt le reste[1].

---

1. Mlle de Scudéri a dit dans un couplet :

> L'oreille est le chemin du cœur;
> Et le cœur l'est du reste. (B.)

VARIANTES

DU *CADENAS*.

Vers 1er. — La pièce, dans l'édition de 1724, commençait par les vers suivants :

>Jeune beauté qui ne savez que plaire,
>A vos genoux, comme bien vous savez,
>En qualité de prêtre de Cythère,
>J'ai débité, non morale sévère,
>Mais bien sermons par Vénus approuvés,
>Gentils propos, et toutes les sornettes
>Dont Rochebrune orne ses chansonnettes.
>De ces sermons votre cœur fut touché ;
>Jurâtes lors de quitter le péché
>Que parmi nous on nomme indifférence :
>Même un baiser m'en donna l'assurance ;
>Mais votre époux, Iris, a tout gâté.
>Il craint l'Amour : époux sexagénaire
>Contre ce dieu fut toujours en colère ;
>C'est bien raison : Amour de son côté
>Assez souvent ne les épargne guère.
>Celui-ci donc tient de court vos appas.
>Plus ne venez sur les bords de la Seine,
>Dans ces jardins où Sylvains à centaine
>Et le dieu Pan vont prendre leurs ébats ;
>Où tous les soirs nymphes jeunes et blanches,
>Les Courcillons, Polignacs, Villefranches,
>Près du bassin, devant plus d'un Pâris,
>De la beauté vont disputer le prix.
>Plus ne venez au palais des Francines [1],
>Dans ce pays où tout est fiction,
>Où l'Amour seul fait mouvoir cent machines,
>Plaindre Thésée et siffler Arion [2].
>Trop bien, hélas ! à votre époux soumise,
>On ne vous voit tout au plus qu'à l'église ;
>Le scélérat a de plus attenté
>Par cas nouveau sur votre liberté.

1. Ancien directeur de l'Opéra.
2. *Arion*, opéra de Fuzelier, joué sans succès en avril 1714.

VARIANTES DU CADENAS.

    Pour éclaircir pleinement ce mystère,
D'un peu plus loin reprenons cette affaire.
      Vous connaissez la déesse Cérès;
Or en son temps Cérès eut une fille
Semblable à vous, à vos scrupules près,
Belle, sensible, honneur de sa famille,
Brune surtout, partant pleine d'attraits.
Ainsi que vous par le dieu d'hyménée
La pauvre enfant fut assez malmenée.
Le dieu des morts fut son barbare époux :
Il était louche, avare, hargneux, jaloux;
Il fut cocu; c'était bien la justice.
Pirithoüs, etc.   (K.)

Vers 34 :

    Voyez qu'il est peu d'intrigues secrètes !
Pluton sut tout. Certain de son malheur,
Pestant, jurant, pénétré de douleur,
Le dieu donna sa femme à tous les diables :
Premiers transports sont un peu pardonnables.
Bientôt après devant son tribunal
Il convoqua le sénat infernal;
A son conseil vinrent les saintes âmes
De ces maris dévolus aux enfers.   (K.)

Vers 35 :

    Plus d'un damné festoyait Proserpine,
Et qu'elle avait au séjour d'Uriel
Trouvé moyen d'être encor dans le ciel.
Le roi cornu de la race maudite
Mordit soudain sa lèvre décrépite;
Il assembla dans son noir tribunal
De ses pédants le sénat infernal;
Il convoqua les détestables âmes, etc.   (K.)

Vers 57. — De mauvaises versions portent :

    En un moment, feux, enclumes, fourneaux. (B.)

Vers 77 :

    Et le galant vit fort à la romaine.
Mais ne craignez pour votre liberté;
Tous ses efforts seront pures vétilles :
De par Vénus vous reprendrez vos droits,
Et mon amour est plus fort mille fois
Que cadenas, verrous, portes, ni grilles. (K.

LE COCUAGE[1]

(1716)

Jadis Jupin, de sa femme jaloux,
Par cas plaisant fait père de famille,
De son cerveau fit sortir une fille,
Et dit : « Du moins celle-ci vient de nous. »
Le bon Vulcain, que la cour éthérée
Fit pour ses maux époux de Cythérée,
Voulait avoir aussi quelque poupon
Dont il fût sûr, et dont seul il fût père ;
Car de penser que le beau Cupidon,
Que les Amours, ornements de Cythère,
Qui, quoique enfants, enseignent l'art de plaire,
Fussent les fils d'un simple forgeron,
Pas ne croyait avoir fait telle affaire.
De son vacarme il remplit la maison,
Soins et soucis son esprit tenaillèrent ;
Soupçons jaloux son cerveau martelèrent.
A sa moitié vingt fois il reprocha
Son trop d'appas, dangereux avantage.
Le pauvre dieu fit tant, qu'il accoucha
Par le cerveau : de quoi ? de Cocuage.
C'est là ce Dieu révéré dans Paris,
Dieu malfaisant, le fléau des maris.
Dès qu'il fut né, sur le chef de son père
Il essaya sa naissante colère :
Sa main novice imprima sur son front
Les premiers traits d'un éternel affront.
A peine encore eut-il plume nouvelle,
Qu'au bon Hymen il fit guerre immortelle :
Vous l'eussiez vu, l'obsédant en tous lieux,

---

1. Les éditeurs de Kehl ont donné à cette pièce la date de 1716 ; je n'ai rien trouvé qui la contredise. (B.)

LE COCUAGE.

Et de son bien s'emparant à ses yeux,
Se promener de ménage en ménage,
Tantôt porter la flamme et le ravage,
Et des brandons allumés dans ses mains
Aux yeux de tous éclairer ses larcins;
Tantôt, rampant dans l'ombre et le silence,
Le front couvert d'un voile d'innocence,
Chez un époux le matois introduit
Faisait son coup sans scandale et sans bruit.
La Jalousie, au teint pâle et livide,
Et la Malice, à l'œil faux et perfide,
Guident ses pas où l'Amour le conduit;
Nonchalamment la Volupté le suit.
Pour mettre à bout les maris et les belles,
De traits divers ses carquois sont remplis :
Flèches y sont pour le cœur des cruelles;
Cornes y sont pour le front des maris.
Or ce dieu-là, malfaisant ou propice,
Mérite bien qu'on chante son office;
Et, par besoin ou par précaution,
On doit avoir à lui dévotion,
Et lui donner encens et luminaire.
Soit qu'on épouse ou qu'on n'épouse pas,
Soit que l'on fasse ou qu'on craigne le cas,
De sa faveur on a toujours affaire.
O vous, Iris, que j'aimerai toujours,
Quand de vos vœux vous étiez la maîtresse,
Et qu'un contrat, trafiquant la tendresse,
N'avait encore asservi vos beaux jours,
Je n'invoquais que le Dieu des amours.
Mais à présent, père de la Tristesse,
L'Hymen, hélas! vous a mis sous sa loi :
A Cocuage il faut que je m'adresse;
C'est le seul dieu dans qui j'ai de la foi.

LA MULE DU PAPE [1]

(1733)

Frères très-chers, on lit dans saint Matthieu
Qu'un jour le diable emporta le bon Dieu [2]
Sur la montagne, et puis lui dit : « Beau sire,
Vois-tu ces mers, vois-tu ce vaste empire,
L'État romain de l'un à l'autre bout? »
L'autre reprit : « Je ne vois rien du tout,
Votre montagne en vain serait plus haute. »
Le diable dit : « Mon ami, c'est ta faute.
Mais avec moi veux-tu faire un marché?
— Oui-dà, dit Dieu, pourvu que sans péché
Honnêtement nous arrangions la chose.
— Or voici donc ce que je te propose,
Reprit Satan. Tout le monde est à moi;
Depuis Adam j'en ai la jouissance;
Je me démets, et tout sera pour toi,
Si tu me veux faire la révérence. »
Notre Seigneur, ayant un peu rêvé,
Dit au démon que, quoique en apparence
Avantageux le marché fût trouvé,
Il ne pouvait le faire en conscience :
Car il avait appris dans son enfance
Qu'étant si riche on fait mal son salut.
Un temps après, notre ami Belzébut
Alla dans Rome : or c'était l'heureux âge

---

1. Cette pièce est de 1733 si une lettre à Mme de La Neuville est bien classée.
2. Le jésuite Bouhours se servit de cette expression : *Jésus-Christ fut emporté par le diable sur la montagne;* c'est ce qui donna lieu à ce noël qui finit ainsi :

    Car sans lui saurait-on, don, don,
    Que le diable emporta, la, la,
    Jésus notre bon maître?

(*Note de Voltaire.*)

Où Rome avait fourmilière d'élus ;
Le pape était un pauvre personnage,
Pasteur de gens, évêque, et rien de plus.
L'Esprit malin s'en va droit au saint-père,
Dans son taudis l'aborde, et lui dit : « Frère,
Je te ferai, si tu veux, grand seigneur. »
A ce seul mot l'ultramontain pontife
Tombe à ses pieds, et lui baise la griffe.
Le farfadet, d'un air de sénateur,
Lui met au chef une triple couronne :
« Prenez, dit-il, ce que Satan vous donne ;
Servez-le bien, vous aurez sa faveur. »
   O papegots, voilà la belle source
De tous vos biens, comme savez. Et pour ce
Que le saint-père avait en ce tracas
Baisé l'ergot de messer Satanas,
Ce fut depuis chose à Rome ordinaire
Que l'on baisât la mule du saint-père.
Ainsi l'ont dit les malins huguenots
Qui du papisme ont blasonné l'histoire :
Mais ces gens-là sentent bien les fagots ;
Et, grâce au ciel, je suis loin de les croire.
Que s'il advient que ces petits vers-ci
Tombent ès mains de quelque galant homme,
C'est bien raison qu'il ait quelque souci
De les cacher, s'il fait voyage à Rome[1].

---

[1]. Dans une note sur la première scène de *Tancrède*, les éditeurs de Kehl donnent une autre origine au baisement de la mule du pape ; voyez tome IV du *Théâtre*, page 502.

VARIANTES

DE *LA MULE DU PAPE.*

Vers 15 :

    Depuis longtemps: et tout sera pour toi;
    Tu tiendras tout de ma pleine puissance.

Vers 47. — Dans les Œuvres de Grécourt, on trouve de ce conte une autre version que voici :

    Frères très-chers, on lit en saint Matthieu
    Qu'un jour le diable emporta le bon Dieu
    Sur la montagne, et là lui dit : « Beau sire,
    Vois-tu ces mers, vois-tu ce vaste empire,
    Ce nouveau monde inconnu jusqu'ici,
    Rome la grande et sa magnificence?
    Je te ferai maître de tout ceci,
    Si tu me veux faire la révérence. »
    Lors le Seigneur, ayant un peu rêvé,
    Dit au démon que, quoique en apparence
    Avantageux le marché fût trouvé,
    Il ne pouvait le faire en conscience ;
    Qu'étant trop riche on fait mal son salut.
      Un temps après, notre ami Belzébut
    S'en fut à Rome. Or c'était l'heureux âge
    Où Rome était fourmilière d'élus :
    Le pape était un pauvre personnage,
    Pasteur de gens, évêque, et rien de plus.
    L'Esprit malin s'en va droit au saint-père,
    Dans son taudis l'aborde, et lui dit : « Frère,
    Si tu voulais tâter de la grandeur?...
    — Si j'en voudrais? oui, parbleu! monseigneur. »
    Marché fut fait : or voilà mon pontife
    Aux pieds du diable, et lui baisant la griffe.
    Le farfadet, d'un air de sénateur,
    Lui met au chef une triple couronne :
    « Prenez, dit-il, ce que Satan vous donne;
    Servez-le bien, vous aurez sa faveur. »

> Or, papagais, voilà l'unique source
> De tous vos biens, comme savez; et pour ce
> Que le saint-père avait en ce tracas
> Baisé l'ergot de messer Satanas,
> Ce fut depuis chose à Rome ordinaire
> Que l'on baisât la mule du saint-père.
> Que s'il advient, etc.

Cette pièce n'est pas la seule de Voltaire que l'on ait attribuée à Grécourt. (B.)

FIN DES PREMIERS CONTES EN VERS.

TABLE

DES MATIÈRES CONTENUES DANS CE VOLUME.

                                                      Pages.

LA PUCELLE D'ORLÉANS. — AVERTISSEMENT DE BEUCHOT... 3

AVERTISSEMENT des éditeurs de l'édition de Kehl............ 15

PRÉFACE de dom Apuleius Risorius, bénédictin............ 19

CHANT PREMIER. — *Argument.* Amours honnêtes de Charles VII et d'Agnès Sorel. Siége d'Orléans par les Anglais. Apparition de saint Denis, etc.. 25

VARIANTES du chant premier.......................... 37

CHANT DEUXIÈME. — *Argument.* Jeanne, armée par saint Denis, va trouver Charles VII à Tours; ce qu'elle fit en chemin, et comment elle eut son brevet de pucelle........................... 40

VARIANTES du chant deuxième......................... 55

CHANT TROISIÈME. — *Argument.* Description du palais de la Sottise. Combats vers Orléans. Agnès se revêt de l'armure de Jeanne pour aller trouver son amant : elle est prise par les Anglais, et sa pudeur souffre beaucoup.. 58

VARIANTES du chant troisième......................... 72

CHANT QUATRIÈME. — *Argument.* Jeanne et Dunois combattent les Anglais. Ce qui leur arrive dans le château d'Hermaphrodix..... 75

VARIANTES du chant quatrième......................... 93

CHANT CINQUIÈME. — *Argument.* Le cordelier Grisbourdon, qui avait voulu violer Jeanne, est en enfer très-justement. Il raconte son aventure aux diables...................................... 97

VARIANTES du chant cinquième......................... 106

CHANT SIXIÈME. — *Argument.* Aventure d'Agnès et de Monrose. Temple de la Renommée. Aventure tragique de Dorothée........... 110

VARIANTES du chant sixième........................... 124

CHANT SEPTIÈME. — *Argument.* Comment Dunois sauva Dorothée, condamnée à la mort par l'Inquisition....................... 126

VARIANTES du chant septième.......................... 137

TABLE DES MATIÈRES.

Pages.

CHANT HUITIÈME. — *Argument.* Comment le charmant La Trimouille rencontra un Anglais à Notre-Dame de Lorette, et ce qui s'ensuivit avec sa Dorothée. 138

CHANT NEUVIÈME. — *Argument.* Comment La Trimouille et sire Arondel retrouvèrent leurs maîtresses en Provence, et du cas étrange advenu dans la Sainte-Baume. 150

CHANT DIXIÈME. — *Argument.* Agnès Sorel poursuivie par l'aumônier de Jean Chandos. Regrets de son amant, etc. Ce qui advint à la belle Agnès dans un couvent. 159

VARIANTES du chant dixième 171

CHANT ONZIÈME. — *Argument.* Les Anglais violent le couvent : combat de saint George, patron d'Angleterre, contre saint Denis, patron de la France. 174

VARIANTES du chant onzième. 186

CHANT DOUZIÈME. — *Argument.* Monrose tue l'aumônier. Charles retrouve Agnès, qui se consolait avec Monrose dans le château de Cutendre. . 189

VARIANTES du chant douzième. 200

CHANT TREIZIÈME. — *Argument.* Sortie du château de Cutendre. Combat de la Pucelle et de Jean Chandos : étrange loi du combat à laquelle la Pucelle est soumise. Vision du père Bonifoux. Miracle qui sauve l'honneur de Jeanne. 202

VARIANTES du chant treizième. 214

CHANT QUATORZIÈME de l'édition de 1756 (*Corisandre*) 221

CHANT QUATORZIÈME. — *Argument.* Comment Jean Chandos veut abuser de la dévote Dorothée. Combat de La Trimouille et de Chandos. Ce fier Chandos est vaincu par Dunois. 230

VARIANTES du chant quatorzième. 240

CHANT QUINZIÈME. — *Argument.* Grand repas à l'hôtel de ville d'Orléans, suivi d'un assaut général. Charles attaque les Anglais. Ce qui arrive à la belle Agnès et à ses compagnons de voyage. 243

VARIANTES du chant quinzième 252

CHANT SEIZIÈME. — *Argument.* Comment saint Pierre apaisa saint George et saint Denis, et comment il promit un beau prix à celui des deux qui lui apporterait la meilleure ode. Mort de la belle Rosamore. 255

VARIANTES du chant seizième. 267

CHANT DIX-SEPTIÈME. — *Argument.* Comment Charles VII, Agnès, Jeanne, Dunois, La Trimouille, etc., devinrent tous fous; et comment ils revinrent en leur bon sens par les exorcismes du R. P. Bonifoux, confesseur ordinaire du roi. 269

VARIANTES du chant dix-septième. 280

TABLE DES MATIÈRES.

CHANT DIX-HUITIÈME. — *Argument*. Disgrâce de Charles et de sa troupe dorée............................. 287
VARIANTES du chant dix-huitième................. 299

CHANT DIX-NEUVIÈME. — *Argument*. Mort du brave et tendre La Trimouille et de la charmante Dorothée. Le dur Tirconel se fait chartreux. 301

CHANT VINGTIÈME. — *Argument*. Comment Jeanne tomba dans une étrange tentation; tendre témérité de son âne; belle résistance de la Pucelle................................... 310
VARIANTES du chant vingtième................... 320

CHANT VINGT ET UNIÈME. — *Argument*. Pudeur de Jeanne démontrée. Malice du diable. Rendez-vous donné par la présidente Louvet au grand Talbot. Services rendus par frère Lourdis. Belle conduite de la discrète Agnès. Repentir de l'âne. Exploits de la Pucelle. Triomphe du grand roi Charles VII........................... 326
VARIANTES du chant vingt et unième............... 339

DERNIER CHANT des premières éditions............. 339

PETITS POËMES.

LA BASTILLE (1717)............................. 353
VARIANTES de *la Bastille*...................... 356

AVERTISSEMENT pour *le Pour et le Contre*........... 357
LE POUR ET LE CONTRE. — *A madame de Rupelmonde* (1722). 358
VARIANTES du *Pour* et du *Contre*............... 363

APOLOGIE DE LA FABLE....................... 365

DIVERTISSEMENT MIS EN MUSIQUE pour une fête donnée par M. André à Mme la maréchale de Villars................... 367

LA MORT DE Mlle LECOUVREUR, célèbre actrice (1730).... 369
VARIANTES de *la Mort de Mlle Lecouvreur*......... 371

LE TEMPLE DE L'AMITIÉ (1732).................. 372
VARIANTES du *Temple de l'Amitié*............... 376

AVERTISSEMENT pour les *Discours en vers sur l'homme*..... 378

TABLE DES MATIÈRES.

Pages.

DISCOURS EN VERS SUR L'HOMME. — Premier discours. —
De l'égalité des conditions. 379

Variantes du premier discours. 385

Deuxième discours. — *De la liberté.* On entend par ce mot, *liberté*, le pouvoir de faire ce qu'on veut. Il n'y a et ne peut y avoir d'autre *liberté.* C'est pourquoi Locke l'a si bien définie *puissance.* 388

Variantes du deuxième discours. 393

Troisième discours. — *De l'envie.* 394

Variantes du troisième discours. 399

Quatrième discours. — *De la modération en tout*, dans l'étude, dans l'ambition, dans les plaisirs. — A monsieur Helvétius. . . . 401

Variantes du quatrième discours. 406

Cinquième discours. — *Sur la nature du plaisir.* 409

Variantes du cinquième discours. 413

Sixième discours. — *Sur la nature de l'homme.* 415

Septième discours. — *Sur la vraie vertu.* 421

Variantes du septième discours. 425

SUR LES ÉVÉNEMENTS DE L'ANNÉE 1744. 429

Variantes du poëme sur les *Événements de 1744.* 432

Avertissement pour le poëme sur *la Loi naturelle*, et le poëme sur *le Désastre de Lisbonne.* 433

Préface du poëme sur la *Loi naturelle.* 439

POËME SUR LA LOI NATURELLE (1752). — Exorde. 441

Première partie. — Dieu a donné aux hommes les idées de la justice, et la conscience pour les avertir, comme il leur a donné tout ce qui leur est nécessaire. C'est là cette loi naturelle sur laquelle la religion est fondée; c'est le seul principe qu'on développe ici. L'on ne parle que de la loi naturelle, et non de la religion et de ses augustes mystères. 443

Deuxième partie. — Réponses aux objections contre les principes d'une morale universelle. Preuve de cette vérité. 446

Troisième partie. — Que les hommes, ayant pour la plupart défiguré, par les opinions qui les divisent, le principe de la religion naturelle qui les unit, doivent se supporter les uns les autres. 452

Quatrième partie. — C'est au gouvernement à calmer les malheureuses disputes de l'école qui troublent la société. 457

Variantes du poëme sur *la Loi naturelle.* 461

TABLE DES MATIÈRES.

Pages.

PRÉFACE du poëme sur *le Désastre de Lisbonne*. 465
POËME SUR LE DÉSASTRE DE LISBONNE, OU EXAMEN DE CET
    AXIOME : *Tout est bien*. 470
VARIANTES du poëme sur *le Désastre de Lisbonne*. 480

AVERTISSEMENT pour le *Précis de l'Ecclésiaste*. 481
ÉPÎTRE DÉDICATOIRE au roi de Prusse. 483
AVERTISSEMENT de l'auteur. 484
PRÉCIS DE L'ECCLÉSIASTE. 485

AVERTISSEMENT pour le *Précis du Cantique des cantiques*. 495
AVERTISSEMENT de l'auteur. 496
LETTRE de M. Eratou à M. Clocpitre, aumônier de S. A. S. M. le Land-
    grave. 497
PRÉCIS DU CANTIQUE DES CANTIQUES. 501

AVERTISSEMENT pour *la Guerre civile de Genève*. 507
PROLOGUE. 510
Premier postscript. — A. André Prault, libraire, quai des Augustins. . . 513
Deuxième postscript. — A M. Panckoucke. 513
Troisième postscript. — Au même. 514
LA GUERRE CIVILE DE GENÈVE, OU LES AMOURS DE ROBERT
    COVELLE, poëme héroïque avec des notes instructives (1768). —
    CHANT PREMIER. 515
CHANT DEUXIÈME. 523
VARIANTES du chant deuxième. 532
CHANT TROISIÈME. 533
CHANT QUATRIÈME. 540
CHANT CINQUIÈME. 547
ÉPILOGUE 553

JEAN QUI PLEURE ET QUI RIT (1772). 556

PREMIERS CONTES EN VERS.

L'ANTI-GITON. — A Mlle Lecouvreur (1714). 561
    VARIANTES de *l'Anti-Giton*. 565

TABLE DES MATIÈRES.

Pages.
LE CADENAS, envoyé en 1716 à Mme de B. 566
    Variantes du *Cadenas*. 569

LE COCUAGE (1716) 571

LA MULE DU PAPE (1733). 573
    Variantes de *la Mule du pape*. 575

FIN DE LA TABLE.

www.ingramcontent.com/pod-product-compliance
Lightning Source LLC
Chambersburg PA
CBHW070413230426
43665CB00012B/1345